KB039806

치자(治者)와 현대인을 위한

노자의 도덕경

치자(治者)와 현대인을 위한

노자의 도덕경

초판 1쇄 인쇄일 2018년 5월 8일
초판 1쇄 발행일 2018년 5월 18일

지은이 노자
엮은이 김정봉

펴낸이 김완중
펴낸곳 내일을여는책
편집총괄 이헌건
디자인 구정남
관리실장 장수댁

인쇄 (주)중앙이앤피

출판등록 1993년 01월 06일(등록번호 제475-9301)
주소 전라북도 장수군 장수읍 송학로 93-9(19호)
전화 063) 353-2289
팩스 063) 353-2290
전자우편 wan-doll@hanmail.net
블로그 blog.naver.com/dddoll

ISBN 978-89-7746-087-4 03140

© 김정봉 2018

* 이 책의 내용은 저작권법의 보호를 받는 저작물이므로 무단전재와 복제를 금합니다.
* 잘못 만들어진 책은 구입처에서 바꿔 드립니다.
* 책값은 뒤표지에 있습니다.
(CIP제어번호: CIP2018013075)

치자(治者)와 현대인을 위한

노자의 도덕경

김 정 봉 편역(編譯)

내일을여는책

머리말

노자의 『도덕경』 완역본을 내며

우리 인간은 늘 행복하길 꿈꾸며 지금의 어려움을 이겨내려고 마음을 다잡는다. 아리스토텔레스도 "진정한 행복이란 다른 것의 수단이 되지 않으면서 오직 그 자체가 목적이 되는 최고의 선"이라고 했다. 노자의 철학은 모두에게 행복을 가져다주는 가르침을 담고 있다. 이웃이 불행하다면 어찌 혼자만 행복해질 수 있겠는가.

『도덕경』은 우리가 어떻게 살아야 하는지, 무엇을 얻으려 노력해야 하는지, 결국에는 무엇이 남는지 알려준다. 세상을 널리 이롭게 하고자 한다면, 또한 삶의 목적지를 어디에 둬야 할지 고민하고 있다면 이 책을 끝까지 읽어보길 권한다.

노자의 『도덕경』은 정보가 곧 경쟁력인 시대에 쉽게 접하기 어려운 책이다. 마음이 지쳐 있을 때, 지식인들이 『도덕경』의 한 구절을 인용하면서 언론의 지면을 장식할 때에 신선한 자극을 받는 정도다. 무위자연을 천하의 질서로 내세우는 고대의 노자 철학은 무한의 능력을 발휘하도록 요구받는 현대인에게 느림과 절제 그리고 심플(단순·간단·검소)함의 미학을 선물한다.

노자의 정신세계를 소개할 때는 그 사상의 본의가 제대로 해석이 되어야 진의가 빛날 수 있다. 하지만 아쉽게도 『도덕경』의 한 문장, 아니 한 구절마다 이견이 많은 것은 피할 수 없는 현실이다. 동서양을 막론하고 그동안 수없이 많은 연구와 해설이 뒤따르고 있지만 논란을 잠재우기 위한 노력은 계속되는 듯싶다.

저자는 동양철학을 전공한 학자가 아니다. 한평생 공직에 몸담고 일선 교육행정에 전념한 보통 사람이다. 우연한 기회에 "학문을 하는 길은 날로 더해 가는 것이나, 도를 깨달아 가는 길은 날로 덜어내는 것이다"라는 노자의 심오한 한마디가 큰 가르침으로 다가왔다. 이후 『도덕경』의 구절 하나하나가 더욱 빠져들게 하였다. 하지만 의외로 나를 놀라게 한 것은 해설서마다 다른 뜻풀이였다. 이것이 나를 노자의 사상에 더 깊숙이 덤벼들도록 만들었다.

『도덕경』은 비록 오천여 자에 불과하지만, 함축된 문장 때문에 많은 이견이 나올 수밖에 없다. 또 철학적 관점이 다른 경우에는 용어의 개념부터 어긋나는 경향도 있다. 여기에 시대별 주류의 사상적 영향도 해석에 영향을 끼친 듯하다. 한편으로는 노자의 철학적 사고를 교차해서 검증해 볼 수 있는 다른 저술이 발견되지 않았기 때문이기도 하다.

『도덕경』은 수많은 판본들이 있으나, 이 책은 특정 판본을 정하지 않고 널리 소개되고 읽히고 있는 책을 '통행본'이라 여기고 이를 저본으로 하였다. 이러한 약점을 보완하고자 기록이 상이한 점은 매 문장마다 기본적으로 '죽간본'과 '백서본', '하상공본', '왕필본' 등의 판본과 대조하였다. 또한 난해한 문장을 쉽게 이해할 수 있도록 기본적으로 하상공과 왕필의 주석을 모두 실었다. 이에 더하여 여러 학자들의 견해도 종종 곁들임으로써 객관적으로 바라볼 수 있도록 주의를 다하였다. 다만 필자가 하상공과 왕필이라는 인물에 대한 연구가 부족하고 그들의 주해를 깊이 있게 다루지 못한 점에 대해 지면을 빌어 양해를 구한다.

판본의 명칭은 정식 이름이 길고 자주 거론되는 관계로 약자로 표기하였다. 죽간본인 『간본노자갑(簡本老子甲)』은 '죽간(갑)'으로, 『간본노자을(簡本老子乙)』은 '죽간(을)'로 줄였으며, 백서본의 경우 『노자백갑도덕경(老子帛甲道德經)』은 '백서(갑)'으로, 『노자백을도덕경(老子帛乙道德經)』은 '백서(을)'로 하였다.

노자의 『도덕경』은 세상이 운행하는 본질적 길을 하늘을 넘어서 스스로 그러함(自然)에서 찾고 있다. 이러한 사상적 재정립은 자연에 대한 인간의 지배력이 높아지면서 숭배의 대상으로 삼아 오던 하늘의 권위가 천명을 수행하는 천자로 이어지고, 이를 다시 세습하면서 천하에 혼란을 가져온 것이 그 원인으로 보인다.

하늘을 대신하여 천하를 이롭게 하겠다는 인간은 어찌할 수 없이 이성적 판단으로 천명을 대신하려 하였을 것이다. 절대적 권위는 믿음에서 나온다. 절대적 권위를 가진 자가 노출되어 있는 상태에서는 그의 말과 행동이 스스로를 제약한다. 이 때문에 인간인 이상 절대적 권위에 대한 믿음을 약화시킬 수밖에 없을 것이다. 따라서 천하를 지배하는 이데올로기의 변화가 불가피해진 상황에서 노자는 『도덕경』을 통해 새로운 통치의 길을 제시한다.

학문이란 더해지다 보면 깨우쳐 하나로 관통할 수 있다. 필자 역시 『도덕경』의 주해에 하나를 더해 보았다.

이 책을 발간할 수 있도록 부족한 동양역사관에 대한 자문과 전문 사서서비스를 성심성의껏 지원해 주신 전 서울특별시교육청 도봉도서관 정보자료과장 임경순 님에게 지면을 빌어 깊은 감사를 드린다. 아울러 늦은 시간까지 책을 붙잡고 있는 아빠를 응원해 준 사랑스런 두 딸 현정과 유미 그리고 아내에게 고마움을 전한다.

2018년 4월 **김 정 봉**

목차

머리말 노자의 『도덕경』 완역본을 내며 004

道經 도경

1장 도라 할 만한 도는 항상하는 도가 아니다. 016
2장 모두 아름다운 것은 아름다워야 한다고 알지만 이는 추함일 뿐이다. 034
3장 성인의 다스림은 그 마음을 비어 있게 하여 그 삶을 실하게 한다. 046
4장 도는 조화로 비어 있으니 사용해도 다 채우지 못한다. 056
5장 하늘과 땅은 어질지 아니하여 만물을 추구로 여긴다. 068
6장 골짜기의 신은 죽지 않으니 이를 일러 현묘한 암컷이라 한다. 078
7장 천지가 장생할 수 있었던 까닭은 스스로의 삶만을 위한 것이 아니었다. 086
8장 높이 있는 선은 물과 같다. 092
9장 가지고 있으면서 가득 채우려는 것은 그만두는 편이 낫다. 102
10장 영지에 널려 있는 넋을 하나로 품어 떠남이 없게 할 수 있겠는가. 110
11장 있음으로는 이로움을 만들고 없음으로는 쓰임을 만드는 것이다. 126
12장 성인은 배를 위하지 눈을 위하지 않는다. 134
13장 그대에게 몸이 없는 것에 이르면 그대에게 무슨 근심이 있겠는가. 144
14장 옛날의 도를 가지고 지금의 것을 잘 다스려 보면 옛 시원을 알 수 있다. 154
15장 선을 보존하는 도자는 채우려 하지 않는다. 168
16장 항상함을 안다는 것을 깨달음이라 한다. 180
17장 가장 높은 것은 아래에서 그가 존재한다는 것만 아는 것이다. 190
18장 대도가 버려지면 인의가 있게 된다. 200

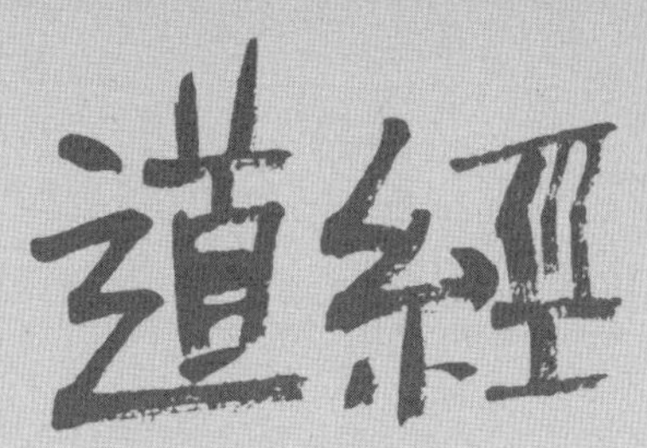

19장 비할 데 없이 성스러우면 지혜를 버릴 수 있다. 208
20장 배움이 비할 데 없는 경지에 이르면 근심하는 바가 없어진다. 216
21장 큰 덕의 용모는 오직 도만을 좇는다. 230
22장 성인은 하나로 껴안는 것을 천하를 기르는 방식으로 여긴다. 240
23장 말이 성기면 스스로 그러하다. 250
24장 사는 데 여유가 있다 하여 군더더기를 행하는 것은 물은 다 싫어한다. 260
25장 하늘은 도를 본받고 도는 스스로 그러함을 본받는다. 268
26장 무거운 것은 가벼운 것의 뿌리, 고요한 것은 조급한 것의 주인이다. 280
27장 선이 행한 것에는 흔적을 남기지 않는다. 288
28장 크게 짓는 것은 베어내지 않는다. 298
29장 천하는 신비로운 그릇이라 억지로 할 수가 없다. 308
30장 선한 자는 자연스러운 결과를 얻으려 할 뿐이다. 316
31장 무릇 군사라는 것은 훌륭하여도 상서롭지 아니한 그릇이다. 326
32장 장차 그칠 때를 알아야 하며, 그칠 줄을 알면 위태롭지 않게 된다. 334
33장 남을 이기는 자는 힘이 있으나, 저절로 이기는 자가 강한 것이다. 342
34장 스스로 크다고 여기지 않으니 능히 큰 것을 이룰 수 있다. 350
35장 도에서 나오는 말들은 담백하고 무미하다. 360
36장 부드럽고 약한 것이 단단하고 강한 것을 이긴다. 368
37장 도는 항상 하는 것이 없으면서도 하지 않는 것이 없다. 378

德經 덕경

38장 상덕은 덕이라 여기지 않기에 덕이 있다. 388

39장 하늘은 맑음으로 하나 됨을 얻고 땅은 평온함으로
하나 됨을 얻는다. 412

40장 되돌리는 것은 도의 움직임이고, 유약한 것은 도의 쓰임이다. 428

41장 밝은 도는 새벽녘과 같고, 나아가는 도는 물러나는 것과 같다. 438

42장 도는 하나를 낳고, 셋은 만물을 낳는다. 456

43장 지극히 부드러운 것은 지극히 견고한 곳에서도
말을 달리듯 다닐 수 있다. 474

44장 족함을 알고 있으면 욕되지 아니하고,
그쳐야 함을 알면 위태롭지 않는다. 480

45장 조급한 것은 추위를 이기나 고요한 것은 더위를 이긴다. 490

46장 충분하다는 것을 알면 항상 만족할 수 있다. 500

47장 성인은 다니지 않아도 알고, 행하지 않고서도 이룬다. 510

48장 학문을 하는 길은 날로 더해가나,
도를 깨달아 가는 길은 날로 덜어낸다. 518

德經

49장 성인은 백성들의 마음을 성인의 마음으로 삼는다. 526
50장 선하게 삶을 다스리는 자는 뭍에 다녀도
호랑이를 우연히 만나지 않는다. 536
51장 도는 낳고 덕은 기르니 물은 형상을 갖추고 세를 이룬다. 546
52장 그 어미가 얻은 것을 그 자식이 알게 한다. 556
53장 대도는 심히 평탄한데 백성들은 지름길만 좋아한다. 568
54장 선으로 세운 것은 뽑히지 않으며,
선으로 껴안은 것은 벗어나지 않는다. 580
55장 조화로움을 아는 것은 항상함이라 하고,
항상함을 아는 것을 밝음이라 한다. 590
56장 아는 자는 말하지 못하고, 말하는 자는 알지 못한다. 602
57장 바름으로 나라를 다스리고, 일을 없게 하면 천하를 얻을 수 있다. 612
58장 그 정사가 매우 답답한데 그 백성들은 도타워진다. 626
59장 사람을 다스리고 하늘을 섬기는 일은 아끼는 것보다 좋은 것이 없다. 638

목차

60장 큰 나라를 다스리는 일을 작은 고기로 제사를 올리는 일로 대신할 수 없다. 648
61장 대국이라는 것은 아래로 흐르는 것이다. 660
62장 도라는 것은 만물의 깊숙한 안쪽에 있다. 670
63장 무위로 하고, 무사로 일하며, 무미로 맛본다. 682
64장 성인은 만물의 스스로 그러함을 돕고 의지한다. 694
65장 백성을 다스리기가 어려운 것은 지혜가 많아졌기 때문이다. 706
66장 강과 바다가 골짜기의 왕이 될 수 있는 것은 선함을 아래로 하기 때문이다. 716
67장 세 가지 보물은 자애로움, 검약, 감히 천하에 앞서려고 하지 않는 것이다. 724
68장 선은 선비에게 무력을 갖지 않게 한다. 736
69장 군사로 겨루는 것이 서로 더해지면 애절한 자가 승리한다. 742
70장 말에는 근원이 있으며, 일에도 주인이 있다. 752

71장 알지 못한다는 것을 아는 것은 높여야 한다. 760

72장 백성들이 위엄을 두려워하지 않으면 곧 큰 위엄에 이르게 된다. 768

73장 하늘의 그물은 넓고도 넓어 성기면서도 놓치지 아니한다. 778

74장 마치 큰 목수를 대신하여 나무를 베어내는 것과 같다. 788

75장 오직 살아남기 위해서 해야만 하는 것이 없어야 한다. 798

76장 굳어지고 강한 것은 죽음의 무리이고,
부드럽고 약한 것은 삶의 무리이다. 806

77장 하늘의 도는 마치 시위를 걸어 놓은 활과 같다. 816

78장 약함이 강함을 이기고 부드러운 것이 굳센 것을 이긴다. 826

79장 큰 원망은 화해하여도 반드시 원망의 남음이 있다. 834

80장 나라가 작아 백성이 적으면 백성들로 하여금
죽음을 중히 여기도록 만든다. 844

81장 믿음이 있는 말은 아름답지 않고, 아름다운 말은 미덥지 않다. 854

참고문헌 863

도라 할 만한 도는 항상하는 도가 아니다.
이름이라 할 만한 이름은 항상하는 이름은 아니다. - 1장 -

천하가 모두 아름다운 것은 아름다워야 한다고 알지만
이는 추함일 뿐이고, 모두가 선한 것은 선해야 한다고 알지만
이는 선하지 못할 뿐이다. - 2장 -

점토를 빚어서 그릇이 되는데, 그 없음이 마땅하여
그릇으로 쓰임이 있다. 그러므로 있음으로는 이로움을 만들고,
없음으로는 쓰임을 만드는 것이다. - 11장 -

그대가 큰 근심을 가지고 있는 까닭은 그대를 위하는
몸이 있기 때문이다. 그대에게 몸이 없는 것에 이르면,
그대에게 무슨 근심이 있겠는가. - 13장 -

남을 아는 자는 지혜로우나,
저절로 아는 자가 밝은 것이다. - 33장 -

道經

도경

상편(1장~ 37장)

제 1 장

도라 할 만한 도는 항상하는 도가 아니다.

道可道 非常道 名可名 非常名

도가도 비상도 명가명 비상명

無名天地之始 有名萬物之母

무명천지지시 유명만물지모

故常無欲以觀其妙 常有欲以觀其徼

고상무욕이관기묘 상유욕이관기요

此兩者同出而異名

차량자동출이이명

同謂之玄 玄之又玄 衆妙之門

동위지현 현지우현 중묘지문

도라 할 만한 도는 항상하는 도가 아니다. 이름이라 할 만한 이름은 항상하는 이름이 아니다.

무는 천지의 시원을 이름하는 것이고, 유는 만물의 어미를 이름하는 것이다.

그러므로 항상 무는 그 오묘함을 살피려 하고, 항상 유는 그 순행하는 것을 살피려고 한다.

이 둘은 같은 곳에서 나왔으나 이름은 다르다.

같은 곳이라 함은 현묘함을 일컬음이다. 현묘하고 또 현묘하니 온갖 오묘함의 문이다.

[해설]

『도덕경』을 풀이하거나 주석한 문헌은 전국시대 말 한비자[1]의 '유로(喩老)'와 '해로(解老)편'을 시작으로 위진시대부터 당나라 때까지 수없이 쏟아져 나왔다고 한다. 우리나라도 조선시대에 이율곡의 『순언(醇言)』, 박세당의 『신주도덕경』(新註道德經), 서명응의 『도덕지귀(道德指歸)』, 이충익의 『담노(談老)』, 홍석주의 『정노(訂老)』 등 다섯 종이 나왔다. 이처럼 많은 주해서가 나오는 것은 그만큼 노자의 글이 난해했다는 반증이기도 하다. 이들 주석서 중에서 당나라 이전의 작품으로 제대로 정리되어 남아 있는 것은 대체로 하상공(河上公)의 『하상공장구(河上公章句)』, 서한 말 엄준(嚴遵)의 『노자지귀(老子指歸)』, 왕필(王弼)[2]의 『왕필주(王弼注)』 등 세 가지다. 이 가운데 『노자』에 대한 교본으로는 『하상공주』가 당나라 초기까지 기본서로 국립학교에서 사용되었으며, 청대 이후에는 송대(宋代)부터 문인들에게 알려지기 시작한 『왕필주』가 기본교재로 굳어졌다고 한다. 노자의 주석서 가운데 『하상공주』와 『왕필주』가 대표적으로 사용된 점을 감안하여, 이 책에서는 하상공과 왕필의 주석들을 기본적으로 살피면서 독자의 이해를 돕고자 한다.

여기서 책을 읽고 계시는 독자 제현께 양해를 구할 것이 있다. 필자는 동양철학이나 중국어를 전공한 학자가 아니다. 따라서 『도덕경』이 쓰

---

1) 한비자(기원전 약 280~233년): 이름은 한비(韓非)이고 전국시대 말기 한(韓)나라 출신이다. 한나라 명문 귀족 출신으로 어려서 말더듬이였으나, 논리적인 문장을 갈고 닦는데 힘써 탁월한 문장가가 되었다. 순자(荀子)에게 배운 중국 고대의 이름난 사상가이자 법가 학파를 대표하는 인물이기도 하다. 한비자는 난세에 나라를 강하게 만들기 위해서는 군주의 강력한 왕권을 기반으로 한 법(法)과 술(術) 세(勢)를 펼쳐 철저하게 통제하는 나라를 만들어야 한다고 생각했다. 강력한 통치체계가 없는 국가는 왕의 능력에 따라 흥하기도 하고 쇠하기도 한다고 생각했기 때문이다.

2) 왕필(226~249년): 삼국시대 위(魏)나라 산음(山陰, 산동성) 사람으로 자는 보사(輔嗣)다. 풍부한 재능을 타고난데다 유복한 학문적 환경에서 자랐기 때문에 일찍부터 학계에서 두각을 나타냈다. 하안(何晏) 등에게 인정받아 젊은 나이에 상서랑(尙書郞)에 등용되었고, 하안과 함께 위진(魏晉) 현학(玄學, 老莊學)의 시조로 일컬어진다. 저서로는 『노자주(老子注)』와 『주역주(周易注)』가 있다. 20대의 젊은 나이에 생을 마감했다.(중국역대인명사전, 이회문화사)

인 연대, 판본에 대한 고증이나 진위 여부를 깊이 알지 못한다. 오로지 관심사는 『도덕경』의 매 구절이며, 문구에 대한 고거(考據)보다는 주어진 문장에서 전체를 이해하는 게 우선이었다. 각 문장마다 천하와 자신을 되돌아보게 만드는 노자의 가르침을 겸손해진 마음으로 옮기고자 애썼다.

道可道, 非常道, 名可名, 非常名.
도라 할 만한 도는 항상하는 도가 아니다. 이름이라 할 만한 이름은 항상하는 이름이 아니다.

'백서(갑)'에서는 구절마다 어조사 也(야)가 쓰여 있다. 또한 '항상 상(常)'은 '백서(갑을)'에서는 '항상 항(恒)'으로 되어 있다. 판본별로 기록에는 차이가 있으나 의미 전달은 다르지 않다.

이 문장의 이해를 돕기 위해 하상공의 주석을 먼저 살펴보자.

하상공은 이 문장에 "경술(經術)[3]과 정교(政敎)[4]의 도를 일컫는 것이다. 스스로 그러한 장생의 도가 아니다. 항상 도는 무위로 정신을 기르고 무사(無事)로 백성을 편안하게 하여야 하니, 빛을 머금고 광채를 감추며 자취를 없애고 실마리를 감추기에 도라고 일컬을 수도 없는 것이다. 부유함, 귀함, 존엄함, 영화로움과 같이 세상에 높이 드러나는 이름을 가리킨다. 스스로 그러한 항상 존재하는 이름이 아니다. 영원한 이름은 갓난아이가 아직 말하지 못하고 달걀이 아직 부화되지 않은 것과 같다. 빛나는 진주는 조개 안에 있고 아름다운 옥은 돌 속에 있는 것처럼 안은

---

3) 경술은 유교의 경전에 의거하여 이루어진 정치상의 기능이다.
4) 정교는 정치상 행해지는 것들로 형금(刑禁)과 예악(禮樂)으로 다스리는 것을 말한다.

비록 찬란하게 빛나고 있지만 밖은 완고하여 어리석은 것 같다"[5]라고 설명을 달았다. 가도(可道)는 경술과 정교의 도이고 상도(常道)는 자연장생의 도를 가리키는 것이라 하였으며, 상명(常名)은 스스로 그러하게 존재하는 이름이라고 했다.

또한 왕필은 "도라고 할 수 있는 도와 이름할 수 있는 이름은 추상적인 것에 모양을 만드는 것이어서 늘 그러한 것이 아니다. 그러므로 도라고 할 수 없고 이름할 수도 없다"[6]라고 풀었다. 가도와 가명은 눈으로 볼 수 없는 추상적인 생각이나 뜻을 개념화하여 나타낸 것이므로 항상 같은 도나 이름이 아니라는 것이다.

『한비자』의 '해로(解老)편'에서는 "성인은 현묘한 허(虛)를 살펴서 두루 행하는 데 사용하니, 억지로 글자로 하여 도라 했다. 그러하니 논할 수는 있다"라고 말한다. 서명응은 『도덕지귀』에서 "노자가 말하는 도는 언어로 표현할 수 없는 것으로, 소리도 없고 냄새도 없으며 공간적으로 점유하는 것도 없이 형체가 없으므로, 고정된 언어로 이름할 수 없다. 만약 이름을 한다면 항상되고 유구한 것이 될 수 없다"라고 설명했다. 대체로 진정한 도와 그렇지 않은 도를 구별하는 설명으로 주해하고 있다.

노자의 도가 무엇인가에 대한 물음은 정신적인 실체냐 물질적인 실체냐를 시작으로 과거에서부터 줄곧 있어 온 논제이며 현재도 계속되고 있다. 노자가 말하는 도가 형이상학적이든 형이하학적이든, 또는 현실적이든 신비주의적이든 첫 장에서부터 그것을 모두 규명하려는 시도는 무

5)『하상공주(河上公注)』"謂經術政教之道也. 非自然生長之道也. 常道當以無為養神, 無事安民, 含光藏暉, 滅跡匿端, 不可稱道. 謂富貴尊榮, 高世之名也. 非自然常在之名也. 常名當如嬰兒之未言, 雞子之未分, 明珠在蚌中, 美玉處石間, 內雖昭昭, 外如愚頑."
6)『왕필주(王弼注)』"可道之道, 可名之名, 指事造形, 非其常也. 故不可道, 不可名也."

리일 것이다. 첫 번째 장에서는 대략 '노자가 말씀하는 도(道)란 이런 것이구나!'라고 가볍게 이해했으면 한다.

노자는 첫 장을 열면서 앞으로 도(道)라고 부르는 것과 이름(名)이라 명명하는 글자의 개념에 대해 바른 인식을 가질 것을 주문하고 있으며, 『도덕경』에서 말하는 무(無)와 유(有)의 의미도 정의해 주고 있다. 이러한 개념에 대한 정의는 대단히 중요한 것으로, 앞으로 문장을 이해하는 데 도움이 될 것이다. 그럼 하나씩 문장을 살펴보기로 하자.

첫 구절이다. "도라 할 만한 도는 항상하는 도가 아니다"라고 말문을 열었다. 앞서 하상공과 왕필 등의 주석을 보더라도 앞에 나오는 도와 뒤에 나오는 도가 뜻하는 바가 다름을 알 수 있다. 많은 학자들은 나름의 해석을 위해 두 번째 '도(道)'를 동사의 '말하다'로 보고 "도가 말해질 수 있다면 영원한 도가 아니다"로 번역하거나, "도는 말할 수 있다. 그러나 말해진 것은 항상의 도는 아니다" 등으로 해석한다. 또 앞에 나오는 도는 드러난 도로써 참된 도가 아니며, 뒤에 나오는 도는 진정한 도이나 스스로 감추고 있기에 도라 일컬을 수 없다고 설명을 붙인다.

이렇게 '도'라는 글자를 동사로 보면 다음 구절에도 그대로 영향을 미치게 되어 '이름이 불리어진다면 영원한 이름이 아니다'로 해석하게 된다. 물론 이와 같은 해석은 '도와 이름은 드러나지 않아야 한다'는 전제가 깔려 있다. 하지만 필자는 이 문장이 세상에서 도라 일컫는 것은 많으나 그러한 도가 모든 것을 다 아우르거나 모든 상황에서 일관되게 적용될 수 있는 도는 아니라는 말씀으로 들린다. 노자는 우주만물을 관통하는 영구한 근본의 도가 있다면 각기 주어진 공간에서도 그 상황에 걸맞다고 여길 만한 도가 따로 있음을 구별하고자 서두로 꺼낸 것이다.

사마천의 『사기』에는 다스리는 자의 도가 여러 가지임을 보여주는 고사가 나온다. '상군열전(商君列傳)'에서 위(衛)의 공손앙(公孫鞅)은 진(秦)의 효공(기원전 361-338)이 현자를 구한다는 소문을 듣고 찾아가 효공의 총신 경감의 주선으로 효공을 알현하는 장면이 나온다.

효공은 앙(鞅)이 오제(五帝)의 제왕의 도(道)를 설명하고, 하은주 삼대의 성왕들의 왕도(王道)를 설명할 때에는 관심을 보이지 않고 역정을 내다가, 무력으로 행하는 패도(覇道) 얘기를 꺼내자 열중하여 여러 날을 말하여도 싫은 빛이 없었다. 이후 경감이 어떻게 왕의 뜻을 맞추었는가 물으니, 앙(鞅)은 "공에게 제왕의 도를 설명하고 삼대의 치세와 어깨를 겨룰 만한 이상정치의 실현을 말하였더니, 공이 이르기를 '그것은 아득한 것이라 기다릴 수 없다'고 하여 나라를 부강하게 하는 술책을 설명하였다. 그제야 공이 귀를 열었을 뿐이다"라고 말했다.

그러나 그 덕은 은나라와 주나라가 쌓은 것에도 미치지 못하는 것이다. 효공은 당장 효과가 미치는 치자(治者)의 도(道)를 원하기에 오제의 도를 실천할 여유가 없었던 것이다. 이처럼 치자의 도라는 것도 하나가 아니라 그동안 나라마다 처한 상황에 따라 만들어져 왔으며, 선택되어 온 것임을 알 수가 있다. 노자가 말하는 도에는 하늘의 도, 땅의 도, 성인의 도, 인간의 도 등 오래 지속되는 도가 있으나, 이와는 달리 그 시대에만 일반적으로 두루 쓰이다 사라지는 도가 있다는 것이다. 예를 들어 현자의 말씀도 당시의 상황에서는 더없이 합당한 것이었지만 지금에 와서는 그 말씀처럼 행할 수 없는 경우다. 구체적인 개념은 앞으로 전개되는 장들에서 그 이해를 높이도록 하자.

이 문장에서의 '가(可)'는 어떠한 것을 받아들일 수 있다는 뜻에서 '~할 수 있다'는 의미로 쓰였다. '可(가)'는 참이라는 '진(眞)'이나 '선(善)'의 본질을 담보하지는 않는다. 판단하는 당시에 대체로 옳다고 여겨져 받아들일 수 있다는 것이다. 또한 '常(상)'의 경우 '백서'에는 '恒(항)'으로 되어 있다. '늘, 언제나, 영원한, 항상' 등으로 '변함이 없는, 일정하다'는 뜻이다. 그래서 도리(道理)라는 뜻으로도 쓰인다. 『도덕경』에 나오는 '恒'자는 한나라 문제 이후에 쓰인 판본에서는 모두 '常'자로 바뀌어 있다. 이는 군주나 성인 또는 조상이나 원수의 이름자를 피하는 관습인 피휘(避諱)[7]에 따른 것이라고 학자들은 말한다.

'名可名 非常名(명가명 비상명)'도 같은 방식으로 이해할 수 있다. '이름이라 할 만한 이름은 항상하는 이름은 아니다'라는 의미이다. 『열자(列子)』의 '양주(楊朱)편'에서[8] "무릇 저들 네 성인은 살아서는 단 하루의 기쁨도 없었지만 죽어서는 만세의 이름이 있다"라고 했다. 여기서 언급되는 네 성인(舜·禹·周·孔)은 태어나면서부터 죽을 때까지 이름(평판)을 가지고 있었을 것이나, 죽은 다음에도 이름이 사라지지 않고 후세에 회자되고 있다는 것이다. 그런데 우리가 생전의 어느 한 시점에서 그 성인이 어떠하다고 규정했다면, 온전히 그 성인의 모든 것을 다 이름하고 있다고 볼 수는 없을 것이다. 물론 그가 성장하는 매 시점에서 그가 어떤 인물이라고

---

7) 휘(諱)는 원래 군주의 이름을 일컫는 말로서, 국휘(國諱)는 군주 자신과 그 부조(父祖)의 이름을 피하는 것이다. 보통 황제는 7대 위, 왕은 5대 위까지 그 이름을 피했다. 이 관습은 고대 중국에서 비롯하여 한국, 일본 등 주변의 한자 문화권에 전파되었고 오랫동안 행해졌다. 恒(항)은 한나라 제5대 황제(재위 BC 180~157)인 문제(文帝)의 이름이다.

8) 凡彼四聖者 生無一日之歡 死有萬世之名(범피사성자 생무일일지환 사유만세지명)

평가하여 명명한 것은 다 진실이다. 사람이란 태어나서 죽을 때까지 그 역할이 하나로 국한되어 있는 것이 아니기 때문이다. 어릴 때는 아이 혹은 형제자매로서의 역할에 맞는 이름이 있다면, 성장해가면서 친구나 사회인 혹은 배우자 등등 헤아릴 수 없이 많은 역할에 이름이 부여될 것이다. 그러나 아무리 많은 역할의 이름이 있다 하더라도 역시 한 사람이며 한 사람의 이름으로 기억될 것이다. 따라서 한 시점에서 부여된 이름은 부분적으로는 맞는 말이나 항구할 수 있는 이름으로는 적절하지 못하다. 여기서 유념해야 할 부분은 『도덕경』에 나오는 명(名)이라는 글자에는 '이름, 평판, 공적' 등 다의적인 뜻을 담고 있다는 점이다.

無名天地之始, 有名萬物之母.
무는 천지의 시원을 이름하는 것이고, 유는 만물의 어미를 이름하는 것이다.

'天地(천지)'가 '백서(갑을)'에서는 뒤의 구절과 같이 '萬物(만물)'로 쓰여, 만물의 시(始)와 모(母)로 표현되어 있다. 천지와 만물은 서로 다른 의미를 가지고 있으나 하상공본과 왕필본 등 통행본에서는 천지로 표현하고 있다. 천지와 만물의 구분에 대해 『장자』의 '소요유(逍遙遊)'는 '천지란 만물의 총칭이다'라고 쓰고 있다. 천지라는 것은 만물을 하나의 총체적인 단위로 표현한 것이라는 말이다. 이에 비해 만물이란 개별성이 부여되어 있는 수없이 많은 물을 가리키는 단어다. 따라서 천지와 만물을 동일한 의미로 여기기는 어려운 점이 있다. 필자는 통행본을 기본으로 풀이하고 있기에 천지라고 표현했지만 백서본의 표현에 비중을 더하고 싶다.

하상공은 "무명은 도를 가리킨다. 도는 형체가 없으므로 이름할 수 없다. 시작은 도가 근본이다. 기를 토하고 변화를 퍼뜨리니 텅 비어 없는 곳에서 나와 천지의 근본과 시작이 되는 것이다. 유명은 천지를 가리킨다. 천지는 형체와 위치, 음과 양, 강함과 부드러움이 있으니, 이러한 것은 이름이 있는 것이다. 만물의 어미라고 말하는 것은 천지가 기를 머금고 만물을 낳고 키워주고 성숙시켜 주는 것이 마치 어미가 자식을 기르는 것과 같다는 뜻이다"[9]라고 했다. 즉 무명은 형체가 없으므로 도라 칭하고, 유명은 형체가 있으므로 천지를 가리킨다는 것이다. 왕필은 "무릇 있음은 모두 없음에서 비롯되었다. 그러므로 아직 형태가 드러나지 않고 이름이 없던 때에 만물이 생겨나기 시작했다. 모양이 생기고 이름이 있게 된 때에 이르러서는 생장시키고 발육시키며 안정시키고 도탑게 하니 그 어미가 된다. 도는 무형과 무명으로 만물을 시작해서 완성시킨다는 말이다. 만물은 그것으로 시작되고 그것으로 완성되었지만 만물은 그 까닭을 알지 못하니 아득하고 또 아득한 것이다"[10]라고 하여, 없음에서 있음으로의 과정으로 설명한다. 왕필과 하상공은 무형과 무명을 주어로 삼아 이 구절을 설명하고 있다.

이 문장은 두 가지 구두법으로 읽혀진다. 왕필과 하상공 등을 포함한 많은 학자들은 '無名天地之始 有名萬物之母'의 독법과 관련해서 無名(무명)과 有名(유명)으로 끊어 읽는다. 반면 사마온공과 왕안석, 소철 등은 무(無)와 유(有)에 구두점을 찍어 읽는다. 무와 유로 읽는 왕안석(王安石)의 경우에는 "무는 천지의 시작으로 불리어지기 때문이고, 유는 그

9) 『하상공주』 "無名者謂道, 道無形, 故不可名也. 始者道本也, 吐氣布化, 出於虛無, 為天地本始也. 有名謂天地. 天地有形位, 有陰陽, 有柔剛, 是其有名也. 萬物母者, 天地含氣生萬物, 長大成熟, 如母之養子也."

10) 『왕필주』 "凡有皆始於無, 故未形無名之時, 則爲萬物之始. 及其有形有名之時, 則長之, 育之, 亭之, 毒之, 爲其母也. 言道以無形無名始成萬物, 以始以成而不知其所以, 玄之又玄也."

끝으로 불리어지는 까닭에 만물의 어머니라고 한다"라고 풀이한다. 모종삼 교수[11]는 무명(無名)이라고 끊어 읽는 것이 중국의 오래된 구법(句法)이라고 본다. 따라서 무명은 근본적으로 무형(無形), 무상(無狀), 무성무취(無聲無臭)의 것이기에 어떠한 이름을 가지고 설명할 수 없으며, 결국 무명(無名)과 무(無)는 같은 말이라는 것이다. 그리하여 흩어져 있는 만물을 총칭하여 천지라 부른다는 것이고, 유명(有名)은 만물을 흩어서 칭하는 것이라는 얘기다. 그래서 유는 곧 만물에서 하나의 어미라고 할 수 있다. 유는 한정된 유한존재로서, 유한한 하나는 그 하나만의 시작일 수밖에 없으므로 무한한 만물의 총칭인 천지의 시작이 될 수 없다는 것이다.

하지만 필자는 노자가 『도덕경』의 첫 장에서 그렇게 어렵게 표현하지는 않았을 것이라 본다. 아울러 무명과 유명에 구두점을 찍어 해석하는 주류의 방식에 대해 이견을 가지고 있다. 첫 문장의 문맥과 어긋나기 때문이다. 노자는 첫 문장의 서두에서 도와 이름이란 것이 있고 없음을 논한 것이 아니라, 우리가 알고 있는 도나 이름이 항상하는 것이 아님을 언급했다. 따라서 이름이 있는 것과 이름이 없는 것을 따지는 것이 아니라, 무와 유의 개념 속에서 여기에 더하여 항상(常)하는 근원적 이치를 찾는 것이다.

『도덕경』의 본문 속에는 '無(무)'라는 글자가 자주 등장한다. 이를 '有(유)'라는 글자를 통해 같거나 다른 점을 설명한다. 앞으로 노자의 글을 대함에 있어 기준으로 삼도록 당부하는 것 같다.

11) 모종삼(牟宗三): 중국철학을 오랫동안 연구해온 학자로 20세기에 들어 현대 신유학의 대가로 알려져 있다. 산동(棲霞) 출생(1909~1995)으로 중국 북경대학 철학과를 졸업했다. 남경중앙대학, 금릉대학, 대만사범대학 및 홍콩중문대학 신아서원 철학과 교수를 역임하였고, 퇴임 후 국립대만대학 객좌교수를 역임했다.

노자는 "무는 만물(천지)의 시원을 이름하는 것이고, 유는 만물의 어미를 이름하는 것이다"라고 말한다. 무와 유는 만물에 있어서 시원[始]과 어머니[母]의 위치에 있다는 것이다. 어미[母]는 기르며 보살피는 존재로, 근본이나 근원이란 의미도 담고 있다. 또한 시(始)는 처음(시초)이라는 의미와 함께 근본이나 근원이라는 뜻도 가지고 있다. 고자(古字)에서는 태(胎)와 통용하는 글자로 만물을 잉태한다는 의미도 있다. 아무것도 없었던 상태에서 어떤 존재가 모양을 갖추어 나타나기 바로 전까지의 과정을 無(무)라 말할 수 있다. 따라서 두 글자는 같은 한 줄기에서 시작하였음을 말하는 것이다. 어미[母]는 시(始)를 이어받았으나 기르는 책무성이 있으며, 시원은 어미의 근원이 되고 있음이다. 이것이 무와 유라는 글자의 차이라는 말씀이다. 이 글자의 의미 또한 우리가 계속 살펴보아야 할 대상이다. 우선 이 정도로 이해하고 넘어가자.

故常無欲以觀其妙, 常有欲以觀其徼.
그러므로 항상 무는 그 오묘함을 살피려고 하고, 항상 유는 그 순행하는 것을 살피려고 한다.

판본별로 기록이 크게 다르지 않다. 백서(갑을)에서는 '欲(욕)'자 다음에 어조사 '也(야)'가 붙어 '故常無欲也(고상무욕야)'나 '常有欲也(상유욕야)'로 문장이 끊어지는 곳을 명백히 하고 있다. 또한 백서(갑을)에서는 마지막 구절의 '其徼(기요)'에 '所(소)'자를 넣어서 '其所徼(기소요)'로 표현하고 있다.

하상공[12]은 "묘(妙)는 요긴한 것[要]이다. 사람이 항상하고자 함이 없으면 도의 요긴한 것을 살필 수가 있다. 요긴함은 일(一)을 가리킨다. 이 '일'이 밖으로 나와 펴지면 '도'라고 이름하며, 옳고 그름을 명백히 밝혀 놓는다. 요(徼)는 돌아감[歸]이다. 항상하고자 함이 있는 사람은 세속의 되돌아가는 취지를 살필 수 있다"[13]라고 말했다. 이 문장에서도 무욕과 유욕으로 주어를 삼아 항상 무욕하면 도의 요긴한 것을 보고, 항상 유욕하면 세속이 향해 가는 곳을 바라본다고 풀이하고 있다. 왕필은 "묘(妙)는 미세함의 궁극이다. 만물은 미세함에서 시작된 이후에 이루어지고, 없음에서 비롯된 이후에 생겨난다. 그러므로 항상하고자 하는 것이 없이 공허해야 물(物)이 시작되는 오묘함을 살필 수 있다. 요는 되돌아가서 끝남이다. 있음이 이로움이 되는 것은 반드시 없음으로 사용하기 때문이며, 하고자 하는 바의 근본이 도에 적합하면 후에 구제된다. 그러므로 항상하고자 하는 것이 있으면 물이 끝마쳐 가는 것을 살펴볼 수 있다"[14]고 했다. 왕필도 문장의 주어를 무욕과 유욕으로 보고 풀이했다.

첫 구절은 "항상 무는 그 오묘함을 살피려고 한다"고 했다. 이 문장은 대단히 중요한 뜻을 담고 있다. 첫 문장에서 '무는 천지의 시원'이라 하여 아무것도 없었던 상태에서 어떤 존재가 나타나기까지의 과정을 표현한 것이라 하였는데, 이 구절에서는 무는 항상 그 오묘함을 살피려 한다고 말하고 있다. 그동안 천지에 존재하지 않았던 무엇이 천지에 새로 태어

12) 하상공(河上公); 전한 때 사람으로 성명은 알 수 없다. 문제(文帝, 기원전 180-157) 때 하빈(河濱)에 초가집을 짓고 살아 사람들이 하상공이라 불렀다고 한다. 황제가 『노자(老子)』를 읽기 좋아했는데, 읽다가 모르는 곳이 나와도 대답해줄 사람이 없었다. 그가 『노자』의 뜻을 안다는 말을 듣고 직접 가 물어보니 황제에게 『소서(素書)』 2권을 주었다. 이를 세심히 살핀 결과 의심스러운 곳이 다 풀렸다고 한다.(중국역대인명사전, 2010. 1. 20, 이회문화사)
13) 『하상공주』 "妙, 要也. 人常能無欲, 則可以觀道之要, 要謂一也. 一出布名道, 讃敘明是非. 徼, 歸也. 常有欲之人, 可以觀世俗之所歸趣也."
14) 『왕필주』 "妙者, 微之極也. 萬物始於微而後成, 始於無而後生. 故常無欲空虛, 可以觀其始物之妙, 徼, 歸終也. 凡有之爲利, 必以無爲用, 欲之所本, 適道而後濟. 故常有欲, 可以觀其終物之也."

나는 순간의 과정을 그려 놓고 생각해 보자. 아무것도 보이지 않고 만져지지도 않는 어느 공간에서 무언가가 만들어지고 있다. 그런데 그 공간이 아주 오묘하여 누군가가 개입하여 원하는 것을 만드는 곳이 아님을 일러주고 있다. 따라서 오묘함이 생겨나는 것을 지켜보기만 해야 한다는 것이다. 따라서 무는 오묘함 속에서 스스로 조화의 산물로 태어나도록 보호하고 있음을 미루어 추측할 수 있다. 천하에서 일련의 새로운 사상들이 생멸하는 과정을 상상해 보라.

이어서 "항상 유는 그 순행하는 것을 살피려고 한다"고 했다. 필자는 앞에서 "유는 만물의 어미를 이름하는 것"이라 풀이하였다. 이제는 어미(유)에 기르는 책무성이 더해졌다. 따라서 순행하는 것을 살피려고 한다는 것은 자신의 주어진 역할을 하는 것으로, 그 보살펴야 하는 대상들이 태어난 도리에 맞게 움직이고 있는지를 돌아다니며 살핀다는 뜻이다. 어떠한 것이 만들어지면 만들어진 바탕과 취지에 맞게 계속 존속될 수 있도록 어미로서의 역할을 하게 될 것이다. 천명을 받아 땅에 세워진 천자가 하늘의 뜻에 따라 백성들을 보살피는 것과 같다. 이 글에서 '요(徼)'자는 여러 뜻으로 풀이되고 있다. 하상공은 '귀(歸)'로, 왕필은 '귀종(歸終)' 또는 엿보다[窺], 공(空), 경계[邊] 등으로 해석하거나, 돈황본의 교(皦)로 풀이하여 '밝고 또렷하다'로 풀이하기도 한다. 필자는 요(徼)를 '돌다, 순찰하다, 순행하다, 돌아다니며 살피다' 등의 본뜻으로 해석했다.

此兩者同出而異名

이 양자는 같은 곳에서 나왔으나 이름은 다르다.

이 문장의 기록은 백서(갑을)에서 '兩者同出 異名同謂(양자동출 이명동위)'로 표현되어 있다. 글자는 조금 다르나 전달하는 의미는 같다.

하상공은 "두 가지는 하고자 함이 있음과 하고자 함이 없음을 가리킨다. 같은 곳에서 나왔다는 것은 다 같이 사람의 마음에서 나왔다는 말이다. 이름을 달리한다는 것은 불려지는 것이 각각 다르다는 말이다. 하고자 함이 없다고 이름 붙여진 것은 오래 살고, 하고자 함이 있다고 이름 붙여진 것은 일찍 죽는다"[15]고 했다. 왕필은 "두 가지는 시(始)와 모(母)이다. 나온 곳이 같다는 말은 그윽함에서 함께 나왔다는 의미이고, 이름이 다르다는 말은 펼쳐진 곳이 같을 수 없다는 의미다. 그래서 앞머리에 있으면 시작이라고 하고, 끝에 있으면 그것을 어미라고 한다"[16]라고 말했다.

"이 양자는 같은 곳에서 나왔으나 이름은 다르다"라고 했다. 이름은 다르지만 동질성을 가지고 있다는 말이기도 하다. 앞에서 무와 유는 그 줄기가 같음을 설명했다. 하지만 서로의 경계가 따로 있기에 이름이 다른 것이다. 양자가 가리키는 것에 대한 설명은 학자들마다 다르다. 구절의 주어를 다르게 보았으니 당연한 일이다. 왕필은 '처음[始]'과 '어머니[母]'를

15) 『하상공주』 "兩者, 謂有欲無欲也. 同出者, 同出人心也. 而異名者, 所名各異也. 名無欲者長存, 名有欲者亡身也."

16) 『왕필주』 "兩者, 始與母也. 同出者, 同出於玄也. 異名, 所施不可同也. 在首則爲之始, 在終則爲之母."

가리킨다고 보았고, 하상공은 무욕과 유욕을, 또 다른 이들은 상무와 상유로 보았다. 서명응은 도와 이름으로 보았다. 또한 유무론적 해석을 하는 쪽에서는 유와 무로 보고 있다. 이처럼 매 문장마다 해석이 통일되지 않는 1장은 난해한 글임에 틀림없다. 하지만 책을 읽어 가다 보면 이들 글자의 의미가 서서히 보일 것이다. 노자는 뒷장에서 "도는 조급함을 멀리한다"라고 말하고 있다.

同謂之玄, 玄之又玄, 衆妙之門.
같은 곳이라 함은 현묘함을 일컬음이다. 현묘하고 또 현묘하니 온갖 오묘함의 문이다.

백서에서는 '同謂(동위)'라는 글자가 앞 구절에 연결되어 해석을 하도록 되어 있었으나 통행본 등에서는 이를 떼어내 '同謂之玄(동위지현)'이라는 구절로 독립시켰다.

하상공은 "현(玄)은 하늘이다. 하고자 함이 있는 사람과 하고자 함이 없는 사람이 모두 하늘에서 기를 받았다는 것을 말한다. 하늘 가운데 또 하늘이 있다. 하늘로부터 부여받은 기에는 두터움과 얇음이 있다. 조화롭고 생기가 넘치는 기를 얻으면 현인이나 성인으로 태어나고, 어지럽고 더러운 기를 얻으면 탐욕스럽고 음탕하게 태어난다. 하늘 가운데 또 하늘이 있고 기를 받음에 두터움과 얇음이 있음을 알 수 있으면 정욕을 없애고 조화를 지키게 되니, 이것을 가리켜 도의 요지가 되는 문을 안다고 하는 것이다"[17]라고 말했다. 즉, 하고자 함에 따라 하늘에서 서로 다른 기를 얻는다고 설명한다.

왕필은 "현(玄)이란 심오하고 고요하고 아무것도 없으니 시(始)와 어미[母]가 나오는 곳이다. 무엇이라고 이름할 수 없어서, 같은 이름으로 말할 수 없어서 현이라 한 것이다. 그런데 그것을 함께 현이라고 일컬을 수 있다고 말한 것은, 그것을 그렇게 말해서는 안 된다는 데에서 취했기 때문이다. 그런 연유로 말했다면 하나의 현에 고정시켜서는 안 된다. 이런 이름은 말하고자 하는 의도에서 멀어지고 만다. 그러므로 현하고 또 현하다고 말했다. 온갖 미묘한 것들은 모두 동일한 것에서 나왔으므로 온갖 미묘한 것들의 문이라고 말했다".[18]라고 풀었다. 설명은 복잡하지만 '현은 시(始)와 어미[母]가 나온 곳이며, 어떻게 구분하여 말할 수 없을 만큼 미묘하기 때문에 현이라 한 것이다'라고 이해된다.

첫 장의 마지막 문장은 '현(玄)'이란 글자로 마무리하고 있다. 도와 이름 그리고 무와 유라는 글자는 논리적으로 설명될 수 없음을 말하는 것이다. 우리는 대체로 이분법적으로 이해하고 다가서기를 선호한다. 따라서 좋은 것이 있으면 나쁜 것이 있어야 하고, 높은 곳이 있으면 낮은 곳이 있음을 입증하려 든다. 하지만 좋다고, 높다고 판정하는 그 순간 모순이 발생한다. 천지에는 수없이 많은 것들이 태어나고 사라지며 또한 공존하고 산다는 것만이 참이며, 천하에 똑같은 것은 하나도 없다는 것 역시 참이다. 따라서 천지의 신비로움은 현묘하다는 말 이외에는 표현할 방법이 없다. 현(玄)의 뜻에 대한 학자들의 해석도 다양하다. 하상공은 '하늘'

17) 『하상공주』 "玄, 天也. 言有欲之人與無欲之人, 同受氣於天也. 天中復有天也. 稟氣有厚薄, 得中和滋液, 則生賢聖, 得錯亂污辱, 則生貪淫也. 能之天中復有天, 稟氣有厚薄, 除情去欲守中和, 是謂知道要之門戶也."

18) 『왕필주』 "玄者冥也, 默然無有也, 始母之所出也. 不可得而名. 故不可言同名曰玄. 而言謂之玄者, 取於不可得而謂之然也. 謂之然, 則不可以定乎一玄而已. 則是名則失之遠矣. 故曰 玄之又玄也. 衆妙皆從同而出, 故曰 衆妙之門也."

이라고 했고, 소자유는 '무와 유가 하나임을 아는 것'이 곧 현이라고 했다. 오징(『道德經眞註』)은 "그윽하고 어두워 잴 수 없는 것"이라 했고, 범응원(『老子道德經古本集註』)은 "현은 깊고 멀어 분별할 수 없다"라고 했다. 박세당(『新註道德經』)은 "깊고 미묘하다"라고 말한다.

첫 번째 장의 풀이가 너무 길었다. 앞서 말씀드린 대로 아직 80장의 글이 남아 있다. 성급해하지 말고 천천히 읽어 가자. 鳳

제 2 장

모두 아름다운 것은 아름다워야 한다고 알지만 이는 추함일 뿐이다.

天下皆知美之爲美 斯惡已

천하개지미지위미 사악이

皆知善之爲善 斯不善已

개지선지위선 사불선이

故有無相生 難易相成

고유무상생 난이상성

長短相較 高下相傾 音聲相和 前後相隨

장단상교 고하상경 음성상화 전후상수

是以聖人處無爲之事 行不言之教

시이성인처무위지사 행불언지교

萬物作焉而不辭 生而不有

만물작언이불사 생이불유

爲而不恃 功成而不居

위이불시 공성이불거

夫唯不居 是以不去

부유불거 시이불거

천하가 모두 아름다운 것은 아름다워야 한다고 알지만 이는 추함일 뿐이고, 모두가 선한 것은 선해야 한다고 알지만 이는 선하지 못할 뿐이다.
그러므로 있음과 없음은 서로를 태어나게 하고, 어려움과 쉬움도 서로를 만든다.
길고 짧음은 서로가 교차되는 것이고, 높고 낮음도 서로에 기울어지는 것이며, 음과 소리는 서로 조화를 이루는 것이고, 앞서고 뒤서는 것도 서로를 따르는 것이다.
이 때문에 성인은 무위의 일로 처리하여 말하지 않는 가르침을 행한다.
만물이 짓더라도 자기의 생각을 말하지 않으니 생겨나더라도 성인의 소유가 아니며, 하더라도 성인을 믿고 의지하지 않게 하니 공을 이루더라도 머물지 않는다.
대저 머무르지 않기에 떠나가지 않는 것이다.

[해설]

天下皆知美之爲美, 斯惡已. 皆知善之爲善, 斯不善已.
천하가 모두 아름다운 것은 아름다워야 한다고 알지만 이는 추함일 뿐이고, 모두가 선한 것은 선해야 한다고 알지만 이는 선하지 못할 뿐이다.

첫 구절의 '美之爲美(미지위미)'는 백서(갑)에서는 '갈 지(之)'자가 빠진 '美爲美'로, 또한 惡已(악이), 斯不善矣(사불선의) 등으로 적혀 있다.

하상공은 "스스로 자기의 잘난 점을 드러내어 명확히 나타나게 한다. 위태로움과 죽음이 있다. 공과 명예가 있다. 사람들이 다투는 바이다"[19]라고 설명했다. 미(美)를 자신의 잘난 점으로 보고, 사람들이 자신을 드러내기 좋아하는 것은 공을 내세우고 명예를 얻기 위함인데 이것은 해로운 것이라고 본 것이다. 왕필은 "아름다움이란 사람들의 마음이 따르고 즐거워하는 것이다. 추함이란 사람들의 마음이 미워하고 싫어하는 것이다. 아름다운 것과 추한 것은 기뻐하는 것과 노하는 것과 같고, 선한 것과 선하지 못한 것은 옳은 것과 그른 것과 같다. 기뻐하는 것과 노하는 것은 근원이 같고, 옳은 것과 그른 것은 나오는 문이 같다. 그러므로 한쪽만을 거론해서는 안 된다. 본문의 여섯 가지(유무, 난이, 장단, 고하, 음성, 전후)는 모두 저절로 그렇게 되는 것들을 진술했으니, 한쪽만을 거론해서는 안 되는 밝은 이치이다"[20]라고 했다. 모두가 같은 문에서 나온 것이니

19) 『하상공주』 "自揚己美, 使彰顯也. 有危亡也. 有功名也. 人所爭也."
20) 『왕필주』 "美者, 人心之所進樂也, 惡者, 人心之所惡疾也. 美惡猶喜怒也, 善不善猶是非也. 喜怒同根, 是非同門, 故不可得而偏擧也. 此六者, 皆陳自然不可偏擧之明數也."

한쪽만을 취해 거론해서는 안 된다는 것이다. 오징(吳澄)도 아름다움과 추함의 이름은 서로에 기인하여 생긴 것이라 했다. 이식재(李息齋) 또한 "사람들이 알고 있는 아름다운 그것을 아름다운 것으로 여기고 있다는 말은, 추함이라고 하는 이름은 아름다움이 생기면서 이미 따르는 것임을 알지 못하고 있는 것이다"라고 말한다. 이 문장에 대한 학자들의 풀이는 하상공을 제외하고는 대체로 노자가 아름다움과 추함 그리고 선과 불선은 각자가 따로 흩어져 존재하고 있는 것이 아니라 서로가 기인하여 나타나는 것이라거나, 지극히 선한 자는 그 선함을 알지 못한다는 것 또는 다른 개념 또는 반대 개념으로 뒤바뀔 수 있다는 말이라고 했다.

첫 문장의 앞부분을 살펴보자. "천하가 모두 아름다운 것은 아름다워야 한다고 알지만 이는 추함일 뿐이다"라고 했다. 사람들이 상대적으로 잠시 드러난 것을 두고 고정되게 바라보는 잘못을 지적하고 있다. 그렇다! 아름답다고 여겨지는 것은 주변과의 비교를 통해 아름다운 것으로 이름 지어진 것뿐이다. 추하다고 여기는 것을 없앤다고 아름다운 것만 남게 되겠는가. 상황이 바뀌면 그것 역시 아름다운 것으로 남아 있지 않을 것이다. 이와 마찬가지로 추한 것도 항상 고정되어 있는 것이 아니기 때문에 언제든지 아름다운 것으로 변할 수 있다. 모든 물은 환경과 교감하면서 살아가는 것이기에 그 과정에서 우열이 항상 나타나는 법이다.

이어서 "모두가 선한 것은 선해야 한다고 알지만 이는 선하지 못할 뿐이다"라고 하여, 앞 구절과 같은 맥락으로 예시를 들고 있다. 반복되는 경험은 믿음을 갖게 만들어 고정된 정서를 가지게 한다. 잠시 불선함이 기세를 부리던 환경에서 만들어진 선이 지고의 선으로 계속될 수는 없다. 천하에 불선함이 드러나면 선함이 생겨나 불선함을 교화할 것이지만, 불선함은 또다시 나타날 것이며, 세상은 또 이러한 불선을 바로 잡아 갈 것이다. 이렇게 만물은 성장한다. 여기서 중요한 것은 올바른 길로 방향을 잡아 주는 일이다. 성인들이 우리가 불선하다 여기는 자들까지 똑같이 대하는 이유가 어디에 있겠는가. 현재 불선하게 보이는 자도 본디 선함을 가지고 있음을 알기에 널리 아끼는 것이다.

故有無相生, 難易相成. 長短相較, 高下相傾, 音聲相和, 前後相隨.

그러므로 있음과 없음은 서로를 태어나게 하고, 어려움과 쉬움도 서로를 만든다. 길고 짧음은 서로가 교차되는 것이고, 높고 낮음도 서로에 기울어지는 것이며, 음과 소리는 서로 조화를 이루는 것이고, 앞서고 뒤서는 것도 서로를 따르는 것이다.

이 문장은 죽간(갑)이나 백서(갑을)에서 흔히 각 구절마다 '之(지)'나 어조사 '也(야)'를 넣어 표현한다. 모든 판본들이 '無(무)'를 쓴 반면 죽간(갑)에서는 '亡(망)'으로 표기되어 있으며, '기울 경(傾)'자는 죽간(갑)에서는 '거침없이 흐를 영(浧)'으로 백서(갑을)에서는 '찰 영(盈)'자로 되어 있다. '前後(전후)'는 죽간(갑)과 백서(갑을)에서 '先後(선후)'로 표현 방법을 달리하고 있고, 백서(갑을)에서만 마지막 구절에 '항상 항(恒)'자를 넣어 '先後之相隨恒也(선후지상수항야)'로 기록한 점이 독특하다. 하지만 문장 전체가 전달하고자 하는

의미는 크게 다르지 않아 보인다.

하상공은 "있음을 보이면 없음이 된다. 어려움을 보면 쉬워진다. 짧은 것이 보이면 길어진다. 높음을 보이면 낮아진다. 위에서 선창하면 아래에서 반드시 화답한다. 위에서 행하면 아래에서 반드시 따른다"[21]라고 했다. 어떤 문제가 생기면 반드시 해결책이 따른다는 설명으로 보인다. 이 문장은 상대주의 입장에서 쉽게 이해할 수 있다고 보고 많은 주석가들이 자구(字句)에 대한 설명을 생략했다.

먼저 "그러므로 있음과 없음은 서로를 태어나게 하고, 어려움과 쉬움도 서로를 만든다"라고 했다. 앞 문장에서의 비유와 같이 사람들은 추한 것이 있으면 그와 다른 아름다운 것이 보이고, 어려운 일을 경험하고 나면 그동안의 일들이 대부분 쉬운 것이었음을 알게 된다. 겉으로 드러나지는 않지만 조화를 유지하기 위한 과정 속에서 항상 나타나는 것들이다. 이처럼 있고 없음이나 어렵고 쉬운 것이라는 이름도 그 상황에 따라 붙여진 것일 뿐이다. 모든 존재는 사람들이 이름을 붙이는 것과 상관없이 세상이라는 현묘한 공간에서 자연스럽게 만들어진다. 이것이 드러나면 이름을 갖게 되지만 항상 같은 이름으로 부르기는 어렵다.

이어서 "길고 짧음은 서로가 교차되는 것이고, 높고 낮음도 서로에 기울어지는 것이다"라고 했다. 어떤 경우에는 길지만 더 기다란 것에서 보면 짧게 느껴진다. 따라서 항상 길거나 항상 짧다고 단정 지을 수는 없

---

21) 『하상공주』 "見有而為無也. 見難而為易也. 見短而為長也. 見高而為下也. 上唱下必和也. 上行下必隨也."

다. 한편으로는 긴 것이 필요할 때도 있고 짧은 것이 유용할 때도 있다. 또한 높고 낮음도 함께 있어야 인식할 수 있다. 낮은 것이 없어지면 높은 곳도 사라진다. 천하가 질서를 유지하려면 균형과 조화가 필요하다.

교(較)[22]는 다른 판본들에서 '모양 형(形)'으로 적혀 있어 대체로 '나타나다'의 의미로 풀이한다. '견줄 교(較)'는 수레가 서로 교차되는 상황을 나타내는 글자다. 목표를 향해 달리는 마차가 서로 앞서거니 뒤서거니 하는 것처럼, 하늘의 낮이나 밤도 길어졌다 짧아졌다 하면서 생명이 움트게 하는 것이다. 또한 신분이 높은 자라도 지위가 낮은 백성들과 주고받음이 없으면 그 자리도 없다. '高下相傾(고하상경)'의 '기울 경(傾)'자는 죽간(갑)에서는 '浧(영)'으로, 백서(갑을)에서는 '찰 영(盈)'으로 되어 있다. 傾(경)은 '동시에 머리를 기울이다'이고, 浧(영)은 '거침없이 흐르다'의 뜻이며, 盈(영)은 '채우다, 가득하다'의 의미이다. 서로 고개를 숙이거나 아래로 흐르면서 서로가 부족한 것을 채우고 상생한다는 의미로 읽힌다.

마지막 구절은 "음과 소리는 서로 조화를 이루는 것이며, 앞서고 뒤서는 것도 서로를 따르는 것이다"라고 했다. 즉 곡조나 악기소리, 목소리가 조화를 이루어야 아름다운 시조나 노래가 완성되는 것과 같다. 조화(和)라는 글자는 여하한 기운과 마주쳐도 모순이 일어나지 않고 도리어 조화가 이루어지는 것을 뜻한다. 전국시대에서 한대에 이르기까지의 음악 이론을 기록한 『예기(禮記)』의 '악기(樂記)편'에 보면 "무릇 음(音)은 사람의 마음에서 만들어지는 것이다. 치세의 음은 편안하여 즐거움으로 그 정치가

22) '較(교)'는 '車(수레 거)'와 '交'가 합쳐진 글자. '較'는 수레가 서로 교차되는 상황을 나타낸다. 두 대 이상의 수레가 앞서거니 뒤서거니 하는 수레 경주와 같은 상황이다.(허성도, 서울대 교수. 중문학)

조화롭고, 난세의 음은 원망으로 분노를 일으키므로 그 정치에 괴리가 발생하며, 망국의 음은 슬픔으로 갖가지 생각을 일으켜 백성들이 곤란해진다. 성음(聲音)의 도는 정치와 통한다"라고 했다. 다스림에 있어 '음'과 '성'이 백성들과 군왕의 소통과 관련이 있음을 보여주고 있다. 신라 눌지왕 때 박제상이 저술했다는 『부도지(符都志)』에서도 "聲과 音이 섞인 것이 향(響)이다. 후천이 운행을 개시하여 율려(음악이나 음성의 가락)가 다시 부활하니, 이에 향상(響象)이 이루어지고 성(聲)과 음(音)이 함께하게 되었다"라고 했다. 즉 음과 성이 합해야 향상을 이루고 완전함을 갖추게 된다는 것이다. '음'이 치세의 말이라면, '성'은 백성들의 소리다.

"앞서고 뒤서고 하는 것은 서로를 따르는 것이다"에서 '따를 수(隨)'는 뒤를 따라간다는 뜻이다. 앞에 있다는 것은 주도적인 일을 하는 쪽이며, 뒤를 따른다는 것은 앞에 있는 이를 신뢰하여 인도하는 대로 성실히 좇아간다는 얘기다. 즉 백성이라 볼 수 있다. 앞에서 이끄는 자도 뒤에 따라오는 사람이 없다면 아무런 소용이 없다. 따라서 이들 관계에는 상호 신뢰의 주고받음이 존재한다고 할 것이다. 앞서는 자도 뒤따르는 자가 제대로 따라오지 못하면 혼자 갈 수 없는 것이니 서로를 따를 수밖에 없다. 이에 더해 백성들이 스스로 길을 찾아갈 수 있다면 앞서서 인도하지 않아도 되므로 뒤로 물러나 따르기만 해도 된다. 따라서 이 글은 어느 한쪽이 힘을 가졌다고 일방적으로 자신의 방향대로 이끌어가고자 한다면 서로의 관계는 깨어지고 만다는 의미가 깔려 있다. 이처럼 다양한 존재들이 자연스럽게 조화를 이루며 상생하는 것이 만물의 이치라는 뜻이다.

是以聖人處無爲之事, 行不言之教.

이 때문에 성인은 무위의 일로 처리하여 말하지 않는 가르침을 행한다.

첫 구절의 '處(처)'는 죽간(갑)과 백서(갑을)에서는 '居(거)'로 표기되어 있으며, '無(무)'자의 경우 죽간(갑)에서는 앞문장과 같이 '亡(망)'으로 표현했다. 역시 의미상의 차이는 없다.

하상공은 "도에 의해 다스린다. 몸으로 거느리고 이끈다"[23]라고 하였으며, 왕필은 "저절로 그러함으로 이미 충분하니, 일삼으면 실패한다"[24]라고 했다. 도에 의하여 다스리는 것으로 충분하니 오히려 유위하면 실패한다는 말이다.

이 구절은 나랏일을 무위로 처리해야 함을 말하는 것이다. 앞에서 나열한 것처럼 세상의 모든 것들이 차이가 있어 보이는 것은 상황에 따라 생겨난 것이니, 이를 부자연스럽게 여겨 인위적으로 바로잡으려 하거나 한쪽을 두둔하는 행동들을 경계하는 말이다. 때문에 성인은 무위의 자세로 나랏일을 처리한다고 했다. 이를 통해 말없이 백성들을 교화시켜 이끌어 간다고 말한다. 첫 장에서 "항상 무는 그 오묘함을 살피려고 하고, 항상 유는 그 순행하는 것을 살피려고 한다"라고 말한 것처럼, 성인은 오묘한 바를 알기에 직접 나서지 않고 스스로 바로 나아가도록 환경을 조성하여 문제를 해결해 나간다는 뜻이다. 이것이 무위로 일하는 것이다.

---

23) 『하상공주』 "以道治也. 以身師導之也."
24) 『왕필주』 "自然已足, 爲則敗也."

萬物作焉而不辭, 生而不有, 爲而不恃, 功成而不居.
만물이 짓더라도 자기의 생각을 말하지 않으니 생겨나더라도 성인의 소유가 아니며, 하더라도 성인을 믿고 의지하지 않게 하니 공을 이루더라도 머물지 않는다.

이 문장도 판본별로 약간씩 표현법이 차이가 있다. 주요한 부분으로 죽간(갑)·백서(갑을)에는 '말씀 사(辭)'가 '비로소 시(始)'로 되어 '불시야(弗始也)'로 되었는데, 부혁본·돈황본은 '불위시(不爲始)'로 되어 있다. 또한 '生而不有(생이불유)'는 하상공과 왕필본 등에만 적혀 있는 것이 특이하다.

이 문장의 설명을 하상공은 "만물은 각자 스스로 움직이고 일어나므로 고맙다고 사례하거나 거스르지 않는다. 원기는 만물을 생성하지만 소유하지 않는다. 도는 베풀어 행하는 것에 대해 보답을 바라지 않는다. 공이 이루어지고 일이 성취되어도 물러나고 피하여 그 자리에 머무르지 않는다"[25]라고 했다. 도가 베풀어지면서도 기대하는 것이 없음을 잘 설명한다. 왕필은 "지혜가 저절로 갖추어졌는데, 굳이 한다면 작위(거짓)이다. 물이 연유하는 바에 따라 쓰임으로써 공이 저절로 이루어졌기에 머물러 있지 않는 것이다"[26]라고 만물들이 저절로 이루어짐을 말하고 있다.

앞부분은 "만물이 짓더라도 자기의 생각을 말하지 않는다"라고 풀이했다. 앞에서도 성인은 '무위'로 다스리며 '말하지 않는 가르침'을 행한다고 했다. 성인은 이것이 옳고 저것은 그르다고 하는 등으로 명령하지

25) 『하상공주』 "各自動作, 不辭謝而逆止. 元氣生萬物而不有. 道所施為, 不恃望其報也. 功成事就, 退避不居其位."
26) 『왕필주』 "智慧自備, 爲則僞也. 因物而用, 功自彼成, 故不居也."

않고, 만물이 스스로 그러함에 맡겨둔다는 것이다. 따라서 생겨나더라도 성인의 소유가 아니라고 했다. 만물이 스스로 짓도록 하였으니 여기에서 생겨난 것은 자연스럽게 그들이 만들어 낸 것이 된다. 이어서 만물이 어떠한 일을 함에 있어서도 성인을 어머니처럼 생각하여 믿고 의지하려는 피동적인 자세를 갖지 않도록 한다고 했다. 물들이 자기 주도성과 책임감을 갖도록 유도하는 것이다. 따라서 만물이 각자 나름의 그릇으로 성장한 이후 성인은 그 공에 머물지 않는다고 말한다. 만물이 스스로 이룬 것으로 여기게 하였으니 각자가 기쁨을 누리도록 한다는 말씀이다. 처음부터 드러내 보이지 않는 다스림을 지향하였으니 당연한 귀결이다. 도의 정치는 무위로 행하며 만물이 스스로의 삶을 살아가게 하는 것이 순리다. 이룬 공을 그들에게 가도록 만들어야 항상하게 만들 수 있다. 이것이 바로 성인이 바라는 도이다.

통행본의 '불사(不辭)'는 죽간(갑)·백서(갑을)에는 '불시(弗始)'로 되어 있다. 始(시)는 '시작하다, 일으키다'의 의미를 가지고 있다. 따라서 '만물이 짓기 시작하면 성인은 아무 일도 하지 않는다'는 말이다. 이를 성인이 아닌 자가 한다면 '불시(弗始)'가 아니라 '시(始)'로 할 것이다. 일일이 간섭을 하려 들기 때문이다.

夫唯不居, 是以不去.
대저 머무르지 않기에 떠나가지 않는 것이다.

'夫唯不居(부유불거)'는 백서(갑)에서는 '아니 불(不)'자가 빠져 있

다. 백서(을)과 문장이 같음을 볼 때 누락된 것으로 보인다. 또한 '不' 자는 왕필본을 포함한 거의 모든 판본에서 '아닐 불(弗)'로 쓰여 있다. 뒤에 오는 동사(居)를 타동사로 풀이해야 한다는 점만 다르다.

하상공은 "무릇 공이 이루어져도 그 자리에 머무르지 않지만, 복과 덕은 항상 존재하여 자기 몸에서 떠나지 않는다"고 말했다. 즉 공과 덕이 성인에게 남아 있는 것으로 풀이했다. 반면에 왕필은 "공을 자신에게 있게 하면, 공이 오래 갈 수 없다"[27]고 풀이했다.

"대저 머무르지 않는다"는 것은 성인이 공을 이루었다고 해서 그 영예를 누리며 본분을 잃어버리는 행동은 하지 않는다는 말이다. 이어서 "떠나가지 않는다"고 했다. 떠나가지 않는다는 말은 하상공과 왕필의 설명대로 자기의 공으로 돌리지 않기에 그 공이 더 오래 기억될 수 있다는 말일 수 있다. 물론 그 공은 후세에 이어지며 칭송될 것이다. 그러나 그러한 의미만을 전하고 있는 것은 아닌 듯 보인다. "떠나가지 않는다"는 말의 본의는, 천하를 아끼는 성인의 정치에 천하의 만물들이 성인의 따뜻한 품 밖으로 떠나려 하지 않는다는 소리로 들린다. 鳳

27) 『왕필주』 "使功在己, 則功不可久也."

제 3 장

성인의 다스림은 그 마음을 비어 있게 하여 그 삶을 실하게 한다.

不尙賢 使民不爭
불상현 사민부쟁

不貴難得之貨 使民不爲盜
불귀난득지화 사민불위도

不見可欲 使民心不亂
불견가욕 사민심불란

是以聖人之治 虛其心 實其腹 弱其志 强其骨
시이성인지치 허기심 실기복 약기지 강기골

常使民無知無欲 使夫智者不敢爲也
상사민무지무욕 사부지자불감위야

爲無爲 則無不治
위무위 즉무불치

현명함을 높이지 않아서 백성들이 다투지 않도록 하고,
얻고자 하는 재물이 귀하거나 어렵지 않아서 백성들이 도둑질을 하지 않도록 하며,
욕심을 낼 만한 것을 보이지 않게 하여 백성들의 마음이 혼란스럽지 않도록 한다.
이 때문에 성인의 다스림은 그 마음을 비어 있게 하여 그 삶을 실하게 하고, 그 뜻을 약하게 하여 그 뼈대를 강하게 한다.
항상 백성들로 하여금 알아야 할 것도 없고 욕심도 없으니, 지아비의 지혜란 것이 감히 할 것이 없구나.
무위로 다 이루어지니, 다스려지지 않는 것이 없다.

[해설]

不尙賢, 使民不爭. 不貴難得之貨, 使民不爲盜. 不見可欲, 使民心不亂.
현명함을 높이지 않아서 백성들이 다투지 않도록 하고, 얻고자 하는 재물이 귀하거나 어렵지 않아서 백성들이 도둑질을 하지 않도록 하며, 욕심을 낼 만한 것을 보이지 않게 하여 백성들의 마음이 혼란스럽지 않도록 한다.

'오히려 상(尙)'은 백서(갑을)에서 '위 상(上)'으로 쓰여 있다. 이와 반대로 백서(갑을)에서는 마지막 구절인 '使民不亂(사민불란)'의 '民(민)'이 하상공본에서는 '心(심)'으로, 왕필본에서는 '민심(民心)'으로 기록되어 있는 점이 특이하다. 이 문장에서 가장 중요한 글자는 '어질 현(賢)'이다. 이 글자를 제대로 풀이해야 3장의 전체 내용이 쉽게 이해가 된다.

하상공은 "현(賢)이란 세속적으로 현명함을 가리킨다. 입으로는 말이 유창하고 글이 화려하며 도를 버리고 권력을 행하며 본바탕을 버리고 화려함을 행한다. 숭상하지 않는다는 것은 봉록을 줌으로써 귀하게 만들지 말고 관직을 줌으로써 높이지 말라는 것이다. 공과 명예를 다투지 않으면 자연스러운 본성으로 돌아가게 된다. 임금이 보배와 보물을 좋아하지 않아 황금이 산에 버려지고 진주가 연못에 던져지게 된다는 말이다. 위에서 맑고 깨끗한 사람으로 변하면 아래에서는 탐욕스러운 사람이 없게 된다. 정(鄭)나라 음악을 추방하고 아첨하는 자를 멀리한다. 사악하거나 음란해지지 않고 의혹되거나 어지러워지지 않는다"[28]라고 설명을 달았다. 현(賢)을 세속적으로 타락한 현명함, 즉 이익을 꾀하는 것으로 본 것이다.

왕필은 "현명함은 능하다는 것과 같다. 숭상하는 것이란 기리는 것을 이름하고, 귀하게 여기는 것이란 높이는 것을 일컫는다. 오직 능력이 있기에 일을 맡겼을 뿐인데 무엇 때문에 귀하게 여기겠는가. 오직 쓰임이 있기에 베푸는 것인데 무엇 때문에 귀하게 여기겠는가. 현명함을 숭상하여 이름을 드러내면 영화로움이 맡은 것보다 지나치게 되어 항상 능력을 따져 서로 다투게 된다. 재화를 귀중하게 여겨 효용 이상으로 취급하니 탐욕스러운 자들이 다투어 모여들고, 남의 담을 넘나들며 상자를 뒤지고 목숨이 다하도록 도둑질을 한다. 그러므로 욕심낼 만한 것을 보여주지 않는다면 마음이 어지럽게 될 일이 없다"[29]고 했다. 즉 능력에 맞는 일을 맡겼을 뿐인데 굳이 더 높이는 것은 잘못이라고 풀이한 것이다.

소자유는 "어진 것을 숭상하면 백성들은 그것만 같지 못함을 부끄럽게 여겨 다툼에까지 이르게 된다"라고 설명했으며, 박세당은 "윗사람이 선비를 높이지 않으면 아랫사람은 명예를 바라지 않게 되어 다툼이 그치게 된다"라고 했다.

상현(尙賢)의 글자 앞에 부정을 나타내는 '不'이 놓이니 해석하기가 난해하다. 상현은 어질다는 뜻과 현명하다는 의미를 담고 있어서 여러 주해들이 이를 '바르지 못한 것'으로 해석하기가 곤란했을 것이다. 그럼 왜 노자는 우리의 상식과 달리 현명함을 높이지 않아야 백성들이 다투지 않

28) 『하상공주』 "賢謂世俗之賢, 辯口明文, 離道行權, 去質為文也. 不尙者, 不貴之以祿, 不貴之以官. 不爭功名, 返自然也. 言人君不御好珍寶, 黃金棄於山, 珠玉捐於淵也. 上化清靜, 下無貪人. 放鄭聲, 遠佞人. 不邪淫, 不惑亂也."

29) 『왕필주』 "賢, 猶能也. 尙者, 嘉之名也. 貴者, 隆之稱也. 唯能是任, 尙也曷爲. 唯用是施, 貴之何爲. 尙賢顯名, 榮過其任, 爲而常校能相射. 貴貨過用, 貪者競趣, 穿窬探篋, 沒命而盜. 故可欲不見, 則心無所亂也."

게 된다는 말씀을 했을까? 노자는 많은 이들의 생각을 혼란스럽게 만들었지만 결코 납득할 수 없는 정도로 무리한 말씀은 하지 않았을 것이다.

먼저 '현(賢)'은 현명하다는 뜻으로 쓰일 때에는 '마음이 어질고 영리하여 사리에 밝은 것'을 뜻한다. 『도덕경』 75장에도 '현'자가 나오는데, 여기서는 재화와 관련된 뜻으로 다루고 있다. 노자가 생각하는 '현'이라는 글자의 뜻에 가까이 다가설 수 있기 때문에 매우 중요한 단서이다. 그럼 이와 같은 뜻이 당시에 사용된 사실이 있는지 찾아보자. 동 시대에 있었던 역사적 기록을 살펴보는 것도 좋을 듯싶다.

시대적 난제를 해결할 수 있을 만큼 능력이 뛰어난 사람을 얻는 일은 고금을 막론하고 군주에게 매우 중요한 일이었다. 깊은 우정을 나타내는 사자성어 '관포지교'로 유명한 관중(管仲)은 춘추시대 제(齊)나라의 재상으로 환공(桓公)을 도와 군사력을 강화했고 상업·수공업의 육성을 통해 부국강병을 꾀했다. 『열자(列子)』의 '역명(力命)편'에 보면, 관중이 병이 들어 자리에 눕게 되었을 때 환공이 국정을 맡길 만한 자를 천거해 달라고 하자, 관중이 습붕(隰朋)을 천거하며 그 이유를 설명하는 장면이 있다.

"굳이 택하고자 하면 습붕이 가합니다. 그는 상전에 대한 욕심이 없기 때문에 바로 아래에 두어도 배반하지 않을 것입니다. 그는 자신이 황제(黃帝)와 같지 못한 것을 부끄러이 여기고 있으며, 자기보다 못한 사람을 가엾게 여깁니다. 덕(德)으로 나라를 다스리는 사람을 찾아본다면 성인(聖人)에서 찾아야 하고, 나라 살림살이[財]에 둔다면 현인(賢人)이어

야 할 것입니다".[30)]

여기서 현(賢)자는 재(財)와 연결이 되어 있다. 재(財)는 돈을 나타내는 조개 패(貝)와 자재[材]를 의미하는 才(재)가 합하여 이루어진 한자이다. 賢(현)자 또한 파자해 보면 돈과 재물을 나타내는 조개 패(貝)와 구휼(救恤)한다는 뜻의 臤(현)으로 이루어져 있다. 문맥의 흐름으로 보면 신하가 군왕을 대신하여 덕으로 나라를 다스리기를 바라면 성인으로 하여야 할 것이고, 나라의 살림살이를 잘 꾸려가기를 바란다면 현인을 등용해야 한다는 뜻으로 볼 수 있다.

대화를 더 들어보자.

"현(賢)으로 사람들의 위에 군림해서 민심을 얻은 경우는 아직까지 없었으며, 현명함을 아래에 두어서 민심을 얻지 못한 경우는 지금까지 없었습니다. 그것은 나라에서는 물어보지 않아도 있는 것이며, 그것은 집안에서 보지 않아도 있는 것입니다."[31)]

나라의 살림살이를 백성들의 살림살이보다 우선시하여 부국강병을 꾀한다면 백성들의 마음을 얻을 수 없다는 뜻이다. 당시는 나라 간의 분쟁이 잦아 재정적 압박이 높았고, 흉년이라도 들면 백성들의 고통은 극도로 저하되었다. 따라서 이 글의 뜻은 민심을 얻으려면 현(賢)을 백성들의 위에 놓지 말고 아래에 있는 백성들에게 두어야 한다는 것이다.

그럼 본문으로 돌아와 "현명함을 높이지 않아서 백성들이 다투지

30) "勿已, 則隰朋可 其爲人也 上忘而下不叛 愧其不若黃帝 而哀不己若者 以德分人 謂之聖人 以財分人 謂之賢人"

31) "以賢臨人 未有得人者也 以賢下人者 未有不得人者也 其於國有不聞也 其於家有不見也"

않도록 한다"라고 한 부분을 살펴보자. 상현(尙賢)에서의 '尙(上)'은 우선하거나 우대한다는 뜻이 담겨져 있다. 따라서 현명함을 위에다 둔다는 것은 군주의 살림에만 치중한다는 말이다. 앞에서 설명한 바와 같이 당시의 군주들은 부국강병을 꾀했다. 따라서 전쟁을 대비하여 나라의 재정을 비축하는 일이 가장 우선되었을 것이다. 이 과정에서 아무리 현명한 정책이라도 불가피하게 그 피해는 백성들에게 돌아갈 것이다. 그렇다면 백성들도 각자의 실리를 좇아 온갖 꾀를 부려 물질을 얻는 것에 몰두할 것이며, 생존이 걸린 백성들의 다툼은 불가피하다. 따라서 관중이 환공에게 현(賢)으로 사람들의 위에 군림해서 민심을 얻은 경우는 없었다고 말한 것이 아니겠는가.

이어서 "얻고자 하는 재물이 귀하거나 어렵지 않아서 백성들이 도둑질을 하지 않도록 한다"라고 했다. 얻기가 귀하거나 어렵다는 것은 통상 그 수량이 원하는 물량보다 훨씬 적다는 것이다. 보석처럼 본래부터 수량이 적은 것도 있지만 평상시에는 흔하다 어떤 변고로 귀하게 된 것일 수도 있다. 백성들이 도적이 되어서라도 얻고자 하는 물건이라면 당장 생사가 달린 물건이거나 미래에도 개선될 희망이 보이지 않는 경우일 것이다. 백성에게 생명과 같은 것은 바로 식량이며, 당시에는 세금도 식량으로 냈다. 식량을 얻기가 어려워진다면 이를 둘러싼 다툼은 당연하지 않겠는가. 따라서 나라의 살림살이를 줄여서라도 식량이 귀하게 되지 않도록 하라는 말씀이다. 사람이란 어떤 것이 귀하여 얻기가 어려워지면 당장은 필요하지 않더라도 그것을 비축하려는 욕심이 생겨나고, 결국은 그것을 더욱 귀하게 만든다. 욕심은 곧 다툼으로 이어진다. 그래서 노자는 '욕심을 낼 만한 것을 만들지 말아야 백성들의 마음이 혼란스럽지 않다' 라고 말하는 것이다.

是以聖人之治, 虛其心, 實其腹, 弱其志, 强其骨.
이 때문에 성인의 다스림은 그 마음을 비어 있게 하여 그 삶을 실하게 하고, 그 뜻을 약하게 하여 그 뼈대를 강하게 한다.

이 문장은 판본별로 기록이 거의 일치한다.

하상공은 "성인이 나라를 다스리고 자기 몸을 다스리는 것을 말한다. 즐기는 욕망을 제거하고 번뇌의 어지러움을 없앤다. 도를 품고 일(一)을 안아 오장신을 지킨다. 온화하고 부드러우며 겸손하고 사양하여 권력의 자리에 머무르지 않는다. 정기를 아끼고 함부로 방출하지 않으면 골수가 가득 차고 뼈가 단단해진다"[32]라고 설명을 달았다. 왕필은 "마음에는 지혜를 품고 배에는 음식을 담으니, 있는 지혜를 비우고 무지로 실하게 한다. 뼈대는 앎이 없어서 줄기가 되지만 뜻은 일을 만들어서 어지럽힌다. 마음을 비우면 뜻이 약해진다"[33]라고 풀이했다.

이 문장에서는 앞 문장에 이어 나라를 바르게 다스리는 성인의 치도를 일러주고 있다. 이 문장에서 '其(기)'는 백성들을 가리키는 것으로 보인다. 백성들이 욕심을 갖지 않도록 하여 그들이 자신들의 질박한 삶에

32) 『하상공주』 "說聖人治國與治身同也. 除嗜欲, 去亂煩. 懷道抱一守, 五神也. 和柔謙讓, 不處權也. 愛精重施, 髓滿骨堅."
33) 『왕필주』 "心懷智而腹懷食, 虛有智而實無知也. 骨無知以幹, 志生事以亂. 心虛則志弱也."

만 전념하게 보살피라는 말씀이다. 이렇게 다스리는 것이 나라의 뼈대를 강하게 만드는 길이라고 강조하고 있다.

常使民無知無欲, 使夫智者不敢爲也.
항상 백성들로 하여금 알아야 할 것도 없고 욕심도 없게 하였으니, 지아비의 지혜란 것이 감히 할 것이 없구나.

백서(을)에서는 마지막 구절이 '使夫知不敢(사부지불감)'으로 '슬기 지(智)'가 '알 지(知)'로 되어 있는 등 표현이 간결하게 되어 있다.

하상공은 "질박함으로 되돌리고 순수함을 지킨다. 사려를 깊이 하고 가볍게 말하지 않는다"[34]라고 하였고, 왕필은 "그들의 참됨(眞)을 지키게 한다. 지혜라는 것은 무엇을 할 줄 아는 것을 말한다"[35]라고 풀이했다.

현명함을 아래에 두고 덕으로 다스리니 백성들의 삶에 부족함이 없고 나라의 결속은 강하게 되었다. 백성들이 세상물정에 능통해야 할 필요가 사라지자, 질박해진 사회분위기에 탐욕도 사라졌다. 이는 천하가 질박한 삶으로 돌아온 것과 같다. 천하가 스스로 작동하는 시스템이 된 것이다. 나라가 도의 순리에 따라 움직이고 있으니 백성들의 지아비로서 갖고 있는 지혜도 이제는 사용할 필요가 없어졌다는 말이다.

---

34) 『하상공주』 "返樸守淳. 思慮深, 不輕言."
35) 『왕필주』 "守其眞也. 智者, 謂知爲也."

爲無爲, 則無不治.

무위로 다 이루어지니, 다스려지지 않는 것이 없다.

'爲無爲(위무위)'가 백서(을)에는 '弗爲而已(불위이이)'로 표기되어 있다. "이미 다 되어 있으니 하여야 할 것이 없다"는 의미로 서로 통한다.

하상공은 "조작하지 않고 움직임이 따름에 기인한다면, 덕에 의한 교화가 두터워 백성들이 편안해진다"[36]라고 해서 덕을 등장시켰다.

마지막 가르침을 주는 문장이다. 박세당의 풀이처럼 이것은 성인이 무위를 행하는 까닭이니, 이와 같으면 천하는 다스려지지 않는 것이 없게 된다는 말씀이다. 모든 백성들이 자신의 역할에 충실하여 스스로의 책임감으로 질박하게 살아가는 것이다. 천하 만물이 본성에 따라 각기 본분을 충실히 수행하고 있으니, 바로 무위(無爲)의 정치를 완성한 것이다. 이제 성인이 할 일은 오묘한 천하가 순행하는 것을 지켜보는 것뿐이다. 鳳

36) 『하상공주』 "不造作, 動因循。德化厚, 百姓安."

제 4 장

도는 조화로 비어 있으니 사용해도 다 채우지 못한다.

道沖而用之或不盈

도충이용지혹불영

淵兮 似萬物之宗

연혜 사만물지종

挫其銳 解其紛 和其光 同其塵

좌기예 해기분 화기광 동기진

湛兮 似或存 吾不知誰之子 象帝之先

잠혜 사혹존 오부지수지자 상제지선

도는 조화로 비어 있으니 사용해도 다 채우지 못한다.

깊은 못이구나. 마치 만물의 종주인 듯하다.

그 날카로움을 꺾이게 하여 엉클어짐을 풀어지게 하며, 그 빛들을 조화롭게 하여 그 티끌들을 함께하게 한다.

깊이 잠겨있구나. 마치 존재하는 듯하다. 그대들은 누구의 자식인지를 알지 못하지만, 상제보다 앞선 것 같구나.

[해설]

道沖, 而用之或不盈.

도는 조화로 비어 있으니 사용해도 다 채우지 못한다.

'빌 충(沖)'은 백서(을)에서는 '빌 충(盅)'으로, '혹 혹(或)'은 '있을 유(有)'로 기록되어 있다.

하상공은 "충(沖)은 가운데라는 뜻이다. 도는 이름을 숨기고 명예를 감추니 그 쓰임은 가운데에 있다. 혹(或)은 항상[常]이라는 뜻이다. 도는 항상 겸손하고 비어 있어 가득 차지 않는다"[37]라고 했다. 박세당은 "충(沖)은 허(虛)이다. 도의 몸은 본래 허하다. 그러므로 사용하여도 항상 채워지지 않는다"라고 하여, 본래 비어 있기에 채워질 수 없다고 설명했다. 또한 오징도 "도체(道體)는 허하다. 사람들이 이 도를 사용할 때 마땅히 비워두고 가득 채우지 말아야 한다"라고 했다. 소자유는 "도는 비어 있으므로 틀림없이 무에 이를 따름이다. 그와 같은 것은 온갖 유(有)에 적용되는 것이어서, 비록 천지가 아무리 크고 산하가 광활하여도 두루 미치지 않는 곳이 없다. 그것의 형태가 없어서 마치 채워지지 않는 것 같다"[38]라고 했다. 즉 도가 모든 만물에 영향을 미치고 있으므로 형태가 없어서 보이지 않는 것뿐이라고 설명했다.

왕필은 "비어 있는 것을 사용하면 제아무리 많이 사용하더라도 다 할 수 없다. 가득 차 있으면서 열매를 지으려 하니 열매가 오면 넘친다. 그

37)『하상공주』"沖, 中也. 道匿名藏譽, 其用在中. 或, 常也. 道常謙虛不盈滿."
38) 도덕진경주 "夫道沖然至無耳, 然以之適眾有, 雖天地之大, 山河之廣, 無所不遍. 以其無形, 故似不盈者."

러므로 비어 있어야 그것을 사용하고 또한 다시 차지 않는다. 형체가 비록 클지라도 그 몸에 더 쌓일 수 없고 일이 비록 많을지라도 그 용량을 채울 수 없다. 만물이 이것을 버리고 주인을 찾는다면 주인을 어디에서 구할 수 있겠는가"[39]라고 했다. 즉 비우면서 작용하는 것이라 설명했다.

"도는 조화로 비어 있으니 사용해도 다 채우지 못한다"라고 서두를 꺼냈다. 도라는 존재를 구체적으로 이해할 수 있도록 만들어 주는 구절이다. 도라는 그릇은 아무리 사용해도 그 쓰임이 다하지 않는다는 말씀이다. 백서(을)에서 '빌 충(盅)'으로 쓰여 있는 것이 통행본에서는 충(沖)자를 써서 '빈 그릇'이라는 의미를 깊게 하고 있다. '沖(충)'자의 비어 있다는 의미 속에는 정중동(動中靜)과 같이 소용돌이치는 물이라도 정작 가운데는 비어 있어 조용함을 유지한다는 의미를 포함하고 있다. 즉, 부자연스러움이 아무리 커도 도라는 그릇에 다 담아 낼 수 있다는 뜻이다.

우리가 함께 살아가는 천하는 생존과 번영을 위한 다툼과 욕망이 한시도 끊이지 않는다. 한 시대를 풍미한 수많은 군주들도 천하의 인재를 널리 등용하고 훌륭한 위민정책들을 쏟아내어 부국강병을 이루었으나, 이러한 노고에도 불구하고 태평성대는 오래 지속되지 못했다. 그릇으로 비유하자면 용량이 부족하여 천하의 역동성을 감당하지 못한 것이다. 그러나 도라는 그릇을 사용하면 넘칠 염려가 없다고 노자는 말한다. 노자가 이처럼 장담하는 이유는 도라는 그릇의 특별함에 있다. 도라는 그

39) 『왕필주』 "沖而用之, 用乃不能窮. 滿以造實, 實來則溢. 故沖而用之又復不盈, 其爲無窮亦已極矣. 形雖大, 不能累其體, 事雖殷, 不能充其量. 萬物舍此而求主, 主其安在乎."

릇에 담기면 서로의 것을 덜거나 더하여 함께 조화롭게 살아가도록 해 주기 때문에 넘침이 없다. '빌 충(沖)'자를 하상공은 '中(중)'으로, 박세당과 오징은 '虛(허)'로, 서명응은 '화(和)'로 풀이한다. 큰 범주로 보면 모두 맞는 말이다.

淵兮, 似萬物之宗.
깊은 못이구나. 마치 만물의 종주인 듯하다.

'어조사 혜(兮)'는 하상공본에는 '어조사 호(乎)'로, 백서(갑을)에서는 '어조사 아(呵)'로 쓰였다.

하상공은 "도는 연못처럼 깊어 알 수가 없으니 마치 만물의 종조가 되는 듯하다"[40]라고 하여 '연(淵)'을 물이 깊이 담겨 있는 못으로 보았다. 왕필은 "한 집안을 지킬 역량을 가진 자는 전체 집안을 온전하게 할 수 없으며, 한 나라만 유지할 수 있는 역량을 가진 자는 나라를 이룰 수 없다. 온 힘을 다해 무거운 것을 들면 더 이상 쓰임으로 삼을 수 없기 때문이다. 그러므로 사람이 비록 만물의 다스림을 알더라도 다스림에 하늘과 땅의 도를 사용하지 않는다면 넉넉함이 있을 수 없다. 땅이 비록 형체가 정해져 있지만 하늘을 본받지 않는다면 그 안녕을 온전하게 할 수 없다. 하늘이 비록 정미한 상이지만 도를 본받지 않는다면 그 정미함을 보전할 수 없다"[41]라고 설명을 달았다.

왕필은 4장의 주해에서는 각 문장에 대한 자신의 생각을 일일이 나

40) 『하상공주』 "道淵深不可知, 似為萬物知宗祖."
41) 『왕필주』 "夫執一家之量者, 不能全家, 執一國之量者, 不能成國, 窮力擧重, 不能爲用. 故人雖知萬物治也, 治而不以二儀之道, 則不能贍也. 地雖形魄, 不法於天則不能全其寧, 天雖精象, 不法於道, 則不能保其精."

누지 않고 총체적으로 설명했다. 모든 것에는 각자 그릇으로서의 한계가 있음을 말하고, 이를 넘어설 수 있는 길은 도를 본받는 것이라 했다.

노자는 앞에서 "도라는 빈 그릇에는 어떠한 것을 담아도 부족함이 없다"고 말하고, 좀 더 구체적인 비유로 도는 마치 깊은 못과 같다고 했다. 깊은 못이란 무수한 생명들이 나름의 방식으로 독립적인 삶을 살아가는 하나의 세상이다. 못의 물은 평상시에는 맑고 깨끗하지만 비가 오거나 홍수가 지면 탁하고 거칠며 사납기도 한다. 하지만 이러한 무질서는 깊은 못에 들어오면 서서히 잔잔해지면서 어느덧 평상처럼 맑아진다. 물속에 살아가고 있는 생명들에게는 잠시 혼란한 상황이 있었지만 못이라는 그릇이 이를 거뜬히 해결하였기에 평화가 늘 유지되는 것이다.

이처럼 못도 마치 도와 같이 만물의 종주처럼 보인다는 것이다. 종주(宗)는 만물의 근원이면서 어미의 역할을 하는 것을 말한다.

挫其銳, 解其紛, 和其光, 同其塵.
그 날카로움을 꺾이게 하여 엉클어짐을 풀어지게 하며, 그 빛들을 조화롭게 하여 그 티끌들을 함께하게 한다.

이 문장은 판본별로 누락은 있으나 차이는 없다.

하상공은 "예(銳)는 나아가다[進]의 뜻이다. 사람들은 자신의 감정대로 밀고 나아가 공과 명예를 적극적으로 취하고자 한다. 그러나 이러한 욕망을 꺾어 멈추게 하고 도를 본받아서 스스로를 드러내지 말아야 한다. 분(紛)은 맺힌 원한이다. 도를 생각하여 무위로 풀어야 한다. 비록 홀로 밝음을 보았어도 어둡고 미련한 것처럼 처신해야지 그 밝음으로 사람들을 현란하게 어지럽혀서는 안 된다는 말이다.

뭇사람들과 더러움을 함께해야지 스스로를 특별하게 구별해서는 안 된다"[42]라고 하면서 도를 본받아야 할 경우를 설명하고 있다. 왕필은 "또한 깊으면서 고요하여 만물의 근본인 것 같지 않은가. 날카로움은 꺾어서 상처를 입히지 않고, 분란은 풀어주어 힘들게 하지 않으며, 빛남을 부드럽게 하여 몸을 더럽히지 않고, 티끌 같은 세속과 함께하면서도 참됨을 지키니, 또한 깊으면서 맑아 존재하는 것 같지 않다"[43] 라고 말한다.

이 문장은 조화를 유지하는 표현이므로 어떻게 옮기든 잘못되었다고 지적하기는 곤란할 것 같다. 본 구절은 다른 장에서도 그대로 인용되는 글귀여서 대구 형식으로 풀어보았다. 앞 구절은 "그 날카로움을 꺾이게 하여 엉클어짐을 풀어지게 한다"라고 말한다. 날카로움이란 만물이 각자의 성질과 이해를 가지고 밖으로 드러낸 것이지만, 그것이 날카롭기에 남과 마찰을 일으키는 것을 말함이다. 따라서 서로의 날카로움을 무디게 만들어 실타래처럼 헝클어진 매듭을 풀어 가게 만든다는 것이다.

이러한 일들은 도의 그릇 안에서 자연스럽게 이루어질 수 있는 것으로 보인다. 노자가 깊은 못에 비유하여 설명하고 있는 것은 바로 물[水]이라는 매질을 통해 물(物)들이 직접적인 마찰을 피하고 조화를 도모하

42)『하상공주』"銳, 進也. 人欲銳精進取功名, 當挫止之, 法道不自見也. 紛, 結恨也. 當念道無為以해석. 言雖有獨見之明, 當知闇昧, 不當以擢亂人也. 當與衆庶同垢塵, 不當自別殊."
43)『왕필주』"不亦淵兮似萬物之宗乎. 銳挫而無損, 紛解而不勞, 和光而不汚其體, 同塵而不渝其眞, 不亦湛兮, 似或存乎."

는 모습이다.

이어서 "그 빛들을 조화롭게 하여 그 티끌들을 함께하게 한다"라고 말했다. '빛[光]'은 그 존재의 색깔이다. 곧 빛은 각각의 물(物)들의 기세를 내보임이다. 각각의 물들은 생존을 목적으로 한 나름의 행함이 타자와의 관계에서는 불선함으로 다가설 수 있다. 이러한 부조화를 조화롭게 만드는 일이 평화로운 공존을 위해 절실하다. 부조화의 대상이 되는 것은 언제나 힘없는 백성들에게 전가되기 쉽다. 따라서 관리들은 항상 백성들을 교화의 대상으로 먼저 생각한다. 이 글에서 티끌은 속세의 물정 곧 백성들의 민심이다. 노자는 바로잡을 대상이 백성들이 아님을 알고 있기에 속세의 민심을 항상 곁에 두고 함께하라고 말씀하신 것이다.

> 湛兮, 似或存, 吾不知誰之子, 象帝之先.
>
> 깊이 잠겨 있구나. 마치 존재하는 듯하다. 그대들은 누구의 자식인지를 알지 못하지만, 상제보다 앞선 것 같구나.

'吾不知誰之子(오부지수지자)'의 구절이 백서(갑)에서는 '그 기(其)' 자가 포함되어 '吾不知其誰之子(오부지기수지자)'로 되어 있다. 또한 '어조사 혜(兮)'는 앞 문장과 같이 백서에서는 '가(呵)'로 되어 있다.

하상공은 "맑고 깊고 고요해야 한다는 말이다. 이렇기 때문에 길이 보존되고 사라지지 않을 수 있다. 노자가 말하기를 '나는 도가 생겨 나온 곳을 알지 못한다'고 한 것이다. 도는 상제 이전에 스스로 존재했다. 도는 곧 천지에 앞서 생겨났다는 말이다. 그런데도 현재까지 이를 수 있는 것은 도가 안정되어 있어 담연하여 수고롭거나 번거로움이 없기 때문에 사람들이 몸을 닦고 도를 본받게 하고자 하는 것이다"[44]라고 했다. 즉, 도가 맑고 깊고 고요하다고 표현하면서 그만큼 거룩한 존재라고 보고 상제 이전부터 존재했다고 말한다.

왕필은 "땅이 그 형체를 고수하고 있지만 땅의 덕은 만물의 실어 줌을 넘어설 수가 없다. 하늘은 그 상(象)에 흡족해 하지만 하늘의 덕은 만물의 덮어 주는 역할을 넘어설 수 없다. 하늘과 땅이 도에 미칠 수 없으니 또한 상제보다 앞서 있는 것 같지 않은가. 제(帝)는 천제(天帝)이다"[45]라고 말했다. 왕필 또한 도가 상제보다 앞서 있는 것 같다 한다.

이 장에서는 물과 관련된 글자가 많이 보인다. 첫 문장에서 나온 '沖(충)'자와 함께 '찰 영(盈)'과 '못 연(淵)', '담글 점(湛)'자 등이다. 노자의 사상이 담겨 있다는 『서승경』[46] 제19장에도 '觀道者如觀水(관도자여관수) 是以聖人者(시이성인자)'라 하여, "도를 바라보는 것이 물을 바라보는 것과 같다고 하면, 이는 성인이라 말할 수 있다"라고 돼 있다. 선현들은 물의 작용 속에서 세상의 이치를 깨닫는 경우가 많았던 것 같다. '湛(점)'은 '특별히 귀여워하고 사랑하다, 즐기다, 심오하다, 잠기다, 적시다' 등의 뜻

---

44) 『하상공주』 "言當湛然安靜, 故能長存不亡. 老子言 : 我不知, 道所從生. 道自在天帝之前, 此言道乃先天地之生也. 至今在者, 以能安靜湛然, 不勞煩欲使人修身法道."

45) 『왕필주』 "地守其形, 德不能過其載, 天慊其象, 德不能過其覆. 天地莫能及之, 不亦似帝之先乎. 帝, 天帝也."

46) 주(周)나라(기원전 1100~249) 강왕(康王) 시대에 함곡관(函谷關, 당시 서쪽 국경)의 경비대장이었던 윤희(尹喜)는 푸른 소가 끄는 흰 수레를 타고 함곡관을 통과하는 노자를 보고 범상치 않은 인물임을 알고 달려 나와 맞이했다. 당시 노자가 윤희에게 주었던 책이 바로 『도덕경』이다. 이후 윤희는 관직을 사임하고 노자가 머물러 있을 때 배웠던 가르침을 한 권의 책으로 정리했다. 그것이 오늘날 『서승경(西昇經)』이라고 불리는 도교 경전이다.

으로, 설문(說文)에서는 물에 잠긴 것 즉 '몰(沒)'이라고 했다. 필자는 이 글자를 도가 만물과 오래전부터 깊숙이 연관되어 피할 수 없는 관계임을 말하는 것으로 본다. 즉 "(도가) 깊이 잠겨 있구나. 마치 존재하는 듯하다"라고 말하는 것이다.

앞서의 글에서 도는 만물의 종주인 듯 보인다고 말하였듯이, 모든 물은 도의 품속에서 자라고 있음이다. 도가 만물을 보살피고 있는 모습은 볼 수가 없으나 이루어지고 있는 것을 보면 무언가 곁에 있는 것처럼 느껴진다는 말씀이다.

이어서 "그대들은 누구의 자식인지를 알지 못하지만, 상제보다 앞선 것 같구나"라고 마무리했다. '나 오(吾)'는 『도덕경』에 자주 등장하는 글자다. 모두 '나'라고 번역하지만 필자는 '그대'라고 번역했다. 물론 이렇게 주장하는 근거를 대라면 궁색하다. 다만 노자가 대중을 앞에 두고 한 시대의 새로운 세계관과 우주관을 피력한 것이 아니라 『도덕경』이라 명명된 서책을 통해 자신의 글을 읽는 이와 의사소통하고 있다고 보기 때문이다.

그럼 다시 본론으로 돌아가, "그대들은 누구의 자식인지 알지 못한다"는 것은 어떤 의미일까? 누구나 자신을 길러 주는 부모를 알 텐데 굳이 이처럼 묻는 의도가 있을 것이다. 이는 자신을 특별히 귀여워하고 사랑하는 이가 또 있기 때문이다. 그러나 이러한 사실을 알지 못하고 있기 때문에 누구의 자식인지를 물어보는 것이다. "그대들을 보살피고 있는 도는 그대들이 잘 알고 있는 상제보다도 더 앞서서 존재하고 있다"고 노자는 말한다. 노자는 62장에서 "도라는 것은 만물의 깊숙한 안쪽에 있으니, 선한 사람의 보배이고 선하지 않은 사람도 간직하고 있는 바이다"라고 말한다. 즉 도는 모든 물의 깊숙한 곳에 간직되어 있다는 것이다. 하늘 이전에 우리를 지배하는 무언가가 있다는 말씀이다.

이 구절에서 '象(상)'자를 '같을 사(似)'로 보아 '같다' 또는 '유사하다'고 해석하기도 하고, '형상 상(像)'으로 해서 '본뜨다'라고 풀기도 한다. 왕필은 '모양 형(形)'으로 보았다. 한비자는 '해로(解老)편'에서 "살아있는 코끼리를 보는 일이 아주 드물었기에 죽은 코끼리 뼈를 구해 살아있을 때를 상상하며 그림으로 그렸다. 그래서 여러 사람들이 상상하는 것을 모두 상(象)이라고 일컫는 것이다"라고 했다. 내보일 수는 없으나 그릴 수 있는 것이기에 '상(象)'이라고 표현한 것이다. 같아 보일 뿐이라는 '사(似)'와는 다른 의미이다.

帝(제)는 신의 가장 오래된 호칭이며 상고시대 사람들이 상상했던 만물을 주재하는 최고의 천신(天神)을 말한다. 중국 은나라 무정(武丁)(기원전 1250?~1192) 때의 갑골문에서 제(帝)는 모든 신적 존재들을 초월해 있는 절대적 존재로 상제(上帝)를 나타낸다. "오늘 경자일로부터 갑진일까지 상제가 비를 내리도록 명령할까(自今庚子于甲辰, 帝令于)?" "갑진일에 점을 하면서 정인(貞人) 정(爭)이 묻는다. 내(은왕 무정)가 일월에 마방(馬方)을 정벌하려 하는데 상제가 나에게 도움을 내릴까(甲辰卜, 爭貞:

我伐馬方, 帝受我佑, 一月)?"라는 기록이 있다.[47] 이후 절대 신을 상제라 표현하고 있으며, 중국의 가장 오래된 문헌 중의 하나인 『상서』에도 "하나라에 죄가 있다. 내가 상제를 두려워하니 정벌하지 않을 수가 없다"라고 쓰여 있다. 鳳

47) 김경일, 『은대 갑골문을 통한 오행의 문화적 기원 연구』. 한국중어중문학회, 중어중문학 38집, 2006. 6, 128쪽.

제 5 장

하늘과 땅은 어질지 아니하여 만물을 추구로 여긴다.

天地不仁 以萬物爲芻狗

천지불인 이만물위추구

聖人不仁 以百姓爲芻狗

성인불인 이백성위추구

天地之間 其猶槖籥乎 虛而不屈 動而愈出

천지지간 기유탁약호 허이불굴 동이유출

多言數窮 不如守中

다언삭궁 불여수중

하늘과 땅은 어질지 아니하여 만물을 추구로 여기고,
성인도 어질지 아니하여 백성들을 추구로 여긴다.
하늘과 땅 사이의 그것은 마치 풀무와 같구나. 비워두면 어려움을 견디어 내지만
움직이면 드러남이 더해진다.
말이 많으면 수가 궁한 법이니 가운데를 지키는 것만 못하다.

[해설]

성인은 하늘이 만물을 보살피는 이치를 본받아 백성들을 돌보고 있는 바, 그리하여야 하는 연유를 추구와 풀무를 통해 설명하고 있다.

天地不仁, 以萬物爲芻狗. 聖人不仁, 以百姓爲芻狗.
하늘과 땅은 어질지 아니하여 만물을 추구로 여기고, 성인도 어질지 아니하여 백성들을 추구로 여긴다.

모든 판본의 기록이 일치하는 문장이다.

하상공은 "하늘이 베풀고 땅이 화육(化育)하는 데 있어서, 어질고 은혜로 하는 것이 아니라 스스로 그러함에 맡긴다. 천지가 만물을 낳았고 그중에서 인간은 가장 귀한 것이 되었지만, 천지는 인간을 마치 풀이나 가축으로 여길 뿐 귀하게 된 데 대한 보답을 바라지 않는다. 성인 역시 만백성을 아끼고 기르는 데 있어서 어질고 은혜로 하는 것이 아니라 다만 천지를 본받아 스스로 그러함의 이치를 실행할 뿐이다. 성인은 백성을 풀이나 가축으로 여기니 백성이 귀한 것을 예(禮)의 뜻으로 바라지 않는다"[48]라고 했다. 즉 사람은 귀한 존재지만 천지는 만물과 똑같이 취급한다는 것이다.

왕필은 "하늘과 땅은 스스로 그러함에 맡겨 두어서 행함도 없고 조작함도 없으니, 만물 스스로가 서로 다스리는 이치다. 그러므로 어질지

---

48) 『하상공주』 "天施地化, 不以仁恩, 任自然也. 天地生萬物, 人最為貴, 天地視之如芻草狗畜, 不貴望其報也. 聖人愛養萬民, 不以仁恩, 法天地行自然. 聖人視百姓如芻草狗畜, 不貴望其禮意."

않다. 어진 자는 반드시 무엇인가 만들어서 세우고 베풀어서 교화시키려 하기 때문에 은혜가 있고 행함이 있다. 만들어서 세우고 베풀어서 교화시키면 그 참됨을 잃어버린다. 은혜가 있고 행함이 있으면 사물은 다 갖추지 못한 존재가 된다. 사물이 다 갖추지 못한 존재가 되면, 모든 것을 감당하기에 부족하다"[49]라고 했다. 도의 다스림은 스스로 그러함을 추구하기에 참됨을 잃어버리게 하는 어진 것과는 다르다는 것이다.

왕필은 이어서 백성을 추구로 여기는 까닭은, "땅이 짐승들을 위하여 풀을 기르지 않지만 짐승들은 풀을 먹고, 사람들을 위하여 개를 기르지 않지만 사람들은 개를 먹는다. 땅이 만물을 위하여 아무것도 시행하지 않지만, 만물은 제각기 그 소용되는 곳에 적합하여 넉넉하지 않음이 없다. 만약 지혜가 자신으로 말미암아 내세워진다면 맡기기에 충분하지 못하다"[50]라고 했다. 물(物)이 스스로 조화를 이루며 살아가고 있기 때문에 유위(有爲)로 다가서면 이를 지켜 내기 어렵다는 말이다.

소자유는 "천지는 사사로움이 없어 만물의 저절로 그러함을 듣기 때문에, 스스로 태어났다가 저절로 죽는다"라고 하면서, "추구의 경우에도 천지는 어질고 사랑하는 마음이나 미워하는 것과는 상관이 없다. 그 때가 그러하여 마침 그러했을 뿐이다"라고 했다. 다른 이들의 견해도 사사로움 없이 행하는 것을 지극함으로 보는 듯하다.

『회남자』에서는 "높은 곳을 따라 대(臺)를 만들고 낮은 곳으로 나아가서 연못을 만들어 성인이 붉은 실로 추구를 묶고 복을 구하고, 토룡(土龍)을 만들어 기우제로 비를 기원하여 먹을 것을 얻는다"라고 했다.[51] 이

---

49) 『왕필주』 "天地任自然, 無爲無造, 萬物自相治理, 故不仁也. 仁者必造立施化, 有恩有爲. 造立施化, 則物失其眞. 有恩有爲, 則物不具存. 物不具存, 則不足以備載矣."

50) 『왕필주』 "地不爲獸生芻, 而獸食芻, 不爲人生狗, 而人食狗. 無爲於萬物而萬物各適其所用, 則莫不贍矣. 若慧由己樹, 未足任也."

51) 『회남자』 '설산훈' "因高而爲臺 就下而爲池 各就其勢 不敢更爲 聖人用物 若用朱絲約芻狗 若爲土龍以求雨 芻狗待之而求福 土龍待之而得食"

글을 통해 추구에 대한 이해를 더할 수 있을 것이다.

첫 문장에서 "하늘과 땅은 어질지 아니하여 만물을 추구로 여긴다"라고 했다. 추구(芻狗)는 앞에서 설명한 것과 같이 지푸라기로 만든 개로, 재앙을 물리치기 위해 하늘에 제를 올릴 때 쓰던 제구다. 주로 역병이 돌 때 썼다고 한다. 『회남자』의 '설림훈편'에서도 유행병에 추구를 사용한다고 했다. 천지나 성인이 만물과 백성들을 추구로 여긴다 하니, 얼핏 들으면 백성들을 하찮은 물건처럼 대한다는 뜻으로 들리기도 한다. 하늘에 제사를 올릴 때는 소중히 쓰이다가, 의식이 끝나면 바닥에 버려져 사람들이 밟고 지나다니고 끝내는 태워지기 때문이다. 어찌 보면 쓸 일이 없어지면 가차 없이 버리는 토사구팽(兎死狗烹)의 신세로 느낄 만하다. 그러나 하상공과 왕필의 설명처럼 천지의 도는 스스로 그러함을 견지하고 있다. 도는 만물의 삶에 개입하여 필요한 것을 일일이 챙겨주는 그러한 어진(仁) 일은 하지 않는다. 천지가 어질지 못해 보살핌을 포기하는 게 아닌 것이다.

그렇다면 왜 추구를 등장시켰을까? 짚은 세상에 흔한 풀에서 얻지만, 풀도 세상에 나와 꽃을 피우고 열매를 맺는 등 자신의 도리를 다하며 살아간다. 자라는 동안 주변에서 다른 물(物)의 도움을 받아 영양을 보충하고 종족을 번식한다. 그리고 그 자신을 초식동물에 먹이로 내어 주거나 작은 생물들의 은신처가 되는 등으로 다른 물에게 도움을 준다. 누가 시켜서 하는 일이 아니다. 또한 풀은 추구를 만들 수 있도록 자신의 마른 잎까지 내어 준다. 자신을 필요로 하는 이가 있기에 이를 내어 주는 것이다.

이러한 하나하나의 것들은 특별한 경우가 아니라 만물의 일상이자 천하라는 조화로운 질서 안에서 벌어지는 자연스러운 행위들이다.

다만 노자는 많고 많은 물 가운데 왜 추구를 지목했을까? 추구란 만물이 재앙을 당해 견뎌내기 힘들 때 천지에 구원을 요청하는 상징물이다. 천지와 성인은 평온할 때는 지켜만 보지만 모두가 어려움을 당해 구원을 요청할 때는 특별한 관심을 보인다는 말씀이다. 따라서 수시로 어루만지고 바로잡아 주는 것이 아닌 것이다.

天地之間, 其猶槖籥乎. 虛而不屈, 動而愈出.
하늘과 땅 사이의 그것은 마치 풀무와 같구나. 비워 두면 어려움을 견뎌 내지만 움직이면 드러남이 더해진다.

이 문장은 죽간(갑)에서만 '動而愈出(동이유출)'의 '움직일 동(動)' 자가 '빌 충(沖)'으로 쓰여 '沖而愈出(충이유출)'로 되어 있는 것이 특이하다.

하상공은 "천지 사이는 텅 비어 있어서 조화로운 기운이 흘러 다니므로 만물이 저절로 생겨난다. 사람이 정욕을 제거하고 맛있는 음식을 절제하여 오장을 깨끗이 할 수 있으면 신명이 머무르게 된다. 피리는 가운데가 비어 있으므로 능히 소리의 기운이 있다"[52]라고 했다. 즉 비어 있음이 조화를 상징하는 것으로 보았다. 왕필은 이와 조금 다르게 "풀무는 바람을 밀어 넣는 자루이고 피리는 악기이다. 풀무와 피리의 속은 비어 있

52) 『하상공주』 "天地之間空虛, 和氣流行, 故萬物自生. 人能除情欲, 節滋味, 淸五臟, 則神明居之也. 槖籥中空虛, 故能有聲氣."

어 감정도 없고 일삼는 바도 없다. 그러므로 비어 있는데도 궁하지 않고 움직여도 고갈되지 않는다. 천지의 속은 비어 있어 저절로 그렇게 됨에 맡겨 둔다. 그러므로 다함이 없으니 마치 풀무나 피리와 같다"[53]라고 했다. 즉 비어 있음을 무위의 상징으로 보았다.

"하늘과 땅 사이의 그것은 마치 풀무와 같다"라고 했다. 이 문장에서 중요한 글자는 탁약(槖籥)이다. 왕필은 탁(槖)은 풀무이고 약(籥)은 피리라고 구분했고, 범응원은 바람주머니와 바람이 나오는 관으로 구분한다. 단학(丹學)에서는 바람이라고 의역하거나 내쉬고 들이쉬는 호흡을 말하는 것이라고 하고, 역(易)에서는 손풍(巽風)이라 부른다. 오징과 서명응 등 대부분은 풀무로 풀이한다. 그러면 하늘과 땅 사이의 비어 있는 공간에 대해 말하면서 왜 풀무를 비유로 들었는지가 궁금하다.

모두 알고 있는 것처럼 하늘과 땅 사이는 만물이 살아가는 공간이며 천지가 이어지는 공간이기도 하다. 이 공간이 인위적인 풀무라는 기구(器)와 같다는 말은 외부의 힘이 가해질 수 있음을 의미한다.

그럼 "비워 두면 어려움을 견뎌 내지만, 움직이면 드러남이 더해진다"는 것은 무슨 의미를 전하고자 함인가. 비어 있는 것은 풀무가 움직이지 않고 정지해 있는 상태다. 즉 인위적인 개입 없이 스스로 그러함의 삶에 맡겨진 상황이다. 막힘이 없는 허공이니 굽히지 않고 마음대로 자랄 수 있는 대신 어떤 어려움이 있더라도 스스로 해결하며 견뎌야 한다.

앞서의 글에서 천지는 만물을 추구와 같이 취급하기 때문에 쉽게 나서지 않는다고 했다. 그러나 정지해 있던 풀무가 움직이기 시작하면 한

53)『왕필주』"槖, 排槖也. 籥, 樂籥也. 槖籥之中空洞, 無情無為. 故虛而不得窮屈, 動而不可竭盡也. 天地之中蕩然, 任自然. 故不可得而窮, 猶若槖籥也."

쪽 방향으로 압력이 가해지면서 운신의 폭이 좁아지고 내부에 있던 공기가 풀무 밖으로 분출되어 나온다. 풀무는 한 번 움직이기 시작하면 목적이 이루어질 때까지 멈추지 않는다. 이렇듯 나라를 다스리는 군주가 백성들의 삶에 인위적으로 개입하기 시작하면 '스스로 그러함'의 질서는 서서히 깨어지고, 한 번 시작된 인위는 점점 더 개입을 많이 하도록 만든다. 그리고 끝맺음의 방법을 찾지 못하면 큰 어려움에 처할 것이다. 그럼 어떻게 해야 할까? 아래의 글에서 그 방법을 확인해 보자.

多言數窮, 不如守中.
말이 많으면 수가 궁한 법이니, 가운데를 지키는 것만 못하다.

왕필본을 비롯하여 많은 판본들에서는 '다언(多言)'으로 되어 있으나, 일부 판본에서는 '다문(多聞)'으로 되어 있다. 말이 많다거나 많이 듣는다는 것은 내버려 두기 어렵다는 점에서 같다고 할 수 있다.

하상공은 "일이 많으면 오장신을 해치고 말이 많으면 몸을 해친다. 입을 열고 혀를 놀리면 반드시 재앙과 근심이 있게 된다. 가운데에서 덕을 지키는 것보다 못하니, 정신을 기르고 기를 아끼고 말을 적게 해야 한다"[54]라고 설명의 글을 덧붙였다. 왕필은 "무엇인가 하면 할수록 더욱 잃게 된다. 사물은 그 악을 심게 되고 일은 그 말과 어긋나게 되니, 구제하지 못하고 말할 수도 없으며 이치에 맞지 않으니, 반드시 궁하게 될 수(數)이다. 풀무나 피리는 가운데를 수(數)로 지키고 있으니, 무궁무진하게 된다.

54)『하상공주』"多事害神, 多言害身, 口開舌擧, 必有禍患. 不如守德於中, 育養精神, 愛氣希言."

자기를 버리고 사물에 맡겨 두면 이치에 맞지 않음이 없다. 만약 풀무나 피리가 소리를 내는 데에 뜻을 둔다면, 부는 이의 바라는 바에는 부족할 것이다"[55]라고 했다. 무언가 인위적인 생각이나 행동을 하면 할수록 일을 잘못된 쪽으로 몰고 간다는 것이다.

"말이 많으면 수가 궁하다"고 했다. 여기서의 말(言)은 위에서 아래로 전하는 것이다. 백성들을 다스리면서 말이 많다는 것은 그만큼 간섭하고자 하는 부분이 많다는 것이다. 즉 풀무가 움직이는 것과 같다. 어려움을 해결하려고 시도한 것이지만 갈수록 수가 궁해진다는 말씀이다. 이러한 연유로 가운데를 지키는 것만 못하다고 한 것이다. 가운데란 '비어 있음[虛]'을 말하는 것이다. 그렇다! 인위적인 개입으로는 온전하게 돌보지 못할 것이니 물들이 스스로 해결하도록 내버려 두는 것이 낫다는 말씀이다. 鳳

55)『왕필주』"愈爲之, 則愈失之矣. 物樹其惡, 事錯其言, 不濟不言不理, 必窮之數也. 槖籥而守數中, 則無窮盡. 棄己任物, 則莫不理. 若槖籥有意於爲聲也, 則不足以共吹者之求也."

말이 많으면 수가 궁한 법이니

가운데를 지키는 것만 못하다.

제 6 장

골짜기의 신은 죽지 않으니 이를 일러 현묘한 암컷이라 한다.

谷神不死 是謂玄牝

곡신불사 시위현빈

玄牝之門 是謂天地根

현빈지문 시위천지근

綿綿若存 用之不勤

면면약존 용지불근

골짜기의 신은 죽지 않으니 이를 일러 현묘한 암컷이라 일컫는다.

현빈의 문을 일러 천지의 뿌리라 한다.

끊어지지 않고 이어져 존재하니 쓰임에 수고롭지 않다.

[해설]

谷神不死 是謂玄牝
골짜기의 신은 죽지 않으니 이를 일러 현묘한 암컷이라 일컫는다.

판본별로 기록이 다르지 않다. 다만 谷(곡)이 浴(욕)으로 되어 있는 판본도 있다.

하상공은 "곡(谷)은 기른다(養)는 뜻이다. 사람이 신을 기를 수 있으면 죽지 않는다. 신(神)은 오장에 깃들어 있는 신을 말한다. 간은 혼(魂)을 저장하고, 폐는 백(魄)을 저장하며, 심장은 신(神)을, 신장은 정(精), 비장은 지(志)를 저장한다. 오장이 다 손상되면 오장의 신들도 떠나버린다"[56] 라고 했다. 하상공은 '곡(谷)'을 골짜기로 보지 않고 신이 '기른다'라는 뜻으로 보았다.

왕필은 "골짜기의 신이란 골짜기 중앙에는 굴곡이 없는 것을 말한다. 형체도 없고 그림자도 없으며 거스름이나 어긋남이 없어, 낮은 곳에 머무르면서 움직이지 않고 고요함을 유지하면서도 쇠퇴하지 않는다. 골짜기는 이렇게 이루어져서 자신의 모습을 드러내지 않으니 지극한 존재이다"[57]라고 말한다. 즉 곡신은 낮은 곳에 흔적도 없이 머무른다고 본다.

오징(吳澄)은 "골짜기라는 것은 허(虛)를 비유한 것"이라고 했는데, 많은 학자들 역시 골짜기를 허한 것으로 풀이한다. 사마광(司馬光)은 "가

56) 『하상공주』 "谷, 養也. 人能養神則不死也. 神謂五臟之神也. 肝藏魂, 肺藏魄, 心藏神, 腎藏精, 脾藏志, 五藏盡傷, 則五神去矣."
57) 『왕필주』 "谷神, 谷中央無谷也. 無形無影, 無逆無違, 處卑不動, 守靜不衰, 谷以之成, 而不見其形, 此至物也."

운데가 비어 있기 때문에 곡이고, 헤아릴 수 없기 때문에 신이다"라고 했고, 박세당은 "곡은 본체로서 허(虛)이고 신은 작용에 있어서의 묘함[妙]이다. 불사란 불굴(不屈)과 같다"라고 했다. 또 초굉(焦肱)도 "골짜기라는 것은 비유다. 허하면서도 능히 만물을 수용하고, 만물을 수용하면서도 소유하지 않으며, 미묘하고 헤아릴 수 없기 때문에 곡신이라고 했다"라고 말했다. 동사정(董思靖) 또한 "곡신이란 그 도체(道體)가 허하여 수용하지 않는 것이 없다"라고 했다.

이처럼 이 문장의 주어인 '谷神(곡신)'의 뜻을 가름하기는 쉽지 않다. 한편에서는 골짜기[谷]와 신(神)이라는 두 존재로 보고 풀이하기도 한다. 고대의 신에 대해 연구한 중국의 하신(何新)은 "곡(谷)[58]은 고음(古音)에서는 욕(浴)이라 읽었으며, 浴(욕)과 月(월)은 하나의 소리가 바뀐 것이므로 서로 통하는 글자"라며 "곡신(谷神)은 '달의 신'으로 보아야 한다"고 주장했다. 또한 "'곡신불사'라 해서 곡신 뒤에 죽지 않는다는 '불사(不死)'라는 영원성을 나타내는 것은 달 속에 불사약이 있다는 옛 전설과 부합되는 것이다. 현빈(玄牝)을 한자로 풀이하더라도 하늘의 암컷이란 달을 지칭하기 때문에 모두가 일치한다"는 것이다.

노자는 낯선 '골짜기의 신'을 등장시켰다. 새로운 신을 지칭하는 것일까? 만일 그렇다면 곡신에게는 우리가 수긍할 수 있는 역할이 있어야 할 것이다. 또한 문장에서 언급되는 현빈, 현빈의 문, 천지의 근, 면면약존, 용지불근 등의 의미와 연관성이 있을 것이다. 본래 신(神)이란 초인간적 또는 초자연적 위력을 가진 존재로 인류에게 화복을 가져다 주는 존

58) 谷은 고음에서 浴이라 읽었다. 浴과 月은 하나의 소리가 바뀐 것이므로 서로 통한다. 그러므로 谷神은 바로 달의 신이다. 谷神은 달의 신을 말하는 것으로 죽지 않는다 함은 달 속에 있다는 불사약, 죽지 않는 계수나무 전설과 서로 부합한다. 荀子 禮治 중에서도 천지가 합하면 만물을 낳고, 음양이 교합하면 변화가 일어난다고 했다. 『神의 起源, 何新. 1993. 동문선』

재다. 원시시대에는 자연물이나 자연현상에 초자연적인 정령(精靈)이 머물러 있다고 믿었다.

신의 존재 여부에 대한 논쟁은 지금도 계속되고 있다. 그중 하나가 자연계에 있는 것은 모두 인과(因果)의 법칙에 의해서 지배되므로 인과관계를 더듬어서 점차 깊이 거슬러 올라가면 최후에는 신이 있다는 주장이다. 이를 정리하면 신이란 인간의 길흉화복에 관여하며 죽지 않는 영원한 존재다. 따라서 곡신이란 골짜기에 머물며 인간에게 영향을 미치는 신이라 말할 수 있다. 골짜기는 가장 낮은 곳에 형성되는 것으로, 낮은 곳이 생기면 물이 흐른다. 낮은 곳이 남아 있는 한 물의 흐름은 그치지 않을 것이고, 물은 선을 행하는 자체이니 곡신이라 불러도 과하지 않다.

이어서 골짜기의 신을 노자는 다시 현빈(玄牝)이라고 칭했다. 오묘하고 신묘하다는 뜻의 현(玄)과 들짐승의 암컷[牝]이라는 성징(性徵)을 붙였다. 현묘한 암컷이란 땅에서 만물을 보살피며 키우는 현묘한 존재라는 뜻이지만, 만물의 어미[母]와는 다르다. 즉 땅에서 살아가면서 지속적으로 보살핀다는 뜻이다. 현(玄)자에는 인간이 헤아리기 어려운 신비함의 뜻이 담겨 있다. 따라서 현빈이라 함은 감히 사람들이 흉내 내기 어려운 신묘함이 있는 암컷을 말한다. 그럼 곡신이 만물을 보살피는 역할은 무엇인가.

골짜기의 쓰임은 하늘에서 내려온 우수와 땅에서 솟아오르는 물을 천하로 흘려 보내는 수로다. 잠시 멈추어 있던 골짜기에 물이 흐르면 죽었다고 생각했던 계곡에 생명이 넘친다. 곡신이 움직이는 것이다. 곡신은 생명의 원천인 물을 실어 나르며 만물을 기른다. 골짜기의 물이 미치지 않는 곳이 없으니 곡신을 현빈(玄牝)이라 불러도 부족함이 없을 것이다.

玄牝之門 是謂天地根
현빈의 문을 일러 천지의 뿌리라 한다.

백서(갑을)에서는 마지막 구절의 천지(天地)와 근(根)자 사이에 '갈 지(之)'를 써서 소유격의 형식을 갖추었다.

하상공은 "근(根)은 근원[元]을 뜻한다. 코와 입의 문을 말하는 것으로, 천지의 원기가 들어왔다 나갔다 하는 곳이다"[59]라고 신체와 관련하여 설명했다. 왕필은 "낮은 자리에 머무르고 있어 무엇이라고 명명할 수 없으므로 천지의 뿌리라고 일컫는다. 면면히 존재하는 것 같은데도 쓰임에는 그침이 없다. 문은 그윽한 암컷이 말미암는 곳이다. 그런데 본시 그것이 말미암은 바는 궁극과 몸뚱이를 함께하므로 그것을 천지의 뿌리라고 이른다"[60]라고 설명한다. 즉 존재를 밝힐 수 없는 신비한 무엇이라는 말이다. 도교(道敎)에서는 일찍이 천(天), 지(地), 수(水)를 삼원(三元)이라 일렀으며, 이순지는 『천문류초』에서 "천지는 기립(氣立)하여 물을 싣고 움직인다"[61]라고 했다.

노자는 현빈이 드나드는 문이 있다고 하고, 이를 천지의 뿌리로 일컫는다고 말한다. 이 구절에서 문이란 곡신이 드나드는 문이자 물이 나오는

59) 『하상공주』 "根, 原也. 言鼻口之門, 是乃通天地之元氣所從往來也."
60) 『왕필주』 "處卑而不可得名, 故謂天地之根, 綿綿若存, 用之不勤. 門, 玄牝之所由也. 本其所由與極同體, 故謂之天地之根也.
61) 조선 세종 때 이순지(李純之)가 만든 천문학서 『천문류초(天文類抄)』에 있는 말이다. "하늘은 크고 땅은 작으며 표리에 물이 있다. 하늘과 땅이 각기 기를 타고 立해 있으면서 물을 싣고 行한다(天大地小 表裡有水 天地各乘氣而立 載水而行)."

원천으로 보인다. 높고 깊은 산들이 구름에 덮여 하늘과 땅의 구분이 없는 가운데 어느새 골짜기를 가득 채워 물을 흘려보내고, 비가 내리지 않았음에도 계곡의 물은 땅에서 솟아나와 만물을 기르니, 현빈의 문은 하늘과 땅의 아래에 위치하는 천지의 뿌리라고 할 수 있다. 뿌리는 존재의 아래에 위치하면서 생명을 지탱하는 근간이기도 하다.

綿綿若存 用之不勤
끊어지지 않고 이어져 존재하니 쓰임에 수고롭지 않다.

첫 구절이 백서(갑)에서는 '綿綿呵(면면아), 若存(약존)'으로, 백서(을)에서는 '綿綿呵(면면아), 其若存(기약존)'으로 표현한 점이 다르다.

하상공은 "코와 입으로 숨을 내쉬고 들이마시는 것은, 미묘하게 이어지고 이어지게 하여 마치 있는 듯 없는 듯해야 한다. 기를 사용할 때는 서서히 여유 있게 해야지 급하게 하거나 피로하게 해서는 안 된다"[62]라고 했다. 이처럼 하상공은 신체와 관련하여 말을 이어간다. 반면에 왕필은 "존재한다고 말하려면 그 형태가 보이지 않고, 없다고 말하고자 하면 만물이 그것에 의해 생겨난다. 그러므로 면면히 존재한다고 하는 것이다. 이로 이루지 못한 물이 없으나, 쓰는 데에는 힘쓸 필요가 없다. 그래서 작용함에 수고롭지 않다고 했다"[63]라고 설명한다.

62) 『하상공주』 "鼻口呼噏喘息, 當綿綿微妙, 若可存, 復若無有. 用氣當寬舒, 不當急疾懃勞也."
63) 『왕필주』 "欲言存邪, 則不見其形, 欲言亡邪, 萬物以之生. 故綿綿若存也. 無物不成 用而不勞也, 故日用而不勤也."

綿(면)자는 비단을 짜는 실이 한 줄로 나란히 계속되는 모양으로, 실이 가늘고 길게 늘어져 있다는 뜻을 담고 있다. 따라서 면면(綿綿)하다는 것은 끊어질 것 같아도 계속 연결되고 있음을 말한다. 끊어지지 않는다는 말은 몸과 쓰임의 측면에서 바라볼 수 있다. 골짜기라는 몸으로 보면 산에서 강과 바다로 이르기까지 온 천지에 끊어짐이 없이 실핏줄처럼 연결되어 있다는 말이다. 쓰임으로 보면 골짜기를 이용하여 물이 마르지 않게 계속 흘려보내는 일이다. 이렇듯 계곡의 물이 온 천하에 끊이지 않고 공급되고 있으니 만물의 입장에서는 물을 얻는 데에 수고스럽지 않다는 말이다.

물은 일종의 하늘과 땅의 덕이라 할 수 있다. 사시사철 물이 마르지 않는 것처럼 하늘과 땅의 덕은 일시적인 덕을 베풀지 않는다. 만물의 쓰임에 수고롭지 않도록 항상 곁에 있기에 필요로 하는 것을 귀하게 만들지 않았으며, 베푸는 것을 드러내거나 일방적으로 사용하도록 끌어당기지도 않았다. 은혜로 여기도록 베풀지 않으니 만물을 추구처럼 여기고 있다고 보는 것이다. 鳳

제 7 장

천지가 장생할 수 있었던 까닭은 스스로의 삶만을 위한 것이 아니었다.

天長地久

천장지구

天地所以能長且久者 以其不自生 故能長生

천지소이능장차구자 이기부자생 고능장생

是以聖人後其身而身先 外其身而身存

시이성인후기신이신선 외기신이신존

非以其無私耶 故能成其私

비이기무사야 고능성기사

하늘은 길고 땅은 오랫동안 존재하여 왔다.
천지가 이와 같이 길고 또한 오래 이어 올 수 있는 까닭은, 스스로의 삶만을 위한 것이 아니었기에 장생할 수 있었다.
이 때문에 성인은 그 몸을 뒤로 하였으나 몸은 앞서 있는 것이며, 그 몸을 도외시하였지만 몸은 보존하게 된다.
그 사사로움이 없었기 때문이 아니겠는가. 그러므로 사사로움도 능히 이룰 수 있는 것이다.

[해설]

天長地久. 天地所以能長且久者, 以其不自生, 故能長生.
하늘은 길고 땅은 오랫동안 존재하여 왔다. 천지가 이와 같이 길고 또한 오래 이어 올 수 있는 까닭은, 스스로의 삶만을 위한 것이 아니었기에 장생할 수 있었다.

판본별로 표현하는 바는 다르나 전달하는 뜻은 차이가 없다. 죽간(갑)과 백서(을)에서는 '천지(天地)'와 '소이(所以)' 사이에 '갈지(之)'를 넣어 글자들의 관계를 분명히 했다.

하상공은 "천지가 길이 존재하고 오랜 수명을 누리는 것을 말함으로써, 사람들을 가르치고 깨우치려는 것이다. 천지만이 홀로 장구할 수 있었던 까닭은 안정되어 있기 때문이다. 베풀면서도 보답을 구하지 않으니, 사람들이 거처함에 있어서 자신을 풍요롭게 하는 이로움만을 부지런히 추구하고 남의 것을 빼앗아 자신의 것에 보태려고 하는 것과는 다르다. 자기의 삶을 추구하지 않으니 오래 존재하여 끝마침이 없는 것이다"[64]라고 설명했다. 천지가 베풀면서도 바라지 않으니 장생할 수 있다는 것이다. 왕필은 "자신만이 살려고 한다면 사물과 다투게 되고, 자신만이 살려고 하지 않으면 사물은 돌아오게 된다"[65]라고 하여 자신만의 삶을 살지 않음을 이유로 설명한다.

---

64) 『하상공주』 "說天地長生久壽, 以喻教人也. 天地所以獨長且久者, 以其安靜, 施不求報, 不如人居處, 汲汲求自饒之利, 奪人以自與也. 以其不求生, 故能長生不終也."
65) 『왕필주』 "自生則與物爭, 不自生則物歸也."

이 문장은 대체로 해석이 크게 다르지 않다. 노자는 하늘과 땅을 구분하여 "하늘은 길고 땅은 오랫동안 존재하여 왔다"라고 표현한다. 장(長)자와 구(久)자는 여기서는 모두 시간적 흐름을 나타내는 말로 쓰였다. 장(長)은 미래지향적으로 '시간이 길다'는 뜻을, 구(久)는 '땅이 만들어진 지 오래되었다'는 경과된 시간을 뜻한다. 아울러 하늘과 땅 사이에서는 역시 하늘이 주도하여 나아간다는 뜻을 보여주고 있다. 그리고 이와 같이 천지가 장구할 수 있었던 까닭은 "스스로의 삶만을 위한 것이 아니었기에 장생할 수 있었다"라고 밝혔다. 자신만을 돌보고 살아온 것이 아니라 다른 이들을 위해 살아오다 보니 오랫동안 존재할 수 있었다는 것이다. 뒤집어 말하면 천지도 자신의 능력으로 지금까지 이어져 온 것이 아니라 도를 본받아 할 일(쓰임)이 있었기에 존재할 수 있다는 말이 아닌가?

是以聖人後其身而身先, 外其身而身存.
이 때문에 성인은 그 몸을 뒤로 하였으나 몸은 앞서 있는 것이며, 그 몸을 도외시하였지만 몸은 보존하게 된다.

죽간(갑)과 백서(을)에서는 '뒤 후(後)'자가 '물러날 퇴(退)'자로 적혀 있으나, '뒤로 물러나 있다'는 뜻에서 서로 같은 표현이다.

하상공은 "남을 먼저 하고 자기를 뒤로 함이다. 천하가 그를 공경하고 앞세워 우두머리로 삼음이다. 자기에게는 인색하게 하면서도 다른 사람에게는 두텁게 함이다. 백성들이 그를 부모와 같이 사랑하고 신명은 그를 어린아이처럼 보살피기 때문에 성인 자신은 항상 보존된다"[66] 라고 했다. 백성과 성인, 성인과 신명을 돌봄의 관계로 보았다. 왕필은 "사사로움이 없다는 것은 자신에 대해 무위함을 뜻한다. 자신이 앞서게 되고 자신의 몸이 보존되었기 때문에 사사로움을 이룰 수 있다"[67]라고 했다. 박세당 역시 하상공과 같이 "성인은 몸은 뒤에 두지만 사람들은 성인을 추대하며, 성인은 자신의 몸을 돌보지 않지만 사물이 해치지 않는다" 라고 했다.

"성인은 자신의 몸을 뒤로 하였으나 몸은 앞서 있는 것이며, 그 몸을 도외시하였지만 몸은 보존하게 된다"는 말씀은 하상공이 '後其身(후기신)'을 "남을 먼저 하고 자신을 뒤로 함이다"라고 설명한 바와 같이 천지가 만물을 돌보는 것처럼 성인도 백성들을 스스로 그러하도록 돌보았기에 자신의 몸을 돌보는 일은 뒤로 했다는 말이다. 앞서의 문장에서 천지가 장구하였던 이유가 있었던 것처럼, 성인도 스스로의 삶만을 위하지 않기에 백성들과 함께 그 자리에 오래 있게 된다는 것이다.

非以其無私耶, 故能成其私.
그 사사로움이 없었기 때문이 아니겠는가. 그러므로 사사로움도 능히 이룰 수 있는 것이다.

이 문장의 두 번째 구절에 있는 '아닐 비(非)'와 '어조사 야(耶)'를 죽간(갑)과 백서(을)에서는 '아닐 불(不)'과 '어조사 여(與)'자로 썼으나

---

66) 『하상공주』 "先人而後己也. 天下敬之, 先以為長. 薄己而厚人也. 百姓愛之如父母, 神明祐之若赤子, 故身常存."
67) 『왕필주』 "無私者, 無爲於身也. 身先身存, 故日 能成其私也."

의미는 다르지 않다.

하상공은 "성인은 사람들이 아끼는 바가 되고 신명이 돕는 바가 되니, 그것에는 공정하고 사사로움이 없음이 지극한 바가 아니겠는가. 사람들이 사사로움이라 여기는 것은 자기 자신을 두텁게 하고자 함이다. 성인은 사사로움이 없어도 자기가 저절로 두터워지니 그러므로 사사로움을 이룰 수 있는 것이다"[68]라고 말했다.

이 문장에서의 '사사 사(私)'자는 앞 구절과 뒤 구절에서 두 번 나오는데, 학자들은 하나는 이익을 얻고자 하는 사사로움이고 또 하나는 자신을 보존하는 사사로움이라고 말한다. 그렇다. 어느 경우에든 자신이 해야 할 일을 사사로움 없이 충실히 행하는 것이 바로 자신을 위하는 길이다. 천지가 영구하게 존재할 수 있었던 이유가 만물이 영구히 존재하고 있기 때문이라면, 천하의 군주도 백성들이 존재할 때까지 자신의 몸도 보존할 수 있다는 말씀이 아니겠는가. 鳳

68) 『하상공주』 "聖人為人所愛, 神明所祐, 非以其公正無私所致乎. 人以為私者, 欲以厚己也. 聖人無私而己自厚, 故能成其私也."

제 8 장

높이 있는 선은 물과 같다.

上善若水 水善利萬物而不爭

상선약수 수선리만물이부쟁

處衆之所惡 故幾於道

처중지소오 고기어도

居善地 心善淵 與善仁 言善信

거선지 심선연 여선인 언선신

正善治 事善能 動善時

정선치 사선능 동선시

夫唯不爭 故無尤

부수부쟁 고무우

높이 있는 선은 물과 같다. 물과 선은 만물을 이롭게 하면서도 다투지 아니한다.
무리들이 싫어하는 곳에 처하니 이런 고로 도에 가까운 것이다.
선이 머무르는 곳은 땅이고, 선이 마음을 두는 곳은 못이며, 선이 주는 것은 어진 것이다. 선이 말하는 바는 믿음이며, 선이 바르게 하는 것은 다스림이다.
선이 일하는 것에는 능함이 있으며, 선이 움직이는 것에도 때가 있다.
대저 다투지 아니하니 허물이 없구나.

[해설]

上善若水, 水善利萬物而不爭.
높이 있는 선은 물과 같다. 물과 선은 만물을 이롭게 하면서도 다투지 아니한다.

이 문장은 백서(갑을)와 조금 다르게 표현되어 있다. '같을 약(若)'은 '같을 사(似)'와 '같을 여(如)'자로 쓰여 있으며, '不爭(부쟁)'은 '有靜(유정)'으로 되어 있으나 의미하는 바는 같다.

하상공은 "가장 선한 사람은 물과 같은 본성을 지닌다. 물은 하늘에서는 안개와 이슬이 되고, 땅에서는 샘의 원천이 된다"[69]라고 했다. 서명응은 "옛날의 성인은 물을 도에 비유한 것이 많았으며, 물로써 선을 비유한 것이다"라고 말한다.

먼저 '상선(上善)'의 의미를 살펴보자. 상선을 '최상의 선한 덕'이라 말하기도 하고, '성인을 일컫는 것'이라고도 한다. 또한 『장자』의 '추수편'에서 상덕(上德)을 지덕(至德)이라고 말한 것을 되새겨 '지극한 선[至善]'으로 번역하기도 한다. 어쨌든 상선을 가장 위에 두는 선으로 본다는 점에서는 모두가 공감하고 있다. 이처럼 상선은 모두가 본받아야 할 선의 위치에 있는 것으로 여겨진다.

상선은 물과 같다고 했다. 물은 위에서 아래로 흐르고, 바닥까지 흘

69) 『하상공주』 "上善之人, 如水之性. 水在天為霧露, 在地為源泉也."

려야 온 천하를 적실 수 있다. 따라서 이 문장에서 말하는 상선이란 높은 자리에 있는 왕(성인)이 행하는 선으로 보아야 한다. 물을 통한 비유는 6장의 '현빈'의 존재처럼 『도덕경』에서 자주 등장한다. 물은 동서양을 막론하고 우주창조의 구성 물질 중 하나로 여겨지고 있으며, 창조나 조화의 주된 주체로서 사유의 대상이었다. 이와 같은 물의 존재를 통해 노자는 선을 설명한다.

이어서 "물과 선은 만물을 이롭게 하면서도 다투지 아니한다"라고 말한다. '不爭(부쟁)'은 백서(갑을)에서는 '有靜(유정)'으로 쓰였는데, 이는 곧 '다투지 않는 것'과 '고요함을 가지게 하는 것'이니 만물들이 안정을 찾는다는 뜻으로 보인다. 그렇다면 왕은 어떻게 선을 행해서 백성들이 다투지 않게 해야 하는지에 대한 설명이 있을 것이다.

處衆之所惡, 故幾於道.
무리들이 싫어하는 곳에 처하니 이런 고로 도에 가까운 것이다.

'곳 처(處)'는 백서(갑을)에서는 '살 거(居)'로 쓰였으나 의미는 같다. '무리 중(衆)'자는 백서(갑)에서는 같으나, 다른 판본에서는 '중인(衆人)'으로 표현하고 있다.

하상공은 "사람들은 낮고 습한 곳과 더럽고 탁한 곳을 싫어하지만, 물은 홀로 조용히 흘러가 그런 곳에 머무른다. 물의 성질은 거의 도와 같다"[70]라고 했다. 왕필은 "사람들은 비천한 것을 싫어한다. 도는 무(無)이

---

70) 『하상공주』 "衆人惡卑濕垢濁, 水獨靜流居之也. 水性幾於道同."

고 물은 유(有)이기에 가깝다고 말한 것이다"[71]라고 말했다. '악(惡)'을 사람들이 비천하여 싫어하는 것으로 풀이하는 점에서는 같지만, 물이 도와 가깝다고 보는 이유는 서로 다르다.

"무리들이 싫어하는 곳에 처한다"는 구절에서 물이 흘러가지 않고 머물면서 역할을 행한다는 표현에 유의할 필요가 있다. 성인의 도는 대체로 드러나지 않는 행보를 보이지만 무언가 보살펴야 할 일이 있다는 말이다. '악(惡)'이라는 글자는 어떠한 사물이나 행위가 인간이 추구하는 가치와 반대될 경우에 표현하는 글자이다. 다시 말해 물과 선은 고통이 있어 불화(不和)가 있는 곳에 머문다는 것이다. 이처럼 물과 선은 어려운 처지에 있는 무리들과 함께 머물며 이들을 보살피는 모습이 도와 가깝다고 말한다. 그렇다면 물과 선이 구체적으로 어떤 공통점으로 도와 같은 행함을 보이는지 아래의 글에서 살펴보자.

> 居善地, 心善淵, 與善仁, 言善信, 正善治, 事善能, 動善時.
> 선이 머무르는 곳은 땅이고, 선이 마음을 두는 곳은 못이며, 선이 주는 것은 어진 것이다. 선이 말하는 바는 믿음이며, 선이 바르게 하는 것은 다스림이다. 선이 일하는 것에는 능함이 있으며, 선이 움직이는 것에도 때가 있다.

'與善仁(여선인)'이 백서(을)에서는 '與善天(여선천)'으로 '하늘 천(天)'자를 쓰고 있으나 어진 마음은 하늘과 같다는 뜻으로 보면 뜻이 통한다. 또 백서(갑)에서는 '與善仁(여선인), 言善信(여선신)'을

71) 『왕필주』 "人惡卑也. 道無水有, 故曰 幾也.

합하여 '予善信(여선신)'으로 줄여 표현하고 있으나, 큰 틀에서 전달하려는 뜻은 다르지 않다고 본다.

하상공은 "물의 본성은 땅을 좋게 만드는 것이다. 초목 위에서 흘러 아래로 가는 것처럼 암컷이 움직여 아랫사람들을 보살피는 것과 같다. 물은 깊으면 텅 비어 있는 것 같고, 못이 깊으면 청명하다. 만물은 물을 얻어 살아가는 것이니, 비어 있으면 주고 비어 있지 않으면 주지 않는다. 물의 안쪽의 그림자는 형태를 비추지만 그 정(情)을 잃지 않는다. 씻지 않는 것이 없으니, 모두 깨끗하고 또한 평온하다. 네모가 될 수도 있고 원이 될 수도 있으니 굽거나 곧음이 형체에 따라 자유자재로 이루어진다. 여름에는 흩어지고 겨울에는 얼어, 시기에 응하면서 움직이기에 하늘의 때를 잃지 않는다"[72]라고 했다. 즉 이 문장을 물이 만물을 이롭게 하는 여러 경우를 표현하는 것으로 보고 물의 행함을 덧붙여 설명한다. 이에 비해 왕필은 "물은 이런 도에 모두 응하고 있다는 말이다(言水皆應於此道也)"라고 짧게 언급했다.

본 문장은 지금까지 해석에서 견해의 차이가 남아 있다. 이 문장은 7개의 짧은 구절로 구성되어 있으면서 가운데에는 모두 선(善)자가 배치되어 있다. 각 구절은 동일한 패턴으로 구성되어 있으며, 어느 글자를 동사로 보느냐에 따라 해석이 달라진다. 선(善)을 동사로 보는 쪽은 "거처함에 있어서 땅을 좋아하고, 마음에 있어서 못을 좋아하며, 더불어 함에는 어진 마음을 좋아한다"는 등으로 옮긴다. 보사로 보고 해석하는 경

72) 『하상공주』 "水性善喜於地, 草木之上即流而下, 有似於牝動而下人也. 水深空虛, 淵深清明. 萬物得水以生. 與, 虛不與盈也. 水內影照形, 不失其情也. 無有不洗, 清且平也. 能方能圓, 曲直隨形. 夏散冬凝, 應期而動, 不失天時."

우에는 "좋은 땅에 거처하며, 좋은 못에 마음을 두며" 등으로 옮긴다.

하지만 이와 같은 해석은 앞뒤 문장과 뜻이 연결되지 않는 문제가 있다. 또한 애매한 내용에 근거 없는 추가 설명을 붙이게 만든다. '거선지(居善地)'에 대한 해석을 예로 들어 보자. 소자유는 "높은 곳을 피해 아래로 내려가서 거슬리는 것이 없기 때문에 땅에 잘 처한다"라고 말했으며, 어떤 이들은 '땅 지(地)'는 '낮을 비(卑)'자와 통하는 글자이므로 "낮은 곳에 처하는 것을 좋아하는 것"이라 말하기도 한다. 고형은 "거선지의 뜻은 해석할 수 없다"라고 말했다. 나머지 6개의 구절도 상황은 비슷하다.

본장의 첫 문장에서 선(善)은 물[水]과 같다고 전제한 바가 있다. 따라서 이 문장에서는 사람들이 알아듣기 쉽게 물[水]이라는 실존의 대상을 마음속에 두게 하고 선(善)과 연결하여 설명하는 것으로 보면 된다. 즉 선이 만물에 이로움을 주는 방식과 변하지 않는 행함을 설명하고 있는 것이다. 먼저 "선이 머무르는 곳은 땅이다"라고 했다. 물이 땅에서 흐르는 것처럼 상선은 천하와 관련이 있다는 뜻으로, 백성들을 그 대상으로 하고 있음을 간접적으로 표현한 것이다. 이어서 "선이 마음을 두는 곳은 못이다"라고 해서 선을 중심 또는 본원(本源)이 깊은 못[淵]이라고 했다. 못은 모두가 함께 살아가는 터전이다. 이 장은 전체 글에서의 주어가 '선(善)'이며 '물[水]'이라는 실체를 연상하면서 선을 이해해야 한다. '연(淵)'은 4장에서 도를 깊은 못으로 비유하여, "그 날카로움을 꺾이게 하여 엉클어짐을 풀어지게 하며, 그 빛들을 조화롭게 하여 그 티끌들을 함께하게 한다"고 했다. 즉 선이 못의 이러한 것을 본원으로 두고 있다는 것이다. 부조화된 상태를 조화롭게 만드는 것을 선의 근본으로 삼고 있음을 알 수 있다.

또한 "선이 주는 것은 어진 것이다"라고 말한다. 도는 본래 무위로 행하기 때문에 만물에게 직접적으로 무엇을 주지 않는 법인데, 여기서는 어진 것[仁]을 준다고 했다. 이는 만물이 다투지 않고 조화롭게 살 수 있도록 만들어 주었기에 물에게 어진 것이 생겨나게 만든다는 뜻이다. 메마른 땅에 물을 계속 공급하면 물을 구하기 위해 다투던 만물이 평화를 얻게 되어 각자가 어진 마음으로 되돌아가는 것과 같이 선의 베풂도 이와 같다는 것이다.

그리고 이어서 "선이 말하는 바는 믿음이며, 선이 바르게 하는 것은 다스림이다. 선이 일하는 것에는 능함이 있으며, 선이 움직이는 것에도 때가 있다"고 말한다. 다스리는 자는 말로 행하지만 선은 행동의 결과로 말한다. 그 행동이 한결같기에 믿음이 생기는 것이며, 또한 이러한 믿음이 정치를 바른 방향으로 나아가게 한다고 했다. 도의 정치로 가게 만드는 것이어서 선은 이루지 못할 것이 없을 것이다.

이러한 선도 움직임에 때가 있다. 선은 지속성을 유지하는 것과 함께 환경에 맞게 그 모습을 보여 준다는 것이다. 자연이 계절에 따라 그 모습을 달리하듯이 선도 상황에 따라 베풀어지는 것이 다르다는 말씀이다.

夫唯不爭, 故無尤.

대저 다투지 아니하니 허물이 없구나.

판본들의 기록은 모두 일치한다.

하상공은 "막으면 멈추고 터주면 흘러가니 사람들을 좇아 따라 준다. 물의 성질이 이와 같으므로 천하에서 물을 원망하거나 탓하는 자가 없다"[73]고 했다. 사람들이 필요로 하는 바대로 이롭게 따라 주기에 물을 탓하는 이가 없다는 뜻이다.

마무리하는 문장이다. 위와 같은 행함을 통해 이룬 선의 이로움 중에 가장 큰 성과는 만물들이 다투지 않게 만든 것으로 보는 듯하다. 바로 조화로움을 선의 본원으로 보는 것이다. 따라서 선으로 다스리면 허물을 남기지 않는다는 말씀이다. '夫唯(부유)'는 노자가 즐겨 쓰는 관용어다. '더욱 우(尤)'는 허물이나 원망으로 옮길 수 있다. 노자는 이 글을 통해 선(善)에 대한 개념을 물[水]에 비유하여 가르침을 주고자 했다. 이와 더불어 선은 물과 같고 도에 가깝다는 것이며, 궁극적으로 다툼이 없게 하는 것을 큰 덕목의 하나로 삼고 있음이다. 鳳

73) 『하상공주』 "壅之則止, 決之則流, 聽從人也. 水性如是, 故天下無有怨尤水者也."

물과 선은 만물을 이롭게 하면서도

다투지 아니한다.

제 9 장

가지고 있으면서 가득 채우려는 것은 그만두는 편이 낫다.

持而盈之 不如其已 揣而銳之 不可長保

지이영지 불여기이 췌이예지 불가장보

金玉滿堂 莫之能守 富貴而驕 自遺其咎

금옥만당 막지능수 부귀이교 자유기구

功遂身退 天之道

공수신퇴 천지도

가지고 있으면서 가득 채우려는 것은 그만두는 편이 낫다. 헤아리면서 날카로우면 길게 보존할 수 없다.

집 안에 금과 옥이 가득 차면 지킬 수가 없고, 부귀하면서도 교만하면 스스로 허물을 남기게 된다.

공을 완수하면 몸은 물러나는 것이 하늘의 도이다.

[해설]

持而盈之, 不如其已. 揣而銳之, 不可長保.
가지고 있으면서 가득 채우려는 것은 그만두는 편이 낫다. 헤아리면서 날카로우면 길게 보존할 수 없다.

'찰 영(盈)'이 죽간(갑)에서는 '거침없이 흐를 영(浧)'자로 되어 있으며, '같을 여(如)'는 죽간(갑)과 백서(을)에서는 '같을 약(若)'자로 적혀 있다. 사실상 같은 의미이다.

하상공은 "盈(영)은 '가득하다[滿]'는 뜻이고, '已(이)'는 '그치다[止]'의 뜻이다. 가득 찬 상태를 유지하면 반드시 기울어지게 되니, 그런 행위는 그치는 게 낫다. '揣(췌)'는 '견주다[治]'는 뜻이다. 먼저 견주어 놓으면 나중에 반드시 내어 버리게 된다"[74]라고 과함을 지적하고 있다. 왕필은 "持(지)는 덕을 잃지 않고 있음을 말한다. 원래 그 덕을 잃지 않았는데 다시 채우려 한다면 반드시 형세가 기울어져 위태로울 것이다. 그러므로 그만두는 것만 못하다는 것은, 덕도 없고 공도 없는 것만 못하다는 말이다. 이미 날을 단련해서 뾰족하게 하였는데 또 날을 세워 날카롭게 한다면, 반드시 형세가 꺾일 것이므로 오래 보존할 수 없다"[75]라고 했다. 왕필 역시 과함을 경계하는 말로 풀이했다.

"가지고 있으면서 가득 채우려는 것은 그만두는 편이 낫다"고 했다.

---

74) 『하상공주』 "盈, 滿也. 已, 止也. 持滿必傾, 不如止也. 揣, 治也. 先揣之, 後必棄捐."
75) 『왕필주』 "持, 謂不失德也. 旣不失其德, 又盈之, 勢必傾危. 故不如其已者, 謂乃更不如無德無功者也. 旣揣末令尖, 又銳之令利, 勢必摧衄, 故不可長保也."

하상공이나 왕필 등 여러 학자들의 설명은 큰 대의에서는 서로 통한다. 다만 자구의 해석에서 좀 더 세밀하고자 하는 면에서는 차이가 있다. 손에 쥐고 있다는 것은 필요한 것을 가지고 있다는 것이니 목적을 이룬 것이다. 그런데 여기에 만족하지 않고 더 채우려 한다면 과욕으로 볼 수밖에 없을 것이다. 재화와 같은 물질적인 것은 물론 성취를 이룬 이후에 명예와 이름을 얻거나 또한 이를 계속 누리고자 하는 인간의 속성을 강조하는 것으로 보인다. 죽간(갑)에서는 盈(영)자를 '거침없이 흐를 영(浧)'자로 기록하는데, "지니고 있으나 절제함이 없이 더하려 하다"의 뜻으로 볼 수 있다. 채워도 넘치기만 하고 해를 만들기만 할 뿐 더 이상 만족할 수 없다는 뜻이다.

이어서 "헤아리면서 날카로우면 길게 보존할 수 없다"고 했다. 백성들의 삶을 멀리서 헤아려 보는 것만으로 족한데, 이를 넘어 날카로움을 보이면 자신이나 백성들을 길게 보존할 수 없다는 말이다. '예(銳)'는 곤두서 있는 날카로움으로 기세가 높은 상태를 표현한다. 기세가 강하면 죽음의 무리로 간다고 했다. 흔히 예기(銳氣)라고 하면 날카롭고 굳세며 적극적인 기세 또는 관찰이나 판단이 정확하고 날카롭다는 의미로 쓰인다. 이 구절은 '湍而羣之(단이군지)'로 쓰인 판본도 있다고 한다. '여울 단(湍)'에 '무리 군(羣)'이 붙었으니 "빠르게 흐르면서도 무리를 짓는다"는 뜻이다. 단(湍)은 작은 급경사를 이뤄 물의 흐름이 빠른 부분을 말하는 글자로, 빠르게 움직이는 곳에서 무리지어 오랫동안 있기는 어렵다는 뜻이다.

金玉滿堂, 莫之能守. 富貴而驕, 自遺其咎.
집 안에 금과 옥이 가득 차면 지킬 수가 없고, 부귀하면서도 교만하면 스스로 허물을 남기게 된다.

'찰 만(滿)'은 죽간(갑)에서는 '거침없이 흐를 영(浧)'자로, 백서(갑)에서는 '찰 영(盈)'으로 기록되어 있다. '집 당(堂)'은 죽간(갑)과 백서(갑을)에서는 '집 실(室)'로, '富貴(부귀)'는 '貴福(귀복)'이나 '貴富(귀부)'로 쓰여 있으나 그 뜻하는 바는 다르지 않다.

하상공은 "욕망은 오장신을 상하게 하고, 재물이 많으면 몸에 누가 된다. 무릇 부유하면 마땅히 가난한 사람을 구제해야 하고, 존귀하면 미천한 사람들을 가엾게 여겨야 한다. 그런데 오히려 스스로 교만하고 방자하면 반드시 재앙과 환란을 입게 된다"[76]라고 하여 인의(仁義)적 견지에서 해설했다. 다른 해설서도 대체로 대동소이하다.

노자는 "집 안에 금과 옥이 가득 차면 그것을 지켜 내기가 어렵다"고 했다. 달리 이야기하면 필요한 정도를 넘어 넘치게 지니고자 하는 욕심을 탓하는 말이다. 과하면 지켜 낼 수 없으니 멈출 줄을 알아야 한다는 뜻이다. 이어서 "부귀하면서도 교만하면 스스로 허물을 남기게 된다 했다. 교만이란 잘난 체하고 뽐내며 방자한 행실을 말한다. 부귀하면 아쉬운 것을 남에게 청하지 않아도 되므로 그 자체만으로도 당당함을 지킬 수 있으련만, 굳이 방자하게 굴면 허물만 쌓인다는 말이다. 욕심이 없

76) 『하상공주』 "嗜欲傷神, 財多累身. 夫富當賑貧, 貴當憐賤, 而反驕恣, 必被禍患也."

는 자가 교만할 경우 소신이 있다 하여 당당하다고 여길 수 있는 것과는 다르다.

> 功遂身退, 天之道.
> 공을 완수하면 몸은 물러나는 것이 하늘의 도이다.

'功遂身退(공수신퇴)'의 구절을 하상공본에서만 '功成名遂身退(공성명수신퇴)'로 표현한 것이 다르다.

하상공은 "사람이 행하는 바를 말하는 것으로, 공(功)이 완성되고 일이 바로 서면 업적에 따른 이름이 붙여져 뒤따르게 되는데, 이때 몸을 뒤로 하고 지위를 피하지 않으면 해를 만나게 된다. 이것이 곧 하늘의 항상하는 도이다. 비유하자면 해가 하늘 한가운데 이르면 자리를 옮기고, 달이 차면 이지러지며, 사물이 극성하면 쇠퇴하게 되고, 즐거움이 극에 이르면 슬퍼지게 되는 것과 같다"[77]라고 했다. 왕필은 "사계절은 바뀌어 가면서 운행되는 것이니, 일이 이루어지면 옮기는 것이다(四時更運 功成則移)"라고 말한다.

『도덕경』에서 자주 나오는 익숙한 문장이다. 공(功)이란 바라던 바가 이루어진 것 즉 목적을 달성한 것이다. 그리고 목적을 달성하면 공을 세운 자신은 뒤로 물러나 있어야 한다는 말이다. 앞에서 예를 들어가며 설명했듯이 "가지고 있으면서 가득 채우려 하고, 헤아리면서도 날

---

77) 『하상공주』 "言人所為, 功成事立, 名跡稱遂, 不退身避位, 則遇於害, 此乃天之常道也. 譬如日中則移, 月滿則虧, 物盛則衰, 樂極則哀."

카롭게 반응하며, 금과 옥을 가득 채우려고 하고, 부귀하면서도 교만하면 오래갈 수 없다"는 지적과 같다. 공을 이루었다면 바라던 것을 달성하였으므로 더 이상 머물러 있어야 할 이유와 명분이 사라진 것이다. 그럼에도 남아 있는 것은 사사로운 영화를 구하는 것뿐이다. 여기에서 물러서는 것이 하늘의 도라 했다. 하늘은 멀리 내다보고 또 다음을 준비하지 않는가. 鳳

공을 완수하면 몸은 물러나는 것이

하늘의 도이다.

제 10 장

영지에 널려 있는 넋을 하나로 품어 떠남이 없게 할 수 있겠는가.

載營魄抱一 能無離乎

재영백포일 능무이호

專氣致柔 能嬰兒乎

전기치유 능영아호

滌除玄覽 能無疵乎

척제현람 능무자호

愛民治國 能無知乎

애민치국 능무지호

天門開闔 能爲雌乎

천문개합 능위자호

明白四達 能無爲乎

명백사달 능무위호

生之畜之 生而不有 爲而不恃 長而不宰

생지휵지 생이불유 위이불시 장이부재

是謂玄德

시위현덕

영지에 널려 있는 넋을 하나로 품어 떠남이 없게 할 수 있겠는가.
한곳에 모여 있는 기운을 부드러움에 이르게 하여 어린아이처럼 연약하게 할 수 있겠는가.
씻어 없앨 것을 현묘하게 찾아내어 흠이 없게 할 수 있겠는가.
백성을 아끼고 나라를 다스림에서도 아는 것이 없이 할 수 있겠는가.
하늘의 문이 열리고 닫힘에 있어 암컷이 하는 것처럼 할 수 있겠는가.
의심할 바 없는 뚜렷함이 사방으로 통하게 하여 함이 없이도 할 수 있겠는가.
낳고 기르는 데 있어서 생겨나더라도 성인의 소유가 아니고, 하더라도 믿고 의지하지 않도록 하며, 오래 하면서도 주재하지 아니함을 일러 현묘한 덕이라 한다.

[해설]

載營魄抱一, 能無離乎.

영지에 널려 있는 넋을 하나로 품어 떠남이 없게 할 수 있겠는가.

'없을 무(無)'자가 백서(을)에는 '말 무(毋)'로 표현된 점이 다르다.

첫 문장의 해석이 무척 난해하다. 먼저 영백(營魄)에 대하여 풀이한 것을 살펴보자. 하상공은 "영백은 혼(魂)과 백(魄)이다. 사람은 혼과 백을 지녀야 살 수 있으니, 마땅히 아끼고 길러야 한다. 기뻐하거나 화를 내면 혼을 망하게 하고 갑작스럽게 놀라면 백이 상하게 된다. 혼은 간에 있고 백은 폐에 있어서 좋은 술과 맛있는 안주는 간과 폐를 상하게 한다. 혼은 고요하게 도에 뜻을 두면 혼란하지 않게 되며, 백은 편안해지면 수명이 늘고 장수한다"[78]라고 했다. 즉 영백을 혼과 백으로 보았다. 범응원도 『내관경(內觀經)』을 예로 들어 영백은 혼백이라 말했다.

왕필은 "재(載)는 머물러 있다[處]는 의미와 같다. 영백은 사람이 항상 사는 곳에 머무르고 있는 것이다"[79]라고 설명한다. 한편에서는 영(營)자를 분주히 활동하는 것 또는 밝게 빛나는 것으로 풀이하는 책도 있다.

이 장은 해석을 곤혹스럽게 만드는 난해한 장들 중 하나다. 동일한 귀결점을 놓고 여러 경우를 들어 설명하고 있어 낱낱의 글자의 해석보다는 큰 대의에 다가서는 노력이 더 필요하다고 생각된다. 결론적으로 말해

78) 『하상공주』 "營魄, 魂魄也. 人載魂魄之上得以生, 當愛養之. 喜怒亡魂, 卒驚傷魄. 魂在肝, 魄在肺. 美酒甘肴, 腐人肝肺. 故魂靜志道不亂, 魄安得壽延年也."

79) 『왕필주』 "載, 猶處也. 營魄, 人之常居處也."

이 장은 덕의 현묘함을 알리는 글로, 덕을 베풀어 해결할 수 있는 여러 가지 유익함을 제시한다. 다스리는 자가 전력을 다해도 달성하기 어려운 일들을 덕은 쉽게 이룬다는 말이다. 따라서 아래의 문장들을 덕을 베풀면 능히 해결할 수 있다는 관점에서 바라보면 쉽게 와 닿을 것이다.

첫 문장부터 살펴보자. 노자는 통치자들에게 "영지에 널려 있는 넋을 하나로 품어 떠남이 없게 할 수 있겠는가"라고 자신을 돌아보도록 묻는다. 사람들이 모여 살고 있는 영지에 재난이 일어나 죽음이 한바탕 휩쓸고 지나가면서 마음이 찢어지고 애가 타는 비통함의 곡소리가 마을에 가득하다면, 그대는 어떻게 이들의 마음을 보듬어서 삶의 의욕이나 이 나라에 대한 애정이 떠나가지 않도록 할 수 있겠느냐는 말이다.

'營(영)'은 사람들이 모여 사는 곳이며 '백(魄)'은 죽음을 뜻한다. 그 이유를 설명하기 위해서는 먼저 첫 글자인 '실을 재(載)'자부터 풀어가야 한다. '재(載)'는 '싣다, 올라타다'의 뜻으로 수레에 싣거나 어떤 것 위에 실려 있는 상태를 말한다. 백서(을)에서는 戴(대)자로 쓰여 있는데, 죽음과 관련이 있는 글자로 '탄식하다'라는 의미를 가지고 있다. 이어서 나오는 글자가 '넋 백(魄)'이다. 그렇다면 이 구절은 사람들이 모여 사는 영지에 죽은 시체가 널려 있는 처참한 상황을 표현하고 있다고 볼 수 있다. 여기서 사람들이 모여 사는 곳이라고 해석한 '營(영)'자를 살펴보자. 영(營)은 사방을 둘러싼 住居(주거)지의 의미를 담고 있다. 광개토호태왕비(廣開土好太王碑)의 석문에도 '영'자가 나온다.

"영락 5년(395), 을미년에 왕께서 비려(碑麗)가 사람을 돌려보내지 않아 친히 군대를 거느리고 가서 토벌했다. 부산(富山)과 부산(負山)을 지나 염수(鹽水) 언덕에 이르러 세 부락 600~700 영(營)을 쳐부수고 소, 말, 양떼 들을 얻은 것이 헤아릴 수 없이 많았다"라고 쓰여 있다. 예전의 영(營)은 유목생활을 하면서도 동시에 침략에 대비할 수 있도록 자체 무력을 갖추고 있었다는 말이다. 이처럼 '영'자는 한편 병영을 뜻하기도 해서 군영(軍營)이나 숙영지(宿營地) 등으로도 쓰인다.

이어서 넋이라고 부르는 백(魄)의 의미를 분석해 보자. 『황제내경(黃帝內經)』의 '영추(靈樞)편'에서는 혼백[80)]을 "생명은 정(精)에서 오는 것인데 하늘의 덕과 땅의 기가 퍼진 두 개의 정(하늘과 땅)이 서로 교통하게 하는 것을 신(神)이라 하며, 다시 신과 정이 왕래하는 것을 혼(魂)이라 하고, 혼과 정이 교류하는 것을 백(魄)이라 한다"라고 정의하고 있다. 또한 너무 놀라 정신을 잃을 지경에 이른 것을 '혼비백산(魂飛魄散)'이라 표현하는데 이 말은 혼이 날아가고 백이 흩어진다는 뜻이다. 옛날부터 사람이 죽으면 혼(魂)은 하늘로 올라가지만 백(魄)은 시신과 함께 땅에 묻힌다고 전해져 오고 있다. 그렇다면 이 문장에서의 넋(魄)은 희생이 있었다는 뜻으로 볼 수 있다. 따라서 '載營魄(재영백)'이란 말은 영지에서 큰 재난을 당해 많은 희생자가 발생했음을 묘사하는 글로 보아야 한다. 폭우로 인한 자연재해나 전쟁 또는 전염병 등이 마을을 휩쓸었거나, 흉년이 들어 아사(餓死)자가 발생한 것인지도 모른다. 사람들이 모여 많은 이의 죽음을 탄식하고 있다면 그 상처가 클 것이다.

80) 황제내경(黃帝內經) 영추(靈樞) "故生之來謂之精 兩精相搏謂之神 神往來者謂之魂 精而出入者謂之魄"

다음은 '抱一(포일)'의 뜻을 이해하는 일이다. 포일(抱一)에서 抱(포)는 '가슴에 안다, 품다' 등의 뜻으로, 본 구절은 하나로 품는다는 말이다. 하나(一)에 대해서는 『도덕경』의 뒤편에서 다시 설명하도록 하겠다. 예를 들어 흐트러진 사람들의 마음을 하나로 만든다는 뜻으로, 가족들의 죽음으로 울부짖고 있는 이들의 상처를 보듬어 하나로 껴안는다는 말이다.

참고로 포일(抱一)에 대한 학자들의 설명을 살펴보자. 하상공은 "사람이 '일(一)'을 끌어안고 몸에서 떠나지 않게 할 수 있다면 길게 산다는 말이다. 일은 도가 처음 낳는 것으로 태화(太和)의 정기이니, 그러므로 '일'이라고 한다. 일은 천하에 그 이름을 펴니, 하늘은 일을 얻어 맑고 땅은 일을 얻어 안녕되며, 제후와 왕은 일을 얻음으로써 바르고 공평하게 된다. 안으로 들어가면 마음이 되고, 밖으로 나오면 행위가 되며, 널리 베풀면 덕이 되니, 총괄적으로 이름하여 일이라 한다. 일이라고 말하는 것은 뜻이 하나이지 둘이 아님을 뜻하는 것이다"[81]라고 했다. 하나(一)는 도가 처음 낳은 것으로, 각자가 이를 얻으면 바람직한 상태가 된다는 뜻이다.

왕필은 "하나(一)는 사람의 참됨이다. 사람이 항상 머무르는 집에 거처하면서, 하나로 껴안아 신명을 맑게 하면 항상 떠남이 없도록 할 수 있다는 말이다. 즉 만물은 스스로 손님이 될 것이라는 말이다"[82]라고 했다. 즉 하나를 참됨[眞]으로 보았다. 그 밖에 도(道)로 보거나 혼과 백이 합쳐진 몸[身]이라고 보는 주장도 있다.

---

81)『하상공주』"言人能抱一, 使不離於身, 則長存. 一者, 道始所生, 太和之精氣也, 故曰一. 一布名於天下, 天得一以清, 地得一以寧, 侯王得一以為正平, 入為心, 出為行, 布施為德, 摠名為一. 一之為言, 志一無二也."
82)『왕필주』"一, 人之眞也. 言人能處常居之宅, 抱一清神 能常無離乎 則萬物自賓也."

專氣致柔, 能嬰兒乎

한곳에 모여 있는 기운을 부드러움에 이르게 하여 어린아이처럼 연약하게 할 수 있겠는가.

첫 글자인 '오로지 전(專)'자는 백서(을)에 '뭉칠 단(摶)'으로 되어 있다.

하상공은 "정기(精氣)를 오롯하게 지켜 혼란하지 않게 한다면 형체가 그것에 응할 수 있어 부드럽게 될 것이다. 갓난아이와 같이 안으로 마음 쓰는 일이 없고 밖으로 정사(政事)가 없으면 정기와 오장신이 떠나지 않는다"[83]라고 설명했다. 왕필은 "전(專)은 맡기다[任]는 의미이고, 치(致)는 지극하다[極]는 의미이다. 자연의 기에 맡겨 지극히 부드러운 조화에 이르면, 마치 하고자 하는 것이 없는 아기와 같아진다. 바로 사물이 온전해지고 본성을 얻는다는 말이다"[84]라고 정기를 안정시키거나 자연에 맡기면 갓난아이처럼 될 수 있다고 풀이했다. 박세당은 "어린아이의 기운은 순수하고 부드러우니 어린아이와 같으면 하나로 안을 수 있다"라고 해서 전(專)을 '순수함[純]'으로 보았다. 주자(朱子)는 "사이에 끊어짐이 없는 것"이라고 했다.

'專氣致柔(전기치유)'란 사람들의 마음에 응어리져 있는 기운을 풀어 부드러움에 이르게 한다는 말이다. 한곳에 모여 있다는 것은 기운이 뭉쳐 있다 즉 원활하게 순행되어야 할 기(氣)가 정체되어 있다는 뜻이다.

83)『하상공주』"專守精氣使不亂, 則形體能應之而柔順. 能如嬰兒內無思慮, 外無政事, 則精神不去也."
84)『왕필주』"專, 任也. 致, 極也. 言任自然之氣, 致至柔之和, 能若　兒之無所欲乎. 則物全而性得矣."

기가 뭉치는 것은 한의학에서도 질병의 원인으로 본다. 따라서 분노와 원망에 가득 차 있는 백성들의 마음을 풀어 주어야 한다. 그래서 뭉쳐 있는 기운들을 부드럽게 하여 어린아이처럼 유순하게 만들 수 있느냐고 묻는 것이다. 어미의 마음으로 감싸지 않으면 깊은 상처와 아픔을 평상의 상태로 돌리는 게 결코 쉽지 않을 것이다. 이 역시 덕의 현묘함으로 가능하다는 말씀이다. 이 구절에서 '오로지 전(專)'자는 백서(을)에서 '뭉치다, 엉기다'는 뜻의 '摶(단)'으로 되어 있다. 서로 통하는 글자다.

滌除玄覽, 能無疵乎
씻어 없앨 것을 현묘하게 찾아내어 흠이 없게 할 수 있겠는가.

'볼 람(覽)'은 백서(갑을)에서 '거울 감(鑒)'으로 기록되어 있다. 그 뜻은 크게 벗어나지 않는다.

하상공은 "그 마음을 씻어 청결하게 해야 한다. 마음이 현묘하고 깊숙한 곳에 머무르면 세상의 온갖 일들을 두루 보고 알게 된다. 그러한 것을 현람이라고 한다. 음란하거나 사악하지 않다"[85]라고 했다. 왕필은 "현(玄)은 사물의 지극한 상태다. 사악하게 꾸며진 것을 씻어 버리고 지극한 통찰의 경지에 이르면, 사물[物]로서 자신의 밝은 지혜[明]에 끼어들게 할 수 없으며, 자신의 신령한 성품[神]에 흠을 낼 수 없다. 마침내 아득함[玄]과 같게 된다는 말이다"[86]라고 설명을 붙였다.

85)『하상공주』"當洗其心, 使潔淨也. 心居玄冥之處, 覽知萬事, 故謂之玄覽也. 不淫邪也."
86)『왕필주』"玄, 物之極也. 言能滌除邪飾, 至於極覽, 能不以物介其明, 疵之其神乎. 則終與玄同也."

滌除玄覽(척제현람)에서 滌除(척제)를 필자는 '씻어 없앨 것'으로 평이하게 해석했다. 씻어 없애야 한다는 것은 지금 해가 되고 있으므로 깨끗이 떼어 낸다는 뜻이다. 눈에 드러나는 것은 쉽게 해결할 수 있으나, 해가 되는 것이 인간의 정서에 관한 것이거나 숨겨져 있는 것이라면 이야기는 달라진다. 문제가 되어 모두가 염려하고 있는 일이야 진심을 가지고 사물의 진상을 캐내어 잘못된 바를 제거할 수 있겠지만, 마음속에 있는 분노나 불선은 신비로운 거울 앞에 세우지 않는 이상 어찌 일일이 들여다볼 수 있겠는가. 현묘한 능력이 없다면 불가능할 것이다. 현람(玄覽)은 '사물의 진상을 꿰뚫어 안다'는 말이다. 일의 근원으로부터 시작해서 자초지종을 정확히 알게 되었다면 사물의 진상을 있는 그대로 들여다볼 수 있을 것이다. 백서에서는 '현감(玄監)'이라 하여 감(監)자를 쓰고 있다. 監(감)은 거울을 들여다보듯이 훤히 들여다본다는 뜻이다.

愛民治國, 能無知乎

백성을 아끼고 나라를 다스림에서도 아는 것이 없이 할 수 있겠는가.

'能無知乎(능무지호)'의 구절이 백서(을)에서는 '能毋以知乎(능무이지호)'로 되어 있다. 무지(無知)는 하상공본이나 몇몇 본에 무위(無爲)로 기록되어 있다.

하상공은 "몸을 다스리는 자가 기를 아끼면 몸이 온전해지고, 나라를 다스리는 자가 백성을 아끼면 나라가 편안해진다. 몸을 다스리는 자는 정기를 호흡할 때 귀로 듣지 못하게 하고, 나라를 다스리는 자는 은혜와 덕을 베풀 때 아랫사람들이 알지 못하게 한다"[87]라고 했다. 자신의 몸을 다스릴 때 그리고 나라를 다스리는 자가 베풀 때는 자신과 백성들이 모르게 은덕을 쌓아야 한다는 뜻이다. 왕필은 "술수에 맡겨서 이루기를 구하고 수를 헤아려 감춰진 것을 구하는 것이 지혜이다. 현람은 흠이 없어 오히려 성스러움을 끊는 것[絶聖]과 같다. 나라를 다스리는 데 지혜를 사용하지 않음은 오히려 지혜를 버리는 것과 같다. 지혜를 사용하지 않을 수 있는가. 그렇게 할 수 있다면 백성들은 편벽되지 않고 나라는 다스려질 것이다"[88]라고 했다.

노자는 "백성을 아끼고 나라를 다스림에서도 아는 것이 없이 할 수 있겠는가"라고 물었다. 이 글에서 학자들의 고민과 논란은 과연 노자가 지식(앎)을 무익한 것으로 여기고 있느냐 아니냐 하는 것이다. 왕필도 불가피하게 앎(知)을 꾀[智]의 의미로 해석하고 있듯이 대부분의 책들이 이를 역설적인 문구로 보고 뒤집어 주석을 달고 있다. 군주는 백성들을 아끼고 외부의 적으로부터 생명을 보호해야 하는 엄중한 자리에 있는 자이거늘 어찌 앎이 없이 나라를 다스릴 수가 있겠는가? 왕자들은 어릴 때부터 선왕의 지혜를 본받아 성군의 길을 가도록 엄격한 교육을 받고 있다는 것을 익히 알고 있음에도 노자는 왜 이치에 맞지 않는 말씀을 하였을까?

이들이 익히는 지식은 제대로 된 앎이 아니기 때문이다. 노자는 71장에서 "알지 못한다는 것을 아는 것은 높여야 하나, 아는 것이 아는 것이 아니라면 병폐가 된다(知不知上 不知知病)"라고 역설했다. 노자가 우

87) 『하상공주』 "治身者, 愛氣則身全 : 治國者, 愛民則國安. 治身者呼吸精氣, 無令耳聞;治國者, 佈施惠德, 無令下知也."

88) 『왕필주』 "任術以求成, 運數以求匿者, 智也. 玄覽無疵, 猶絶聖也. 治國無以智, 猶棄智也. 能無以智乎. 則民不辟而國治之也."

려하는 것처럼 제대로 알지 못하는 군주들은 나라를 다스림에 있어 참신한 지혜를 찾아 새로운 정책들을 만들어 내기 위해 고민한다. 일의 근원을 거슬러 올라가 선현의 지혜와 시원의 도를 알아 현재를 바라보면 제대로 된 앎이 생겨난다. 이러한 경지에 이르면 무위의 유익함을 알게 되고, 이에 가장 적합한 방책이 결국 덕으로 다스리는 일이라는 것을 노자는 말하고 있다. 따라서 앎이 없이도 덕으로 다스리면 백성들을 아끼고 나라를 평온하게 하는 치도의 길을 갈 수 있다고 또 하나의 이로움을 나열하고 있는 것이다.

天門開闔, 能爲雌乎
하늘의 문이 열리고 닫힘에 있어 암컷이 하는 것처럼 할 수 있겠는가.

'열 개(開)'자가 백서(을)에서는 '열 계(啟)'로 기록된 점이 다르다. '문을 열다'라는 뜻이다.

하상공은 "천문(天門)은 북쪽에 다다라 있는 자미궁을 말하고, 개합(開闔)은 오제(五際)의 시작과 끝을 말한다. 몸을 다스릴 때의 천문은 콧구멍을 일컫는 것이고, 열린다는 것은 헐떡거리며 숨을 쉬는 것을 말하고, 닫힌다는 것은 호흡을 말한다. 몸을 다스릴 때는 암컷처럼 편안하고 고요히 그리고 부드럽게 해야 한다. 나라를 다스릴 때는 단지 변화에 응할 뿐 먼저 나서지 않는다"[89]라고 했다.

왕필은 "천문(天門)은 천하의 모든 것이 좇아 나오는 곳이라는 말

89)『왕필주』"天門謂北極紫微宮. 開闔謂終始五際也. 治身, 天門謂鼻孔開, 謂喘息闔, 謂呼吸也. 治身當如雌牝, 安靜柔弱, 治國應變, 合而不唱也."

이다. 열리거나 닫힌다는 것은 다스려지거나 어지러워지는 때이다. 열리기도 하고 닫히기도 하면서 천하에 두루 통하므로 천문이 개합한다고 한 것이다. 암컷은 응하기는 하지만 주도하지 않으며, 따라가기는 하지만 아무것도 행하지 않는다. 하늘의 문이 열리고 닫히는 것을 암컷이라 여길 수 있다는 말이다. 따라서 사물이 저절로 손님이 되고 거처하는 것도 저절로 편안해질 것이다"[90]라고 했다.

누군가 하늘의 문이 열리고 닫히는 이유를 안다고 하면 그는 천지의 이치를 통달한 자이다. 『귀곡자(鬼谷子)』의 '패합편(捭闔篇)'에 보면, "옛것을 조사해 보면 성인은 하늘과 땅 사이에 있었던 것처럼 오묘했다. 중생들의 앞이 되어서 음양의 열림[開]과 닫힘[闔]을 보고 물에 명을 내렸다. 존망이 드나드는 문호를 알아서 만 가지의 끝과 시작을 계산하였으며, 사람 마음의 이치에 통달하여 변화의 징조를 보았다. 이로써 존망이 드나드는 문호를 지키고 맡았다"[91]라고 되어 있다. 여기서 하늘이 열리고 닫힌다는 것은 천지의 조화를 말한다. 백성들의 삶과 직결되는 일이기도 하다. 귀곡자의 말처럼 하늘의 열림과 닫힘을 아는 자라면 능히 만물을 보살피고 기르는 어미의 자질을 갖춘 자이다. 이처럼 신통한 인물이 나라에 없다면 이 역시 그림의 떡일 뿐이다.

노자는 이와 조금 다른 측면에서 "하늘의 문이 열리고 닫힘에 있어 암컷이 하는 것처럼 할 수 있겠는가"라고 묻는다. 하늘의 문은 열리고 닫히는 과정에서 사사로운 개입이나 불쌍히 여겨 어짊을 행하는 바가 없다.

---

90) 『왕필주』 "天門, 謂天下之所由從也. 開闔, 治亂之際也. 或開或闔, 經通於天下, 故日天門開闔也. 雌應而不倡, 因而不爲. 言天門開闔能爲雌乎. 則物自賓而處自安矣."
91) 『귀곡자(鬼谷子)』 '패합편(捭闔篇)' "奧若稽古聖人之在天地間也, 為眾生之先, 觀陰陽之開闔以命物 ; 知存亡之門戶, 籌策萬類之終始, 達人心之理, 見變化之朕焉, 而守司其門戶."

그럼에도 보호본능을 가지고 있는 암컷[雌]을 등장시켰다. 앞서 6장에서 암컷을 牝(빈)으로 표현한 것과 비교해 보면 분명 다른 의미가 담겨 있을 것이다. 물론 6장에서도 '현빈의 문'이라 해서 계곡의 물이 드나드는 것처럼 만물을 이롭게 하는 바를 설명하기도 했다.

요즘은 雌(자)와 牝(빈)을 구분하지 않고 동식물을 통칭하여 암컷이라는 의미로 사용하고 있지만 원래 땅에 사는 들짐승의 암컷을 牝(빈)이라 한다면 하늘을 나는 날짐승의 암컷을 雌(자)로 표현했다. 따라서 하늘의 문을 열고 닫는 이를 만물을 보살피는 본능을 가진 암컷(雌)으로 승화시킨 것으로 볼 수 있다. 즉 하늘의 문을 열고 닫음에 있어 만물들을 보살피는 암컷의 마음을 가지도록 할 수 있겠느냐는 말이다. 이 또한 덕을 베풀어 다스리면 하늘도 감응하여 그 나라를 돕게 된다는 말씀이다. 67장에서도 "무릇 자애로움이란 싸움에서 쓰면 이기는 것이고, 수비하는 곳에서도 견고해지는 것이다. 하늘이 장차 구원할 것이니 자애로 호위해 가라"라고 했다. 이는 『삼국지(三國志)』에서 관우가 조조를 죽이라는 제갈량의 명령을 어긴 사건에서 생긴 말이다. 사람의 힘으로 할 수 있는 일을 다하고 하늘의 명을 기다린다는 '수인사대천명(修人事待天命)'이나, 영국의 작가 스마일스(Samuel Smiles)가 『자조론(1859)』에서 "하늘은 스스로 돕는 자를 돕는다"고 했던 말을 떠올리게 한다. 선한 곳에서는 모난 것도 선하게 보이고, 또한 그도 선하게 행동하려 하는 법이다.

明白四達, 能無爲乎

의심할 바 없는 뚜렷함이 사방으로 통하게 하여 함이 없이도 할 수 있겠는가.

'能無爲乎(능무위호)'가 백서(을)에서는 '能毋以知乎(능무이지호)'로 기록되어 있고, 하상공본 등에는 '能無知乎(능무지호)'로 되어 있다. 큰 뜻에서는 다르지 않다.

하상공은 "도는 명백하여 해와 달이 사방에 두루 밝게 통하여 온 천하 그리고 천하 밖까지 가득하다는 것을 말한다. 그러므로 보아도 보지 못하고 들어도 듣지 못한다고 말하지만, 온 천지에 드러나게 베풀어 찬란하게 빛난다고 하는 것이다. 도가 천하에 가득하다는 것을 알 수 있는 자가 없다"[92] 하였다. 왕필은 "지극히 밝아 사방으로 통하고 미혹되는 일이 없으니, 하여야 할 것이 없다고 할 수 있다. 만물은 감화가 되는 것이다. 이른바 도는 항상 아무것도 행함이 없지만, 후왕이 그것을 지킬 수 있다면 만물이 저절로 교화될 것이다"[93]라고 했다.

노자는 "의심할 바 없는 뚜렷함이 사방으로 통하게 하여 함이 없이도 할 수 있겠는가"라고 묻는다. 명백하다는 것은 감추어진 것이 없어 투명한 것이고 누가 보더라도 똑같다는 말이다. 이는 믿음이 생긴 것이며, 누구나 의심 없이 받아들일 수 있을 것이다. 다만 천하에 장애 없이 전해질 수 있으려면 그것이 모두에게 해가 되지 않고 필요한 것이라야 한다. 즉 변함 없이 베풀어지는 덕이라야 가능하다. 바라는 것도 없고 드러내어 행하지도 않으면서 베풀기만 하기에 인위적인 함이 없이도 가능한 것이다. 그 이유가 다음 문장에서 설명되고 있다.

---

92) 『하상공주』 "言道明白, 如日月四通, 滿於天下八極之外. 故日, 視之不見, 聽之不聞, 彰布之於十方, 煥煥煌煌也. 無有能知道滿於天下者."
93) 『왕필주』 "言至明四達, 無迷無惑, 能無以爲乎. 則物化矣. 所謂道常無爲, 侯王若能守 則萬物自化."

生之畜之, 生而不有, 爲而不恃, 長而不宰, 是謂玄德.
낳고 기르는 데 있어서 생겨나더라도 성인의 소유가 아니고, 하더라도 믿고 의지하지 않도록 하며, 오래 하면서도 주재하지 아니함을 일러 현묘한 덕이라 한다.

'爲而不恃(위이부시)'의 경우 백서에서는 보이지 않는 것이 다르다.

하상공은 "도는 만물을 낳고 기른다. 도는 만물을 낳지만 취하여 소유하는 바가 없다. 도는 베풀어 행하는 바에 대해 그 보답을 바라지 않는다. 도는 만물을 자라게 하고 기르지만 주재하거나 빼앗지 아니하고 그릇의 쓰임이 되게 한다. 도와 덕은 현묘하고 어두워서 볼 수 없다는 말이다. 사람들로 하여금 도와 같아지기를 바라는 것이다"[94]라고 했다. 대체로 해석에 이견이 적은 문장이다.

왕필은 "만물의 근원을 막지 않는다. 만물의 본성을 가로막지 않는다. 근원을 막지 않으면 물은 저절로 태어나니 어찌 공이 그것에 있겠는가. 그 본성을 막지 아니하면 물은 저절로 이루어 가니 어찌 그것에 의지하겠는가. 사물은 저절로 성장하고 만족하니 내가 주관해서 이룬 것이 아니고, 덕은 있으나 주인이 보이지 않으니 아득함이 아니고 무엇이겠는가. 일반적으로 현덕은 모두 덕은 있지만 그 주인을 알 수 없는 것을 말하는 것으로, 나온 곳이 그윽하고 어둡다"[95]라고 하여 좀 더 자세히 설명하고 있다.

---

94) 『하상공주』 "道生萬物而畜養之. 道生萬物, 無所取有. 道所施為, 不恃望其報也. 道長養萬物, 不宰割以為器用. 言道德玄冥, 不可得見, 欲使人如道也."
95) 『왕필주』 "不塞其原也. 不禁其性也. 不塞其原, 則物自生, 何功之有. 不禁其性, 則物自濟, 何爲之恃. 物自長足, 不吾宰成, 有德無主, 非玄而何. 凡言玄德, 皆有德而不知其主, 出乎幽冥."

이 문장은 51장에서도 다시 볼 수 있다. 앞의 글에서는 덕이란 백성들의 애통하고 분노한 마음을 풀어지게 하고 어린아이처럼 유순하게 만들며, 없애야 할 것들을 흠 없이 처리하고, 아는 것이 없이도 백성들을 아끼며 나라를 다스릴 수 있다고 했다. 그래서 하늘도 감응하여 우리를 돕게 하고 모두에게 신뢰를 얻으니 무슨 일이든 무위로 이룰 수 있다고 했다. 이처럼 도의 정치가 시작되면 백성들을 덕으로 기르니 함께 살아가는 곳에서 발생되는 모든 문제를 치유할 수가 있다는 것이다.

이처럼 도와 덕은 낳고 기르는 데 있어서 생겨나더라도 성인의 소유가 아니고, 하더라도 믿고 의지하지 않도록 하며, 오래 하면서도 주재하지 않는다고 말한다. 이러하기에 도의 정치에 있어서의 덕은 나라의 어려움을 해소하여 백성들을 하나로 만드는 신묘한 힘이 있다는 것이다. 이 구절은 2장에서 설명한 바가 있다. 덕은 쌓는 것이다. 도의 정치에서 덕은 일회성이나 드러나게 베푸는 것이 아니다. 鳳

제 11 장

있음으로는 이로움을 만들고 없음으로는 쓰임을 만드는 것이다.

三十輻共一轂 當其無 有車之用

삼십복공일곡 당기무 유거지용

埏埴以爲器 當其無 有器之用

선식이위기 당기무 유기지용

鑿戶牖以爲室 當其無 有室之用

착호유이위실 당기무 유실지용

故有之以爲利 無之以爲用

고유지이위이 무지이위용

30개의 바퀴살은 하나의 바퀴통에 모여 하나가 되는데, 그 없음이 마땅하여 수레로 쓰임이 있다.
점토를 빚어서 그릇이 되는데, 그 없음이 마땅하여 그릇으로 쓰임이 있다.
지게문과 창문을 뚫어서 방이 되는데, 그 없음이 마땅하여 방으로 쓰임이 있다.
그러므로 있음으로는 이로움을 만들고, 없음으로는 쓰임을 만드는 것이다.

[해설]

본 장은 대체로 해석에 큰 어려움이 없다. 있고 없음의 적절한 조화가 이로움을 더할 수 있게 한다는 말씀을 통해 無(무)라는 것의 효용성을 잘 나타내 주고 있다. 없다는 것이 없는 것이 아니라 있음을 더 풍요롭게 해 준다는 교훈이다.

三十輻共一轂, 當其無, 有車之用.
서른 개의 바퀴살은 하나의 바퀴통에 모여 하나가 되는데, 그 없음이 마땅하여 수레로 쓰임이 있다.

'한 가지 공(共)'자가 백서(을)에서는 '한 가지 동(同)'으로 쓰여 있는 것이 다르다.

하상공은 "옛날에 수레의 바퀴를 30개로 한 것은 한 달의 숫자를 본뜬 것이다. 하나의 바퀴통으로 향한다는 것은 바퀴통 가운데 구멍이 있기 때문에 뭇 바퀴살들이 그곳을 향해 모이는 것이다. 몸을 닦는 자는 감정을 없애고 욕심을 버려 오장을 비게 해야 하는 것이니, 신이 이내 귀의하게 된다. 무는 빈곳을 가리킨다. 바퀴통 가운데가 비었으니 수레가 굴러갈 수 있고 수레 가운데가 비었으니 사람이 그 위에 탈 수가 있는 것이다"[96]라고 해서 비어 있는 것의 효용성을 말하는 것이라 해석했다.

왕필은 "바퀴통이 서른 개의 바퀴살을 총괄할 수 있는 것은 없음[無]

96)『하상공주』"古者車三十輻, 法月數也. 共一轂者, 轂中有孔, 故衆輻共湊之. 治身者當除情去欲, 使五藏空虛, 神乃歸之. 治國者寡能摠衆, 弱共使強也. 無, 謂空虛. 轂中空虛, 輪得轉行, 轝中空虛, 人得載其上也."

이기 때문이다. 없음으로써 사물을 받아들일 수 있는 까닭에 실제로 무리를 총괄할 수 있는 것이다"[97]라고 하여, 없기 때문에 모두를 받아들일 수 있다고 해설하고 있다. 대체로 비어 있음을 강조하는 것이다. 이와 비슷하게 서명응은 수레바퀴의 경우 무(無)가 유(有)를 받아들일 수 있었기에 사물의 쓰임이 생긴 것이라 했다.

수레를 가지고 서두를 시작했다. "30개의 바퀴살이 모두 모여 하나의 수레바퀴를 만드는데, 그 없음이 마땅하여 수레의 쓰임이 있다"라고 운을 떼었다. '있음'보다는 '없음[無]'이 강조되고 있는 느낌이 든다. 이 문장에서 중요한 부분은 "그 없음이 마땅하여 수레로의 쓰임이 있다"는 말이다. 없다는 것은 있다는 것을 전제로 하는 것이다. 바퀴는 원래 굴러가게 만들어진 이로운 물건이다. 다만 바퀴살을 30개로 한 것은 당시 전쟁에서 사용되는 전차를 보고 말한 것이라 생각된다. 싸움을 위해 만들어진 수레이기에 속도와 견고성을 생각하여 공간 내의 있고 없음을 조화롭게 안배했을 것이다. 이처럼 그릇은 있음과 없음의 배합에 따라 그 쓰임이 다양해진다는 것을 암시한다. 여기에 덧붙인다면, 바퀴살 30개 가운데 어느 하나 빠지지 않고 모두 힘을 모아서 수레의 기능을 만들어 낸다는 점이다.

이 글에서 수레의 바퀴살이 30개인 이유를 하상공은 한 달의 날짜 수를 본뜬 것이라 하였지만 이를 확인하기는 어렵다. 다만 『도덕경』이 쓰인 시기를 예측하는 데에는 유익하다 하겠다. 수레는 기원전 3,500년 무

97) 『왕필주』 "轂所以能統三十輻者, 無也. 以其無能受物之故, 故能以實統衆也."

렵 메소포타미아, 동유럽, 중앙아시아 등지에서 만들어졌다. 최초의 수레바퀴는 통나무 원판 또는 2~3개의 나무판을 연결해서 바퀴살 없이 만들어졌다. 이것이 점차 변모해서 기원전 2,000년 무렵 나무 테두리에 바퀴살을 박아 바퀴의 가운데 부분을 비우는 기술이 개발되면서 바퀴가 크게 가벼워졌다고 한다. 발굴된 유적이나 고서를 살펴보면 기원전 16세기쯤 은나라에서 수레가 처음 사용되기 시작했다고 추정한다.

당시 바퀴살은 18개 정도였으며, 서주 시기에 들어서면 24, 28개로 많아진다. 전쟁의 양상이 주로 전차전이었던 춘추시대는 32개까지 늘어난다(중국고차박물관). 보병이 주력으로 전환된 전국시대에는 30개로 줄어들었고(진시황릉), 한나라 때는 오히려 22개 정도로 다시 축소되었다. 따라서 바퀴살이 몇 개로 고정되어 제작되었다기보다는 기능과 용도에 따른 산물로 봄이 적절하다고 본다.

埏埴以爲器, 當其無, 有器之用.
점토를 빚어서 그릇이 되는데, 그 없음이 마땅하여 그릇으로 쓰임이 있다.

'以爲(이위)'와 '有器之用(유기지용)'이 백서(을)에서는 '말 이을 이(而)'와 '有埴器之用也(유식기지용야)' 즉 흙으로 만든 그릇(埴器)으로 표현한 것이 차이가 있다. 해석에는 다름이 없다.

하상공은 "선(埏)은 '화(和)'이다. 식(埴)은 흙을 말한다. 흙을 빚어서 음식을 담는 그릇을 만든다. 그릇 가운데가 비었으므로 담을 수 있는 것이다”[98]라고 했다. 대체로 무난한 문장이다.

선식(埏埴)이란 도자기의 원료로 쓰는 흙을 개는 일을 말한다. 도자기의 흙을 ‘소지’라고 하는데, 소지란 가소성과 점력을 가진, 소결(燒結)을 할 수 있는 점토를 말한다. 점토를 이겨 그릇을 만드는데, 빈 공간을 사용하고자 하는 목적에 맞게 적절히 조절하면 쓰임에 적합한 그릇이 된다는 말씀이다. 여기서도 앞의 경우와 같다. 다만 비어 있는 공간이 없다고 해서 쓰임이 없다는 뜻이 아님도 알아야 한다. 사물이란 있다는 것 자체로도 필요가 있지만 여기에서는 쓰임을 더하기 위해 없음과의 조화가 중요하다는 걸 강조한 말이다.

鑿戶牖以爲室, 當其無, 有室之用.
지게문과 창문을 뚫어서 방이 되는데, 그 없음이 마땅하여 방으로 쓰임이 있다.

‘鑿戶牖以爲室(착호유이위실)’의 표현이 백서(을)에서는 간략하게 ‘鑿戶牖(착호유)’로 기록되어 있다. 그 뜻은 다르지 않다.

하상공은 “집의 방을 만드는 것을 가리킨다. 문과 창문이 비어 있어서 사람들이 출입할 수 있고, 밖을 볼 수가 있다. 방 가운데가 비었으므로 사람들이 거처할 수 있으니, 이것이 그 쓰임이다”[99]라고 말한다.

지게문[戶]과 창문을 뚫어서 사람들이 기거하는 방을 만든다고 했다. 지게문이란 마루와 방 사이의 문을 말한다. 건물 안에는 여러 공간들

98)『하상공주』“埏, 和也. 埴, 土也. 和土以為飲食之器. 器中空虛, 故得有所盛受.”
99)『하상공주』“謂作屋室. 言戶牖空虛, 人得以出入觀視 ; 室中空虛, 人得以居處, 是其用.”

이 용도에 맞게 만들어져 있다. 물건을 보관하는 창고나 음식을 만드는 곳, 일을 보거나 손님을 응대하는 곳, 책을 보는 곳이나 잠을 자는 곳 등이 다양하게 있을 것이다. 이들 실내 공간들은 쓰임에 적합하게 벽면을 구성한다. 이 또한 있고 없음의 조화로 충족시킨다.

故有之以爲利, 無之以爲用.
그러므로 있음으로는 이로움을 만들고, 없음으로는 쓰임을 만드는 것이다.

모든 판본의 기록이 다르지 않다.

하상공은 "이로운 것은 사물인데, 사물의 형체에서 쓰는 것이다. 그릇 가운데 물건이 있고, 방 가운데 사람이 있으면 그 집이 무너질까 두려워하며, 배 안에 오장신이 있으면 몸이 쇠약해져 죽게 될까 두려워한다. 비어 있는 것이 곧 만물을 가득 담는 데 쓸 수 있다는 것을 말한다. 그러므로 비어 있고 없는 것이 형태가 있는 것을 제어할 수 있다고 말하는 것이다. 도라는 것은 빔 즉 공(空)이다"[100]라고 했다.

왕필은 "나무, 진흙, 벽으로 세 가지를 완성하는 것은 모두 없음으로 쓰임을 삼기 때문이다. 없음이 있음에 이로움이 된다는 말은 모두 없음에 의지해서 쓰임으로 삼기 때문이다"[101]라고 하였고, 박세당은 "수레가 물건을 싣고, 그릇에 담을 수 있으며, 집에 거주할 수 있는 것은, 이 셋이 모두 유를 밑천으로 이로움으로 삼음이다. 그러나 쓰임에 이르면 모두 그 가운데가 비어 있음에 의존하여 사물을 받아들였을 따름이다. 무

100) 『하상공주』 "利, 物也, 利於形用. 器中有物, 室中有人, 恐其屋破壞, 腹中有神, 畏其形亡也. 言虛空者乃可用盛受萬物, 故曰虛無能制有形. 道者空也."
101) 『왕필주』 "木, 埴, 壁所以成三者, 而皆以無爲用也. 言無者, 有之所以爲利, 皆賴無以爲用也."

(無)란 것은 그 가운데가 비어 있음을 말한다"[102]라고 하여, 무의 허(虛)를 강조하고 있다.

이 글은 노자가 말하고 싶었던 핵심이다. "그러므로 있음으로는 이로움을 만들고, 없음으로는 쓰임을 만드는 것이다." 없는 정도에 따라 쓰임을 다양하게 하고, 없기 때문에 덧붙일 수 있다면 이로움이 배가 되지 않겠는가. 이 구절은 노자가 수없이 강조하고 있는 '없음[無]'의 뜻을 폭넓게 이해하게 만드는 문장이다. 세상의 모든 존재들은 유와 무의 적절한 조합으로 그릇의 쓰임을 다양하게 할 수 있다는 것이다. 성인은 이를 알고 백성들을 이끌어 가는 것이고, 이를 통해 그들의 삶을 풍요롭게 한다는 말씀이 아니겠는가. 채움과 비움의 적절한 조화를 강조하고 있는 노자는 현대를 사는 우리들에게도 비움의 미학을 던져 주고 있다. 鳳

102) 『신주도덕경』 "有車以載, 有器以盛, 有室以居, 三者皆資其有, 以爲利. 而至其受用, 則皆賴其虛中, 而容物耳. 無者, 言其虛中也."

제 12 장

성인은 배를 위하지 눈을 위하지 않는다.

五色令人目盲 五音令人耳聾 五味令人口爽

오색영인목맹 오음영인이농 오미영인구상

馳騁畋獵令人心發狂 難得之貨令人行妨

치빙전협영인심발광 난득지화영인행방

是以聖人爲腹不爲目

시이성인위복불위목

故去彼取此

고거피취차

오색은 사람으로 하여금 눈을 멀게 만들고, 오음은 사람으로 하여금 귀를 멀게 하며, 오미는 사람으로 하여금 입맛을 잃게 한다.
말 달리며 사냥하는 일은 사람의 마음을 광분하게 만들고, 재물을 얻기가 어려워지면 사람으로 하여금 행함에 훼방을 놓는다.
이 때문에 성인은 배를 위하지 눈을 위하지 않는다.
그러므로 저것을 버리고 이것을 취한다.

[해설]

五色令人目盲, 五音令人耳聾, 五味令人口爽.
오색은 사람으로 하여금 눈을 멀게 만들고, 오음은 사람으로 하여금 귀를 멀게 하며, 오미는 사람으로 하여금 입맛을 잃게 한다.

판본별로 구절의 어순을 달리하고 있으나 내용의 차이는 없다. '하여금 영(令)'자가 백서(갑을)에는 '하여금 사(使)'로 되어 있으나 같은 뜻이다.

하상공은 "음란한 색을 탐하기를 좋아하면 정기를 상하게 하고 밝음을 잃게 된다. 오음을 듣기 좋아하면 화기(和氣)가 마음을 떠나게 되니, 소리 없는 소리를 들을 수 없게 된다. 상(爽)은 잃는다[亡]는 뜻이다. 오미를 좋아하여 맛을 즐기면 입을 망치게 된다. 도에 그릇된다는 말이다"[103] 라고 풀었다. 하상공은 오색이 음란한 색을 말함이며, 오음은 조화로운 마음을 떠나게 하는 소리이고, 오미는 순수한 입맛을 상하게 만드는 맛있는 음식이라고 했다.

왕필은 "상(爽)은 어긋나 잃어버렸다는 뜻이다. 입의 쓰임을 잃어버렸기에 상이라 한 것이다. 무릇 귀도 눈도, 입, 마음 모두 그 본성에 순응해야 한다. 그런데 성명(性命)을 따르지 않고 도리어 스스로 그러함을 해치게 되면 눈이 멀고 귀가 먹고, 어긋나 잃어버리고, 미치게 된다"[104]라고 본다. 즉 오색과 오음 그리고 오미는 눈과 귀, 입을 상하게 하는 것이

103) 『하상공주』 "貪好淫色, 則傷精失明也. 好聽五音, 則和氣去心, 不能聽無聲之聲. 爽, 亡也. 人嗜於五味於口, 則口亡, 言失於道也."
104) 『왕필주』 "爽, 差失也. 失口之用, 故謂之爽. 夫耳, 目, 口, 心, 皆順其性也. 不以順性命, 反以傷自然, 故曰盲, 聾, 爽, 狂也."

라는 말이다.

소자유는 "색을 보고 소리를 들으며 맛을 보는 것은 그 본성인데, 좋은 것들만 탐닉하게 되면 그 본성을 잃어버리게 된다"는 뜻으로 설명했다. 서명응도 대체로 같은 견해를 밝히고 있다.

오색(靑, 赤, 黃, 白, 黑)은 다섯 가지 색이니 곧 우리가 눈으로 볼 수 있는 모든 색을 지칭한다. 오음(角, 徵, 宮, 商, 羽)과 오미(신맛, 쓴맛, 단맛, 매운맛, 짠맛) 또한 아름다운 소리와 기름진 맛으로 사람의 감각을 통해 마음을 동하게 만드는 것들이다. 화려한 색깔은 눈을 현혹하여 질박하게 세상을 바라보지 못하게 하고, 솔깃한 소리들은 판단을 흐리게 하여 제대로 들을 수 없게 만든다. 그리고 온갖 자극적인 맛은 사람의 입을 간사하게 하여 가리는 것이 없게 만든다는 뜻이다. 이 문장에서 상(爽)은 창살을 통해 들어오는 빛이 '크게 밝다'는 뜻으로 확대하여 '잘못되다'라는 의미를 갖고 있다. 하늘에 떠 있는 해의 빛은 어디를 비추고 있어도 밝기는 같을 텐데 유독 창살 사이로 새어 들어오는 빛이 밝게 느껴진다는 말이다. 이는 실제와 다르게 감각되어진다는 말로, 음식이 기름져지면 입맛을 제대로 느끼지 못하게 된다는 것과 같은 뜻이다.

이에 대한 예는 고대 중국의 역사상 최고의 폭군으로 꼽히는 하(夏)나라의 마지막 왕 걸(桀)왕과 은(殷)나라의 마지막 왕 주(紂)왕의 행실에서 찾아볼 수 있다. 두 왕을 합쳐 걸주(桀紂)라 부른다. 그들 뒤에는 경국지색(傾國之色)의 미인들이 있었으며, 그들에게 붙는 흔한 표현이 주지육림이다. 새로운 나라가 들어서야 하는 명분은 거의 비슷하다. 중국 전한(前漢)의 사마천(司馬遷)이 전설 속의 황제시대로부터 시작하여 무제 태시(太始) 2년(기원전 95년)까지의 역사를 저술한 통사인 『사기(史記)』의 '은본기(殷本紀)'에 보면, 오색과 오음 그리고 오미에 빠져 나라를 망친 은나라 마지막 왕인 주왕(紂王)의 이야기가 나온다.

"주왕은 공물로 받은 달기(妲己)라는 여자에게 빠져 달기의 말이면 무엇이든 다 들어 주었다. 사구(沙丘)에다 악공과 광대를 불러들이고, 연못은 술로 채우고, 고기를 매달아 숲을 이루어 놓고서는 벌거벗은 남녀로 하여금 그 사이를 서로 쫓아다니게 하면서 밤새 술을 마시고 놀았다."[105]

하나라의 마지막 왕인 걸왕은 증선지(曾先之)가 1370년경에 고대부터 송나라 때까지 역대 왕조에 관한 흥망을 그린 역사독본 『십팔사략(十八史略)』에 자세히 소개되어 있다.

"걸은 붉은 옥으로 장식한 궁전과 누각을 세우고, 고기를 산더미처럼 쌓아 놓고, 육포를 숲처럼 걸어 놓고 마음껏 마시고 놀았다. 술을 가득 채운 연못에는 배를 띄울 수 있었고, 술지개미로 만든 제방은 십리 밖에서도 볼 수 있었다. 한번 울리는 북소리를 신호로 소같이 엎드려 마시는 자가 3,000명이나 되었다. 말희(末喜)는 그런 걸 보고 즐거워했다. 이 같은 황음무도한 짓을 본 백성들은 산이 무너지듯이 분산되어 갔다."[106]

105) 『사기(史記)』 '은본기(殷本紀)' "好酒淫樂 嬖於婦人 愛妲己 妲己之言是從 於是使師涓作新淫聲 北里之舞 靡靡之樂 厚賦稅以實鹿臺之錢 而盈鉅橋之粟 益收狗馬奇物 充仞宮室 益廣沙丘苑臺 多取野獸蜚鳥置其中 慢於鬼神 大聚樂戲於沙丘 以酒爲池 縣肉爲林 使男女裸 相逐其間 爲長夜之飮"
106) 『십팔사략(十八史略)』 "爲傾宮瑤臺 殫民財 肉山脯林 酒池可以運船 糟堤加以望十里 一鼓而牛飮者三千人 末喜以爲樂 國人大崩"

공교롭게도 두 사건의 기록은 동일한 패턴으로 건국의 명분을 내세우고 있긴 하지만 지족함을 넘어서면 끝판에는 파국에 이른다는 정서에 따른 것이다.

> 馳騁畋獵令人心發狂, 難得之貨令人行妨.
> 말 달리며 사냥하는 일은 사람의 마음을 광분하게 만들고, 재물을 얻기가 어려워지면 사람으로 하여금 행함에 훼방을 놓는다.

> *'畋獵(전렵)'이 백서(갑을)에서는 '田獵(전렵)'으로 되어 있다. 畋(전)은 사냥한다는 의미인데, 田(전)도 사냥한다는 뜻이 있으므로 서로 같다.*

하상공은 "사람의 정신은 안정되고 조용한 것을 좋아한다. 말을 달리듯이 호흡을 가쁘게 하면 정신이 흩어져서 없어지게 되니, 미친 것과 같이 날뛰게 되는 것이다. 방(妨)은 상하게 한다[傷]는 뜻이다. 얻기 어려운 재화는 금, 은, 진주, 옥을 말한다. 마음에 탐하고자 하는 뜻을 두면 만족할 줄 모르게 되고, 행하여 몸이 상하고 욕되게 된다"[107]라고 하였다. 왕필은 "얻기 어려운 재화는 사람의 바른 길을 막음으로써 착하고 어진 사람이 가는 길을 방해한다"[108]라고 풀었다. 다 같은 뜻이다.

노자는 "말 달리며 사냥하는 일은 사람의 마음을 광분하게 만든다"라고 말한다. 이 또한 역사 기록에서 쉽게 찾아볼 수 있다. 『서경(書

107) 『하상공주』 "人精神好安靜, 馳騁呼吸, 精神散亡, 故發狂也. 妨, 傷也. 難得之貨, 謂金銀珠玉, 心貪意欲, 不知饜足, 則行傷身辱也."
108) 『왕필주』 "難得之貨塞人正路, 故令人行妨也."

經)』의 '하서(夏書)'에는 하(夏)나라 3대 왕인 태강(太康)이 낙수의 남쪽 기슭으로 사냥을 가서 백일[十旬]이 지나도록 돌아오지 않아 그를 기다리며 우임금의 훈계를 노래로 지어 불렀다는 오자지가(五子之歌)가 나온다. 둘째 동생의 노래는 할아버지인 우임금이 "안으로 여색에 빠지거나, 밖으로 사냥질에 빠지거나, 술을 좋아하고 음악을 즐기거나, 높은 집과 조각한 담을 두르거나 어느 한 가지만 있다 해도 망하지 않을 자 하나도 없으리라"라고 했던 훈계를 전하고 있다. 물론 태강이 돌아오지 못한 진짜 이유는 알 길이 없다. 또한 춘추시대 5대 패자 중의 한 사람인 초나라 장왕(莊王)도 즉위 초에는 수렵(狩獵)과 무용(武勇)을 너무 좋아해 3년간이나 정사를 돌보지 않고 황음무도한 생활을 했다고 한다.

이어서 "재물을 얻기 어려워지면 사람으로 하여금 행함에 훼방을 놓는다"라고 했다. 재화를 구하기 어려워지면 어진 사람도 바른 행실을 보이기 어렵다는 뜻이다. 현대에 들어와서는 그 정도가 심하여 예를 들기에도 벅차다. 이처럼 윗사람들의 족함을 넘어선 과도한 행실은 세상을 어지럽히고, 아랫사람들의 결핍은 바른 행실을 기대하기 어렵게 만든다.

是以聖人爲腹不爲目, 故去彼取此.
이 때문에 성인은 배를 위하지 눈을 위하지 않는다. 그러므로 저것을 버리고 이것을 취한다.

백서(갑을)에서는 첫 구절이 是以聖人之治也(시이성인지치야)와

爲腹而不爲目(위복이불위목)의 두 구절로 나뉘어져 있다. 성인의 다스림을 표현하고 있음을 알 수 있다.

하상공은 "오성(五性)을 지키고 육정(六情)을 버리며, 하고자 하는 의지의 기운을 절제하고 신명을 기른다. 눈으로 망령되게 보지 않으며, 망령되게 보면 정기가 밖으로 누설된다. 그 눈이 망령되게 보는 것을 버리면 배는 본성을 기르는 태도를 취한다"[109]라고 했다. 왕필은 "배를 위하는 것은 사물로써 자신을 기르는 것이고, 눈을 위하는 것은 사물로써 자신을 부리는 것이다. 그러므로 성인은 눈을 위하지 않는다"[110]라고 했다.

노자가 말하는 배[腹]와 눈[目]은 과연 어떤 의미를 담고 있는 것일까. 또한 성인과 백성 가운데 누구의 배와 눈을 말하는 것인가. 학자들은 배는 안[內]으로 몸을 말하고, 눈[目]은 밖[外]으로 사물을 말한다고도 한다. 또 무욕의 생활과 욕망의 생활로 대비하기도 하고, 무지와 지혜를 말한다고 주장하기도 한다. 학자들마다 대상과 의미를 달리하고 있으나 대의에서 벗어난 해석은 아니다. 사람들의 인체구조로 볼 때 배(흉복부)는 오장육부가 위치하고 있는 곳으로, 동의보감에서는 오장(五臟)[111]에 각기 혼(魂), 신(神), 의(意), 백(魄), 지(志) 등의 정신을 간직하고 있다고 말한다. 아울러 오장에는 오색과 오음 그리고 오미도 배속되어 있다. 또한 육부는 음식물을 소화시키고 진액을 돌게 하는 기능을 맡고 있어 오장육부의 내장은 인체 내부의 일을 하고 있다.

반면 눈과 귀와 입은 얼굴에 위치하면서 외부의 감각을 감지하고 받

109)『하상공주』"守五性, 去六情, 節志氣, 養神明. 目不妄視, 妄視泄精於外. 去彼目之妄視, 取此腹之養性."

110)『왕필주』"爲腹者以物養己, 爲目者以物役己, 故聖人不爲目也."

111) 오장(五臟)은 간(肝-靑, 角, 酸), 심(心-赤, 徵, 苦), 비(脾-黃, 宮, 甘), 폐(肺-白, 商, 辛), 신(腎-黑, 羽, 鹹)을 말하고, 육부(六腑)는 담(膽), 위(胃), 대장(大腸), 소장(小腸), 삼초(三焦), 방광(膀胱) 등이다.

아들이는 통로의 구실을 담당하는데, 이 또한 내장과 연결되어 있다. 이 때문에 한의학에서는 내장에 병증이 생기면 그 증상이 안면부에 나타나는 것으로 보고 망진(望診)부터 시작한다.

이처럼 두 기관은 인체의 기능으로 볼 때 유기적으로 작동되어야 하지만, 눈은 겉으로 드러난 것을 보는 기관으로 본질보다는 말단에 머물러 세상을 바라보는 기능이 강하다고 말할 수 있다.

앞에서 언급한 것은 사람들이 삶의 내실을 위해 행한 것이 아니라 말단을 좇아 행한 것들이다. 따라서 성인은 눈을 위하지 않는다 했다. 이는 백성들의 바른 행실을 기대하려면 군주가 그들의 의식주를 채워 주는 일에 나서야 함을 일깨우는 말이다. 따라서 저것을 버리고 이것을 취한다고 했다. 즉 위는 줄이고 아래는 더해 주어야 나라가 안정을 찾는다. 이 장에서 눈에 띄는 것은 백성 민(民)이 아니라 사람 인(人)자를 사용한 점이다. 도가 사라지면 귀천을 불문하고 이러한 행동을 보인다는 것을 말하고자 한 것이 아닐까. 鳳

오색은 사람으로 하여금 눈을 멀게 만들고,

오음은 사람으로 하여금 귀를 멀게 하며,

오미는 사람으로 하여금 입맛을 잃게 한다.

제 13 장

그대에게 몸이 없는 것에 이르면 그대에게 무슨 근심이 있겠는가.

寵辱若驚 貴大患若身

총욕약경 귀대환약신

何謂寵辱若驚

하위총욕약경

寵爲下 得之若驚 失之若驚 是謂寵辱若驚

총위하 득지약경 실지약경 시위총욕약경

何謂貴大患若身

하위귀대환약신

吾所以有大患者 爲吾有身 及吾無身 吾有何患

오소이유대환자 위오유신 급오무신 오유하환

故貴以身爲天下 若可寄天下

고귀이신위천하 약가기천하

愛以身爲天下 若可託天下

애이신위천하 약가탁천하

총애와 굴욕은 놀라는 것에서는 같고, 귀한 것과 큰 근심은 몸에서는 같다.
어찌 총애와 굴욕은 놀라는 것에는 같다고 하는가.
총애는 아래가 되는 것으로 얻어도 놀라는 일이고 잃어도 놀라는 일이다. 이것을 일컬어 총애와 굴욕은 놀라는 것에서 같다는 것이다.
어찌 귀한 것과 큰 근심을 몸에서는 같다고 하는가. 그대가 큰 근심을 가지고 있는 까닭은 그대를 위하는 몸이 있기 때문이다.
그대에게 몸이 없는 것에 이르면, 그대에게 무슨 근심이 있겠는가.
그러므로 천하를 위하는 몸으로서 귀하면 가히 천하를 맡길 만하고,
천하를 위하는 몸으로서 아끼면 가히 천하를 부탁할 만하다.

[해설]

寵辱若驚, 貴大患若身. 何謂寵辱若驚. 寵爲下, 得之若驚, 失之若驚, 是謂寵辱若驚.

총애와 굴욕은 놀라는 것에서는 같고, 귀한 것과 큰 근심은 몸에서는 같다. 어찌 총애와 굴욕은 놀라는 것에는 같다고 하는가. 총애는 아래가 되는 것으로 얻어도 놀라는 일이고 잃어도 놀라는 일이다. 이것을 일컬어 총애와 굴욕은 놀라는 것에서 같다는 것이다.

대체로 판본들의 기록은 같으나 죽간(을)과 하상공본에서는 '若驚(약경)'이 생략되어 있다.

하상공은 "몸이 총애를 받아도 놀라고, 욕됨을 당하여도 역시 놀란다. 귀(貴)는 두려워한다는 뜻이며, 약(若)은 이른다[至]는 뜻이다. 큰 근심이 몸에 이르는 것을 두려워하니, 모두 놀라는 것이다. 노자는 무엇을 총애라고 일컫는지, 무엇을 욕됨이라 하는지에 대해 묻는다. 총애는 존귀함과 영화로움이요, 욕됨은 부끄러움과 모욕이다. 자신에게 돌이켜 묻는 것은 다른 사람들을 깨우치기 위한 것이다. 욕됨은 천한 아래가 된다. 총애와 영광을 얻어 놀란다는 것은 높은 지위에 처해 있는 것이 마치 깊고 위태로운 곳에 놓여 있는 것과 같다는 뜻이다. 귀하게 되어도 감히 교만하지 않고 부자가 되어도 감히 사치하지 않는다. '잃는다[失]'는 것은 총애를 잃어 욕됨에 처하는 것이다. '놀란다[驚]'는 것은 화가 거듭 닥칠까 두려워하는 것이다. 위에서 총애를 얻어도 놀란 것에 이르고, 총애를 잃어도 놀란 것에 이른다는 말을 설명한 것이다”[112]라고 했다. 즉, 하상공은 귀(貴)자를 총애를 잃을까 두려워하는 표현으로 보았다.

왕필은 “총애를 얻을 때가 있으면 반드시 모멸을 당할 때가 있고 영화로운 때가 있으면 반드시 환란을 당할 때가 있으니, 놀람과 모멸은 같고 영화와 환란도 같은 것이다. 아래가 되어 총애를 얻거나 모멸을 당할 때, 영화와 환란에도 놀라는 것처럼 하라는 말은 놀란 듯이 한다면 천하를 혼란스럽게 하지 않을 것이다”[113]라고 했다. 즉 총애와 모멸을 경계해야 할 것이라 말했다. 소자유도 “총애는 욕됨의 앞에 놓인 것이라는 사실을 옛날의 달인(達人)들은 알고 있다”라고 말했다. 학자들의 설명은 대체로 이와 비슷하다.

‘귀하다’는 뜻의 귀(貴)를 하상공은 두려워하다(畏)로 번역하고 있다. 왕필은 총애나 영화와 모멸과 환란이 근심(患)과 같은 것이기에 제 몸처럼 귀하게 여겨야 한다고 말한다. 박세당도 사람들은 자신의 몸만을 귀중하다 여기지 큰 근심을 귀중하게 여기지 않는다고 말한다. 여길보도 귀함이란 권력을 행사하는 높은 자리를 말하는 것으로 교만하게 빠져들기 쉽다고 했다. 소자유도 몸은 우환의 근본이 됨을 알기에 몸을 귀하게 여기는 것은 큰 우환을 귀하게 여기는 것과 같다고 했다.

첫 문장부터 살펴보자. “총애와 굴욕은 놀라는 것에서는 같고, 귀한 것과 큰 근심은 몸에서는 같다”라고 했다. 총애한다는 뜻의 ‘총(寵)’자는 윗사람으로부터 특별한 관심을 받고 있다는 뜻이다. 놀랄 경(驚)자는

112)『하상공주』“身寵亦驚, 身辱亦驚. 貴, 畏也. 若, 至也. 謂大患至身, 故皆驚. 問何謂寵, 何謂辱. 寵者尊榮, 辱者恥辱. 及身還自問者, 以曉人也. 辱為下賤. 得寵榮驚者, 處高位如臨深危也. 貴不敢驕, 富不敢奢. 失者, 失寵處辱也. 驚者, 恐禍重來也. 是謂寵辱若驚. 解上得之若驚, 失之若驚.”

113)『왕필주』“寵必有辱, 榮必有患, 驚辱等, 榮患同也. 爲下得寵辱榮患若驚, 則不足以亂天下也.”

'말이 뒷발로 바로 서서 위를 보고 놀라는 모양'의 형성문자로, 당황스럽고 두렵다는 뜻이 내포되어 있다. 굴욕을 당하는 것은 당연히 두려운 것이지만, 총애를 받는 것도 두려워해야 하는 이유에 대해서는 설명이 필요해 보인다.

이것은 주어를 누구로 보느냐에 달려 있다. 이 문장에서는 나라를 다스리는 군주를 주어로 보는 것이 타당할 것이다. 그렇다면 나라의 정점에 있는 군주가 누군가로부터 총애를 받는다는 것은 의식적인 행동을 할 수밖에 없는, 더 나아가 눈치를 보는 위치에 있음을 말한다. 가장 높은 위치에 있는 군주가 누군가로부터 총애를 받는 순간 그 사람의 아래가 되는 것이니 천하가 놀랄 일이 된다. 군주가 이러하다면 총애를 받는 것이 굴욕과 다를 바가 없을 것이다. 이는 군주로서 해야 할 바가 아님에도 스스로 나서서 행함으로써 나오는 것들이다.

이번에는 주어를 군주가 아닌 신하의 입장에서 살펴보자. 『회남자』의 '인간훈'에 보면 신하는 군왕의 은혜로운 의(義)와 어진 마음을 잘 살펴야 그 신하의 지조와는 상관없이 영욕의 갈림길이 될 수 있다. 주공(周公) 또한 높은 자리에 위치하였으나 늘 두려워하며 살았다. 주나라 시절 주공이라는 신하는 공자가 평생 흠모했고, 또한 유가들에 의해 고대 중국의 최고 성인으로 추앙받은 인물이다. 『사기(史記)』의 '노주공세가(魯周公世家)'를 보면 그의 삶이 어떠했는지 알 수 있다. "나는 문왕의 아들이자 무왕의 동생이며, 성왕의 숙부로서 천하에 낮은 신분이 결코 아니다. 하지만 나는 한 번 목욕하다가 머리카락을 세 번 움켜쥐고, 한 번

밥을 먹다가 세 번 뱉어내면서 일어나 선비를 맞이하면서도 천하의 유능한 현인을 잃을까 걱정했다. 너(주공의 아들로 노나라의 제후가 된 백금)도 노나라로 가거든 나라를 가졌다고 사람들에게 교만하게 굴지 않도록 하여라"[114] 하면서 천하를 섭정하면서도 늘 긴장하며 살고 있는 자신의 불안한 입지를 자식에게 알려주었다. 이렇듯 총애를 받는다는 것은 아래에 있음을 확인시키는 일이며 늘 그 위에 두는 것을 두려워하며 살아야 한다.

"귀한 것과 큰 근심은 몸에서는 같다"라고 한 구절은 다음 문장에서 살펴보자.

> 何謂貴大患若身 吾所以有大患者 爲吾有身 及吾無身 吾有何患
> 어찌 귀한 것과 큰 근심을 몸에서는 같다고 하는가. 그대가 큰 근심을 가지고 있는 까닭은 그대를 위하는 몸이 있기 때문이다. 그대에게 몸이 없는 것에 이르면, 그대에게 무슨 근심이 있겠는가.

이 문장도 판본들의 기록이 거의 같다. 다만 마지막 구절의 '吾有何患(오유하환)'에서 '吾(오)'가 죽간(을)과 백서(갑을)에서는 보이지 않으며, 죽간(을)에서는 '有(유)'가 '혹(或)'자로 적혀 있으나 의미상에는 차이가 없다.

먼저 하상공은 "(노자는) 왜 큰 근심이 몸에 이르는 것을 두려워해야 하는지 그 까닭을 다시 스스로에게 묻는다. 내게 큰 근심이 있는 것은

114)『史記』'노주공세가' "我文王之子 武王之弟 成王之叔父 我於天下亦不賤矣 然我一沐三捉髮 一飯三吐哺 起以待士 猶恐失天下之賢人 子之魯 愼無以国驕人"

나를 위한 몸이 있기 때문이다. 몸에 걱정을 가지고 있다는 것은 수고로움과 노력이 배고픔과 추위를 염려함에 있고, 충동에 따른 욕망을 좇다 보면 재난과 근심을 만나게 된다. 내가 몸이 없는 상태에 이르면 도의 스스로 그러함을 얻고, 가볍게 구름에 올라타고 들고 남에 거리낌이 없어 도와 함께하고 신명에 통하게 되니 어떤 근심에 직면하겠는가"[115]라며 개인의 입장에서 바라본다.

반면에 왕필은 "큰 근심은 영화나 총애 따위다. 삶의 두터움은 반드시 죽음의 문턱으로 들어가기 때문에 큰 근심이라고 일컫는 것이다. 사람들이 영화와 총애에 미혹되면 그것이 몸으로 되돌아오므로 큰 근심은 몸과 같다고 한 것이다. 그것은 몸이 있기에 연유하는 것이다. 돌아가야 하는 곳은 자연이다"[116]라고 했다. 영화와 총애에 미혹되면 근심 덩어리가 되어 몸으로 되돌아온다는 것이다.

노자는 "어찌 귀한 것과 큰 근심을 몸에서는 같다고 하는가. 그대가 큰 근심을 가지고 있는 까닭은 그대를 위하는 몸이 있기 때문이다"라고 말한다. 군주가 자신을 귀하게 여기는 것과 군주가 큰 근심을 가지고 있는 것은 자신의 몸을 중심에 두고 있기 때문이다. 앞서 얘기한 주공처럼 자신의 몸을 보존하려고 하는 것이다. 신하는 스스로 몸을 귀하게 여기지 않아도 굴욕을 당할 수 있다. 따라서 이 글은 군주의 경우를 말하는 것이다.

앞서 7장의 글을 기억하고 있다면 이 문장을 이해하는 데 도움이

115)『하상공주』"復還自問; 何故畏大患至身. 吾所以有大患者, 為吾有身. 有身憂者, 勤勞念其飢寒, 觸情從欲, 則遇禍患也. 使吾無有身體, 得道自然, 輕舉昇雲, 出入無間, 與道通神, 當有何患."
116)『왕필주』"大患, 榮寵之屬也. 生之厚必入死之地, 故謂之大患也. 人迷之於榮寵, 返之於身, 故曰大患若身也. 由有其身也. 歸之自然也."

될 것이다. 노자는 "하늘은 길고 땅은 오랫동안 존재하여 왔다. 천지가 이와 같이 길고 또한 오래 이어 올 수 있는 까닭은 스스로의 삶만을 위한 것이 아니었기에 장생할 수 있었다. 이 때문에 성인은 자신의 몸을 뒤로 하였으나 몸은 앞서 있는 것이며, 그 몸을 도외시하였지만 몸은 보존하게 된다"라고 했다. 천지를 빗대어 성인은 자신을 생각하지 않고 백성들만을 바라보고 살기에 그 몸을 오래 보존할 수 있다는 것이다. 이 문장도 마찬가지다. "그대가 큰 근심을 가지고 있는 까닭은 그대의 안위를 생각하는 마음을 가지고 있기 때문"이라는 것이다. 공명심을 가지려 하면 앞에 나서게 되고 모두가 그를 주시하게 될 것이며, 그 행위나 결과가 그를 구속할 것이기에 자신의 위치나 명예가 잘못될까 항상 큰 근심을 떨쳐 버리지 못할 것이다.

이어서 "그대에게 몸이 없는 것에 이르면, 그대에게 무슨 근심이 있겠는가"라고 말한다. 몸이 없는 것에 이른다는 말은 자신의 몸을 뒤로 하고, 백성과 만물을 아끼고 귀하게 여기는 일에만 골몰한다는 뜻이다. 군주가 공명심을 갖지 않는 무욕, 무위, 무사로 나라를 다스린다면 백성들이 스스로의 책임감에 자발적으로 일을 해 나갈 것인 바, 무슨 근심이 있겠는가.

故貴以身爲天下, 若可寄天下. 愛以身爲天下, 若可託天下.

그러므로 천하를 위하는 몸으로서 귀하면 가히 천하를 맡길 만하고, 천하를 위하는 몸으로서 아끼면 가히 천하를 부탁할 만하다.

판본별로 글자가 조금씩 다르나 전달하려는 의미는 다르지 않다.

하상공은 “자신의 몸은 귀하게 여기면서 타인은 천하게 여기는 군주가 천하의 주인이 되고자 한다면, 잠시 천하를 맡길 수는 있으나 오래 갈 수는 없다는 말이다. 군주가 자기 몸을 아끼는 것이 자신을 위한 것이 아니라 만백성을 위한 부모가 되려는 것이라면, 천하를 위한 주인이 되어 그 몸을 만백성의 위에 부탁할 수 있으니 길게 허물이 없을 것이다”[117]라고 했다. 몸을 어떻게 여기느냐에 따라 천하를 맡는 기간이 달라진다는 얘기다. 이와 달리 왕필은 “그 몸은 교환할 수 없기 때문에 귀하다고 했다. 이처럼 되어야 천하를 부탁할 수 있다. 그 몸을 손상시킬 수 있는 사물이 없기 때문에 아낄 수 있는 것이라 말했다. 이처럼 되어야 천하를 맡길 수 있다. 총애와 모멸, 영화와 근심 때문에 자신을 손상시키거나 교환하지 않을 수 있는 후에라야 천하를 부탁할 수 있다”[118]라고 풀이했다.

이 문장의 해석과 관련하여서는 대체로 왕필과 같은 풀이가 많이 보인다. 차이는 있으나 “자신을 아끼는 것만큼 천하를 돌보는 사람에게 나라를 맡길 수 있다”는 뜻으로 이해하고 있다. 즉 자신의 몸을 소중하게 여겨야 한다는 덕목이 자리하고 있는 듯하다. 그러나 좀 더 깊이 문맥을 살펴보자. 노자가 “천하를 위하는 몸으로서 귀하면 가히 천하를 맡길 만하다”라고 말한 저의는 자신의 몸을 귀하게 여기는 만큼 천하를 아낀다는 말이 아니다. 천하를 위하는 것은 곧 백성들을 위하는 것으로, 자신의 몸을 백성들을 위한 몸으로 여긴다는 말이다. 백성들을 귀하게 여기면 군

117)『하상공주』“言人君貴其身而賤人, 欲為天下主者, 則可寄立, 不可以久也. 言人君能愛其身, 非為己也, 乃欲為萬民之父母. 以此得為天下主者, 乃可以託其身於萬民之上, 長無咎也.”
118)『왕필주』“無以易其身, 故曰貴也. 如此乃可以託天下也. 無物可以損其身, 故曰愛也. 如此乃可以寄天下也. 不以寵辱榮患損易其身, 然後乃可以天下付之也.”

주 또한 귀하게 되는 것이다. 처음 서두에 "귀한 것과 큰 근심은 몸에서는 같다"고 말한 것처럼 백성을 돌보는 일과 자신의 몸을 돌보는 일은 결국 같은 일이다. 이런 자에게 천하를 맡길 수 있다 했다.

이어서 "천하를 위하는 몸으로서 아끼면 가히 천하를 부탁할 만하다"라고 했다. 이 또한 같은 맥락이다. 여기서는 천하를 '부탁한다[託]'고 말한다. 앞의 경우가 군주의 자리를 맡도록 하는 것이라면, 천하를 부탁한다는 말은 신하로서 나라를 다스리는 자리를 말한다. 정치란 자신의 몸을 뒤로 하고 백성들을 귀하게 여기는 마음, 아끼는 마음으로 보살펴야 한다는 노자의 말씀이 2,500년이 지난 오늘날에도 가슴에 와 닿으니, 권력이란 쉽게 변할 수 있는 성질의 존재가 아닌가 보다. 鳳

제 14 장

옛날의 도를 가지고 지금의 것을 잘 다스려 보면
옛 시원을 알 수 있다.

視之不見 名曰夷(微) 聽之不聞 名曰希

시지불견 명왈이(미) 청지불문 명왈희

搏之不得 名曰微(夷)

박지부득 명왈미(이)

此三者 不可致詰 故混而爲一

차삼자 불가치힐 고혼이위일

其上不皦 其下不昧 繩繩不可名 復歸於無物

기상불교 기하불매 승승불가명 복귀어무물

是謂無狀之狀 無物之象 是謂惚恍

시위무상지상 무물지상 시위홀황

迎之不見其首 隨之不見其後

영지불견기수 수지불견기후

執古之道 以御今之有 能知古始 是謂道紀

집고지도 이어금지유 능지고시 시위도기

보고 있어도 보이지 않는 것을 이름하여 이라 하고, 듣고 있어도 들리지 않는 것을 이름하여 희라 하며, 어루만져도 얻지 못하는 것을 이름하여 미라 한다.
이 세 가지는 지나치게 따지고 질문하여 규명할 일이 아니다. 그러므로 섞어서 하나로 여긴다.
그 위는 또렷하지 아니하나 그 아래는 어둡지가 않다. 끊어지지 않고 이어져 온 것이라 이름할 수는 없으니 다시 무물로 되돌아가야 한다.
이것을 일컬어 형상이 없는 형상이라 하고 사물이 없는 상이라 하며, 이를 흐릿하고 어슴푸레하다고 한다.
영접을 하고 있으면 그 머리를 보지 못하고, 뒤를 따라가고 있으면 그 후를 보지 못한다.
옛날의 도를 가지고 지금의 있는 것을 잘 다스려 보면 능히 옛 시원을 알 수 있다.
이를 도의 벼리라 말한다.

[해설]

視之不見, 名曰夷(微), 聽之不聞, 名曰希, 搏之不得, 名曰微(夷). 此三者不可致詰, 故混而爲一.

보고 있어도 보이지 않는 것을 이름하여 이라 하고, 듣고 있어도 들리지 않는 것을 이름하여 희라 하며, 어루만져도 얻지 못하는 것을 이름하여 미라 한다. 이 세 가지는 지나치게 따지고 질문하여 규명할 일이 아니다. 그러므로 섞어서 하나로 여긴다.

첫 구절의 '夷(이)'자는 백서(갑을)에서는 '微(미)'로 서로 위치가 바뀌어 적혀 있다. 감각별로 느끼는 것에 대한 이해의 차이로 보인다. 搏(박)은 백서(갑을)에서는 捪(민)으로 되어 있는데, '어루만지다'라는 뜻에서 서로 통한다. 此(차)는 백서(갑을)에서는 보이지 않는다.

하상공은 "색이 없는 것을 이(夷)라고 한다. 일(一)은 색채가 없어서 보아도 볼 수 없는 것을 말한다. 소리가 없는 것을 희(希)라고 한다. 일은 소리가 없어서 들어도 들을 수 없는 것을 말한다. 형체가 없는 것을 미(微)라고 한다. 일은 형체가 없어서 잡아도 얻을 수 없다는 말이다. 세 가지는 이, 희, 미를 일컫는다. 캐물을 수 없다는 것은 색도 없고 소리가 없고 형체도 없어, 입으로 말할 수 없고 책으로도 전할 수 없으니, 고요함으로 받아들이고 신명으로 구할 뿐 말로 물어서는 얻을 수 없다는 것을 말한다. 혼(混)은 '합하다(合)'라는 뜻이다. 그러므로 이 세 가지 이름은 합해져서 일이 된다"[119]라고 설명한다.

왕필은 "모양도 없고 형상도 없으며 소리도 없고 울림도 없으니 통하지 않는 것이 없고 가지 못하는 곳도 없다. 알 수가 없기에 다시 나의 청각, 시각, 촉각을 가지고도 무엇이라고 이름을 붙여야 될지 몰라 더 이상 어떻게 따져 볼 수 없으니 뒤섞어서 하나로 여긴다"[120]라고 푼다.

이 문장에서는 앞으로도 자주 등장하게 될 이(夷)와 희(希), 미(微)라는 글자의 개념을 정의하고 있다. 14장의 전체적인 맥락은 앞서 1장의 내용과 무관하지 않아 보인다. 1장에서 무와 유의 개념을 들어 도(道)를 설명했다면, 14장에서는 도의 특성을 나열하면서 바른 도의 길을 어떻게 찾아야 하는지 일러준다. 예를 들어 나라에 새로운 걱정거리가 생겨날 경우 이를 해결할 답을 얻기 위해 반드시 헤아려야 할 것들을 제시한다.

본문의 글을 자세하게 살펴보자. 노자는 "보고 있어도 보이지 않는 것을 이름하여 이라 하고, 듣고 있어도 들리지 않는 것을 이름하여 희라 하며, 어루만져도 얻지 못하는 것을 이름하여 미라 한다. 이 세 가지는 지나치게 따지고 질문하여 규명할 일이 아니다. 그러므로 섞어서 하나로 여긴다"라고 말한다. 첫 문장은 『회남자』의 글[121]에서 '無(무)'의 상태를 표현할 때 사용되었으며, 왕필도 무와 도를 동일시하고 있다. 이후 많은 학

119) 『하상공주』 "無色曰夷. 言一無采色, 不可得視而見之. 無聲曰希. 言一無音聲, 不可得聽而聞之. 無形曰微. 言一無形體, 不可摶持而得之. 三者, 謂夷, 希, 微也. 不可致詰者, 夫無色, 無聲, 無形, 口不能言, 書不能傳, 當受之以靜, 求之以神, 不可問詰而得之也. 混, 合也. 故合於三名之為一.

120) 『왕필주』 "無狀無象, 無聲無響, 故能無所不通, 無所不往. 不得而知, 更以我耳目體不知爲名, 故不可致詰混而爲一也."

121) 『회남자』의 '숙진훈(俶眞訓)'은 유와 무를 설명하는 부분에서 "무(無)라는 것이 있는데, 살펴보아도 형체가 보이지 않고, 귀 기울여도 소리가 들리지 않고, 어루만져도 손에 넣을 수가 없는 것이다.

자들도 대체로 이를 따르고 있다. 그러나 필자는 무는 도의 한 부분이며, 이 글은 도의 현묘함을 설명하기 위해 사용되었을 뿐 둘을 똑같은 것으로 보는 것은 노자의 글을 오역할 수 있는 빌미가 된다고 본다. 자연의 무수한 생명들이 나약하고 열악한 환경 속에서도 나름의 방식대로 신비하게 살아가는 것을 생각해 보면 이해할 수 있다. 모두가 도의 길을 따라가며 오랫동안 생존해 오고 있지만 사람들은 이를 지켜보면서도 그 이유를 알기 어려운 것과 같다.

그럼 한 구절씩 살펴보자. 먼저 노자는 "보고 있어도 보이지 않는 것을 이름하여 이(夷)라 한다"라고 말한다. 이(夷)는 평평하게 고른다는 의미의 평(平)자와 통하는 글자로 사용되는 경우가 많다. 『시경(詩經)』에서도 평(平)으로 해석하고 있다.[122] 보려고 해도 보이지 않는 까닭은 굴곡이 없어 드러남이 없으므로 세인의 눈으로 찾아낼 수 없기 때문이다. '이(夷)'는 백서(갑을)에서는 '작을 미(微)'로 쓰여 있다. 미(微)는 어떤 현상이나 내용이 드러나지 않는다는 의미에서 '어렴풋하다, 또렷하지 아니하다'의 의미로 쓰인다. 원 문맥과 다르지 않다.

이어서 "듣고 있어도 들리지 않는 것을 이름하여 희(希)라 한다"라고 했다. 하상공은 이를 '소리가 없는 것'이라 하였는데, 대체로 무성(無聲)으

---

121 계속) 멀리 바라보면 끝없이 아득하다. 알고 있는 것들을 모아서 앞뒤가 맞지 않은 것을 다듬어 보고자 하나, 광활하고 한없이 넓고 커서 숨겨진 법도를 가름할 수가 없으나 빛이 나는 것에는 통달했다"라고 적고 있다. 이어서 '원도훈(原道訓)'에서도 인용한 글이 있는데, "소위 형체가 없다는 것은 하나가 되었다고 말할 수 있다. 하나라는 것은 천하에 합할 짝이 없다는 것이다.
(중략) 화목한 것에 힘쓰고 무게 있는 것에 힘써 순일한 덕을 홀로 보존해 베풀어도 다하지 않고 사용해도 수고롭지 않다. 이 때문에 보아도 그 형체를 보지 못하고, 들어도 그 소리를 듣지 못하고, 따르려 해도 그 신체를 얻지 못한다. 형체가 없는 데서 형체가 있는 것이 태어난다. 소리가 없는 데서 다섯 가지의 소리가 울린다. 맛이 없는 데서 다섯 가지의 맛이 형성된다. 색깔이 없는 데서 다섯 가지의 색이 이루어진다. 이런 까닭으로 유(有)는 무(無)에서 생겨나고 실상은 허상에서 나온다"라고 말하고 있다.

122) 『시경(詩經)』 '出車' "玁狁于夷(흉노를 평정하리라)." '桑柔' "亂生不夷(난리가 일어나 평탄하지 못하여)."

로 보고 있다. 소리가 없다고 풀이하면 말 그대로 무의 상태일 뿐이다. 이 구절에 쓰인 '바랄 희(希)'는 '성기다, 물건의 사이가 뜨다'는 뜻이 있다. 백성들의 말 그리고 선현들의 말 등 천하에서 들을 수 있는 모든 것에 귀를 기울여도 앞뒤가 물 흐르듯이 순리에 맞는 소리를 들을 수가 없다는 뜻이다. 노자는 성기어 있기 때문이라고 보았다. 이를 통해도 전모를 아우르기에는 부족함이 있다는 것이다.

세 번째로 "어루만져도 얻지 못하는 것을 이름하여 미(微)라 한다"고 했다. 박(搏)은 백서에서 민(捪)으로 쓰였다. 서로 '어루만지다'라는 뜻에서 서로 통하는 글자다. 앞서의 구절에서는 보는 것 그리고 듣는 것을 언급했고, 이 구절에서는 어루만지는 것을 말하고 있다. 어루만진다는 것이 뜻하는 바는 무엇일까. 만져보고 두드려보는 등 감별을 해 보는 것이다. 즉 접촉하여 살펴보는 것이다. 하지만 어루만져 보아도 역시 어렴풋하다는 말이다. 이 방법으로도 그 이유를 찾아내지 못한 것이다. 이를 미(微)라 일컫는다.

그런 다음 이 세 가지는 지나치게 따지고 질문하여 규명될 일이 아니라고 하면서, 세 가지를 섞어서 하나로 여기라고 말한다. 끊어지지 않고 오랫동안 이루어져 온 것들에 대한 해법은 각각의 방법으로 나누어서 찾아내기는 어렵다는 말이다. 이는 물들이 갖은 고난과 시련을 이겨내어 현재까지 올 수 있었던 근본 까닭을 현재의 눈으로만 보려 하거나, 경험의 눈으로만 또는 어루만져 보는 등으로만 찾아낼 수 없음을 강조하는 것이다. 따라서 이러한 개별적인 방법이 아니라 전체적인 안목으로 모두 합해 하나로 여기고 규명에 나서라는 말씀이다. 하나로 모아서 살펴볼 것을 주문하였으니, 아래의 글에서는 해법을 제시할 것이다.

其上不皦, 其下不昧, 繩繩不可名, 復歸於無物.
그 위는 또렷하지 않으나 그 아래는 어둡지 않다. 끊어지지 않고 이어져 온 것이라 이름할 수는 없으니, 다시 무물로 되돌아가야 한다.

문장의 처음 시작은 백서(갑을)에서는 '一者(일자)'로 되어 있으며, 繩繩(승승)은 尋尋呵(심심가)로 표현했다. 하상공본에서는 繩繩兮(승승혜)로 적었다. 심(尋)은 '탐구하다, 잇다, 계승하다'는 뜻이 있고, 승승(繩繩)은 끊어지지 않고 계속 이어져 있는 상태를 표현하는 말이다.

하상공은 "일(一)은 하늘 위에 있으면 밝게 빛나지 않는다는 말이다. 일은 하늘 아래에 있으면 어둡지는 아니하나 암흑세계에 있다는 말이다. 이어지고 이어졌다는 것은 움직여 나아가는데 끝닿는 곳이 없는 것을 말한다. 이름할 수 없다는 것은 하나의 색이 아니기에 청색, 황색, 적색, 백색, 흑색 등으로 구별할 수 없고, 한 가지의 소리가 아니기에 궁, 상, 각, 치, 우 등으로 구분하여 들을 수 없으며, 어느 하나의 형체가 아니기에 길고 짧음이나 크고 작음 등으로 가늠할 수 없다는 말이다. 물(物)은 바탕(質)을 뜻한다. 물은 다시 바탕이 없는 상태로 돌아가야 한다"[123] 라고 설명했다.

---

123) 『하상공주』 "言一在天上, 不皦皦光明. 言一在天下, 不昧昧有所闇冥. 繩繩者, 動行無窮級也. 不可名者, 非一色也, 不可以青黃白黑別, 非一聲也, 不可以宮商角徵羽聽, 非一形也, 不可以長短大小度之也. 物, 質也. 復當歸之於無質."

이 문장은 백서(갑을)에서는 일자(一者)라는 글자로 시작했다. 이·희·미를 한 덩어리로 놓고 보면 "그 위는 또렷하지 않으나 그 아래는 어둡지 않다"라고 하면서, 이것은 끊어지지 않고 이어져 온 것이라 말한다. 이어져 온 것이라면 시원에서부터 끊어지지 않고 현재까지 계속되어 온 것이다. 여기에 위와 아래가 있다고 하였으니, 위가 미래로 나아가는 쪽이라면 아래는 지나온 과거로 볼 수 있다. 따라서 앞으로 어떤 방향으로 나아가야 할지는 또렷하게 보이지 않지만 과거의 행적을 살펴보는 일은 어렵지 않다는 말이다.

이어서 "오래전부터 그 뿌리를 두고 이어져 온 것이어서 이름을 붙일 수 없다"고 했다. 그렇다! 천하에서 일어나는 일이란 모두 태초가 있어 그것이 세월과 함께 계속 이어져 온 것이지, 없었던 것이 갑자기 하늘에서 뚝 떨어져 생겨났다가 어느 순간 사라지는 것이 아니기에 어느 한 순간을 놓고 이름을 붙일 수 없는 노릇이다. 따라서 온전하게 이름한 바가 없기 때문에 물이 생겨나기 전의 상태인 "무물(無物)로 되돌아가야 한다"는 것이다.

是謂無狀之狀, 無物之象, 是謂惚恍.
이것을 일컬어 형상이 없는 형상이라 하고 사물이 없는 상이라 하며, 이를 흐릿하고 어슴푸레하다고 한다.

惚恍(홀황)은 백서(을)에서는 '갑자기 홀(忽)'을 써서 忽恍(홀황)으로 되어 있다. 반면 하상공본은 忽怳(홀황)으로 '멍할 황(怳)'을 썼다. 어슴푸레하다는 의미에서는 같다.

하상공은 이 문장의 풀이를 "일(一)의 모습이 없지만 만물에게 외형을 만들어 줄 수 있다는 말이다. 일은 물의 바탕이 없지만 만물에게 상을 형성할 수 있게 한다는 말이다. 일은 홀연하고 황홀한 것으로, 있는 듯하고 없는 듯하여 볼 수가 없다는 말이다"[124]라고 했다. 왕필은 "없다고 말하려 해도 사물이 이것으로 말미암아 이루어졌고, 있다고 말하려 해도 그 형체를 볼 수가 없다. 그러므로 모양 없는 모양이고 사물이 없는 상이라고 한 것이다. 무엇이라고 규정할 수가 없다"[125]라는 설명을 덧붙였다.

본문으로 돌아와 보자. "이것을 일컬어 형상이 없는 형상이라 하고 사물이 없는 상이라 하며, 이를 흐릿하고 어슴푸레하다"라는 것은 무물(無物)의 상태를 일컫는 표현이다. 물이 생겨난 시초로 되돌아가 보면 모양을 갖춘 형상은 보이지 않는다. 또한 물이 어떻게 그려질지 아직 드러나지 않는 상태이므로 흐릿하고 어슴푸레한 광경이라 말하고 있다. 태초의 무의 상황을 표현한 것이다. 즉 태초의 시점만 가지고는 온전한 길을 알아내기 어렵다는 말씀이다. 설명은 다음 문장에도 계속 이어진다.

迎之不見其首, 隨之不見其後.
영접을 하고 있으면 그 머리를 보지 못하고, 뒤를 따라가고 있으면 그 후를 보지 못한다.

첫 구절과 뒤 구절의 앞에 적혀 있는 '迎之(영지)'와 '隨之(수지)'는

---

124) 『하상공주』 "言一無形狀, 而能為萬物作形狀也. 一無物質, 而為萬物設形象也. 一忽忽恍恍者, 若存若亡, 不可見之也."
125) 『왕필주』 "欲言無邪, 而物由以成. 欲言有邪, 而不見其形. 故曰 無狀之狀, 無物之象也. 不可得而定也."

백서(을)에서는 '迎而(영이)'와 '隨而(수이)'로 앞뒤가 바뀌어 표현되어 있다.

하상공은 "일은 끄트머리가 없어서 미리 기다릴 수 없다. 정욕을 제거하고 욕망을 없애면 일이 저절로 돌아온다. 일은 그림자나 자취가 없어 볼 수 없다는 말이다"[126]라고 했다.

앞의 글을 정리하는 설명이다. 먼저 "영접을 하고 있으면 그 머리를 보지 못한다"라고 말한다. 영접을 한다는 말은 주인의 입장에서 손님을 맞이한다는 것으로, 나름 대비를 했다는 뜻이다. 예전의 경험을 살펴보고 정성껏 준비해서 손님을 대접하였지만 이후의 반응은 손님의 몫이다. 주도적으로 일을 행하면서도 결정적인 권한이 손님의 마음에 달려 있기 때문에 미래의 상황은 여전히 불확실성으로 남아 있는 것이다. "머리(首)를 보지 못한다"는 표현은 머리가 어디로 방향을 잡을지 모른다는 말씀으로 이해된다. 또한 "뒤를 따라가고 있으면 그 후를 보지 못한다"라고 했다. 큰 그림이 없이 일이 일어나는 것을 따라다니며 뒤처리만 하다 보면 다음 방책을 세울 수 없다는 말씀이다. 그렇다면 온전한 다스림의 길인 무위의 길을 찾으려면 어찌해야 한다는 말인가.

執古之道, 以御今之有, 能知古始. 是謂道紀.
옛날의 도를 가지고 지금 있는 것을 잘 다스려 보면 능히 옛 시원을 알 수 있다.
이를 도의 벼리라 말한다.

---

126) 『하상공주』 "一無端末, 不可預待也. 除情去欲, 一自歸之也. 言一無影跡, 不可得而看."

첫 구절의 '執古之道(집고지도)'는 백서(갑을)에서 '執今之道(집금지도)'로, '能知古始(능지고시)'는 以知古始(이지고시)로 되어 있다. 백서와 같이 '執今之道 以御今之有 以知古始'라 한다면 "지금의 도를 가지고 지금 있는 것을 교합하여 보면 옛 시원을 알 수 있다"는 풀이가 된다. 시제가 다른 측면이 있기는 하지만 큰 틀에서는 통한다.

하상공은 "성인은 옛날의 도를 잡아 지키는 것은 일(一)을 인으로 삼아 만물을 제어하니 현재에도 일이 당연히 존재한다는 것을 안다. 먼 옛날 태초의 근본은 하나가 있어 시작했다는 것을 안다면, 이런 사람은 도의 강기를 아는 것이다"[127]라고 했다. 왕필은 "있음(有)이란 일이 있다는 뜻이다. 형체도 없고 이름도 없는 것은 만물의 종주이다. 비록 옛날과 현재가 다르고, 시대가 변하고 풍속이 바뀌었지만 진실로 이것으로 말미암지 않고 다스림을 이루지 않은 적이 없다. 그러므로 옛날의 도를 가지고 오늘날의 일을 다스릴 수 있었다. 태고 시대가 비록 멀지만 그 도는 여전히 존재하기에 비록 현재에 있을지라도 태초의 시원을 알 수가 있다"[128]라고 풀었다.

마왕퇴 출토 백서인 『황제사경』 제4편 '도원(道原)'에는 다음과 같은 글이 적혀 있다.

"도의 근본을 얻으면, 적은[少] 것을 가지고 많은 것을 알 수 있다. 사물의 요체를 얻으면 나라에 틀어져 있는 일을 바로잡을 수 있다. 먼

127) 『하상공주』 "聖人執守古道, 生一以御物, 知今當有一也. 人能知上古本始有一, 是謂知道綱紀也."
128) 『왕필주』 "有, 有其事. 無形無名者, 萬物之宗也. 雖今古不同, 時移俗易, 故莫不由乎此以成其治者也. 故可執古之道以御今之有. 上古雖遠, 其道存焉, 故雖在今可以知古始也."

저 옛것을 알면 후에 자세하고 명백하게 □할 수 있다. 도를 품에 안고 법도를 집행하면 천하가 하나가 될 수 있다. 태고를 살펴보면 그 원인을 두루 알 수 있다. 아직 (생기기 전의) 무(無)에서 찾아보면 그 원인을 얻는다."[129]

『도덕경』 1장에서 "무는 천지의 시원을 이름하는 것이고, 유는 만물의 어미를 이름하는 것이다"라고 말한 부분을 같이 놓고 살펴보자. 물(物)이 생겨나기까지의 모습을 무(無)라고 했다. 구체적인 형상이 만들어지지 않은 단계를 흐릿하고 어슴푸레하다고 하여 惚恍(홀황)으로 부른다. 이처럼 아무것도 없는 상태에서 여러 원인들에 의해 유가 생겨나는 그 전모를 쉽게 알 수는 없으나, 이는 하나의 물이 태어난 태초의 도이기에 이를 알아내는 일은 매우 중요하다.

또한 그 물은 천하에 생겨난 이후에도 여러 차례 어려운 상황을 겪으면서 슬기롭게 풀어간 경험을 가지고 있다. 우리는 이것을 옛날의 도라 부른다. 노자는 옛날의 도를 가지고 지금의 있는 것을 잘 다스려 보면 능히 옛 시원을 알 수 있다고 말한다. 과거의 도를 가지고 현재의 상황과 갖가지 방식으로 비교하고 견주어 보며 다스리면 처음에 물이 생겨난 시원을 추정할 수 있다는 것이다. 시원을 알게 되면 드디어 무위로 다스릴 수 있게 된다. 과거의 도처럼 현재에서도 변화된 환경에 맞는 도의 길을 찾을 수 있는 것이다. 노자는 이를 도의 벼리라고 말한다. '御(어)'자는 '말을 부리다'는 뜻이다. 말을 마음대로 통제하여 전차의 기능을 제대로 발휘하는 것을 뜻한다. '紀(기)'는 뒤얽힌 실을 풀어서 정리한다는 뜻이 있다.

129) 馬王堆漢墓帛書 老子乙本卷前古佚書, 道原에, "得道之本 握少以知多 得事之要 操正以政寄(畸) 前知大古 后□精明 抱道執度 天下可一也 觀之大古 周其所以 索之未无 得之所以"

벼리란 일이나 글의 뼈대가 되는 줄거리를 말한다.

이 글은 그 뿌리(시원)를 알지 못한 채 선현들의 도나 현재에 드러난 것에 매달려서는 온전한 무위의 길을 찾을 수 없다는 말씀이다. 세상의 일이란 모두 그 생겨난 시초가 있다. 상황이 달라졌다고 근원(뿌리)을 버리고 생각한다면 장구할 수 없다는 말씀이다. 옛날부터 이어져 온 것이 쉽게 사라지지 않는 까닭은 근본을 지켜 왔기 때문이라고 노자는 이 글을 통해 말하고 있다. 鳳

끊어지지 않고 이어져 온 것이라 이름할 수는 없으니

다시 무물로 되돌아가야 한다.

제 15 장

선을 보존하는 도자는 채우려 하지 않는다.

古之善爲士者 微妙玄通 深不可識

고지선위사자 미묘현통 심불가식

夫唯不可識 故强爲之容

부유불가식 고강위지용

豫兮若冬涉川 猶兮若畏四隣

예혜약동섭천 유혜약외사린

儼兮其若客 渙兮若氷之將釋

엄혜기약객 환혜약빙지장석

敦兮其若樸 曠兮其若谷 混兮其若濁

돈혜기약박 광혜기약곡 혼혜기약탁

孰能濁以靜之徐淸 孰能安以久動之徐生

숙능탁이정지서청 숙능안이구동지서생

保此道者 不欲盈 夫唯不盈 故能蔽不新成

보차도자 불욕영 부유불영 고능폐불신성

옛날에 선은 선비가 행하였는데, 미묘하고 현묘함에 통달하여 그 깊음을 알기 어려웠다.

대저 알기가 어렵기 때문에 억지로 그것을 형용하라면,

미리 내다보는 바는 겨울철 내를 건너는 것같이 하고, 머뭇거리는 바는 이웃들을 두려워하는 것 같다. 근엄한 것은 객과 같이 하는데, 풀어내는 것은 얼음 녹듯이 자연스럽다. 도타운 것은 질박함과 같고, 텅 비고 넓은 것은 골짜기와 같으며, 섞여 있는 것은 혼탁한 것 같다.

누가 탁한 것을 고요하게 하여 천천히 맑아지도록 하고, 누가 편안한 것을 오래 움직여서 평온히 살아가게 할 수 있겠는가.

이것을 보존하는 도자는 채우려 하지 않는다. 대저 채우지 않기에 새로 만들지 않고 덮어 가릴 수 있다.

[해설]

古之善爲士者, 微妙玄通, 深不可識. 夫唯不可識, 故强爲之容.
옛날에 선은 선비가 행하였는데, 미묘하고 현묘함에 통달하여 그 깊음을 알기 어려웠다. 대저 알기가 어렵기 때문에 억지로 그것을 형용하라면……

'玄通(현통)'은 죽간(갑)과 백서(을)에서는 '玄達(현달)'로 되어 있으며, '선비 사(士)'는 백서(을)에서 '道(도)'로 적혀 있다.

이 문장을 하상공은 "도를 얻은 군주를 일컫는다. 현은 하늘이다. 그 뜻이 현묘하여 그 정기가 하늘과 통한다는 말이다. 도와 덕이 깊고 원대하여 알 수가 없으니, 안으로 살펴보아도 마치 눈먼 것 같고 돌이켜 들어도 귀머거리와 같으니 오래된 바를 알지 못한다. 아래 구절들을 말한다"[130]라고 풀었다. 하상공은 士(사)를 上(상)으로 바꾸어 임금으로 번역했다. 그리하여 도를 얻은 군주는 하늘과 통하고 있으므로 우리들은 그 깊이를 헤아릴 수 없다고 풀이했다. 왕필은 "겨울에 개울을 건널 때에는 건널 것 같기도 하고 건너지 않을 것 같기도 하여 그 심정을 용모로 내보이지 않아 알 수 없음이다"[131]라고 말했다.

士者(사자)는 백서에서 道者(도자)로 되어 있다. 따라서 '선비(士)'를 '도(道)'로 보아야 한다는 주장이 많았다. 선비란 뜻으로 쓰이는 사(士)는 은나라 시대에는 관직명을 나타내기도 했고, 봉건제가 뚜렷했던 주나라

---

130) 『하상공주』 "謂得道之君也. 玄, 天也. 言其志節玄妙, 精與天通也. 道德深遠, 不可識知, 內視若盲, 反聽若聾, 莫知所長. 謂下句也."
131) 『왕필주』 "冬之涉川, 豫然若欲度, 若不欲度, 其情不可得見之貌也."

시대의 종법제도에서는 '천자-제후-경-대부-사-서인'의 서열에서 하위직분으로 있었다. 그러다 전쟁의 소용돌이가 몰아친 춘추전국시대로 접어들면서 문무(文武)를 겸한 사(士)가 제후들의 신하로 활약하고, 학문이 깊은 사(士)는 이름 있는 스승 밑에 집단을 이루어 생활하며 출세를 기다리게 되었다. 이윽고 전국시대에 제후국이 중앙집권적 국가 형태를 갖추면서 능력을 앞세운 전문 관료들이 세습 대부의 자리를 대신했다. 공자 시기의 선비는 보다 철학적이고 생명을 초월한 모습이었던 것 같다. 공자는 "뜻 있는 선비와 어진 사람은 살기 위해 어진 덕을 해치지 않고 목숨을 버려서라도 어진 덕을 이룬다"라고 했다. 이처럼 사(士)는 학문을 닦아 나라를 이롭게 하려는 자들이었다. 따라서 그들은 심오하고도 박식한 지식을 갖추고 있었다.

문장을 살펴보자. "옛날에 선은 선비가 행했다"라고 했다. 백서(을)에서는 선비가 아닌 도자(道者)라 하였으나 마지막 문장까지 읽어 보면 앞부분은 선비로 봄이 더 타당한 것으로 보인다. 옛날의 선비들은 "미묘하고 현묘함에 통달하여 그 깊이를 알기 어려웠다"라고 말한다. 그래서 이들의 지혜가 얼마나 대단한지 형용해 보겠다고 말한다. 난세에는 영웅이 많이 나온다. 당시에도 대륙의 도처에서 뛰어난 능력의 선비들이 나라의 수도로 모여들었을 것이며, 신출귀몰한 인재들도 많았을 것이다. '가로 왈 (曰)'자를 쓴 백서(갑을)의 다음 문장은 선비들의 용모를 말하는 글임을 알 수 있다. 왕필이 말한 대로 그들의 신출귀몰한 행동거지가 다음 문장에 나온다.

豫兮若冬涉川, 猶兮若畏四隣. 儼兮其若客, 渙兮若氷之將釋.
미리 내다보는 바는 겨울철 내를 건너는 것같이 하는데, 머뭇거리는 바는 이웃을 두려워하는 것 같다. 근엄한 것은 객과 같이 하는데, 풀어 내는 것은 얼음 녹듯이 자연스럽다.

백서(갑을)에서는 '가로 왈(曰)'로 문장의 말문을 열고 있다. 또한 '어조사 혜(兮)'는 모두 '어조사 가(呵)'로 되어 있으며, '같을 약(若)'자 앞에도 모두 '그 기(其)'자가 붙는다. 마지막 구절의 渙兮若氷之將釋(환혜약빙지장석)은 渙呵其若凌釋(환가기약릉석)으로 다르다. 凌(릉)도 얼음이나 얼음 곳간을 뜻하니, 그 의미는 다르지 않다. 이 문장에서 儼兮其若客(엄혜기약객)의 구절은 판본마다 표현하는 글자가 달라 해석을 두고 곤란을 겪는다. 죽간(갑)에서는 '감히 감(敢)'자를 써서 敢兮其若客(감혜기약객)으로, 백서(을)에서는 '엄할 엄(嚴)'자를 써서 嚴兮其若客(엄혜기약객)으로 기록했으며, 왕필본에서는 '얼굴 용(容)'자를 사용하여 儼兮其若容(엄혜기약용)으로 표현했다. 백서(을)는 같은 표현이라 제외하면, 감(敢)은 결단성이 있다는 뜻에서 엄격하다는 말과 통하고, 객(客)자 대신 용(容)을 사용한 왕필본은 "근엄한 것이 선비의 용모와 같다"라 하였으니 또한 다르지 않다.

하상공은 "일을 행할 때는 번번이 신중에 신중을 더한다. 겨울에 냇물을 건너듯이 신중하게 해야 하니 마음으로 어려워하는 것이다. 나아가고 물러서는 것을 구속되고 제한받는 것처럼 망설이며, 마치 사람이 법을 어겨서 이웃 사람들이 알게 될까 두려워하듯이 한다. 손님이 주인을 경외하듯 엄숙하여 일부러 꾸미는 것이 없다. 渙(환)은 풀어져 흩어지는 것을 말하고, 釋(석)은 녹아 없어지는 것을 말한다. 정욕을 제거하고 욕심을 없애 날로 비워 가는 것이다"[132]라고 풀었다. 즉 도를 얻은 군주의 행동거지를 설명하는 것이라 봤다. "이웃 나라가 연합하여 중앙의 주국을 공격하니, 망설이면서 어떻게 해야 할지를 모르는 것이다. 최상의 덕을 지닌 사람은 누구도 그의 낌새를 알아챌 수 없고, 덕이 추구하는 것을 볼 수 없는 것도 또한 이와 같다. 여기서의 若(약)자는 모두 형용되는 상(象)을 나타내거나 이름을 할 수 없다는 말이다"[133]로 풀었다.

선비들의 놀라운 지혜를 이야기하고 있는데 "미리 내다보는 바는 겨울철 내를 건너는 것같이 하는데, 머뭇거리는 바는 이웃을 두려워하는 것 같다"라고 했다. '미리 예(豫)'는 앞을 미리 내다보는 즉, 예견의 뜻으로 쓰였다. 옛날에는 겨울철에 내를 건너는 게 아주 어려운 일이었다. 얼음이 어느 정도 두께가 되어야 건널 수 있는지, 언제 풀리는지를 알아야 무사히 건널 수 있기 때문이다. 북방 유목민은 겨울이 오면 남쪽으로 내려간다. 가축에게 풀을 먹이기 위해서다. 그러나 남쪽으로 가는 길에는 황하가 있다. 황하의 얼음이 두껍게 제대로 얼어야 가축을 몰고 황하를 건널 수 있다. 되돌아올 때도 얼음이 녹기 전에 건너야 한다. 자칫 시기를 놓치면 황하로 인해 남쪽에 갇혀 버리는 신세가 된다. 선비들은 이런 천문을 미리 헤아려 계절의 변화 시기를 신통하게 알고 있다는 것이다.

猶兮(유혜)라 했다. 앞 구절의 豫兮(예혜)와 대비가 된다. 앞에서는 미리 예견하여 쉽게 판단을 내렸는데, 지금은 머뭇거리고 있다고 말한다.

---

132)『하상공주』"擧事輒加重愼與. 與兮若冬涉川, 心難之也. 其進退猶猶如拘制, 若人犯法, 畏四鄰知之也. 如客畏主人, 儼然無所造作也. 渙者解散. 釋者消亡. 除情去欲, 日以空虛."

133)『왕필주』"四隣合攻中央之主, 猶然不知所趣向者也. 上德之人, 其端兆不可覩, 德趣不可見, 亦猶此也. 凡此諸若, 皆言其容象不可得而形名也."

망설이는 모습이 이웃을 두려워하는 것 같다는 말은, 실제로 개입하는 일에 있어서는 조심스러워 한다는 것이다.

이어서 "근엄한 것은 객과 같이 하는데, 의혹을 풀어내는 것은 얼음 녹듯이 자연스럽다"라고 했다. 객(客)은 예전에는 제후들 간에 오고가는 사절이란 말로 쓰였으며, 훗날에 와서는 상대를 높여 부르는 말이 되었다. 따라서 객은 그만큼 품격이 있는 사람을 지칭한다. 자신을 엄격하게 절제하여 말과 행실을 삼갈 줄 아는 사람이다. 그러면서 얼음이 녹듯이 마음에 한 점의 의심도 남지 않도록 시원하고 쉽게 의혹을 풀어낸다는 말이다. 똑같은 의미로 환연빙석(渙然氷釋)이란 고사성어가 있다. 『춘추좌씨전(春秋左氏傳)』[134] 서문에 나온다. "글을 읽노라면 봄에 얼어붙었던 얼음이 녹듯이 의심이 풀려 편안하게 이치를 깨달을 수 있다. 그런 후에 진의를 체득하게 된다"는 것이다. 이처럼 그들의 일거수일투족이 예사롭지 않음을 보여주고 있다.

> 敦兮其若樸, 曠兮其若谷, 混兮其若濁. 孰能濁以靜之徐淸, 孰能安以久動之徐生.
>
> 도타운 것은 질박함과 같고, 텅 비고 넓은 것은 골짜기와 같으며, 섞여 있는 것은 혼탁한 것 같다. 누가 탁한 것을 고요하게 하여 천천히 맑아지도록 하고, 누가 편안한 것을 오래 움직여서 평온히 살아가게 할 수 있겠는가.

두 번째 구절과 세 번째 구절은 백서와 서로 순서가 바뀌어 있다. 또

134) 중국(中國) 춘추시대(春秋時代) 노(魯)나라의 태사(太史)인 좌구명(左丘明)이 공자(孔子)의 『춘추(春秋)』를 풀이한 책(冊).

한 孰能(숙능)은 백서에는 빠져 있다. 그러나 전달하는 의미상으로는 다름이 없는 것 같다.

하상공은 "돈(敦)이란 바탕이 두텁다는 뜻이고, 박(朴)이란 형체가 아직 나누어지지 않은 것을 말한다. 안으로 정기와 신을 지키고 밖으로 꾸밈이 없다. 광(曠)은 관대하다는 뜻이고, 곡(谷)은 비었다는 뜻이다. 덕이나 공명을 소유하지 않지만 감싸 안는 바가 없다. 혼(渾)이란 근본과 참됨을 지키는 것을 말하고, 탁(濁)이란 밝게 빛나지 않는 것을 말한다. 무리들과 더불어 동일하게 되어 스스로를 높이지 않는다. 숙(孰)은 누구라는 뜻이다. 누가 물이 탁해지는 것을 알아차리고 고요하게 하여 서서히 저절로 맑아지게 하겠는가. 누가 오랫동안 안정되게 서서히 장수할 수 있겠는가"[135)]라고 풀었다. 이 모든 것이 도를 지닌 사람이기에 할 수 있다는 것이다.

왕필은 "어두움은 물(物)의 이치를 통해 밝게 하고, 혼탁함은 물을 고요하게 함으로써 맑게 하며, 편안함은 물을 움직여 삶을 얻게 한다. 이것은 자연의 도이다. 누가 그럴 수 있겠는가라는 말은 그렇게 하는 것이 어렵다는 뜻이고, 서서히[徐]라는 말은 꼼꼼하고 신중하게 한다는 말이다"[136)]라고 푼다.

"도타운 것은 질박함과 같고, 텅 비고 넓은 것은 골짜기와 같다"고 했다. 선비가 힘을 쏟아 도탑게 하는 것들은 질박하다고 말한다. 질박하다는 것은 꾸민 데가 없이 수수하다는 뜻이다. 선비의 선을 표현한 글이

---

135) 『하상공주』 "敦者, 質厚. 朴者, 形未分. 內守精神, 外無文采也. 曠者, 寬大. 谷者, 空虛. 不有德功名, 無所不包也. 渾者, 守本真, 濁者, 不照然. 與衆合同, 不自專也. 孰, 誰也. 誰能知水之濁止而靜之, 徐徐自清也. 誰能安靜以久, 徐徐以長生也."
136) 『왕필주』 "夫晦以理物則得明, 濁以靜物則得淸, 安以動物則得生. 此自然之道也. 孰能者, 言其難也. 徐者, 詳愼也."

다. 이어서 "텅 비고 넓은 것은 골짜기와 같다"고 하였는데 골짜기는 물을 실어 만물에 나르는 몸[體]으로 『도덕경』에서는 선을 행하는 존재로 비유된다. 골짜기가 비어 있고 넓다는 것은 선을 행함에 있어 무욕하고 모두를 포용할 만큼 넓다는 것이다. 이러한 선비는 "섞여 있는 것은 혼탁한 것 같다"고 말한다. 모두를 보듬어 보살펴야 하니 각자의 마음을 헤아리고 있어 혼탁하게 보일 수밖에 없을 것이다. 이어서 "누가 탁한 것을 고요하게 하여 천천히 맑아지도록 하고, 누가 편안한 것을 오래 움직여서 평온히 살아가게 할 수 있겠는가"라고 묻는다. 탁하다는 것은 다양한 물들이 각각의 목소리로 한 공간에서 상존한다는 얘기다. 모두가 서로의 다름을 인정하고 함께 공존하는 것이다. 다만 서로의 다름으로 인해 다툼의 여지가 있는 것이 어려움이라 하겠다. 따라서 누가 이를 고요하게 하여 서로에게 녹아들게 할 수 있겠느냐고 묻는다. 역시 도자의 역할이다. 이처럼 맑아지도록 해서 편안해진 세상을 만들었다면 오랫동안 평화로움이 지속될 수 있도록 누가 이끌어 갈 수 있겠느냐는 물음도, 역시 도자를 염두에 두고 던진 질문이다.

保此道者不欲盈, 夫唯不盈, 故能蔽不新成.
이것을 보존하는 도자는 채우려 하지 않는다. 대저 채우지 않기에 새로 만들지 않고 덮어 가릴 수 있다.

이 문장은 죽간과 백서에서는 짧게 표현하고 있다. 죽간(갑)에서는 保此道者不欲尙浧(보차도불욕상영)이라 적고 있다. '덮을 폐(蔽)'

자는 백서(을)에서는 '해질 폐(敝)'로 되어 있다.

하상공은 "이러한 장생의 도를 지닌 사람은 사치하거나 과장하거나 가득 채우거나 넘치고자 하지 않는다. 대저 가득 채우지 않는 사람은 덮음을 지켜 새롭게 이루는 것에 힘쓰지 않을 수 있다. 덮는다는 것은 빛남과 영화를 숨긴다는 뜻이고, 새롭게 이룬다는 것은 공명을 귀하게 여기는 것을 말한다"[137]라고 풀었다. 즉 도를 지닌 자의 무욕함을 말하면서, 덮고 새롭게 이루는 것도 공명과 부귀를 그 대상으로 보았다. 왕필은 "채우면 반드시 넘친다. 덮는다는 말은 감싸서 덮는다는 뜻이다"[138]라고 간단히 부연했다.

이 문장에서 새로운 글자는 '덮을 폐(蔽)'다. 하상공은 빛과 영화를 가리는 것으로, 왕필은 덮는 것으로, 서명응은 해진 것으로 보았다. 해진 것으로 보는 학자들의 주장은 뒤에 나오는 '새 신(新)'자와 대구로 보아야 한다는 것이다. 또한 '아니 불(不)'은 '말 이을 이(而)'자의 그릇된 글자라고 주장하기도 했다. 이 모든 것은 전체 문장의 해석이 그만큼 매끄럽지 못하다는 증거일 것이다.

노자는 마지막 문장에서 전하고 싶은 바를 분명히 정리해 주고 있다.

"이것을 보존하는 도자는 채우려 하지 않는다. 대저 채우지 않기에 새로 만들지 않고 덮어 가릴 수 있다."

여기서 '가득 찰 영(盈)'자는 하상공이 해석한 대로 부귀나 공명을

137) 『하상공주』 "保此徐生之道, 不欲奢泰盈溢. 夫唯不盈滿之人, 能守蔽不為新成. 蔽者, 匿光榮也. 新成者, 貴功名."
138) 『왕필주』 "盈必溢也. 蔽, 覆蓋也."

채우는 일일 수 있다. 그러나 문맥으로 보면 첫 문장에서의 善(선)을 보전하고 있는 도자는 혼탁한 것을 고요하고 맑게 만들기 위해 새로이 임시방편적인 술수나 법을 만들지 않는다는 의미로 보인다. 도자는 다른 것으로 채우려 하지 않는다는 말씀이다. 사람들은 도가 옛날의 것이라 하여 낡고 해진 것으로 취급하고 새로운 것을 만들어 채우려 하지만, 조금만 손질하면 모든 상황을 능히 덮을 수 있다고 일러주는 것이다. 사람들은 부족하면 채우려 든다. 있음으로는 이로움을 주지만 비워 있어야 쓰임이 있다고 노자는 11장에서 말했다. '덮을 폐(蔽)'자는 백서(을)에서는 '해질 폐(敝)'로 되어 있다. 오래되어 낡고 해진 것을 뜻하는 글자다. 鳳

대저 채우지 않기에 새로 만들지 않고

덮어 가릴 수 있다.

제 16 장

항상함을 안다는 것을 깨달음이라 한다.

致虛極 守靜篤 萬物竝作 吾以觀復

치허극 수정독 만물병작 오이관복

夫物芸芸 各復歸其根

부물운운 각복귀기근

歸根曰靜 是謂復命 復命曰常

귀근왈정 시위복명 복명왈상

知常曰明 不知常 妄作凶

지상왈명 불지상 망작흉

知常容 容乃公 公乃王 王乃天

지상용 용내공 공내왕 왕내천

天乃道 道乃久 沒身不殆

천내도 도내구 몰신불태

허함이 지극함에 이르고 고요함을 도탑게 지켜서 만물들은 나란히 짓기 시작하는데 그대들은 그 반복되는 것을 본다.

무릇 물들은 번창하다가 각기 뿌리로 되돌아가는 것을 반복한다. 뿌리로 되돌아온 것을 일러 고요함이라 하는데, 이것을 일러 복명이라 한다. 복명은 항상한다는 것인데, 항상함을 안다는 것을 깨달음이라 한다. 항상함을 알지 못하면 망령되어 흉함을 짓는다.

항상하는 용모를 알면 용모는 이내 공이 되며, 공은 왕이 되고, 왕은 하늘이 되며, 하늘은 이내 도이니, 도는 이내 영구함에 이르게 되어 몸을 다해도 위태롭지가 않은 것이다.

[해설]

致虛極, 守靜篤. 萬物竝作, 吾以觀復.

허함이 지극함에 이르고 고요함을 도탑게 지켜서 만물들은 나란히 짓기 시작하는데 그대들은 그 반복되는 것을 본다.

'다할 극(極)'과 '고요할 정(靜)'은 죽간(갑)에서는 '항상 항(恒)'과 '빌 충(沖)'으로 적혀 있다. 또한 '나란히 병(竝)'과 '볼 관(觀)'자도 죽간(갑)에서는 '모 방(方)'자와 '돌아볼 고(顧)'로 되어 있다. 방(方)은 사방이라는 뜻으로 온 지역(地)을 의미하는데, 통행본에서 병(竝)자로 대신한 것 역시 사방에서 짓기 시작한다는 뜻이어서 서로 통한다 할 수 있다.

하상공은 "도를 얻은 사람은 감정을 덜어내고 욕망을 제거하며 오장을 맑고 고요하게 하여 비어 있음의 극에 이른다. 맑고 고요함을 지키고 돈독함과 두터움을 행한다. 作(작)은 '생겨난다'는 뜻이다. 만물이 함께 생겨난다는 말이다. 나는 이것을 통해 만물이 모두 그 근본으로 돌아가지 않음이 없다는 것을 본다는 말이다. 사람은 마땅히 그 근본을 중히 생각해야 한다"[139]라고 풀었다. 즉 도인이 극치의 경지에 들어 마음을 고요히 하고 두터움을 행한다는 말이며, 만물이 무성하게 생겨나는 것을 통해 그 근본으로 돌아가는 것을 본다는 것이다.

왕필은 "비어 있음에 이른다는 말은 사물의 도타움이 지극하다는

139) 『하상공주』 "得道之人, 捐情去欲, 五內清靜, 至於虛極. 守清靜, 行篤厚. 作, 生也. 萬物竝生也. 言吾以觀見萬物無不皆歸其本也. 人當念重其本也."

것이고, 고요함을 지킨다는 것은 사물의 참되고 바른 상태를 말한다. 움직여 짓고 자란다. 비어 있음과 고요함으로 그 반복하는 것을 살핀다. 있음은 비어 있음에서 일어나고 움직임은 고요함에서 일어난다. 그러므로 만물이 비록 움직여 지을지라도 끝내는 비어 있음과 고요함으로 되돌아가니, 이것이 사물의 도타움이 지극한 것이다"[140]라고 말한다. 그래서 비어 있음과 고요함으로 만물은 짓고 성장을 이루며 결국에는 그곳으로 다시 되돌아간다. 이를 일러 궁극[極]과 도타움[篤]이라 말한다고 했다. 범응원은 "치허(致虛)와 수정(守靜)이란 물(物)과의 관계를 끊고 인간세계를 떠난 것이 아니라 만물이 나의 본심을 어지럽힐 수 없는 상태"라 풀었다.

"허함이 지극함에 이르고 고요함을 도탑게 지킨다"고 했다. 비어 있음[虛]이 끝에 이르렀다는 것은 더없이 비어 있다는 말로, 이제는 채울 준비가 되어 있는 상태라는 뜻이다. 또한 고요함을 도탑게 지키고 있다는 것은 과거의 상처들이 다 아물고 새살이 돋을 준비가 된 것이다.

이 글은 만물이 순환하는 모습을 그리고 있다. 겨울을 보내고 새봄을 맞이할 준비를 마친 것이다. 만물은 이와 같이 준비를 마치면 세상에 잎을 내밀고 새로운 한해살이에 들어간다. 나라를 다스리는 일도 다르지 않다. 천하를 다스리려는 자라면 새로운 출발을 하기 전에 반드시 튼튼하게 내실을 다져야 한다.

이 구절에서 '고요할 정(靜)'은 죽간(갑)에서는 '빌 충(沖)'으로 적혀 있다. 충(沖)은 물의 가운데가 비어 균형을 이루고 있는 모양으로 고요함

140)『왕필주』"言致虛, 物之極篤, 守靜, 物之眞正也. 動作生長. 以虛靜觀其反復. 凡有起於虛, 動起於靜, 故萬物雖動作, 卒復歸於虛靜, 是物之極篤也."

을 유지하는 정(靜)자와 같다. '靜(정)'자는 앞에서도 설명한 바와 같이 서로 손톱을 드러내며 싸운다는 의미의 쟁(爭)이 조용함을 유지하고 있는 상태를 뜻한다. 주역에서도 정(靜)은 어울려 다투던 것들이 다시 제자리를 찾아 조용함을 얻은 음(陰)의 상태라 한다. 음은 정(靜)으로, 양을 동(動)이라 부르고 최초의 정(靜)한 상태를 무극(無極)이라 한다.

이어서 "만물들은 나란히 짓기 시작하는데 그대들은 그 반복되는 것을 본다"라고 했다. 새봄을 맞이해서 초목들은 새잎을 내고, 동물들은 동굴 밖으로 나오는 등 만물이 생기를 내뿜는다는 것이다. 사람들은 매년 이러한 모습들을 지켜본다. 사람들도 새봄이 되면 무엇을 해야 하는지 잘 알고 있기 때문에 만물들이 나란히 짓기 시작하면 농사지을 채비를 서두른다.

> **夫物芸芸 各復歸其根 歸根曰靜 是謂復命 復命曰常 知常曰明 不知常 妄作凶**
> 무릇 물들은 번창하다가 각기 뿌리로 되돌아가는 것을 반복한다. 뿌리로 되돌아온 것을 일러 고요함이라 하는데, 이것을 일러 복명이라 한다. 복명은 항상한다는 것인데, 항상함을 안다는 것을 깨달음이라 한다. 항상함을 알지 못하면 망령되어 흉함을 짓는다.

夫物芸芸(부물운운)은 판본별로 다양하게 표기하고 있다. 죽간(갑)은 天道云云(천도운운)으로, 백서(갑)에서는 夫物雲雲(부물운운)으로, 왕필본은 夫物蕓蕓(부물운운)으로 적혀 있다. '흉할 흉(凶)'은

백서(갑)에서는 '흉악할 흉(兇)으로 쓰여 있다.

하상공은 "운운은 꽃과 잎이 무성하다는 뜻이다. 만물은 쇠락하지 않는 것이 없지만 그 뿌리로 되돌아가서 다시 생겨난다는 말이다. 고요함은 뿌리를 말함이다. 뿌리는 안정되고 고요하며 부드럽고 약하여 겸손하고 낮은 곳에 머무른다. 그러므로 죽지 않는다. 편안하고 고요하다는 것은 성과 명으로 다시 돌아가는 것이니 죽지 않게 된다는 말이다. 명으로 돌아가 죽지 않게 되는 것은 이내 도가 늘 행하는 바이다. 도가 늘 행하는 것을 알 수 있으면 밝게 된다. 도가 늘 행하는 바를 알지 못하고 망령되게 행동하고 교묘하게 속이면 신명을 잃어 흉하게 된다는 것이다"[141]라고 했다.

왕필은 "각자는 시작된 곳으로 되돌아간다. 뿌리로 되돌아가면 고요해지니, 그러므로 고요함이라고 했다. 고요함은 곧 복명이다. 그러므로 명을 회복한다고 했다. 명을 회복하면 성명이 항상함을 얻는 것이니, 그러므로 항상하는 것이라 했다. 항상하는 물이 되면 편중되지 않고 드러나지 않으며, 어두운 모습도 없고 따뜻하거나 쌀쌀한 흔적도 없다. 그러므로 항상함을 아는 것을 밝음이라 한 것이다. 이것을 회복해야만 만물을 품에 안아 통하게 할 수 있고 용납하지 않을 것이 없다. 이것을 잃고 나아간다면 삿된 것이 분별하는 데에 들어가게 되니 사물이 그 본분에서 떠나게 된다. 그러므로 항상함을 알지 못하면 망령되어 흉함을 짓는 것이다"[142] 라고 말한다. 그래서 명을 회복하는 것은 항상한다는 것이고, 항상하기에

141) 『하상공주』 "芸芸者, 華葉盛也. 言萬物無不枯落, 各復反其根而更生也. 靜謂根也. 根安靜柔弱, 謙卑處下, 故不復死也. 言安靜者是為復還性命, 使不死也. 復命使不死, 乃道之所常行也. 能知道之所常行, 則為明. 不知道之所常行, 妄作巧詐, 則失神明, 故凶也."

142) 『왕필주』 "各返其所始也. 歸根則靜, 故曰靜. 靜則復命, 故曰復命也. 復命則得性命之常, 故曰常也. 常之爲物, 不偏不彰, 無昧之狀, 溫凉之象, 故曰 知常曰明也. 唯此復, 乃能包通萬物, 無所不容. 失此以往, 則邪入乎分, 則物離其分, 故曰不知常, 則妄作凶也."

치우치지 않는다고 말한다.

"무릇 물들은 번창하다가 각기 뿌리로 되돌아가는 것을 반복한다"라고 했다. 범응원은 "본래의 마음이 비어 있고 고요한 상태로 돌아감이다"라고 했고, 하상공은 "뿌리[根]는 고요함[靜]을 말하는 것이다"라고 했다. 소자유는 "꽃과 잎이 뿌리에서 생겨났다가 뿌리로 돌아가는 것과 같고, 파도가 물에서 생겨나 물로 돌아가는 것과 같다"라고 했다. 학자들의 설명처럼 만물이 짓기를 다한 뒤에는 출발한 점으로 돌아온다는 순환을 설명하는 글이기에 그 뜻하는 바가 다르지 않다.

이어서 중요한 말씀이 계속된다. "뿌리로 돌아온 것을 일러 고요함이라 하는데, 이것을 일러 복명이라 한다"라고 했다. 한 해 동안 물(物)들은 짓기 시작해서 번창했던 시간을 보내고 결실을 맺은 후에 다시 뿌리로 돌아온 상태이다. 한 해 동안의 일을 마치고 처음의 자리인 허한 곳에 돌아온 것을 일러 고요함[靜]이라고 말한 것이다. 이어서 이것을 복명하는 것이라 말한다. 복명은 대체로 명(命)을 회복한다고 풀이한다. 명은 천명으로 다시 주어지기 때문에 죽지 않는다고 말한다. 따라서 고요함[靜]은 성명(性命)의 참됨[本眞]이라고 설명된다. 그러나 한편으로 보면 다시 명을 받는다고 해서 새로운 물로 태어나는 것이 아닌 만큼, 복명이란 지난번에 명을 받은 것을 마치고 그 결과를 보고한다는 뜻이 이미 내포되어 있다. 누적하고 있음이다. 경험했던 결과물을 축적하여 다시 시작하는 것이다. 즉 세상에 나아가 새롭게 얻은 사실들이 누적되어 가고 있는 것이다. 이어서 다음 구절을 살펴보자.

"복명은 항상한다는 것인데, 항상함을 안다는 것을 깨달음이라 한다. 항상함을 알지 못하면 망령되어 흉함을 짓는다"라고 했다. 세상의 물들이 이러한 과정을 거치며 삶을 반복한다는 사실을 아는 자라면 깨달았다고 할 수 있다. 일의 처음과 끝을 알고 항상 이에 더하여 새로운 삶을 모색하기 때문이다. 사람들이 만물의 이치를 본받아 행한다면 그들과 같이 항상할 수 있다. 그러나 이러한 진리를 알지 못하면 지어도 흉하게 된다고 했다. 이는 다윈이 1859년에 『종의 기원(Origins of Species)』이란 책에서 주장한 진화론보다 수천 년 앞선 것이다. 물(物)에 유전자(DNA)가 전해지고 있음을 꿰뚫고 있는 것이 아니겠는가.

知常容 容乃公 公乃王 王乃天 天乃道 道乃久 沒身不殆
항상하는 용모를 알면 용모는 이내 공이 되며, 공은 왕이 되고, 왕은 하늘이 되며, 하늘은 이내 도이니, 도는 이내 영구함에 이르게 되어 몸을 다해도 위태롭지가 않은 것이다.

이 문장은 판본들의 기록이 거의 동일하다.

하상공은 "도가 늘 행하는 바를 알 수 있다면 감정을 떠나 욕망을 잊게 되니 포용하지 못하는 바가 없게 된다. 포용하지 못하는 것이 없으면 공정하고 사사로움이 없게 되니 뭇 사악함도 당해내지 못한다. 공정하고 사사로움이 없으면 천하의 왕이 될 수 있다. 몸을 다스리는 것이 바르면 형체가 하나가 되어 신명 천만이 모여 나의 몸으로 몰려든다. 왕이 될 수 있으면 덕이 신명에 합해지니 하늘에 통하게 될 것이다. 덕이 하늘과 통하면 도와 합하여 같아지게 된다. 도와 합치되면 오래 살 수 있게 된다. 공정해질 수 있음, 왕이 될 수 있음, 하늘과 통함, 도와서 합해짐 이 네 가지가 순수하게 갖춰지면 도와 덕이 크게 넓혀지고 재앙도 허물도 없게 된다. 그러면 천지와 더불어 가라앉아도 위태롭지 않을 것이다"[143]라고 했다. 항상[常]을 도가 늘 하는 것으로 번역하고 있다.

왕필은 "포용하여 통하지 않는 것이 없다. 품에 안아 통하지 못할 것이 없으면, 이에 더없이 넓은 공평함에 이르게 된다. 더없이 공평함에 이르게 되니, 이에 두루 미치지 않는 곳이 없게 된다. 두루 미치지 않는 곳이 없게 되니, 이내 하늘과 같다고 부를 수 있는 경지에 이른다. 하늘과 덕이 합치되고 도를 체득하여 크게 통하게 되니, 이에 비어 있음이 궁극에 이른다. 비어 있음이 궁극에 이르면 도의 항상함을 얻게 되니, 다함이 없는 곳에 이르게 된다. 없음으로 물(物)을 위하면 물과 불로 해할 수 없고 쇠나 돌이 부수어 버릴 수도 없다. 그것을 마음에 사용하면 호랑이나 외뿔소가 그 이빨이나 뿔로 들이댈 곳이 없으며, 창이나 칼의 날도 용납되는 바가 없으니 어떤 위태로움이 있겠는가"[144]라고 길게 풀이하고 있다.

"항상하는 용모를 알면 용모는 이내 공이 된다"고 했다. '얼굴 용(容)'은 많은 표정을 담을 수 있는 '얼굴'을 뜻하는 말로, 만물들이 순환하는 과정에서 보여주는 수많은 행태들을 말하는 것이다. 만물들이 내 보이는 모습을 보고 현재의 상태를 알아차리고 순환을 통해 항상하는 이치를

143) 『하상공주』 "能知道之所常行, 去情忘欲, 無所不包容也. 無所不包容, 則公正無私, 衆邪莫當. 公正無私, 可以為天下王. 治身正則形一, 神明千萬, 共湊其躬也. 能王, 德合神明, 乃與天通. 德與天通, 則與道合同也. 與道合同, 乃能長久. 能公能王, 通天合道, 四者純備, 道德弘遠, 無殃無咎, 乃與天地俱沒, 不危殆也."

144) 『왕필주』 "無所不包通也. 無所不包通, 則乃至於蕩然公平也. 蕩然公平, 則乃至於無所不周普也. 無所不周普, 則乃至於同乎天也. 與天合德, 體道大通, 則乃至於窮極虛無也. 窮極虛無, 得道之常, 則乃至於不窮極也. 無之爲物, 水火不能害, 金石不能殘. 用之於心, 則虎兕無所投其齒角, 兵戈無所容其鋒刃, 何危殆之有乎."

안다면 곧 백성들을 다스리는 지혜를 얻은 자, 깨달은 자다. 따라서 만물의 순환하는 이치를 아는 자는 나라를 다스리는 제후[公]가 될 수 있다는 말이 된다. 공(公)[145]은 왕 아래의 제후를 칭하는 말이다. 제후가 이를 알면 왕의 자리에 이르게 되고, 왕이 알면 하늘에 이른 것이며, 하늘은 이내 도로 연결되니 도는 영구한 것이다. 따라서 도란 나라와 백성들을 이내 영구히 다스리게 하는 힘을 가지고 있으니 이에 몸을 다해도 위태롭지가 않다는 말씀이다. 노자의 철학에서 한 단원을 넘어선 듯한 심오한 가르침이 담겨져 있다. 이 문장에서 常(상)자의 의미를 되새기고 있다. 진고응이 "만물이 운동하고 변화하는 과정에서 변하지 않는 법칙을 가리키는 말이다"라고 하였듯이 항상성이야말로 도라 말해도 틀리지 않는다. 鳳

145) 고대 중국의 신분제도는 왕을 최상에 두고 대체로 공경대부(公卿大夫)들이 지배계급을 이루고 있다. 공(公)은 제후의 지위를 가지고 왕을 대리하여 한 지역을 다스리는 수장을 말하는데, 주나라에서는 왕(王), 삼공(三公), 구경(九卿), 대부(大夫)의 관제를 가지고 있었다. 제후국은 세력의 크기에 따라 공(公)과 후(候)로 구분했다.

제 17 장

가장 높은 것은 아래에서 그가 존재한다는 것만 아는 것이다.

太上 下知有之

태상하지유지

其次 親而譽之 其次 畏之 其次 侮之

기차 친이예지 기차 외지 기차 모지

信不足焉 有不信焉

신부족언 유불신언

悠兮其貴言 功成事遂 百姓皆謂我自然

유혜기귀언 공성사수 백성개위아자연

가장 높은 것은, 아래에서는 그가 존재한다는 것을 아는 것이다.
그 다음은 가까이하거나 그를 기리는 것이고, 그 다음은 그를 두려워하는 것이며,
그 아래는 그를 업신여기는 것이다.
믿음이 부족하기에 불신이 있는 것이다.
귀한 말인데 망설이는구나. 공을 이루고 일을 완수하면, 백성들은 모두 내가
스스로 그러했다고 말할 것이다.

[해설]

太上, 下知有之.
가장 높은 것은, 아래에서는 그가 존재한다는 것을 아는 것이다.

이 문장의 '클 태(太)'자는 죽간(병)에서 '클 대(大)'로 쓰고 있다. 뜻하는 바는 크게 다르지 않다.

하상공은 "태상은 태고 시절 이름 없는 임금을 가리킨다. 아래에서는 그가 있다는 것만을 안다는 것은 아래에서 위에 임금이 있다는 것은 알지만 신하의 입장에서 섬기는 것이 아니기에 질박했다는 말이다"[146]라고 하여, 태상을 태고 시절의 임금으로 보았다. 왕필은 "태상은 대인(大人)을 말한다. 대인은 윗자리에 있기 때문에 태상이라고 말했다. 대인은 윗자리에 있으나 무위에 머무르면서 말없는 교화를 행하기 때문에 만물이 지을지언정 앞서서 행하지 아니한다. 그러므로 아랫사람들은 그가 있다는 것만 알 뿐이다. 말씀은 위를 따른다"[147]라고 풀이했다. 태상을 대인으로 번역하고, 무위로 일을 행한다고 본 것이다.

"가장 높은 것은, 아래에서는 그가 존재한다는 것을 아는 것이다"라고 했다. 여기서 말하는 최상이란, 하늘이 가장 높은 위치에 있는 것처럼 가장 좋은 통치방법을 말하는 것으로, 백성들로 하여금 임금이 자신들 위에 있다는 정도만 알 수 있게 다스리는 것이다. 무릇 순진한 백성들은

146) 『하상공주』 "太上, 謂太古無名之君. 下知有之者, 下知上有君, 而不臣事, 質朴也."
147) 『왕필주』 "太上, 謂大人也. 大人在上, 故曰 太上. 大人在上, 居無爲之事, 行不言之教, 萬物作焉而不爲始, 故下知有之而已. 言從上也."

하늘이나 상제(上帝)처럼 무한한 힘을 가진 존재가 직접 나서지 않아도, 항상 있다는 것만으로도 순종하며 높이 우러러보지 않는가. 노자는 이와 같이 다스리는 것이 군주로서 최상의 도리라고 말하고 있다.

이 문장의 첫 구절에 나오는 태상(太上)의 뜻에 대해 하상공과 왕필은 '태고 시절 이름 없는 임금'이나 '대인'으로 해석하고 있고, 다른 학자들은 '가장 좋은 시대', '태고 시절 덕을 가진 임금' 등으로 읽고 있다. 오징은 태상을 오히려 최상(最上)이라고 말할 수 있다고 하면서, 최상이란 대도(大道)의 세상으로 서로 무위의 상태에서 잊어버리는 것이라 말했다. 이러한 견해들은 표현들이 약간씩 다르긴 해도 전체 문맥으로는 차이가 없어 보인다. 다만 이 글에 이어서 '그 다음'이라는 뜻의 '其次(기차)'가 나열되는 것을 감안하면 '최상'의 의미로 보는 것이 뜻하는 바에 더 가까운 것으로 보인다.

其次, 親而譽之. 其次, 畏之. 其次, 侮之.
그 다음은 가까이 하거나 그를 기리는 것이고, 그 다음은 그를 두려워하는 것이며, 그 아래는 그를 업신여기는 것이다.

親而譽之(친이예지)는 죽간(병)과 백서(갑을)에서는 '말 이을 이(而)'자가 없는 '親譽之(친예지)'로 표기되어 있으며, 마지막 구절의 其次(기차)는 백서(갑을)에서 其下(기하)로 적어 그 아래를 모두 포괄하고 있다고 표현했다. 의미상으로 서로 다르지 않다.

하상공은 "그 덕을 볼 수 있고 은혜를 칭송할 수 있기에 친애하고 기리는 것이다. 형벌과 법을 만들어 다스렸다. 금지가 많고 명령이 번거로우면 백성이 성실함으로 돌아갈 수 없다. 그러므로 그를 기만하고 업신여기게 된다"[148]라고 단계별로 그 이유를 설명하고 있다. 왕필은 "그 다음으로 무위로 일을 처리하지 못하고 말없음으로 교화하면, 선을 내세우고 베풂을 행해서 아랫사람들로 하여금 가깝게 여기면서 기리게 할 수 있다. 또 그 다음은 은혜와 어짊으로 사물을 부릴 수 없어서 권위에 의지하게 된다. 그 이하에서는 법을 바르게 함으로써 백성들을 가지런하게 할 수 없어서 꾀로 나라를 다스리니 아래에서는 이를 피하는 걸 알고 그 명령을 따르지 않게 되어 모멸을 당하게 된다고 말하는 것이다"[149]라고 풀었다. 무위와 말없는 교화가 제대로 작동되지 못하는 상황에서 단계별로 설명하고 있다.

주석마다 표현하는 바는 조금씩 다르나 전달하고자 하는 의미는 같다. 최상의 단계 다음으로는 백성들이 다스리는 이를 친애하거나 칭송한다는 말이다. 이는 공평한 제도나 덕치로 민심을 얻은 위정자일 것이다. 민심을 얻는 자가 천하를 얻는다는 본보기를 보여준 군왕은 주(周)나라 문왕이다. 『시경』을 보면 백성들이 문왕을 얼마나 따랐는지 알 수 있다. 문왕이 언덕에 아무렇게나 버려져 있는 해골들을 위해 영대(靈臺)를 쌓았다는 글이 있는데 "영대의 역사(役事)를 일으키시어 땅을 재고 푯말을 세웠더니, 백성들이 제 일인 듯 발 벗고 나서서 며칠이 가기 전에 이루어졌네. 서두르지 말라고 이르셨건만 백성은 자식처럼 몰려들었

148) 『하상공주』 "其德可見, 恩惠可稱, 故親愛而譽之. 設刑法以治之. 禁多令煩, 不可歸誠, 故欺侮之."
149) 『왕필주』 "不能以無爲居事, 不言爲敎, 立善行施, 使下得親而譽之也. 不復能以恩仁令物, 而賴威權也. 不能法以正齊民, 而以智治國, 下知避之, 其令不從, 故曰侮之也."

네"[150]라고 칭송하고 있다. 이처럼 그는 주나라의 기초를 닦은 명군(名君)으로 덕치를 실천하였으며, 백성의 생활을 몸소 관찰하고 체험하여 홀로 사는 사람들과 의지할 데 없는 가난한 백성들의 어려움을 해결하기 위해 애를 썼다고 한다. 그를 가까이하는 덕을 드러내어 공을 이룬 것이다.

그 다음은 통치자를 두려운 존재로 여기는 것이라 했다. '두려워할 외(畏)'자는 무서워하며 조심한다는 의미를 담은 글자다. 강력한 힘을 통치의 기반으로 한다는 말이다. 가혹한 형벌이나 제도 등을 통해 더욱 강력하게 백성들을 지배하는 것이다. 위정자가 냉정하고 인정이 없으니 두려워서 순종하는 나라다. 이분법적인 사고로 인간을 지배하는 방식이다.

마지막으로 가장 하위의 단계에서는 백성들이 임금을 업신여기는 것이라고 했다. 나라를 존속시키기 위해 물리적인 힘을 행사하거나 규율을 만드는 것은 현대에서도 마찬가지다. 다만 임금이 원칙도 없는 법을 임의로 행사하고 인의에 벗어난 무력을 수시로 행사한다면, 이를 피해 갈 사람은 없을 것이다. 이러한 나라의 백성들은 앞날에 대해 안정된 기대를 가질 수가 없다. 덕치는 물론 그나마 있던 법치도 사라져 버린 꼴이다. 모두가 위정자의 눈치를 보며 힘없는 백성들을 착취의 대상으로만 여기니, 미래가 없는 백성들의 원성은 군왕에 대한 업신여김으로 나타난다. 천하고금(古今)의 포악한 군주의 대명사로 불리는 하(夏)나라 걸(桀)왕과 은(殷)나라 주(紂)왕의 행적 들이 좋은 사례가 될 것이다.

150) 시경(詩經), 대아 영대(大雅 靈臺) "經始靈臺 經之營之 庶民攻之 不日成之 經始勿亟 庶民子來."

信不足焉, 有不信焉.
믿음이 부족하기에 불신이 있는 것이다.

有不信焉(유불신언)은 백서(갑)에서는 앞에 '책상 안(案)'을, 백서(을)에서는 '편안 안(安)'자를 쓴 대신 끝의 '焉(언)'자는 빠져 있다. 安(안)은 '이에[乃]'의 뜻이고, 안(案)도 어조사이므로 전달하는 바는 크게 다르지 않다.

하상공은 "임금이 아래에 대한 믿음이 부족하면 아래에서도 이에 불신으로 응하여 그 임금을 속이는 것이다"[151]라고 했다. 임금과 백성 사이의 믿음 문제로 본 듯하다. 왕필은 "몸을 거느리면서 본성을 잃어 버리면 질병이 생기고, 물을 도우면서 참됨을 버리면 허물을 짓는 일이다. 믿음이 부족하다면 불신이 있는 것이다. 이것은 자연의 도이다. 이미 부족함에 처하면 꾀로 가지런하게 할 수 있는 것이 아니다"[152]라고 했다. 즉 모든 일에 있어 믿음이 부족해지면 당연히 불신이 있게 된다는 점을 말하는 것이라고 했다.

믿음[信]은 노자가 소중하게 생각하는 도의 길로 가는 덕목 중 하나다. 노자의 도와 덕 그리고 선의 바탕에 깔려 있는 정서가 바로 믿음이다. 이 구절에서 믿음은 백성에 대한 임금의 믿음이 될 수도 있고, 도의 정치에 대한 임금의 굳은 신뢰도 될 수 있을 것이다. 또한 백성들의 군주에 대한 믿음도 포함된다. 이러한 믿음은 경험을 통해 형성되고 누적되면서 더

151) 『하상공주』 "君信不足於下, 下則應之以不信, 而欺其君也."
152) 『왕필주』 "夫御體失性, 則疾病生, 輔物失眞, 則疵作. 信不足焉, 則有不信, 此自然之道也. 已處不足, 非智之所齊也."

욱 커지는 것이다. 따라서 상호관계에서 형성되는 믿음이란 그 관계가 돈독해지고 오래 지속되면 그의 향기가 묻어 있다는 정도만으로도 충분한 것이다. 그러나 믿음이 사라지면 존재하는 것까지도 불신을 가지게 만드는 법이다. 이웃에게 한 번이라도 속아본 사람은 그가 손에 쥐어주어도 의심을 그치지 못한다.

悠兮其貴言. 功成事遂, 百姓皆謂我自然.
귀한 말인데 망설이는구나. 공을 이루고 일을 완수하면, 백성들은 모두 내가 스스로 그러했다고 말할 것이다.

悠兮(유혜)는 죽간(병)에서는 猶乎(유호)로, 백서(을)에서는 猶呵(유가)로, 하상공본에서는 猶兮(유혜)로 표현하고 있다. 이 구절에서 猶(유)는 '머뭇거리다'는 뜻으로 본다. 근심이 되어 머뭇거리게 한다는 의미로 모두 같은 뜻이다.

하상공은 "태고 시절의 임금을 거론하여 일을 거행함에 있어 머뭇거리고 매우 신중하여 말을 귀하게 여겼다는 것은, 도가 저절로 그러함을 잃어 멀어질까 두려워했다는 말이다. 천하가 태평함을 일컫는 말이다. 백성들은 임금을 알지 못하여 위의 덕이 순박하고 두텁다고 한다. 오히려 자기 스스로 한 것으로 당연하다고 생각한다"[153)]라고 설명했다. 왕필은 "저절로 그러함은 낌새를 알아채거나 보지 못하는 것이라, 그 의도나 취향을 알아채거나 예견하지 못한다. 그 말은 어떠한 사물로 바꿀 수 없기에 말

153) 『하상공주』 "說太上之君, 擧事猶, 貴重於言, 恐離道失自然也. 謂天下太平也. 百姓不知君上之德淳厚, 反以為己自當然也."

씀은 반드시 감응함이 있다. 그래서 '귀한 말인데 망설이는구나'라고 한 것이다. 무위의 일에 머무르면서 말없는 교화를 행하며, 드러내는 것이 없이 물을 세우니 공을 이루고 일을 완수하여도 백성들은 그것이 그러한 까닭이 있었음을 알지 못하는 것이다"[154]라고 풀이했다.

유혜(悠兮)는 猶乎(유호)나 猶呵(유가), 猶兮(유혜) 등으로 판본마다 조금씩 다르게 적혀 있다. 학자들도 '한가하고 편안하다'라고 번역하는 쪽과 '신중한 모양'으로 옮기는 이들이 있다. 서명응은 유(猶)가 더딘 모양새의 뜻을 가진다면 귀(貴)는 '무거울 중(重)'자로 말할 수 있다고 했고, 오징은 귀하다는 말은 '아끼고 소중히 하다'는 뜻으로, 장석창은 귀언(貴言)은 희언(希言)의 의미로 보았다. 또한 최근에는 '말을 아끼다'라는 뜻으로 하여 "훌륭한 지도자는 말을 삼가고 아끼는 것이다"라고 풀이하고 있다. 아마 이어서 나오는 귀언(貴言)에서 군주에 대한 백성들의 불신이 어디에서 비롯되었는지를 찾는 것 같다. 조심스럽지 못한 처신이나 말이 군주의 믿음을 저해한다고 보는 것이다. 이 때문에 앞에 나오는 유(悠)나 유(猶)가 신중하게 처신한다는 말로 해석되고 있다.

이처럼 한 구절만의 풀이로만 보면 크게 잘못된 부분은 없어 보이나, 앞 문장과 연결하여 이해하려고 하면 선뜻 받아들이기 어려워진다. 필자는 귀한 말[貴言]이란 앞 문장에서의 "가장 높은 것은, 아래에서는 그가 존재한다는 것을 아는 것"이라는 말씀으로 본다. 노자의 도의 정치는 오래되어 낡은 것이라 현실에 맞지 않는다는 인식이 지배하던 춘추전

154)『왕필주』"自然, 其端兆不可得而見也, 其意趣不可得而覩也. 無物可以易其言, 言必有應, 故日 悠兮其貴言也. 居無爲之事, 行不言之敎, 不以形立物, 故功成事遂, 而百姓不知其所以然也."

국시대이니 쉽게 받아들이기 어려웠을 것이다. 따라서 "귀한 말인데 망설이는구나. 공을 이루고 일을 완수하면, 백성들은 모두 내가 스스로 그러했다고 말할 것이다"라고 충고하고 있다. 이 문장에서 공을 이루고 일을 완수했다는 것은 다스리는 자의 역할을 성실하게 다하여 목적을 달성했다는 말이다. 하지만 군주가 존재감을 드러내지 않고 뒤에서 보살펴 왔기에 백성들은 자신들이 스스로 이룬 것으로 여겨 성취감을 갖게 만들고 있음을 알 수 있다.

『회남자』의 '제속훈'에는 나라에 새로운 사상이 도입되어 사회가 변화되어 가는 모습을 그린 부분이 있다. "예의가 생겨나자 재물들을 귀하게 여기게 되었고, 거짓을 꾸미는 것들이 싹터 일어났다. 비난과 칭찬이 서로 어지럽게 되고, 원망하는 것들과 덕으로 여기는 것들이 함께 행해졌다." 이와 달리 태평성대(太平聖代)의 상징으로 회자(膾炙)되는 요임금의 시대에 백성들이 불렀다는 '격양가'에는 "해 돋으면 일을 시작하고 해가 지면 쉰다네, 밭을 갈아 음식을 먹고 우물 파서 물을 마시니, 제왕의 힘이 내게 무슨 필요 있으리오"[155]라는 구절이 있다. 노자는 이 장에서 인간이란 존재의 특성을 간파하여 지속가능한 성장의 법칙을 전하고 있다. 천하를 이끌고자 하는 자가 갖추어야 할 덕목이다. 鳳

155) 격양가(擊壤歌) "日出而作 日入而息 耕田而食 鑿井而飮 帝力何有于我哉"

제 18 장

대도가 버려지면 인의가 있게 된다.

大道廢 有仁義 智慧出 有大僞

대도폐 유인의 지혜출 유대위

六親不和 有孝慈

육친불화 유효자

國家昏亂 有忠臣

국가혼란 유충신

대도가 버려지면 인의가 있게 되고, 지혜가 나오면 큰 위선이 있게 된다.

육친이 조화하지 못하면 효와 자애가 있게 되고,

국가가 어지러우면 충신이 있게 된다.

[해설]

> 大道廢, 有仁義. 智慧出, 有大僞.
> 대도가 버려지면 인의가 있게 되고, 지혜가 나오면 큰 위선이 있게 된다.

죽간(병)과 백서(갑을)에서는 동일하게 '故大道廢, 安(案)有仁義'으로 적혀 있으며, 뒤의 '有大僞(유대위)'의 앞에도 安(案)자가 쓰여 있는 것이 다르다. 安(안)은 '이에, 곧'이라는 의미가 있다.

하상공은 "큰 도의 때에는 집안에 효자가 있고 나라에 충성과 믿음이 있었지만 인과 의는 보이지 않았다. 큰 도가 폐해져 쓰이지 않게 되자 악함과 거스름이 생겨났으니, 이에 인과 의가 생겨나 도가 전해지지 않게 되었다. 지혜로운 임금은 덕을 천하게 여기고 말을 귀하게 여기며, 바탕을 천시하고 겉꾸밈을 귀하게 여긴다. 이에 아랫사람들은 큰 거짓과 간사한 속임수로 응하게 된다"[156]라고 설명했다.

왕필은 "무위의 일을 잃은 대신 지혜를 펴고 선함을 내세우려 하면 도는 사물의 차원으로 나아간다. 술수를 행하고 밝음을 사용해서 간사하고 거짓된 행동을 살피는 것으로는, 의도가 보이고 외형이 나타나서 사물들이 피할 줄을 안다. 그러므로 지혜가 나오면 커다란 거짓이 생기는 것이다"[157]라고 했다. 소자유는 "대도가 융성할 때는 인의가 그 가운데 행해졌지만 백성들은 알지 못했다. 대도가 버려진 이후에야 인의가 드러나게 되었다"라고 한다. 이 문장은 도가와 유가적 가치가 충돌하는 것

---

156) 『하상공주』 "大道之時, 家有孝子, 戶(國)有忠信, 仁義不見也. 大道廢不用, 惡逆生, 乃有仁義(不)可傳道. 智慧之君賤德而貴言, 賤質而貴文, 下則應之以為大偽姦詐."
157) 『왕필주』 "失無爲之事, 更以施慧立善, 道進物也. 行術用明, 以察姦僞, 趣覩形見, 物知避之. 故智慧出則大僞生也."

처럼 받아들여진다. 이 때문에 반유가적이라 생각되어 해석에 난감함을 보여주었다.

18장은 첫 구절의 시작이 죽간(병)과 백서(갑을)에서 '故大道廢(고대도폐)'로 시작하고 있다. 앞에 '故(고)'자가 적혀 있는 것을 보고 17장과 연결하여 해석해야 한다는 주장이 제기되는 장이기도 하다.

"대도가 버려지면 인의가 있게 된다"라고 했다. 버려진다고 말씀한 것은 사람들이 스스로 멀리하였다는 것이며, 인의가 나온게 된 이유는 『도덕경』 38장을 통해서도 알 수 있다. "이런 까닭에 도를 잃은 후에는 덕이 나오고, 덕을 잃은 후에는 인이 나오며, 인을 잃은 후에는 의가 나오고, 의를 잃은 후에는 예가 나오는 것이다. 무릇 예라는 것은 진심을 다하는 믿음이 옅은 것이니 어지러움의 으뜸이다"라고 했다. 도와 덕을 잃은 후에 차선책으로 인의가 나온다는 말이다.

이 문장에서 대도(大道)는 나라를 다스리는 도라 말할 수 있다. 스스로 그러함의 다스림에서는 통치자의 덕목에 인의라는 개념이 없다. 백성들이 지족함을 알아 필요한 최소한의 것들만 취하는 것이 인의와 다를 바가 없으니 굳이 선악을 구분하여 인의를 행할 여지가 어디에 있겠는가. 물론 인의의 정치가 바르지 않다는 게 아니다. 도와 덕의 정치를 할 수 없는 여건이라면 인과 의의 정치에 의지해야 되는데 이를 어찌 무시할 수가 있겠는가. 다만 차선이란 뜻이다.

이어서 "지혜가 나오면 큰 위선이 있게 된다"라고 했다. 이 구절에서 지혜가 나온다는 것은 세상이 예전과는 달라져 그동안 통용되던 방식으로는 살아가기 어렵게 되니 이에 부합한 지혜가 생겨난다는 말이다. 이와 같은 지혜는 임시방편이기 때문에 부작용을 낳게 된다. 이는 16장에서 "항상함을 안다는 것은 깨달음이나, 항상함을 알지 못하면 망령되어 흉함을 짓는다"라고 지적한 바와 같다.

노자가 살았던 시대는 현자라는 자들이 제후들을 찾아다니며 자신들의 지혜를 과시하고 벼슬을 얻었다. 사마천의 『사기』에 보면 "춘추전국시대 제나라의 재상이었던 맹상군이 군주의 신임을 받고 부귀가 성했을 때는 휘하에 식객이 3,000여 명이었으나, 제왕이 맹상군을 폐한 이래 모든 식객이 떠나감을 탄식했다"[158]는 글이 나온다. 지혜를 가진 자들이 자신의 지혜를 사용하고자 하는 용처가 무엇인지 잘 보여준다. 『손자병법』에서는 상대방을 속이는 일을 묘수라 칭찬한다. 이러한 토양에서 나오는 지혜란 세상을 잠시 흔드는 큰 거짓이라 할 수 있다.

六親不和, 有孝慈. 國家昏亂, 有忠臣.
육친이 조화하지 못하면 효와 자애가 있게 되고, 국가가 어지러우면 충신이 있게 된다.

이 문장에서도 '有孝慈(유효자)'와 '有忠臣(유충신)'의 앞부분에 죽간(병)과 백서(갑을)에는 安(案)자가 쓰여 있다. 忠臣(충신)은 백서(갑을)에는 貞臣(정신)[159]으로, 죽간(병)에서는 正臣(정신)으로 되어 있다. 글자는 달라도 큰 틀의 의미는 다르지 않다.

158)『史記』'孟嘗君 列傳' "自齊王毀廢孟嘗君 諸客皆去 後召以復之 馮驩迎之未到 孟嘗君太息歎日 文常好客 遇客無所敢失 食客三千有餘人 先生所知也."
159) 정신(貞臣)은 녹봉과 상 따위를 사양하고 나라의 법을 지키고 책임을 다하는 신하를 말한다.

하상공은 “육친 간의 관계가 끊어지고 친척이 불화하면 효도와 자애가 있게 되어 서로 보살피고 길러준다. 정치와 율령이 분명하지 않아 위아래가 서로 원망하게 되고, 사악하고 간사한 자들이 서로 권력을 다투게 되면 충신이 생겨나 임금의 잘못을 바로잡게 된다. 이것은 천하가 태평하면 인(仁)을 알지 못하고, 사람들의 욕심이 모두 없어지면 청렴함(廉)을 알지 못하며, 각자 자신을 깨끗이 하면 곧음(貞)을 알지 못한다는 것을 말한다. 그러므로 큰 도의 세상에는 인과 의가 사라져 가고 효와 자애가 없어지니, 마치 해가 중천에서 밝으면 여러 별들이 빛을 잃는 것과 같다”[160]라고 주해를 달았다.

왕필은 “매우 아름다운 이름은 매우 추한 것에서 생기니, 이른바 아름다움과 추함은 같은 문에서 나온 것이다. 육친은 부자, 형제, 부부를 말한다. 만약 육친이 저절로 화합하고 국가가 저절로 다스려지면 효자와 충신이 있어야 할 곳을 알지 못하게 된다. 물고기는 강과 호수라는 도에서는 서로를 잊고 지내는데, 서로를 적셔 주는 덕이 생겨나겠는가”[161]라고 했다. 상위의 세계에 있으면 부족함이 없어 이들을 알지 못하고 지내다가 상황이 나빠지면 드러난다고 보았다. 박세당 또한 “육친이 조화롭지 못하면 이후에 효자(孝慈)가 있음을 알게 되니, 잘못은 조화롭지 못함에 있는 것이지 효자의 허물 때문이 아니다”라고 하여 왕필과 같이 풀었다. 이는 소자유가 “요(堯)가 불효한 것이 아닌데도 유독 순(舜)을 효자로 칭하는 것은 포악한 아버지 고수(瞽叟)가 없었다는 것이다”라는 말과 통한다.

160) 『하상공주』 “六紀絕, 親戚不合, 乃有孝慈相牧養也. 政令不明, 上下相怨, 邪僻爭權, 乃有忠臣匡正其君也. 此言天下太平不知仁, 人盡無欲不知廉, 各自潔己不知貞. 大道之世, 仁義沒, 孝慈滅, 猶日中盛明, 衆星失光.”
161) 『왕필주』 “甚美之名, 生於大惡, 所謂美惡同門. 六親, 父子, 兄弟, 夫婦也. 若六親自和, 國家自治, 則孝慈, 忠臣不知其所在矣. 魚相忘於江湖之道, 則相濡之(不知其所)德生也.”

"육친이 조화하지 못하면 효와 자애가 있게 되고, 국가가 어지러우면 충신이 있게 된다"라고 했다. 마지막 문장에서도 육친[162]의 불화(不和)는 효자(孝慈)가, 나라의 혼란(昏亂)은 충신(忠臣)이 나타나도록 만든다는 점을 강조하고 있다. 이처럼 노자는 자연의 흐름에 순응하는 무위(無爲)의 도는 효자나 충신과 같은 개념이 드러날 필요가 없이 질박함 속에서 저절로 구현된다고 본다. 鳳

162) 관자(管子) 목민주(牧民注)에서, 여섯 친족은 곧 부모(父母), 형제(兄弟), 처자(妻子)로 했다.

육친이 조화하지 못하면 효와 자애가 있게 되고,

국가가 어지러우면 충신이 있게 된다.

제 19 장

비할 데 없이 성스러우면 지혜를 버릴 수 있다.

絶聖棄智 民利百倍

절성기지 민리백배

絶仁棄義 民復孝慈

절인기의 민복효자

絶巧棄利 盜賊無有

절교기리 도적무유

此三者 以爲文不足

차삼자 이위문부족

故令有所屬 見素抱樸 少私寡欲

고령유소속 견소포박 소사과욕

비할 데 없이 성스러우면 지혜를 버릴 수 있어, 백성들의 이익은 백 배가 될 것이다.
비할 데 없이 어질면 의로움을 버릴 수 있어, 백성들은 어버이에 대한 효도와 자식에 대한 사랑을 회복한다.
비할 데 없이 기예가 뛰어나면 이득을 버릴 수 있어, 도적이 사라진다.
이 세 가지는 꾸밈으로 하기에는 부족함이 있다.
그러므로 속해야 할 바가 있도록 하여야 한다. 때가 묻지 않은 순수한 바탕을 보이고 질박함을 품도록 하며, 사사로움을 적게 하고 욕심은 줄이는 것이다.

[해설]

이 장은 노자의 반유교적 성향을 나타낸 글이라고도 하고, 정상적인 지식인의 입장에서도 너무 역설적인 글이라는 지적이 있어 왔다. 과연 그러한지 찬찬히 살펴보자.

> 絶聖棄智, 民利百倍. 絶仁棄義, 民復孝慈. 絶巧棄利, 盜賊無有.
> 비할 데 없이 성스러우면 지혜를 버릴 수 있어 백성들의 이익은 백 배가 될 것이다. 비할 데 없이 어질면 의로움을 버릴 수 있어 백성들은 어버이에 대한 효도와 자식에 대한 사랑을 회복한다. 비할 데 없이 기예가 뛰어나면 이득을 버릴 수 있어, 도적이 사라진다.

죽간(갑)에는 '성스러울 성(聖)'자와 '지혜 지(智)'자는 '알 지(知)'와 '말씀 변(辯)'으로, 그리고 '어질 인(仁)'과 '옳을 의(義자)'자는 '거짓 위(僞)'와 '생각할 려(慮)'로 적혀 있다.

하상공은 "성스러움을 끊고 지어냄을 제어하여 처음으로 돌아가 본원(元)을 지킨다. 오제(五帝)가 상을 그리고 창힐(蒼頡)[163]은 글자를 지었는데, 이는 삼황(三皇)이 새끼줄을 묶어 계산하면서 문자 없이 다스린 것만 못하다. 지혜를 버리고 무위로 돌아간다. 농사일에 힘쓰고 공정하여 사사로움이 없기 때문이다. 은혜를 보이는 인을 끊고 화려한 말을 숭상하는 의를 버린다. 덕이 순수함으로 변하기 때문이다. 기교를 끊는

163) 전설에 따르면, 한자는 창힐(蒼頡)이라는 신이 만들었다고 한다. 천계에서 지상으로 내려와 새와 동물들이 남긴 발자국에 착안해 문자를 고안해냈다는 것이다. 창힐은 일반적으로 네 개의 눈을 가진 모습으로 묘사된다. (『도교의 신들』 2007. 10. 26. 도서출판 들녘)

다는 것은 속이거나 참됨을 어지럽히는 짓을 못하게 한다는 것이다. 이로움을 버린다는 것은 탐욕의 길을 틀어막고, 권세의 문을 닫는다는 뜻이다. 위가 공정하게 변하면, 아래는 사악하거나 사사로운 것이 없게 된다"[164)]라고 했다. 끊고 버리는 것은 무위와 무욕으로 살아가기 위함이라는 것이다.

왕필은 "성스러움과 지혜로움은 훌륭한 재주요, 어짊과 의로움은 사람의 훌륭한 행실이며, 재주와 이로움은 쓰임에 훌륭한 것이다. 그런데 곧바로 끊으라고만 말하면 글월[文]로는 매우 부족하니 속하는 바가 있도록 하지 않고는 그 가리키는 바를 드러낼 수 없다"[165)]라고 설명했다. 왕필은 다른 학자들과는 달리 이유 없이 끊거나 버려야 할 대상은 아니라고 보는 것 같다.

진고응은 "총명과 지혜를 버리면 백성들은 백 배의 이익을 얻을 수 있으며, 인의를 버리면 백성들은 효와 자애의 천성을 회복할 수 있다. 속임과 이익을 버리면 도적이 자연스럽게 없어진다"라고 풀었다. 박세당은 "지혜가 나오자 사기와 속임수가 흥하였기 때문에 앎을 끊고 지혜를 버리라고 말한 것이다"라고 번역했다.

이처럼 첫 문장인 '絶聖棄智(절성기지)'에 대해서는 대다수가 "성스러움을 끊고 지혜를 버리면 백성이 백 배의 이익을 누린다"라고 해석하고 있다. 또한 아래에서도 인의를 끊거나 재주와 이로움을 끊어야 한다고 풀이하고 있다. 노자가 성인이란 단어를 수없이 언급하였지만 이처럼

---

164) 『하상공주』 "絕聖制作, 反初守元. 五帝垂象, 倉頡作書, 不如三皇結繩無文. 棄智慧, 反無為. 農事修, 公無私. 絕仁之見恩惠, 棄義之尚華言. 德化淳也. 絕巧者, 詐偽亂真也. 棄利者, 塞貪路閉權門也. 上化公正, 下無邪私."
165) 『왕필주』 "聖智才之善也, 仁義人之善也, 巧利用之善也. 而直云絶. 文甚不足, 不令之有所屬, 無以見其指.

끊어 버려야 할 대상으로 언급한 적이 없다. 아무리 역설적으로 이해한다 하더라도 받아들이기에 곤혹스럽기는 마찬가지다. 문제는 '絶(절)'자에 있는 것 같다. 흔히 비할 데 없이 아름다운 여자를 절세가인(絶世佳人)이라 한다. 절정(絶頂)이나 절경(絶景), 절묘(絶妙)의 경우에도 '절(絶)'자가 '끊다'의 뜻이 아니라 '뛰어나다, 비할 데 없다'의 의미로 쓰이고 있다. 이 문장에서도 정도가 극(極)에 달했거나, 이제는 끊을 정도로 최고조에 달했다는 등의 수식어로 보고 주해를 한다면 상식적으로 이해하는데 큰 무리가 없을 것 같다.

성(聖)은 지덕이 뛰어나고 사리에 통달하지 않은 바가 없어 뭐든지 다 알고 있는 사람, 곧 성인을 일컫는다. 성스러움이 지극하다면 굳이 지혜(꾀)를 써서 계책을 세우고 새로운 일을 만들어 낼 필요가 없어지니, 백성들을 수고롭게 할 필요가 없으며 농사에만 전념할 수 있어 안락한 생활을 할 수 있을 것이다. 따라서 "비할 데 없이 성스러우면 지혜를 버릴 수 있어 백성들의 이익은 백 배가 될 것이다"라고 말한 것이다.

이어서 "비할 데 없이 어질면 의로움을 버릴 수 있어 백성들은 어버이에 대한 효도와 자식에 대한 사랑을 회복한다"라고 말했다. 이 또한 집안에 어짊[仁]이 지극하다면 어버이에 대한 효도와 자식에 대한 사랑을 지키려는 옳고 그름을 따지는 의(義)를 끄집어 낼 일도 없는 것이다. 정의는 불의가 있다고 여겨지기에 나타나는 것이며, 또한 힘으로 이를 바로잡는 것이 의(義)이다.

인(仁)은 힘을 사용하지 않고 기꺼이 베푸는 것이기에 효자(孝慈)와 같은 것으로 행하는 것이다. 또한 "비할 데 없이 기예가 뛰어나면 이득을 버릴 수 있어 도적이 사라진다"라고 했다. '巧(㺿)'는 기교나 재주를 말하는 것으로, 비할 데 없이 솜씨가 뛰어난 명장은 자신의 혼이 묻어 나는 예술품을 만들고자 혼신의 노력을 다한다. 명예나 금전적 이득에 연연하지 않는 것이다. 작품에 혼을 담는 장인이라면 쓰고 이용하는 이들이 행복해하는 모습을 보고 싶을 뿐, 물질적 욕망이나 허명을 좇아 부귀영화에 연연하지는 않을 것이다.

그러나 대부분의 재주가 있는 자들은 자신의 능력을 통하여 무언가 사사로움을 취하려 든다. 남의 물건을 훔쳐 가는 것만이 도적이 아니다. 자신이 들인 공보다 더 많이 취하려는 것도 도적이다. 귀하게 만들면 다툼을 유발할 뿐이므로 재주가 있는 자라면 재주가 그 사람의 그릇인 바, 큰 그릇은 모두를 위해서 사용되도록 만들어진 것이다.

此三者, 以爲文不足. 故令有所屬. 見素抱樸, 少私寡欲.
이 세 가지는 꾸밈으로 하기에는 부족함이 있다. 그러므로 속해야 할 바가 있도록 하여야 한다. 때가 묻지 않은 순수한 바탕을 보이고 질박함을 품도록 하며, 사사로움을 적게 하고 욕심은 줄이는 것이다.

'故令有所屬(고령유소촉)'은 죽간(갑)에서는 '或令之或乎屬(혹령지혹호촉)'으로 달리 표현하고 있으나 "혹은 널리 알리거나 혹은 속하는 바가 있어야 한다"로 뜻하는 바는 같다. '아닐 불(不)'자는

백서(갑을)에서는 '아닐 미(未)'로 되어 있다. '볼 견(見)'자와 '안을 포(抱)'자는 죽간(갑)에서는 '볼 시(視)'와 '지킬 보(保)'자로 표현하고 있다. 이 또한 다르지 않다.

하상공은 "위의 버리고 끊는 세 가지의 일을 가리킨다. 꾸밈이어서 부족하다는 것은 꾸밈은 백성을 교화시키기에 부족하다는 뜻이다. 그러므로 이어지게 하는 바가 있다. 아래 구절의 말처럼 해야 한다는 것이다. 소박함을 보인다는 것은 소박함을 안고 참됨을 지켜 화려한 겉꾸밈을 숭상하지 말아야 한다는 말이다. 질박함을 품는다는 것은 질박함을 품는 모습을 아래에 내보여야 법칙으로 삼을 수 있다는 말이다. 사사로움을 적게 한다는 것은 사사로움이 없는 바름이다. 욕심을 적게 한다는 것은 만족함을 알아야 한다는 뜻이다"[166]라고 말했다. 왕필은 "그러므로 이 세 가지는 꾸밈으로 삼기에는 충분하지 못하므로 사람들에게 알리려면 귀속함이 있어야 한다. 소박함과 욕심이 적은 것에 속하도록 하여야 한다"[167]라고 설명한다.

앞에서 나열한 세 가지는 꾸며서 흉내만 내는 것으로 행하여서는 부족하다고 말한다. 이를 행할 때에는 반드시 덧붙여야 할 것이 있다는 것이다. 말과 행동이 일치해야 함을 요구하고 있다. 성스러움과 어짊 그리고 기예의 행함에는 때가 묻지 않은 순수한 바탕과 질박한 마음이 있어야 하며, 아울러 사사로움과 욕심을 적게 하는 자세도 함께 갖추어야 한다는 말씀이다.

---

166)『하상공주』"謂上三事所棄絕也. 以為文不足者, 文不足以教民. 當如下句. 見素者, 當抱素守真. 不尚文飾也. 抱朴者, 當抱其質朴, 以示下, 故可法則. 少私者, 正無私也. 寡欲者, 當知足也."
167)『왕필주』"故曰此三者以爲文而未足, 故令人有所屬, 屬之於素樸寡欲."

이러한 마음과 자세로 행해야만 백성들의 이익이 백 배가 되고, 효성과 자애로움이 생겨나며, 도적들이 사라질 것이라고 노자는 말하고 있다. 鳳

제 20 장

배움이 비할 데 없는 경지에 이르면 근심하는 바가 없어진다.

絶學無憂 唯之與阿 相去幾何 절학무우 유지여아 상거기하

善之與惡 相去何若 선지여악 상거하약

人之所畏 不可不畏 荒兮其未央哉

인지소외 불가불외 황혜기미앙재

衆人熙熙 如享太牢 如春登臺 중인희희 여향태뢰 여춘등대

我獨泊兮 其未兆 如嬰兒之未孩

아독박혜 기미조 여영아지미해

儽儽兮 若無所歸 루루혜 약무소귀

衆人皆有餘 而我獨若遺我 愚人之心也哉

중인개유여 이아독약유 아우인지심야재

沌沌兮 俗人昭昭 我獨昏昏 俗人察察 我獨悶悶

돈돈혜 속인소소 아독혼혼 속인찰찰 아독민민

我獨悶悶 澹兮 其若海 飂兮 若無止

아독민민 담혜 기약해 류혜 약무지

衆人皆有以 而我獨頑似鄙 중인개유이 이아독완사비

我獨異於人 而貴食母 아독이어인 이귀사모

배움이 비할 데 없는 경지에 이르면 근심하는 바가 없어지는데, 공손하게 따르는 것과 억지로 따르는 것에는 얼마나 차이가 날까. 옳다고 여기는 것과 바르지 않다고 여기는 것은 얼마나 차이가 있을까.
사람들이 두려워하는 바를 두려워하지 않을 수가 없다. 황량하구나. 아직 그 근원의 중앙에 미치지 못하였도다.
무리지어 있는 사람들이 화평하게 놀고 있다. 좋은 음식으로 제사를 올리는 듯하고, 봄나들이를 나와 높은 대에 올라온 것 같다. 그 조짐이 아직 나타나지 않으니 나만 홀로 담담하구나. 연약한 어린아이가 아직 웃지를 못하는 것과 같다. 초췌하고 초라하니 돌아갈 명목도 없구나.
무리지어 있는 사람들은 모두 여유가 있는데 나만 홀로 남겨져 있는 것 같다. 나도 어리석은 사람의 마음이 드는구나.
몹시 혼란스럽구나. 세상 사람들은 사리에 밝고 뚜렷한데, 나만 홀로 어둡고 혼미하구나. 세상 사람들은 세상 물정을 잘 꿰고 있는데, 나만 홀로 괴로워 답답해하고 있구나. 마음에 두지 않으면 넓은 바다와 같은데, 마음을 빼앗기니 그침이 없는 것 같구나.
많은 사람들은 모두 방편들을 가지고 있는데, 나만 홀로 완고하여 궁색한 듯하다. 나는 남들과는 달리 홀로이기에 길러 주시는 어미가 귀하다.

[해설]

아주 번역하기 어려운 장이다. 물론 필자의 해석도 노자의 깊은 마음을 잘못 이해하여 귀한 말씀에 누가 되지 않을까 매우 조심스럽다. 앞으로 더 나은 주해가 나오길 기대한다.

첫 번째 글인 '절학무우(絶學無憂)'는 앞장인 19장의 마지막에 있어야 한다고 보고 20장에서는 이 구절이 보이지 않는 책도 있다. 필자는 20장의 글이 '절학무우'를 중심으로 노자의 심경을 호소하는 내용으로 보기에 전체 글의 주어로 여기고 해석을 했다.

> 絶學無憂, 唯之與阿, 相去幾何, 善之與惡, 相去何若.
> 배움이 비할 데 없는 경지에 이르면 근심하는 바가 없어지는데, 공손하게 따르는 것과 억지로 따르는 것에는 얼마나 차이가 날까? 옳다고 여기는 것과 바르지 않다고 여기는 것은 얼마나 차이가 있을까?

하상본이나 통행본에 쓰인 '아(阿)'는 죽간(을)과 백서(갑)에는 '가(訶)'로, 백서(을)에서는 가(呵)로 쓰였다. 또한 '선(善)'자는 죽간(을)과 백서(갑을)에서는 '미(美)'자로 적혀있다.

하상공은 "참되지 않고 도의 문장과 합해지지 않는 학문은 끊어야 근심이 없다. 겉만 화려하고 실속이 없는 것을 버리면 근심과 걱정이 없게 된다. 응대하는 것은 같으니 서로 얼마나 차이가 있겠는가? 바탕은 천하지만 문장은 귀하니 괴로워하는 말이다. 선한 것은 칭찬하여 기리는 것이고, 악한 것은 간하여 고치고자 하는 것이다. 서로 얼마나 다를 수 있는가. 충성스럽고 정직한 사람을 미워할 때와 사악하고 아첨하는 자를 등용하는 것을 괴로워하는 말이다"[168]라고 말했다. 배움을 끊어야 한다는 노자의 말을 하상공은 참되지 않는 학문은 끊어야 한다는 말로 풀어 가고 있다.

왕필은 "하편에서 배움을 행하는 자는 날로 보태지고, 도를 행하는 자는 날로 덜어낸다고 했다. 그렇다면 배운다는 것은 능한 바를 더 보태어 구하여 그 지혜로운 데로 나아가는 것이다. 만약 무욕으로도 만족할 수 있다면 무엇 때문에 더함에서 구하려고 하겠는가. 알지 못하면 가운데에 있는 것인데 어찌 나아감에서 구하려 하겠는가. 참새와 제비는 짝이 있고 산비둘기와 집비둘기도 동반자가 있다. 추운 지방의 사람들은 반드시 털옷을 입을 줄 안다. 저절로 그렇게 됨이 이미 충분한데 더 보태면 우환이 된다. 그러므로 물오리의 발을 이어 붙이는 것이 학의 다리를 잘라 내는 것과 무엇이 다르겠으며, 명예를 경외하여 나아가는 것이 형벌을 두려워하는 것과 무엇이 다르겠는가? 공손히 대답하는 것과 대충 대답하는 것 그리고 아름다운 것과 추한 것의 차이가 얼마나 되겠는가?"[169]라고 하여, 스스로 족함이 있는데 더 구할 바가 없다는 설명으로 대신하고 있다.

첫 문장은 많은 학자들이 매우 곤혹스러워하는 부분이다. "배움을 끊으면 근심이 없다"는 표현이 의외의 말씀이기 때문이다. 앞장인 19장과

168) 『하상공주』 "絕學不真, 不合道文. 除浮華則無憂患也. 同為應對而相去幾何. 疾時賤質而貴文. 善者稱譽, 惡者諫諍, 能相去何如. 疾時惡忠直, 用邪佞也."

169) 『왕필주』 "下篇, 爲學者日益, 爲道者日損. 然則學求益所能, 而進其智者也. 若將無欲而足, 何求於益. 不知而中, 何求於進. 夫燕雀有匹, 鳩鴿有仇, 寒鄉之民, 必知旃裘. 自然已足, 益之則憂. 故續鳧之足, 何異截鶴之脛, 畏譽而進, 何異畏刑. 唯阿美惡, 相去何若."

같은 풍경이 계속되고 있다. 유가에서 중요시하는 學(학)을 노자가 경시하는 듯 해석되기 때문이다. 그러나 필자는 앞장의 '절(絶)'자를 '뛰어나다, 비할 데 없다'라고 풀이했듯이 앞선 학자들과는 다른 방향으로 나아갈 수밖에 없다. 다른 주해들의 소개를 생략하고 설명하고자 한다.

앞에서 절(絶)자를 '끊다'라는 의미가 아닌 '비할 데 없다'는 뜻으로 보고 "배움이 비할 데 없는 경지에 이르면 근심하는 바가 없어진다"라고 풀이했다. 근심을 뜻하는 '憂(우)'자는 머리가 위에서 무겁게 마음을 짓누르는 모양으로, 걱정이 많음을 뜻한다. 따라서 무우(無憂)란 이해되지 않아 고심하던 바가 오랜 배움을 통해 깨우침을 얻었다고 볼 수 있다. 이때 머리를 누르고 있던, 참구(參究)하던 근심이 사라진다는 것이다. 프랑스 철학자 데카르트(Descartes, René)가 "인간은 생각한다. 고로 존재한다"라고 말한 대로 생각하기를 멈추면 인간이기를 부정하는 것과 같다. 또한 노자가 48장에서 "학문을 하는 길은 날로 더해 가는 것이나, 도를 깨달아 가는 길은 날로 덜어내는 것이다"라고 말씀하신 것을 보더라도 이 구절을 "배우는 것을 버려 근심을 떨쳐 버린다"라고 해석하는 것은 무리가 있다 할 것이다.

다음으로 '唯(유)'와 '阿(아)'는 공손한 대답과 불손한 응답이다. 우리말로 하면 '예'와 '응'의 소리로 이해할 수 있다. 통행본에 쓰인 '아(阿)'는 죽간(을)과 백서(갑)에는 '가(訶)'로, 백서(을)에서는 가(呵)로 적혀 있다. 阿(아)는 아랫사람이 윗사람에게 거만하게 답변하는 소리이고, 가(訶)는 가(呵)와 통용되는 글자로, 설문(說文)에서 '큰 소리로 말하며 성내는 것'이라 한다. 이렇게 보면 공손한 태도로 순종하는 것과 마음에서 우러나오지 않지만 억지로 순종하는 경우라 할 것이다. '가(訶)'의 의미도 설문의 풀이처럼 마음에 내키지는 않으나 억지로 응답을 하는 것으로, 자의적으로 따라오는 것과 타의적으로 따라오는 것이 얼마나 차이가 나는가를 자문하고 있다.

이어서 "옳다고 여기는 것과 바르지 않다고 여기는 것은 얼마나 차이가 있을까?"라고 말했다. '善之與惡(선지여악)'의 善(선)은 죽간(을)과 백서(갑을)에서 '미(美)'자로 기록되어 있는 것을 보면 노자가 다른 장에서 말하는 상선약수의 선(善)과는 다른 의미를 담고 있다. 어떠한 것을 아름답다거나 옳다고 보면, 그러하지 못한 것은 추하거나 바르지 않는 것으로 내몰리게 된다. 하지만 이렇듯 옳다거나 아름답다고 구별하는 기준은 시대적 산물이다. 그것을 판단하는 기준이 지역적 환경이나 문화 그리고 종교와 사상의 영향에 따라 정해지기 때문이다. 그러나 이러한 기준은 강력한 힘을 가진 존재에 의해 바뀔 수밖에 없는 정의이고, 따라서 실체가 없는 것이다. 아무튼 배움이 비할 데 없는 경지에 이르면 근심하는 바가 사라진다고 하였건만, 아직까지 노자의 머리를 무겁게 하는 무엇인가가 남아 있다는 말씀이다.

人之所畏, 不可不畏. 荒兮, 其未央哉.
사람들이 두려워하는 바를 두려워하지 않을 수가 없다. 황량하구나. 아직 그 근원의 중앙에 미치지 못하였도다.

不可不畏(불가불외)는 죽간(을)과 백서(갑을)에서는 '또 역(亦)'을 써서 '亦不可以不畏人(역불가이불외인)'으로 되어 있다. "역시 두려워하지 않는 사람으로는 가능하지 않다"로, 뜻은 같다. '거칠 황(荒)'자는 백서(을)에서는 '바랄 망(望)'으로 '기대하다, 망보다, 원망하다'라 되어 있다. 어떤 것을 기대하고 있다는 점에서 같다고 볼 수 있다.

하상공은 "인(人)은 도인(道人)을 가리킨다. 사람들이 두려워하는 것은 학문을 끊지 않는 임금이다. 잘 보이기 위해 아첨하는 자가 가까이 있으며 어진 사람을 죽이는 것을 두려워하지 않을 수 없다. 세속의 사람들은 거칠고 어지러워 배움에 나아가 학문을 추구하고자 하나, 아직 중앙에 이르지 못하고 그침을 말한다"[170]라고 풀었다. 즉 학문을 익히는 것을 두려워하기 때문에 중간에 그치는 것이라 한 것이다. 왕필은 "그러므로 남들이 두려워하는 것은 나도 두려워하는 것이니, 감히 그것을 믿어 쓸모 있다고 여기지 않는다. 세속과 너무 상반됨을 탄식한 것이다"[171]라고 말했다.

"사람들이 두려워하는 바를 두려워하지 않을 수가 없다"라고 했다. 이 구절에서는 사람들이 두려워한다는 것이 어떤 상황을 표현하는 것인지가 중요하다. 만물은 자연의 질서에서 거짓 없는 진리를 보고 이를 본받아 그대로 따라하지만, 인간들의 세상은 그렇지 않다. 인간들은 자기가 살아 가고자 하는 바가 있어도 자신을 강제할 수 있는 자가 힘으로 두려움을 느끼게 하면 자신의 뜻과 달리 힘이 원하는 길로 순종하며 따라간다.

---

170) 『하상공주』 "人謂道人也. 人所畏者, 畏不絕學之君也. 不可不畏, 近令色, 殺仁賢. 言世俗人荒亂, 欲進學為文, 未央止也."
171) 『왕필주』 "故人之所畏, 吾亦畏焉. 未敢恃之以爲用也. 歎與俗相返之遠也."

이것은 자연의 질서에는 없는 일이다. 이와 같이 무질서한 행태는 인간에게서만 일어난다. 따라서 천하를 다스리는 성인의 도를 구상하는 노자는 이러한 인간들의 행태를 중요한 변수로 받아들일 수밖에 없다. 그래서 그 수를 찾아내는 일이 황량하다고 그 고뇌를 피력하고 있다.

노자는 "아직 그 근원의 중앙에 미치지 못했다"고 말한다. 인위적이고 기만적인 방법을 통해서라도 원하는 바를 이루려고 하는 인간들의 욕심에서 기인한 것이어서, 집요하고 끈질기게 추구하므로 무위를 통해 천하를 안정시키고자 하는 노자의 입장에서는 고민이 깊은 것이다.

衆人熙熙, 如享太牢, 如春登臺. 我獨泊, 兮其未兆, 如嬰兒之未孩. 儽儽兮, 若無所歸.
무리지어 있는 사람들이 화평하게 놀고 있다. 좋은 음식으로 제사를 올리는 듯하고, 봄나들이를 나와 높은 대에 올라온 것 같다. 그 조짐이 아직 나타나지 않으니 나만 홀로 담담하구나. 연약한 어린아이가 아직 웃지를 못하는 것과 같다. 초췌하고 초라하니 돌아갈 명목도 없구나.

'누릴 향(享)'자는 백서(갑을)에서는 '잔치할 향(饗)'으로 되어 있으나 잔치나 연회, 제사를 지낸다는 뜻에서는 같다. '어린아이 해(孩)'는 백서(을)에서는 '어린아이 웃을 해(咳)'로 되어 있다. 어린아이가 웃고 있다는 뜻에서 서로 통한다. 초췌하고 초라한 모양새를 나타내는 '루루혜(儽儽兮)'는 백서(갑을)에서는 '류아(纍呵)'로 '매어있구나'라는 뜻으로, 하상공본에서는 '승승혜(乘乘兮)'로 목적지를 향해 말이나 수레에 '매우 오르고 싶다'는 의미로 쓰여 있다. 혼자 산

속에서 깨달음을 구하고 있는 자신의 초라해 보이는 감정을 표현하는 뜻에서 통한다고 볼 수 있다.

하상공은 "희희(熙熙)는 음탕하고 방종하여 정욕이 많은 것을 뜻한다. 굶주렸을 때 태뢰(太牢)[172]가 갖추어진 음식이 간절히 생각나는 것과 같이 만족하는 때가 없음을 뜻한다. 봄에는 음양이 서로 소통하고 만물이 서로 감응하여 움직이니, 누각에 올라가 바라보게 되면 마음이 자연스럽게 음란해진다. 나 홀로 편안하고 고요하여 담담하니 아직 정욕의 조짐이 생겨나지 않는다. 갓난아이와 같아서 아직 인형에게도 대답하지 못하는 때이다. 나는 안주하지 못하니 궁색하고 비루한 것 같아 돌아갈 곳이 없다"[173]라고 풀었다. 세상은 마음이 들떠 있는데 노자는 담담한 심경이라는 것이다.

왕필은 "뭇사람들은 아름다움과 출세에 미혹되고 영화와 이익에 혹해 욕심으로 나아가는 마음들이 경쟁을 한다. 그러므로 왁자지껄하며 성찬을 차려 향연을 여는 것 같고 봄날에 누대에 오르는 것 같다. 나는 텅 비워져 있어 이름 붙일 형태도 없고 마음이 흥기할 만한 조짐도 없으니 웃을 줄도 모르는 갓난아이와 같다고 말한다. 머물 곳이 없는 듯하다"[174]라고 하상공과 비슷한 상황으로 설명하고 있다.

臺(대)는 지붕이 없는 높게 두드러진 평평한 땅이나 기암절벽으로 형성된 전망 좋은 암봉(巖峰)을 말하기도 한다. 여기서는 향(享)과 태뢰(太

172) 소·양·돼지 세 짐승의 고기를 모두 쓴 요리, 아주 훌륭한 음식.
173) 『하상공주』 "熙熙, 放淫多情欲也. 如飢思太牢之具, 意無足時也. 春, 陰陽交通, 萬物感動, 登台觀之, 意志淫淫然. 我獨怕然安靜, 未有情欲之形兆也. 如小兒未能答偶人時也. 我乘乘如窮鄙, 無所歸就."
174) 『왕필주』 "衆人迷於美進, 惑於榮利, 欲進心競, 故熙熙如享太牢, 如春登臺也. 言我廓然無形之可名, 無兆之可擧, 如嬰兒之未能孩也. 若無所宅."

牢)라는 표현이 있어 제사의 의미를 강하게 나타내고 있는 것을 보면, 하늘에 제사를 올리는 대(臺)로 생각이 된다. 이곳에 무리지어 있는 사람들이 좋은 음식을 차려 놓고 모여 있는 모습이 봄나들이를 위해서 대에 오르는 것으로 보인다는 말이다. 글의 내용으로 볼 때 멀리서 바라보고 있기 때문에 자세히는 알 수 없으나, 하늘에 제사를 지내고 있는 것으로는 보이지는 않고 마을 사람들이 맛있는 음식을 차려놓고 봄놀이를 즐기고 있는 광경으로 느끼고 있다.

이어서 "그 조짐이 아직 나타나지 않으니 나만 홀로 담담하구나. 연약한 어린아이가 아직 웃지를 못하는 것과 같다"라고 했다. 마을 사람들은 산에 올라 맛있는 음식을 들며 봄나들이를 하는 등 계절에 맞춰 자신들의 삶을 즐기고 있는데, 노자는 산에 외로이 머물면서 근심하는 바의 답을 찾고 있으나 아직 조짐도 보이지 않는다는 말씀이다. '박(泊)'은 '물위에 배를 머물게 한다'는 뜻으로 목적지로 아직 떠나지 못하고 잠시 체류하고 있다는 의미에서 자신의 형편을 잘 표현한 글자이다.

연약한 어린아이라 함은 때 묻지 않은 순수한 마음을 지닌 상태라 할 것이다. 어린아이가 해맑은 웃음을 짓지 못하고 있다는 말은 순수하고 질박함을 간직하고 있으나 갈증을 해소하지 못한 사람처럼 자신이 찾고 있는 답을 찾지 못하는 모습을 말하고 있다. 이러한 처지에 있으니 초췌하고 초라한 마음이 밀려오는데, 깨달음을 얻고자 산속으로 들어왔지만 아직 이루지 못해 돌아갈 명목도 없다고 말을 잇고 있다.

衆人皆有餘, 而我獨若遺. 我愚人之心也哉
무리지어 있는 사람들은 모두 여유가 있는데 나만 홀로 남겨져 있는 것 같다. 어리석은 사람의 마음이 드는구나.

'而我獨若遺(이아독약유)'는 백서(갑)에서는 '아독궤(我獨匱)'로 쓰여 있으며, 백서(을)에서는 아예 적혀 있지 않다. '함 궤(匱)'자는 '결핍하다, 탕진하다'라는 뜻으로 '남을 여(餘)'자와 대비되는 글자다.

하상공은 "뭇사람들은 남은 재물로 사치하고, 남은 지혜로 속이는 데 쓴다. 나 홀로 버려진 것 같아 부족한 듯하다. 세속의 사람들이 서로 따르는 것에 더불어 하지 아니하고, 일(一)을 지켜 옮겨 가지 않으니 어리석은 사람의 심정과 같다"[175]라고 하여, 속세를 벗어나 있는 외로움이라고 번역한다. 왕필은 "뭇사람들은 생각과 뜻을 품어 마음에 가득 넘치지 않은 이가 없다. 그러므로 모두 여유가 있다고 말한 것이다. 그런데 나만 홀로 텅 비어 고요하여 하는 일도 없고 욕심도 없으니 무엇을 잃어버린 듯하다. 너무나 어리석은 사람은 마음으로 나누거나 따져보는 바가 없으니, 좋아하여 바라는 바가 없다는 의미로, 오히려 느긋한 그 심정을 아무도 알 수가 없다. 내가 기력이 없이 무너지고 있는 것이 이와 같다"[176]라고 풀었다.

누대에 올라 봄을 즐기고 있는 사람들을 처음 보았을 때는 덤덤하게 별다른 생각이 들지 않았으나, 시간이 흐르면서 자신의 처지를 빗대

175) 『하상공주』 "衆人餘財以為奢, 餘智以為詐. 我獨如遺棄, 似於不足也. 不與俗人相隨, 守一不移, 如愚人之心也."
176) 『왕필주』 "衆人無不有懷有志, 盈溢胸心, 故日 皆有餘也. 我獨廓然無爲無欲, 若遺失之也. 絶愚之人, 心無所別析, 意無所好欲, 猶然其情不可覩, 我頹然若此也."

어 보니 갑자기 외롭다는 생각이 든다는 말이다. 저 멀리 바라보이는 사람들이 즐거워하는 모습에, 한순간 자신의 처지를 잊고 어리석게도 그들과 비교하는 생각이 들었던 것이다. 그리고 어리석은 생각들을 다음 문장에 나열하고 있다.

> 沌沌兮, 俗人昭昭, 我獨昏昏, 俗人察察, 我獨悶悶, 澹兮, 其若海, 飂兮, 若無止.
> 몹시 혼란스럽구나. 세상 사람들은 사리에 밝고 뚜렷한데, 나만 홀로 어둡고 혼미하구나. 세상 사람들은 세상물정을 잘 꿰고 있는데, 나만 홀로 괴로워 답답해하고 있구나. 마음에 두지 않으면 넓은 바다와 같은데, 마음을 빼앗기니 그침이 없는 것 같구나.

'담혜(澹兮)'는 백서(갑을)에서는 '홀아(忽呵)'라고 적혀 있다. '맑을 담(澹)'자는 '맑다, 담백하다, 조용하다'라는 의미이며, '갑자기 홀(忽)'자는 '마음에 두지 않다, 대수롭지 않게 넘기다'라는 뜻이다. 이어서 '飂兮(류혜)'는 백서(갑을)에서는 '황홀할 황(恍)'을 써서 황아(恍呵)로, 하상공본에서는 '떠다닐 표(漂)'자를 써서 '표혜(漂兮)'로 적혀 있다. '높이 부는 바람 류(飂)'와 함께 놓고 보면, 황(恍)은 정신이 팔려 멍한 모습이며, 표(漂)는 물위에 떠다니는 모습이다.

하상공은 "나누고 구별하는 바가 없다. 훤히 알고 또한 통달해 있다. 어둡고 우매한 듯하다. 찰찰(察察)은 급하고 빠르다는 뜻이다. 민민(悶悶)은 자르고 마름질하는 바가 없다는 뜻이다. 나 홀로 홀연히 있으니 강과 바다의 흐름처럼 끝없이 이어지는 것과 같다. 나 홀로 둥둥 떠 있어 나는 것 같고 위로 솟구치는 것 같아 멈추는 바가 없으니, 의지가 신의 영역에 있다는 것이다"[177]라고 했다. 왕필은 "나누거나 따져 보는 바가 없어서 무엇이라 분명하게 할 수 없다. 그 빛남을 드러낸다. 분별하고 따져 보며 나누어 본다. 심정을 분간할 수가 없다. 매인 곳이 없다[178]라고 주해를 달았다.

누대에 올라 봄날을 즐기고 있는 사람들을 보면서 점점 더 세상 사람들과 자신을 비교하는 사념이 계속되고 있다. 구도자의 길이 순탄치 않음을 보여주는 문장이다. 노자가 갑자기 혼란스러운 것은 누대에 올라 봄을 즐기고 있는 사람들을 멀리서 지켜보고 있자니 본인의 고민과는 달리 그들이 평온하게 보이기 때문이다. 세상 사람들은 나름대로 세속의 셈법에 밝아 일을 처리하는 것이 능숙하며, 복잡하게 생각지 않고 시류에 따라 편안하게 살아가는 것 같은데, 산속에 들어와 홀로 몸부림치는 것이 한편으로는 부질없이 느껴진다는 것이다. 이러한 사념은 깨달음을 얻기 전에 흔히 나타나는 일이기도 하다. 노자는 사람들의 이러한 모습을 보지 않았을 때에는 바다와 같이 넓고 평온한 마음을 가지고 있었으나, 잠시 흔들려 이런저런 생각이 높이 부는 바람소리처럼 끝없이 날아가니 구도자의 마음을 혼란스럽게 한다는 것이다.

眾人皆有以, 而我獨頑似鄙. 我獨異於人, 而貴食母.

많은 사람들은 모두 방편들을 가지고 있는데, 나만 홀로 완고하여 궁색한 듯하다. 나는 남들과는 달리 홀로이기에 길러 주시는 어미가 귀하다.

---

177)『하상공주』"無所分別. 明且達也. 如闇昧也. 察察, 急且疾也. 悶悶, 無所割截. 我獨忽忽, 如江海之流, 莫知其所窮極也. 我獨漂漂, 若飛若揚, 無所止也, 志意在神域也."
178)『왕필주』"無所別析, 不可爲明. 耀其光也. 分別別析也. 情不可覩. 無所繫縶."

하상공은 "이(以)는 유위(有爲)하다는 뜻이다. 나 홀로 무위한다. 사비(似鄙)는 미치지 못하는 것 같다는 뜻이다. 나는 홀로 사람들과 다르다. 식(食)은 사용하다(用)라는 뜻이고, 모(母)는 도(道)를 뜻한다. 나만 홀로 도를 사용하는 것을 귀하게 여긴다"[179]라고 설명했다. 왕필은 "이(以)는 쓰임(用)이라는 의미다. 모두들 베푸는 쓰임이 있기를 바란다. 나는 무엇을 하고자 하는 것 없이 답답하고, 흐리멍덩해서 아는 것이 없는 것 같다. 그러므로 둔하고 또 촌스럽다고 했다. 사모(食母)는 삶의 근본이라는 의미이다. 다른 사람들은 모두 백성들을 살리는 근본을 버리고 말단의 장식이 화려함을 귀하게 여긴다. 그러므로 나만 홀로 남들과는 다르게 하고자 한다고 말했다"[180]라며 하상공과는 조금 다른 해석을 보여준다.

'유이(有以)'란 '~할 방법 혹은 수단이 있다'는 뜻이다. 많은 사람들은 모두 자기 나름대로의 살아가는 방법이나 수단을 가지고 문제를 해결하고 있는데, 나만 홀로 고집스럽게 한 가지로 모든 것을 꿰뚫고자 하니 미련하여 궁색하게 보인다는 말이다. 이처럼 혼자서 사람들과는 다른 길을 가고 있으니, 홀로이기에 어미가 더 귀하게 여겨진다고 말한다. 자신을 길러주는 어미[食母]란 도(道)를 깨우치도록 이끌어 주는 존재일 것이다. 근심을 덜기 위해서도 어미가 귀한 것이다. 노자는 서두에서 배움이 비할 데 없는 경지에 이르면 근심하는 바가 없어진다고 말하지 않았는가. 19장과 더불어 20장도 해석하기 난해한 장이었다. 논란이 많은 글인 만큼 조심스럽다. 鳳

179) 『하상공주』 "以, 有為也. 我獨無為. 鄙, 似若不逮也. 我獨與人異也. 食, 用也. 母, 道也. 我獨貴用道也."
180) 『왕필주』 "以, 用也. 皆欲有所施用也. 無所欲爲, 悶悶昏昏, 若無所識, 故曰 頑且鄙也. 食母, 生之本也. 人者皆棄生民之本, 貴末飾之華, 故曰 我獨欲異於人."

제 21 장

큰 덕의 용모는 오직 도만을 좇는다.

孔德之容 惟道是從 道之爲物 惟恍惟惚

공덕지용 유도시종 도지위물 유황유홀

惚兮恍兮 其中有象 恍兮惚兮 其中有物

홀혜황혜 기중유상 황혜홀혜 기중유물

窈兮冥兮 其中有精 其精甚眞 其中有信

요혜명혜 기중유정 기정심진 기중유신

自古及今 其名不去 以閱衆甫

자고급금 기명불거 이열중보

吾何以知衆甫之狀哉 以此

오하이지중보지상재 이차

큰 덕의 용모는 오직 도만을 좇는다. 도의 물이 되는 것은 오직 어슴푸레하고 흐릿하다. 흐릿하고 어슴푸레한데도 그 가운데 형상이 있고, 어슴푸레하고 흐릿한데 그 가운데 물이 있다.

그 이치를 헤아릴 수 없이 아득한데도 그 가운데에는 정이 있고, 그 정은 매우 진실하니 그것에 믿음이 있다.

예로부터 지금에 이르기까지 그 이름이 남아있는 것은 뭇 남자들이 관찰해왔기 때문이다.

그대들이 어찌 뭇 남자들이 형용하는 것으로만 알 수 있겠는가. 이 때문이다.

[해설]

孔德之容, 惟道是從. 道之爲物, 惟恍惟惚.
큰 덕의 용모는 오직 도만을 좇는다. 도의 물이 되는 것은 오직 어슴푸레하고 흐릿하다.

'유(惟)'와 '홀(惚)'자는 백서(갑을)과 하상공본에서는 '유(唯)'와 '홀(忽)'로 적었다. '道之爲物(도지위물)'은 백서(갑을)에서는 '爲(위)'가 빠져 있다.

하상공은 "공(孔)은 크다(大)는 뜻이다. 큰 덕을 지닌 사람은 포용하지 않는 바가 없으니, 더럽고 탁한 것도 받아들여 겸손함과 낮은 곳에 처할 수 있다. 유(唯)는 오로지[獨]라는 뜻이다. 큰 덕을 지닌 사람은 세속이 행하는 것을 따르지 않고 오로지 도를 따른다. 도는 만물에 대해 오로지 홀연히 오고 가기에 정하여진 것이 없다"[181]라고 하여, 큰 덕을 지닌 사람은 도를 따른다는 원론적 입장에서 설명하고 있다. 왕필은 "공(孔)은 비어 있음[空]이라는 의미이다. 오직 비어 있음을 덕으로 삼고 이내 움직여지을 수 있는 연후에야 도를 따를 수 있다. 황홀이란 형체가 없어서 얽매어 있지 않은 것에 대한 감탄이다"[182]라고 말한다.

"큰 덕의 용모는 오직 도만을 좇는다"라고 했다. '구멍 공(孔)'자는 하상공과 서명응의 주해에서는 '크다(大)'는 의미로 말하고, 왕필은 '비어

181) 『하상공주』 "孔, 大也. 有大德之人, 無所不容, 能受垢濁, 處謙卑也. 唯, 獨也. 大德之人, 不隨世俗所行, 獨從於道也. 道之於萬物, 獨恍忽往來, 於其無所定也."
182) 『왕필주』 "孔, 空也. 惟以空爲德, 然後乃能動作從道. 恍惚, 無形不繫之歎."

있다(空)'는 뜻이라고 했다. '성대하다'라든지 또는 '심하다(甚)'라는 뜻으로 풀이하기도 한다. 덕이라는 글자 앞에 구멍을 뜻하는 공(孔)자를 사용한 의도가 돋보인다. '공(孔)'자는 어린아이[子]가 젖통에서 젖을 빠는 모양(乚)으로, 젖이 나오는 '구멍'을 뜻한다. 어미의 젖꼭지는 갓난아이가 배고플 때 찾는 곳으로, 젖가슴에 입을 들이대고 빨면 겉으로 보이지 않았던 삶의 양식인 젖[精]이 나온다. 이와 같이 도에서 행함을 구하는 덕이 큰 덕이라는 말씀이다. 이를 천하가 잘 받들어 활용한다면 만물에게 크고 성대한 덕이 될 것이다.

이어서 "도의 물이 되는 것은 오직 어슴푸레하고 흐릿하다"라고 말했다. 도를 좇아 도의 뜻을 행하는 공덕과 같은 물들은 어떠한 역할과 영향력을 행사하고 있는지 그 행하는 용모가 어슴푸레하고 흐릿하다고 말하는 것이다. '홀(忽, 惚)'자는 확실히 보이지 않는, 형체가 없는 모양을 가리키는 말이다.

惚兮恍兮, 其中有象, 恍兮惚兮, 其中有物. 窈兮冥兮, 其中有精. 其精甚眞, 其中有信.
흐릿하고 어슴푸레한데도 그 가운데 형상이 있고, 어슴푸레하고 흐릿한데 그 가운데 물이 있다. 그 이치를 헤아릴 수 없이 아득한데도 그 가운데에는 정이 있고, 그 정은 매우 진실하니 그것에 믿음이 있다.

이 문장에서는 판본마다 구절의 어순이 바뀌어 적혀 있다. '그윽할 요(窈)'자의 경우 백서(갑)에서는 같은 뜻의 글자인 '그윽할 유(幽)'

로 되어 있으며, '정할 정(精)'자의 경우에도 백서(갑을)에는 '뜻 정(情)'자로 표기되어 있다.

하상공은 "도는 비록 황홀하지만 그 가운데 일(一)이 있어서 이것이 사물의 생성과 변화를 경영하니 기(氣)에 말미암아 바탕을 세운다. 도는 황홀하지만 형체가 없으며, 그 가운데 홀로 만물의 법칙과 모양이 있다. 도는 비록 흐릿하고 어두워서 형태가 없지만 그 가운데 정기와 실질이 있으니 신명이 서로 모여들고 음양이 모여 교류한다. 도의 정기는 신묘하지만 매우 참되어 꾸밈이 없다는 말이다. 도는 공을 숨기고 이름을 감추지만 그 믿음이 가운데 자리하고 있다"[183]라고 했다. 도의 가운데에는 만물의 법칙과 정기와 실질이 있다는 것이다.

소자유는 "도는 유무(有無)가 아니기 때문에 황홀이라는 말을 한 것이다"라고 말했다. 왕필의 풀이는 이렇다. "형체도 없는 상태에서 사물을 시작하고 얽매어 있지 않은 상태에서 사물을 완성한다. 시작이 있어 이루는 것이지만 그렇게 되는 까닭에 대해서는 알지 못한다. 그러므로 황홀하고 황홀하니 그 속에 형상이 있다고 했다. 요명(窈冥)은 심원한 것에 대한 찬탄이다. 심원한 것은 얻거나 볼 수 없지만 만물이 그것으로 말미암는다. 그 참됨을 규정할 수 있다. 그러므로 그윽하고 그윽하니 그 가운데 정이 있다고 했다. 믿음은 진실한 증험을 말한다. 사물이 심원으로 되돌아간다면 참된 정의 지극함을 얻어 만물의 본성을 안정시킨다. 그러므로 그 정은 매우 참되니, 그 가운데 믿음이 있다고 했다."[184]

183) 『하상공주』 "道唯恍忽, 其中有一, 經營生化, 因氣立質. 道唯忽恍無形, 之中獨有萬物法象. 道唯窈冥無形, 其中有精實, 神明相薄, 陰陽交會也. 其精甚真, 言道精氣, 其妙甚真, 非有飾也. 道匿功藏名, 其信在中也."
184) 『왕필주』 "以無形始物, 不繫成物, 萬物以始以成, 而不知其所以然. 故曰 恍兮惚兮, 惚兮恍兮, 其中有象也. 窈冥, 深遠之歎. 深遠不可得而見, 然而萬物由之. 其可得見, 以定其眞, 故曰 窈兮冥兮, 其中有精也. 信, 信驗也. 物反窈冥, 則眞精之極得, 萬物之性定, 故曰 其精甚眞, 其中有信也."

"흐릿하고 어슴푸레한데도 그 가운데 형상이 있고, 어슴푸레하고 흐릿한데 그 가운데 물이 있다"라고 묘사하고 있다. 흐릿하고 어슴푸레하다는 글자를 서로 바꾸어 가며 사용함으로써 그만큼 미묘함이 커서 헤아리기 어렵다는 인상을 주고 있다. 이 광경은 도를 이야기한다고 보기보다는 큰 덕과 같이 도를 좇아 행하고 있는 도의 물이 주변을 변화시키는 중심에 서 있음을 그리고 있다고 보아야 한다. 대체로 도의 그릇은 모두를 포용하기 때문에 그 행함의 목적과 대상을 분명하게 내보이지 않아 일반 사람들이 보기에는 모호하게 느껴진다. 그러나 도의 행함은 큰 그림이 짜여 있어 방향성을 가지고 있으며, 그 속에는 모두에게 필요한 정이 있다는 것이다. 그 정은 매우 진실하니 그것에 믿음이 있다고 말한다. 정이 있다는 것은 물의 생명을 지탱해 주는 근원적인 물질을 제공한다는 뜻이며, 정에 다른 것을 결부하여 주지 않기에 진실하고 믿음이 생겨난다는 것이다.

精(정)은 한의학에서는 원초적 생명물질로 부르는데, 정에는 생명이 발생하는 데 필요한 선천지정(先天之精)과 생명 활동을 유지하는 데 필요한 후천지정(後天之精)이 있다. 精(정)이 가장 충만한 시기는 어린 시절이다. 백서에서는 精(정)이 情(정)으로 쓰여 있는데, 사물에 느끼어 일어나는 마음의 작용 내지 현상으로, 순수하게 타고난 성질대로의 사람의 마음이다. 두 가지는 모두 물에 있어서 본질적인 측면에 속한다.

自古及今, 其名不去, 以閱衆甫. 吾何以知衆甫之狀哉. 以此.
예로부터 지금에 이르기까지 그 이름이 남아 있는 것은 뭇 남자들이 관찰해 왔기 때문이다.
그대들이 어찌 뭇 남자들이 형용하는 것으로만 알 수 있겠는가. 이 때문이다.

自古及今(자고급금)은 백서(갑을)에서는 自今及古(자금급고)로 어순이 다르며, 衆甫(중보)도 衆父(중부)로 쓰였다. '형상 상(狀)'자는 백서와 하상공본 모두 '그러할 연(然)'으로 적혀 있다.

이 문장과 관련해서 하상공은 "自(자)는 ~부터라는 뜻이다. 도는 옛날부터 지금까지 항상 존재하여 떠나지 않았다. 閱(열)은 부여하다[稟]는 뜻이다. 甫(보)는 처음(始)의 뜻이다. 도는 만물이 처음 생겨날 때 더불어 부여한다는 말이니 도로부터 기를 받는다. 만물이 도로부터 기를 부여받는지 내가 어떻게 알겠는가. 此(차)는 지금[今]이라는 뜻이다. 지금까지 만물은 모두 도의 정기를 얻어서 생겨났고 움직여 살아가는 것이니 도가 아니면 그러하지 못한다"[185]라고 설명했다. 왕필은 "지극히 참된 극한은 이름 붙일 수 없으니, 이름 없음이 바로 그 이름이다. 예로부터 지금까지 이것으로 말미암아 이루어지지 않은 것이 없다. 그러므로 예로부터 지금까지 그 이름이 없어지지 않았다고 말한 것이다. 중보(衆甫)는 사물의 시작이니 이름 없음으로 만물의 시작을 설명한다. 이것은 위에서 말한 내용이니 '나는 무엇으로 만물이 없음에서 시작되었다는 것을 알겠는가?' 라고 묻고서는 이것으로 알았다고 하는 말이다"[186]라고 설명하고 있다.

"예로부터 지금에 이르기까지 그 이름이 남아 있는 것은 뭇 남자들

185)『하상공주』"自, 從也. 自古至今, 道常在不去. 閱, 稟也. 甫, 始也. 言道稟與, 萬物始生, 從道受氣. 吾何以知萬物從道受氣. 此, 今也. 以今萬物皆得道精氣而生, 動作起居, 非道不然."
186)『왕필주』"至眞之極, 不可得名. 無名, 則是其名也. 自古及今, 無不由此而成, 故曰 自古及今, 其名不去也. 衆甫, 物之始也, 以無名說萬物始也. 此, 上之所云也. 言吾何以知萬物之始於無哉, 以此知之也."

이 관찰해 왔기 때문이다"라고 말한다. 큰 덕의 몸가짐은 오직 도만을 좇는다고 했듯이, 도를 행하는 데에 활용되었던 것들이 아직까지 그 이름이 남아 있는 것은 몇몇 사람들이 관찰하거나 행하여 얻은 결과를 전해주고 있기 때문이라고 말한다. 이것은 옛날의 성인들이 이룬 발자취를 통해 이어져 내려오는 것이다. 그리하여 "그대들이 어찌 뭇 남자들이 형용하는 것으로만 알 수 있겠는가"라고 자문하고 있다. 그러면서 노자는 "이 때문이다"라고 말한다. 선조들의 큰 덕은 기록으로 남겨 후대에게 전해지고 있어 우리는 그것을 읽고 당시의 덕을 알고 있으나, 내가 어찌 그것만을 가지고 큰 덕을 알 수 있었겠느냐고 자문한다. 앞글에서 서술한 바와 같이 도를 좇아서 행하는 큰 덕이기에 만물의 중심에 자리 잡고 있으면서 도의 큰 그림을 그리고 있으며, 그 속에는 어미의 젖과 같이 근원적인 정을 주고 있다고 했다. 베푸는 것이 매우 진실하여 백성들에게 믿음을 주었기 때문에 지금까지 사라지지 않고 남아 있다는 말씀이다.

이처럼 뭇사람들에게 굳은 믿음을 주는 것은 그 필요성이 높기 때문에 이름이 사라지지 않고 남아 있는 것이다. 7장에서 천장지구(天長地久)라 하여 "하늘은 길고 땅은 오랫동안 존재하여 왔다. 천지가 이와 같이 길고 또한 오래 이어올 수 있는 까닭은, 스스로의 삶만을 위한 것이 아니었기에 장생할 수 있었다"라고 하지 않았던가. 영구히 지속될 수 있는 것이라야 도라 부를 수 있다. 따라서 뭇 남자들이 형용하는 것만 가지고 판단하는 것이 아님을 말하고 있다.

이 문장에서 '衆甫(중보)'라는 글자의 해석은 다른 책들과 차이가 크다. 보(甫)는 '아무개 씨' 하는 미칭(美稱)으로 남자에 대해 사용하며 '부(父)'와 같이 쓰인다. 백서(갑을)에서는 '衆父(중부)'로 적혀 있다. 기본적인 뜻은 '이런저런 사람' 즉 '뭇사람'이다. 하지만 거의 대부분의 주해서에서는 왕필의 해설과 유사하게 '만물을 기르는 근본'이라거나 '만물의 시작'이라고 풀이하고 있다. 鳳

그 이치를 헤아릴 수 없이 아득한데도 그 가운데에는 정이 있고,

그 정은 매우 진실하니 그것에 믿음이 있다.

제 22 장

성인은 하나로 껴안는 것을 천하를 기르는 방식으로 여긴다.

曲則全 枉則直 窪則盈 敝則新 少則得 多則惑

곡즉전 왕즉직 와즉영 폐즉신 소즉득 다즉혹

是以聖人抱一 爲天下式

시이성인포일 위천하식

不自見故明 不自是故彰

부자견고명 부자시고창

不自伐故有功 不自矜故長

부자벌고유공 부자긍고장

夫惟不爭 故天下莫能與之爭

부유부쟁 고천하막능여지쟁

古之所謂曲則全者 豈虛言哉!

고지소위곡즉전자 기허언재

誠全而歸之

성전이귀지

굽으면 온전해지려 하고 휘어지면 곧게 하려 한다. 움푹 파이면 채우려 하고 낡고 해지면 새로워지려 한다. 적으면 얻으려 하고 많으면 미혹해진다.

이 때문에 성인은 하나로 껴안는 것을 천하를 기르는 방식으로 여긴다.

스스로 보려 하지 않기에 밝아지는 것이며, 스스로 시비하지 않으니 분명히 드러나는 것이다.

스스로 베어내지 않기에 공이 있는 것이며, 스스로 자랑하지 않으니 길게 갈 수 있는 것이다.

대저 다투지 않기 때문에 천하는 더불어 다툴 수가 없다.

옛날에 이른바 굽으면 온전하다는 것이 어찌 빈말이겠는가. 온전함에 정성을 다하면 그것으로 돌아간다.

[해설]

曲則全, 枉則直, 窪則盈, 敝則新, 少則得, 多則惑, 是以聖人抱一, 爲天下式.
굽으면 온전해지려 하고 휘어지면 곧게 하려 한다. 움푹 파이면 채우려 하고 낡고 해지면 새로워지려 한다. 적으면 얻으려 하고 많으면 미혹해진다. 이 때문에 성인은 하나로 껴안는 것을 천하를 기르는 방식으로 여긴다.

'곧을 직(直)'자와 '웅덩이 와(窪)'자는 백서(갑을)에서는 '바를 정(正)'자와 '웅덩이 와(洼)'자로 적혀 있다. '해질 폐(敝)'자는 하상공본만 '폐단 폐(弊)'자로 사용했다. 또한 '안을 포(抱)'와 '법 식(式)'자는 백서(갑을)에서 '잡을 집(執)'와 '칠 목(牧)'자로 되어 있다. 모두 문맥상 같은 의미이다.

하상공의 주해이다. "자신을 굽히고 뭇사람들을 따르며 제멋대로 하지 않으면 그 몸이 온전해진다. 왕(枉)은 구부린다[屈]는 뜻이다. 자신을 굽혀서 남을 펴 주면 오랫동안 스스로 곧음을 얻게 된다. 땅이 낮게 파이면 물이 그곳으로 흐르며, 사람이 겸손히 낮추면 덕이 그에게 돌아온다. 스스로 낡음과 엷음을 받아들이고 자신을 뒤로 하고 남을 앞세우면, 천하가 그를 공경하여 오래도록 저절로 새롭게 된다. 스스로 적게 취하면 많은 것을 얻게 된다. 하늘의 도는 겸손한 자를 돕고 신명은 비어 있는 곳에 의탁한다. 재산이 많은 자는 지키는 데에서 미혹되고, 배움이 많은 자는 들은 바에 미혹된다. 포(抱)는 지키다(守)의 뜻이며, 식(式)은 법(法)이라는 뜻이다. 성인은 일(一)을 지키니 이에 온갖 일들을 알 수 있다. 그러므로 세상의 법이 될 수 있는 것이다."[187]

또한 왕필은 "스스로 그 밝음을 드러내지 않으면 온전해진다. 스스로 옳다고 여기지 않으면 그 옳음이 빛난다. 스스로 자랑하지 않으면 그 공이 있는 것이다. 스스로 자만하지 않으면 그 덕이 오래 간다. 스스로 그러하는 도 역시 나무와 같다. 많게 될수록 뿌리에서 멀어지고 적게 될수록 뿌리에 가까워진다. 많으면 그 참됨에서 멀어지므로 미혹된다[惑]고 했으며, 적으면 그 근본을 얻으므로 얻는다[得]라고 했다. 하나[一]는 지극히 적다는 뜻이며 식(式)은 본받는다는 말이다"[188]라고 했다. 대체로 비움[空]에 대한 견해로 보인다.

이 문장은 바른 말은 진실에 반대되는 것과 같다는 정언약반(正言若反)으로 해석되는 것이 주류이다. 오랜 세월 동안 그렇게 굳어져 이론(異論)을 제기하기가 곤혹스럽다. 이 문장에서 '즉(則)'자를 경직되게 해석하는 것도 그런 해석을 하게 만드는 원인 중 하나인 것 같다. 하지만 어느 문장이든 글의 문맥은 자연스럽게 연결되어야 하며, 그 의미는 노자의 사상과 부합되어야 할 것이다. 이 글은 천하 만물이란 항상 온전하고자 하는 습성을 가지고 있어서 이와 같은 균형이 깨어지면 어떤 방식으로든 균형을 되찾으려는 행동을 하게 된다는 것으로, 물의 생리를 설명하면서 서두를 꺼내고 있다. 따라서 성인은 이러한 이치를 현명하게 살필 줄 알기에 이러한 과정에서 물들의 행동이 불선하다고 보지 않으며, 모두

187)『하상공주』"曲己從衆, 不自專, 則全其身也. 枉, 屈己而伸人, 久久自得直也. 地窪下, 水流之 ; 人謙下, 德歸之. 自受弊薄, 後己先人, 天下敬之, 久久自新也. 自受取少則得多也, 天道祐謙, 神明託虛. 財多者, 惑於所守, 學多者, 惑於所聞. 抱, 守也. 式, 法也. 聖人守一, 乃知萬事, 故能為天下法式也."
188)『왕필주』"不自見其明 則全也. 不自是, 則其是彰也. 不自伐, 則其功有也. 不自矜, 則其德長也. 自然之道, 亦猶樹也. 轉多轉遠其根, 轉少轉得其本. 多則遠其眞, 故日 惑也. 少則得其本, 故日 得也. 一, 少之極也. 式, 猶則之也."

하나로 포용하여 다툼 없이 나라를 이끌어 간다는 것이다. 그럼 한 구절씩 살펴보기로 하자.

문장의 첫 구절에서 "굽으면 온전해지려 하고 휘어지면 곧게 하려 한다"라고 했다. 이 구절에 대한 주류의 번역은 "굽으면 오히려 온전할 수 있고, 휘어지면 오히려 바로 펼 수 있다"라는 것이다. 대부분 예외적인 경우를 특별한 묘책, 신비함을 불러일으키는 문장으로 승화시키고 있다. 나머지 구절도 이와 같은 패턴으로 풀이한다. 하지만 필자는, 노자의 도는 모두 함께 가는 길, 쉽고 평탄한 길을 안내하는 것으로 믿는다. 특별한 길을 만들어 각자의 위기를 돌파하는 묘책을 제시하는 것은 바른 도의 길이 아니라고 본다. 따라서 이 문장은 만물의 속성을 나타내는 글로 보고 해석해야 한다. 물들은 상황이 여의치 않아 구부릴 수밖에 없는 형편이라면 자신을 온전히 하려는 속성을 가지고 있다. 균형이 깨어지면 이를 보완하고자 하는 행동 패턴을 나타낸다는 뜻이다. 힘으로 당해 낼 수 없으면 지혜로 자신을 보호하려 들거나, 지혜가 부족하면 체력을 키워 힘으로 균형을 유지하려고 한다. 또한 "휘어지면 곧게 하려 한다"고 했다. 이 또한 항상함을 유지하려는 만물의 습성 때문에 다른 길로 가도록 잡아당기면 그것을 뿌리치고 본래의 위치로 돌아가려는 행동을 보인다는 말이다. 대나무를 잡아당겨 일시적으로는 휘어지게 할 수 있으나, 손을 놓으면 바로 본래의 곧음으로 돌아가는 것과 같다. 그 길에 익숙해져 있기에 다른 길로 돌아가는 것을 두려워하는 것이다. 이 두 구절이 만물의 습성을 대표적으로 설명해 주고 있다.

이어서 또한 "움푹 파이면 채우려 하고 낡고 해지면 새로워지려 한다"라고 했다. 세상의 이치가 그렇다는 것이다. 움푹 파였다는 것은 갑자기 결핍이 생겼다는 것이다. 평온하게 지내 오던 환경에서 무엇인가 부족함이 발생되었다면 어떻게든 비어 있는 공간을 대체할 수 있는 무엇으로 메우려 할 것이다. 아울러 낡고 해지면 그것의 효능이 다한 것으로 보고 이를 대신할 것을 찾는 것은 당연한 수순이다. 사람들은 나라를 세우면 새로운 법을 만들거나 이념을 내세워 예전의 것을 무용지물로 만들기도 한다. 자연은 낡고 해지면 그것을 털어 내고 그 역할을 대신할 새살을 내보이거나, 허물을 벗고 낡은 것을 교체한다. 사람들처럼 낡고 해졌다고 하여 아예 그 자체를 몽땅 버리는 어리석은 일을 하지 않는다.

마지막 구절로 "적으면 얻으려 하고 많으면 미혹해진다"라고 했다. 천하의 이치가 그렇다. 부족한 것을 구하려 하는 것은 만물의 공통된 속성이다. 이를 잘못되었다고 탓할 수 없기에 이를 조화롭게 해결하는 것이 백성을 거느린 군주의 도리이다. 반대로 가진 것이 많으면 미혹해진다고 했다. 가진 것이 많다는 것은 필요 이상으로 지니고 있다는 것이다. 본래의 목적을 넘어 군더더기에 빠지게 된다는 것이다. 삿된 것에 빠지게 되는 사람들의 습성이다. 따라서 필요한 것이 부족하여 이를 얻으려 도둑이 된 것과 가진 것이 넘쳐나 삿된 짓을 하는 것은 당연한 귀결로 누구를 벌하여 해결될 일이 아닌 것이다. 그래서 노자는 위에 있는 것을 덜어서 아래의 부족한 것을 채우라고 가르치고 있다.

이처럼 만물은 자신의 온전함을 지키기 위해 오랫동안 지켜 온 행태를 그대로 유지하려는 습성을 가지고 있으며 이는 자연스러운 것이다. 따라서 성인은 이를 탓하지 아니하고 "하나로 껴안는 것을 천하를 기르는 방식으로 여긴다"라고 했다. 천하에서 불선이라 보는 것도 누구를 탓할 수 있는 문제가 아니라는 말씀이다.

주어진 환경에 따른 결과이므로 인간의 속성을 그대로 직시하여 받아들여야 한다. 따라서 모두를 껴안고 가는 것이 백성들의 위에 있는 자의 바른 길이다. 이 문장에서 하나[一]는 모두를 하나로 여기는 것이며, 포일(抱一)이란 한쪽에 치우치지 않고 모든 것을 하나로 아우르는 것이다. '안을 포(抱)'는 백서(갑을)에서 '잡을 집(執)'으로 쓴다. 서로 통하는 글자다. '법 식(式)'자는 백서(갑을)에서 '칠 목(牧)'자로 되어 있다. 목(牧)은 '가축을 기르다, 다스리다, 통치하다'의 뜻이다. 식(式)은 법이나 규칙 또는 의식이나 정도(正度) 등을 나타내는 글자로 '본받아 기준으로 삼고 따른다'는 뜻을 가지고 있다.

不自見故明, 不自是故彰, 不自伐故有功, 不自矜故長.
스스로 보려 하지 않기에 밝아지는 것이며, 스스로 시비하지 않으니 분명히 드러나는 것이다. 스스로 베어 내지 않기에 공이 있는 것이며, 스스로 자랑하지 않으니 길게 갈 수 있는 것이다.

백서(을)에서는 어순이 다르게 되어 있으나 의미의 전달에는 영향이 없어 보인다.

하상공은 “성인은 그의 눈으로 천리 밖을 보는 게 아니라, 천하의 눈에 연유하여 바라보는 것이기 때문에 훤히 꿰뚫어 볼 수 있다. 성인은 스스로를 옳다 여기지 않고 남을 그르다 하지 않는다. 그러므로 세상에 밝게 드러날 수 있는 것이다. 벌(伐)은 취하다[取]의 뜻이다. 성인은 덕에 의한 교화가 널리 미치더라도 스스로 그것의 아름다움을 취하지 않는다. 그러므로 천하에 공이 있는 것이다. 긍(矜)은 위대하다[大]는 뜻이다. 성인은 스스로를 귀하다거나 위대하다고 여기지 않는다. 그러므로 오래도록 위태롭지 않다”[189]라고 한다. 나서지 않고 모두에게 그것을 돌리는 성인의 모습(容)으로 설명하고 있다.

앞서 첫 문장에서 천하 만물의 이치를 열거했다면 이 문장에서는 성인이 이러한 이치를 찾고 처리함에 있어서의 자세를 말하고 있다. “스스로 보려 하지 않기에 밝아지는 것이며, 스스로 시비하지 않으니 분명히 드러나는 것이다”라 했다. 겉으로 보이는 것이나 자신의 안목으로만 세상을 바라보려 하지 말고, 만물의 이치를 통해서 보아야 가리고 있는 것 없이 볼 수 있다는 말이다. 이처럼 어떠한 사실도 옳고 그름을 판단하지 않으면 모든 것이 있는 그대로 드러난다. 이어서 “스스로 베어 내지 않기에 공이 있는 것이며, 스스로 자랑하지 않으니 길게 갈 수 있다”라고 했다. 어느 일방을 도려내서 문제를 해결하는 것이 아니라, 모두를 품어 제자리로 돌아가게 함으로써 부조리한 것을 해소하기에 공이 있다고 말한다.

또 “스스로 자랑하지 않으니 길게 갈 수 있다”는 구절은 『도덕경』에

189) 『하상공주』 “聖人不以其目視千里之外也, 乃因天下之目以視, 故能明達也. 聖人不自以為是而非人, 故能彰顯於世. 伐, 取也. 聖人德化流行, 不自取其美, 故有功於天下. 矜, 大也. 聖人不自貴大, 故能久不危.”

서 여러 차례 언급된 말이다. 또 하나 덧붙이자면, 공을 내세우면 공을 두고 다툼이 벌어질 수도 있다는 것이다. 세상에 혼자만의 힘으로 만들어지거나 해결되는 것은 없기 때문이다. 여기서 '칠 벌(伐)'은 천하에 드러나는 부조리를 옳고 그름으로 시비하여 처벌한다는 뜻이다.

> 夫惟不爭, 故天下莫能與之爭. 古之所謂曲則全者, 豈虛言哉. 誠全而歸之.
> 대저 다투지 않기 때문에 천하는 더불어 다툴 수가 없다. 옛날에 이른바 굽으면 온전하다는 것이 어찌 빈말이겠는가. 온전함에 정성을 다하면 그것으로 돌아간다.

백서(을)에서는 앞 구절에서 '곧 즉(則)'자가 빠져 있으며, 虛言(허언)이란 표현을 '말씀 어(語)'로 적은 것이 특이하다. 또한 '말 이을 이(而)'자가 백서(갑을)에서는 보이지 않는다. 판본들이 모두 동일하나, '다툴 쟁(爭)'자를 하상공본에서 '자랑할 긍(矜)'자로 표현한 것이 다르다.

하상공은 "이것은 천하의 어진 자와 못난 자라도 다투려 하지 않는 자와는 다툴 수 없다는 말이다"[190]라고 설명했다. 이어서 하상공은 "옛날에 전해 오는 말에 굽히고 따르면 온전해진다고 하였으니, 이는 바른 말이지 헛된 말이 아니다. 성(誠)은 실(實)이라는 뜻이다. 굽혀 따를 수 있는 자는 그 살과 몸을 실하게 하여 부모에게 돌아간다. 다치거나 손상됨이 없다는 것이다"[191]라고 했다.

190) 『하상공주』 "此言天下賢與不肖, 無能與不爭者爭也."
191) 『하상공주』 "傳古言, 曲從則全身, 此言非虛妄也. 誠, 實也. 能行曲從者, 實其肌體, 歸之於父母, 無有傷害也."

성인은 공을 두고 다투지 않는다고 했다. 그래서 천하에서는 서로 다툴 수가 없다고 말한다. 이 구절 또한 노자가 자주 언급하는 말이다. 이어서 "옛날에 이른바 굽으면 온전하다는 것이 어찌 빈말이겠는가"라고 말한다. 빈말이 아니라는 말이다. 예를 들어 바위틈에 어렵게 자리를 잡은 소나무를 생각해 보자. 바위로만 이루어진 높은 산의 정상 가까이에 씨를 내린 소나무는 거센 비바람과 차가운 날씨에 가지를 곧게 뻗지 못하고 늘 가지에 상처를 달고 있다. 그러나 그 소나무는 어떻게든 생명을 유지하기 위해 필사적으로 뿌리를 내린다. 결국 이러한 역경을 이겨내고 건강한 뿌리를 내려 열악한 환경 속에서도 다른 나무들과 같이 온전하게 삶을 키워 간다. 다만 아래쪽에서 살고 있는 소나무처럼 키가 크고 곧으며 가지가 늘어진 모양은 아니다. 원래의 모양과 크기를 줄여 온전함을 이룬 것이다. 이처럼 물들의 강한 생명력을 주변에서 쉽게 발견할 수 있다.

소나무가 살아남을 수 있었던 것은 불리한 환경 속에서도 살아남기 위한 각고의 노력을 다한 결과이다. 이를 두고 노자는 "온전함에 정성을 다하면 그것으로 돌아간다"라 말한다. 그곳이란 물의 본래 자리다. 만물이 모두 걸어온 그들의 도의 길일 것이다. 우리가 일일이 목격할 수는 없지만 모든 물들은 살아남기 위한 변화의 노력을 멈추지 않고 있다. 다스리는 자가 새겨들을 말씀이다. 鳳

제 23 장

말이 성기면 스스로 그러한다.

希言自然 희언자연

故飄風不終朝 暴雨不終日 孰爲此者 天地

고표풍부종조 폭우부종일 숙위차자 천지

天地尙不能久 而況於人乎

천지상불능구 이황어인호

故從事於道者 道者同於道

고종사어도자 도자동어도

道者同於道 德者同於德 失者同於失

도자동어도 덕자도어덕 실자동어실

同於道者 道亦樂得之

동어도자 도역락득지

同於德者 德亦樂得之

동어덕자 덕역락득지

同於失者 失亦樂得之

동어실자 실역락득지

信不足焉 有不信焉 신부족언 유불신언

말이 성기면 스스로 그러한다.

그러므로 회오리바람은 아침나절을 넘기지 아니하고, 폭우도 하루를 넘기지 않는다. 누가 이렇게 하는가. 천지이다.

천지도 오래 하지 아니하는데 하물며 사람에 있어서야.

그러므로 도자에 의지하여 섬기고 따른다. 도자는 도에 의지하여 함께하고, 덕자는 덕에 의지하여 함께하며, 잃은 자는 잘못된 것에 의지하여 함께한다.

도자에 의지하여 함께하면 도 역시 그것을 얻는 것을 즐거워하고, 덕자에 의지하여 함께하면 덕 역시 그것을 얻는 것을 즐거워하며, 잃은 자에 의지하여 함께하면 잘못된 것 역시 그것을 얻는 것을 즐거워한다.

믿음이 부족하면 불신이 생겨나는 것이다.

[해설]

希言自然, 故飄風不終朝, 暴雨不終日. 孰爲此者. 天地. 天地尙不能久, 而況於人乎.

말이 성기면 스스로 그러한다. 그러므로 회오리바람은 아침나절을 넘기지 아니하고, 폭우도 하루를 넘기지 않는다. 누가 이렇게 하는가? 천지이다. 천지도 오래 하지 아니하는데 하물며 사람에 있어서야.

故(고)자는 왕필본에서 보이지만 다른 판본에는 없는 글자이며, 驟雨(취우)는 백서(갑을)에서는 暴雨(폭우)로 적혀 있다. 者(자)와 天地尙(천지상)의 글자는 백서(갑을)에서는 보이지 않는다. 또한 '말 이을 이(而)'자는 백서(을)에서는 '또 우(又)'로 쓰여 있다.

하상공은 "희언(希言)은 말을 아끼는[愛] 것이라 말한다. 말을 아끼는 것은 자연의 도이다. 표풍은 강풍이고, 취우는 폭우를 말한다. 빠른 것은 오래 갈 수 없고 갑작스러운 것은 오래 유지될 수 없다. 숙(孰)은 누구라는 뜻이다. 누가 이러한 강풍과 폭우를 행하는가. 천지가 행하는 바이다. 아침에 시작해서 저녁까지 마칠 수 없는 것이다. 천지는 지극한 신령스러움을 합하여 강풍과 폭우를 만들어 낸다. 그러나 이런 천지도 강풍이나 폭우를 아침에서 저녁에 이르기까지 할 수는 없다. 하물며 사람이 어떻게 갑자기 멈추라고 할 수 있겠는가"[192]라고 설명했다. 왕필은 "들어도 들리지 않는 것을 이름하여 희(希)라고 한다. 아래 장(35장)에서 말하

192)『하상공주』"希言者, 謂愛言也. 愛言者, 自然之道. 飄風, 疾風也. 驟雨, 暴雨也. 言疾不能長, 暴不能久也. 孰, 誰也. 誰為此飄風暴雨者乎?天地所為. 不能終於朝暮也. 天地至神合為飄風暴雨, 尚不能使終朝至暮, 何況人欲為暴卒乎."

기를 도에서 나오는 말은 담담하여 아무 맛이 없다고 했으며, 보이는 것도 부족하고, 들리는 것도 잘 들리지 않는다고 했다. 그렇다면 아무 맛도 없어 귀에 잘 들리지 않는다는 말은 바로 저절로 그렇게 됨에 대한 지극한 설명이다. 말하자면 사납게 빠르고, 아름답게 일어나는 것은 오래 지속되지 못한다는 말이다"[193]라고 자세히 설명하고 있다.

첫 구절은 노자가 이 장에서 말하고자 하는 핵심이다. "말이 성기면 스스로 그러한다"라고 결론을 먼저 제시한다. '희(希)'는 14장에서 "듣고 있어도 들리지 않는 것을 이름하여 희라 한다(聽之不聞 名曰希)"라고 노자가 설명한 바 있다. 14장에서는 진리의 말을 얻어 듣기가 어렵다는 뜻으로 사용되었다면, 이 문장에서는 위에서 명령하는 말이 매우 드문드문하다는 의미로 사용되었다. 이처럼 다스리는 위치에 있는 자가 그 아래에 있는 자들에게 통제하는 명령이 없거나 성기어지면 아랫사람들은 스스로 알아서 자신들의 일을 챙겨 나가게 된다는 것이다. 이것은 백성들이 자신의 그릇을 만들어 감에 있어서는 군주의 간섭이 없이 스스로 이루어 가도록 허용하고 있음을 말한다. 스스로 그러함은 바로 도가 본받는, 노자가 말하는 최고의 가치이다.

이어서 "그러므로 회오리바람은 아침나절을 넘기지 아니하고, 폭우도 하루를 넘기지 않는다"라고 말한다. 그러면서 "누가 이렇게 하는가? 천지이다"라고 답했다. 천지가 행하는 일 중에서 회오리바람과 폭우는 하늘의 엄중한 경고로서, 어찌 보면 세상을 조이고 압박하여 제자리를 찾

---

193) 『왕필주』 "聽之不聞名曰希. 下章言, 道之出言, 淡兮其無味也, 視之不足見, 聽之不足聞. 然則無味不足聽之言, 乃是自然之至言也. 言暴疾美興不長也."

아가도록 유인하는 하나의 방편이라 볼 수 있다. 그러나 이러한 바람과 폭우의 압박도 잠깐 행사하고 그친다. 천지는 만물의 삶을 스스로 그러함에 맡기고 있기 때문에 불가피할 때에만 최소한의 개입을 하고 있다는 뜻이다. 이처럼 천지는 수없이 많은 만물을 길러 오고 있으면서도 이러한 압박을 길게 행하지 않지만, 만물은 태고부터 지금까지 사라지지 않고 풍요롭게 생존하고 있다. 이러한 천지의 도는 만물들에게 믿음을 갖게 만든다. 따라서 이보다 작은 인간세상의 다스림에서야 굳이 따져 볼 필요가 없다는 말씀이다.

故從事於道者, 道者同於道, 德者同於德, 失者同於失.
그러므로 도자에 의지하여 섬기고 따른다. 도자는 도에 의지하여 함께하고, 덕자는 덕에 의지하여 함께하며, 잃은 자는 잘못된 것에 의지하여 함께한다.

이 문장에서도 첫 구절의 '어조사 어(於)'자가 백서에서는 '말 이을 이(而)'로 쓰였고, '道者同於道(도자동어도)'의 구절이 백서(갑을)에서는 道者(도자)가 생략되어 '同於道(동어도)'로만 쓰여 있다. 생략이 있어도 의미의 전달에는 무리가 없다.

하상공은 "종(從)은 행한다[爲]는 뜻이다. 사람은 일을 행함에 있어 도처럼 편안하고 고요하게 해야지, 강풍이나 폭우처럼 급하게 하려고 해서는 안 된다. 도자는 도를 좋아하는 사람을 일컫는다. 도에서 같다는 것은 더불어 도와 같다는 뜻이다. 덕자는 덕을 좋아하는 사람이라는 뜻이다. 덕에서 같다는 것은 더불어 덕과 같다는 뜻이다. 실(失)은 자기에게 맡긴 것을 남에게 잃어버린 것이다. 잃음에서 같다는 것은 더불어 잃음과 같다는 뜻이다"[194)]라고 말했다. 왕필은 "종사(從事)한다는 것은 모든 행동이 도를 따르고 섬긴다는 말이다. 도는 무형과 무위로 만물을 이루고 가지런히 한다. 그러므로 도에 종사하는 자는 무위를 으뜸으로 삼고, 말이 없이 교화를 행한다. 끊임없이 이어져 물이 그 참됨을 얻어 도와 더불어 한 몸이 된다. 그러므로 도와 함께하게 된다고 말했다. 얻는다는 말은 적게 한다는 의미이다. 적게 하면 얻게 되므로 얻는다고 했다. 얻는 것을 행하면 얻는 것과 한 몸이 된다. 그러므로 얻음과 하나가 된다고 했다. 잃는다는 말은 쌓아서 많게 한다는 뜻이다. 쌓아서 많게 하면 잃게 되므로 잃는다고 했다. 잃음을 행하면 잃음과 한 몸이 되므로 잃음과 함께하게 된다고 했다"[195)]라고 설명한다.

"그러므로 도자에 의지하여 섬기고 따른다"라고 말한다. 이 구절을 설명하기에 앞서 노자가 25장에서 "사람은 땅을 본받고, 땅은 하늘을 본받으며, 하늘은 도를 본받는다. 도는 스스로 그러함을 본받는다"라고 한 것을 미리 가져와 보자. 이 글에 따르면 도자는 천지와 스스로 그러함의 도를 본받아 따르고 있는 자임을 알 수가 있다. 따라서 백성들도 이러한 도리를 따르는 도자를 섬기고 따른다고 말하는 것이다. 이어서 도자와 덕자 그리고 실자의 성격을 설명한다. 도자는 도에 의지하여 함께하고, 덕자는 덕에 의지하여 함께하며, 실자는 잘못된 것에 의지하

---

194)『하상공주』"從, 為也. 人為事當如道安靜, 不當如飄風驟雨也. 道者, 謂好道人也. 同於道者, 所謂與道同也. 德者, 謂好德之人也. 同於德者, 所謂與德同也. 失, 謂任己而失人也. 同於失者, 所謂與失同也."

195)『왕필주』"從事, 謂擧動從事於道者也. 道以無形無爲成濟萬物, 故從事於道者以無爲爲君, 不言爲敎, 綿綿若存, 而物得其眞. 與道同體, 故日同於道. 得, 少也. 少則得, 故日得也. 行得則與得同體, 故日 同於得也. 失, 累多也. 累多則失, 故日失也. 行失則與失同體, 故日同於失也."

여 함께하는 자로 구분한다. 이들 중에서 도자를 따르라고 말한 것이다. 여기에서 잃은 자로 표현한 실자(失者)는 도와 덕을 잃은 자다. 즉 잘못된 것을 신봉하는 자를 말한다. 아래의 글에서 이들이 미치는 영향을 좀 더 자세하게 설명하고 있다.

> 同於道者, 道亦樂得之. 同於德者, 德亦樂得之. 同於失者, 失亦樂得之.
> 도자에 의지하여 함께하면 도 역시 그것을 얻는 것을 즐거워하고, 덕자에 의지하여 함께하면 덕 역시 그것을 얻는 것을 즐거워하며, 잃은 자에 의지하여 함께하면 잘못된 것 역시 그것을 얻는 것을 즐거워한다.

왕필은 "그 행하는 바를 따라하므로 똑같이 응한다는 말이다"[196]라고 했다. 이 문장은 백서(갑을)에서는 앞부분의 도자의 구절이 빠져서 '同於德者 道亦德之 同於失者 道亦失之'로만 기록되어 있다.

도와 덕 그리고 도와 덕이 아니더라도 그들이 믿고 따르는 가치를 도라 여기고, 그것을 얻는 것에 만족한다고 말한다. 잘못된 가치를 다스림의 도로 여기는 것은 분명 잘못된 것임에도 이들은 최선의 것으로 생각한다. 다스리는 자가 그쪽을 선으로 여기니 이를 본받아 따르는 백성들도 그것을 얻는 것이 선한 것이라고 여기며 살아가야 하는 것이다. 혼란한 천하에서 현재의 난제를 해결할 수 있는 통치이념을 패도정치의 부국강병으로 여기면, 이웃나라를 무력으로 점령하는 것이 정당화되고 미화되는 것과 같다. 이를 추종하는 군주들에게는 덕치가 아닌 법치가 그 나

196)『왕필주』"言隨行其所, 故同而應之."

라의 도가 된다.

信不足焉, 有不信焉.
믿음이 부족하면 불신이 생겨 나는 것이다.

백서에는 없는 문장이나 왕필본과 하상공본에는 적혀 있다.

하상공은 "임금이 아랫사람에 대한 믿음이 부족하면 아랫사람은 임금에게 불신으로 대응하게 된다. 같은 종류는 서로 따르고, 같은 소리는 서로 반응하고, 같은 기운은 서로 구한다. 구름은 용을 따르고 바람은 호랑이를 따르며, 물은 습한 곳으로 흐르고, 불은 건조한 곳으로 나아간다. 이러한 현상은 자연의 도수이다"[197]라고 했다. 왕필은 "충성과 신의가 아랫사람들에게서 부족하니 이에 불의가 생긴다"[198]라고 설명을 덧붙인다.

이 문장은 다른 판본에서는 보이지 않기 때문에 통행본에 잘못 붙여진 것이라 말하는 학자가 많다. 아무튼 선현들이 이 문장을 추가로 적어 놓았다면 추가적인 설명이 필요하다고 느꼈다는 증거다. 믿음이 부족하면 불신이 생겨 난다는 것은 어김없는 사실이다. 다만, 여기에서는 희언(希言)에 대한 믿음을 강조하고 있다. 통치자들이 유위와 통제를 줄이지 못하는 것은 우선 백성들을 불신하기 때문이며, 이러한 불신은 노자의 말씀에까지 미치고 있는 것이다. 이 장은 당시의 시대적 상황에 연결해 보면

197) 『하상공주』 "君信不足於下, 下則應君以不信也. 此言物類相歸, 同聲相應, 同氣相求. 雲從龍, 風從虎, 水流濕, 火就燥, 自然之數也."
198) 『왕필주』 "忠信不足於下, 焉有不信焉."

좀 더 쉽게 이해할 수있다. 패권을 쟁취하기 위해서라면 무엇이든 희생을 아끼지 않았던 당시의 춘추시대는, 진정한 도나 덕의 정치를 실현하는 것보다는 천하를 쉽게 얻을 수 있는 술책이나 힘을 갖추는 패도가 군주에게는 더 믿음직한 치도로 보였을 것이다. 바로 실자(失者)들의 세상으로 천하는 더욱 혼란해지고 병들어 가는 시절이었다. 이에 참담한 생활 속에서 허우적거리며 벗어나지 못하는 백성들을 안타깝게 바라보는 노자의 그늘진 얼굴이 그려진다. 鳳

도자에 의지하여 함께하면 도 역시 그것을 얻는 것을 즐거워하고,
덕자에 의지하여 함께하면 덕 역시 그것을 얻는 것을 즐거워하며,
잃은 자에 의지하여 함께하면 잘못된 것 역시
그것을 얻는 것을 즐거워한다.

제 24 장

사는 데 여유가 있다 하여 군더더기를 행하는 것은
물은 다 싫어한다.

企者不立 跨者不行

기자불립 과자불행

自見者不明 自是者不彰

자견자불명 자시자불창

自伐者無功 自矜者不長

자벌자무공 자긍자부장

其在道也 曰餘食贅行 物咸惡之

기재도야 왈여사췌행 물함오지

故有道者不處

고유도자불처

발돋움하는 것은 똑바로 서는 것이 아니요, 큰 걸음으로 타고 넘는 것은 걷는 것이 아니다.
스스로 보려 하기에 밝아지지 않는 것이며, 스스로 시비하기에 분명히 드러나지 않는 것이다.
스스로 베어 내기에 공이 없는 것이며, 스스로 자랑하기에 길게 가지 못하는 것이다.
도의 관점에서 말하자면, 사는 데 여유가 있다 하여 군더더기를 행하는 것을 물은 다 싫어한다.
그러므로 도를 지닌 자는 그렇게 처신하지 않는다.

[해설]

企者不立 跨者不行
발돋움하는 것은 똑바로 서는 것이 아니요, 큰 걸음으로 타고 넘는 것은 걷는 것이 아니다.

백서(갑을)에는 '跨者不行(과자불행)'의 구절이 없다. 하상공본에서는 '꾀할 기(企)'자가 '발돋움할 기(跂)'자로 되어 있다. 企(기)자에도 발돋움한다는 같은 뜻이 있다.

하상공은 "기(跂)는 나아간다는 뜻이다. 권력을 탐하고 명예를 흠모하여 공과 영예를 취하고자 나아가면 오랫동안 몸을 세워 도를 행할 수 없음을 일컫는 것이다. 스스로를 귀하게 여기고 남에게 우쭐거리면 여러 사람들이 다 함께 그를 막아서 행세하지 못하게 한다"[199) 즉 우쭐거리는 태도를 탓하는 것이라 설명한다. 왕필은 "사물들이 오직 나아가기만 하면 편안함을 상실한다. 그러므로 발돋움하여 서는 자는 제대로 서 있지 못한다고 했다"[200)]라고 본다. 너무 앞서 나서려고 하는 자세를 비판하는 글이라는 것이다.

이 문장은 하상공이 설명한 바와 같이 우쭐거리는 태도를 빗대어 말하는 것 같기도 하다. 발돋움을 한다는 것은 남들의 눈에 띄게 과시하는 행동이기도 하지만, 실제보다 부풀려 높게 보이기 위한 위선일 수도 있

199) 『하상공주』 "企, 進也. 謂貪權慕名, 進取功榮, 則不可久立身行道也. 自以為貴而跨於人, 衆共蔽之, 使不得行."
200) 『왕필주』 "物尙進則失安, 故曰 企者不立."

다. 다만 이 글에서는 현 상황을 제대로 반영하지 않고 앞서 나아가려는 섣부른 행동을 지적하는 것이다. 뿌리가 크고 깊은 나무가 어찌 발뒤꿈치를 들어 올릴 수 있겠는가. 정상적으로 걸어가지 아니하고 큰 걸음으로 타고 넘어간다면 누구보다도 목적지에는 빨리 도착할 수 있을 것이다. 하지만 강제로 잡아당기고 나면 움츠러드는 것이 세상의 이치이다. 체력을 무리하게 소모하였을 것이기에 얼마 뒤에는 주저앉지 않겠는가. 다음 문장에서는 사람들의 조급함을 보여준다.

> 自見者不明 自是者不彰 自伐者無功 自矜者不長
> 스스로 보려 하기에 밝아지지 않는 것이며, 스스로 시비하기에 분명히 드러나지 않는 것이다. 스스로 베어 내기에 공이 없는 것이며, 스스로 자랑하기에 길게 가지 못하는 것이다.

22장에서 나온 문장이다. 부정사인 '아닐 부(不)'의 위치가 주어 구에서 술어 구로 서로 바뀌었지만 표현하고자 하는 내용은 다르지 않다.

하상공은 "사람들은 스스로 그 외모를 보고 좋다고 여기고, 스스로 자기가 행하는 바를 보고 도에 응하는 것으로 여기지만, 그 외모가 추하고 행실이 비천하다는 것은 스스로 알지 못한다. 스스로를 옳다고 여기고 남들이 그르다고 여기면 뭇사람들이 함께 그를 막아서 드러나지 못하게 한다. 행하는 자가 자기 공로의 아름다움을 내세우고 취하면 남에게 베푼 공이 있어도 잃게 되는 것이다. 스스로 크게 뽐내는 것을 좋아하는 사람은 오래 갈 수 없다"[201]라고 했다. 왕필도 "도의 관점에서만 논하자면 극지(郤至)[202]의 행동과 같고 풍성하게 차린 음식의 찌꺼기와 같다. 본래는 아주 아름다웠다 하더라도 다시 더러워질 수 있다. 본래 공이 있으나 스스로 그 공을 자랑하므로 다시 쓸데없는 군더더기가 되고 말았다"[203] 라고 해서 세운 공을 허무는 행동이라고 말했다.

이 문장은 앞서 22장에서 나왔던 내용이므로 간략히 살펴보자. 다스리는 자가 겉으로 보이는 것이나 자신의 안목으로만 세상을 바라보려고 하면 명확하게 보이지 않는다. 옳고 그름도 겉으로 드러난 것이나 자신의 식견으로만 판단하려 하기에 분명히 드러나지 않는다. 또한 천하에 드러나는 부조리는 어느 일방을 도려내서 문제를 해결하는 것이 아니라, 근원적인 문제를 찾아 모두가 제자리로 돌아갈 수 있도록 품어야 공이 있다고 말한다. 아울러 천하의 일이란 혼자만의 노력만 가지고는 모두를 위한 공을 이룰 수 없다. 따라서 스스로 자신의 공이라고 자랑하면 그 사람은 길게 가지 못할 것이다. 사회란 집단적 유기체이기에 사회적인 사건은 따라주는 이가 없으면 아무런 반응도 발생하지 않는다. 한 사람의 것이 아닌 모두가 공유하는 공으로 여길 때 오래 갈 수 있는 것이다. 조그마한 공을 더 크게 보이려 하는 것이야말로 까치발로 뒤꿈치를 올려 가며 발돋움하려는 일이며 큰 걸음으로 타고 넘으려 하는 허세와 같다.

---

201)『하상공주』"人自見其形容以為好, 自見其所行以為應道, 殊不知其形醜, 操行之鄙. 自以為是而非人, 衆共蔽之, 使不得彰明. 所謂輒自伐取其功美, 即失有功於人也. 好自矜大者, 不可以長久."

202) 극지(郤至)는 진(晉)나라의 대부이다. 좌전(左傳) 성공(成公) 16년에 따르면, 제후의 명으로 초(楚)에서 획득한 전리품을 주나라에 바치는 일에 극지가 사신으로 가게 되었는데 상관들을 가리고 모든 것을 자신의 공으로 여러 차례 자랑하였다. 이때 단양공이 극지가 아마 죽게 될 것이라고 말한 기사가 있다.

203)『왕필주』"其唯於道而論之, 若郤至之行, 盛饌之餘也. 本雖美, 更可穢也. 本雖有功而自伐之, 故更爲肬贅者也."

其在道也, 日餘食贅行, 物咸惡之. 故有道者不處.
도의 관점에서 말하자면, 사는 데 여유가 있다 하여 군더더기를 행하는 것을 물은 다 싫어한다. 그러므로 도를 지닌 자는 그렇게 처신하지 않는다.

백서(갑을)에서는 마지막 구절의 '도(道)'자는 '넉넉할 유'(裕)자로, '곳 처(處)'자가 '살 거(居)'자로 되어 있다. 처(處)와 거(居)는 모두 머문다는 뜻이니, 전하고자 하는 의미에 차이가 없다.
물함오지(物咸惡之)의 '다 함(咸)'은 대부분의 판본에서 '혹 혹(或)'으로 적혀 있다. 모두와 일부라는 범위의 차이가 있다.

하상공은 "贅(췌)는 탐낸다는 뜻이다. 이처럼 스스로를 뽐내고 자랑하는 사람으로 하여금 나라를 다스리는 길에 있게 하면, 날마다 넘치도록 거두어들여 탐욕스러운 행위를 일삼게 된다. 이런 사람이 다스리는 자리에 있으면 욕심을 일으켜 해를 끼친다. 그러므로 그를 두려워하고 싫어하지 않는 물이 없다. 도가 있는 사람은 그런 나라에 머무르지 않는다는 말이다"[204]라고 설명했다.

"도의 관점에서 말하자면, 사는 데 여유가 있다 하여 군더더기를 행하는 것을 물은 다 싫어한다"라고 말한다. 우선 '여사(餘食)'를 먹다 남은 음식으로 보지 말고 먹고사는 데 여유가 생겼다는 것으로 이해해야 한다. 치자는 자신의 경우에도 마찬가지로 삼가야 하겠지만, 자신이 백성들을 잘 보살피고 있다고 우쭐해서 앞서의 불필요한 행위를 한다는 것

204)『하상공주』"贅, 貪也. 使此自矜伐之人, 在治國之道, 日賦歛餘祿食以為貪行. 此人在位, 動欲傷害, 故物無有不畏惡之者. 言有道之人不居其國也."

이다. '혹 췌(贅)'자는 돈을 나타내는 패(貝)와 거만하다는[敖] 의미가 합해진 글자다. 나라가 똑바로 서 있는 것이 아니라 발돋움으로 서 있는 불안한 상태이며, 큰 걸음으로 서둘러 달려와 겉은 화려하지만 속은 부실한 상태다. 이처럼 서는 것과 걷는 것에도 도가 있으니, 발돋움을 하고 큰 걸음으로 타고 넘으려고 하는 행동들은 물들이 모두 싫어한다고 말한다. 아니 물들은 그러한 행동을 하지 않는다. 그러므로 도를 지닌 자는 이렇게 처신하거나 이러한 자리에는 머물지 않는다는 것이다. 통행본의 有道者(유도자)는 백서(갑을)에서는 有裕者(유유자)로 적혀 있다. 군더더기가 있는 일을 하지 않는다는 말이다. 鳳

발돋움하는 것은 똑바로 서는 것이 아니요,

큰 걸음으로 타고 넘는 것은 걷는 것이 아니다.

제 25 장

하늘은 도를 본받고 도는 스스로 그러함을 본받는다.

有物混成 先天地生

유물혼성 선천지생

寂兮寥兮 獨立不改 周行不殆 可以爲天下母

적혜요혜 독립불개 주행불태 가이위천하모

吾不知其名 字之曰道 强爲之名曰大

오부지기명 자지왈도 강위지명왈대

大曰逝 逝曰遠 遠曰反

대왈서 서왈원 원왈반

故道大 天大地大王亦大

고도대 천대지대왕역대

域中有四大 而王居其一焉

역중유사대 이왕거기일언

人法地 地法天 天法道 道法自然

인법지 지법천 천법도 도법자연

섞여서 이루어진 물이 있는데, 하늘과 땅보다 먼저 생겨났다.

고요하고 공허하구나. 홀로 바로 서서 바꾸지 않으니 두루 행하여도 위태롭지 않다. 가히 천하의 어미라 할 수 있다.

그대들은 그 이름을 알지 못하니, 글자로 하여 도라 하겠다. 억지로 이름한다면 크다고 하겠는데, 큰 것은 서서히 가는 것이고, 서서히 가는 것은 멀리 가는 것이며, 멀리 가면 다시 되돌아오는 것이다.

그러므로 도는 크다. 하늘도 크고, 땅도 크며, 왕도 또한 크다.

영역 가운데는 네 가지 큰 존재가 있으니, 왕도 그 하나를 차지하는 것이다.

사람은 땅을 본받고, 땅은 하늘을 본받으며, 하늘은 도를 본받는다. 도는 스스로 그러함을 본받는다.

[해설]

有物混成, 先天地生.

섞여서 이루어진 물이 있는데, 하늘과 땅보다 먼저 생겨났다.

모든 판본들은 '물(物)'로 표기하였으나 죽간(갑)에서는 '형상 상(狀)'으로 쓰여 있다. 상(狀)자는 상태나 모양을 말하고 있어 서로 크게 다르지 않다. 이 문장에서는 외형적으로 보이는 물질적인 형태가 아니라 개념 지어질 수 있는 모든 존재를 물이라 지칭하고 있다.

하상공은 "도는 형체가 없다는 것을 일컫는 말로, 혼돈스러움 속에서 만물을 이루어 내니 이내 천지 이전에 존재했다고 했다"[205]라고 말한다. 도가 혼돈 속에서 만물을 이루어 내는 것이라는 말이다. 왕필은 이렇게 보았다. "뒤섞여 있어서 알 수 없으나 만물은 그것으로 말미암아 이루어졌으므로 혼성이라 했다. 그것이 누구의 자식인지 알지 못하므로 천지가 나온 것보다 앞서 있다고 했다."[206] 모종삼은 혼성(混成)은 이(夷), 희(希), 미(微)가 혼연(混然)이 저절로 이루어졌다는 말이라고 했다. 그러면서 그 이유는 알 수 없는 것으로, 말로 표현할 수 없다(不可致詰)는 것이다.

이 문장에서 섞여서 이루어진 물(物)이 있다고 했는데, 여기서 물은 하상공이 말한 대로 도(道)를 뜻한다. 하나의 모습으로 형상화되어 있지

---

205) 『하상공주』 "謂道無形, 混沌而成萬物, 乃在天地之前."
206) 『왕필주』 "混然不可得而知, 而萬物由之以成, 故曰混成也. 不知其誰之子, 故先天地生."

않다는 말씀이다. 모종삼의 주장처럼 이(夷), 희(希), 미(微)가 섞인 모습으로 도의 한 측면을 설명하는 방법도 있다. 아무튼 이 물은 하늘과 땅보다 먼저 생겨났다고 했다. 앞서의 4장에서도 도의 존재를 설명하면서 "그대들은 누구의 자식인지를 알지 못하지만, 상제보다 앞선 것 같구나"라고 도의 선재성(先在性)을 언급한 바 있다.

寂兮寥兮, 獨立不改, 周行而不殆, 可以爲天下母.
고요하고 공허하구나. 홀로 바로 서서 바꾸지 않으니 두루 행하여도 위태롭지 않다. 가히 천하의 어미라 할 수 있다.

죽간(갑)에서는 '清寥(청료)'로 표현하고, 백서(갑을)에서는 '寂呵寥呵(적아료아)'로 기록되어 있다. 통행본과 하상공본에서는 '周行而不殆(주행이불퇴)'라는 구절이 추가되어 있다. 청(清)은 맑다는 뜻으로 움직임이 보이지 않는 고요함 또는 적막하다는 의미의 적(寂)자와 통한다. 혜(兮)와 아(呵)는 둘 다 어조사와 감탄사로 쓰였고 추가된 어절은 보충설명의 의미로 보여 전체적인 맥락에는 큰 차이가 없다.

하상공은 "적(寂)은 소리가 없다는 뜻이고, 료(寥)는 텅 비어 형태가 없다는 뜻이다. 홀로 선다는 것은 짝하는 것이 없다는 뜻이고, 고치지 않는다는 것은 변화에 항상함이 있다는 뜻이다. 도는 천지를 두루 돌아다녀서 들어가지 아니한 곳이 없고, 양지에 있어도 타지 않으며 음습한 곳에 의탁해도 썩지 않는다. 꿰뚫지 못하는 것이 없으며 위태롭지도 않다. 도는 만물의 정기를 기르고 보살피니 어머니가 자식을 보살피는 것과 같다"[207]라고 한다. 즉 도가 만물의 어미의 역할을 하는 모습으로 설명을 이끌어 간다.

왕필도 "적료(寂寥)란 아무런 형체가 없다는 것이다. 사물과 짝이 될 수 없으므로 홀로 서 있다고 했다. 되돌아와서 변화하고 처음과 끝이 늘 그러함을 잃지 않으므로 바꾸지 않는다고 했다. 두루 운행하여 도달하지 않는 곳이 없으면서도 위태로움을 면하니 큰 형체를 낳고 온전히 할 수 있다. 그러므로 천하의 어미라 할 만하다"[208]라고 설명했다. 즉 사물과 짝이 없기에 홀로 서 있다는 것이다.

이 물은 고요하고 공허하다고 했다. 적(寂)은 소리가 없어 고요하다는 뜻이고, 료(寥)는 텅 비어 있는 공허함을 말하는 것으로 한없이 크고 넓다는 표현이기도 하다. 섞여서 이루어졌는데도 그 공간은 다툼이 없이 고요하여 비어 있는 듯한 느낌이 든다는 것이다. 나름의 질서가 있어 안정된 상태를 이루고 있음이다. 이어서 "홀로 바로 서서 바꾸지 않으니 두루 행하여도 위태롭지 않다"라고 했다. 이 물은 커다란 공간의 뼈대로, 언제나 근간을 바꾸지 않기에 혼란이나 다툼의 여지를 만들지 않는다는 것이다. 시간의 흐름 속에서도 골격을 변함없이 그대로 유지하였다면 모두가 이를 당연하게 여긴 지도 오래되었을 것이며, 모두가 무한한 믿음을 가진 상태라면 널리 행하여도 탈이 생길 여지가 없을 것이다. 이어서 이와 같은 존재는 "가히 천하의 어미라 할 수 있다"라고 말한다. 어미라 하면 만물이 순행하는 것을 보살피는 존재가 된다.

---

207)『하상공주』"寂者, 無音聲. 寥者, 空無形. 獨立者, 無匹雙. 不改者, 化有常. 道通行天地, 無所不入, 在陽不焦, 託蔭不腐, 無不貫穿, 而不危怠也. 道育養萬物精氣, 如母之養子."

208)『왕필주』"寂廖, 無形體也. 無物之匹, 故日 獨立也. 返化終始, 不失其常, 故日 不改也. 周行無所不至而免殆, 能生全大形也, 故可以爲天下母也."

吾不知其名, 字之日道, 强爲之名日大, 大日逝, 逝日遠, 遠日反.
그대들은 그 이름을 알지 못하니, 글자로 하여 도라 하겠다. 억지로 이름한다면 크다고 하겠는데, 큰 것은 서서히 가는 것이고, 서서히 가는 것은 멀리 가는 것이며, 멀리 가면 다시 되돌아오는 것이다.

'알지 못하다'의 '不知(부지)'는 죽간(갑)과 백서(갑을)에서는 '아직 모른다'는 '未知(미지)'로 되어 있다. 전하는 뜻은 서로 다르지 않다.

하상공은 "나는 도의 모습을 보지 못하니 무어라 이름해야 할지 모르지만, 만물이 모두 도를 따라 생겨나는 것을 보기에 글자로 도라 했다. 그 이름을 알지 못하니 억지로 크다[大]고 말한다. 높아서 위가 없고 망라해서 밖이 없으니 포용하지 못하는 것이 없다. 그러므로 크다고 말한 것이다. 그것을 크게 여기는데, 하늘과 같이 항상 위에 존재하는 것 같지 않고, 땅과 같이 늘 아래에 있는 것 같지 않다. 이내 도는 다시 떠나가니 한결같이 머무는 곳이 없다. 멀다[遠]는 것은 다했다 했는데, 다함이 없다는 말이다. 천지에 기를 펼쳐서 통하지 않는 곳이 없다. 그 멀어짐은 넘어서거나 끊어지지 않는다는 말로써, 이내 다시 사람의 몸으로 돌아온다는 말이다"[209]라고 했다.

왕필은 "이름에 의해 형체가 규정되는데, 뒤섞여 이루어져 형체가 없으므로 규정할 수가 없다. 따라서 그것의 이름을 알지 못한다고 했다. 무릇 이름에 의해 형체를 규정하는데, 글자로는 말할 수 있는 정도로 도라 칭했다. 무물(無物)에서 취하여 연유함이 아니다. 이것은 섞여 있는 가

209)『하상공주』"我不見道之形容, 不知當何以名之, 見萬物皆從道所生, 故字之日道. 不知其名, 強日大者, 高而無上, 羅而無外, 無不包容, 故日大也. 其為大, 非若天常在上, 非若地常在下, 乃復逝去, 無常處所也. 言遠者, 窮乎無窮, 布氣天地, 無所不通也. 言其遠不越絕, 乃復反在人身也."

운데 말로 할 수 있는 최대이다. 내가 글자로 도라고 한 까닭은 말할 수 있는 칭호로는 가장 큰 것을 취한 것이다. 도라는 별명이 정해진 유래를 따지면 큰 것에 속해 있다. 큰 것에 소속되어 있으면 반드시 분별이 있고, 분별이 있으면 그 지극함을 상실한다. 그러므로 억지로 이름하여 크다고 했다. 서(逝)는 간다[行]는 말이다. 하나의 커다란 몸뚱이를 지키지 않을 따름이니, 두루 행함이 이르지 않는 곳이 없다. 그러므로 서(逝)라고 한 것이다. 원(遠)은 지극함이다. 두루 행하여 다하지 않음이 없고, 한 방향으로 치우치지 않으므로 원(遠)이라 했다. 마땅한 바에 뒤따르지 않고 그 몸은 홀로 서 있어 반(反)이라고 말한 것이다"[210]라고 했다.

왕필은 다른 장과 달리 이번 장에 길고 자세한 설명을 달고 있다. 그만큼 문장을 제대로 이해시키는 일이 쉽지 않음을 보여준다. 후세의 학자들은 대체로 왕필의 풀이를 긍정적으로 받아들이고 있는 듯하다.

이 문장에서 노자는 "그대들은 그 이름을 알지 못하니, 글자로 하여 도라 하겠다. 억지로 이름한다면 크다"고 말한다. 천지보다 먼저 생긴 것으로 형체가 고정되어 있지 않은 것이므로 그대들은 보거나 배운 바가 없을 것이기에 이것을 '도'라는 글자로 명명하겠다는 것이다. 아울러 그 용모를 종합해 보면 '크다[大]'라고 규정지을 수 있다고 말한다. 그러면서 노자는 큰 것은 서서히 가는 것이고, 서서히 가는 것은 멀리 가는 것이며, 멀리 가면 다시 돌아오는 것이라고 큰 것의 특성을 설명한다. 노자가 말하는 대(大)의 의미이다. '크다'의 의미에 대해 하상공은 높아서 위가 없고 망라해서 밖이 없으니 포용하지 못하는 것이 없는 것을 말하는 것이

210) 『왕필주』 "名以定形. 混成無形, 不可得而定, 故日不知其名也. 夫名以定形, 字以稱可. 言道取於無物而不由也, 是混成之中, 可言之稱最大也. 吾所以字之日道者, 取其可言之稱最大也. 責其字定之所由, 則繫於大. 大有繫則必有分, 有分則失其極矣, 故日 强爲之名日大. 逝, 行也. 不守一大體而已, 周行無所不至, 故日 逝也. 遠, 極也. 周行無所不窮極, 不偏於一逝, 故日 遠也. 不隨於所適, 其體獨立, 故日 反也."

라 했고, 왕필은 이름 지어지면 분별이 생기는 것이어서 억지로 별칭한 것이며 도라는 별명이 정해진 유래를 따지면 큰 것에 속해 있다는 것이다. 한편 모종삼 교수는 '强爲之名曰大(강위지명왈대)'의 구절은 대단히 의미가 있는 부분으로, 누군가가 의미가 통하도록 말한다면 그에게 철학적 천재성이 있음을 인정하겠다는 말을 남겼다.

그럼 노자는 왜 큰 것은 서서히 간다고 말하는 것일까? 자연의 이치에서 본받을 수 있다고 보는 것이다. 예를 들어 만물 중에는 사자처럼 강한 것도 있지만 토끼처럼 약한 것도 있고, 빠르게 나는 독수리도 있지만 타조처럼 날지 못하는 새도 있다. 따라서 이 모두를 보듬고 가려면 더디게 갈 수밖에 없다. 이어서 서서히 가는 것은 멀리 가는 것이라고 말한다. 모두가 쉽게 따라갈 수 있도록 조화로운 길로 나아가기에 중간에 멈추거나 포기하는 자가 없는 것이다. 또한 멀리 가면 다시 되돌아오는 것이라 했다. 보통의 경우라면 멀리 가는 것은 서서히 죽음의 길로 들어서는 것이어서 사라져야 마땅할 것이다. 그러나 사라지지 않고 돌아온다고 하는 것은 쉽게 무너지지 않는다는 말이다. 큰 것은 몇몇의 힘으로 쉽게 깨어지는 정도를 넘어선 것이기에 계속 이어져 결국에는 해와 달과 같이 거대한 순환의 고리를 형성한다는 말이 아니겠는가.

이 문장에서 반(反)의 의미와 관련해 하상공은 '돌이키다'라는 뜻으로, 왕필은 '반대'라는 의미로, 박세당은 '성대함으로 다시 돌아온다'는 말이라 풀었다. 모종삼은 도가(道家)의 곡선적 지혜를 말하는 것으로, 곡선(曲線)은 원(圓)이며 참된 지혜라고 말했다.

故道大, 天大, 地大, 王亦大. 域中有四大, 而王居其一焉.
그러므로 도는 크다. 하늘도 크고, 땅도 크며, 왕도 또한 크다. 영역 가운데는 네 가지 큰 존재가 있으니, 왕도 그 하나를 차지하는 것이다.

경계를 뜻하는 '역(域)'은 백서(갑을)에서는 '나라 국(國)'으로 되어 있다.

하상공은 "도가 크다는 것은 천지를 껴안고 망라하여 감싸지 못하는 것이 없다는 뜻이다. 하늘이 크다는 것은 덮지 못하는 것이 없다는 뜻이다. 땅이 크다는 것은 싣지 못하는 것이 없다는 뜻이다. 왕이 크다는 것은 통제하지 못하는 것이 없다는 뜻이다. 팔극 안에 네 가지 큰 것이 있는데, 왕이 그중 하나를 차지한다"[211]라고 했다. 왕필은 "천지의 본성에는 사람을 귀하게 여긴다. 그런데 왕은 바로 사람들의 주인이기 때문에 비록 직분이 크지는 않았어도 역시 큰 것이 되니, 셋과 함께하기에 왕 역시 크다고 했다. 네 개의 큰 것은 도, 하늘, 땅 그리고 왕이다. 무릇 사물에는 일컬음이 있고 이름이 있으니 궁극이 아니다. 도는 말미암은 바가 있어서 부르는 말이니 말미암은 바가 있는 연후에야 도가 된다. 그렇다면 도는 일컫는 가운데에서 큰 것이지만 일컬을 수도 없는 큰 것만은 못하다. 일컬을 수 없음은 이름을 붙일 수 없어서 역(域)이라 했다. 도, 하늘 그리고 왕은 모두 일컬을 수 없는 가운데 있으므로 역(域)에는 네 개의 큰 것이 있다고 했다. 사람의 주인이 머무르는 곳은 크다는 것이다"[212]라고 설

211)『하상공주』"道大者, 包羅天地, 無所不容也. 天大者, 無所不蓋也. 地大者, 無所不載也. 王大者, 無所不制也. 八極之內有四大, 王居其一也."
212)『왕필주』"天地之性人爲貴, 而王是人之主也, 雖不職大, 亦復爲大. 與三匹, 故曰 王亦大也. 四大, 道.天.地.王也. 凡物有稱有名, 則非其極也. 言道則有所由, 有所由, 然後謂之爲道, 然則是道稱中之大也. 不若無稱之大也. 無稱不可得而名, 曰域也. 道.天.地.王皆在乎無稱之內, 故曰 域中有四大者也. 處人主之大也."

명하고 있다.

도는 크다고 말하면서 하늘도, 땅도 그리고 왕도 크다고 말한다. 모두 어미의 입장에 있는 존재들이다. 이어서 영역 가운데는 네 개의 큰 것이 있다고 했다. 땅의 경계를 뜻하는 '역(域)'은 백서(갑을)에서 '나라 국(國)'으로 되어 있다. 역(域)은 한정된 땅을 일컫는 말로 일정한 경계를 가진 지역을 뜻한다. 이 글에서는 한 나라로 보아도 무리는 없다. 따라서 한 나라 안에는 도와 하늘 그리고 땅과 왕 등 네 개의 대(大)가 있다는 말씀이다. 그래서 왕도 그 하나를 차지하고 있다 했다. 이 말은 곧 천하의 백성들은 네 개의 큰 것의 보살핌을 받고 있다는 말과 같다.

> 人法地, 地法天, 天法道. 道法自然.
> 사람은 땅을 본받고, 땅은 하늘을 본받으며, 하늘은 도를 본받는다. 도는 스스로 그러함을 본받는다.

하상공은 "사람은 마땅히 땅을 본받아 편안함과 고요함 그리고 조화로움과 부드러움이 있어야 한다. 땅에 씨를 뿌려 오곡을 얻고 땅을 파서 단 샘물을 얻으니 수고롭지만 원망하지 않고 공이 있어도 내세우지 않는다. 하늘은 맑고 담백하여 움직이지 않으니, 베풀어도 보답을 구하지 아니하고 만물을 키워 주어도 받거나 취하는 것이 없다. 도는 청정하여 말이 없으니 드러나지 않게 정기를 운행하므로 만물이 저절로 생장한다. 도의 본성이 스스로 그러하니 따로 본받을 것이 없다"[213]라고 설명한다. 왕

---

213)『하상공주』"人當法地安靜和柔也, 種之得五穀, 掘之得甘泉, 勞而不怨也, 有功而不置也. 天澹泊不動, 施而不求報, 生長萬物, 無所收取. 道清靜不言, 陰行精氣, 萬物自成也. 道性自然, 無所法也."

필은 "법(法)은 본받는다는 말이다. 사람은 땅에 어긋나지 않아야 온전히 편안할 수 있으니 땅을 본받는 것이고, 땅은 하늘에 어긋나지 않아야 온전히 실을 수 있으니 하늘을 본받는다. 하늘은 도에 어긋나지 않아야 온전히 덮을 수 있으니 도를 본받는 것이며, 도는 저절로 그러함에 어긋나지 않아 그 본성을 얻는다. 저절로 그러함을 본받는다는 것은 모가 난 곳에 있으면 그 모남을 본받고, 둥근 곳에 있으면 둥근 것을 본받음이니, 저절로 그러함에 어긋남이 없는 것이다. 저절로 그러함에는 어긋나는 것도 없고 격식도 없다. 자연이란 지칭할 말도 없으며 궁극의 수사다"[214]라고 설명했다.

계속해서 본받는 것에 대한 왕필의 설명이 이어진다. "지혜의 사용은 앎이 없는 곳에는 미치지 못하고, 넋의 형태는 정미한 상에 미치지 못하며, 정미한 상은 무형에 미치지 못하고, 격식이 있는 것은 격식이 없는 것에 미치지 못한다. 그러므로 옮겨 가면서 서로 본받는다. 도는 저절로 그러함이 순리이니 그러므로 하늘은 그것을 바탕으로 삼는다. 하늘이 도를 본받으니 땅도 그러하고, 땅이 하늘을 본받으니 사람도 그러하다고 상상하는 것이다. 주인으로 여기는 까닭은 그 하나[一]로 만드는 자가 주인이기 때문이다."[215]

이 구절에서는 대단히 중요한 노자의 철학적 바탕을 확인할 수 있다. 인간들은 태초부터 하늘을 만물의 생사를 주관하는 존재로 여겨 숭배의 대상으로 삼았다. 절대적인 존재는 천자로 이어지고, 천명으로 그 역할을 대신하였으나 천자의 다스림은 인간이 자연을 지배하는 능력이

214) 『왕필주』 "法, 謂法則也. 人不違地, 乃得全安, 法地也. 地不違天, 乃得全載, 法天也. 天不違道, 乃得全覆, 法道也. 道不違自然, 乃得其性, 法自然者, 在方而法方, 在圓而法圓, 於自然無所違也. 自然者, 無稱之言, 窮極之辭也.
215) 『왕필주』 "用智不及無知, 而形魄不及精象, 精象不及無形, 有儀不及無儀, 故轉相法也. 道順自然, 天故資焉. 天法於道, 地故則焉. 地法於天, 人故象焉. 所以爲主, 其一之者主也."

커지면서 약화되기 시작했다. 이에 따라 인간의 이성적 판단이 천명을 대신하려는 흐름으로 바뀌었고, 이 과정에서 천하에 혼란을 불러왔다. 따라서 천하를 지배하는 이데올로기의 변화가 불가피해진 당시 상황에서 노자는 새로운 통치의 길을 제시하고 있는 것이며, 공자 역시 천하의 질서를 바로잡을 수 있는 새로운 대안을 들고 등장한 것이다. 두 사람의 철학적 차이는 인간 중심의 새로운 질서를 어디에 근본을 두고 이끌어 가야 하는지의 차이일 뿐이다. 노자는 하늘(天)의 사상을 넘어 우주를 지배하는 근원을 찾아 그 길을 제시하고 있다.

그럼 문장을 살펴보자. "사람은 땅을 본받고, 땅은 하늘을 본받으며, 하늘은 도를 본받는다"라고 했다. 도가 천지 이전부터 존재했다고 말하는 것을 제외하고는 이 구절에서 본받는 순서에 대해서는 학자들의 이견이 없는 듯하다.

이어지는 구절에서 "도는 스스로 그러함을 본받는다"라고 말한다. 우리는 양생과 치국의 도를 하늘에서 본받는다고 생각하고 있으나 하늘도 도를 본받는다는 것이다. 나아가 도가 스스로 그러함을 본받는다고 말한다. 이로써 인간이 하늘을 본받는 것을 넘어서 스스로 그러함을 근본으로 삼더라도 아무런 문제가 없게 된다. 노자의 철학을 이해하는 데 있어서 깊이 숙고해야 할 중요한 문장이다. 본 장의 대의(大意)는 스스로 그러함의 도법자연이며, 이것이 도의 요체임을 전하고 있다. 鳳

제 26 장

무거운 것은 가벼운 것의 뿌리, 고요한 것은 조급한 것의 주인이다.

重爲輕根 靜爲躁君

중위경근 정위조군

是以聖人終日行 不離輜重

시이성인종일행 불리치중

雖有榮觀 燕處超然

수유영관 연처초연

奈何 萬乘之主 而以身輕天下

내하만승지주 이이신경천하

輕則失本 躁則失君

경즉실본 조즉실군

무거운 것은 가벼운 것의 뿌리가 되고, 고요한 것은 조급한 것의 주인이다.

이 때문에 성인이 온종일 다녀도 짐수레에서 떠나지 않는다.

비록 영화로움이 보이는 것이 있거나 잔치를 여는 곳에서도 초연하다.

어찌 만승의 주인이 된 몸으로 천하를 가벼이 하겠는가.

가볍게 처신하는 것은 나라의 근본을 잃어버리는 것이요, 조급하게 행동하는 것은 주인을 잃어버리는 것이다.

[해설]

重爲輕根, 靜爲躁君, 是以聖人終日行, 不離輜重.
무거운 것은 가벼운 것의 뿌리가 되고, 고요한 것은 조급한 것의 주인이다. 이 때문에 성인이 온종일 다녀도 짐수레에서 떠나지 않는다.

聖人(성인)은 백서(갑을)에서 군자(君子)로 되어 있으며, '不離輜重(불리치중)'의 '떠날 리(離)'도 백서(을)에서는 '멀 원(遠)'으로 되어 있다.

하상공은 "임금은 무겁지 않으면 존귀해지지 않으며, 몸을 다스림에 있어서 무겁지 않으면 신명을 잃는다. 초목의 꽃과 잎은 가볍기 때문에 쉽게 떨어지지만, 뿌리는 무겁기 때문에 오래 보존된다. 임금은 고요하지 않으면 위엄을 잃고, 몸을 다스림에 있어서 고요하지 않으면 몸이 위태롭게 된다. 용은 고요함으로 능히 변화하지만 호랑이는 조급하여 이지러져 일찍 죽는다. 치(輜)는 고요함이다. 성인은 하루 종일 도를 행하여도 고요함과 무거움에서 벗어나지 않는다"[216]라고 풀었다. 왕필은 "무릇 사물은 가벼우면 무거운 것을 실을 수 없고, 작으면 큰 것을 누르지 못한다. 행동하지 않는 것은 행동하는 것을 부리며, 움직이지 않는 것이 움직이는 것을 통제한다. 이 때문에 무거운 것은 반드시 가벼운 것의 뿌리가 되며, 고요한 것은 반드시 시끄러운 것의 임금이 된다. 무거움으로 근본을 삼으니 떠나지 않는 것이다"[217]라고 설명했다.

---

216)『하상공주』"人君不重則不尊, 治身不重則失神, 草木之花葉輕, 故零落, 根重故長存也. 人君不靜則失威, 治身不靜則身危, 龍靜故能變化, 虎躁故夭虧也. 輜, 靜也. 聖人終日行道, 不離其靜與重也."
217)『왕필주』"凡物, 輕不能載重, 小不能鎭大. 不行者使行, 不動者制動. 是以重必爲輕根, 靜必爲躁君也. 以重爲本, 故不離."

먼저 첫 문장에서 "무거운 것은 가벼운 것의 뿌리가 되고, 고요한 것은 조급한 것의 주인이다"라고 말했다. 신중하여 흔들리지 않는 것은 쉽게 흔들리는 백성들을 이끌어 가는 근본이 되고, 있는 듯 없는 듯 조용하게 나라를 이끌어 가는 것은 백성들의 주인이라는 말이다. 노자는 나라를 다스림에 있어서 무겁게 행동하고 고요하게 만드는 처신을 강조하고 있다. 이러한 책무성 때문에 "성인은 온종일 다녀도 짐수레에서 떠나지 않는다"라고 말한다.

치중(輜重)이라 하면 대개 군수물자를 나르는 수레를 말하지만 여기에서는 짐을 싣고 먼 길을 가야 하는 군주의 수레로 볼 수 있다. 짐은 백성들이다. 성인은 천하의 주인의 위치에 있기 때문에 백성들을 돌보는 일을 게을리할 수 없어 짐수레에서 조금도 멀리 떨어져 있을 수가 없다는 뜻이다. 대체로 주나라 시절에는 '주천자가륙(周天子駕六)'이라 하여 천자는 여섯 필의 수레, 제후는 다섯 필, 공경은 네 필, 대부는 세 필, 선비는 두 필, 백성은 한 필의 수레를 타고 다녔다고 한다.

雖有榮觀, 燕處超然. 奈何, 萬乘之主, 而以身輕天下.
비록 영화로움이 보이는 것이 있거나 잔치를 여는 곳에서도 초연하다. 어찌 만승의 주인이 된 몸으로 천하를 가벼이 하겠는가.

백서(갑을)에서는 '超然(초연)'이 '則超若(즉초약)'으로, '奈何(내하)'가 '若何(약하)'로 '萬乘之主(만승지주)'는 '만승지왕(萬乘之王)'으로 쓰였다. 모두 서로 통한다.

하상공은 "영관은 궁궐을 말하고, 연처는 왕후와 비빈 등이 거처하는 곳이다. 초연은 멀리 피하여 머물지 않는다는 것이다. 내하는 괴로울 때 애통한 마음을 탄식하는 말이다. 만승지주는 왕을 말한다. 왕이란 지극히 존귀한데 그 몸으로 가볍고 조급하게 행동하겠는가. 괴로울 때 왕이 사치스럽고 방자하며 가벼이 탐하는 것이다"[218]라고 설명한다. 왕필은 짧게 "마음을 두지 않는 것이다"[219]라고 말한다.

이 문장에 대한 학자들의 주해를 보면 큰 틀에서는 궤를 같이하고 있으나 낱말의 해석에 있어서는 인식의 차이가 있다. '영관(榮觀)'의 뜻과 관련하여 하상공은 '궁궐'이라 하였고, 진고응은 '화려한 생활', 박세당은 '화려한 경관'으로 보았다. 즉 성인이 안락함과 화려함을 가까이 하지 않는다는 표현이다. 만승의 주인 위치에서는 얼마든지 안락하고 사치스러운 생활을 영위할 수 있으며, 동경할 만도 할 것이다. 성인에게 이러한 생각이 드는 것은 다니면서 백성들이 모여 잔치를 벌이고 있는 모습을 목격할 수 있기 때문이다. '제비 연(燕)'은 잔치를 뜻하는 말로, 燕處(연처)란 경사스러운 일이 있을 때 사람들이 모여 즐거움을 나누는 곳이다. 이렇게 백성들이 잔치를 열며 행복하게 살고 있는 모습을 바라보면 태평성대로 공을 다 이룬 것으로 보인다. 그러나 성인은 만승의 주인인 그 자리의 역할을 잘 알고 있기에 백성들의 편안해진 삶이 길게 나아가야 함을 안다. 앞으로도 이러함이 지속되어야 하기에 벌써부터 일을 다 이룬 듯 들뜨지 않고 초연함을 유지한다는 것이다. 여유로울 때 빈곤할 때를 대비해야 한다. 쓰고 남는다고 넘치게 사용해서는 안 되는 법이다. 지족함에 머물면

218)『하상공주』"榮觀, 謂宮闕. 燕處, 后妃所居也. 超然, 遠避而不處也. 奈何者, 疾時主傷痛之辭. 萬乘之主謂, 王者. 王者至尊, 而以其身行輕躁乎. 疾時王奢恣輕淫也."
219)『왕필주』"不以經心也."

서 여유가 있는 것을 비축할 줄 알아야 미래의 두려움을 버리고 선하게 살아갈 수 있다. '제비 연(燕)'은 한가롭고 편안하다는 의미로 대부분 해석하지만, 경사스러운 일이 있어 잔치를 연다는 뜻이 있다. 연회[宴]가 실내에서 벌이는 잔치라면 연(燕)은 밖에서 제비처럼 옹기종기 모여 벌이는 잔치라 할 수 있다.

輕則失本, 躁則失君.
가볍게 처신하는 것은 나라의 근본을 잃어버리는 것이요, 조급하게 행동하는 것은 주인을 잃어버리는 것이다.

하상공은 "왕이 가볍고 음란하면 신하를 잃고, 몸을 다스림에 가볍고 음탕하면 정을 잃는다. 왕이 조급하게 행동하면 임금의 자리를 잃게 되고, 몸을 다스림에 조급하고 서두르면 그 정과 신을 잃게 된다"[220]라고 풀이했다. 왕필은 "가벼움은 무거움을 누르지 못한다. 근본을 잃으면 몸을 잃게 되는 것이고 임금을 잃으면 임금의 자리를 잃는 것이 된다"[221]라고 설명을 달았다.

마지막 문장이다. 첫 문장에 대한 강조로 "가볍게 처신하는 것은 나라의 근본을 잃어버리는 것"이라고 했다. 군주가 원칙을 쉽게 바꾸는 것에 대한 지적이다. 이는 치도의 근본을 버린 것이라 말하고 있다. 큰 것[大]은 다스리는 이에 대한 믿음에 의해 와해되지 않고 유지할 수 있다. 이런 저런 이유로 군주의 말이 많아지면 불신이 생겨나게 되어 있으며, 불신은

220) 『하상공주』 "王者輕淫則失其臣, 治身輕淫則失其精. 王者行躁疾則失其君位, 治身躁疾則失其精神也."
221) 『왕필주』 "輕不鎭重也. 失本, 爲喪身也. 失君, 爲失君位也."

다툼으로 이어져 나라의 치도는 그 통솔력을 잃을 것이다. 치도가 사라지면 나라가 없는 것이나 다를 바가 없으니 백성 또한 잃게 되는 것이다. 이어서 "조급하게 행동하는 것은 주인을 잃어버리는 것"이라 했다. 앞에서는 가벼운 처신으로 치도와 백성들을 잃어버린 것이라면, 이번에는 조급한 행동으로 군주라는 자리를 잃어버리는 경우를 말하고 있다. 조급한 백성들에 대해 고요함을 유지해야 할 어미의 역할을 군주가 제대로 하지 못하는 것이다. 군주의 조그마한 몸짓도 백성에게는 큰 태풍으로 다가설 수 있음을 망각하고, 백성들처럼 작은 일에 감정을 주체하지 못하고 쉽게 기뻐하거나 조급해 하고 반응을 그대로 보인다면, 입장이 다른 다양한 처지에 있는 백성들의 경우에는 어찌할 바를 모르게 될 것이다. 군주가 더 조급해 하니 조급한 백성들로서는 어미가 없는 것과 다를 바가 없다. 이러한 군주가 어찌 그 자리를 온전히 보전할 수 있겠는가. 자리를 지키고 있다 할지라도 허울만 남은 군주일 것이다. 鳳

가볍게 처신하는 것은 나라의 근본을 잃어버리는 것이요,

조급하게 행동하는 것은 주인을 잃어버리는 것이다.

제 27 장

선이 행한 것에는 흔적을 남기지 않는다.

善行無轍迹 善言無瑕讁 善數不用籌策

선행무철적 선언무하적 선수불용주책

善閉無關楗而不可開 善結無繩約而不可解

선폐무관건이불가개 선결무승약이불가해

是以聖人常善救人 故無棄人

시이성인상선구인 고무기인

常善救物 故無棄物 是謂襲明

상선구물 고무기물 시위습명

故善人者 不善人之師 不善人者 善人之資

고선인자 불선인지사 불선인자 선인지자

不貴其師 不愛其資 雖智大迷 是謂要妙

불귀기사 불애기자 수지대미 시위요묘

선이 행한 것에는 흔적을 남기지 않으며, 선이 말한 것에는 허물이나 책망함이 없고, 선이 계산한 것에는 이해타산의 꾀를 사용하지 않는다.
선이 닫아 놓은 것은 빗장으로 질러 놓은 것이 없으나 열 수가 없고, 선이 연결해 놓은 것은 노끈으로 묶은 것이 없으나 풀 수가 없다.
이런 까닭에 성인은 항상 선으로 사람을 구원하기에 돌보지 않는 사람이 없고, 항상 선으로 물을 구원하기 때문에 돌보지 않는 물이 없다. 이를 일러 밝음을 그대로 따른다고 한다.
그러므로 선을 행하는 자는 선을 행하지 않는 자의 스승이고, 선을 행하지 아니하는 자는 선을 행하는 자의 자산이다.
그 스승을 귀하게 여기지 않고 그 자산을 아끼지 않으면, 아무리 지혜롭다 하여도 크게 미혹될 것이므로, 이를 일러 오묘함의 요체라 한다.

[해설]

善行無轍迹, 善言無瑕謫, 善數不用籌策.
선이 행한 것에는 흔적을 남기지 않으며, 선이 말한 것에는 허물이나 책망함이 없고, 선이 계산한 것에는 이해타산의 꾀를 사용하지 않는다.

백서(갑을)에서는 선행자(善行者), 선언자(善言者), 善數者(선수자)라 하여 모두 '자(者)'가 들어가 있다.

선(善)에 대해 자세히 설명한 장이다. 이 장의 뜻을 제대로 이해하기 어렵다면 제8장의 상선약수(上善若水)를 다시 살펴보면 좋을 듯하다. '선' 자의 의미는 도의 순리대로 자연스럽게 베풀어지는 것이라 정리한 바 있다. 이 문장을 하상공은 "도를 잘 행하는 자는 몸에서 구하고, 대청마루에 내려가지 않으며 문 밖에 나가지도 않으니, 흔적과 발자국이 없는 것이다. 말을 잘한다는 것은 말을 잘 선택해서 내보내는 것을 일컫는 것이니, 세상에 흠이나 허물이 없다. 도로써 일을 계산하는 사람은 일(一)을 지켜 옮겨 가지 않는다. 계산하는 바가 많지 않으면 산가지를 사용하지 않아도 알 수 있다"[222]라며 도를 내세워 설명하고 있다.

왕필은 "저절로 그렇게 됨을 따르고 가는 것은, 무엇인가 만들지 않고 시작하지 않으므로 사물이 지극함을 얻어서 흔적이 없다. 사물의 본성을 따르는 것은 분별하고 분석하지 않으므로 흠잡고 꾸짖을 틈이 없다. 사물의 셈을 따르면 드러나는 것에 의지(假)하지 않는다"[223]라고 말

222) 『하상공주』 "善行道者求之於身, 不下堂, 不出門, 故無轍跡. 善言謂擇言而出之, 則無瑕疵謫過於天下. 善以道計事者, 則守一不移, 所計不多, 則不用籌策而可知也."
223) 『왕필주』 "順自然而行, 不造不始, 故物得至, 而無轍迹也. 順物之性, 不別不析, 故無瑕謫可得其門也. 因物之數, 不假形也."

한다. 소자유도 "이치에 따라 행하기 때문에 자취가 없다는 것이다"라고 그 이유를 설명했다.

먼저 "선이 행한 것에는 흔적을 남기지 않는다"고 했다. 철적(轍迹)이란 수레바퀴 자국이라는 뜻으로, 어떤 사물이 지나간 흔적을 비유적으로 이르는 말이다. 선이 행하고 지나간 자리에는 어떠한 일이 있었는지 그 자취를 찾을 수 없다는 뜻이다. 이 문장은 많은 학자들이 '선(善)'자를 '잘한다'는 의미로 해석한다. 따라서 행(行)과 언(言) 그리고 수(數)자를 수식하는 형식을 취해 "길을 잘 다니는 이는 자취를 남기지 않는다"라는 식으로 풀이하고 있다. 따라서 필자가 '선(善)'을 주어로 보는 것과는 출발부터가 다르기 때문에 다른 주해서와 비교하기가 어렵다는 점을 이해해주기 바란다.

노자는 8장에서 상선(上善)은 물과 같아서 도에 가까운 것이라 했다. 선은 무위자연의 방식으로 행해지기 때문에 선이 베풀어지는 것을 의식하지 못한다. 이처럼 행하면서 나서지도 않고, 행했다고 해서 내세우지도 않기 때문에 흔적이 남지 않는 것이다.

이어서 "선이 말한 것에는 허물이나 책망함이 없다"라고 했다. '하적(瑕讁)'에서 적(讁)자는 다른 판본에서 적(謫)으로 되어 있으나 '꾸짖다'라는 의미에서는 서로 같다. 이 구절을 이해하는 데 참고할 만한 글이 8장의 "선이 말하는 바는 믿음이 있다"이다. 여기서 '말씀 언(言)'자는 '말'이나 '글'이라는 직접적인 의미보다는 행동에 내포되어 전해지는 메시지로 이해해야 한다. 선은 무엇을 바라고 행하는 것이 아니며, 간섭하지도 않기에 누구를 책망할 것도 없다. 또한 계속되어진다는 믿음을 주고, 차별하거나 다툼을 벌이게 하는 허물도 남기지 않는다.

그리고 "선이 계산한 것에는 이해타산의 꾀를 사용하지 않는다"라고 말했다. 이 구절을 두고 학자들은 "계산을 잘하는 사람은 산가지를 사용하지 않는다"라고 풀이한다. 사람(者)을 주어로 번역한 것이다. 이 구절에서 '셈 수(數)'는 우주만물의 이치를 객관적 실재의 숫자로 부호화한 것으로, 사실을 왜곡하거나 속임수를 써서 남을 해롭게 하는 모략을 가지고 있지 않다는 말이다. 선은 있는 그대로 행할 뿐 사람들처럼 이해타산을 하여 득실을 따지지 않는다. 주책(籌策)의 뜻은 '대나무로 만든 계산기(산가지)'이나 이 문장에서는 셈을 놓아 득실을 따지는 수[셈법]의 뜻으로 쓰였다.

善閉無關楗而不可開 善結無繩約而不可解
선이 닫아 놓은 것은 빗장으로 질러 놓은 것이 없으나 열 수가 없고, 선이 연결해 놓은 것은 노끈으로 묶은 것이 없으나 풀 수가 없다.

백서(갑을)에서는 선폐(善閉)는 선폐자(善閉者)로 선결(善結)은 선결자(善結者)로 '놈 자(者)'가 붙고, '문빗장 건(楗)'은 '자물쇠 약(籥)'으로, '열 개(開)'는 '열 계(啟)', '노끈 승(繩)'은 '노끈 묵(纆)'으로 쓰여 있다. 뜻은 통행본과 다르지 않다.

하상공은 “도로써 정욕을 닫고 정기와 오장신 지키기를 잘하는 사람은, 문에 빗장이 있어서 열 수 있는 것과 같지 않다. 도에 의해 일을 잘 매듭짓는 사람은 끈으로 묶어 놓아서 풀 수 있는 것과 같지 않다”[224]하였다. 왕필은 “사물은 저절로 그러함에 따르니 설치하고 시행하지 않는다. 그러므로 빗장이나 노끈을 사용하지 않지만 열거나 풀지 못한다. 이 다섯 가지는 모두 만들지도 않고 베풀지도 않으며 사물의 본성을 따른다는 말이니, 드러나는 것으로 사물을 제어하지 않음을 말한다”[225]라고 설명했다.

이 문장에서는 선이 닫아 놓은 문은 문빗장으로 질러 놓은 것이 아니기에 누가 인위적으로 열거나 닫을 수 없다는 말이다. 저절로 문이 잠긴 것이므로 작위(作爲)의 행위가 아님을 일깨우고 있다. 이어서 선이 연결해 놓은 것은 노끈으로 묶은 것이 아니어서 풀 수 없다고 했다. 빗장으로 거는 것과 끈으로 묶는 것은 인위적인 조치이므로 사람이 열거나 풀 수 있다. 하지만 앞서 말한 바와 같이 믿음으로 연결된 관계라면 보이지도 않지만 쉽게 끊어질 수 있는 것도 아니다. 더군다나 삶속에 깊이 들어와 있다면 더욱 어려울 것이다. 즉 선은 삶속에서 자연스럽게 행해지고 있다는 것을 알 수 있다.

노자는 선은 물과 같다고 했다. 물은 사람들 가까이 흐르면서 변함없이 이로움을 주면서도 인위적인 행동을 보인 적이 없다. 따라서 물에 대한 신뢰는 겉으로 표명하지 않아도 무엇보다 깊고 굳게 다져져 있다. 이와 같은 관계에서 생겨난 믿음은 누군가가 임의로 왜곡시킬 수 있는 게

224) 『하상공주』 “善以道閉情欲、守精神者, 不如門戶有關楗可得開. 善以道結事者, 乃可結其心, 不如繩索可得解也.”
225) 『왕필주』 “因物自然, 不設不施, 故不用關鍵.繩約, 而不可開解也. 此五者, 皆言不造不施, 因物之性, 不以形制物也.”

아닐 것이다.

> 是以聖人常善救人 故無棄人 常善救物 故無棄物 是謂襲明
> 이런 까닭에 성인은 항상 선으로 사람을 구원하기에 돌보지 않는 사람이 없고, 항상 선으로 물을 구원하기 때문에 돌보지 않는 물이 없다. 이를 일러 밝음을 그대로 따른다고 한다.

하상공은 "성인이 항상 사람들에게 충과 효를 가르치는 것은 사람들의 성명(性命)을 구하고자 하기 때문이다. 귀하고 천한 사람들로 하여금 각자 그에 마땅한 바를 얻게 한다. 성인이 항상 사람들에게 사계절에 따르도록 가르치는 것은 만물의 상처를 구제하고자 하기 때문이다. 성인은 돌을 천하게 여기지도 않으며, 옥을 귀하게 여기지도 않고 똑같이 본다. 성인은 사람과 사물을 잘 구제하니, 이것을 일컬어 큰 도를 잇고 밝힌다고 한다"[226]라고 풀었다.

왕필은 "성인은 사물을 구속하여 이름이라는 모양을 세우려 하지 않기에 앞으로 나아가는 데 변변치 못한 것을 버려서 남다르게 만들어 가지 않는다. 만물이 저절로 그렇게 됨을 도와줄 뿐 따로 일을 시작하지 않는다. 그러므로 버려지는 사람이 없다고 했다. 현명함과 능력을 숭상하지 않으니 백성들이 다투지 않고, 얻기 어려운 재화를 귀중하게 여기지 않으니 백성들이 도적이 되지 않으며, 욕심날 만한 것을 보여주지 않으니 백성들이 마음이 혼란해지지 않는다. 항상 백성들의 마음이 욕심 없도록 하고 미혹되지 않도록 한다면 버려지는 사람이 없을 것이다"[227]라고 설명한다.

---

226) 『하상공주』 "聖人所以常教人忠孝者, 欲以救人性命. 使貴賤各得其所也. 聖人所以常教民順四時者, 欲以救萬物之殘傷. 聖人不賤名而貴玉視之如一. 聖人善救人物, 是謂襲明大道."
227) 『왕필주』 "聖人不立形名以檢於物, 不造進向以殊棄不肖. 輔萬物之自然而不爲始, 故日 無棄人也. 不尙賢能, 則民不爭, 不貴難得之貨, 則民不爲盜, 不見可欲, 則民心不亂. 常使民心無欲無惑, 則無棄人矣."

앞 문장에 이어서 "이런 까닭에 성인은 항상 선으로 사람을 구원하기에 돌보지 않는 사람이 없고, 항상 선으로 물을 구원하기 때문에 돌보지 않는 물이 없다"고 했다. 선이란 감추는 것 없이 있는 그대로 모두에게 넓게 베풀어지고 있음을 다시 강조하고 있다. 성인이 선행과 선언으로 백성들을 보살피면, 돌보지 않는 사람이 없고 불선하다고 버리는 물도 없다는 뜻이다. 이것은 "밝음을 그대로 따른 것"이라고 말하고 있다. 이 구절에서 습명(襲明)이란 밝음[明]을 그대로 따라 답습한다는 말로, 선의 도리를 아는 것이 밝음이며 이를 본받아 그대로 행함이 습명이란 말씀이다.

故善人者, 不善人之師. 不善人者, 善人之資. 不貴其師, 不愛其資, 雖智大迷, 是謂要妙.
그러므로 선을 행하는 자는 선을 행하지 않는 자의 스승이고, 선을 행하지 아니하는 자는 선을 행하는 자의 자산이다. 그 스승을 귀하게 여기지 않고 그 자산을 아끼지 않으면, 아무리 지혜롭다 하여도 크게 미혹될 것이므로, 이를 일러 오묘함의 요체라 한다.

백서(갑을)에는 '놈 자(者)'가 모두 빠져 있고, 끝의 要妙(요묘)가 妙要(묘요)로 순서를 달리 하였으나 의미상으로 그리 다르지 않다. 그러나 특이하게도 통행본에서의 "故善人者 不善人之師"가 백서에서는 "故善人 善人之師(그러므로 선을 행하는 자는 선을 행하는 자의 스승이 된다)"라고 적혀 있다. 백서본과 통행본이 서로 이해하는 바가 다르다.

하상공은 “성인은 사람들이 행하는 가운데 선한 것을 사람들의 스승으로 삼는다. 자(資)는 쓰임[用]이다. 사람들이 행하는 가운데 선하지 않은 것은 성인은 오히려 가르치고 이끌어 선하게 만들며, 쓰임에 맞도록 한다. 혼자 되어 도와주는 사람이 없으며, 쓰일 바가 없다. 비록 스스로를 지혜롭다고 생각할지라도 이런 자는 크게 미혹된 사람이라는 말이다. 이런 뜻에 통할 수 있으면 이를 일컬어 미묘한 요지의 도를 안다고 한다”[228]라고 설명하고 있다.

왕필은 “선을 들어서 선하지 못한 것의 스승으로 삼는다. 그러므로 스승이라고 했다. 자(資)는 취한다는 말이다. 선한 사람은 선으로 선하지 못한 자를 가지런히 하고 선으로 선하지 못한 것을 버리지 않는다. 그러므로 선하지 못한 자를 선한 사람이 취한 것이다. 지혜로울지라도 자신의 지혜만 믿고 사물을 따르지 않는다면 반드시 도를 잃게 된다. 그러므로 지혜로운 자일지라도 크게 미혹된다고 했다”[229]라며 설명을 더했다.

본문으로 돌아와 보자. “그러므로 선을 행하는 자는 선을 행하지 않는 자의 스승이고, 선을 행하지 아니하는 자는 선을 행하는 자의 자산이다”라고 말하고 있다. 선을 행한 이의 행적은 불선한 이가 선을 행함에 있어서 본이 될 것이며, 또한 선을 행하지 않는 자도 배척할 대상이 아니라 선을 행하는 자가 가슴으로 품어야 할 자산이라고 말하고 있다. 불선한 자를 품어 불선함을 버리게 하는 일이다. 백서(을)에서는 ‘者(자)’와 ‘不(불)’ 자가 빠진 ‘故善人 善人之師’로 적혀 있다. 번역해 보면 “선을 행하는 자는 선을 행하는 자의 스승이다”라고 옮길 수 있는데, 이는 관점의 차이로 보

228) 『하상공주』 “人之行善者, 聖人即以為人師. 資, 用也. 人行不善者, 聖人猶教導使為善, 得以給用也. 獨無輔也. 無所使也. 雖自以為智. 言此人乃大迷惑. 能通此意, 是謂知微妙要道也.”
229) 『왕필주』 “擧善以師不善, 故謂之師矣. 資, 取也. 善人以善齊不善, 以善棄不善也, 故不善人, 善人之所取也. 雖有其智, 自任其智, 不因物, 於其道必失. 故日 雖智大迷.”

인다. 백서에서는 앞서 선을 행하는 자의 흔적은 이를 본받아 뒤에 선을 행하는 사람의 귀감이 되기에 스승이 된다는 말이기 때문이다.

다음은 결어가 되는 마지막 구절이다. "그 스승을 귀하게 여기지 않고 그 자산을 아끼지 않으면, 아무리 지혜롭다 하여도 크게 미혹될 것이므로, 이를 일러 오묘함의 요체라 한다"고 했다. 여기서 눈여겨볼 글자는 '대미(大迷)'에서의 '大(대)'이다. 크다[大]는 것은 앞장에서와 같이 4大와 같은 규모를 말하는 것으로, 왕을 크게 미혹케 한다는 말이다. 깨우침이 높다고 해도 선인을 귀하게 여기지 않거나 불선하다고 해서 가볍게 여긴다면, 아무리 지혜롭다고 해도 나라를 크게 혼란에 빠뜨리게 된다는 말씀이다. 이러하기에 선이 오묘하다고 말하는 요체라는 것이다. 우리는 불선한 자를 자산으로 보거나 아끼려 하지 않고 교화시키려 하거나 배제하려 든다. 이와 같은 것은 노자의 도가 아니다. 鳳

제 28 장

크게 짓는 것은 베어내지 않는다.

知其雄 守其雌 爲天下谿
지기웅 수기자 위천하계

爲天下谿 常德不離 復歸於嬰兒
위천하계 상덕불리 복귀어영아

知其白 守其黑 爲天下式
지기백 수기흑 위천하식

爲天下式 常德不忒 復歸於無極
위천하식 상덕불특 복귀어무극

知其榮 守其辱 爲天下谷
지기영 수기욕 위천하곡

爲天下谷 常德乃足 復歸於樸
위천하곡 상덕내족 복귀어박

樸散則爲器 聖人用之則爲官長
박산즉위기 성인용지즉위관장

故大制不割
고대제불할

그 수컷을 알고 그 암컷을 지키면 천하의 시냇물이 된다.
천하의 시냇물이 되면 항상하는 덕이 떠나지 않기에 다시 연약한 어린아이로 돌아온다.
그 흰 것을 알고 그 검은 것을 지키면 천하의 방식이 된다.
천하의 방식이 되면 항상하는 덕에 어긋나지 않기에 다시 처음의 자리로 돌아온다.
그 영화로움을 알고 그 욕된 것을 지키면 천하의 골짜기가 된다.
천하의 골짜기와 같이 하면 항상하는 덕이 족함에 이르게 되어 다시 질박함으로 돌아온다.
질박함이 흩어지면 그릇이 되는데, 성인은 그것을 써서 관청의 우두머리로 삼는다.
그러므로 크게 짓는 것은 베어내지 않는다.

[해설]

知其雄, 守其雌, 爲天下谿. 爲天下谿, 常德不離, 復歸於嬰兒.
그 수컷을 알고 그 암컷을 지키면 천하의 시냇물이 된다. 천하의 시냇물이 되면 항상하는 덕이 떠나지 않기에 다시 연약한 어린아이로 돌아온다.

백서(갑을)과의 차이는 '시내 계(谿)'가 '시내 계(溪)'로 같은 뜻의 다른 자를 썼다는 것뿐 별다른 특이점은 없다.

하상공은 "수컷은 존귀함을 비유하고, 암컷은 비천함을 비유한다. 사람은 비록 자신의 존귀함이 드러남을 알게 된다 하더라도 마땅히 다시 비천함으로 미묘함을 지켜야 한다. 수컷의 강함을 버리고 암컷의 부드러움으로 취하니, 천하가 그에게로 귀의할 것이다. 물이 깊은 계곡으로 흘러 들어가는 것과 같다. 사람이 깊은 계곡과 같이 겸손하고 낮추면 덕이 항상 존재하여, 자기에게서 다시 떠나지 않게 된다. 마땅히 갓난아이에게로 뜻이 다시 되돌아가니, 그러함이 어수선해져 아는 바도 없어진다"[230]라고 했다. 깊은 계곡과 같이 겸손하고 몸을 낮추어야 한다는 말이다.

이에 비해 왕필은 "수컷은 앞서는 것의 무리이다. 암컷은 뒤에 서는 것의 무리이다. 천하에서 앞서는 것을 알기 때문에 반드시 뒤에 선다. 그래서 성인은 그 몸을 뒤로 하지만 몸은 앞서게 된다. 골짜기는 사물들에게 청하지 않아도 사물들이 스스로 찾아온다. 어린아이는 지혜를 쓰지

230)『하상공주』"雄以喻尊, 雌以喻卑. 人雖自知其尊顯, 當復守之以卑微, 去雄之強梁, 就雌之柔和, 如是則天下歸之, 如水流入深谿也. 人能謙下如深谿, 則德常在, 不復離於己. 當復歸志於嬰兒, 惷然而無所知也."

않아도 저절로 그렇게 되는 지혜에 합치한다"[231]라고 했다. 즉 수컷처럼 앞서지 않고 암컷처럼 뒤에 서 있어야 실제로는 앞서게 되는 것이라고 풀이했다. 박세당은 "수컷을 알고 암컷을 지키면 의지가 굳세지 못해 다투지 않는다"고 했다. 학자들 가운데 서명응은 지(知)는 인식의 측면에서, 수(守)는 행하는 측면의 말이기 때문에 수컷과 암컷을 음양으로 대비해서 합일해야 함을 말하는 것이라 했다.

첫 구절에 "그 수컷을 알고 그 암컷을 지키면 천하의 시냇물이 된다"라고 했다. 雌(자)와 雄(웅)이 나오는데, 이후 문장에서 白(백)과 黑(흑), 榮(영)과 辱(욕)이 등장하는 것을 보면 대비를 이루는 단어를 내세워 무언가를 설명하는 것으로 보인다.

먼저 자웅(雌雄)을 살펴보자. 우리는 암컷과 수컷의 특성과 행태를 다각적인 측면에서 한없이 나열할 수 있다. 그러나 이 문장에서 전하고자 하는 뜻에 맞추어 암컷과 수컷의 개념을 좁혀서 생각해야 한다. 무엇보다 시냇물이라고 말한 뜻에서 벗어나서는 안 될 것이다. 앞서 10장에서 암컷[雌]이라는 글자를 사용한 바가 있다. "하늘의 문이 열리고 닫힘에 있어 암컷이 하는 것처럼 할 수 있겠는가(天門開闔 能爲雌乎)"라고 하면서 덕의 현묘함을 설명한 글에서 나온다.

하늘의 문을 열고 닫는 일은 날씨를 조절하는 일이다. 그중에서 폭우나 폭설, 회오리바람이나 천둥번개 그리고 폭염이나 혹한 등이 수컷의 성질을 보이는 것이라면, 암컷은 이를 잘 조절하는 역할을 한다고 볼 수 있다. 따라서 수컷을 알고 암컷을 지키면 천하의 시냇물이 된다는 것은,

231)『왕필주』"雄先之屬. 雌後之屬也. 知爲天下之先也 必後也. 是以聖人後其身, 而身先也. 谿不求物, 而物自歸之. 嬰兒不用智, 而合自然之智."

하늘을 잘 살펴 받들면 땅에 이로운 시냇물이 흐르게 할 수 있다는 말씀이다. 이어서 천하의 시냇물이 되면 항상하는 덕이 떠나지 않기에 다시 연약한 어린아이로 돌아온다고 했다. 백성들에게 항상하는 덕은 미래의 불안을 씻어내고 믿음을 주기에 사람을 무욕하게 만든다. 따라서 기운이 유연한 어린아이로 돌아올 수 있다.

> 知其白, 守其黑, 爲天下式. 爲天下式, 常德不忒, 復歸於無極.
> 그 흰 것을 알고 그 검은 것을 지키면 천하의 방식이 된다. 천하의 방식이 되면 항상하는 덕에 어긋나지 않기에 다시 처음의 자리로 돌아온다.

백서(갑을)에서는 영(榮)과 욕(辱)이 나오는 다음 문장을 먼저 제시하고 있다.

하상공은 "백(白)은 환한 밝음을 흑(黑)은 묵묵함을 비유한다. 사람이 비록 스스로 환하게 밝음을 알더라도 마땅히 다시 묵묵함으로 그것을 지켜 마치 어두컴컴해서 보이는 바가 없는 것과 같아야 한다. 이렇게 하면 세상의 본이 될 수 있으니 그 덕이 항상 남아 있게 된다. 사람이 세상의 본이 될 수 있으면 덕이 항상 자기에게 있게 되어 다시 어그러짐이 없게 된다. 덕이 어그러지지 않으면 오랫동안 살 수 있어 끝이 없는 곳으로 돌아가게 된다"[232]라고 풀었다. 왕필은 "식(式)이란 본받을 만한 규칙이다. 특(忒)은 어긋난다는 의미다. 다함이 없다는 것이다"[233]라고 글자의 뜻을 풀어서 설명했다.

---

232) 『하상공주』 "白以喻昭昭, 黑以喻默默. 人雖自知昭昭, 明白當復守之以默默, 如闇昧無所見, 如是則可為天下法式, 則德常在. 人能為天下法式, 則德常在於己, 不復差忒. 德不差忒, 則常生久壽, 歸身於無窮極也."
233) 『왕필주』 "式, 模則也. 忒, 差也. 不可窮也."

이 문장에 이분법적으로 다가서면 노자의 글을 제대로 이해할 수 없다. 노자의 철학은 어떠한 것을 양단으로 갈라 놓고 옳고 그름을 따지거나 차별하려 들지 않는다.

백과 흑을 가져다 놓고 비유를 들고 있다. 천하의 방식은 선과 악을 구분하여 시시비비를 가리려고 하는데, 흰 것을 알고 검은 것을 지키고자 한다면 도에서 말하는 덕과 똑같지는 않지만 어긋나지는 않는다고 말한다. 하늘의 덕과 같이 모두를 품고 있기 때문이다. 그래서 처음의 자리로 돌아올 수 있다고 했다. '무극(無極)'은 어느 것이 드러남이 없는 원시의 상태를 말한다. 인간이라면 참된 본성의 자리라 말할 수가 있다. 모든 물들이 있어야 할 제자리인 셈이다.

이 문장에서 '式(식)'은 방식을 뜻한다. 천하의 사람들이 필요에 의해 만들어 본받아야 할 것으로 여기는 것을 말한다. 하늘의 방식과 인간 세상의 방식으로 대비해서 설명하는 것이다. 아울러 '무극(無極)'을 왕필은 '다함이 없다'라는 의미로 해석하고 있다. 이 또한 양단이 없는 시작의 상태를 말하는 것이다.

> 知其榮, 守其辱, 爲天下谷. 爲天下谷, 常德乃足, 復歸於樸.
> 그 영화로움을 알고 그 욕된 것을 지키면 천하의 골짜기가 된다. 천하의 골짜기와 같이 하면 항상하는 덕이 족함에 이르게 되어 다시 질박함으로 돌아온다.

하상공은 "영화로움은 존귀함으로, 욕됨은 더럽고 탁함으로 비유했다. 사람은 자신에게 영화로움과 귀함이 있다는 것을 알면, 이것을 오히려 더러움과 탁함으로 지켜야 한다. 이렇게 하면 세상이 그에게로 돌아오는 것이, 마치 깊은 계곡으로 물이 흘러 들어가는 것과 같을 것이다. 족(足)은 머문다[止]는 뜻이다. 사람이 세상의 계곡이 될 수 있으면 덕은 자기에게 머물게 된다. 다시 몸을 질박함으로 되돌려야 하고 다시 꾸미려 하지 말아야 한다"[234)]라고 했다. 오히려 자신을 낮추면 덕이 자신에게 머물게 되는 것이라는 얘기다.

왕필은 "이 세 가지는 늘 되돌아가는 것을 말하는 것으로, 그 후에야 그 처한 바를 덕이 온전하게 한다는 것이다. 아래 장에서 말하기를 되돌아가는 것이 도의 움직임이라고 했다. 공을 취해서는 안 되고 항상 그 어미에 머물러 있어야 한다"[235)]라고 풀이했다.

이 글도 앞서의 글과 같은 문장 구조를 가지고 있다. 영욕(榮辱)은 영화로운 삶과 욕된 삶을 말하는 것으로, 인간은 물론 천하의 만물이 모두 번갈아가며 겪는 일이다. 처지가 급변했음에도 항상하는 면모를 잃지 않으면 골짜기가 된다고 했다. 골짜기는 물을 흘려보내는 선의 몸체로 변함없는 모습을 보인다. 천하의 골짜기와 같이 하면 항상하는 덕이 족함에 이르게 되어 다시 질박함으로 돌아온다고 말한다. 말이 아니라 행동으로 만물을 덕으로 변함없이 껴안으니 사람들도 순진무구한 질박함으로 되돌아온다는 것이다.

樸散則爲器, 聖人用之則爲官長. 故大制不割.

질박함이 흩어지면 그릇이 되는데, 성인은 그것을 써서 관청의 우두머리로 삼는

234) 『하상공주』 "榮以喻尊貴, 辱以喻污濁. 人能知己之有榮貴, 當復守之以污濁, 如是則天下歸之, 如水流入深谷也. 足, 止也. 人能為天下谷, 則德乃常止於己. 復當歸身於質樸, 不復為文飾."
235) 『왕필주』 "此三者, 言常反終, 後乃德全其所處也. 下章云, 反者道之動也. 功不可取, 常處其母也."

다. 그러므로 크게 만드는 것은 베어 내지 않는다.

하상공은 "그릇은 쓰임이다. 만물의 질박함이 흩어지면 그릇의 쓰임이 된다. 도가 흩어져 신명이 되고, 흘러서 해와 달이 되고, 나뉘어져 오행이 되는 것과 같다. 성인이 이것을 높여 쓰면 백관의 우두머리가 된다. 성인이 그것을 사용하면 대도로 천하를 제어하기에 상하거나 해치는 것이 없고, 몸을 다스리면 대도로 욕망을 제어하므로 정기와 오장신을 해치지 않는다"[236]라고 했다. 질박함이 널리 흩어지는 것이 도가 흩어지는 것과 같다고 본 것이다.

왕필은 "질박함은 참됨이다. 참됨이 흩어지면 온갖 행함이 나와, 갖가지 종류들이 생겨나는 것이 그릇과 같다. 성인은 그것이 흩어지는 것에 기인하여 그들을 위해 통솔자를 세워서, 선으로 사표를 삼게 하고 선하지 못한 것으로 자원으로 삼으며 풍속을 변화시켜 다시 하나로 돌아가게 한다. 크게 지어낸 것은 천하의 마음을 자신의 마음으로 삼는 것이므로 분할함이 없다"[237]라고 풀었다. 즉 이러한 것이 모두를 하나로 돌아가게 하는 것이라고 얘기다.

앞 구절과 연결해서 "질박함이 흩어지면 그릇이 되는데, 성인은 그것을 써서 관청의 우두머리로 삼는다"라고 말한다. 앞에서 영욕을 알고 지키면 모든 백성들이 질박함으로 돌아온다고 말한 것처럼, 이렇게 질박함이 온 천하에 널리 퍼지면 나라에 이로운 그릇이 만들어진다는 것이다. 성인은 이 그릇을 관청의 우두머리로 삼고 백성들의 본으로 삼게 한

236)『하상공주』"器, 用也. 萬物之樸散則為器用也. 若道散則為神明, 流為日月, 分為五行也. 聖人升用則為百官之元長也. 聖人用之則以大道制御天下, 無所傷割, 治身則以大道制御情欲, 不害精神也."

237)『왕필주』"樸, 眞也. 眞散則百行出, 殊類生, 若器也. 聖人因其分散, 故爲之立官長. 以善爲師, 不善爲資, 移風易俗, 復使歸於一也. 大制者, 以天下之心爲心, 故無割也."

다는 말씀이다. 다시 말해 질박한 삶을 모든 관아의 최고의 가치로 여기게 한다는 말이다.

이어서 마지막 결어로 "그러므로 크게 짓는 것은 베어내지 않는다"라는 가르침을 전하고 있다. 제(制)란 마름질하는 것이다. 즉 만들거나 짓는다는 의미이다. 대제(大制)란 질박함으로 크게 짓는 것을 말한다. 이러저런 이유로 잘라내면 크게 지을 수가 있겠는가. 모두를 포용해야 한다는 말씀이다.

이 장을 통해 우리는 천하를 이끌어 가는 노자의 철학을 알 수 있다. 노자는 모두가 함께하는 사회를 꿈꾸고 있다. 천하의 군주는 바로 서서 영욕에 흔들리지 않는 백성들의 중심이 되어야 하며, 욕됨을 잘 이겨내어 질박함에 이르게 해야 한다. 이 과정에서의 부조화는 배제가 아니라 덕으로 감싸 안아 모두가 태어난 본성으로 돌아오게 만드는 것이다. 백성들이 소박한 삶에 지족함을 느낀다면 그들은 자유스럽게 자신의 그릇을 만드는 일에 전념할 수 있을 것이다. 이러한 나라는 도가 행해지는 나라로 영구히 지속될 수 있다고 노자는 반복하여 말하고 있다. 鳳

그 영화로움을 알고 그 욕된 것을 지키면

천하의 골짜기가 된다.

제 29 장

천하는 신비로운 그릇이라 억지로 할 수가 없다.

將欲取天下而爲之 吾見其不得已

장욕취천하이위지 오견기부득이

天下神器 不可爲也 爲者敗之 執者失之

천하신기 불가위야 위자패지 집자실지

故物或行或隨 或歔或吹 或强或羸 或載或隳

고물혹행혹수 혹허혹취 혹강혹리 혹대혹휴

是以聖人去甚 去奢 去泰

시이성인거심 거사 거태

장차 천하를 취하길 바라서 그래도 한다면, 그대들은 천하의 부득이함을 보게 될 것이다.

천하는 신비로운 그릇이라서 억지로 할 수가 없다. 억지로 하는 것은 실패하고, 잡으려고만 하는 것은 잃게 된다.

그러므로 물은 어떤 경우에는 앞서 나가기도 하고 어떤 경우에는 뒤따르기도 하며, 어떤 경우에는 탄식하기도 하지만 어떤 경우에는 부추기기도 한다. 어떤 경우에는 왕성하기도 하지만 어떤 경우에는 파리하기도 하며, 어떤 경우에는 떠받들기도 하지만 어떤 경우에는 무너뜨리기도 한다.

이 때문에 성인은 정도가 지나친 것을 멀리하며, 분에 넘치는 것도 멀리하고, 너무 커도 멀리하는 것이다.

[해설]

將欲取天下而爲之, 吾見其不得已.
장차 천하를 취하길 바라서 그래도 한다면, 그대들은 천하의 부득이함을 보게 될 것이다.

백서(갑)에서는 '아닐 不(부)'가 '아닐 弗(부)'로 쓰여 있는 것 외에는 다름이 없다.

하상공은 "장차 천하를 취하고자 한다는 것은 천하의 주인이 되고자 한다는 뜻이다. 유위로 백성을 다스리고자 한다. 나는 하늘의 도와 사람의 마음을 얻지 못할 것이 분명하다고 본다. 하늘의 도는 번잡하고 탁한 것을 싫어하고 사람의 마음은 욕심이 많은 것을 싫어한다"[238]라고 했다. 박세당도 "천하를 취하려고 유위로써 이루려는 사람은 반드시 천하를 얻을 수 없다. 천하는 유위로 행하여 얻을 수 없다" 즉 유위로는 얻을 수 없다고 풀이했다.

소자유는 이 문장을 "성인의 천하에 있어서는 취하려 하는 것이 아니라 만물이 귀의하는 것으로 부득이하게 받아들인 것이다. 다스림이란 인위적으로 행하는 것이 아니라 만물이 저절로 그러함을 좇아서 그 해됨만을 제거한 것일 따름이다"라고 풀었다.

첫 문장이다. 그대들이 "장차 천하를 취하길 바라서 그래도 한다면,

238) 『하상공주』 "欲為天下主也. 欲以有為治民. 我見其不得天道人心已明矣, 天道惡煩濁, 人心惡多欲."

그대들은 천하의 부득이함을 보게 될 것이다"라고 경계한다. '爲之(위지)'는 도의 순리를 따르지 않고 작위로 한다는 말이다. 천하를 얻기 위한 욕심이 커서 준비가 부족하지만 그래도 한다는 의미로 쓰였다. 노자는 천하라는 그릇은 사람들의 자신감과는 달리 어찌할 수 없는 신비로운 곳임을 느끼게 될 것이라 말한다. 다음 문장에서 설명이 이어진다.

> 天下神器, 不可爲也. 爲者敗之, 執者失之.
> 천하는 신비로운 그릇이라서 억지로 할 수가 없다. 억지로 하는 것은 실패하고, 잡으려고만 하는 것은 잃게 된다.

백서(을)에서는 '夫天下神器也 非可爲者也 爲之者敗之 執之者失之'로 적혀 있다. 발어사인 '부(夫)'자로 시작하며 '아니 불(不)'이 '아니 비(非)'자로 되어 있는 등 전체 내용은 크게 다르지 않다.

하상공은 "기(器)는 물(物)이라는 뜻이다. 사람은 곧 천하의 신물이다. 신물이란 편안함과 고요함을 좋아하니 유위(有爲)로 다스릴 수 없다. 유위로 다스리면 백성의 질박한 본성을 망치게 된다. 억지로 잡아 가르치면 그 성정의 실질을 잃고 거짓만 생기게 한다"[239]라고 풀었다. 사람이 신기라 했다. 이에 비해 왕필은 "신(神)은 형체도 없고 일정한 공간도 없다. 기(器)는 여러 요인들이 합하여 이루어진 것인데 무형으로 합했기 때문에 그것을 일컬어 신기라고 했다"[240]라고 풀었다. 즉 왕필은 여러 요인들이 무형으로 합해 이루어진 것을 신령스러운 그릇이라고 보았다. 또

---

239) 『하상공주』 "器, 物也. 人乃天下之神物也, 神物好安靜, 不可以有為治. 以有為治之, 則敗其質性. 強執教之, 則失其情實, 生於詐偽也."
240) 『왕필주』 "神, 無形無方也. 器, 合成也. 無形以合, 故謂之神器也."

"만물은 스스로 그러함을 본성으로 삼는다. 그러므로 본성은 따를 수 있으나 유위는 안 되는 것이다. 본성에 통해야 되지만 붙잡아서는 안 된다. 사물에는 한결같은 본성이 있는데 조작해서 하려 하니 반드시 패하게 되고, 사물에는 왕래함이 있는데 그것을 붙잡으려 하니 반드시 놓치게 된다"[241]라고 했다.

"천하는 신비로운 그릇이라서 억지로 할 수가 없다"라고 했다. 이 구절에서 신기(神器)는 불가사의한 큰 그릇으로 번역할 수 있다. 신비롭다고 한 것은 천하라는 곳이 사람들이 예측할 수 없는 복잡다단(複雜多端)한 곳이기 때문이다. 따라서 억지로 하려고 하면 실패하게 되고, 붙들려고 집착해도 잃게 된다고 말한다. 사람들은 생각하는 바대로 움직여지지 않음을 강조하고 있다. 천하의 속성이 어떠한 것인지는 다음에 나올 것 같다. '신기(神器)'라는 표현에 대한 학자들의 해석을 보면, 왕필은 '무형의 합'으로, 하상공은 '사람'으로, 박세당은 '큰 물건'과 같은 것으로, 엄영봉은 '지극히 중하고 귀하다'라고 했다. 홍석주는 천하는 큰 그릇과 같다고 하면서, "큰 그릇이 오고 가는 것이나 얻거나 잃는 것은 모두 사람의 힘으로 간여할 수 있는 바가 아니다. 마치 신명이 있어 주관하기에 신기라 말한 것이다"라고 풀었다. 학자들마다의 다양한 해석을 볼 수 있다.

故物或行或隨, 或歔或吹, 或强或羸, 或載或隳.

그러므로 물은 어떤 경우에는 앞서 나가기도 하고 어떤 경우에는 뒤따르기도 하며, 어떤 경우에는 탄식하기도 하지만 어떤 경우에는 부추기기도 한다. 어떤

241) 『왕필주』 "萬物以自然爲性, 故可因而不可爲也, 可通而不可執也. 物有常性, 而造爲之, 故必敗也. 物有往來, 而執之, 故必失矣."

경우에는 왕성하기도 하지만 어떤 경우에는 파리하기도 하며, 어떤 경우에는 떠받들기도 하지만 어떤 경우에는 무너뜨리기도 한다.

歔(허)는 백서(갑을)에는 嘘(허)로, 하상공본 등에는 呴(구)로 되어 있다.

하상공은 "위에서 행하는 것이 있으면 아래에서는 반드시 따른다. 구(呴)는 따뜻하다는 뜻이다. 취(吹)는 차갑다는 뜻이다. 따뜻한 것이 있으면 반드시 차가운 것이 있다. 강대한 것이 있으면 반드시 약한 것이 있다. 재(載)는 편안하다는 뜻이고 휴(隳)는 위태하다는 뜻이다. 편안한 것이 있으면 반드시 위태로운 것이 있다. 임금이 유위로써 다스리거나 몸을 다스릴 수 없음을 밝히는 것이다"[242]라고 했다. 왕필은 "여기서 말한 모든 혹(或)자는 사물이 일을 하면서 거스르고 순종함을 반복하는 것을 말함이니, 잡거나 분할하기 위해 베푸는 것이 아니다. 성인은 저절로 그렇게 되는 지극함에 통달하여 만물의 본성을 활짝 펴 주므로, 말미암은 대로 할 뿐 유위하지 않고 순리대로만 하며 임의로 베풀지 않는다. 미혹하게 하는 바를 제거하여 사라지면, 마음이 혼란스럽지 않게 되면서 사물의 본성은 저절로 얻어지게 되는 것이다"[243]라고 덧붙여 설명했다.

이 문장은 같은 상황에서 생존을 위해 서로 다른 모습을 내보이는 물들의 다면성을 그리고 있다. 환경은 수시로 변화하는 것이므로 이에 적응하려는 물들의 모습은 더 복잡하게 나타날 것이다. 따라서 어떤 경우

242) 『하상공주』 "上所行, 下必隨之也. 呴, 溫也. 吹, 寒也. 有所溫必有所寒也. 有所強大, 必有所羸弱也. 載, 安也. 隳, 危也. 有所安必有所危, 明人君不可以有為治國與治身也."
243) 『왕필주』 "凡此諸或, 言物事逆順反覆, 不施爲執割也. 聖人達自然之至, 暢萬物之情, 故因而不爲, 順而不施. 除其所以迷, 去其所以惑, 故心不亂而物性自得之也."

에는 앞서 나가기도 하고 어떤 경우에는 뒤따르기도 하며, 어떤 경우에는 탄식하기도 하지만 어떤 경우에는 부추기기도 한다. 어떤 경우에는 왕성하기도 하지만 어떤 경우에는 파리하기도 하며, 어떤 경우에는 떠받들기도 하지만 어떤 경우에는 무너뜨리기도 한다는 것이다. 어떤 상황에서나 물들은 각자가 처한 위치와 형편이 다르기 때문에 아무리 합리적인 처분을 내렸다 해도 그 영향은 다르게 미칠 수밖에 없다. 어떠한 처분이 있다 해도 물들은 얻고자 하는 것을 포기할 수가 없기에 집요하게 방어하거나 또는 회피하려 들 것이다. 따라서 일률적인 방법으로 이끌어가려고 하거나 붙잡으려고 하는 것은 허망한 것이라는 말씀이다. 歔(허)는 뒤에 나오는 吹(취)자와 대구를 이룬다. 歔(허)가 흐느끼거나 탄식하다는 뜻이라면 吹(취)는 흥을 돋우거나 부추기는 것을 말한다.

是以聖人去甚, 去奢, 去泰.
이 때문에 성인은 정도가 지나친 것을 멀리하며, 분에 넘치는 것도 멀리하고, 너무 커도 멀리하는 것이다.

백서(갑을)에서는 去奢(거사)와 去泰(거태)의 순서가 바뀌어 있다.

하상공은 "심함(甚)은 탐욕·음탕·풍류·여색의 즐김이 심한 것을 말하고, 사치함(奢)은 의복과 음식의 사치를 가리킨다. 태(泰)란 궁궐의 방과 누각의 정자를 가리킨다. 이 세 가지를 버리고 중화(中和)에 처해 무위를 행하게 되면 천하는 저절로 변화한다"[244]라고 말했다.

244) 『하상공주』 "甚謂貪淫聲色. 奢謂服飾飲食. 泰謂宮室臺榭. 去此三者, 處中和, 行無為, 則天下自化."

마지막 결어다. 성인은 천하 물의 속성과 그러함을 알기에 정도가 지나친 것을 멀리하며, 분에 넘치는 것도 멀리하고, 너무 커도 멀리하는 것이라고 말한다. 모두의 입장을 다 만족시킬 수 없는 것을 알기에 한쪽으로 기울지 않는다는 말씀이다. 앞서 5장에서 "말이 많으면 수가 궁한 법이니 가운데를 지키는 것만 못하다"라고 한 것과 같다. 노자의 철학은 양극단으로 나아가는 것을 원하지 않는다. 조화로움을 통해 다툼을 없애고 본성으로 돌아와 각자의 그릇을 만들어가는 것을 지향한다. 이러한 길로 인도하는 것은 선과 덕이다. 鳳

제 30 장

선한 자는 자연스러운 결과를 얻으려 할 뿐이다.

以道佐人主者 不以兵强天下 其事好還

이도좌인주자 불이병강천하 기사호환

師之所處 荊棘生焉 大軍之後 必有凶年

사지소처 형극생언 대군지후 필유흉년

善者果而已 不敢以取强

선자과이이 불감이취강

果而勿矜 果而勿伐 果而勿驕 果而不得已 果而勿强

과이물긍 과이물벌 과이물교 과이부득이 과이물강

物壯則老 是謂不道 不道早已

물장즉로 시위부도 부도조이

도로써 군주를 보좌하는 자는 군사로 천하를 강제하지 않는다. 그런 일은 주고받기를 좋아한다.
군대가 머물렀던 자리에는 가시덤불이 자라나고, 대군을 일으킨 후에는 반드시 흉년이 있다.
선한 자는 자연스러운 결과를 얻으려 할 뿐 감히 억지로 취하려 하지 않는다.
결과를 얻지만 자랑하지 말고, 결과를 얻지만 징벌하지 말며, 결과를 얻지만 교만하지 말라.
결과를 얻는 것이 어쩔 수 없어도 결과를 얻는 것을 억지로 하지 말라.
물이 기세가 좋으면 곧 늙는 것이니 이를 일러서는 도라 하지 않는다.
도가 아닌 것은 서둘러 그치는 것이다.

[해설]

以道佐人主者, 不以兵强天下, 其事好還.
도로써 군주를 보좌하는 자는 군사로 천하를 강제하지 않는다. 그런 일은 주고받기를 좋아한다.

백서(갑을)에서는 '사람 자(者)'가 빠져 있으며, 죽간(갑)에서는 '不以(불이)'가 '不欲以(불욕이)'로 '하고자 할 욕(欲)'자가 추가되고, 마지막 '其事好還(기사호환)'의 구가 빠져 있다.

하상공은 "임금이 도에 의해 스스로를 보좌할 수 있음을 가리킨다. 도에 의해 스스로를 보좌하는 임금은 병기로 제압하지 않는다. 천도에 따르고 덕에 맡기면 적은 스스로 복종한다. 그가 거드는 일은 스스로에게 책임을 돌리기를 좋아할 뿐 남을 원망하지 않는다"[245]라고 했다. 왕필은 "도로써 임금을 보좌하면 오히려 병기로 천하에서 강해져서는 아니 되는데, 하물며 임금이 몸소 도를 행하는 자로 나설 수 있겠는가. 이루려는 자는 공을 세우고자 일을 만들어 힘을 쏟으려 하지만, 도를 지닌 자는 무위로 돌이키려고 힘쓴다. 그래서 그 일이 잘 돌아온다고 했다"[246]라고 했다.

도로써 군주를 보좌하는 자는 군사로 천하를 강제하지 않는다고 했다. 도는 무력을 쓰는 행위를 멀리하기에 마땅한 말이다. 아울러 그런 일은 주고받기를 좋아한다고 말한다. 이 구절에서 그런 일이란 앞 구절의

245) 『하상공주』 "謂人主能以道自輔佐也. 以道自佐之主, 不以兵革, 順天任德, 敵人自服. 其舉事好還自責, 不怨於人也."
246) 『왕필주』 "以道佐人主, 尙不可以兵强於天下, 況人主躬於道者乎. 爲者務欲立功生事, 而有道者務欲還反無爲, 故云其事好還也."

군사로 강제하는 일을 말한다. 힘으로 문제를 해결해 놓고 그것이 정당화되어 버린다면 사람들은 어떤 경우든 힘으로 해결하려고 덤벼들 것이다. 천하의 시류가 그렇다면 약한 자가 살아남는 방법은 없다. 원한은 또 다른 원한을 부르고, 다툼은 또 다른 다툼을 불러들이는 것이 인간세상이다. 이러한 세상은 모두를 사지로 밀어가는 길만 뚫려 있다. 노자는 이와 같은 힘의 남용이 우리에게 큰 폐해를 가져다주고 있음을 다음 글에서 일러준다.

> 師之所處, 荊棘生焉. 大軍之後, 必有凶年.
> 군대가 머물렀던 자리에는 가시덤불이 자라나고, 대군을 일으킨 후에는 반드시 흉년이 있다.

'처(處)'와 '楚棘(초극)'은 백서(갑)에서 '거(居)'자와 '荊棘(형극)'으로 되어 있으며, '大軍之後 必有凶年'의 구절은 백서에서는 보이지 않는다.

하상공은 "농사일이 폐해지고 밭을 일구지 않음을 말한다. 하늘은 나쁜 기로 이에 응하니 오곡을 해한다. 오곡이 다 망가지면 결국 사람이 상하게 된다"[247]라고 말했다. 왕필은 "군대는 흉하고 해로운 물건임을 말한 것이다. 구제하는 것이 없이 반드시 상하게 하는 바가 있으며, 백성들을 해치고 논밭을 황폐하게 하므로 가시덤불이 생긴다"[248]라는 말이라 했다.

---

247) 『하상공주』 "農事廢, 田不修. 天應之以惡氣, 即害五穀, 盡傷人也."
248) 『왕필주』 "言師凶害之物也. 無有所濟, 必有所傷, 賊害人民, 殘荒田畝, 故曰, 荊棘生焉."

이 문장은 군사를 일으키고 나면 백성들의 고통이 심해지는 모습을 그리고 있다. 전쟁을 위해 징집된 병사의 대부분은 농사를 지어야 하는 백성들이다. 그들이 전쟁에 동원되면 논과 밭을 돌볼 사람이 어디에 있겠는가. 또한 병사들이 머물렀던 자리는 군마와 전차가 지나간 자국만 남길 것이기에, 여기저기 가시덤불만 나뒹굴 것이다. 이에 더해 대군의 군량미를 충당하느라 민가의 곡식을 남겨두지 않았을 터이고, 밭에서 일할 장정이 부족하니 흉년에 시달리게 되는 것은 불가피한 일이었을 것이다.

주나라가 동천(東遷)을 한 뒤에도 전란이 계속되자 이 시국을 한탄한 시가 있다. 『시경(詩經)』의 '대아(大雅)' 제3 탕지십(第三 蕩之什)의 '부드러운 뽕나무'라고 이름 붙여진 '상유편'이다. 정상홍(鄭相弘)이 번역한 『시경』(을유문화사)에서 그대로 옮겨 적는다. 참고로 주나라는 기원전 770년 견융(犬戎)의 침입을 받았다. 주 유왕(幽王)은 여산 기슭에서 살해되었으며, 주 왕실은 도읍을 동쪽의 낙읍(낙양)으로 옮겨 겨우 명맥을 유지했다. 주나라가 동천을 하자 제후들이 주나라를 배신하고 독립국을 세웠는데 그 수가 엄청났다고 한다.

桑柔(상유)

四牡騤騤(사모규규)　　사마(駟馬)는 늠름하고
旟旐有翩(여조유편)　　많은 깃발 펄럭이네.

亂生不夷(난생불이)　난리 일어나 평화롭지 못하고
靡國不民(미국불민)　온 나라가 어지러우니
民靡有黎(민미유려)　많은 백성들이 죽어 없어지거나
具禍以燼(구화이신)　모두 화를 입어 겨우 살아가고 있네.
於乎有哀(어호유애)　아아, 슬프다!
國步斯頻(국보사빈)　나라 형편 정말 위급하구나.
(중략)

如彼遡風(여피소풍)　바람을 안은 듯
亦孔之僾(역공지애)　매우 숨 막히는 것 같네.
民有肅心(민유숙심)　백성들은 착해지려는 마음 있어도
荓云不逮(병운불체)　그렇게 되지 못하네.
好是稼穡(호시가색)　농사지은 곡식이나 좋아하여
力民代食(역민대식)　백성들에게 부세 거둬 대신 먹고 있으니
稼穡維寶(가색유보)　보배 같은 곡식을
代食有好(대식유호)　대신 먹어 주고 있음을 좋다 하네.
(중략)

維此惠君(유차혜군)　도리를 따르는 임금님은
民人所瞻(민인소첨)　백성들이 우러르네.
秉心宣猶(병심선유)　지닌 마음 밝고 착하여
考愼其相(고신기상)　신중히 보좌할 신하 생각하시네.
維彼不順(유피불순)　도리를 따르지 않는 임금은
自獨俾臧(자독비장)　자기만 좋은 짓이나 하며
自有肺腸(자유폐장)　자기 혼자만의 생각으로

俾民卒狂(비민졸광)　　백성들을 모두 정신 잃게 하네.

(이후 생략)

'사(師)'는 고대 중국의 군대를 지칭하는 말로, 군제(軍制)[249]에서 여(旅)의 5배, 곧 2,500인의 병사를 거느리는 군사조직이다. 통행본의 荊棘生焉(형극생언)은 백서에서 楚棘生之(초극생지)로 되어 있다. 백서본 등에는 '大軍之後 必有凶年(대군지후, 필유흉년)'이 빠져 있다. 초(楚)와 형(荊)은 모두 가시나무라는 의미를 가지고 있어 통한다. 형(荊)은 초나라의 별칭이기도 하다. 서주시대부터 양자강 이남의 남방 지역을 '가시나무(荊=楚)가 우거진 밀림지대'라는 의미에서 '초'나 '형'으로 병칭했다. 형(荊)과 같은 가시나무를 뜻하는 극(棘)이 이어져 중복이 되고 있는데, 이를 가시나무가 많다는 뜻에서 가시덤불로 옮겼다.

善者果而已, 不敢以取强. 果而勿矜, 果而勿伐, 果而勿驕, 果而不得已, 果而勿强.
선한 자는 자연스러운 결과를 얻으려 할 뿐 감히 억지로 취하려 하지 않는다. 결과를 얻지만 자랑하지 말고, 결과를 얻지만 징벌하지 말며, 결과를 얻지만 교만하지 말라. 결과를 얻는 것이 어쩔 수 없어도 결과를 얻는 것을 억지로 하지 말라.

통행본에서의 '不敢(불감)'은 백서(갑을)에는 '말 무(毋)'의 금지사로 쓰였다. 다르지 않다. 이후 '말 물(勿)'이 毋나 勿로 섞어 쓰였고 '不得已(부득이)'를 '毋得已居(무득이거)'로 하였으나 그 의미는 크게

249) 주나라 때의 군대 편제는 伍(五人) - 兩(五伍) - 卒(四兩) - 旅(五卒) - 師(五旅) - 軍(五師)으로, 六軍은 천자가 거느리는 군대의 규모를 말한다. 1軍은 1만 2,500명이고 6군은 모두 7만 5,000명이 된다. -『주례(周禮)』'하관(夏官)'

달라지지 않는다.

하상공은 "병기를 잘 사용하는 자는 과감함에 그쳐야 하고 아름답게 여겨서는 안 된다. 과감함으로 강대하다는 이름을 취하지 않는다. 과감하되 겸손하고 낮추어 스스로 크게 뽐내서는 안 된다. 과감하되 사양하여 스스로를 내세워 그 아름다움을 가져서는 안 된다. 교(驕)는 속인다는 뜻이다. 과감해도 남을 속이지 않는다. 과감함을 넘어 지극히 성실해야 하며, 정당하지 아니한 핍박은 부득이해야 한다. 과감하다고 강한 병기와 견고한 갑옷으로 남을 능멸해서는 안 된다"[250]라고 풀었다.

왕필은 "과(果)는 구제한다[濟]는 말과 같다. 군대를 잘 쓰는 사람이라는 말은 위난을 구제할 뿐 병기의 힘을 사용해서 천하의 강자가 되려고 하지 않는다는 말이다. 군대로 도를 숭상하게 하려는 것이 아니라 부득이해서 사용하는 것이니 어찌 자만하고 교만함이 있겠는가. 병기의 사용이 비록 어려움을 구제하여 공으로 나아간다 해도 그때의 사정이 어쩔 수 없으면 다시 사용해야 한다는 말이다. 단지 폭압과 혼란만 제거해야지 구제하는 것을 이용하여 강압해서는 안 된다는 것이다"[251]라고 설명을 붙였다.

이 문장은 '果(과)'라는 한 글자 때문에 다양하게 해석된다. 필자는 첫 구절에서 "선한 자는 자연스러운 결과를 얻으려 할 뿐 감히 억지로 취하려 하지 않는다"라고 풀이했다. '과(果)'는 열매를 뜻하는 말로, 원인으

250) 『하상공주』 "善用兵者, 當果敢而已, 不美之. 不以果敢取強大之名也. 當果敢謙卑, 勿自矜大也. 當果敢推讓, 勿自伐取其美也. 驕, 欺也. 果敢勿以驕欺人. 當過果敢至誠, 不當逼迫不得已也. 果敢勿以為強兵, 堅甲以欺凌人也."

251) 『왕필주』 "果, 猶濟也. 言善用師者, 趣以濟難而已矣, 不以兵力取强於天下也. 吾不以師道爲尙, 不得已而用, 何矜驕之有也. 言用兵雖趣功果濟難, 然時故不得已, 當復用者, 但當以除暴亂, 不遂用果以爲强也."

로 말미암아 생긴 결과를 가리킨다. 나무가 한 해를 살아온 정직한 노력이 열매로 모아지는 것이다. 이처럼 억지로 취하려 하지 말고 순리에 따른 결과를 얻도록 강조하고 있다. 결과를 얻지만 자랑하지 말고, 결과를 얻지만 징벌하지 말며, 결과를 얻지만 교만하지 말라. 결과를 얻는 것이 어쩔 수 없어도 결과를 얻는 것을 억지로 하지 말라. 이것이 도로 나아가는 길임을 설명하고 있다.

이 문장에서 '선자(善者)'는 다른 책에서는 '용병을 잘하는 사람'으로 풀이하고 있다. 또한 '과(果)'는 다소 여러 뜻으로 번역하고 있는데, 왕필은 '구제하다(果, 猶濟也)', 하상공은 '과감히 하다(果敢)', 사마광은 '소기의 목적을 이루다(果, 猶成也)', 여길보는 '적을 이김이다(果者, 克敵者也)', 소자유는 '결단이다(果者, 決也)', 왕안석은 '이긴다는 말(果, 勝之辭)'이라 했다.

物壯則老, 是謂不道, 不道早已.
물은 기세가 좋으면 곧 늙는 것이니 이를 일러서는 도라 하지 않는다. 도가 아닌 것은 서둘러 그치는 것이다.

이 문장의 설명으로 하상공은 "초목의 장성함이 다하면 말라 잎이 떨어지며, 사람의 장성함이 다하면 쇠약하고 늙는다. 강한 것은 오래 갈 수 없다는 말이다. 마르고 늙은 자는 주저앉아 도를 행하지 못한다. 도를 행하지 못하는 자는 서둘러 죽는다"[252]라고 하여, 강한 것은 바로 쇠하는 것이 도리라 했다. 왕필은 "장(壯)은 무력이 사납게 흥한다는 의미이

252) 『하상공주』 "草木壯極則枯落, 人壯極則衰老也. 言強者不可以久. 枯老者, 坐不行道也. 不行道者早死."

니 병기로 천하에서 강해짐을 비유한 것이다. 회오리바람은 아침나절도 넘기지 못하고 소나기는 하루 종일 퍼붓지 못한다. 그러므로 갑자기 흥한 것은 도가 아니어서 반드시 일찍 끝나게 된다"[253]라고, 갑자기 흥한 것은 도가 아니라고 설명한다.

이 문장은 55장에서도 그대로 사용되었다. "물은 기세가 좋으면 바로 늙어가는 것이니, 이를 일러서 도라 하지 않는다"라고 했다. 壯(장)은 기세가 좋다는 것으로, 기운을 왕성히 하는 것은 서둘러 결실을 준비하는 것이다. 유약함과 강함이 조화를 이루지 못하고 강함만을 견지하니 이 역시 극에 빨리 도달하는 것이다. 일부러 사지로 나아가는 것이기에 노자는 이러한 것은 도가 아니라고 말한다. 첫 문장에서 도로써 군주를 보좌하는 자는 천하를 강제하지 않는다는 말씀을 꺼낸 이유가 여기에 있다. 鳳

253) 『왕필주』 "壯, 武力暴興, 喩以兵强於天下者也. 飄風不終朝, 驟雨不終日, 故暴興必不道, 早已也."

제 31 장

무릇 군사라는 것은 훌륭하여도 상서롭지 아니한 그릇이다.

夫佳兵者 不祥之器 物或惡之 故有道者不處

부가병자 불상지기 물혹오지 고유도자불처

君子居則貴左 用兵則貴右

군자거즉귀좌 용병즉귀우

兵者不祥之器 非君子之器

병자 불상지기 비군자지기

不得已而用之 恬淡爲上 부득이이용지 염담위상

勝而不美 而美之者 是樂殺人

승이불미 이미지자 시락살인

夫樂殺人者 則不可得志於天下矣

부락살인자 즉불가득지어천하의

吉事尙左 凶事尙右 偏將軍居左 上將軍居右

길사상좌 흉사상우 편장군거좌 상장군거우

言以喪禮處之 언이상례처지

殺人之衆 以哀悲泣之 戰勝以喪禮處之

살인지중 이애비읍지 전승이상례처지

무릇 군사라는 것은 훌륭하여도 상서롭지 아니한 그릇이다. 물들이 때로는 미워하기에 그래서 도가 있는 데에는 거처하지 않는다.

군자는 평소 자리할 때 왼쪽을 귀하게 여기나, 군사를 쓸 때는 오른쪽을 귀하게 여긴다.

군사는 상서롭지 아니한 그릇이니 군자가 쓰는 그릇이 아니다.

어찌할 수 없어서 사용하더라도 명예나 이익을 탐내는 마음을 갖지 않도록 하는 것을 높게 여겨야 한다.

이기는 것이 아름다운 일이 아닌데 아름다운 것이라 하면 이것은 살인을 즐기는 것이다.

대저 살인을 즐기는 자는 천하에서 뜻하는 바를 얻을 수 없다.

경사스러운 일은 좌측을 높이고 흉한 일에는 우측을 높인다. 편장군은 왼쪽에 자리하고 상장군을 오른쪽에 자리하는 것은, 죽음에 대한 예로써 자리한다는 말이다.

사람을 죽인 무리들이 슬퍼하고 애통해하는 마음으로 읍하는 것이다.

전쟁에서 승리하여도 상례로 처리하는 것이다.

[해설]

夫佳兵者, 不祥之器. 物或惡之, 故有道者不處. 君子居則貴左, 用兵則貴右.
무릇 군사라는 것은 훌륭하여도 상서롭지 아니한 그릇이다. 물들이 때로는 미워하기에 그래서 도가 있는 데에는 거처하지 않는다. 군자는 평소 자리할 때 왼쪽을 귀하게 여기나, 군사를 쓸 때에는 오른쪽을 귀하게 여긴다.

백서(갑을)에서는 '佳(가)'자가 없으며 '不處(불처)'는 '弗居(불거)'로 되어 있으나 전달하고자 하는 의미에서는 차이가 없다. 이어 '道(도)'가 백서(을)에서는 '넉넉할 유(裕)'로 되어 있는 부분이 다르다. 욕(欲)으로 쓰여 있는 것은 유(裕)를 가차한 것이라 한다.

하상공은 "佳(가)는 飾(식)이고, 祥(상)은 善(선)이다. 병기는 정신(情神)을 놀라게 하고 조화로운 기운을 탁하게 하는 좋지 않은 도구이니, 그것을 닦고 장식해서는 안 된다. 병기가 움직이면 해치는 바가 있으니, 만물 가운데 싫어하지 않는 것이 없다. 도를 가진 자는 그런 나라에 머무르지 않는다. 부드러움과 약함을 귀하게 여긴다. 단단하고 강함을 귀하게 여긴다는 뜻이니, 병기의 도와 군자의 도가 상반된다는 것을 말하는 것이다. 즉 귀하게 여기는 바가 서로 다르다고 말하는 것이다"[254)]라고 풀었다. 왕필은 본 장에 주해를 달지 않았다.

이번 장은 불가피한 전쟁이라도 무력은 슬픈 일이며 미화될 수 없음

254)『하상공주』"佳, 飾也. 祥, 善也. 兵者, 驚精神, 濁和氣, 不善人之器也, 不當修飾之. 兵動則有所害, 故萬物無有不惡之者. 有道之人不處其國. 貴柔弱也. 貴剛強也, 此言兵道與君子之道反, 所貴者異也."

을 지적하고 있다. 첫 구절에서 "무릇 군사라는 것은 훌륭하여도 상서롭지 아니한 그릇이다"라고 했다. 군사는 싸움을 전제로 양성하는 것이니 자신들의 생명과 재산을 지키는 입장에서는 훌륭한 그릇이다. 그러나 목적을 달성하기 위해 타인의 생명을 앗아가는 일도 서슴지 않고 해야 하기 때문에 전반적으로는 악한 것이다. 따라서 군사는 복되고 길한 기운보다는 재앙과 슬픔을 더 많이 가져다 주는 상서롭지 않은 그릇이며, 물들도 이러한 점 때문에 미워한다는 것이다. 군사란 승리한 자에게는 자랑스러운 그릇이겠지만 대다수의 물에게는 굶주림과 비통함을 남기는 상서롭지 못한 존재이기에, 도가 있는 데서는 군사의 역할을 멀리한다 즉 싸움을 전제로 설치하지 않는다 했다. 통행본에서는 아름답다는 '佳(가)'자가 무력의 상징인 군사(兵)라는 글자와 함께 쓰여서 노자의 본의에 대한 논란이 있어 왔다. 하지만 이 구절에서 '가(佳)'는 백서에서는 사용하지 않은 것으로 보아 크게 영향을 미치는 글자는 아니다. 이 장 전체에 대해 『왕필주』(王弼注)가 빠져 있는 점도 특이할 만하다.

이어서 "군자는 평소 자리할 때 왼쪽을 귀하게 여기나, 군사를 쓸 때는 오른쪽을 귀하게 여긴다"라고 했다. 왼쪽과 오른쪽의 차이에 대해 하상공은 "좌는 유약(柔弱)을 귀하게 여긴 것이고, 우는 강강(剛强)을 귀하게 여긴 것이다"라 하였고, 박세당은 "길한 일에는 왼쪽을 높이고, 흉한 일에는 오른쪽을 높이기 때문이다"라고 말한다. 음양의 견지에서 보는 이는 "왼쪽은 양으로 삶(生)을, 오른쪽은 음으로 죽음(死)을 주관한다"고 풀이한다. 대체로 옛날 사람들은 남쪽을 바라보고 해가 뜨는 왼쪽은 양(陽)인 삶(生)을, 해가 지는 오른쪽은 음(陰)으로 죽음(死)을 배치했다. 이처럼 상황에 따라 소중하게 여기는 것을 달리 했다는 말이다. 평소에는 백성들을 보살피는 일을 중히 했다면 전쟁에서는 죽음을 애도하는 예를 높였다는 말이 된다.

> 兵者不祥之器, 非君子之器, 不得已而用之, 恬淡爲上. 勝而不美, 而美之者, 是樂殺人. 夫樂殺人者, 則不可得志於天下矣.
> 군사는 상서롭지 아니한 그릇이니 군자가 쓰는 그릇이 아니니다. 어찌할 수 없어서 사용하더라도 명예나 이익을 탐내는 마음을 갖지 않도록 하는 것을 높게 여겨야 한다. 이기는 것이 아름다운 일이 아닌 것인데, 아름다운 것이라 하면 이것은 살인을 즐기는 것이다. 대저 살인을 즐기는 자는 천하에서 뜻하는 바를 얻을 수 없다.

판본 중에는 일부 자구의 위치가 바뀌어 있지만 문제가 되어 보이지는 않는다. 염담(恬淡)은 백서에서 섬습(銛襲)으로 되어 있다. 염담(恬淡)이 명예나 이익을 탐내지 않는다는 의미라면, 섬습(銛襲)은 날카롭게 기습공격한다는 뜻이다. 모두 전쟁에 임하는 자들이 높게 받드는 말들이다. 또한 '勝而不美 而美之者(승이불미 이미지자)'가 백서(갑을)에서는 '勿美也 若美之(물미야 약미지)'로 쓰여 있으며, 죽간(병)에는 '弗美也 美之(불미야 미지)'로 적혀 있는 것이 다르다. 큰 틀에서 보면 글자에 연연할 필요는 없는 것 같다.

하상공은 "병기와 갑옷은 좋지 않은 도구이다. 군자가 귀중하게 여기는 도구가 아니다. 쇠퇴하고 거스르며 어지러움과 재난을 만나서 만민에게 미치려고 할 때, 비로소 사용하여 스스로를 지킨다는 말이다. 토지를 탐하지 않고 남의 재물과 보배를 이롭다 하지 않는다. 비록 승리를 얻어도 그것을 아름답거나 이롭게 여기지 않는다. 승리를 얻는 것을 아름답게 여기는 자는 살인을 좋아하고 즐기는 자이다. 군주가 되어 살인을 즐기는 자는 천하에서 뜻을 얻게 해서는 안 된다. 임금이 되면 반드시 백성의 생명을 마음대로 처리하고 망령되게 살육을 행할 것이다"[255]라고 설명했다.

이 문장은 해석에 대한 추가적인 설명이 없어도 이해될 수 있는 글이다. 이 장에서 말하는 전쟁은 왕이 이웃나라를 복속시켜 제후국을 세우고 그 나라의 민심을 안정시키기 위한 예를 올리는 데 대한 글이다. 물들이 싫어하는 전쟁에서 승리하는 것이 결코 아름다운 일이 아닌 것이며, 승리했다 해도 전쟁으로 피폐해진 농토와 가족을 잃은 상처로 인해 전쟁 이후의 백성들의 삶은 평탄하지 못할 것이다. 따라서 불가피하게 싸움을 하더라도 전쟁을 통해 명예나 이익을 탐내는 마음을 갖지 않는 것을 높게 여겨야 한다고 강조한다. 이러함에도 전쟁으로 이웃나라를 복속시키는 일을 자랑스럽게 여기는 군주라면 살인을 즐기는 왕으로 천하에서 뜻하는 바를 얻을 수 없다는 말씀이다.

吉事尙左, 凶事尙右. 偏將軍居左, 上將軍居右. 言以喪禮處之.
경사스러운 일은 좌측을 높이고 흉한 일에는 우측을 높인다. 편장군은 왼쪽에 자리하고 상장군을 오른쪽에 자리하는 것은 죽음에 대한 예로써 자리한다는 말이다.

---

255) 『하상공주』 "兵革者. 不善之器也. 非君子所貴重之器也. 謂遭衰逆亂禍, 欲加萬民, 乃用之以自守. 不貪土地, 利人財寶. 雖得勝而不以為美利也. 美得勝者, 是為喜樂殺人者也. 為人君而樂殺人者, 此不可使得志於天下矣, 為人主必專制人命, 妄行刑誅."

백서(갑을)에서는 문장의 시작이 '是以(시이)', 죽간(병)에서는 '고(故)'다. 통행본의 '상(尙)'은 죽간과 백서에서는 '상(上)'으로, '凶事(흉사)'는 '喪事(상사)'로, '처(處)'는 '거(居)'로 되어 있다.

하상공은 "왼쪽은 생명의 자리이다. 음의 도에서는 죽이는 것을 주관한다. 편장군은 지위가 낮지만 양의 위치에 자리한다. 살인을 전담하지 않기 때문이다. 상장군은 존귀하지만 음의 자리에 거한다. 살인을 주관하기 때문이다. 상장군이 오른쪽에 자리하는 것은, 상례는 오른쪽을 높이고 죽은 사람은 음을 귀히 여기기 때문이다"[256]라고 설명했다.

왼쪽과 오른쪽의 자리를 음양의 이치로 설명하는 것이 다소 어색한 면이 있다. 오행이나 음양은 전국시대에 와서 정립되었다고 보기 때문이다. 그렇다고 노자 이전에 오행이나 음양과 비슷한 개념이 전혀 없었을 것으로는 보지 않는다. 은나라 무정(武丁)시대의 갑골문을 보면 신들의 절대자인 제(帝)에 대한 신적 권위가 온전하게 이어지고 있다. 동서남북[四方]에 대한 인식이 그 시대 이전에는 神格(신격)을 갖춘 존재로 보는 동시에 구체적 神威(신위)를 지닌 초월적 존재로 바라보았다면, 점차 시간이 흐르면서 이런 신위적 개념이 자연적이며 우주적 규범으로 이해되어 가는 흔적으로 볼 수 있다. 아무튼 이 시대에는 경사스러운 일은 좌측을 높이고 흉한 일은 상례로 여겨 우측을 높이는 것이 예법으로 행해졌음을 추측할 수 있다. 이는 앞 구절에서 "군자는 평소 자리할 때 왼쪽을 귀하게 여기나, 군사를 쓸 때에는 오른쪽을 귀하게 여긴다"는 말과 같다.

---

256) 『하상공주』 "左, 生位也. 陰道殺人. 偏將軍卑而居陽者, 以其不專殺也. 上將軍尊而居陰者, 以其專主殺也. 上將軍居右, 喪禮尙右, 死人貴陰也."

殺人之衆, 以哀悲泣之. 戰勝以喪禮處之.
사람을 죽인 무리들이 슬퍼하고 애통해 하는 마음으로 읍하는 것이다. 전쟁에서 승리하여도 상례로 처리하는 것이다.

'哀悲(애비)'가 백서(갑)과 하상공본에는 '悲哀(비애)'로 적혀 있으나 전달하는 의미의 차이는 없다.

하상공은 "자기를 상하게 하면 덕이 엷어지니 도에 의해 사람들을 교화시키지 못하고 무고한 백성을 해치게 된다. 옛날에는 전쟁에 이긴 장군이 상에서 예를 주관하는 자리에 있으면서 소복을 입고 애도했다. 밝은 군자는 덕을 귀하게 여기고 병기를 천하게 여기니, 부득이하게 죽이나 상서롭게 않으니 마음이 즐겁지 아니하며, 상례와 비교된다. 후세에 병기를 쓰는 일이 그치지 아니함을 비통해 하는 것이다"[257]라고 했다.

이미 전쟁으로 제후국을 세웠다면 복속된 백성들의 민심을 안정시키는 일이 더욱 중요할 것이다. 승리한 자의 입장에서는 경사스러운 일로 볼 수 있으나 무고하게 희생된 자들의 넋을 위로하는 의식으로 치러져야 한다는 말이다. 따라서 전쟁에 승리한 무리들은 희생된 자들의 넋을 위로하는 상례로 처리해야 한다고 말한다. 대종백(大宗伯)이란 관직을 설명하는 『주례(周禮)』의 글을 보면 제후국의 우환을 불쌍히 여기는 흉례에는 다섯 가지가 있는데 죽음을 슬퍼하는 예로 상례(喪禮)를 들고 있다. 노자는 도가 천하에 자리 잡지 못하고 싸움을 통해 해결하려는 안타까운 현실을 바라보면서 이에 대한 유감을 피력하고 있다. 鳳

257) 『하상공주』 "傷己德薄, 不能以道化人, 而害無辜之民. 古者戰勝, 將軍居喪主禮之位, 素服而哭之, 明君子貴德而賤兵, 不得以而誅不祥, 心不樂之, 比於喪也, 知後世用兵不已故悲痛之."

제 32 장

장차 그칠 때를 알아야 하며, 그칠 줄을 알면 위태롭지 않게 된다.

道常無名 樸雖小 天下莫能臣也

도상무명 박수소 천하막능신야

侯王若能守之 萬物將自賓

후왕약능수지 만물장자빈

天地相合 以降甘露 民莫之令而自均

천지상합 이강감로 민막지령이자균

始制有名 名亦旣有

시제유명 명역기유

夫亦將知止 知止可以不殆

부역장지지 지지가이불태

譬道之在天下 猶川谷之於江海

비도지재천하 유천곡지어강해

도는 항상 이름이 없으며, 질박하여 비록 작게 여겨진다 하더라도 천하에서는 감히 신하로 할 수 없다.
제후나 왕이 만약 그것을 능히 지켜 나간다면, 만물은 장차 스스로 따르게 될 것이다.
천지가 서로 합해지면 감로를 내려주듯이, 백성들은 명령하지 않아야 스스로 가지런해진다.
처음에 지어서 쓰도록 하면 이름이 있지만, 이름이라는 것도 또한 이미 있었던 것이다.
무릇 또한 장차 그칠 때를 알아야 하며, 그칠 줄을 알면 위태롭지 않게 된다.
비유한다면 도가 천하에 있는 것은, 마치 내와 골짜기가 강과 바다로 흘러가는 것과 같다.

[해설]

道常無名, 樸雖小, 天下莫能臣也. 侯王若能守之, 萬物將自賓.
도는 항상 이름이 없으며, 질박하여 비록 작게 여겨진다 하더라도 천하에서는 감히 신하로 할 수 없다. 제후나 왕이 만약 그것을 능히 지켜 나간다면, 만물은 장차 스스로 따르게 될 것이다.

莫能(막능)은 백서(을)에서는 弗敢(불감)으로 되어 있으며, 小(소)와 天下(천하)는 죽간(갑)에서는 細(세)와 天地(천지)로 되어 있다는 점이 다르다.

하상공은 "도는 음이 될 수도 있고 양이 될 수도 있다. 느슨할 수도 팽팽할 수도 있으며, 존재할 수도 없어질 수도 있다. 그러므로 항상하는 이름이 없다. 도는 비록 소박하고 작지만 미묘하고 형체가 없어 천하에서 감히 도자를 신하로 삼을 수 없다. 제후나 왕이 만약 도를 지켜서 무위할 수 있으면, 만물이 장차 저절로 복종하고 덕에 따르게 될 것이다"[258]라고 했다. 즉 도는 어느 하나의 위치에 머물러 있는 것이 아니기에 이름이 없는 것이라 했다. 왕필은 "도는 형(形)이 없고 얽매이지 않아 항상 이름할 수 없다. 이름이 없는 것으로 항상 여긴다. 그러므로 도는 항상 이름이 없다고 말한다. 질박함은 무위의 마음으로서 사물로 여기니 역시 이름이 없는 것이다. 그러므로 도를 터득하려면 질박함을 보존하는 것만 한 게 없다. 지혜로운 자는 능한 신하가 될 수 있고, 용맹한 자는 무용을 부리는

258) 『하상공주』 "道能陰能陽, 能弛能張, 能存能亡, 故無常名也. 道樸雖小, 微妙無形, 天下不敢有臣使道者也. 侯王若能守道無為, 萬物將自賓, 服從於德也."

이로, 솜씨 좋은 자는 공사를 하는 일에, 힘센 사람은 무거운 것을 질 수 있다. 질박함은 어디에도 치우치지 않는 사물로 여기니 아무것도 없는 것에 가깝다. 그러므로 신하로 삼을 수 없다고 했다. 질박함을 품고 무위하니 사물 때문에 그 참됨에 누를 끼치지 않으며, 하고자 함 때문에 신묘함에 해를 끼치지 않으면 사물이 저절로 손님이 되고 도를 저절로 얻게 된다"[259]라고 설명했다. 즉 질박함은 모든 물이 나름으로 자연스럽게 가지고 있는 것이어서 이름이 없는 것이며, 이 때문에 누구에게 누가 되거나 해를 입히지 않는 것이라 했다.

첫 문장에서 "도는 항상 이름이 없으며, 질박하여 비록 작게 여겨진다 하더라도 천하에서는 감히 신하로 할 수 없다"라고 했다. 도는 행한 바를 드러내지 않기에 이름을 갖지 않으며, 질박함을 통해 지족함을 얻기에 작게 여겨질 수 있다고 말한다. 그러나 이처럼 간단하고 쉽게 이룰 수 있는 것처럼 보이는 도의 행함도, 시키면 잘 이행하는 신하처럼 명한다고 도의 천하를 만들 수는 없다고 말한다. 도의 길은 군주가 본받아야 할 위에 있는 것으로서, 마음대로 바꾸어 행하거나 임의대로 부릴 수 있는 것이 아니다. 이런 이유로 "제후나 왕이 만약 그것을 능히 지켜 나간다면, 만물은 장차 스스로 따르게 될 것이다"라고 말한다. 제후나 왕이 스스로 도를 성실하게 실천해야만 만물도 이를 본받아 자신들의 앞길을 스스로 가지런하게 만들어 나아갈 것이라는 말씀이다. 이처럼 제후나 왕은 자신을 드러내어 이름을 얻으려 하지 말고 질박함을 지켜 가야 한다고 당부하고 있다. 賓(빈)이란 관례(冠禮) 때에 그 순서나 방법을 잘 알아서 모든

259)『왕필주』"道, 無形不繫, 常不可名. 以無名爲常, 故日 道常無名也. 樸之爲物, 以無爲心也, 亦無名. 故將得道, 莫若守樸. 夫智者, 可以能臣也, 勇者, 可以武使也. 巧者, 可以事役也. 力者, 可以重任也. 樸之爲物, 然不偏, 近於無有, 故日 莫能臣也. 抱樸無爲, 不以物累其眞, 不以欲害其神, 則物自賓而道自得也."

일을 알선하던 손님을 일컫는 글자다. 이 구절에서는 만물이 도의 길을 따라 스스로 나아간다는 의미로 쓰였다.

天地相合, 以降甘露, 民莫之令而自均. 始制有名, 名亦旣有.
천지가 서로 합해지면 감로를 내려주듯이, 백성들은 명령하지 않아야 스스로 가지런해진다. 처음에 지어서 쓰도록 하면 이름이 있지만, 이름이라는 것도 또한 이미 있었던 것이다.

백서에는 '내릴 강(降)'이 '비 우(雨)'로 되어 있으나 하늘에서 떨어지는 비를 표현한 것으로 서로 같다.

하상공은 "제후나 왕이 하늘과 서로 어울려 조화로움을 지어 움직이면, 하늘은 즉시 단 이슬을 좋은 길조로 내린다. 하늘이 단 이슬의 좋은 길조를 내리면 만물은 명령하는 자가 없어도 모두 하나같이 저절로 똑같이 고르게 된다. 시(始)는 도이고 이름이 있는 것은 만물이다. 도는 이름이 없어서 이름 있는 것을 제어할 수 있고 형태가 없어서 형체가 있는 것을 제어할 수 있다. 기(旣)는 다하다[盡]는 뜻이다. 이름이 있는 사물은 지니고 있는 정욕을 다하여 도를 배반하고 덕과 멀어지니 그러므로 몸은 훼손되고 욕된다"[260]라고 풀었다. 천지(天地)에서 '땅 지(地)'를 제후나 왕으로 본 것이다.

왕필은 "천지가 서로 합하면 단 이슬을 구하지 않아도 저절로 내리고, 내가 참된 성품을 보존하고 무위하면 백성들은 명령하지 않아도 저

260) 『하상공주』 "侯王動作能與天相應和, 天即降下甘露善瑞也. 天降甘露善瑞, 則萬物莫有教令之者, 皆自均調若一也. 始, 道也. 有名, 萬物也. 道無名能制於有名, 無形, 能制於有形也. 既, 盡也. 有名之物, 盡有情欲, 叛道離德, 故身毀辱也."

절로 균등해진다는 말이다. 시제(始制)라 함은 질박함이 분산되어 처음으로 관장(官長)이 되는 때를 말한다. 처음으로 관장을 만들면 명분을 세워서 귀하고 천함을 정하지 않을 수 없으므로 시제는 이름이 있는 것이다. 이것이 지나치게 나아가면 장차 칼의 끝이 뾰족한 것을 가지고도 서로 다투게 될 것이기에, 이름까지 이미 두었다면 그칠 줄 알아야 한다고 했다"[261]라고 풀었다.

먼저 "천지가 서로 합해지면 감로를 내려주듯이, 백성들은 명령하지 않아야 스스로 가지런해진다"라는 문장을 살펴보자. 백서에는 '내릴 강(降)'이 '비 우(雨)'로 되어 있으니, 비가 내리는 표현으로 볼 수 있다. 여기서 감로(甘露)는 '단 이슬'이다. 옛날에는 천하가 태평하면 하늘이 상서(祥瑞)로 내리는 것이라 하여 성왕의 인덕에 감응하여 내리는 은혜로 보았다. 여기에서는 하늘의 도와 땅의 도가 함께하여야 단 이슬을 만들 수 있다고 하였으니, 제후와 왕이 백성들과 한마음이 되어야 함을 강조하고 있다. 또한 백성들을 피동적으로 이끌어 가지 말고 스스로 질박하게 살아가는 모습을 보이면 명령하지 않아도 각자의 형편에 맞게 고르게 살아간다는 것이다.

이어서 "처음에 지어서 쓰도록 하면 이름이 있지만, 이름이라는 것도 또한 이미 있었던 것이다"라고 했다. 이 문장에서 制(제)는 새롭게 만들어 쓰도록 한다는 의미로, 백성들을 이롭게 하기 위해 새로운 길을 제시한다는 것이다. 따라서 이것은 공이 되어 이름을 얻을 수가 있다. 그러

261)『왕필주』"言天地相合, 則甘露不求而自降. 我守其眞性無爲, 則民不令而自均也. 始制, 謂樸散始爲官長之時也. 始制官長, 不可不立名分以定尊卑, 故始制有名也. 過此以往, 將爭錐刀之末, 故曰 名亦旣有, 夫亦將知止也."

나 그 이름은 이미 있었던 것이라 말한다. 군주들이 세상에 없던 것을 만들어 낸 것으로 자랑하지만 결코 새로운 것이 아니란 말씀이다. 따라서 새롭게 영을 내려 공을 얻은 것이 군더더기에 불과하다는 말이다. 그럼 어찌해야 할 것인가.

> 夫亦將知止, 知止可以不殆. 譬道之在天下, 猶川谷之於江海.
> 무릇 또한 장차 그칠 때를 알아야 하며, 그칠 줄을 알면 위태롭지 않게 된다. 비유한다면 도가 천하에 있는 것은, 마치 내와 골짜기가 강과 바다로 흘러가는 것과 같다.

본 문장에서는 '지아비 부(夫)'자가 하상공본에서만 '하늘 천(天)'자로 쓰여 있으며, 可以(가이)는 백서(갑을)에서는 所以(소이)로 적혀 있다. 川谷之於(천곡지어)는 죽간(갑)과 백서(갑을)에서는 小谷之與(소곡지어)로 표현되어 있다.

하상공은 "사람이 도를 본받고 덕을 행할 수 있으면 하늘 역시 장차 저절로 알게 된다. 하늘이 알면 신령이 도우니 다시는 위태롭지 않다. 도가 천하에 있으며 사람과 서로 어울려 조화하는 것을 비유하여 말하자면, 시내와 골짜기의 물이 강과 바다와 서로 흘러 통하는 것과 같다"[262] 라고 했다. 왕필은 "마침내 이름을 가지고 사물을 함부로 부리게 되면 다스림의 어미를 잃는다. 그러므로 그칠 줄 아는 것이 위태롭지 않은 것이다. 시내와 골짜기의 물이 강과 바다를 찾는 것은 강과 바다가 부른 것이

262) 『하상공주』 "人能法道行德, 天亦將自知之. 天知之, 則神靈祐助, 不復危怠. 譬言道之在天下, 與人相應和, 如川谷與江海相流通也."

아니라 부르지도 않았고 오라고 하지 않았는데도 저절로 귀의한 것이다. 천하에 도가 행해지면 명령하지 않아도 저절로 고르게 되고 구하지 않아도 저절로 얻게 된다. 그러므로 시내와 골짜기의 물이 흘러 강과 바다와 더불어 한다고 말하는 것이다"[263]라고 설명을 달았다.

노자는 "장차 그칠 때를 알아야 하며, 그칠 줄을 알면 위태롭지 않다"라고 말한다. 앞 문장에서 언급한 바와 같이, 부득이하게 새로운 전환점이 필요하여 명하는 것을 만들었다면 빨리 이를 그치고 무위로 나아가야 한다는 말이다. 군주가 새롭게 만들어 가는 일[始制]로 공을 얻는 것을 바람직한 것으로 생각할 수 있다. 그러나 인간이 만들어 내는 묘수는 유한한 것이어서 사용하다 보면 항상 부족할 수밖에 없다. 따라서 군주들이 공명심에 의탁하여 이를 해소하려 들면 인위적인 수단을 계속 만들어 내야 한다. 이처럼 통제와 교화를 통한 타율적인 다스림은 그 경우의 수가 끝이 없이 많아지기 때문에 감당할 수가 없다. 그래서 노자는 백성들이 스스로 자기의 삶을 가지런히 하도록 도의 정치로 다스려야 한다고 말하는 것이다.

이어서 "비유한다면 도가 천하에 있는 것은, 마치 내와 골짜기가 강과 바다로 흘러가는 것과 같다"라고 말한다. 내와 골짜기는 간섭하지 않더라도 강과 바다와 연결되어 있어 자연스럽게 그곳으로 흐른다. 다른 곳으로 빠져나갈 여지가 없다. 도가 천하에 행해지면 순리대로 흐르기 때문에 여기에 더할 것이 없어진다. 천지가 합해지면 감로를 내린다 하지 않았는가. 鳳

263) 『왕필주』 "遂任名以號物, 則失治之母也, 故, 知止所以不殆也. 川谷之求江與海, 非江海召之, 不召不求而自歸者. 世行道於天下者, 不令而自均, 不求而自得, 故曰猶川谷之與江海也."

제 33 장

남을 이기는 자는 힘이 있으나, 저절로 이기는 자가 강한 것이다.

知人者智 自知者明

지인자지 자지자명

勝人者有力 自勝者强

승인자유력 자승자강

知足者富 强行者有志

지족자부 강행자유지

不失其所者久 死而不亡者壽

부실기소자구 사이불망자수

남을 아는 자는 지혜로우나, 저절로 아는 자가 밝은 것이다.
남을 이기는 자는 힘이 있으나, 저절로 이기는 자가 강한 것이다.
족함을 아는 자는 부유하고, 행함이 강한 자는 뜻이 있다.
그 처한 바를 잃지 아니한 자는 오래 가고, 죽더라도 잊히지 않는 자는 장수하는 것이다.

[해설]

이 장은 각 구절이 긍정적인 서술인지 부정적인 서술인지에 대해 주해자마다 견해가 다르다. 노자가 지향하는 부드럽고 유약함과는 달리 이 장은 강함을 긍정하고 있기 때문에 노자의 철학으로 보기 힘들다는 목소리도 있다. 이를 생각하면서 한 문장씩 살펴보자.

知人者智, 自知者明.
남을 아는 자는 지혜로우나, 저절로 아는 자가 밝은 것이다.

백서(갑을)에는 구절마다 어조사 야(也)자를 붙였다. 이후 문장에서도 모두 같다.

하상공은 "남이 무엇을 좋아하고 싫어하는지 알 수 있으면 지혜롭다고 하는 것이다. 사람이 스스로 현명함과 어리석음을 알 수 있으면, 돌이켜 소리 없음을 듣고 안으로 형체 없음을 볼 수 있으니 그러므로 밝게 되는 것이다"[264]라고 설명했다. 왕필은 "남을 아는 자는 지혜로울 따름이니, 스스로를 알아 지혜의 높은 것을 넘어선 자만 못하다"[265]라고 했다. 소자유는 "구별하여 판단하는 것을 지(智)라 하고 가려진 것을 다 알게 되는 것은 명(明)이라 한다"라고 했다.

첫 문장에서 남을 아는 자는 지혜로운 자라 했다. '지혜 지(智)'는 '알

264) 『하상공주』 "能知人好惡, 是為智. 人能自知賢與不肖, 是為反聽無聲, 內視無形, 故為明也."
265) 『왕필주』 "知人者, 智而已矣, 未若自知者, 超智之上也."

지(知)'자에 '날 일(日)'자가 합쳐진 글자다. 글자의 의미로만 보면 '어떠한 것을 두루 밝게 안다'는 말이다. 이 구절에서 남이란 자신 이외의 모든 물을 지칭한다고 보는 게 적절할 것 같다. 따라서 그들에 대한 정보뿐만 아니라 그들의 생각까지 짐작할 수 있는 정도를 말한다. 우선 노자가 『도덕경』에서 지혜를 언급한 예를 살펴보자. 18장에서는 지혜가 나오면 큰 위선이 있게 된다고 하였고, 19장에서는 비할 데 없이 성스러우면 지혜를 버릴 수 있다고 했다. 65장에서는 백성을 다스리기가 어려운 것은 지혜가 많아졌기 때문이며 그러므로 지혜로 나라를 다스리는 것은 나라의 도둑이 되었고, 지혜가 아닌 것으로 나라를 다스리는 것은 나라의 복이 되었다고 말했다.

이를 종합하여 헤아려 보면 세상의 일을 두루 알고 미루어 짐작할 수 있는 것을 지혜라고 부르는데, 노자는 지혜가 근본을 해결하지 못하고 증상을 치유하는 정도로만 여기고 있음을 알 수 있다. 따라서 "저절로 아는 자가 밝은 것이다"라고 말하는 것이다. 밝다[明]는 것은 가려진 것이 없어 막힘이 없다는 말이다. 바로 여기에 노자의 철학이 담겨 있다. 아는 것이 많아 세상의 물정을 훤히 알고 있는 자는 지혜로운 자라 할 수 있지만, 겉으로 드러난 것을 가지고 판단하는 것이므로 어쩔 수 없는 한계가 있다. 모든 일에는 근본이 있으며 이를 통해 천하의 이치를 꿰뚫어 볼 수 있어야 만물이 서로 호응하여 저절로 이루어지는 길이 있다는 것을 알게 된다. 이것이 바로 밝음이라는 것이다.

勝人者有力, 自勝者强.

남을 이기는 자는 힘이 있으나, 저절로 이기는 자가 강한 것이다.

하상공은 "남을 이길 수 있는 사람은 위엄과 힘을 지닌 것에 지나지 않는다. 사람이 자기의 감정과 욕심을 스스로 이길 수 있으면 천하에 다툴 자가 없기 때문에 강하다고 여기는 것이다"[266]라고 해서 무욕이 강함의 한 면이라고 설명했다. 왕필은 "남을 이기는 자는 힘이 있는 것일 뿐이다. 자신을 이기는 자만 못한 것은 그 힘을 덜어내는 물이 없기 때문이다. 지혜를 남에게 사용하는 것은 그 지혜를 자신에게 사용하는 것보다 못하다. 그 힘을 남에게 사용하는 것은 그 힘을 자신에게 사용하는 것보다 못하다. 밝음을 자신에게 사용하면 사물들이 회피할 수 없을 것이며, 힘을 자신에게 사용하면 사물들이 고치지 못한다"[267]라고 했다. 왕필은 힘과 지혜를 타인에게 쓰는 것과 자기에게 쓰는 것이 다르기 때문에 강하다고 설명하고 있다.

"남을 이기는 자는 힘이 있다"라고 했다. 남보다 우월한 것을 가지고 있다면 겨루어 이길 수 있을 것이다. 다만 이기는 것이 목적이 아니라 수단이라면 승리는 과정일 뿐 결과가 아니므로 어떤 의미가 있겠는가. 이겼지만 오래 가지 못하는 것이라면 강하다고 말할 수 없을 것이다. 따라서 노자는 "저절로 이기는 자가 강하다"라고 진정으로 강한 것에 대해 말하고 있다. 이 구절은 많은 책에서 "자기를 이기는 자가 강한 것이다"라고 번역하고 있으나 여기서 자(自)는 자기가 아니라 저절로 이길 수밖에 없는 이치를 말하는 것이다. 부드럽고 약한 것이 굳세고 강한 것을 이기는 것처럼, 어떤 경우라도 저절로 이기게 되어 있는 경우를 진정 강한 것이라고 말하는 것이다. 강하다는 것에 대해 하상공은 자신의 정욕을 이기

266)『하상공주』"能勝人者, 不過以威力也. 人能自勝己情欲, 則天下無有能與己爭者, 故為強也."
267)『왕필주』"勝人者, 有力而已矣, 未若自勝者, 無物以損其力. 用其智於人, 未若用其智於己也. 用其力於人, 未若用其力於己也. 明用於己, 則物無避焉. 力用於己, 則物無改焉."

는 것으로, 서명응은 물욕을 이기는 것으로, 왕필은 힘을 자기에게 사용하는 것이라 설명했다.

이 구절 역시 앞의 문장과 함께 긍정의 서술인지 아니면 부정적인 서술인지를 두고 논란이 있어 왔다. '강하다[强]'는 글자가 『도덕경』의 여러 문장에서 강한 것은 패한다는 식으로 부정적인 의미로 서술되어 왔기 때문이다. 하지만 노자는 강한 것을 부정하는 것이 아니라 강한 것만을 고집하는 걸 경계하고 있음을 알아야 한다.

知足者富, 强行者有志. 不失其所者久, 死而不亡者壽.
족함을 아는 자는 부유하고, 행함이 강한 자는 뜻이 있다. 그 처한 바를 잃지 아니한 자는 오래 가고, 죽더라도 잊히지 않는 자는 장수하는 것이다.

하상공은 "사람이 족함을 알 수 있으면 길이 복록을 보존하게 되니 그러므로 부유하다고 한 것이다. 사람이 강력하게 선을 행하면 도에 뜻을 두고 있다고 여길 수 있는데, 도 역시 사람에게 뜻을 두게 된다. 사람이 스스로 절제하여 기르며 하늘의 정기를 받은 바를 잃지 않는다면 오랫동안 살 수 있다. 눈은 망령되게 보지 않고 귀도 망령되게 듣지 않으며 입으로도 망령되게 말하지 않으면, 천하에 원망이나 미움을 받는 일이 없다. 그러므로 오래 사는 것이다"[268]라고 했다.

왕필은 "족함을 아는 자는 스스로 잃을 것이 없기에 부유한 것이다. 부지런히 행할 수 있으면 그 뜻을 반드시 얻게 된다. 그러므로 힘써 행하는 자는 뜻을 얻는다고 말한 것이다. 밝음을 사용해서 스스로 살피고 힘

268) 『하상공주』 "人能知足, 則長保福祿, 故為富也. 人能強力行善, 則為有意於道, 道亦有意於人. 人能自節養, 不失其所受天之精氣, 則可以長久. 目不妄視, 耳不妄聽, 口不妄言, 則無怨惡於天下, 故長壽."

을 헤아려 움직이면, 그 바라는 바를 잃지 않아 반드시 장구함을 얻는다. 비록 죽더라도 삶의 도는 없어지지 않는 것이라 여기면 이내 그 수명을 온전하게 얻는 것이다. 몸은 죽을지라도 도는 여전히 남아 있다. 하물며 몸이 보존되고 도가 사라지지 않음에야"[269]라고 길게 설명했다.

이 문장도 논란이 있다. 먼저 앞 구절에서 "족함을 아는 자는 부유하다"라고 했다. 여기서 부유함을 뜻하는 부(富)라는 말은 복(福)과 함께 일반 사람들이 얻고자 기원하는 대상이다. 여기에 욕심이 있는 자는 부와 명예(권력)를 얻기 위해 부귀(富貴)를 구하기도 한다. 우리가 부유하기를 바라는 것은 어떠한 어려움을 당해도 극복해 낼 수 있는 안정된 삶을 유지하고 싶기 때문이다. 불확실한 미래에 대비하려는 당연한 욕망이다.

따라서 사람들이 원하는 부유하다는 것은 넉넉하다는 말인데, 어느 정도가 넉넉한 것인지는 사람마다 인식의 정도가 다를 것이다. 아무리 많이 갖고 있어도 족함을 얻지 못하는 사람이 있다면 그는 빈곤한 상태에 있다고 보아야 한다. 소자유(蘇子由)와 이이(李珥)도 "부유함에도 물욕을 느껴 얻으려 하면 죽을 때까지 만족할 수 없다"고 주해했다. 이처럼 족함이란 상대적인 것이어서 이러함을 아는 것이 바로 부유함을 아는 것이라 말해도 어색하지 않을 것이다.

이어지는 "행함이 강한 자는 뜻이 있다"는 말은, 포기하지 않고 꿋꿋하게 행하는 자는 이루고자 하는 신념이 확고하다는 말이다. 강제로 행하는 것과는 다른 의미이다. 이 문장은 앞서 32장에서 제후나 왕이 만

269) 『왕필주』 "知足者自不失, 故富也. 勤能行之, 其志必獲, 故曰强行者有志矣. 以明自察, 量力而行, 不失其所, 必獲久長矣. 雖死而以爲生之, 道不亡乃得全其壽. 身沒而道猶存, 況身存而道不卒乎."

약 그것을 능히 지켜 나간다면 만물은 장차 스스로 따르게 될 것이라는 글과 맥락을 같이한다. 도의 정치를 신뢰하는 군주라면 주저하지 않고 행동에 옮길 것이며, 중간에 어려움이 닥쳐도 흔들리지 않고 뜻한 바를 굳세게 지킬 것이다.

이 구절의 강행(强行)이라는 글자에는 논란이 있어 왔다. 노자의 철학과는 어울리지 않는 표현이라 생각해서 왕필은 강(强)자 대신 힘써 행한다는 근(勤)자를 써서 설명하기도 했다.

끝으로 "그 처한 바를 잃지 아니한 자는 오래 가고, 죽더라도 잊히지 않는 자는 장수한다"라고 했다. 기소(其所)란 자기가 처한 바로 그 자리에 걸맞은 본분과 역할이 있다는 뜻이다. 따라서 자신이 처한 바를 제대로 알고 이에 따른 일의 방법이나 방도를 잃지 아니하면 오래 간다는 것이다. 이처럼 처한 바를 잃지 않는다면 그 일은 잘못되어 버려지지 않고 계속 나아갈 것이며, 그 일을 행한 이가 죽더라도 그 일이 계속되는 한 그 사람의 공적은 남아 있게 된다는 말씀이다. 이것이 도의 철학이다. 조화하지 못한 것은 중간에 도태될 수밖에 없다. 오래 존속한다는 것은 만물과 하나가 되어 갈라질 수 없는 사이가 된 것으로, 장구하는 것이 선이며 도이다. 이 길로 가기 위해 어려움이 있을 때 덕을 베풀라고 하는 것이 아니겠는가. 이 구절에서 '不亡(불망)'의 뜻을 '죽지 않는 것'으로 이해하는 학자들은 장생불사의 도에 이르는 것으로 보거나, 몸은 죽어도 그 신은 죽지 않음을 말한다고 해석하기도 했다. 鳳

제 34 장

스스로 크다고 여기지 않으니 능히 큰 것을 이룰 수 있다.

大道氾兮 其可左右

대도범혜 기가좌우

萬物恃之而生而不辭 功成不名有

만물시지이생이불사 공성불명유

衣養萬物而不爲主 常無欲 可名於小

의양만물이불위주 상무욕 가명어소

萬物歸焉而不爲主 可名爲大

만물귀언이불위주 가명위대

以其終不自爲大 故能成其大

이기종부자위대 고능성기대

큰 도는 넓구나. 그 넓음은 왼쪽이나 오른쪽에서도 가하다.

만물은 그를 의지하고 살아가지만 마다하지 않으며, 공을 이루었어도 있다고 이름하지 않는다.

만물을 입히고 기르지만 주가 되려 하지 않으며, 항상 바라는 바가 없으니 작다고 이름할 수 있다.

만물이 돌아와도 주가 되려 하지 않으니, 크다고 이름할 수 있다.

그 끝마침에도 스스로 크다고 여기지 않으니, 그러므로 능히 그 큰 것을 이룰 수 있는 것이다.

[해설]

大道氾兮, 其可左右.

큰 도는 넓구나. 그 넓음은 왼쪽이나 오른쪽에서도 가하다.

백서(을)에서는 道氾呵(도범아)로 적혀 있어 '큰 대(大)'자가 없고 '어조사 혜(兮)'가 '어조사 아(呵)'로 되어 있다. 하상공본에는 '넘칠 범(氾)'이 '넓을 범(汎)'으로 되어 있다. 氾(범)에 대하여 왕필은 범람한다는 뜻으로, 오징은 넓다는 뜻으로 보았다. 대체로 광대한 공간에 미치고 있다는 의미로 받아들이고 있다.

하상공은 "도는 넓고 넓어서, 떠 있는 것 같기도 하고 가라앉은 것 같기도 하며, 있는 듯 없는 듯하니, 보아도 보지 못하고, 말로 설명해도 어렵고 다르다. 도는 왼쪽으로도 오른쪽으로도 될 수 있으니 마땅하지 않은 게 없다"[270)]라고 했다. 왕필은 "도가 범람하며 가지 않는 곳이 없으며, 좌우로 위아래로 두루 미치고 쓰일 수 있기에 이르지 않는 곳이 없다는 말이다"[271)]라고 했다. 도는 만물을 주재하는 바, 도가 미치지 않는 경계가 없음을 표현한다는 점에서 서로 같다.

이 문장은, 도는 두루 영향을 미치지 않는 곳이 없다는 점을 강조하고 있다. 좌우라 하면 주변이라고 생각할 수도 있지만 반대되는 입장을 말한다고 보아야 한다. 어느 쪽에서나 올바르게 통용된다는 뜻이다.

270) 『하상공주』 "言道氾氾, 若浮若沉, 若有若無, 視之不見, 說之難殊. 道可左可右, 無所不宜."
271) 『왕필주』 "言道氾濫無所不適, 可左右上下周旋而用, 則無所不至也."

31장에서 "군자는 평소 자리할 때 왼쪽을 귀하게 여기나, 군사를 쓸 때는 오른쪽을 귀하게 여긴다"라고 하였듯이 삶과 죽음의 경우에도 모두 미친다는 말씀이다. 그래서 백서(갑을)에서는 그냥 道(도)라고만 쓰고 있지만, 통행본에서는 일부에만 국한되는 도가 아니기에 大道(대도)라고 적고 있는 것 같다. 이 구절에서 '넘칠 범(氾)'자는 여러 판본에서 '넓을 범(汎)'으로 표기되어 있음을 주의 깊게 살펴볼 필요가 있다. 하상공은 모든 것에 마땅하다는 뜻으로 설명하였으며, 왕필은 넘쳐 흐르기에 미치지 않는 곳이 없다는 표현으로 이해하고 있기 때문이다. 여기서 두 사람의 설명은 비슷해 보이지만 인식의 차이가 있음을 알 수 있다.

이 글의 진의를 좀 더 뚜렷이 가름해 보기 위해 다음에 이어지는 글을 살펴보자.

도가 만물을 키우고 보살펴 그 뜻을 이루게 한 뒤에 다시 처음으로 돌아오는 과정을 기술하고 있다. 여기서 만물은 어느 누구를 제외한 물이 아니라 모든 물을 지칭하는 것이다. 즉 모두를 보살펴 그 뜻을 이루도록 한다는 말이다. 세상 사람들처럼 사상과 법에 근거하여 선과 악으로 구분 짓는 등 한쪽만을 대변하는 것이 아니라는 말씀이다. 어느 쪽에 서 있건 모두에게 이로운, 모두를 포용한다는 범애(汎愛)의 의미에서 범(汎)자를 쓴 것이다.

萬物恃之而生而不辭, 功成不名有, 衣養萬物而不爲主, 常無欲, 可名於小.
만물은 그를 의지하고 살아가지만 마다하지 않으며, 공을 이루었어도 있다고 이름하지 않는다. 만물을 입히고 기르지만 주가 되려 하지 않으며, 항상 바라는 바가 없으니 작다고 이름할 수 있다.

판본상의 큰 차이는 첫 구절이 백서에는 기록되어 있지 않다는 점이다. '功成不名有(공성불명유)'의 구절도 백서에는 '功成遂事而不名有(공성수사이불명유)'로 좀 더 자세히 설명했다. '衣養萬物(의양만물)'은 백서(갑을)에는 '萬物歸焉(만물귀언)'으로, 하상공본에는 '愛養萬物(애양만물)'로 되어 있다. 다른 문장에 비해 단어의 생략과 교체가 많으나 전체적인 의미 전달에는 큰 영향이 없어 보인다.

하상공은 "시(恃)는 기다린다[待]는 뜻이다. 만물은 모두 도를 기다려 생겨난다. 도는 사절하여 물리치거나 거슬러 그치지 아니한다. 도가 있는 사람은 공이 있어도 이름하지 않는다. 도는 비록 만물을 사랑하고 길러 주지만 임금이 백성들에게 거두어들이는 것과는 다르다. 도는 덕을 숨기고 이름을 감추어 고요히 무위하니 마치 미묘하고 작은 것 같다"[272]라고 설명했다. 왕필은 "만물은 모두 도로 말미암아 생겨나지만 생겨난 다음에는 자신이 무엇으로 말미암았는지 모른다. 그러므로 천하가 늘 무욕할 때에는 만물이 각기 그 처할 바를 얻어서 마치 도가 사물에 베푼 것이 없는 듯하다. 그러므로 작다[小]라고 이름 붙인 것이다"[273]라고 풀었다. 왕필은 만물이 도의 베풂으로 태어나고도 이를 알지 못하고, 살아감에 있어서도 도의 덕을 항상 받고 있으나 이를 알아채지 못한다고 했다. 도가 작다고 여기는 것은 보살피고 공을 이루고도 드러내지 않기 때문이라는 것이다.

---

272) 『하상공주』 "恃, 待也. 萬物皆待道而生. 道不辭謝而逆止也. 有道不名其有功也. 道雖愛養萬物, 不如人主有所收取. 道匿德藏名, 怕然無為, 似若微小也."
273) 『왕필주』 "萬物皆由道而生, 旣生而不知其所由. 故天下常無欲之時, 萬物各得其所, 若道無施於物, 故名於小矣."

첫 구절인 "만물은 그를 의지하고 살아가지만 마다하지 않는다"라는 부분은 백서에는 빠져 있어서, 전체의 문장을 이해하는 데에 도움을 주는 글로 보아도 무방할 것 같다. 『도덕경』에서 도와 만물의 관계에 있어 자주 언급되는 말이기도 하다. 다만 여기서 '마다하지 않는다[不辭]'는 것은 도에 의지하고자 하는 물은 누구든 가리지 않는다는 것으로, 큰 나무가 자신의 가지에 새들이 둥지를 트는 것을 마다하지 않는 것과 같다. 이처럼 만물은 도의 품속에서 자신들의 꿈을 이루어 열매를 맺지만 그것을 공으로 여기지 않으며, 이들의 삶에 객으로 처신할 뿐 주가 되어 그들의 삶을 제어하지 않으니 그 존재감이 작다고 이름할 수 있을 것이다. 각각의 물들도 도가 있다는 정도만 느끼기 때문이다. 이 문장은 이해하는 데 큰 어려움이 없다. 여기까지 나열한 문장을 이해했다면, 앞 32장의 글에서 "도는 이름이 없으며 질박하여 작게 여겨진다"라고 말한 데 대한 보충 설명임을 느꼈을 것이다.

萬物歸焉而不爲主, 可名爲大.
만물이 돌아와도 주가 되려 하지 않으니, 크다고 이름할 수 있다.

이 문장의 '可名爲大(가명위대)'에서 爲(위)가 백서(갑을)에서는 於(어)자로 되어 있음이 다르다.

하상공은 "만물이 모두 도에 돌아와 기를 받으니, 도는 임금이 금지하는 바가 있는 것과는 같지 않다. 만물은 어느 방향에서나 왔다가 가면서 스스로 있는 곳에 이름을 붙이니, 그러므로 크다[大]라고 이름할 수 있다"[274]라고 하여, 만물이 되돌아가면 기(氣)를 받는다고 했다. 왕필은 "만물은 모두 되돌아가서 생겨나는 데도, 힘써 자신이 어디에서 말미암았는지 알지 못한다. 이러한 것은 작다고 여길 수 없다. 그러므로 다시 크다[大]라고 이름할 수 있다"[275]고 설명하고 있다. 표현은 서로 다르나 전하고자 하는 의미는 대체로 비슷하다 할 수 있다.

앞 문장에서는 작다고는 말했지만 "만물이 돌아와도 주가 되려 하지 않으니, 크다고 이름할 수 있다"라고 했다. 즉 본의인 도는 크다는 점으로 복귀했다. 만물은 도의 품 밖에 있지 않음을 강조했다. 만물이 다시 처음으로 돌아와 도의 품속에서 새로운 출발을 준비하고 있다. 그렇지만 이 순간에도 물의 삶에 주가 되지 않고 물러나 있다는 것이다. 도가 본받는 것이 스스로 그러함이라 하지 않았는가. 만물이 스스로 판단하고 자기의 그릇을 만들어 가도록 뒤를 따르며 보살피는 것이다. 따라서 도는 누구의 주인이 되지 않고 천하 만물 모두가 자신의 주인이 되어 살아가도록 하고 있으니 이보다 더 큰 것이 어디에 있겠는가?

以其終不自爲大, 故能成其大.
그 끝마침에도 스스로 크다고 여기지 않으니, 그러므로 능히 그 큰 것을 이룰 수 있는 것이다.

백서(갑을)에서는 '是以聖人之能成大也(시이성인지능성대야)'라

274) 『하상공주』 "萬物皆歸道受氣, 道非如人主有所禁止也. 萬物橫來橫去, 使名自在, 故可名於大也."
275) 『왕필주』 "萬物皆歸之以生, 而力使不知其所由. 此不爲小, 故復可名於大矣."

하여 통행본보다 앞에 한 구절이 더 적혀 있다. 마지막 문장에서 성인을 등장시켜 도를 행하는 성인도 이와 같음을 전하고 있다. 하상공본도 성인이라는 글자가 들어 있다.

하상공은 "성인은 도를 본받아 덕을 숨기고 이름을 감추니, 큰 것을 가득 채우지 않는다. 성인은 몸으로 이끌기에 말없이 교화하며 만사를 정비하니, 그러므로 그 큼[大]을 이룰 수 있는 것이다"[276]라고 했다. 왕필은 "사소한 것에서 큰일을 행하고, 쉬운 것에서 어려운 일을 도모한다"[277]라고 풀었다.

마지막 문장이다. "그 끝마침에도 스스로 크다고 여기지 않으니, 그러므로 능히 그 큰 것을 이룰 수 있는 것이다"라고 했다. 도는 자신이 한 것을 두고 스스로 크다고 여기지 않는다. 언제나 주가 되어 행동하지 않기 때문이다. 그러므로 능히 큰 것을 이룰 수 있다는 것이다. 여기서의 큰 것[大]은 자신이 이룬 것을 크다고 생각하지 않는다는 말이다. 이러하기에 천하를 이끌어 갈 수 있다는 말씀이다. 노자의 『도덕경』은 다스림의 철학이다. 춘추전국시대는 군웅이 할거하던 시대, 서로가 위용을 뽐내는 시절이었다. 위용을 과시하는 통치철학으로는 큰 나라를 오래 이끌어 갈 수 없음을 깨닫게 하는 글이다.

노자의 이러한 가르침은 현재를 살고 있는 우리들을 부끄럽게 만든다. 다스리는 자리는 어떠한 것을 얻거나 누리는 자리가 아님에도, 현대에

---

276) 『하상공주』 "聖人法道, 匿德藏名, 不為滿大. 聖人以身師導, 不言而化, 萬事修治, 故能成其大."
277) 『왕필주』 "爲大於其細, 圖難於其易."

들어서는 자신을 드러내려고 발버둥을 치고 있다. 요즘의 세태에서는 공을 이룬 자가 많은 것을 차지할 수 있으니 그것을 당연시하고 따라하는 것을 주저하지 않는다. 소수가 공을 이루었다고 모든 것을 차지하니, 대다수가 누릴 기쁨은 사라지고 실망과 좌절을 맛보는 일만 남는다. 이러한 곳에 다툼이 사라질 여지가 있겠는가. 훌륭한 치자는 그가 살아 있을 때는 드러나지 않지만, 그가 세상을 떠난 이후에는 세세손손(世世孫孫) 받들어져 온 천하에 잊히지 않고 그 이름이 널리 불리고 있지 아니한가. 鳳

만물을 입히고 기르지만 주가 되려 하지 않으며,

항상 바라는 바가 없으니 작다고 이름할 수 있다.

제 35 장

도에서 나오는 말들은 담백하고 무미하다.

執大象 天下往 往而不害 安平太

집대상 천하왕 왕이불해 안평태

樂與餌 過客止

약여이 과객지

道之出口 淡乎其無味

도지출구 담호기무미

視之不足見 聽之不足聞 用之不足旣

시지부족견 청지부족문 용지부족기

큰 그림을 가지고 천하가 나아가면, 나아가도 해롭게 하지 않고 편안하고 고르게 함이 크다.

음악과 먹을거리는 지나가는 나그네를 그치게 한다.

도에서 나오는 말들은 담백하고 무미하다.

보아도 보이는 것은 만족스럽지 아니하고, 들어도 들리는 것이 만족스럽지 아니하나, 쓰임에는 다함이 없다.

[해설]

執大象, 天下往. 往而不害, 安平太.
큰 그림을 가지고 천하가 나아가면, 나아가도 해롭게 하지 않고 편안하고 고르게 함이 크다.

첫 문장은 기본적으로 모든 판본들의 내용이 거의 일치한다. 다만 문장의 마지막에 있는 '클 태(太)'자가 죽간(병)이나 백서(갑을)에서는 '큰 대(大)'로, 하상공본에는 '클 태(泰)'로 적혀 있다.

하상공은 "집(執)은 지킨다[守]는 뜻이고 상(象)은 도(道)를 의미한다. 성인이 대도를 지키면 천하 온 백성이 마음을 바꾸어 그에게로 돌아간다. 몸을 다스리면 하늘이 신명을 내려 주어 자기에게 왕래하는 것이다. 만백성이 귀의해 와도 해치지 않으면 국가는 안정되고 태평에 이르게 될 것이다. 몸을 다스리는 데에도 신명을 해치지 않으면 몸이 편안하고 크게 장수한다"[278]라고 했다. 왕필은 "대상(大象)은 천상(天象)의 어미이니, 차갑지도 따뜻하지도 시원하지도 않다. 그러므로 만물을 능히 포용하고 통괄하지만 범하고 해치는 일이 없다. 군주가 그것을 지킨다면 천하가 제 길로 나아간다. 형체도 표식도 없으며 치우치지도 드러내지도 않기 때문에 만물이 제 길로 나아가며 해롭거나 방해받지 않는다"[279]라고 했다. 두 사람 모두 대상(大象)이나 상(象)을 도(道)로 보고 있다.

이 장에서는 천하를 다스리는 일은 백성들이 고루 안락하고 태평하

278) 『하상공주』 "執, 守也. 象, 道也. 聖人守大道, 則天下萬民移心歸往之也. 治身則天降神明, 往來於己也. 萬民歸往而不傷害, 則國家安寧而致太平矣. 治身不害神明, 則身安而大壽也."
279) 『왕필주』 "大象, 天象之母也. 不寒不溫不涼. 故能包統萬物, 無所犯傷. 主若執之, 則天下往也. 無形無識, 不偏不彰, 故萬物得往, 而不害妨也."

게 살아가도록 하는 것인 바, 이를 오랫동안 지속시키려 한다면 만족스럽지는 않지만 무미한 도로 다스려야 함을 강조하고 있다. 첫 문장에서 "큰 그림을 가지고 천하가 나아가면, 나아가도 해롭게 하지 않고 편안하고 고르게 함이 크다"라고 말한다. 큰 그림[大象]은 천하를 태평하게 만든다는 것이다. 노자는 다른 장에서 도를 다른 이름으로 大(대)라 부를 수 있다고 했으니 대상을 도의 그림이라고 직역할 수도 있지만 간접적으로 표현한 그 뜻을 존중하여 큰 그림이라 번역했다. 34장의 크다는 것에 대한 설명처럼, 만물은 그를 의지하고 살아가지만 마다하지 않으며, 공을 이루어도 있는 것을 이름하지 않는 등, 만물에 주가 되려 하지 않는 그러한 그림을 가지고 천하가 나아가는 것을 말함이다. 여기서 성인이나 도자가 아닌 천하가 나아간다고 한 말에 주의해야 한다. 이 말은 통치자와 백성들이 같은 마음이 되어 도가 천하에 행해지고 있음을 나타내는 것으로, 도가 천하에 임한 상태를 말함이다.

'나아가다'는 뜻의 '왕(往)'은 큰 도의 그림을 가지고 천하가 나아간다는 말이다. '가다'라는 글자로는 去(거)와 往(왕)이 있다. '갈 거(去)'는 현 지점을 떠나가는 것이고, '갈 왕(往)'은 어느 지점으로 가는 것이니 천하가 어떤 방향성을 가지고 있다는 의미이다. 또한 왕(往)은 지나온 과거를 뜻하는 말이기도 하다. 가서 되돌아본다는 뜻에서 "나아가서 보면 해롭지 아니하고 편안하고 고르게 함이 크다"라고 했다. 여기서 "해롭게 하지 않는다[不害]"는 말은 단지 피해를 주지 않는다는 소극적인 의미보다는 누구에게는 필요한 것이라는 말이다. 옆에 두어도 해가 되지 않으면서 필요할 때는 언제든지 유용하게 쓸 수 있는 좋은 것이라는 뜻이다. 그러므로 대상을 가지고 나아가면 만물이 편안함을 느끼고 고르게 만드는 기여함이 크다[太]고 말한다.

樂與餌, 過客止.
음악과 먹을거리는 지나가는 나그네를 그치게 한다.

하상공은 "이(餌)는 미(美)이다. 과객(過客)은 일(一)을 의미한다. 사람이 도를 즐기고 도를 아름답게 여길 수 있으면 일(一)이 머무르게 된다. 일이라는 것은 가득 참을 떠나 텅 빔에 처하니 홀연함이 마치 지나가는 나그네와 같다"[280)]라고 했다. 왕필은 "도는 깊고 크다는 말이다. 사람이 도의 말을 듣는 것을 음악과 음식이 제때에 맞추어 사람의 마음을 감동시키고 기쁘게 하는 것만 못하다고 여긴다. 음악과 음식은 지나가는 나그네를 멈추게 할 수 있다"[281)]라고 설명한다. 서명응은 악(樂)은 북을 치며 즐기는 것이고, 이(餌)는 마실 것과 먹을거리라 하고, 이것들은 지나가는 객을 잠시 머뭇거리게 할 수 있다고 말한다.

천하가 편안하고 고르게 함이 크면 음악과 먹을거리는 지나가는 나그네를 그치게 한다고 말한다. 질박한 나라의 먹을거리는 소박할 것이며, 이러한 질박한 생활과 즐거움을 표현하는 노랫소리가 지나가는 객을 붙잡아 정착하도록 만든다는 것이다. 여기서 지나가는 나그네란 부귀영화를 꿈꾸며 천하의 여러 나라들을 찾아다니는 선비나 정착할 곳을 찾아

280) 『하상공주』 "餌, 美也. 過客, 一也. 人能樂美於道, 則一留止也. 一者, 去盈而處虛, 忽忽如過客."
281) 『왕필주』 "言道之深大. 人聞道之言, 乃更不如樂與餌, 應時感悅人心也. 樂與餌, 則能令過客止."

유랑하는 무리로 볼 수 있다. 이러한 나그네의 발길을 멈추게 만든다는 말씀이다.

이와 같은 말씀은 80장의 소국과민의 나라가 나아갈 바를 일러주는 글에서도 볼 수가 있다. "비록 배와 수레가 있어도 타는 일이 없고, 갑옷과 무기가 있어도 그것을 늘어놓을 일이 없으니, 사람들로 하여금 다시 매듭을 쓰던 시대처럼 그것을 사용하게 한다. 음식은 달고, 의복은 아름다우며, 거처가 평안하니, 풍속을 즐기는구나. 이웃의 나라들이 서로 바라보고 있어 닭과 개 짖는 소리가 서로 들리는데도, 백성들은 늙어서 죽을 때까지 오고가지 않는구나"라고 질박하게 사는 나라에서는 이웃나라로 나가지 않는다는 것을 말해 주고 있다. 본 문장에서도 도의 정치를 하는 나라이기에 평온하고 질박한 마을 풍경을 그리고 있다고 보아도 큰 무리는 없을 것이다. 화려하거나 기름지지는 않아도 웃음과 먹을거리가 부족하지 않음을 표현한 것이다. 여기서 먹을거리라고 번역한 '餌(이)'는 '경단'을 말하는 것으로, 가루를 반죽하여 엿물을 바른 밤톨만 한 떡이다. 소박한 음식이나 여기에서는 귀하게 여겨지고 있음을 보여주고 있다.

道之出口, 淡乎其無味. 視之不足見, 聽之不足聞, 用之不足旣.
도에서 나오는 말들은 담백하고 무미하다. 보아도 보이는 것은 만족스럽지 아니하고, 들어도 들리는 것이 만족스럽지 아니하나, 쓰임에는 다함이 없다.

문장 처음에 나오는 '道之出口(도지출구)'는 백서(갑을)에는 '故道之出言也(고도지출언야)'로 '입 구(口)' 자리에 '말씀 언(言)'으로 되

어 있는 것이 다르며, 또한 마지막의 用之不足既(용지부족기)는 백서(갑을)에서는 '用之不可既也(용지불가기야)'로 쓰여 있다.

하상공은 "도가 입에 들고 남에 있어서는 담백하니 오미의 시고 짜고 쓰고 달고 매운 맛과는 다르다. 족(足)은 득(得)의 뜻이다. 도는 형체가 없으니 볼 수 있는 청색·황색·적색·백색·흑색의 오색과는 다르다. 도는 귀로 들을 수 있는 궁·상·각·치·우의 오음과 다르다. 기(既)는 다하다(盡)는 뜻이다. 도를 써서 나라를 다스리면 나라는 부유해지고 백성은 흥성해진다. 몸을 다스리면 수명이 연장되어 다하는 때가 없다"[282]라고 했다. 왕필은 "도에서 나온 말은 담담함 그 자체로 무미하다. 보아도 볼 만하지 않으니 눈을 즐겁게 하기에도 부족하고, 들어도 들을 만하지 않으니 귀를 즐겁게 하기에도 충분하지 못하다. 적당하게 들어맞는 바가 없는 것 같지만 이내 사용하면 다함이 없게 된다"[283]라고 설명했다.

도에서 나오는 것들은 담백하고 무미하다고 말한다. 백서에서는 도에서 나오는 것을 '말씀(言)'이라고 구체화하고 있다. 앞에서 지나가는 나그네의 발걸음을 그치게 한 이유가 도는 담백하고 무미하기 때문이라는 것이다. 무미라는 것은 맛이 없는 것이라고 문리적인 번역을 하고 있지만 도에 있어서는 오미 각각의 맛을 모두 존중하기에 하나의 맛을 내세우지 않는다는 말이다. 이어서 "보아도 보이는 것은 만족스럽지 아니하고, 들어도 들리는 것이 만족스럽지 않다"고 말한다. 도는 바탕이 질박한 것이어서 부족하여도 모두가 오래 향유하기를 지향하기 때문에 보이는 것이

---

282) 『하상공주』 "道出入於口, 淡淡非如五味有酸鹹苦甘辛也. 足, 得也. 道無形, 非若五色有青黃赤白黑可得見也. 道非若五音有宮商角徵羽可得聽聞也. 既, 盡也. 謂用道治國, 則國富民昌. 治身則壽命延長, 無有既盡之時也."
283) 『왕필주』 "而道之出言, 淡然無味. 視之不足見, 則不足以悅其目, 聽之不足聞, 則不足以娛其耳. 若無所中然, 乃用之不可窮極也."

나 들리는 것이 만족스럽게 느껴지지는 않을 것이다. 마지막으로 쓰임에는 다함이 없다고 했다. 도의 말씀은 어디에서나 적용되지 않는 곳이 없으며 또한 아무리 사용한다 하여도 그 효과가 떨어지지 않는다는 말씀이다. 용도나 효과에 다함이 없는 것이므로 첫 문장에서 "도는 해롭지 아니하면서 편안하고 고르게 함이 크다"라고 말한 것이다.

이 문장에서 '이미 기(旣)'자는 대체로 '다할 진(盡)'으로 보아 '쓰임에 다함이 없다'라고 하거나 '써도 다 쓸 수가 없다'는 뜻이다. 백서(갑을)에서는 '用之不可旣也(용지불가기야)'로 쓰여 있으나 '쓰임에 있어서 다 없어지는 일은 불가하다'는 의미로 보면 다름이 없다. 鳳

제 36 장

부드럽고 약한 것이 단단하고 강한 것을 이긴다.

將欲歙之 必固張之 將欲弱之 必固强之

장욕흡지 필고장지 장욕약지 필고강지

將欲廢之 必固興之 將欲奪之 必固與之

장욕폐지 필고흥지 장욕탈지 필고여지

是謂微明 柔弱勝剛强

시위미명 유약승강강

魚不可脫於淵 國之利器不可以示人

어불가탈어연 국지이기불가이시인

장차 거두어들이려 하면 반드시 견고하게 잡아당겨져 있어야 하고, 장차 약하게 하고자 하면 반드시 견고하게 강해져 있어야 한다.
장차 버리려 하면 반드시 견고하게 흥해져 있어야 하고, 장차 빼앗고자 하면 반드시 견고하게 주어져 있어야 한다.
이것은 수수께끼와 같은 밝음이라 한다. 부드럽고 약한 것이 단단하고 강한 것을 이기는 것이다.
물고기는 못에서 벗어날 수 없기에, 나라의 이로운 그릇을 사람들에게 나타내 보일 수가 없다.

[해설]

이 장은 다른 글과는 달리 도를 버리고 권모술수를 담고 있기 때문에 무엇인가 잘못되어 있다고 평가되는 장이다. 특히 송대(宋代)에 그런 인식이 심했다. 과연 노자가 이런 수모를 받아야 하는지 함께 살펴보자.

> 將欲歙之, 必固張之. 將欲弱之, 必固强之. 將欲廢之, 必固興之. 將欲奪之, 必固與之, 是謂微明.
>
> 장차 거두어들이려 하면 반드시 견고하게 잡아당겨져 있어야 하고, 장차 약하게 하고자 하면 반드시 견고하게 강해져 있어야 한다. 장차 버리려 하면 반드시 견고하게 흥해져 있어야 하고, 장차 빼앗고자 하면 반드시 견고하게 주어져 있어야 한다. 이것은 수수께끼와 같은 밝음이라 한다. 부드럽고 약한 것이 단단하고 강한 것을 이기는 것이다.
>
> *백서(갑을)에서는 '들이쉴 흡(歙)'을 '합할 흡(翕)'으로, '폐할 폐(廢)'는 '갈 거(去)'로, '일 흥(興)'은 '들 거(擧)'로, '줄 여(與)'는 '줄 여(予)'로 쓰여 있다.*

하상공은 "먼저 열고 펼쳐 주는 것은 그 사치와 음란함을 끝에 이르게 하고자 함이다. 먼저 강대하게 하는 것은 재앙과 근심을 만나게 하고자 함이다. 먼저 흥하게 하는 것은 교만하고 위태롭게 하고자 함이다. 먼저 내 주는 것은 탐하는 마음을 끝에 이르게 하고자 함이다. 이 네 가지 일은 그 도는 미묘하지만 그 효과는 분명하다"[284]라고 했다.

284) 『하상공주』 "先開張之者, 欲極其奢淫. 先強大之者, 欲使遇禍患. 先興之者, 欲使其驕危. 先與之者, 欲極其貪心. 此四事, 其道微, 其效明也."

왕필은 “장차 횡포함을 제거하고 폭력이 행사되는 혼란스러움을 제거하고자 하면, 이 네 가지 방법을 사용해야 한다. 사물의 본성을 따라 저절로 죽도록 하되 형벌을 빌리지 않는 것이 큰 것이니, 인솔하는 물을 제거하므로 미명(微明)이라고 하였다. 베풀기를 충분히 해서 만족하게 했는데 또 베풀기를 요구한다면 무리들은 거두어들일 대상이다. 부족한 것을 베풀어 주었는데도 요구를 고쳐 하니, 베푸는 것이 한층 많아져서 자신들이 도리어 위태로워진다”[285]라고 하였다.

이와는 조금 달리 범응원(范應元)은 “천하의 이치는 춘하추동처럼 천지 시운이 변하고 바뀌는 것이라며, 펴고 강하게 하고 흥하게 하고 주는 것 속에는, 이미 거둬들이고 약하게 하고 폐지하고 취하는 조짐이 잠복되어 있다”라고 오행적인 관점에서 바라보았다. 한비자는 이 문장에 대해 비판적인 시각을 보였다. 진나라 헌공이 장차 우(虞)나라를 습격하기 위해 양마(良馬)와 미옥(美玉)의 뇌물을 우공(獻公)에게 보낸 일과, 지백이 장차 구유를 습격하려고 먼저 거대한 종을 주조하여 뇌물로 수레에 실어 보낸 일처럼, 상대방의 것을 장차 거두어들이기 위해 잠시 베풀어 주는 것과 같이 권모술수적인 글로 본 것이다.

이렇게 송대(宋代)의 신 유학자들은 상대방을 속이는 것을 미명이라 말한다고 노자의 글을 폄하했다. 이처럼 이번 장은 이외에도 다양한 견해가 있다. 물론 『도덕경』은 보는 시각에 따라 충분히 여러 말씀으로 옮겨질 수 있으며 확장되어 해석되어질 수 있다. 다만 노자의 철학과 그 맥은 같아야 할 것이다.

285)『왕필주』“將欲除强梁, 去暴亂, 當以此四者. 因物之性, 令其自戮, 不假刑爲大, 以除將物也, 故日 微明也. 足其張, 令之足, 而又求其張, 則衆所歙也. 與其張之不足, 而改其求, 張者愈益, 而己反危.”

본 장은 35장의 큰 그림을 가지고 천하에 나와 도를 실천하는 단계별 전략을 말하는 것으로 보인다. 먼저 첫 구절부터 살펴보자. "장차 거두어들이려 하면 반드시 견고하게 잡아당겨져 있어야 한다"라고 했다. 본 문장은 대비되는 상황을 나열하고 어떤 것을 이루려 하면 반드시 사전에 무엇을 해야 함을 전제하고 있다. '들이쉴 흡(歙)'은 백서(갑을)에서는 '합할 흡(翕)'으로 되어 있다. 인위적이 아니라 호흡을 들이쉬는 것처럼 자연스럽게 하나로 합해지도록 한다는 뜻을 담고 있다. 노자의 철학은 자연스럽게 전이되는 것을 따른다. 갑자기 전환되는 상황은 멀리한다. 거두어들이려 하면 함께하는 데 있어 누구나 필요로 하거나 공감할 정도의 진정성과 응집력이 있어야 할 것이다. 따라서 천하 사람들을 어느 방향으로 새롭게 이끌어가기 위해서는 그것에 대한 믿음으로 끈끈한 결집력이 생길 때까지 기다려야 한다는 말이다. 다양한 입장의 사람들을 한 방향으로 나아가게 하려면 오랫동안에 걸쳐 다져지게 행해야 백성들의 마음을 하나로 모을 수 있을 것이다. 이 문장에서 핵심이 되는 글자가 바로 '固(고)'와 '柔弱(유약)'이다. '固(고)'자는 둘러싸인 채로 오래되면 굳어진다는 의미를 지니고 있다. 상황이 무르익어 성숙됨을 뜻한다.

다음 구절들은 천하의 사람들로부터 믿음을 얻어 견실하게 정착된 후의 상황이 전개되면서 이후에 취해야 할 행동들을 일러주고 있다. "장차 약하게 하고자 하면 반드시 견고하게 강해져 있어야 한다. 장차 버리려 하면 반드시 견고하게 흥해져 있어야 하고, 장차 빼앗고자 하면 반드시 견고하게 주어져 있어야 한다"라고 시작에서 끝맺음의 과정까지 나열되어 있다.

천하라는 그릇은 무릇 모든 것이 조화롭게 상생하면서 운용되어야 한다. 어느 하나가 새롭게 등장하여 주목받게 되면 사람들은 그곳에 집중하여 욕심을 일으키게 된다. 이때는 이를 약하고 부드럽게 만들어 평범한 것이 되도록 해야 한다. 이어서 종합적인 상황이 개선되어 주목받았던 것들에 대한 관심이 낮아지면 자연스럽게 소멸되어 가는 절차를 밟을 것이다. 이와는 조금 달리 천하를 다스리려면 불선한 것이어서 시급히 없애야 할 것도 있을 것이다. 물론 도의 철학에서 예외에 속하는 일이다. 이를 빼앗으려면 먼저 사람들에게 그것이 없어진다고 해도 불편함을 느끼거나 두려움을 가지지 않을 수 있도록 다른 것들이 충분히 주어져 있어야 한다는 말씀이다. 생활환경이 스스로 숙성되기를 기다리는 느림의 철학이 깔려 있다.

이처럼 앞에서 이야기한 네 가지 것들은 수수께끼와 같은 밝음이라 하였다. 네 가지 방법은 뭇사람들에게는 보이지 않으며 감히 흉내 내기도 어려운 혜안이란 뜻에서 미명(微明)이라 말했다. 『도덕경』에서 쓰는 미(微)라는 글자의 특별함이 있다. 14장에서 "어루만져도 얻지 못하는 것을 이름하여 미(微)라 한다"라고 말한 것을 보더라도, 우리가 쉽게 이해할 수 없기에 미묘하다는 것이다. 부드럽고 유약한 것이라도 오래 지속되면 무엇보다 강하다는 사실을 우리들에게 일깨우고 있다. 미명에 대한 학자들의 해석은 '어렴풋함을 밝혀주는 것, 희미한 밝음, 은미한 밝음, 일이 일어나기 직전의 징조' 등이 있다.

柔弱勝剛强. 魚不可脫於淵, 國之利器不可以示人.

부드럽고 약한 것이 단단하고 강한 것을 이기는 것이다. 물고기는 못에서 벗어날 수 없기에, 나라의 이로운 그릇을 사람들에게 나타내 보일 수가 없다.

'勝剛强(승강강)'은 백서(갑을)에서는 '勝强(승강)'으로 되어 있다. '國之利器(국지리기)'도 백서(갑을)에는 '갈 지(之)'자가 빠져 있으며, 백서(갑)에서는 '나라 국(國)' 대신 '나라 방(邦)'으로 쓰였다. 전달하고자 하는 의미는 다르지 않다.

하상공은 "부드럽고 약한 것은 오래가고, 단단하고 강한 것은 먼저 사라진다. 물고기가 연못에서 나오는 것을 일컬어 강함을 버리고 부드러움을 얻는 것이니, 다시 제어할 수 없다. 이기(利器)는 권력과 도를 가리킨다. 나라를 다스리는 권력은 일을 맡은 신하에게서 보여서는 안 된다. 몸을 다스리는 도라는 것은 그 사람이 아니면 보일 수 없다"[286] 하였다. 물고기가 연못을 나온 것에 대한 설명과 利器(이기)가 권도(權道)이니 신하에게 보여서는 안 된다는 이유가 쉽게 와 닿지 않는다. 이에 비해 왕필은 "이로운 그릇이란 나라를 이롭게 하는 그릇이니 사물의 본성을 따를 뿐 형벌을 빌려서 사물을 다스리지 않는다. 그릇은 볼 수 없지만 사물들은 제각기 처한 바대로 얻게 되니, 나라를 이롭게 하는 그릇이다. 사람들에게 보이게 하는 것은 형벌에 맡김이다. 형벌로써 나라를 이롭게 한다면 잘못될 것이다. 물고기가 연못을 벗어난다면 반드시 낭패를 당한다. 나라를 이롭게 하는 그릇이라도 형벌을 세워서 사람들에게 보이게 하면 또한 반

286)『하상공주』"柔弱者久長, 剛強者先亡也. 魚脫於淵, 謂去剛得柔, 不可復制焉. 利器者, 謂權道也. 治國權者, 不可以示執事之臣也. 治身道者, 不可以示非其人也."

드시 실패한다"[287]라고 형벌을 끌어들여 설명을 이어갔다. 유위의 행동보다는 무위로 행하여야 한다는 왕필의 뜻이 담긴 듯 보인다.

먼저 "부드럽고 약한 것이 단단하고 강한 것을 이기는 것이다"라는 말은 여러 차례 반복되었기에 익숙하다. 이 말은 바로 微明(미명)의 하나로 이 장에서 중심이 되었다. 여기에 서서히 굳어지도록 꾸준히 행하라는 '固(고)'자가 더해진 것이 노자가 말하고자 하는 가르침의 전부이다. 그런데 반전이라도 하는 듯 다음 구절이 우리를 혼란스럽게 한다. "물고기는 못에서 벗어날 수는 없다"라고 했다. 한비자는 "물고기는 임금이고, 못은 권력이라고 말한다. 임금이 신하와의 사이에서 권력을 잃으면 다시 얻을 수 없기 때문이다. 나라의 이기란 상벌을 말함인데, 임금이 잡으면 신하를 제압할 수 있고 신하가 얻으면 임금을 옹립할 수 있다" 하였다. 힘의 속성을 그대로 표현한 것 같다. 그러나 이렇게 해석하는 것은 노자의 무위 철학과는 어긋난다. 한편 여길보는 "물고기가 연못을 벗어나면 잡혀 죽게 되듯이 사람들도 유약함에서 벗어나면 죽음의 무리에 불과하다"라고 해석했다.

노자는 물고기가 못에서 벗어나는 상황을 왜 언급했을까? 못은 태초부터 물고기가 살아가는 터전이며 생존의 경계이다. 물이라는 부드러운 환경에 익숙해져 지금에 이르고 있기에 그곳을 벗어난다는 것은 곧 죽는다는 말이다. 이는 자연에서도 급속하게 환경의 변화를 가져오면

그 속에 살고 있는 생명들을 죽게 만들 수 있다는 말이다. 따라서

287)『왕필주』"利器, 利國之器也. 唯因物之性, 不假刑以理物. 器不可覩, 而物各得其所, 則國之利器也. 示人者, 任刑也. 刑以利國, 則失矣. 魚脫於淵, 則必見失矣. 利國之器而立刑以示人, 亦必失也."

물고기가 오랫동안 살아온 환경에서 다른 것이 좋게 보여도 갑자기 벗어나게 만들지 말라는 의미이다. 통치자는 이러한 천하의 특성을 이해하여 갑작스러운 변화를 추구하는 것을 심사숙고하라는 것이다. 앞서의 글에서도 노자는 숙성되기를 기다려 스스로의 변화를 이끌어 가야 한다고 역설했다.

이어서 "나라의 이로운 그릇을 사람들에게 나타내 보일 수가 없다"라고 했다. 이 또한 어떤 뜻을 전하고 있는가. '나라의 이로운 그릇[利器]'이란 부드럽고 약한 것들로 도의 그릇을 말한다. 도의 그릇들은 모두를 다 함께 품고 가야 하기에 눈에 보이지 않게 천천히 견고함을 다지며 성장해 나아가는 속성을 가지고 있다. 이러한 특성은 조급한 사람들에게는 아까운 시간이 낭비되는 것으로 보일 것이다. 그래서 사람들에게 내보일 수가 없다는 것이다. 굳건하게 세우려 하면서도 조바심에 당장의 변화를 구하는 사람들에게 주는 교훈이다. 鳳

장차 거두어들이려 하면 반드시 견고하게

잡아당겨져 있어야 하고,

장차 약하게 하고자 하면 반드시 견고하게 강해져 있어야 한다.

제 37 장

도는 항상 하는 것이 없으면서도 하지 않는 것이 없다.

道常無爲而無不爲

도상무위이무불위

侯王若能守之 萬物將自化

후왕약능수지 만물장자화

化而欲作 吾將鎭之以無名之樸

화이욕작 오장진지이무명지박

無名之樸 夫亦將無欲

무명지박 부역장무욕

不欲以靜 天下將自定

불욕이정 천하장자정

도는 항상 하는 것이 없으면서도 하지 아니하는 것이 없다.
후왕들이 만약 그것을 지킬 수 있다면, 만물은 장차 스스로 변화할 것이다.
변화하면 짓고자 할 것이니, 그대들은 무명의 질박함으로 그들을 진정시켜라.
무명의 질박함으로 하면, 지아비 또한 장차 하고자 함이 없어질 것이다.
하려고 하지 않음은 고요함으로 이어져, 천하는 장차 스스로 바르게 잡혀 갈 것이다.

[해설]

드디어 『도덕경』 '도경'의 마지막 장이면서 어찌 보면 『도덕경』의 마지막 장이다. 대체로 글을 쓰는 입장이라면 그동안 이야기했던 것들을 정리하는 장으로 활용할 것이다. 이 장에서는 앞에서 설명했던 내용들을 간결하게 정리하여 다시 전달하고 있다. 따라서 내용 중에 해석에 논란이 있거나 이해가 어려운 글은 없는 듯하다. 후왕들은 무위를 행하면서 질박함을 지키라는 당부의 글이다. 흔들리지 않고 도를 행한다면 천하는 바르게 나아갈 것이란 큰 줄거리로 구성되어 있다.

> 道常無爲而無不爲, 侯王若能守之, 萬物將自化.
> 도는 항상 하는 것이 없으면서도 하지 아니하는 것이 없다. 후왕들이 만약 그것을 지킬 수 있다면, 만물은 장차 스스로 변화할 것이다.

첫 구절인 '道常無爲而無不爲(도무위이무불위)'는 백서(갑을)에서 '道恒無名(도항무명)'으로 간결하게 도를 설명하고 있다. '항상 이름이 없다'는 말과 '항상 하는 것이 없으나 하지 아니하는 것도 없다'는 말은 도의 특성으로 같은 말이다.

하상공은 "도는 무위로 항상 그러하다. 제후와 왕이 만약 이 도를 지킬 수 있다면, 만물은 저절로 변화하며 자기에게서 본받게 된다는 말이다"[288]라고 했다. 왕필은 "저절로 그러함에 따른다. 만물은 말미암아

288) 『하상공주』 "道以無為為常也. 侯王若能守之, 萬物將自化. 言侯王若能守道, 萬物將自化效於己也."

행해지는 것으로 다스려지고 이루어지지 않음이 없다"[289]라고 했다. 둘 다 후왕이 도를 지켜 나라를 다스린다면 만물이 스스로 변화된다고 본 것이다.

"도는 항상 하는 것이 없으면서도 하지 아니하는 것이 없다"라고 했다. 이 글에서 무위는 아무것도 하지 않는다는 말이 아니라, 만물이 스스로 모든 일을 도리에 맞게 해 나가도록 큰 틀로 구조화해 놓기 때문에 나서서 하지 않아도 모든 일이 저절로 이루어져 간다는 말이다. 바로 自然(자연)을 풀어 쓴 것이다. 이어서 "후왕들이 만약 그것을 지킬 수 있다면, 만물은 장차 저절로 변화할 것이다"라고 후왕들에게 믿음을 굳게 가지고 행할 것을 주문하고 있다. 여기서 변화한다는 말은 수동적인 삶에서 능동적인 삶으로 변화되어 간다는 것으로, 삶에 의지를 가지게 되어 생동감이 생기는 것을 말한다.

化而欲作, 吾將鎭之以無名之樸. 無名之樸, 夫亦將無欲.
변화하면 짓고자 할 것이니, 그대들은 무명의 질박함으로 그들을 진정시켜라.
무명의 질박함으로 하면, 지아비 또한 장차 하고자 함이 없어질 것이다.

'鎭(진)'은 죽간(갑)에서 '바를 정(正)'으로 되어 있으며, '無名之樸(무명지박)'은 백서(을)에서는 '鎭之以無名之樸(진지이무명지박)'으로 적혀 있어 앞 구절을 다시 인용하여 설명하고 있다. '無欲(무욕)'은 백서와 하상공본에서는 '不欲(불욕)'으로 되어 있다.

289) 『왕필주』 "順自然也. 萬物無不由爲以治以成之也."

하상공은 “오(吾)는 몸이다. 이름 없는 질박함은 도와 덕을 말한다. 만물이 나를 본받아 이미 교화되었는데, 다시 기교와 거짓을 행하고자 하는 자가 있다면 제후와 왕은 도와 덕으로 몸소 어루만지거나 억눌러야 한다. 왕과 제후가 도와 덕으로 어루만지거나 억누르면 백성 또한 욕심을 내지 않게 될 것이다”[290]라고 했다. 왕필은 “변화하면 지으려 한다는 것은 지으면서 이루고자 한다는 것이다. 내가 이름 없는 소박함으로 그것을 진압한다는 말은 주인이 되지 않는다는 의미이다. 겨루려고 하는 바가 없다”[291]라고 했다. 문장을 해석하는 방향은 다르지만 백성들을 인위적으로 변화시키려 하지 않는다는 방향에는 다름이 없다.

앞 문장의 말을 이어 나가면서 “변화하면 짓고자 할 것이니, 그대들은 무명의 질박함으로 그들을 진정시켜라”라고 했다. 변화[化]한다는 말은, 이전의 통치자들이 일일이 나서서 분별하고 교화시키면서 나라를 운영했다면, 이제는 도의 정치를 통해 백성들에게 자율성이 주어지니 스스로가 변화 발육하려는 움직임이 생기면서 과욕의 행동들이 나타난다는 것이다. 따라서 이런 경향이 나타나지 않도록 무명의 질박함으로 이를 진정시키라는 말이다. ‘진압한다’는 뜻의 진(鎭)은 힘을 가해 진정시키라는 말이 아니라, 백성들이 지족을 넘어서는 욕심이 표출되지 않도록 하라는 말이다. 이를 해결할 수 있는 방법은 질박함이다. 그럼 자연스럽게 바로잡혀질 것이란 뜻이다. 또한 덧붙여서 “무명의 질박함으로 하면, 지아비 또한 장차 하고자 함이 없어질 것이다”라고 지아비의 질박함을 말하고 있다. 많은 책에서 夫(부)를 발어사로 보고 있으나 필자는 생계를 책임지고

290) 『하상공주』 “吾, 身也. 無明之樸, 道德也. 萬物已化效於己也. 復欲作巧僞者, 侯王當身鎭撫以道德也. 言侯王鎭撫以道德, 民亦將不欲.”
291) 『왕필주』 “化而欲作, 作欲成也. 吾將鎭之無名之樸, 不爲主也. 無欲競也.”

있는 사람을 말한다고 본다. 지아비들까지 질박해지면 백성들 사이에서는 다툼이 없어질 것이다.

不欲以靜, 天下將自定.
하려고 하지 않음은 고요함으로 이어져, 천하는 장차 스스로 바르게 잡혀 갈 것이다.

죽간(갑)에서는 이 문장을 '夫亦將知 足知以靜 萬物將自定(부역장지 족지이정, 만물장자정)'으로 적어 '불욕'을 '족함을 아는 것'으로 표현하고 있다.

이 문장을 하상공은 "그러므로 맑고 고요함으로 그들을 이끌고 변화시켜야 한다. 이와 같이 할 수 있으면 천하는 저절로 바로잡힐 것이다"[292]라고 주해를 달았다.

하려고 하지 않는 것은 고요함을 가져다 준다고 했다. 여기서 하려고 하는 것[欲]은 질박함을 넘어선 욕구로, 욕심을 부리지 않으면 다툼이 없어진다는 말이다. 서로가 욕심을 버려 조화로운 상태를 이루면 평화로움이 찾아올 것이다. 이 모든 것은 저절로 만들어지도록 이끌어낸 결과로써, 천하의 질서가 스스로 정화되어 바르게 굴러간다. 노자의 통치철학을 간결하게 볼 수 있는 장이다. 광대하고 심오한 도의 정치를 이렇듯 짧게 언급하였으나, 그동안 여러 장에서 이미 세세하게 나열하여 설명해 왔기

292)『하상공주』"故當以清靜導化之也. 能如是者, 天下將自正定也."

에 그 뜻을 수월하게 파악할 수 있을 것이다.

『도덕경』은 판본도 많을 뿐더러 탈자의 경우나 글자가 바뀌는 등등의 사유로 다의적으로 해석할 수 있는 여지가 많다. 글자 하나하나의 해석도 중요하지만 문장의 골격이나 도의 뿌리를 보고 이해하는 것이 노자의 깊은 뜻을 왜곡 없이 받아들이는 지혜라 생각한다. 鳳

무명의 질박함으로 하면,

지아비 또한 장차 하고자 함이 없어질 것이다.

진귀하다고 옥과 같기를 바라지 말고, 구슬도 많으면
돌과 같은 것이다. - 39장 -

이름과 몸, 어느 것이 가까운가? 몸과 재화, 어느 것이 많을까?
얻는 것과 잃는 것, 어느 것이 근심이 될까? - 44장 -

세상의 어려운 일은 반드시 쉬운 것에서 만들어지고,
세상의 큰일은 반드시 세세한 것에서 만들어진다. - 63장 -

말에는 근원이 있으며, 일에도 주인이 있는 것이다.
무릇 이것에 대해 아는 것이 없다면 내가 아는 것이 아니다.
나를 아는 자가 드물기에 그래서 나라는 존재는
귀한 것이다. - 70장 -

알지 못한다는 것을 아는 것은 높여야 하나,
아는 것이 아는 것이 아니라면 병폐가 된다. - 71장 -

믿음이 있는 말은 아름답지 않고,
아름다운 말은 미덥지 않다. - 81장 -

德經

덕경

하편(38장 ~ 81장)

제 38 장

상덕은 덕이라 여기지 않기에 덕이 있다.

上德不德 是以有德 下德不失德 是以無德
상덕부덕 시이유덕 하덕부실덕 시이무덕

上德無爲而無以爲 下德爲之而有以爲
상덕무위이무이위 하덕위지이유이위

上仁爲之而無以爲 上義爲之而有以爲
상인위지이무이위 상의위지이유이위

上禮爲之而莫之應 則攘臂而扔之
상례위지이막지응 즉양비이잉지

故失道而後德 失德而後仁
고실도이후덕 실덕이후인

失仁而後義 失義而後禮 실인이후의 실의이후례

夫禮者 忠信之薄 而亂之首 부례자 충신지박 이란지수

前識者 道之華 而愚之始 전식자 도지화 이우지시

是以大丈夫處其厚 不居其薄 處其實 不居其華
시이대장부처기후 불거기박 처기실 불거기화

故去彼取此 고거피취차

상덕은 덕이라 여기지 않기에 이 때문에 덕이 있고, 하덕은 덕을 잃지 않으려고 하니 이 때문에 덕이 없다.
상덕은 하려고 하는 바가 없으니 하여야 할 것이 없으나, 하덕은 하려고 하는 바가 있어 하여야 할 것이 있다.
상인은 하려는 바가 있지만 하여야 할 것이 없으나, 상의는 하려고 하는 바가 있으니 하여야 할 것이 있다.
상례는 하려고 하는 바가 있어 응하지 않으면 팔을 걷어붙이면서 잡아당긴다.
이러한 까닭에 도를 잃은 후에는 덕이 나오고, 덕을 잃은 후에는 인이 나오며, 인을 잃은 후에는 의가 나오고, 의를 잃은 후에는 예가 나오는 것이다.
무릇 예라는 것은 진심을 다하는 믿음이 옅은 것이니 어지러움의 으뜸이다.
앞서서 아는 것은 도의 화려함이나 어리석음의 시작이다. 이 때문에 대장부는 그 두터움에 머물지 그 엷음에 거처하지 않으며, 그 진실한 것에 머물지 그 화려함에 거처하지 않는다. 그러므로 저것을 버리고 이것을 취한다.

[해설]

『도덕경』에서 '덕경'의 첫 번째 장이다. '덕경'을 여는 장답게 덕을 다른 개념들과 구분하여 설명해 주고 있다. 이 글에서 덕의 경계에 있는 인(仁)과 의(義) 그리고 예(禮)의 속성을 언급하면서 서로를 비교하는 것을 보면, 노자의 인, 의, 예를 바라보는 관점을 살펴볼 수 있다. 그러나 첫 문장부터 '상덕부덕(上德不德)'이라는 반어적 수사로 시작되기 때문에 이에 대한 해석을 두고 학자들을 고민하게 만들었다. 왕필의 경우에도 다른 장에서는 짧은 주해를 달거나 아예 언급을 하지 않은 것에 비해 이번 장에서는 지나칠 정도로 장문의 설명을 덧붙이고 있다.

上德不德, 是以有德. 下德不失德, 是以無德.
상덕은 덕이라 여기지 않기에 이 때문에 덕이 있고, 하덕은 덕을 잃지 않으려고 하니 이 때문에 덕이 없다.

판본의 기록이 동일하다. 이 장은 덕의 의미를 제대로 이해하는 것이 매우 중요하다. 앞으로 나오는 장은 德(덕)자가 자주 사용되기 때문이다. 그럼 학자들의 주해를 살펴보기로 하자.

하상공은 "상덕(上德)은 태고의 이름 없는 군주를 일컫는 것으로, 덕이 커서 위가 없으므로 상덕이라고 말하는 것이다. 부덕(不德)은 백성을 덕으로 가르치지 않고, 스스로 그러함[自然]에 따라 사람들의 성명(性

命)을 길러주니 그의 덕이 드러나지 않는다. 그러므로 부덕이라고 말하는 것이다. 그의 덕이 천지와 하나가 되어 화기(和氣)가 흐르니 백성이 덕으로 온전해진다는 말이다. 하덕이란 시호가 있는 군주를 일컫는 것으로, 덕이 상덕에 미치지 못하므로 하덕이라고 말하는 것이다. 덕을 잃지 않으려 한다는 것은 그의 덕을 볼 수 있고 그의 공에 이름을 붙일 수 있다는 뜻이다. 이름과 호칭이 있어 이것들이 그의 몸에 미치기 때문이다"[1)]라고 했다. 하상공은 상덕을 태고의 이름이 알려지지 않은 덕이 큰 임금을 일컫는 것이며, 하덕은 명호를 가진 임금을 말하는 것으로 공(功)을 몸에 지니고 있기 때문에 아래[下]라 했다고 설명한다.

왕필은 "덕은 얻음[得]이다. 항상 얻으며 잃는 것이 없으니, 이롭기만 하고 해롭게 되는 것이 없으므로 덕으로 이름을 삼은 것이다. 어떻게 덕을 얻는가? 도로 말미암아 얻는다. 어떻게 덕을 다하게 하는가? 무(無)를 쓰임으로 삼아서이다. 무로써 쓰임을 삼으면 싣지 않음이 없다. 그러므로 사물은 무(無)로 하면 다스려지지 않음이 없고, 유(有)로 하면 삶을 연명하기도 부족하다. 이 때문에 천지가 비록 넓어도 무(無)로 마음을 삼고, 어진 왕이 비록 위대할지라도 비어있음[虛]으로 근본[主]을 삼는다. 옛날에 이르기를, 반복하며 보여주는 것은 천지의 마음으로 볼 수 있고 날마다 그것을 생각하는 마음은 선왕의 지극함으로 분간할 수 있다. 그러므로 사사로움을 멸하고 몸을 비우면 온 천하가 우러러보지 않음이 없고, 멀거나 가깝거나 이르지 않음이 없다. 자기를 특별하게 여기는 마음이 있으면 한 몸도 온전히 보전할 수 없으니, 살가죽과 뼈도 서로 받아들이지

1)『하상공주』"上德, 謂太古無名號之君, 德大無上, 故言上德也. 不德者, 言其不以德教民, 因循自然, 養人性命, 其德不見, 故言不德也. 言其德合於天地, 和氣流行, 民德以全也. 下德, 謂號謚之君, 德不及上德, 故言下德也. 不失德者, 其德可見, 其功可稱也. 以有名號及其身故."

못한다"[2]라고 길게 설명했다. 덕은 만물에게 항상 얻게 하고 잃는 것이 없게 하는 무를 쓰임으로 삼고 있다고 말한다.

하덕에 대한 왕필의 설명이 계속된다. "하덕이란 구하여 얻는 것이어서, 하고자 해서 이루었으므로 선(善)을 세워 사물을 다스린 것이다. 따라서 덕과 이름이 있게 되었다. 그런데 구하여 얻으면 반드시 잃음이 있고, 인위로 행하여 이루면 반드시 실패함이 있으며, 선이라는 이름이 생겨나면 곧 불선이 있어 대응하게 된다. 따라서 하덕은 행하면 행함으로써 어떤 것이 있게 된다"[3]라고 상덕과 구별한다. 또한 『한비자(韓非子)』 '해로(解老)편'에서는 "덕(德)이란 내(內)라는 것이고 득(得)이란 외(外)라는 것이다. 상덕부덕(上德不德)이란 그 정신이 외부에 유혹되지 않음을 말한다. 정신이 외부에 유혹되지 않을 때에는 그 몸은 완전할 수 있다"라고 설명한다.

『도덕경』을 '도경'과 '덕경'으로 나누어서 보는데, 덕경의 첫 장 서두에 '상덕(上德)'과 '하덕(下德)'이라는 낯선 표현과 함께 반어적 수사가 등장한다. 이 때문에 해석을 두고 학자들의 견해가 다양해질 수밖에 없었던 것 같다. 우리는 이 글을 통해 노자가 말하는 덕과 세상에서 일컬어지는 덕에 차이가 있음을 알 수 있다.

하상공은 상덕이란 태고의 이름 없는 군주를 일컫는 것으로, 덕이 커서 위가 없으므로 상덕이라 말한다 했고, 왕필은 무(無)를 쓰임으로 삼

---

2)『왕필주』"德者, 得也. 常得而無喪, 利而無害, 故以德爲名焉. 何以得德, 由乎道也. 何以盡德, 以無爲用. 以無爲用, 則莫不載也. 故物, 無焉, 則無物不經, 有焉, 則不足以免其生. 是以天地雖廣, 以無爲心, 聖王雖大, 以虛爲主. 故日以復而視, 則天地之心見, 至日而思之, 則先王之至覩也. 故滅其私而無其身, 則四海莫不贍, 遠近莫不至, 殊其己而有其心, 則一體不能自全, 肌骨不能相容."

3)『왕필주』"下德求而得之, 爲而成之, 則立善以治物, 故德名有焉. 求而得之, 必有失焉, 爲而成之, 必有敗焉. 善名生, 則有不善應焉. 故下德爲之而有以爲也."

은 덕이라 말한다. 소자유도 덕은 도가 운행하여 나타난 모습이며 덕은 도가 드러난 것이라고 했다. 서명응 또한 도와 하나로 여긴다고 말하는 등 대체로 도와 연결시키고 있다. 여기서 덕이란 노자 시대에는 천명을 이어받은 자가 기본적으로 갖추어야 할 것으로, 하늘을 대신하는 인간으로서의 자격과도 같은 특별함이 있었다.

첫 구절에서 "상덕은 덕이라 여기지 않기에 이 때문에 덕이 있다"라고 말한다. 『도덕경』에서 상덕의 표현이 나오는 곳은 38장과 41장 단 두 군데뿐이다. 41장에서 "평탄한 도는 마디가 있는 것과 같고, 상덕은 골짜기와 같다"라고 했다. 상덕이 골짜기와 그 용모를 같이 한다는 뜻이다. 골짜기는 선을 행하는 몸[體]이다. 28장에서 "천하의 골짜기와 같이 하면 항상하는 덕이 족함에 이르게 되어 다시 질박함으로 돌아온다"라고 한 것을 참고하면 상덕과 골짜기 그리고 질박함이 함께하는 것을 알 수가 있다.

골짜기는 물을 실어 아래로 흘려보낸다. 한결같이 물을 보내면서도 생색을 내거나 차별하지 않는다. 덕을 베풀면서도 덕이라 여기지 않는 자세다. 이처럼 상덕이란 도를 좇아 하늘의 선과 같이 무위로 베푸는 덕으로 보인다.

이어서 "하덕은 덕을 잃지 않으려고 하니 이 때문에 덕이 없다"라고 앞서의 상덕과 구별하고 있다. 덕을 잃지 않으려 한다는 것은 행한 덕을 드러내어 그 덕을 널리 알리려는 의도가 있음이다. 이렇게 베푸는 덕은 오히려 덕을 잃는 것이라 말한다. 나라를 다스리는 노자의 도는 모두가 자신의 그릇을 만들어 가는 데 있어서 자신의 노력으로 이루었다고 자부하도록 이끄는 데 있다. 그러나 이처럼 사람들의 삶이 윗사람의 덕으로 살아가는 것이라고 인식을 갖게 만들면, 어려운 일이 생길 때마다 군주의 덕을 기대하거나 의지하는 바가 생겨나게 된다. 이는 진정한 도의 길이 아니어서 상덕에 속할 수가 없다.

上德無爲而無以爲. 下德爲之而有以爲.
상덕은 하려고 하는 바가 없으니 하여야 할 것이 없으나, 하덕은 하려고 하는 바가 있어 하여야 할 것이 있다.

백서(갑을)에서는 '어조사 야(也)'를 붙여 마무리 형식을 갖추었으며, 마지막 구절인 '下德爲之而有以爲(하덕위지이유이위)'는 백서(갑을)에서는 보이지 않는다.

하상공은 "도를 본받아 안정되고 고요하기에 의도적으로 베풀고자 하는 바가 없다. 이름과 호칭으로 의도적으로 행하는 바가 없다는 말이다. 가르침과 명령을 행하고 정사를 베푼다는 말이며, 자기를 위해 이름과 호칭을 취한다는 말이다"[4]라고 상덕과 하덕을 구분했다. 왕필은 "이 때문에 상덕(上德)의 사람은 오직 도 이것만을 사용함으로 말미암아 덕을 덕으로 여기지 않아 덕에 집착함도 없고 사용함도 없다. 그러므로 덕을 가지고 있지만 능히 하지 않음이 없다. 구하지 않아도 얻어지고 하지 않아도 이루어진다. 그러므로 비록 덕이 있을지라도 덕에 대해 이름이 없다. 하덕은 구하여 얻고 행해서 이루었으니 즉 선을 세워서 사물을 다스

4) 『하상공주』 "謂法道安靜, 無所施為也. 言無以名號為也. 言為教令, 施政事也. 言以為己取名號也."

린 것이다. 그러므로 덕이라는 이름이 있다. 구하여 얻으면 반드시 잃는 것이 있고, 행하여 이루면 반드시 실패함이 있다. 선이라는 이름이 나오면 불선이 있어 대응하니, 따라서 하덕은 행하면 유위함이 있다. 무이위(無以爲)라는 것은 치우쳐 행함이 없다는 말이다. 무위로 할 수 없어서 하는 것은 모두 하덕으로 인, 의, 예절이 이러한 것이다. 덕의 상하를 밝히기 위하여 갑자기 하덕을 들어서 상덕에 대비시킨 것이다. 무위이의 경우에서 품질이 가장 낮은 덕 아래의 국량에서 높은 인이 이것이다"[5]라고 했다.

왕필본을 비롯한 몇몇 판본이 백서에는 없는 하덕의 구절을 삽입한 것을 두고 해석에 논란을 일으키기도 했다. 아래에서 나열한 上義(상의)구의 문장구조가 하덕과 같아지는 등 이해하기가 어렵다고 느낀 탓이다. 이에 따라 범응원본 등은 '下德爲之而無以爲(하덕위지이무이위)'으로 적고 있으며, 한편에서는 '下德無爲而有以爲(하덕무위이유이위)'로 보아야 한다는 주장도 제기되었다. 그러나 이러한 논란은 백서에 없는 구절이어서 논외로 여길 수도 있다. 다만 필자는 덕과 인 그리고 의와 예는 각각 고유한 개념을 가지고 있으므로 형식에 집착할 필요는 없다고 본다.

두 번째 문장에서 "상덕은 하려고 하는 바가 없으니 하여야 할 것이 없으나, 하덕은 하려고 하는 바가 있어 하여야 할 것이 있다"라고 했다. 앞의 상덕과 하덕에 대한 추가적인 설명이다. 상덕은 골짜기의 물이 변함 없이 아래로 흘러가 만물을 이롭게 하지만 물들은 당연한 것처럼 느끼는 것과 같이, 항상 보이지 않는 덕을 행하고 있다. 따라서 이후에 할

---

5)『왕필주』"是以上德之人, 由道是用, 不德其德, 無執無用, 故能有德而無不爲. 不求而得, 不爲而成, 故雖有德而無德名也. 下德求而得之, 爲而成之, 則立善以治物, 故德名有焉. 求而得之, 必有失焉, 爲而成之, 必有敗焉. 善名生, 則有不善應焉. 故下德爲之而有以爲也. 無以爲者, 無所偏爲也. 凡不能無爲而爲之者, 皆下德也, 仁義禮節是也. 將明德之上下, 輒擧下德以對上德. 至於無以爲, 極下德下之量, 上仁是也."

것이 없다. 하덕은 이에 미치지 못하므로 드러날 수밖에 없는 입장이기도 하다. 일을 만들거나 생겨난 이후에 베푸는 경우로, 덕을 베풀어야 할 일이 널려 있는 것이다. 미처 미리 돌보지 못해 헐벗고 가난에 찌든 자를 찾아 구호하거나 불선한 자를 덕으로 품는 것 등 여기저기 보살펴야 할 사람들이 많다. 이처럼 하덕은 일이 생겨난 이후에 덕을 베푸는 것과 같다. 이는 백성들을 이롭게 하는 덕은 될지라도, 온전한 질박함으로 이어지게 만들 수는 없다. 이 문장에서 '무위(無爲)'란 단어도 『도덕경』에 자주 나오는 글자다. 『회남자』 '원도훈'에서는 "사물에 앞서 행동하지 않는다는 말이다"라고 설명하고 있다.

> 上仁爲之而無以爲. 上義爲之而有以爲. 上禮爲之而莫之應, 則攘臂而扔之.
> 상인은 하려는 바가 있지만 하여야 할 것이 없으나, 상의는 하려고 하는 바가 있으니 하여야 할 것이 있다. 상례는 하려고 하는 바가 있어 응하지 않으면 팔을 걷어붙이면서 잡아당긴다.

판본들의 기록이 '어조사 야(也)'의 유무는 있으나 거의 일치한다. 하상공, 한비자본 등에는 '당길 잉(扔)'이 '인할 잉(仍)'으로 되어 있다.

하상공은 "상인(上仁)은 인을 실행하는 임금을 가리킨다. 그 인은 위가 없기 때문에 상인이라고 말하는 것이다. 위지(爲之)라는 것은 인과 은혜를 실행한다는 말이다. 공이 이루어지고 일이 세워져도 붙잡고자 하지 않는다. 끊고 자름으로써 의를 실천하는 것을 가리킨다. 움직이고 짓는 것은 자신을 위한 것이고, 다른 사람을 죽여서 위엄을 이루고 아래를 학대하여 스스로 받들도록 한다. 상례(上禮)의 임금을 가리킨다. 그 예는 위가 없이 높으므로 상례라고 말하는 것이다. 위지(爲之)라는 것은 예와 제도를 행함에 있어 위엄과 의식에 질서가 있다는 말이다. 예는 화려하고 성대하지만 열매는 쇠약하여 꾸밈과 거짓됨이 번거로워 움직이면 도에 멀어져 응할 수 없음을 말한다. 예가 너무 번잡하고 일일이 응할 수가 없으면 위아래가 서로 성이 나서 다투게 된다. 그러므로 팔을 걷어붙이고 서로 당기게 됨을 말하는 것이다"[6]라고 말했다.

왕필의 주해를 보면, 상인(上仁)은 "무이위(無以爲)에 충분히 도달했음에도 여전히 어짊을 행한다. 행함은 있고 치우쳐 행함은 없으나 행함의 유위(有爲)함이 근심이 되는 것이다. 근본은 무위에 있고 어미는 무명에 있다. 근본을 포기하고 어미를 버리면서 자식에게 가면 공이 비록 클지라도 반드시 구제하지 못함[不濟]이 있고, 이름이 아름다울지라도 반드시 거짓이 생긴다. 행하지 않고서는 이룰 수 없고 일으키지 않고서는 다스릴 수 없기에, 이내 하는 것이어서 넓게 빠짐없이 골고루 베풀어서 어짊으로 사랑하는 것이다. 사랑하지만 사적인 것에 치우치는 바가 없으므로 상인(上仁)은 행하지만 행함에 치우침이 없다는 것이다"[7]라고 했다.

왕필은 의와 예에 대해 "사랑은 두루 하지 못하면 저항을 억누르고 진실한 것을 바르게 하는 의로 다스리게 된다. 굽은 곳에 분노하고 곧음을 도와주어, 저것을 돕고 이것은 공격하니 사물과 일에 마음을 두고 행

---

6) 『하상공주』 "上仁謂行仁之君, 其仁無上, 故言上仁. 為之者, 為仁恩也. 功成事立, 無以執為. 為義以斷割也. 動作以為己, 殺人以成威, 賊下以自奉也. 謂上禮之君, 其禮無上, 故言上禮. 為之者, 言為禮制度, 序威儀也. 言禮華盛實衰, 飾偽煩多, 動則離道, 不可應也. 言禮煩多不可應, 上下忿爭, 故攘臂相仍引."

7) 『왕필주』 "足及於無以爲而猶爲之焉. 爲之而無以爲, 故有爲爲之患矣. 本在無爲, 母在無名. 棄本捨母, 而適其子, 功雖大焉, 必有不濟. 名雖美焉, 僞亦必生. 不能不爲而成, 不興而治, 則乃爲之, 故有宏普博施仁愛之者. 而愛之無所偏私, 故上仁爲之而無以爲也."

함이 있다는 말이다. 그러므로 상의(上義)는 행함에 있어 치우쳐 행함이 있다. 곧음[直]을 독실하게 할 수 없으면, 화려하게 꾸미고 닦고 문식하는 예를 공경하는 일이 생긴다. (예는) 좋아하는 것을 숭상하고 공경하는 것을 닦아서 책망함을 따져 가며 주고받는 것으로, 맞게 대하지 아니하는 소홀함이 있으면 분노를 생기게 한다. 그러므로 높은 예[上禮]는 하고자 하는 바가 있어서 그것에 응하지 않으면 팔을 걷어붙이면서 잡아당긴다"[8]라고 했다.

한비자는 인과 의와 예에 대한 설명으로 "인이란 마음속으로부터 기뻐하며 사람을 사랑함을 말한다. 인자가 타인의 행복을 기뻐하며 타인의 재앙을 증오하는 것은 그 마음의 멈출 수 없는 작용에서 비롯한 것으로서, 보답을 바라지 않는 것이다. 의란 군신 간의 상하관계, 부자(父子)와 귀천의 차이, 친구관계, 친소와 내외관계의 마땅함을 말한다. 예는 의의 몸가짐을 화려하게 표현한 것이다. 상예는 자기 자신을 위해서 하는 것이다. 예라는 것은 의의 화려한 꾸밈이다"라고 했다.

이 문장을 하나씩 풀어 보자. "상인은 하려는 바가 있지만 하여야 할 것이 없다"라고 했다. '인(仁)'자는 사람[人]과 둘[二]이라는 글자로 이루어진 것으로, 두 사람이 친하게 지냄을 나타내는 데서 '어질다'의 뜻으로 쓰인다.

『서경(書經)』에 상(은)나라를 세운 탕왕(湯王)이 죽은 후 손자인 태종(太甲)을 보좌한 재상 이윤(伊尹)이 왕의 마음가짐에 대해 "백성들은

8) 『왕필주』 "愛不能兼, 則有抑抗正眞而義理之者. 忿枉祐直, 助彼攻此, 物事而有以心爲矣. 故上義爲之而有以爲也. 直不能篤, 則有游飾修文禮敬之者. 尙好修敬, 校責往來, 則不對之閒忿怒生焉. 故上禮爲之而莫之應, 則攘臂而扔之."

특정한 한 사람을 좀처럼 존경하지 않으나, 인(仁)을 갖춘 사람에게는 우러러본다"라고 충고하는 장면이 나온다. 특히 인을 도덕의 중심으로 삼은 공자는 "어진 사람은 다른 사람을 사랑한다(仁者 愛人)"고 말했다. 맹자는 주나라 무왕이 은나라를 멸하고 주나라를 세운 것에 대해 제나라 선왕(宣王)이 물었을 때 "인(仁)을 해치는 자를 적(賊)이라 하고, 의(義)를 해치는 자를 잔(殘)이라 한다. 잔적지인(殘賊之人)은 단지 '그놈'이라고 하니 무왕이 '주(상나라의 마지막 왕)'라는 놈을 처형했다는 말은 들었어도 임금을 시해했다는 말은 듣지 못했다"라고 대답했다 한다.

식자들의 인식은 그 시대의 정치적 흐름을 반영한다. 공자가 생존했던 춘추시대만 해도 사회적 질서가 어느 정도 지켜지고 있었다. 그래서 공자는 사회의 질서를 유지하는 데 있어 외부적 강제의 성격이 없는 자기 스스로의 마음에서 우러나는 인(仁)을 주장했다. 그러나 맹자가 살았던 전국시대는 공자가 살았던 때보다 복잡하고 힘에 의한 질서가 유지되는 시대였다. 개인의 마음에만 의존하는 인(仁)만으로는 사회의 질서를 유지할 수 없기 때문에 맹자는 공자의 사상을 이어받았음에도 인이 아닌 의를 주장했다.

이처럼 앞서의 고사를 참고해 보면 대체로 노자가 생존했던 시기의 인(仁)의 개념은 스스로 어진 마음을 지녀 상대를 공경하는 자세를 보이는 것으로 정리할 수 있다. 따라서 인(仁)이란 자신의 어짊이 상대에게 본이 되는 경우 즉 언행이 일치되는 행동을 보여주는 것이니 위지(爲之)로 표현한 것이다. 여기서 '상인(上仁)'이라고 표현한 것은 윗사람이 지녀야 할 어진 마음으로 볼 수 있겠다. 물론 높은 자리에 있는 자의 어짊은 백성들을 아끼는 마음으로 사람들을 공경하는 자세를 보임으로써 천하를 바르게 할 수 있을 것이다. 다만 이와 같은 어진 행실은 사람의 마음을 다스리는 데에는 더할 나위 없이 좋은 그릇이나, 백성들의 배를 채워 주는 측면에서는 덕보다는 부족함이 있다.

이어서 노자는 "상의는 하려고 하는 바가 있으니 하여야 할 것이 있다"라고 했다. 하상공은 의(義)는 끊고 자름으로써 의를 실천하는 것이라고 설명하고 있으며, 왕필은 억누르고 저항하는 것이 있으면 바르고 진실하게 하는 것이라고 했다. 공자도 "군자는 천하를 살아감에 있어 이렇게 해야만 한다든지, 이렇게는 하지 말아야 한다든지 하는 고집 없이 오직 의로움을 따를 뿐이다"라고 했다. 이처럼 당시에는 의(義)는 바른 것이며 모두가 따라야 할 것으로 여기고 있었다. 따라서 높은 위치에 있는 자가 의를 통해 나라를 안정시키려 한다면 무력이라도 행사하여 지킬 것이며, 이 과정에서 파생되는 고통은 감내해야 하는 것으로 보고 있음을 지적한 것이다.

또한 노자는 예(禮)에 대해 "상례는 하려고 하는 바가 있어 응하지 않으면 팔을 걷어붙이면서 잡아당긴다"라고 했다. 예는 원래 고대의 제례의식에서 출발한 것인데, 주대에 와서 의미가 크게 확장되었다. 주대의 예는 제례의식을 행하는 공경스러우면서도 정성스러운 마음가짐뿐만 아니라 신분질서와 사회규범, 나아가 여러 가지 문물제도까지 포괄적으로 아우르는 것이 되었다. 따라서 강제함이 컸다. 앞서의 인과 의가 바른 행실이나 응징으로 다수에게 본을 보여 큰 대의에 따라오도록 유인하는 것이었다면, 예는 구체적으로 하나하나의 경우마다 본인의 의사와는 상관없이 개념화하여 이를 따르도록 신체적으로 강제한다는 것이다.

당시에 새롭게 예문화의 기초를 잡은 사람이 주나라 무왕의 동생 주공으로, 공자는 그를 지극히 앙망하여 꿈속에서도 만나기를 바랐다고 한다. 주나라 시대의 사회조직과 정치제도에 대해 기술한 『주례(周禮)』에 따르면, 주나라는 엄격한 등급사회였고, 등급에 따라 명수(命數: 관등의 급수), 봉지(封地), 작위(爵位), 귀하고 천함 등에 차별을 받았다. 또한 형벌도 팔의(八議)라 하여 차등대우를 받았는데, 등급에 따라 법 적용을 달리하여 친족이나 오랜 친구, 현자, 능력자, 귀족, 유공자, 근면한 자, 손님은 감형하거나 면제를 했다. 그러나 직무를 규제하는 법을 제외하고는 하나같이 사회 성원의 도덕적 일탈행위를 처벌하는 것으로, 예의를 통해 사람들을 교화하고, 형벌을 통해 예를 위배하는 행위를 금지한다는 유가의 예치(禮治)적 관념과 일치한다. 교화와 형벌을 결합하여 개과의 기회를 제공한다는 것이다.

향팔형(鄕八刑)이라는 형벌이 있다. 부모에 불효한 죄, 가족끼리 화목하지 못한 죄, 친척과 친목하지 못한 죄, 스승과 윗사람에 대한 불경죄, 친구와의 신의를 어긴 죄, 어려운 사람을 구휼하지 않은 죄, 유언비어를 날조한 죄, 백성들을 혼란시킨 죄를 형벌로 다스렸다. 이는 법이 예의 보조수단에 불과했음을 보여준다.[9)]

---

9) 장동우. '왕권과 예치(예치)에 대한 주례(주례)의 문제의식'. 『동방학지』, 2006

『예기(禮記)』의 '예운(禮運)편'에 기록된 공자(孔子)와 그의 제자 언언(言偃)의 대화에서도 '대동'과 '소강'으로 구분하여 예를 통해 사회를 보고 있음을 알 수 있다. "대도가 실행될 때와 삼대(夏, 殷, 周)의 훌륭한 인물들이 정치를 하던 때는 내가 보지 못했으나 기록은 있다. 대도가 실행되던 때는 천하가 공(公)으로 여겨졌으니, 어질고 능력 있는 이들을 뽑아서 믿음[信]을 외우고, 화목을 닦았다. 그러므로 사람들은 그의 어버이가 혼자만의 어버이가 아니었고, 그 자식도 혼자만의 자식이 아니었다. 노인들은 편안하게 일생을 마칠 수 있었으며, 장정도 일하는 데가 있었고, 어린이들도 잘 성장할 수 있었다. 과부, 홀아비, 고아, 병든 자는 모두 부양되었다. 남자는 직분이 있었고, 여자는 돌아갈 곳이 있었다. 재화는 땅에 버려지는 것을 싫어하였으나, 반드시 자기를 위해 쌓아두는 것은 아니었다. 힘은 자기 몸에서 나오지 않는 것을 싫어하였으나, 반드시 자기를 위해서는 아니었다. 이 때문에 간사한 꾀가 막히니 일어나지 못하고, 도둑이 훔치거나 어지럽히는 일이 일어나지 않았다. 그래서 집밖을 잠그지 않았다. 이를 대동(大同)이라 일컫는다."[10)]

중국의 역사서에 따르면 고대의 부락(씨족)연맹체가 형성되면서부터 군주를 추천하고 선발하는 선양제(禪讓制)를 시행했다고 한다. 요(堯), 순(舜), 우(禹) 임금이 차례로 선출되었으며, 우 임금은 선양제를 통한 왕위 계승의 전통을 이어가기 위해 동이(東夷) 부락의 수령인 익(益)을 후계자로 세웠으나, 우 임금의 아들인 계(啓)가 익을 살해하고 왕위를 찬탈함으로써 왕위세습제로 전환하게 되었다. 이는 씨족공유제의 원시사회가

10) 孔子日, "大道之行也, 與三代之英丘未之逮也, 而有志焉. 大道之行也, 天下爲公, 選賢與能, 講信, 修睦. 故人不獨親其親, 不獨子其子, 使老有所終, 壯有所用, 幼有所長, 矜寡孤獨廢疾者皆有所養. 男有分, 女有歸. 貨惡其棄於地也, 不必藏於己, 力惡其不出於身也, 不必爲己. 是故謀閉而不興, 盜竊亂賊而不作, 故外戶而不閉, 是謂大同."

붕괴하고 사유제의 계급사회로 전환됨을 의미한다. 그리하여 천하를 만인의 것으로 여기는 '대동(大同)시대'에서 천하를 특정 집안의 것으로 여기는 '소강(小康)시대'로 진입하게 된다.

다시 소강에 대한 공자의 이야기를 들어 보자. "대도는 이미 숨어버렸고 천하는 집(家)으로 여겨졌다. 그 어버이는 각자의 어버이이고, 그 자식은 각자의 자식이며, 재화와 힘은 자기만을 위한 것이다. 천자와 제후들은 세습하는 것을 예의로 여겼고, 성곽과 구지를 단단하게 쌓았다. 예의로 기강을 삼고, 군신관계를 바로잡고, 부자관계를 돈독하게, 형제간은 화목하게, 부부 사이는 조화롭게, 제도를 설치하고, 경작하는 마을을 세우고, 그럼으로써 용맹과 지식을 존중하고, 자기를 위해 공을 사용했다. 그러므로 꾀가 있는 자가 쓰이고 이를 이루기 위해 전쟁이 일어났다. 우(禹)와 탕(湯), 문왕(文王)과 무왕(武王), 성왕(成王) 그리고 주공(周公)은 이러한 이유로 선택된 것이다. 이 여섯 사람의 군주들은 예를 삼가지 않은 이가 없다. 그리하여 그 의를 드러내고, 그 신의를 헤아렸으며, 과실을 드러내고, 형벌과 인자함을 보이고, 겸양을 익히도록 하는 등 백성들에게 항상 이러한 것을 보여주었다. 만약 이를 따르지 않는 이들이 있다면 권력을 가지고 있는 사람일지라도 물리쳐 대중들이 재앙으로 생각하게 했다. 이를 일컬어 소강(小康)이라고 한다."[11]

공자의 말과 같이 천하는 재화와 권력이 공유에서 개인으로 전환됨에 따라 사회체제의 큰 변화가 불가피하게 되었다. 자기의 것을 얻고자 하

---

11) "今大道旣隱, 天下爲家, 各親其親, 各子其子, 貨力爲己, 大人世及以爲禮, 城郭·溝池以爲固. 禮義以爲紀, 以正君臣, 以篤父子, 以睦兄弟, 以和夫婦, 以設制度, 以立田里, 以賢勇知, 以功爲己. 故謀用是作而兵由此起, 禹·湯·文·武·成王·周公由此其選也. 此六君子者未有不謹於禮者也. 以著其義, 以考其信, 著有過, 刑仁, 講讓, 示民有常. 如有不由此者, 在埶者去, 衆以爲殃. 是謂小康."

는 욕심이 지나치면 공동체는 파괴될 것이다. 세습제 하의 군주 입장에서는 이러한 사회적 욕구를 충족하고 나라 사이의 잦은 전쟁과 궁핍 속에서 신하와 백성들의 혼란을 잠재우고 붙잡기 위해 개인의 조직 이탈을 막는 예라는 사회규범이 효과적이었을 것으로 보인다. 규범은 다툼을 정리하는 기능을 가지고 있다. 이것이 대도가 무너진 뒤 유가적 방식인 예로써 다스리는 예치(禮治)이다.

아무튼 주나라 시대의 예는 제례의식을 행하는 공경스럽고 정성스러운 마음을 가졌던 예전의 방식을 넘어 신분질서와 사회규범 나아가 여러 가지 문물제도까지 포괄적으로 규정하여 이를 지키도록 강제하는 것이 되었다. 이러한 흐름은 예란 것이 시대의 변화에 따라 점차 체제를 유지하는 기능적 방편으로의 쓰임이 많아지고 있음을 알 수가 있다. 따라서 노자는 당시의 정치 이념 중에서 스스로 그러함의 영역이 가장 적으면서 인위적인 강제성이 가장 높은 예를 가장 낮은 위계에 두고 있는 것이다.

故失道而後德, 失德而後仁, 失仁而後義, 失義而後禮. 夫禮者, 忠信之薄, 而亂之首.
이러한 까닭에 도를 잃은 후에는 덕이 나오고, 덕을 잃은 후에는 인이 나오며, 인을 잃은 후에는 의가 나오고, 의를 잃은 후에는 예가 나오는 것이다. 무릇 예라는 것은 진심을 다하는 믿음이 옅은 것이니 어지러움의 으뜸이다.

이 문장도 모든 판본들이 거의 일치한다.

하상공은 "도가 쇠하자 덕화(德化)가 생겨난다는 말이다. 덕이 쇠하니 인애가 드러난다는 말이다. 인이 쇠하니 의가 분명해진다는 말이다. 의가 쇠하게 되자 예에 의한 초빙을 베풀고 옥과 비단으로 행하게 되었다는 말이다. 예는 근본을 폐하고 말단에 힘쓰는 것이니 충성과 믿음이 날로 쇠퇴하고 엷아진다는 말이다. 예는 바탕을 천시하고 겉꾸밈을 중시하니, 그러므로 바르고 곧은 것은 날로 적어지고 사특하고 어지러운 것만 날로 생겨난다"[12]라고 했다.

왕필은 도를 잃은 후에 덕이 있다는 노자의 말에 대해 "대(大)의 지극한 것은 오직 도일 것이다. 이에 이르지 못한 것을 어찌 높이겠는가. 그러므로 비록 과업이 번성하고 크게 부유하여 만물을 소유할지라도, 오히려 각기 그 덕을 얻은 것이다. 비록 무는 쓰임이 되기 때문에 귀하게 여기나, 무를 버리고는 형체를 이룰 수 없다. 무가 형체를 이루지 못하면 크게 되는 것을 상실하게 되니 이른바 도를 잃은 이후에 덕이 있게 된다는 것이다"[13]라고 풀었다. 또한 인과 의와 예에 대하여 "무를 쓰임으로 삼으니 덕은 그 어미이다. 그러므로 자신은 수고롭지 않으면서도 사물에 관여하지 않는 것이 없다. 이것 아래로는 오래전에 어미의 쓰임을 상실했다. 무위할 수 없으니 널리 베푸는 것을 귀하게 여기고, 널리 베풀 수가 없으니 바르고 곧은 것을 귀하게 여긴다. 바르고 곧을 수가 없으므로 꾸며진 공경을 귀하게 여긴다. 이것이 이른바 덕을 잃은 후에 인이 있고 인을 잃은 후에 의가 있으며, 의를 잃은 후에 예가 있다는 것이다. 무릇 예란, 진실한 믿음이 독실하지 못하고 단순하게 통합이 드러나지 못하므로 시작되는 바이니, 겉모양에서 갖추기를 따져 낌새에도 다투고 제재한다. 인의가 내

---

12) 『하상공주』 "言道衰而德化生也. 言德衰而仁愛見也. 言仁衰而分義明也. 言義衰則施禮聘, 行玉帛也. 言禮廢本治末, 忠信日以衰薄. 禮者賤質而貴文, 故正直日以少, 邪亂日以生."

13) 『왕필주』 "夫大之極也, 其唯道乎. 自此已往, 豈足尊哉. 故雖盛業大富, 而有萬物, 猶各得其德, 雖貴以無爲用, 不能捨無以爲體也. 不能捨無以爲體, 則失其爲大矣, 所謂失道而後德也."

면에서 발생했는데도 그것을 작위로 행하면 오히려 거짓이 된다. 하물며 바깥에서 꾸미기를 힘쓰는데 오래 갈 수 있겠는가. 그러므로 예란 진심이 엷어진 것으로 혼란의 머리이다”[14]라고 설명했다.

이 문장에 대한 해석은 큰 틀에서 대체로 다르지 않다. 서명응도 『도덕지귀』에서 “예는 말단[末]이고 문(文)이며, 충신은 본(本)이며 바탕[質]이다. 말(末)은 본(本)을 덮어 가는 것이고, 문은 질을 아름답게 꾸미는 것이다. 따라서 예는 충신이 엷어진 데서 생겨났기에, 그 엷어진 것을 두터이 하여 본래의 충신을 유지시키고자 하는 것이다”라고 말한다.

이 문장에서 노자가 말하고자 하는 바는 도와 덕을 잃은 후에는 불가피하게 그 하위의 통치규범들이 등장한다는 것이다. 덕을 잃으면 인이 나오고, 인마저 잃으면 의가 나오며, 의마저 잃어버리면 예가 나온다고 했다. 그리고 예를 가장 하위에 두면서 “예라는 것은 진심을 다하는 믿음이 엷은 것이니 어지러움의 으뜸”이라고 말했다. 이들 모두는 ‘무위’를 잃은 상태에서 사회질서를 찾고자 하는 나름의 방편에서 등장하는 것들이다. 그중에서도 예는 강제적인 수단까지 동원하는 가장 인위적인 통치규범으로 보고 있다. 따라서 예의 통치규범은 시행될수록 강제성이 더 높아질 것이다.

다만 여기서 중요하게 바라보아야 할 부분은 한 사회 내에는 덕과 인·의·예가 공존하고 있다는 사실이다. 어느 것이 그 시대를 지배하고 있느냐의 문제이지 한 가지만 존재하는 것은 아니다. 따라서 사회가 혼란해질수록 노자가 제시한 순서대로 아래로 진행하지만, 반대로 상위의 규범

---

14) 『왕필주』 “以無爲用, 德其母, 故能己不勞焉而物無不理. 下此已往, 則失用之母. 不能無爲, 而貴博施, 不能博施, 而貴正直, 不能正直, 而貴飾敬. 所謂失德而後仁, 失仁而後義, 失義而後禮也. 夫禮也, 所始首於忠信不篤, 通簡不陽, 責備於表, 機微爭制. 夫仁義發於內, 爲之猶僞, 況務外飾而可久乎. 故夫禮者, 忠信之薄而亂之首也.”

이 사회에서 받아들여지면 상덕의 방향으로 진행될 것이다. 노자는 19장에서 "비할 데 없이 어질면 의로움을 버릴 수 있어, 백성들은 어버이에 대한 효도와 자식에 대한 사랑을 회복한다(絶仁棄義 民復孝慈)"라고 했다. 의를 인의 아래에 두고 있음을 알 수 있는 한편, 상위의 규범이 지배하는 사회로 올라섰음도 말하고 있다.

이 문장에서 가장 난해한 부분이 "도를 잃으면 덕이 나온다"는 첫 번째 구절이다. 보통 도와 덕은 같은 레벨에 있는 것으로 생각하기 때문이다. 앞서 상덕은 골짜기와 같다고 설명한 바가 있다. 덕이 도의 경지에 오르려면 더해져야 하는 것이 있다. 39장에서 노자는 "하늘은 맑음으로 하나 됨을 얻고 땅은 평온함으로 하나 됨을 얻었으며, 신은 영험함으로 하나 됨을 얻고, 골짜기는 채움으로 하나 됨을 얻는다"라고 말한다. 덕으로 천하를 하나로 만드는 것이 그만큼 어렵다는 게 아니겠는가.

그 다음, 충신(忠信)의 의미에 있어서 대체로 '충성'과 '믿음'으로 번역하고 있으나 노자는 충성이 아닌 믿음을 중요시한다. 충(忠)자는 한쪽으로 치우치지 않아 안과 밖의 마음이 같다는 뜻이다. 이에 충신을 거짓이 없는 마음에서 우러나오는 '진심을 다하는 믿음'으로 해석했다.

前識者, 道之華, 而愚之始. 是以大丈夫處其厚, 不居其薄, 處其實, 不居其華,故去彼取此.

앞서서 아는 것은 도의 화려함이나 어리석음의 시작이다. 이 때문에 대장부는 그 두터움에 머물지 그 엷음에 거처하지 않으며, 그 진실한 것에 머물지 그 화려함에 거처하지 않는다. 그러므로 저것을 버리고 이것을 취한다.

이 문장에서도 판본들 사이의 기록은 거의 다름이 없다. '비로소 시(始)'는 백서(갑을)에서는 '머리 수(首)'로 되어 있으나, 원인이 되는 주범으로 보면 시작이라는 말로 써도 어긋나지는 않는다. '곳 처(處)'가 앞서서도 그러했듯이 백서에서는 '살 거(居)'로 되어 있다.

하상공은 "알지 못하면서 아는 척 말하는 것이 전식(前識)이다. 이런 사람은 도의 열매를 잃어 버리고 도의 꽃을 얻은 것이다. 미리 안다는 사람의 우매함과 아둔함이 시작되는 것이다. 대장부는 도를 얻은 임금을 가리킨다. 두터움에 머문다는 것은 순박함에 몸을 처한다는 말이다. 세상을 번잡하고 어지럽게 하는 도에 어긋나는 처신을 하지 않는 것이다. 충성과 믿음에 처신한다. 화려한 말을 숭상하지 않는다. 저 꽃과 얇음을 버리고 이 두터움과 열매를 취한다"[15]고 했다.

왕필은 "전식(前識)이란 남보다 먼저 아는 것이니, 즉 하덕의 무리다. 총명을 다해서 미리 알고, 그 지력을 써서 여러 가지 일을 경영하니 비록 실정을 얻었다 하더라도 간교함이 더욱 치밀해지고, 비록 찬양함이 풍요로워도 독실함은 더욱 상실한다. 수고롭지만 일은 혼미해지고 힘쓰는데도 다스림이 황폐하게 되니, 비록 성스러운 지혜를 다할지라도 백성들을 더욱 해롭게 한다. 자기를 버리고 사물에 맡겨 놓으면 무위로 편안해지고, 소박한 질박함을 지키면 법과 제도를 따를 필요가 없다"[16]라고 했다. 왕필의 설명은 계속 이어진다. "저쪽의 얻는 바를 듣고서 이쪽의 지키

15)『하상공주』"不知而言知為前識, 此人失道之實, 得道之華. 言前識之人, 愚闇之倡始也. 大丈夫謂得道之君也. 處其厚者, 謂處身於敦樸. 不處身違道, 為世煩亂也. 處忠信也. 不尚華言也. 去彼華薄, 取此厚實."

16)『왕필주』"前識者, 前人而識也, 卽下德之倫也. 竭其聰明以爲前識, 役其智力以營庶事, 雖德其情, 姦巧彌密, 雖豊其譽, 愈喪篤實. 勞而事昏, 務而治穢, 雖竭聖智, 而民愈害. 舍己任物, 則無爲而泰. 守夫素樸, 則不順典制."

는 바를 버리는 것을 도의 꽃이라 아는 것은, 어리석음의 으뜸이다. 그러므로 진실로 공(功)을 이루는 어미를 얻을 수 있으면, 만물이 지을지언정 마다하지 않고, 만사가 있을지라도 수고롭지 않다. 사용하는 것은 모양으로서가 아니고, 거느리는 것을 이름으로 부리는 것도 아니므로, 인의라는 이름은 드러나는 것이며 예로 공경함이 나타난다. 대도로 싣고 무명으로 진정시키면 사물은 숭상할 것이 없고 뜻은 꾀할 바가 없다. 제각기 그 바름에 맡겨 놓고 일에 진실함을 사용한다면, 어진 덕은 두터워지고 의로움을 행하는 것은 바르게 되며 예로 공경하는 것은 깨끗해진다."[17]

인과 의와 예에 대한 왕필의 설명은 이것으로도 끝나지 않는다. 왕필은 "싣는 바를 버리고 나온 곳을 등지고 그 모양을 이룬 것을 사용하며 그 총명함을 부리니, 인은 언행이 일치하도록 성실한 것이고 의는 분별하여 경쟁하는 것이며 예는 다투는 것이다. 그러므로 어진 덕의 두터움은 인의 능한 바를 사용하는 것이 아니고, 의로움의 바름을 행하는 것은 의로써 이룬 바를 사용하는 것이 아니며, 공경의 깨끗한 예는 예가 가지런히 한 것을 사용한 것이 아니다. 도로써 싣고 어미로 통솔하면 드러내어도 숭상할 것이 없고, 나타내어도 다투는 바가 없다. 무명을 사용하기 때문에 그것으로 이름이 도탑고, 무형으로 사용하기에 그것으로 모양이 이루어진다. 어미를 지켜서 그 자식을 보존하고 근본을 숭상해서 그 말단을 일으킨다면, 드러냄과 이름이 갖추어져도 잘못이 생겨나지 않으며 큰 아름다움이 하늘과 짝하여도 겉꾸밈이 만들어지지 않는다. 그러므로 어미를 멀리할 수 없으며 근본을 잃을 수 없다. 인의는 어미가 낳은 것이나 어

17) 『왕필주』"聽彼所獲, 棄此所守, 識道之華, 而愚之首. 故苟得其爲功之母, 則萬物作焉而不辭也, 萬事存焉而不勞也. 用不以形, 御不以名, 故名仁義可顯, 禮敬可彰也. 夫載之以大道, 鎭之以無名, 則物無所尙, 志無所營. 各任其貞, 事用其誠, 則仁德厚焉, 行義正焉, 禮敬淸焉."

미로 여기는 것은 옳지 않다. 그릇의 모양은 장인이 만든 것이지 장인이 될 수 없다. 그 어미를 버리고 그 자식을 사용하고, 근본을 버리고 말단을 택하는 것이다. 이름에도 나누어짐이 있고 모양도 그치는 바가 있다. 비록 그 커다란 것이 지극하여도 반드시 두루 미치지 아니함이 있으며 그 아름다움을 성대하게 할지라도 반드시 근심할 일이 있는 것이다. 공은 이루려 하는 바가 있으니 어떻게 머무름에 만족하겠는가?"[18)]

그럼 본 문장의 구절들을 살펴보자. "앞서서 아는 것은 도의 화려함이나 어리석음의 시작이다"라고 말한다. 이 구절에서 '전식(前識)'이란 다른 사람보다 먼저 이해하여 미리 알고 있는 것을 말한다. 다시 말해 앞 문장에서 인·의·예를 높이는 나라의 경우에 그 나라가 앞으로 어떻게 나아갈 것인지를 예견하는 것과 같다. 이러한 능력은 도의 화려함이나 아울러 어리석음의 시작이라고 했다. 화려함이라는 표현으로 보아서는 외형이 화려해 보이는 겉치레 정도를 말함이다. 아울러 이는 어리석음의 시작이라고 했다. 예견되는 바에 대응하고자 그 길로 나아가지만, 그 길이 두터운지 엷은지 여부를 가늠하지 않고 선택하기 때문이다.

이어서 "이 때문에 대장부는 그 두터움에 머물지 그 엷음에는 거처하지 않으며, 그 진실한 것에 머물지 그 화려함에 거처하지 않는다"라고 했다. 이 문장에서 대장부는 군주 중에서 성인에 가까운 인물로 보는 듯하다. 지금은 대장부를 '한 입으로 두 말하지 않는 기개가 있는 사내' 정

---

18) 『왕필주』 "棄其所載, 舍其所生, 用其成形, 役其聰明, 仁則誠焉, 義其競焉, 禮其爭焉. 故仁德之厚, 非用仁之所能也. 行義之正, 非用義之所成也. 禮敬之淸, 非用禮之所濟也. 載之以道, 統之以母, 故顯之而無所尙, 彰之而無所競. 用夫無名, 故名以篤焉, 用夫無形, 故形以成焉. 守母以存其子, 崇本以擧其末, 則形名俱有而邪不生, 大美配天而華不作. 故母不可遠, 本不可失. 仁義, 母之所生, 非可以爲母. 形器, 匠之所成, 非可以爲匠也. 捨其母而用其子, 棄其本而適其末, 名則有所分, 形則有所止. 雖極其大, 必有不周, 雖盛其美, 必有患憂. 功在爲之, 豈足處也."

도로 보지만, 고대 중국에서는 만물의 조화력을 지녀서 표면에 드러나지 않는 덕을 갖춘 사람 또는 천하의 올바른 자리에 서서 큰 길을 걸어가는 사람을 가리키기도 했다. 맹자가 대장부에 대해 언급한 것을 보면 "천하의 넓은 거처(廣居)에 살고, 천하의 바른 위치에 서며, 천하의 큰 도를 행하고, 뜻을 얻으면 백성들과 더불어 펴 나가며, 뜻을 얻지 못하면 홀로라도 그 도를 실천하고, 부귀하더라도 음탕하지 아니하며, 가난하고 천하더라도 자기의 뜻을 옮기지 않고, 위협과 무력에도 굴복하지 않는다. 이것을 일러 대장부라 한다"[19]고 칭찬하고 있다.

그러나 이렇게 높여 부르는 대장부라 하더라도 노자의 입장에서는 무위를 덕의 바탕으로 삼는 상덕의 반열에 올리기는 어렵다 할 것이다. 끝으로 "저것을 버리고 이것을 취한다"라고 했다. 여기서 저것과 이것을 특정하기는 어려워 보이지만, 두터움과 진실함은 취할 대상이며 옅은 것과 화려함은 버려야 할 것들이다.

이 장을 통해 노자는 인간이 하늘을 대신하여 천하를 다스리면서 더욱 가중되는 혼란을 해결할 대안으로 도의 정치를 제시하고 있다. 노자가 말하는 도의 정치는 천하의 만물이 모두 평온하게 오랫동안 살아갈 수 있는 방안으로, 오직 스스로 그러하도록 함에 있다고 역설하고 있다. 한 나라를 다스리는 군주가 백성들이 스스로 그러함을 통해 삶을 영위할 수 있게 만든다면, 이것이야말로 최선의 통치라는 것이다. 이와 같은 통치는 상덕으로 다스리는 나라에서 가능한 일이기에, 이러한 자질을 갖춘 군주를 기르는 것이 바로 노자의 바람이 아니겠는가. 鳳

---

19) <맹자> '등문공장(滕文公章)' 하편 "居天下之廣居, 立天下之正位, 行天下之大道, 得志與民由之, 不得志獨行其道, 富貴不能淫, 貧賤不能移, 威武不能屈, 此之謂大丈夫."

제 39 장

하늘은 맑음으로 하나 됨을 얻고 땅은 평온함으로 하나 됨을 얻는다.

昔之得一者 天得一以清 地得一以寧
석지득일자 천득일이청 지득일이녕

神得一以靈 谷得一以盈 萬物得一以生
신득일이령 곡득일이영 만물득일이생

侯王得一以爲天下貞 其致之一也
후왕득일이위천하정 기치지일야

天無以清 將恐裂 地無以寧 將恐發
천무이청 장공렬 지무이녕 장공발

神無以靈 將恐歇 谷無以盈 將恐竭
신무이령 장공헐 곡무이영 장공갈

萬物無以生 將恐滅 侯王無以貴高 將恐蹶
만물무이생 장공멸 후왕무이귀고 장공궐

故貴以賤爲本 高以下爲基 고귀이천이본 고이하위기

是以侯王自謂孤寡不穀 此非以賤爲本耶 非乎
시이후왕자위고과불곡 차비이천위본야 비호

故致數譽無譽 不欲琭琭如玉 珞珞如石
고치수예무예 불욕록록여옥 락락여석

옛날에 하나 됨을 얻는 것이 있었으니, 하늘은 맑음으로 하나 됨을 얻고 땅은 평온함으로 하나 됨을 얻었으며, 신은 영험함으로 하나 됨을 얻고, 골짜기는 채움으로 하나 됨을 얻으며, 만물은 낳음으로 하나 됨을 얻었다.

후왕도 천하를 바르게 함으로 하나 됨을 얻는다. 그 도달한 곳은 하나이다.

하늘은 맑게 할 수 없으면 장차 갈라질까 두려워하고, 땅은 평온하게 유지할 수 없으면 장차 일어날까 두려워한다.

신은 신령함이 없다면 장차 영험함이 다함을 두려워하고, 골짜기는 채울 수가 없으면 장차 물이 마를까 두려워한다.

만물은 태어남이 없다면 장차 사라져 버릴까 두려워하고, 후왕은 귀하고 높을 수 없으면 장차 궐기할까 두려워한다.

그러므로 귀함은 천함을 근본으로 여기고, 높음은 낮음을 토대로 삼는다.

이 때문에 후왕은 스스로 외롭고 부족하다고 불곡이라 일컫는 것이다. 이것이 천함을 근본으로 여긴다는 말이 아니겠는가. 그렇지 않은가.

그러므로 영예를 헤아리면 영예는 없는 것이다. 진귀하다고 옥과 같기를 바라지 말고, 구슬도 많으면 돌과 같은 것이다.

[해설]

昔之得一者, 天得一以淸, 地得一以寧, 神得一以靈, 谷得一以盈, 萬物得一以生, 侯王得一以爲天下貞. 其致之一也.

옛날에 하나 됨을 얻는 것이 있었으니, 하늘은 맑음으로 하나 됨을 얻고 땅은 평온함으로 하나 됨을 얻었으며, 신은 영험함으로 하나 됨을 얻고, 골짜기는 채움으로 하나 됨을 얻으며, 만물은 낳음으로 하나 됨을 얻었다. 후왕도 천하를 바르게 함으로 하나 됨을 얻는다. 그 도달한 곳은 하나이다.

백서(갑을)에는 '萬物得一以生(만물득일이생)'의 구절이 없다. 백서(을)에서는 '谷得一以盈(곡득일이영)'의 '써 이(以)'가 빠져 있다. 또한 '곧을 정(貞)'은 왕필본과는 같으나 백서와 하상공본 등에는 '바를 정(正)'으로 되어 있다. 문장의 마지막 구절인 '其致之一也(기치지일야)'는 '이를 치(致)'가 백서(갑을)에서는 '경계할 계(誡)'자로 쓰여 있으며, 대부분의 판본에서는 '하나 일(一)'자가 보이지 않고 '其誡之也(기계지야)'로만 적혀 있다. 백서(을)에는 '其誡也(기계야)'로, 하상공과 왕필본에는 '其致之(기치지)'로 표현하고 있다. 이렇게 달리 표현되는 것은 학자에 따라 앞 문장의 종결의 의미로 보고 '이르게 하다'로 해석해서 앞 문장에 배치한 경우도 있고, 다른 한편에서는 뒤에 나오는 것들을 '경계하라'는 의미로 보아 다음 문장과 연결시킨다. 필자는 앞 문장에 붙는 것이 자연스러워 보인다.

이 문장에서 나오는 '하나[一]'라는 글자는 노자의 철학을 이해하는

데 대단히 중요한 의미를 가지고 있다. 도가 지향하는 바를 함축적으로 표현한 글자이기 때문이다.

이제 학자들의 주해를 살펴보자. 하상공은 "석(昔)은 왕(往)을 뜻한다. 일(一)은 무위하며 도의 자식[子]이다. 하늘은 일(一)을 얻었기 때문에 맑고 밝은 상(象)을 드리워 보일 수 있었다. 땅은 일을 얻었기 때문에 안정되어 동요되지 않을 수 있었다. 신은 일을 얻었기 때문에 변화하여 형체가 드러나지 않을 수 있었다. 계곡은 일을 얻었기 때문에 가득 차서 끊어지지 않을 수 있었다. 만물은 모두 모름지기 도로서 생겨나고 이루어짐을 말한 것이다. 제후와 왕은 일을 얻음으로써 천하를 공평하고 바르게 할 수 있었다. 치(致)는 경계한다[誡]는 뜻이다. 아래의 여섯 가지 일을 일컫는 것이다"[20]라고 풀이했다. 하상공은 일(一)을 도의 자(子)로 보고 하늘과 땅은 물론 모든 것들은 도의 자를 얻어야 완전한 자리에 있게 된다는 것으로 설명하고 있다.

왕필은 "석(昔)은 시(始)라는 뜻이다. 일(一)은 수(數)의 시작이며 사물의 궁극이다. 각각은 이 하나의 물(物)이 낳았기 때문에 이를 주인으로 여기는 바이다. 사물은 각기 이 하나를 얻어서 이루어지는 어떤 사물이 나옴에 근본이 되는 것이다. 사물은 모두 제각기 이 하나를 얻어서 이루어지는데, 이루고 나면 그것을 버리고 이미 이룬 것에 머무른다. 이루어진 것에 머물면 어미를 상실하게 된다. 그래서 갈라지고 무너지며 사라지고 말라붙으며 없어지고 뒤엎어진다. 각기 그 하나를 얻음으로써 맑고 편안하고 신령하고 채우고 낳고, 곧음에 이르는 것이다"[21]라고 하여 일은

20) 『하상공주』 "昔, 往也. 一, 無為, 道之子也. 言天得一故能垂象清明. 言地得一故能安靜不動搖. 言神得一故能變化無形. 言谷得一故能盈滿而不絕也. 言萬物皆須道以生成也. 言侯王得一故能為天下平正. 致, 誡也. 謂下六事也."

21) 『왕필주』 "昔, 始也. 一, 數之始而物之極也. 各是一物之生, 所以爲主也. 物皆各得此一以成, 既成而舍以居成, 居成則失其母, 故皆裂發歇竭滅蹶也. 各以其一, 致此清寧靈盈生貞."

사물의 궁극이라 설명했다. 서명응은 일(一)은 참으로 하나이고 둘이 아닌 것을 말한다 했다. 또한 후왕이 천하를 다스림에 올바른 도를 꿋꿋이 따랐기에 올바를 수가 있다 했다. 진고응도 득일(得一)은 "도를 터득하는 것이다"라고 말한다. 대부분의 학자들은 일(一)을 도(道)라고 하거나 '도의 수(數)', 왕필과 같이 '수(數)의 시작'이라고 해석한다.

이처럼 많은 학자들이 '하나[一]'를 '도(道)'와 같은 것으로 보는 근거를 살펴보면 『도덕경』 41장에서 '도생일(道生一)'이라 한 말씀이 한 몫을 하고 있다. 이를 근거로 도가 낳은 자(子)로 보아야 한다는 것이다. 이는 하상공이 '도의 자'라고 말한 것과 같다. 또 한비자는 "도는 짝이 없다"라는 말에서 유추하여 하나[一]를 도와 연결시키고 있다. 이 학자들처럼 일(一)을 도와 같은 것으로 보고 문장을 해석하면, 하늘이 맑고, 땅이 안녕되며, 신이 영험하고, 골짜기가 가득 차며, 만물이 낳을 수 있으며, 후왕이 천하를 정(貞)하게 할 수 있으려면 모두 도를 얻어야 한다는 말이 된다.

그런데 필자가 의아하게 여기는 것은 정말로 일(一)이 도를 가리키는 것이라면 노자가 편히 '도(道)'라고 적지 않고 우리들이 이렇게 상상의 나래를 펴도록 굳이 '하나[一]'라는 글자를 사용하였을까 하는 점이다. 사색(思索)을 즐기는 사람이라면 한번쯤 상고해 볼 만하다.

'골짜기도 도를 얻어야 계곡물을 가득 채울 수 있다는 말인가? 그러면 계곡물이 줄어든 상태는 도가 줄어든 상태로 보아야 하는데, 그렇다면 골짜기는 주체성을 가지고 움직이는 존재라는 말인가?' 등등 머리를 복잡하게 만든다. 이것은 하나[一]라는 글자를 도라고 먼저 규정하고 나니 '以~'의 부분이 결과가 되고 '득일(得一)'이 원인이 되는 해석이 되기 때문이다.

필자는 하나[一]를 도(道)와 동일시하는 것을 받아들이기 어렵다. 『회남자』 '원도훈'에서 하나[一]에 대해 "무형한 것은 하나[一]를 일컫는 것이다. 이른바 하나라는 것은 천하에서 합해 짝할 것이 없는 것이다"[22] 라고 했다. 짝이 없다는 말은 하나로 완전함을 이룬 상태이다. 필자는 하나의 뜻을 모든 것들이 일체화된 거대한 하나의 틀로 동작되는 것으로, 존재의 유무를 떠나 공간 안에 수많은 것들이 부딪치며 존재하지만 큰 틀인 도의 순리대로 정연하게 움직인다는 말로 이해하고 싶다. 하나를 도와 아무런 연관성이 없다고 부정하는 것이 아니라, 하나라는 큰 대의는 노자의 도가 지향하는 바이며 이를 간결하고 심오하게 표현하는 글자로 보기 때문이다.

도는 모두가 일체가 된 하나의 상태를 구현하고자 한다. 일종의 카오스 이론처럼 우주는 전혀 질서가 없는 것처럼 보이지만, 모든 것은 결국 하나의 질서에 의해 움직여 가는 것이다. 그러한 큰 틀의 움직임으로 보면 혼돈이 극에 달해 모두가 영원히 없어지는 것이 아니라 어떠한 형태든 안정적인 상태로 가기 위해 나아가는 것이다. 반대로 안정된 상태에 있다면 서서히 제자리를 이탈하는 경우가 생겨나면서 조금씩 혼돈으로 나아가는 조짐이 나타날 것이다. 따라서 하나가 되어 안정된 상태가 시(始)

22) 淮南子, 原道訓 "所謂無形者一之謂也 所謂一者 無匹合於天下者也."

이며 종(終)인 동시에 근본[本]이다. 이러한 도의 세계를 지향하는 노자는 만물이 서로 다툼 없이 평온을 유지하는 세계가 모두가 하나 된 상태이며, 이러한 상태가 오래 지속되기를 염원하는 것이다.

따라서 필자는 이 문장을 "옛날에 하나 됨을 얻는 것이 있었으니, 하늘은 맑음으로 하나 됨을 얻고 땅은 평온함으로 하나 됨을 얻었다"라고 풀이했다. '하늘의 맑음[淸]'[23]은 하늘에 변고가 없어 일체감을 갖춘, 안정된 모습을 보여주는 상태이다. 하늘도 별들을 안정시키지 못한다면 쪼개질까 두려워한다고 말한 것이다. 하늘도 하늘이 다스려야 할 대상이 있음이다. 따라서 하늘이 그 소임을 다하지 못한다면 땅도 만물도 온전하지 못하다는 말이 된다. 이어서 땅도 마찬가지라고 했다. 대지를 평온하게 유지하지 못하면 장차 일어날까 두려워한다고 말한다. 땅이 안정시켜야 할 대상이 무엇일까? 우리가 하늘 아래에서 볼 수 있는 자연재해일 것이다. 땅이 갈라지거나 산이 무너지고, 화산이 폭발하거나 산에 큰 불이 일어나고, 강과 바닷물이 범람하는 등 대지가 불안전한 모습을 보이는 것들이다. 이 또한 땅을 의지하고 사는 만물의 입장에서는 더없는 우환이다. 그렇다면 하늘과 땅이 천지를 의지하고 사는 만물들에게 베풀 수 있는 선이 무엇일까?

평온하게 유지할 수 없다면 사전에 이러한 모습을 예견할 수 있도록 보여주는 것이 선일 것이다.

이어서 "신은 영험함으로 하나 됨을 얻고, 골짜기는 채움으로써 하

---

23) 황제내경, 四氣調神大論篇 第二 "天氣, 淸淨光明者也(하늘은 맑고 깨끗하고 환한 청정광명이 본 모습이다)."

나 됨을 얻었다"라고 말하고 있다. 여기서 신의 영험함이 하나가 됨을 이루게 하는 이유는 무엇일까. 옛날에는 신이 계시하는 바가 그대로 실현된다는 믿음이 강했기에 사람들은 신을 의심하지 않고 그대로 따라 했다. 즉 영험함은 신의 존재감을 완성시키는 본질이다. 그러나 만약 신의 계시가 조금씩 어긋나기 시작한다면 인간들은 점차 의혹을 갖게 될 것이며, 이내 믿음이 흔들려 서서히 다른 방도를 찾으려 할 것이다.

골짜기는 물이 항상 채워져 흘러야만 골짜기의 존재가 완성된다. 그래야만 만물이 골짜기를 찾을 것이다. 이 역시 골짜기와 물이 불가분의 관계에 있음을 일러주는 것으로, 물을 담고 있지 못하면 계곡이란 이름도 잊혀져 갈 것이다. 이처럼 모든 것들은 온전한 행함이 있었기에 그 이름을 가지게 되었으며, 그 행함은 함께하는 것이 있었기에 가능한 일임을 강조하고 있다.

또한 "만물은 낳음으로써 하나 됨을 얻었다"라고 했다. 이 구절은 백서에서는 나오지 않는 부분으로 왕필본 등 통행본에서 볼 수 있다. 혹시 후대에 삽입된 구절이라면 어떤 생각으로 추가한 것일까? 문장의 흐름으로 볼 때, 하늘과 땅이 언급되고 끝으로 인간을 다스리는 후왕까지 등장을 하는데 만물이 빠진 데 대해 부자연스러움을 느껴서일까? 아무튼 골짜기만으로는 만물을 대변하는 데 부족하다고 생각했던 것 같다.

만물이 낳음으로써 하나가 됨을 얻었다는 말의 뜻은 무엇일까. 다른 학자들은 만물이 도를 얻어서 생동한다거나, 도를 얻어 생장하는 것이라고 생(生)자를 폭넓게 해석했다. 만물이 지금까지 존재할 수 있는 것은 종족번식이 가능했기 때문이다. 만물은 종족의 번식에 도움이 된다면 자신의 몸도 기꺼이 희생한다. 즉 자식을 낳아 안정되게 기를 수 있다면 어떠한 어려움도 기꺼이 감내하는 속성을 지니고 있다. 사람도 마찬가지다. 자신의 대에서 모든 것이 끝난다고 여긴다면 세상에 존재하는 모든 것들이 어찌 되든 무슨 관심이 있겠는가. 또 한편으로는 만물은 먹이의 사슬을 가지고 있다. 만물은 서로 주고받으며 공존하기에 상대방의 생존이 곧 나의 생존과 직결되어 있다. 하나의 품종이라도 세상에서 멸종이 된다면 이를 대체하고 안정을 찾을 때까지 생태계에 큰 혼란이 계속될 것이다. 만물 또한 하나로 묶여서 살아가고 있다.

이어서 "후왕도 천하를 바르게 함으로써 하나 됨을 얻는다" 했다. 제후와 왕이 자신이 다스리는 영역 안에서 자신의 역할인 바른 정치를 하여 각자가 옳고 바르게 살아가게 함으로써 나라 안의 백성들이 다툼 없이 고요함을 유지하고 있다는 말이다. 이어서 문장의 끝으로 "그 도달한 곳은 하나이다"라고 했다. 하나하나 설명한 것들이 지금까지 존재해 올 수 있었던 것은 결국 함께하는 것들과 하나가 되었기 때문이라고 일깨워 주고 있다.

> 天無以淸將恐裂, 地無以寧將恐發, 神無以靈將恐歇, 谷無以盈將恐竭, 萬物無以生將恐滅, 侯王無以貴高將恐蹶.
> 하늘은 맑게 할 수 없으면 장차 갈라질까 두려워하고, 땅은 평온하게 유지할 수 없으면 장차 일어날까 두려워한다. 신은 신령함이 없다면 장차 영험함이 다

함을 두려워하고, 골짜기는 채울 수가 없으면 장차 물이 마를까 두려워한다. 만물은 태어남이 없다면 장차 사라져 버릴까 두려워하고, 후왕은 귀하고 높을 수 없으면 장차 궐기할까 두려워한다.

백서(갑)에는 각 구절의 시작에 '이를 위(謂)'자를 쓴 반면 백서(을)에서는 처음 앞 구절에만 써 준 것이 다르다. '없을 무(無)' 대신 '말 무(毋)'로 되어 있다. 또한 앞장에서 만물에 대한 글이 빠져 있는 것과 같이 '萬物無以生將恐滅(만물무이생장공멸)'이 빠져 있다.

하상공은 "하늘은 음양을 적당히 조절하고 밤과 낮을 번갈아 쓰고 있어서 단지 맑고 밝음만 무한히 지속되기를 바랄 수는 없으니, 장차 나누어지고 갈라져서 하늘이 되지 못할 것을 두려워한다는 말이다. 땅은 높고 낮음에 강함과 부드러움이 있고 절기와 오행이 있으니, 단지 안정되고 고요하기만을 바라서는 안 된다. 장차 갈라지고 새어서 땅이 되지 못할까 두려워한다는 말이다. 신은 왕과 재상도 갇히거나 죽고 그만두거나 폐할 수 있어서, 단지 무한히 영험하기만을 바라서는 안 된다. 장차 비어서 고갈되어 신이 되지 못할까 두려워한다는 말이다. 골짜기는 가득하거나 줄어듦에도 허실이 있는 것이어서, 단지 무한히 가득 차기만을 바라서는 안 된다. 장차 마르고 고갈되어 계곡이 되지 못할까 두려워한다는 말이다. 만물은 때에 따라서 살기도 하고 죽기도 하는 것이어서, 단지 무한히 오래 살기만을 바라서는 안 된다. 장차 사라지고 없어져 만물이 되지 못할까 두려워한다는 말이다. 제후나 왕은 사람들 아래로 자기를 굽혀서 부지런히 어진 사람을 구해야 하는 것이니, 단지 남보다 무한히 존귀하고 높아지기만을 바라서는 안 된다. 장차 엎드려지고 넘어져 자기 지위를 잃게 될까 두려워한다"[24]라고 설명했다.

왕필은 "하나로써 맑아질 따름이지 맑음을 사용해서 맑게 되는 것은 아니다. 하나를 지키고 있으면 맑음을 잃지 않지만, 맑음을 사용하면 갈라질까 염려된다. 그러므로 공을 이루는 어미는 버릴 수 없는 것이다. 이 때문에 모두 그 공을 사용하지 않는 것은 그 근본을 상실할까 염려되기 때문이다. 맑은 것은 맑게 할 수 없고 채워진 것은 채울 수 없으니, 모두 그 어미를 가지고 그 형상을 보존하는 것이다"[25]라고 했다. 즉 만물은 하나의 물이 낳은 것이기에 하나를 잘 지키지 못하면 외형뿐인 맑음[淸]으로는 대신할 수 없다는 말이다.

이 구절에서 살펴보아야할 점은 매 구절마다 반복되는 '無以(무이)'라는 글자다. '無以(무이)'는 백서(갑을)에서는 '毋已(무이)'로 쓰여 있다. 無(무)와 毋(무), 以(이)와 已(이)는 같은 글자다. 이 구절에서는 '다 써버려 ~할 방법이 없다'는 뜻으로 번역할 수 있다. 이 문장에서는 앞 문장에서의 존재들이 하나로 나아가는 이유를 밝히고 있다. 하늘은 하늘을 맑게 할 수 없으면 장차 갈라질 것을 두려워하기 때문이고, 땅은 땅에서 무엇인가 일어날까 두려워함이며, 신은 신령함이 없어지면 영험함이 다할 것을 두려워하기 때문이며, 골짜기는 골짜기에 물이 마를까 두려워하

24) 『하상공주』 "言天當有陰陽弛張, 晝夜更用, 不可但欲清明無已時, 將恐分裂不為天. 言地當有高下剛柔, 節氣五行, 不可但欲安靜無已時, 將恐發泄不為地. 言神當有王相囚死休廢, 不可但欲靈變無已時, 將恐虛歇不為神. 言谷當有盈縮虛實, 不可但欲盈滿無已時, 將恐枯竭不為谷. 言萬物當隨時生死, 不可但欲長生無已時, 將恐滅亡不為物. 言侯王當屈己以下人, 汲汲求賢, 不可但欲貴高於人無已時, 將恐顛蹶失其位."

25) 『왕필주』 "用一以致淸耳, 非用淸以淸也. 守一則淸不失, 用淸則恐裂也. 故爲功之母不可舍也. 是以皆無用其功, 恐喪其本也. 淸不能爲淸, 盈不能爲盈, 皆有其母, 以存其形."

는 것이라 말한다. 만물도 다시 태어남이 없다면 장차 사라져 버릴까 두려워하기 때문이며, 후왕 역시 천하에서 백성들이 들고 일어날 것을 두려워하는 것이라 말한다. 이 모든 것은 그 위치에서의 존재의 의미이기도 하다 . 또한 그 역할을 하지 못하면 그 역시 사라지고 없을 것이다.

故貴以賤爲本, 高以下爲基. 是以候王自謂孤寡不穀. 此非以賤爲本耶. 非乎.
그러므로 귀함은 천함을 근본으로 여기고, 높음은 낮음을 토대로 삼는다. 이 때문에 후왕은 스스로 외롭고 부족하다고 불곡이라 일컫는 것이다. 이것이 천함을 근본으로 여긴다는 말이 아니겠는가. 그렇지 않은가.

백서(갑을)에서는 '貴'와 '高'자 앞에 '필(必)'자를 붙여 강조하는 의미를 더했으며, 글자 뒤에 말 이을 이(而)와 어조사 의(矣)를 넣어 의미를 이해하는 데 도움을 주고 있다. 또한 '是以(시이)' 앞에 백서(갑을)에서는 '부(夫)'자를 써서 발어사로 사용했다. 차이가 많은 부분은 마지막 구절인 '此非以賤爲本耶(차비이천위본야)'이다. '비(非)'자는 왕필본을 제외하고는 모두 '기(其)'를 쓰고 있고, 백서(을)에 '此其賤之本與(차기천지본여)'로 쓰여 있는 것을 보면 표현에 어려움이 있었음을 알 수 있다.

하상공은 "반드시 우러러보는 귀함이 되고자 한다면 마땅히 엷은 천함을 근본으로 삼아야 한다는 말이다. 마치 우임금과 후직이 몸소 농사를 짓고, 순임금이 물가에서 도자기를 굽고, 주공이 초라한 초가집으로 내려간 것과 같다. 반드시 존경받는 귀함이 되고자 한다면 아래를 근본 토대로 삼아야 한다는 말이다. 마치 담장을 쌓을 때 낮은 곳에서부터 높게 이루어지는 것이니, 밑이 견고하지 않으면 나중에 반드시 기울어져 위태롭게 된다. 고독함과 부족함은 고독한 신세를 비유한 것이고, 불곡은 수레의 바퀴통에 많은 바퀴살이 모여드는 것과 같을 수 없음을 비유했다. 제후나 왕은 존귀함에 이르면 스스로를 고과(孤寡)라고 호칭할 수 있어야 한다는 말이다. 이것이 바로 천함을 근본으로 삼는 것이 아니겠는가. 사람들이 이해하도록 탄식하여 하는 말이다"[26]라고 설명했다.

왕필은 "그러므로 맑은 것은 귀하다 하기에 부족하고, 채워진 것은 많다고 여기기에 부족하다. 귀한 것은 그 어미에 있으나 어미는 형상을 귀하게 여기는 바가 없으니, 귀한 것은 이내 천한 것을 근본으로 삼고 높은 것은 이에 낮은 것을 기초로 삼는다. 그러므로 명예가 셀 수 없음에 이르면 명예가 없는 것이다"[27]라고 했다.

이 문장은 앞의 이야기를 다시 정리한 글이다. "그러므로 귀함은 천함을 근본으로 여기고, 높음은 낮음을 토대로 삼는다"라고 했다. 여기서 천하다는 것은 많다, 흔하다는 뜻으로 볼 수 있다. 반대로 귀하다는 것은 신분이 높다는 의미도 있으나 한편으로는 흔하지 않기에 귀한 것이다. 즉 흔한 것이 있기에 비교가 되어 흔하지 않은 것이 귀하게 되는 것처럼, 하나의 정점을 만들기 위해서는 아래에 있는 모든 이들이 그 정점을 떠받치고 있어야 가능한 것이다. 혼자서는 높아질 수 없는 것이 자연의 섭리인 것처럼 세상은 서로가 받쳐주어야 그 모습을 제대로 갖출 수 있다는 말씀이다. 따라서 혼자 귀하게 되거나 높은 곳에 있을 수 없기에 "이 때

---

26)『하상공주』"言必欲尊貴, 當以薄賤為本. 若禹稷躬稼, 舜陶河濱, 周公下白屋也. 言必欲尊貴, 當以下為本基, 猶築牆造功, 因卑成高, 不下堅固, 後必傾危. 孤寡喻孤獨, 不轂喻不能如車轂為衆輻所湊. 言侯王至尊貴, 能以孤寡自稱, 此非以賤為本乎, 以曉人. 嗟嘆之辭."
27)『왕필주』"故清不足貴, 盈不足多, 貴在其母, 而母無貴形. 貴乃以賤爲本, 高乃以下爲基. 故致數輿乃無輿也."

문에 후왕은 스스로 외롭고 부족하다고 불곡이라 일컫는 것이다. 이것이 천한 것을 근본으로 여긴다는 말이 아니겠는가. 그렇지 않은가"라고 말했다. 제왕은 항상 백성들의 삶이 걱정되기 때문에 자신의 덕을 근심스럽게 살펴보게 된다는 뜻으로 쓰였다. 고과(孤寡)는 외롭고 덕이 부족하다는 말이며, 불곡(不穀)이란 임금이나 제후가 스스로를 호칭하는 말이다. 옛날에 穀[곡식]을 사람을 기르는 것과 동일시해서 사용하던 글자로, 임금이나 제후가 백성을 잘 기르지 못함을 일컫는 말이다. 어진 제왕들은 신하와 백성 앞에서 스스로를 과인(寡人)이나 고가(孤家)라 칭했다. 이는 모두가 하나로 나아가기 위함이 아니겠는가.

故致數譽無譽. 不欲琭琭如玉, 珞珞如石.

그러므로 영예를 헤아리면 영예는 없는 것이다. 진귀하다고 옥과 같기를 바라지 말고, 구슬도 많으면 돌과 같은 것이다.

본 문장에서는 '기릴 예(譽)'자가 판본마다 조금씩 다르게 쓰여 있다. 백서에서는 예(譽)나 여(與)로, 하상공본에서는 '수레 거(車)'자로 되어 있으나 왕필본에서는 '명예 예(輿)'자로 쓰여 있다. 또한 다음 구절은 백서(갑을)에서는 '是故(시고)'로 시작하였으며, '옥록(琭)'은 백서(을)에는 '녹 녹(禄)'으로 되어 있다. 또한 '구슬목걸이 락(珞)'이 백서(갑을)에는 '옥돌 락(硌)'으로, 하상공본에는 '떨어질 락(落)'으로 되어 있다.

하상공은 "치(致)는 앞으로 나아가다[就]는 뜻이다. 사람이 수레에

다가가서 헤아리면, 바퀴살이 있고 바퀴가 있고 바퀴통이 있고 가로나무가 있고 가마도 있지만, 수레라고 여길 만한 것의 이름은 없다. 그러므로 이루어서 수레가 되는 것이다. 왕이나 제후의 비유로 존귀한 호칭은 스스로 이름한 것은 아니다. 그러므로 그 귀함을 이루었기에 가능한 것이다. 록록(琭琭)은 적음[少]을 락락(落落)은 많음[多]을 비유하는 말이니, 옥은 적기 때문에 귀하게 보고 돌은 많기 때문에 천하게 본다. 옥과 같이 적어서 사람들의 귀한 바가 되려고 하거나 돌과 같이 흔해서 사람들의 천한 바가 되려고 하지 말라는 뜻으로, 마땅히 그 가운데에 처해야 한다는 말이다"[28]라고 말했다. 즉 수레가 되는 것은 모든 것을 갖추었기에 가능한 것이며, 제왕들이 귀함을 얻은 것 역시 이들이 이룩한 결과로 보았다. 쪼개서 보면 하나의 수레라는 개념이 없어진다는 의미로 들린다. 서명응도 "수레를 나누고 또 나누다 보면 결국 수레라는 개념이 사라져 버린다"는 뜻으로 풀이하고 있다. 왕필은 "옥과 돌은 귀한 것과 흔한 것이나, 몸은 모양으로 다하는 것이어서 그렇게 되고자 하지 않는다"[29]라고 했다.

노자는 "그러므로 영예를 헤아리면 영예는 없는 것이다"라고 했다. 앞서의 문장에서 후왕은 천함을 근본으로 여긴다고 했는데, 귀한 위치에 있는 후왕이 자신의 공을 세우는 것을 우선시하면 그 귀함이 사라진다는 것이다. 자신의 공적을 기리게 하려는 셈법[數]으로 스스로 귀함을 내세우려는 것은, 노자가 지향하는 세상과 배치되는 행동임을 일깨우고 있다. 노자는 "진귀하다고 옥과 같기를 바라지 말고, 구슬도 많으면 돌과 같은 것이다"라고 했다. 후왕이 진귀하여 옥과 같다고 여겨 버리면 천하고

---

28) 『하상공주』 "致, 就也. 言人就車數之, 為輻、為輪、為轂、為衡、為轝, 無有名為車者, 故成為車. 以喻侯王不以尊號自名, 故能成其貴. 琭琭喻少, 落落喻多, 玉少故見貴, 石多故見賤. 言不欲如玉為人所貴, 如石為人所賤, 當處其中也."

29) 『왕필주』 "玉石琭琭珞珞, 體盡於形, 故不欲也."

낮은 곳에 머물 수가 없다. 옥은 돌 중에서 귀한 것이나 혼자만의 공간에서는 귀할 수가 없다. 백성들과 같이 머물기에 귀한 것이 돋보이는 것처럼 백성들이 많을수록 더 귀해질 수 있는 법이다. 이는 백성들에게 달린 문제지 자신이 돋보이고자 해서 귀해지는 것은 아니라는 말씀이다. 옥은 돌이 많은 곳에 있어야 귀한 대접을 받을 수 있지만 구슬이나 옥돌이 많아지면 역시 흔한 돌에 불과한 것이란 말이다. 귀하게 보이려면 역시 백성들과 함께 있어야 저절로 돋보이게 되는 것이다. 정치인이라면 깊이 새겨들을 말씀이다. 鳳

제 40 장

되돌리는 것은 도의 움직임이고, 유약한 것은 도의 쓰임이다.

反者 道之動

반자 도지동

弱者 道之用

약자 도지용

天下萬物生於有 有生於無

천하만물생어유 유생어무

되돌리는 것은 도의 움직임이고,

유약한 것은 도의 쓰임이다.

천하의 만물은 유에서 나오고, 유는 무에서 나오는 것이다.

[해설]

反者 道之動

되돌리는 것은 도의 움직임이고…

反者(반자)는 죽간(갑)에는 '返也者(반야자)'로 같은 뜻의 돌이킬 반(返)자로 되어 있으며, 백서(을)에서는 '反也者(반야자)'로 적혀 있다. 道之動(도지동)은 죽간(갑)에서는 '道動也(도동야)'로, 백서(을)에서는 '道之動也(도지동야)'로 쓰여 있다. 의미 전달에 있어서는 그리 다르지 않다.

하상공은 "반(反)은 본(本)이다. 근본[本]은 도가 움직이는 까닭이며, 움직여 만물을 생하나 등지면 죽는다"[30)]라고 했다. 반이란 근본이며 근본을 거스르면 죽는다는 것이다. 왕필은 "높음은 낮음으로 기반을 삼고, 귀함은 천함으로 근본을 삼으며, 유는 무로써 쓰임을 삼으니, 이것을 그 되돌아감[反]이라 하는 것이다. 모두 그 없는 바를 알아 움직이면 사물은 통할 것이다. 그러므로 말하기를 되돌아가는 것이 도의 움직임이라 했다"[31)]라고 설명한다. 왕필은 도란 순환을 시키는 것으로 보고 있다. 그 외에도 임희일은 반복하고[復], 고요하다[靜]는 뜻으로, 고형은 돌다[旋]는 순환의 뜻이라고 설명하고 있다.

첫 문장은 짧지만 노자의 철학에서 아주 중요한 의미를 담고 있는

30)『하상공주』"反, 本也. 本者, 道之所以動, 動生萬物, 背之則亡也."
31)『왕필주』"高以下爲基, 貴以賤爲本, 有以無爲用, 此其反也. 動皆知其所無, 則物通矣. 故日 反者, 道之動也."

글이다. 첫 문장에서 노자는 도가 천하 만물을 어디로 움직이도록 하는가를 말하고 있다. 그 함축된 의미를 '반(反)'이라는 한 글자에 담아 가볍게 해석할 수 없게 했다. 학자들의 '반'자에 대한 견해는 대체로 두 가지로 대별할 수 있다. 상반적 관계에서 이해하는 쪽과 돌아감[復]·순환(循環)이라는 의미로 보는 쪽이다. 상반적 관계에서 보는 쪽에서는 서로 대립되어 있지만 어울려서 상생 발전하는 관계로 설명하고, 돌아감과 순환의 입장에서는 본래의 상태로 돌아가는 것 또는 돌고 돈다는 뜻이라고 말한다. 두 입장 모두 『도덕경』에서 노자가 말했던 도의 역할이자 움직임이기도 하므로 어느 쪽이 잘못되었다 논하기 어려운 것 같다.

마지막 문장에서 "천하의 만물은 유에서 나오고, 유는 무에서 나온다"고 했다. 본 장의 글은 도로 시작했으나 결국은 천하 만물을 대상으로 하고 있음을 보여주고 있다. 여기서 천하의 물과 유, 유와 무는 서로 상반된 관계라고 볼 수는 없다. 서로 순환하는 관계에서 바라보면 나온 곳은 같다. 이러한 것들을 연결해서 보면, 反(반)은 큰 흐름으로 되돌린다는 뜻이다. 만물이 근본에서 이탈할 경우 제자리로 돌아오도록 하는 기능도 있겠으나, 도의 근본은 만물이 영속성을 가지고 살아갈 수 있도록 순환시키는 길로 움직인다는 말씀이다.

弱者 道之用
유약한 것은 도의 쓰임이다.

弱者(약자)는 죽간(갑)과 백서(갑)에서는 '弱也者(약야자)'로, 어조

사 야(也)가 추가되어 있다.

하상공은 "부드럽고 약한 것은 도가 늘 사용하는 바이다. 그러므로 항상 오래할 수 있다"[32]라고 했다. 유약한 것은 도의 쓰임으로 늘 사용하는 것이라고 말한다. 왕필은 "부드럽고 약한 것은 모두에게 통하니 극도(極度)에 도달함이 없다"[33]라고 했다. 왕필도 유약한 것은 어느 것에나 통하니 다할 수가 없다고 말한다.

우리는 노자의 글에서 유약함을 거론하면 굳센 것과 상대되는 것으로 연상하고 강한 것을 이기는 존재로 받아들인다. 이처럼 반어적 어법은 자칫 상대방에게 의도하는 바와 다르게 인식시키기도 한다. 이 문장에서의 유약함은 도의 쓰임으로 만물과의 관계 내에서 그 의미를 살펴야 한다.

유약함의 본질을 설명할 때 내세우는 것이 물(水)이다. 물은 유약하면서 모두와 어울려 조화를 이끌어 낸다. 이때의 조화는 다툼이 없는 무욕의 질박한 상태이다. 도는 만물이 조화롭게 공존하며 살아가도록 하는데 유약함을 쓰고 있음이다. 유약함은 부족하지만 나름대로 모두를 충족시킬 수 있기에 만물을 질박하게 만들어 갈 수 있다. 따라서 도는 유약함을 가지고 만물이 항상함을 이루도록 되돌린다는 말이다.

天下萬物生於有 有生於無

천하의 만물은 유에서 나오고, 유는 무에서 나오는 것이다.

---

32) 『하상공주』 "柔弱者, 道之所常用, 故能常久."
33) 『왕필주』 "柔弱同通, 不可窮極."

天下萬物(천하만물)은 죽간(갑)과 백서(을)에서는 '天下之物(천하지물)'로, 有生於無(유생어무)는 죽간(갑)에서 '生於亡(생어망)'으로 다르게 적혀 있다.

하상공은 "만물은 모두 천지를 따라서 생겨난다. 천지는 형태와 위치가 있으므로 유(有)에서 생겨난다고 말하는 것이다. 천지와 신명, 날아다니고 꿈틀거리는 벌레는 모두 도를 좇아서 생겨난다. 도는 형상이 없으므로 무(無)에서 생겨난다고 말하는 것이다. 이는 근본이 화려함보다 낫고 약함이 강함보다 나으며, 겸허하게 비어 있는 것이 가득함보다 낫다는 말이다"[34]라고 말했다. 왕필은 "천하의 사물은 모두 유에서 생겨났다. 유가 시작하는 바는 무로 근본을 삼으니, 장차 유를 온전히 하고자 한다면 반드시 무로 되돌아가야 한다"[35]라고 유와 무의 관계에서 설명했다. 유와 무에 대해 진고응은 『도덕경』 1장과 같은 뜻이라고 말하며 도를 가리킨다고 했다. 도가 천지 만물을 만들 때 무형질에서 유형질로 구체화되는 활동과정으로, 이 장에서는 천하 만물이 생성되는 근원을 설명했다고 말한다.

노자의 '유(有)'에 대해서는 학자들마다 견해가 조금씩 다르다. 왕필은 고유명사가 아닌 온갖 사물을 포괄하는 총체로 본다. 왕필은 노자의 무와 유를 '無 = 道, 有 = 萬物'이라는 등식을 가지고 바라본다. 하상공도 만물은 모두 천지를 좇아서 생겨났으며 또한 도를 좇아서 생겨난 것이며 도는 형태가 없기 때문에 무에서 생겨났다고 말하는 것이라 했다.

---

34) 『하상공주』 "天下萬物皆從天地生, 天地有形位, 故言生於有也. 天地神明, 蜎飛蠕動, 皆從道生. 道無形, 故言生於無也. 此言本勝於華, 弱勝於強, 謙虛勝盈滿也."
35) 『왕필주』 "天下之物, 皆以有爲生. 有之所始, 以無爲本, 將欲全有, 必反於無也."

중국에서 '無'라는 개념을 가장 먼저 제시한 인물이 바로 노자로 알려져 있다. 이에 대한 논쟁이 송나라 시대의 유학자들에 의해 시작되었다. 당시의 유학자들은 무에서 유가 생겨났다는 노자의 말을 대체로 부정했다. 무(無)라는 존재에 대한 생각이 달랐기 때문이다. 당시의 유학자들은 처음에는 氣(기) 하나로 우주만물의 현상을 설명했다. 그러다가 만물이 기(氣) 하나에 의해 만들어진다면 문제가 있다는 것을 알게 되었다. 물(物)은 성정(性情)이 동일하기 때문에 선악(善惡)이나 미추(美醜) 등의 가치기준도 일치하여야 하는데, 실제 세상에서는 다르게 나타나기 때문에 기 이외에 다른 요인이 있을 것으로 보았다. 그리고 이후에 이(理)라는 개념이 대두되게 되었다.

모종삼은 유(有)는 여러 모양[多相]으로 다원성을 띠고 있으며, 무(無)는 하나의 무한한 묘용(妙用)으로 『도덕경』 1장과 관련된다고 보았다. 유에서 유가 생겨난다면 무한성의 끝없는 순환이 되지만 무에서 유가 생겨남으로써 멈춤이 있다고 했다. 또한 유는 모(母 = mother ground)이며 모(母)는 하나의 형식근거라고 말한다. 일반인들이 생각하는 구체적인 것이 아니라는 말이다[36]라고 했다. 풍우란(馮友蘭)은 "하나의 사물이 생겨나니 곧 하나가 있게 되고, 만물이 생겨나니 곧 만 가지가 있게 된다. 만 가지 있음이 생겨나니 앞서서 담고 있는 것이 유(有)이다. 앞서다는 말은 여기서 시간적으로 먼저가 아니라, 논리적으로 먼저라는 것을 가리킨다"라고 설명했다. 풍우란은 40장에서 "노자의 말은 어떤 시기에 단지 무(無)만 있다가 훗날 어떤 시기에 무에서 유(有)가 생겨났다는 말이 아니다. 그

36) 모종삼 교수의 노자철학 강의, 임수무 역, 2011. 도서출판 서광사.

것은 단지 우리들이 사물의 존재를 분석한다면 어떠한 사물의 앞이라도 반드시 먼저 유가 있어야 한다는 것을 발견할 수 있음을 말하는 것이다. 여기서 말하는 것은 본체론에 속하는 것이지 우주발생론에 속하는 것이 아니다"[37]라고 했다.

노자는 도의 움직임과 쓰임을 말하다가 천하 만물의 생겨남을 말하고는 이내 글을 멈추었다. 이에 대한 추가적인 글이 한 구절이라도 기술되어 있었다면 해석을 두고 고민하지는 않았으리라. 장의 마지막 문장을 보면 "천하의 만물은 유에서 나오고, 유는 무에서 나온다"라고 했다. 천하만물(天下萬物)은 죽간(갑)과 백서(을)에서는 '천하지물(天下之物)'로 되어 있다. 이 글에서 물(物)의 의미는 우리가 세상에서 보고 인지할 수 있는 사물을 넘어, 널리 어떤 존재나 대상 또는 판단의 주어가 되는 일체의 것을 말한다 할 것이다. 그렇다면 천하의 물이 유에서 나온다는 말은 무엇을 뜻하는 것인가? 먼저 '유(有)'라는 글자가 나타내는 함축적인 의미를 살펴보자. 40장의 첫 문장은 되돌린다는 '반(反)'에서 출발했다. 되돌리는 것은 도의 움직임으로 어떤 대상(有)이 있음을 내포하고 있으며, 천하의 물이 반복해서 순환하는 과정에 있음을 암시하고 있다고 필자는 보았다.

여기서 만물과 유를 좀 더 구체적으로 이해하기 위해 『도덕경』의 다른 문장들을 살펴보자. 1장에서는 "항상 무는 그 오묘함을 살피려고 하고, 항상 유는 그 순행하는 것을 살피려고 한다"라고 했다. 유는 물이 순

37) 진공웅이 풀이한 노자, 최재목·박종현 역, 2004. 영남대학교출판부.

행하는 것을 살피는 일을 한다는 것이다. 여기에 16장의 글을 더해 보자. 노자는 16장에서 “무릇 물들은 번창하다가 각기 뿌리로 되돌아가는 것을 반복한다. 뿌리로 되돌아온 것을 일러 고요함이라 하는데, 이것을 복명이라 한다. 복명은 항상한다는 것인데, 항상함을 안다는 것을 깨달음이라 한다. 항상함을 알지 못하면 망령되어 흉함을 짓는다”라고 했다. 16장에서도 물이 순환하고 있음을 보여주고 있는데, 그 방향은 항상하는 것에 있는 것이다. 여기서 유는 어미의 위치에 있으며 물의 근본이라 말할 수 있다.

이러한 것들을 종합해 보면, ‘천하의 물’은 유라고 하는 만물의 어미에서 생겨난 것으로, 번창하다가 다시 뿌리로 돌아가는 순환을 거듭하는 과정에서 뿌리인 근본에 체득한 지혜를 축적하고 다시 시작한다는 것이다. 바로 이와 같은 순환을 할 수 있는 것이라면 항구적으로 천하에 존재할 것이며 이것이 바로 도가 추구하는 바이다.

그럼 이러한 것이 가능하기 위해서는 어떻게 하여야 하는가? 강하면 죽음의 무리로 가는 것이고 유약하면 삶의 무리로 가는 것처럼, 삶의 자리는 진일보하는 자리로 도의 쓰임인 유약함을 통해서 가능하다는 말씀이다. 부드러워야 외부의 것을 받아들일 수 있지 않겠는가. 생물도 유약하여야 하는 것처럼, 관념도 경직되어 있다면 한쪽으로 기울어져 어찌 균형 잡힌 올바른 결과를 기대할 수 있겠는가. 무는 물이 태어나는 원천이다. 여기에서도 “유는 무에서 생겨난다”고 했다. 무는 뚜렷한 것이 없음이다. 숫자를 가지지 못한 영[zero]의 상태로 형태를 갖추지 않았을 뿐 더

없이 많은 것을 가지고 있는 완전체이기도 하다. 모든 형상이나 개념은 이 무에서 모습을 만들어가기에 무에서 유가 만들어진다. 따라서 물은 무에서 생겨난다고 말할 수 있으며, 무에서 유가 만들어지면 만물의 어미가 되는 것이다. 이 글에서 노자는 무는 도의 움직임을, 유는 도의 유약함을 말하는 것이 아닐까? 鳳

제 41 장

밝은 도는 새벽녘과 같고, 나아가는 도는 물러나는 것과 같다.

上士聞道 勤而行之 中士聞道 若存若亡

상사문도 근이행지 중사문도 약존약망

下士聞道 大笑之 不笑不足以爲道

하사문도 대소지 불소부족이위도

故建言有之 明道若昧 進道若退

고건언유지 명도약매 진도약퇴

夷道若纇 上德若谷 大白若辱 廣德若不足

이도약뢰 상덕약곡 대백약욕 광덕약부족

建德若偸 質眞若渝

건덕약투 질진약유

大方無隅 大器晩成 大音希聲 大象無形

대방무우 대기만성 대음희성 대상무형

道隱無名 夫唯道善貸且成

도은무명 부유도선대차성

상사가 도를 들으면 힘써서 그것을 행하려 하고, 중사가 도를 들으면 있는 것 같기도 하고 없는 것 같기도 하며, 하사가 도를 들으면 크게 비웃어 버리니, 비웃지 않는다면 도라 여기기에 부족하다.
그래서 만들어져 전해 오는 말이 있다. 밝은 도는 새벽녘과 같고, 나아가는 도는 물러나는 것 같다는 것이다.
평탄한 도는 마디가 있는 것 같고, 상덕은 골짜기와 같으며, 크게 흰 것은 욕된 것 같고, 넓은 덕은 족하지 않은 것 같으며, 세워진 덕은 몰래 한 것 같고, 참된 것의 바탕은 변하는 것 같다.
크게 네모난 것은 모서리가 없으며, 큰 그릇은 오랫동안 이겨내서 이루어진다. 큰 음은 소리가 들리지 않으며, 큰 그림은 형태가 없는 것이다.
도는 숨어 있어 이름이 없다. 오직 도만이 훌륭하게 시작하고 또한 훌륭하게 이룬다.

[해설]

上士聞道, 勤而行之, 中士聞道, 若存若亡, 下士聞道, 大笑之. 不笑不足以爲道.
상사가 도를 들으면 힘써서 그것을 행하려 하고, 중사가 도를 들으면 있는 것 같기도 하고 없는 것 같기도 하며, 하사가 도를 들으면 크게 비웃어 버리니, 비웃지 않는다면 도라 여기기에 부족하다.

'勤而行之(근이행지)'는 백서(을)에서는 '勤能行之(근능행지)'로, 죽간(을)에서는 '勤能行於其中(근능행어기중)'으로 쓰여 있으나 의미 전달에는 차이가 없다.

하상공은 "상사(上士)는 도를 들으면 스스로 힘을 다하여 그것을 행하고, 중사(中士)는 도를 듣고 몸을 닦아 나라를 다스리고 태평해짐으로써 마음이 흐뭇해져 그것을 보존한다. 물러나서는 재색(財色)과 영예, 욕정에 미혹되어 다시는 그렇게 하지 못한다. 하사(下士)는 탐내고 욕심이 많으니 도의 유약함을 보고 몹시 두려워한다고 일컫고, 도의 질박함을 보면 궁색하다 일컬어 그것을 크게 비웃는다. 하사(下士)들의 비웃는 바가 되지 못하면 도라 이름하기에 부족하다"[38)]라고 했다. 왕필은 이 글을 평이하게 여겼는지 "뜻(志)에 달려 있는 것이다(有志也)"라고 간단히 부연했다.

이 문장은 '선비 사(士)' 앞에 상·중·하가 붙어 있는 점이 독특하다.

---

38) 『하상공주』 "上士聞道, 自勤苦竭力而行之. 中士聞道, 治身以長存, 治國以太平, 欣然而存之, 退見財色榮譽, 惑於情欲, 而復亡之也. 下士貪狠多欲, 見道柔弱, 謂之恐懼, 見道質樸, 謂之鄙陋, 故大笑之. 不為下士所笑, 不足以名為道."

이를 뛰어난 선비·평범한 선비·하찮은 선비 등으로 학식의 정도에 따라 차등을 둔 것처럼 느껴진다. 그러나 사람에게 차등을 매겨 호칭하는 경우는 출생신분이나 지역, 지위나 성별, 성적 등과 같이 드러남이 객관적이어서 누구나 인정할 수 있는 경우에만 그럴 수 있다고 본다. 이 문장에서 나오는 사(士)는 평민 출신으로 귀족은 아니지만 그렇다고 노동을 통해 돈을 벌어 조세를 바치는 일반 서인(서민)도 아닌, 관료로 편입된 선비를 말하는 것으로 보인다.

'士(사)'는 문(文)이나 무(武)에 능해 나라의 관리로 등용된 일종의 현자(賢者)나 지자(知者)로 볼 수 있다. 대표적인 사(士)로 공자를 들 수 있다. 공자는 노(魯)나라에서 대부(大夫)의 반열에 오른 적이 있었으나 봉토가 없는 대부는 가신을 두고 세습할 수 있는 진정한 대부인 경·대부(卿·大夫)가 아닌 까닭에 평생 녹(祿)을 받아서 사는 사의 신분을 벗어나지 못했다. 이렇듯 평민의 신분으로 왕이나 제후의 밑에서 녹을 받고자 힘쓰는 처지의 선비들이라면, 박식하고 지혜가 출중한 자들로 난세에 나라의 위기를 모면할 방책을 나름대로 갖고 있을 것이다. 주나라의 종법제도에서는 사(士)의 신분[39]이 3단계(上士 - 中士 - 下士)로 나뉘어져 있었다.

그럼 본문으로 들어가 보자. 노자는 "상사가 도를 들으면 힘써서 그것을 행하려 하고, 중사가 도를 들으면 있는 것 같기도 하고 없는 것 같기도 하며, 하사가 도를 들으면 크게 비웃어 버린다"라고 했다. 상사와 중사와 달리 신분이 가장 낮은 하사는 왜 크게 비웃어 버린다고 말하는 것일

---

39) <맹자> '만장장구(萬章章句) 하편 2-3章 "군주는 경의 열배를 녹으로 받고, 경은 대부의 네 배를 받는다. 대부는 상사의 두 배, 상사는 중사의 두 배, 중사는 하사의 두 배, 하사는 서인으로 관직을 가진 사람과 같이 받는다. 그 녹은 땅을 갈아먹는 것을 감당할 정도였다."

까? 하사는 일선에 배치된 하급관료로, 위에서 발한 지엄한 명을 현장에서 수행하는 실무자들이다. 따라서 법이 엄격하고 번잡할수록 업무나 위치가 명확해지며 책무성도 높아진다. 그러나 무위를 지향하는 도의 정치에서는 백성들에게 간섭할 일이 거의 없다. 어찌 보면 백성들의 자유스런 삶을 보호해야 하는 입장에 놓이는 것이다. 이에 하급관리의 역할과 위치가 미미해지며 존재감 또한 드러나지 않게 된다. 백성들을 통제하지 않는 도의 정치에는 구할 바가 없으니 비웃지 않을 수 있겠는가. 그러나 상사의 위치에 있는 현자는 도의 정치의 이로움을 알기에 힘써 행하려 하는 것이다.

故建言有之, 明道若昧, 進道若退,
그래서 만들어져 전해 오는 말이 있다. 밝은 도는 새벽녘과 같고, 나아가는 도는 물러나는 것 같다는 것이다.

'옛 고(故)'는 죽간(을)과 백서(을)에는 '是以(시이)'로 되어 있으며 구절의 마지막에 '가로 왈(曰)'자를 붙였다. 또한 '같을 약(若)'자는 전체 문장에서 모두 '같을 여(如)'로 적혀 있다.

하상공은 "건(建)은 설정하다[設]라는 뜻이다. 설정한 말에는 도가 있기 때문에 마땅히 아래 구절과 같아야 한다. 밝은 도를 지닌 사람은 마치 아둔하여 보는 것이 없는 것 같다. 도가 취하여 나아가는 것은 물러나 있어 미치지 못하는 것 같다"[40]라고 했다. 왕필은 "건(建)은 세운다[立]

40)『하상공주』"建, 設也. 設言以有道, 當如下句. 明道之人, 若闇昧無所見. 進取道者, 若退不及."

라는 의미다. 빛이지만 빛나지 않게 한다. 그 몸을 뒤로 하지만 앞서 있고 그 몸을 도외시하지만 몸은 보존된다"[41]라고 설명했다.

이 문장에서 建言(건언)의 建(건)자는 하상공은 設(설)로, 왕필과 임희일, 서명응 등은 立(립)으로 보고 있다. 이를 종합해 보면, 말을 세운다거나 말을 남긴다는 의미로 일종의 경구(警句)가 되어 전해져 오는 말이라고 이해할 수 있겠다. 따라서 앞 문장에서 언급된 것과 같이 "비웃지 않는다면 도라 여기기에 부족하다"는 말과 관련하여 오래전부터 전해져 오고 있는 경구를 나열하고 있다.

먼저 노자는 "밝은 도는 새벽녘과 같고, 나아가는 도는 물러나는 것 같다"라고 했다. '새벽 매(昧)'자는 동트기 전의 어둠이다. 오랜 어둠을 보내고 이제 해가 떠 온 천지를 밝게 비추기 바로 전의 상황이다. 밝음과 어둠이 혼재하지만 정(靜)에서 동(動)으로 서서히 옮겨가는 시점이기도 하다. 새벽이란 움직임이 있으나 잘 드러나지는 않아서 사람들은 변화하는 것을 잘 인식하지 못한다. 이처럼 밝은 도란 새벽녘과 같이 드러나지 않으면서 소리 없이 행하여져 밝음으로 나아가는 것이다. 따라서 도로 나아가면 무언가 드러나는 행함이 없기 때문에 눈에 거스르는 것이 있어도 일반인들이 보기에는 그냥 방치하는 것과 같이 느껴져 과거로 되돌아가는 느낌을 받을 것이다. 도는 유약함으로 모두를 감싸서 하나로 껴안아야 하기 때문에 조화를 유지할 만큼의 시간이 필요하다. 겉으로 보면 더 혼란하게 보일 수가 있다. 이러한 것들은 도의 느림의 특성을 보여주는 것들이다.

41) 『왕필주』 "建, 猶立也. 光而不耀. 後其身而身先, 外其身而身存."

夷道若纇, 上德若谷, 大白若辱, 廣德若不足, 建德若偸, 質眞若渝,
평탄한 도는 마디가 있는 것 같고, 상덕은 골짜기와 같으며, 크게 흰 것은 욕된 것 같고, 넓은 덕은 족하지 않은 것 같으며, 세워진 덕은 몰래 한 것 같고, 참된 것의 바탕은 변하는 것 같다.

'실마디 뢰(纇)'자는 백서(을)에는 '치우칠 뢰(類)'로 쓰여 있으나 큰 틀에서 의미 전달은 다르지 않다. 그 이외에는 주요 판본의 기록이 일치한다.

하상공은 "이(夷)는 평탄하다(平)는 뜻이다. 큰 도를 지닌 사람은 스스로 특별하게 구별하지 아니하니 흔한 무리와 같다. 상덕(上德)을 지닌 사람은 깊은 골짜기와 같아서 더럽고 탁한 것을 부끄러워하지 않는다. 크게 결백한 사람은 더럽혀지고 욕될 것 같아 스스로 널리 드러내지 않는다. 덕행이 넓고 큰 사람은 어리석고 완고하여 부족한 것 같다. 도와 덕을 세운 사람은 속이 텅 비어 있음을 사용하여 구차하게 이끄는 것이 옳다는 것 같다. 질박한 사람은 모든 색깔이 바래고 연해져서 분명하지 아니한 것 같다"[42]라고 했다.

왕필은 "뢰(纇)는 깊은 굴곡[坳]이 있다는 의미이다. 크게 평탄한 도는 사물의 성질에 따라 평탄함을 유지해서 사물을 분할하지 않으니 그 평탄함은 드러나지 않고 도리어 더욱더 깊은 굴곡이 있는 듯하다. 그 덕을 덕이라고 여기지 않아 마음에 품고 있는 것이 없다. 백을 알고 흑을 지키니 백이 크게 된 연후에야 얻을 수 있다. 넓은 덕은 채워지지 아니한다.

---

42) 『하상공주』 "夷, 平也. 大道之人不自別殊, 若多比類也. 上德之人若深谷, 不恥垢濁也. 大潔白之人若汙辱, 不自彰顯. 德行廣大之人, 若愚頑不足也. 建設道德之人, 若可偷引使空虛也. 質樸之人, 若五色有渝淺不明也."

드넓어 형체가 없으니 채울 수가 없다. 투(偸)는 짝[匹]이란 뜻이다. 굳건한 덕이란 사물의 저절로 그러함을 따라 세우지도 않고 베풀지도 않으므로 구차한 짝인 듯하다. 질박한 참됨은 그 참됨을 자랑하지 않으므로 변해버린[渝] 것 같다고 하는 것이다"[43]라고 설명한다.

앞 문장에 이어서 "평탄한 도는 마디가 있는 것 같고, 상덕은 골짜기와 같다"라고 했다. 우선 纇(뢰)자부터 살펴보자. '실 마디 뢰(纇)'자는 백서(을)에서는 '류(類)'로 쓰여 있는데, '무리지어 있다'라는 뜻과 '치우쳐 있다'는 의미로 쓰인다. 따라서 실에 마디가 있다는 것은 중간에 걸리는 부분이 있다는 뜻이다. 나아가는 데에는 지체가 되지만 막히는 곳은 아니다. 시원스럽게 나아가지 못하는 부분이 있다.

또한 상덕은 위에 있는 덕으로 골짜기와 같다고 했다. 골짜기는 39장에서 물을 채워 하나 됨을 얻는다고 하였다. 산의 정상에서부터 시작한 골짜기는 강과 바다로 물을 흘려보낸다. 여기저기로 뻗어 있어 미치지 않는 곳이 없다. 이러한 골짜기는 중간 중간에 물이 모인 작은 웅덩이나 소(沼)를 만든다. 웅덩이는 조화를 이루는 곳이다. 다만 큰 바다로 가기까지 수없이 많은 크고 작은 웅덩이를 거치기에 시간이 많이 필요할 뿐이다. 즉 마디는 엉킨 것을 풀어주는 곳이지 잘못된 곳이 아니라는 말이다.

노자는 28장에서 천하의 골짜기와 같이 하면 항상하는 덕이 족함에 이르게 되어 다시 질박함으로 돌아온다고 말하지 않았는가. 따라서 이 글은, 도의 정치는 아래에서 행하여 달성되어질 수 있는 것이 아니라, 제

43) 『왕필주』 "纇, 坱也. 大夷之道, 因物之性, 不執平以割物. 其平不見, 乃更反若纇坱也. 不德其德, 無所懷也. 知其白, 守其黑, 大白然後乃得. 廣德不盈, 廓然無形, 不可滿也. 偸, 匹也. 建德者, 因物自然, 不立不施, 故若偸匹. 質眞者, 不矜其眞, 故渝."

일 높은 곳에서 시작해야 함을 강조하고 있다.

이어서 "크게 흰 것은 욕된 것 같고, 넓은 덕은 족하지 않은 것 같다"라고 말했다. 이 글에서는 '흰 백(白)'자 앞에 '큰 대(大)'자를 붙여 大白(대백)이라 했다. '白'자는 '희다'는 뜻에서 깨끗하고 명백하다는 의미를 가지고 있는데, 뒤이어 욕되다는 욕(辱)자가 나온다. '욕'은 영화로운 것과 반대되는 뜻으로 구차함을 말한다. 이 또한 도의 모습이다. 천하가 깨끗하여 가리고 있는 것이 없다면 질박하다는 것이어서, 이것이 구차한 모습으로 보일 수 있다는 말이다. 이어서 넓은 덕이란 모두에게 베풀어지는 덕이다. 모두가 만족하려면 조금 부족한 것에서 지족함을 느껴야 한다.

또 다음 구절을 살펴보자. "세워진 덕은 몰래 한 것 같고, 참된 것의 바탕은 변하는 것 같다"라고 했다. 덕은 드러나게 베풀어지는 것도 아니며, 한 번으로 끝나는 것도 아니어서 바로 그 변화를 느낄 수가 없다. 오랜 시간이 흐르면서 서서히 변해가기 때문에 덕으로 세워진 것은 어느 날 갑자기 바뀌어 있는 모습을 알아차릴 수 있는 것이다. 따라서 도의 덕으로 세운 것은 훔쳐온 것같이 몰래 한 것처럼 느껴진다는 뜻이다.

우리가 진리라고 믿어 변하지 않는다고 생각하는 것을 참[眞]이라 부르는데, 참의 품성을 나타내는 바탕이 변하는 것 같다고 말한다. 참된 것은 변할 수 있는 대상이 아니다. 그러나 참의 바탕이 변하는 것처럼 느껴진다는 말은 도의 참 모습이 어느 것인지를 분간하기 어렵다는 뜻이다. 도는 모든 것을 포용하려는 성질을 보이기 때문이다. 이 구절에서

質(질)이란 참된 것을 둘러싸고 있는 성질이나 바탕이 되는 것을 뜻하는 글자이며, 渝(유)는 세월의 흐름 속에 본래의 색이 퇴색되어 간다는 의미의 글자이다.

質(질)은 전국문자(戰國文字)부터 등장하는데, 하영삼 교수에 따르면 그 글자의 구성에서 보듯이 많은 돈을 벌게 해 줄 수 있는 밑바탕을 의미한다. 실재하는 현상물의 실체가 바로 밑바탕이라는 의미에서 '실체'라는 의미가 생겼고, 바탕은 언제나 가공되기 전의 소박함을 특징으로 하기에 다시 質朴(질박)이라는 의미까지 생겼다. 또한 '변할 투(渝)'자는 『성학집요(聖學輯要)』 '위정(爲政)편'에 "주자(朱子)가 말하기를 투(渝)는 변한다[變]는 말이다"라고 했다. 보는 시각에 따라 태도나 감정 등이 변해 있는 것으로 느껴진다는 뜻이다.

大方無隅, 大器晚成, 大音希聲, 大象無形. 道隱無名, 夫唯道善貸且成.
크게 네모난 것은 모서리가 없으며, 큰 그릇은 오랫동안 이겨내서 이루어진다. 큰 음은 소리가 들리지 않는 것이며, 큰 그림은 형태가 없는 것이다. 도는 숨어 있어 이름이 없다. 오직 도만이 훌륭하게 시작하고 또한 훌륭하게 이룬다.

'저물 만(晚)'은 죽간(을)에서는 '길게 끌 만(曼)'으로, 백서(을)에서는 '면할 면(免)'으로 되어 있다. '숨길 은(隱)'은 백서(을)에서 '기릴 포(褒)'로 되어 있다. '大象(대상)'은 죽간(을)에서 '天象(천상)'으로 적혀 있다. 마지막 구절인 '善貸且成(선대차성)'은 백서(을)에서는 '善始且善成(선시차선성)'으로, '빌릴 대(貸)'자가 '처음 시(始)'로 되어 있다.

하상공은 “행동이 크게 바르고 점잖은 사람은 굽어지거나 모난 모습이 없다. 구정(九鼎)이나 호련(瑚璉)과 같은 큰 그릇의 사람은 졸지에 만들어질 수 없다. 큰소리는 천둥소리와 같이 때를 기다렸다 울려 나오는 것이니, 항상 기를 아끼고 말을 적게 하라는 비유이다. 크게 본받을 모습을 지닌 사람은 질박하여 어떠한 형태와 모양이 없다. 도는 은밀히 잠복해 있어 사람이 가리키거나 이름 붙일 수 없다. 성(成)은 성취하다(就)는 뜻이다. 도는 사람에게 정기를 잘 빌려주고 또한 성취하게 해 준다는 말이다”[44]라고 말했다.

왕필은 “네모나지만 분할하지 않았으므로 구석이 없는 것이라는 말이다. 큰 그릇은 천하를 이룸에 있어 완전히 별개로 나누어 가지려 하지 않기에 반드시 늦게 완성된다. 들어도 들리지 않는 것을 희(希)라 이름 붙였으니, 그 소리를 들을 수 없다. 소리가 있으면 구분이 있고, 구분하면 궁(宮) 아니면 상(商)이다. 구분이 있으면 무리를 거느릴 수 없다. 그러므로 소리가 있으면 대음(大音)이 아니다. 형체가 있으면 구분이 있다. 구분이 있는 것은 따뜻하지 않으면 뜨겁고, 뜨겁지 않으면 차갑다. 그러므로 상이 드러난 것은 대상(大象)이 아니다”[45]라고 했다.

이번 문장도 한 구절씩 살펴보자. ‘大方無隅(대방무우)’라 하여 “크게 네모난 것은 모서리가 없다”라고 말했다. 고대 동양에서는 하늘은 둥글고 땅은 네모난 것으로 알고 있었다. 『여씨춘추』에서도 ‘천원지방(天圓地方)’이라 표현하고 있다. 이처럼 方(방)은 흔히 네모난 것을 뜻하는 하

44) 『하상공주』 “大方正之人, 無委屈廉隅. 大器之人, 若九鼎瑚璉, 不可卒成也. 大音猶雷霆待時而動, 喻當愛氣希言也. 大法象之人, 質樸無形容. 道潛隱, 使人無能指名也. 成, 就也. 言道善稟貸人精氣, 且成就之也.”

45) 『왕필주』 “方而不割, 故無隅也. 大器成天下, 不持全別, 故必晚成也. 聽之不聞, 名曰希. 不可得聞之音也. 有聲則有分, 有分則不宮而商矣. 分則不能統衆, 故有聲者非大音也. 有形則有分, 有分者, 不溫則炎, 不炎則寒. 故象而形者, 非大象.”

늘과 대비하여 땅의 모양을 나타내는 글자로 사용되었다. 이 글에서도 크고 넓다는 대(大)자를 사용하고 있는 것으로 보아 대방(大方)의 의미를 짐작할 수 있을 것이다.

'방'은 네모진 모서리를 뜻하는 글자다. 각이 진 부분이다. 물체가 작을 때는 각진 부분이 드러나지만 물체가 무한정 크다면 모퉁이를 찾을 수 없을 것이다. 천하의 모두를 포용해야 하기에 모남이 있으면 크게 이룰 수가 없다. 모나다는 것은 시류에 날카롭게 대치(對置)되는 것이 있다는 말이다. 왕필은 네모나지만 분할하지 않았으므로 구석이 없는 것이라고 설명하였으며, 하상공은 행동이 크게 바르고 점잖은 사람은 굽어지거나 모난 모습이 없다고 했다. 왕필은 대방(大方)을 천하가 통일되어 있는 하나의 땅으로 본 반면 하상공은 사람의 방정(方正)한 태도를 일컫는 말로 본 것이 다르다 하겠다. 서명응은 "모난 것도 숨어 있고 각진 것도 숨겨져 있어서 모퉁이가 없다고 했다"라고 설명했다. 모두 나름대로 설명에 이유와 뜻이 있다.

이어서 '大器晩成(대기만성)'이라 하여 "큰 그릇은 오랫동안 이겨내서 이루어진다"라고 말한다. 대기만성이란 말은 우리가 익히 알고 있는 사자성어지만 『도덕경』에서 처음 사용된 것이니 노자의 철학적 견지에서 다시 이해해 보자. 글자 그대로만 보면 '큰 그릇은 저물어져야 만들어진다'라고 번역할 수 있다. '大器晩成(대기만성)'에서 '晩(만)'의 뜻을 살펴보자. 백서에서 사용된 '면할 면(免)'은 다리를 벌리고 사람이 아이를 낳는 모습을 본떠 만든 갑골문자다. 따라서 '해산하다'라는 뜻과 고통에서 '벗어나다'라는 의미를 가지고 있다. 또한 통행본에 있는 '저물 만(晩)'은 '해가 저물다'라는 뜻이지만 자세히 보면, 免(면)자에 일(日)자를 붙여 산통이 오랫동안 지속됨을 나타내고 있다. 어떤 것을 이루기 위해서는 각고의 고통과 시간이 필요하다는 깊은 뜻이다.

죽간(을)에 쓰인 '끌 만(曼)'은 눈(目)을 위아래로 벌리는 두 손[又]의 모양으로 이루어진 갑골문자로, 잠이 와 견딜 수 없는 모양을 그리고 있다 한다. 이들 세 글자는 모두 밑바탕에 힘든 고통의 시간을 참고 이겨낸다는 뜻을 담고 있다. 따라서 대기만성이란 "큰 그릇은 꿋꿋이 오랫동안 참아내야만 만들어질 수 있다"라는 말이다. 천하에 널리 쓰임이 있는 그릇이 쉽게 만들어질 수 있겠는가.

다음 구절에서는 "큰 음은 소리가 들리지 않는다"라고 했다. 이 구절 또한 다의적으로 해석될 수 있는 여지가 많다. 먼저 '大音希聲(대음희성)'이란 구절에서 '소리 음(音)'과 '소리 성(聲)'자의 의미를 분명히 하는 것이 관건일 것이다. 그동안 많은 연구들이 쏟아져 나오게 한 대표적인 부분이기도 하다. 2장의 '音聲相和(음성상화)'와 더불어 풀어야 하는 어려움 때문이다. 가볍게 현실에서 흔히 볼 수 있는 경우로 본다면, 연주하는 음악소리가 크면 사람의 목소리가 잘 들리지 않는 경우라고 할 수 있다. 그러나 이를 말하는 것은 아닐 것이다.

한자의 구성을 통해 '音'자와 '聲'자의 차이가 무엇이며 어떤 깊은 뜻을 담고 있는가를 살펴보자. '소리 음(音)'자는 말씀 언(言)의 입 구(口) 안에 가로로 한 획을 더 그은 글자로 '말하는 입에서 나오는 소리'라는 뜻이라고 한다. 이에 반해 '소리 성(聲)'자는 귀 이(耳)자가 기본 자소로, 귀로 듣는 소리다. 똑같이 '소리'라는 뜻을 가지고 있지만, 음(音)이 주체성을 가지고 소리를 생산하는 쪽이라면, 성(聲)은 듣는 입장에서의 소리로 뜻하는 바가 다르다.

전국시대에서 한대에 이르기까지의 음악 이론을 기록한 『예기(禮記)』에 보면, "악기(樂記) 왈, 音(음)이 만들어지는 것은 사람의 마음에서 말미암아 생긴 것이요, 사람의 마음이 움직이는 것은 사물이 그렇게 만든 것이다. 사람의 마음이 사물에 대하여 감응하면 그것이 움직여 聲(성)으로 형용되고 소리[聲]가 서로 감응하는 까닭에 변화가 생긴다. (중략) 그러므로 슬픈 마음을 느끼면 그 소리가 애잔하여 점차 약해지고, 즐거운 마음을 느끼면 그 소리가 점점 너그럽고 완만해지며, 기쁜 마음을 느끼면 그 소리가 높아져서 점점 흩어지고, 분노를 느끼면 그 소리가 거칠어서 점점 날카로워지며, 공경하는 마음을 느끼면 그 소리가 올곧아서 절도가 있어지고, 사랑을 느끼면 그 소리가 조화를 이루어 부드러워진다. 이 6가지 소리[聲]는 본래의 성질이 아니라, 만물에 감응한 후에 동(動)한 것이다. 그러므로 선왕은 만물에 감응하는 것을 중요하게 여겼기 때문에 예(禮)로써 그 뜻을 이끌었고, 악(樂)으로써 그 소리를 조화롭게 만들었으며, 정(政)으로써 그 행동을 하나로 하였으며, 형벌(刑罰)로써 그 간악함을 막으려고 했다"[46]라고 전해주고 있다.

여기서 聲(성)은 사람의 마음이 사물에 대하여 감응하면 누구나 자연스럽게 나오는 반사적인 소리라는 것이다. 그 예를 6가지의 소리[聲]로

46) 禮記, 樂記 "樂記曰 凡音之起 由人心生也 人心之動 物使之然也 感於物而動 故形於聲 聲相應 故生變. (중략) 是故, 其哀心感者 其聲礁以殺 其樂心感者 其聲嘽以緩 其喜心感者 其聲發以散 其怒心感者 其聲粗以厲 其敬心感者 其聲直以廉 其愛心感者 其聲和以柔 六者非性也 感於物而后動. 是故, 先王愼所以感之者 故禮以道其志 樂以和其聲 政以一其行 刑以防其姦 禮樂刑政 其極一也 所以同民心而出治道也."

나열하고, 그 소리를 중요하게 여긴 선왕들이 이에 합당한 예·악·정·형벌을 통해 나라를 평안케 하고자 노력했다는 말이다. 따라서 聲[소리]는 백성들의 반응을 알 수 있는 것으로, 군왕들은 백성들의 삶 속에서 나는 소리를 통해 치세의 경과를 평가할 수 있음을 말하고 있다.

이어서 "무릇 음(音)은 사람의 마음에서 만들어지는 것이다. 치세의 음은 편안하여 즐거움으로 그 정치가 조화롭고, 난세의 음은 원망으로 분노를 일으키므로 그 정치에는 괴리가 발생하며, 망국의 음은 슬픔으로 갖가지 생각을 일으켜 백성들이 곤란해진다. 성음의 도는 정치와 통한다"라고 했다. 여기서 말하는 음의 뜻은 백성들이 이렇게 군왕의 치세를 반영하여 반사적으로 나오는 소리와는 달리 전달하고자 하는 무엇을 담고 있다는 것이다. 아울러 "소리를 아는 것이 음을 아는 것은 아니다. 새나 짐승이 그렇다"라고 성과 음을 구분하고 있다.

불교에서의 음(音)자의 쓰임은 법화경(관세음보살보문품)에서 살펴볼 수 있다. "묘음(妙音), 관세음(觀世音), 범음(梵音), 해조음(海潮音)은 모두 이 세상의 음(音)을 이긴다"라고 적혀 있다. 묘음은 미묘한 소리이다. 노래나 음악을 맡은 여신인 묘음천은 뛰어난 말솜씨로 불법을 널리 퍼트린다. 관세음은 세상에서 자신을 부르는 소리를 관(觀)한다는 뜻이다. 범음은 경을 읽는 소리이자 불보살의 음성이며, 해조음은 바다의 조수가 흐르는 소리이면서 해조가 무념이나 때를 어기지 않음과 같이 부처님의 대비(大悲)하신 말소리가 때를 따르고 근기에 맞추어 설법하심을 말하는 것이라 한다. 여기서의 음은 전하고자 하는 의미를 담고 있으며, 주체적인 자리에 있음을 느낄 수 있다. 이쯤 하고 앞서 살펴본 바를 모두 연결해 보면, '음은 어떠한 것을 전달하고자 하는 자의 소리'이고, 성은 '감응하는 쪽의 소리'로 풀이할 수 있겠다. 따라서 본 장에서는 도를 주어로 두고 글이 구성되어 있다고 볼 때, 대음은 도로 천하를 다스리는 자의 치세의 음이다. 그러나 도는 스스로 그러함을 본받기에 명하는 소리를 듣고 싶어도 들을 수 없다는 말이 된다. '바랄 희(希)'자는 듣고자 애를 쓰나 들리지 않는다는 『도덕경』에서의 글자다.

이어서 '大象無形(대상무형)'이라 하여 "큰 그림에는 형태가 없다"고 했다. 이에 대해 하상공은 "크게 본받을 모습을 지닌 사람은 질박하여 어떠함의 형태와 모양이 없다"라고 했으며, 왕필은 "형체가 있으면 구분이 있다. 구분이 있는 것은 따뜻하지 않으면 뜨겁고, 뜨겁지 않으면 차갑다. 그러므로 상이 드러난 것은 대상(大象)이 아니다"라고 말했다. 이 구절에서 대상(大象)이란 35장에서 천하를 다스리는 큰 그림이라 해석한 바가 있다. 천하를 담는 도의 큰 그림에서는 모두를 포괄하고 있으므로 특정한 모양을 보여줄 수 없다. 도는 질박하여 누구나 자신들의 그릇을 이룰 수 있는 세상을 그리기 때문이다.

이제는 결론이 되는 마지막 구절이다. "도는 숨어 있어 이름이 없다. 오직 도만이 훌륭하게 시작하고 또한 훌륭하게 이룬다"라고 말한다. 이 부분에 대해 왕필은 비교적 길게 서술하고 있다. "이러한 훌륭한 것은 모두 도가 이루어 놓은 바이다. 모양에서는 대상(大象)이 되지만 대상은 형체가 없고, 소리에서는 큰 소리가 되지만 큰 소리는 들을 수 없다. 사물은 그것으로써 이루어지지만 그 완성된 형체는 보지 못한다. 그러므로 숨어 있어서 이름이 없는 것이다. 빌려 주는 것은 결핍된 것을 공급해 주는 것일 뿐만 아니라 한 번 빌려 주면 그 덕으로 영원히 끝마치는 데 족하다. 그러므로 잘 빌려 준다고 한 것이다. 이룬 것은 장인이 재단한 것과 같지 않지만 사물들은 그 형체를 갖추는 데에 도움을 받지 않음이 없다. 그러므로 잘 이루게 해준다고 말했다."[47]

여기서 '善貸且成(선대차성)'의 부분은 하상공본과 왕필본에 적혀 있는 표현으로 백서에서는 '善始且善成(선시차선성)'으로 조금 다르게 적혀 있다. 하상공과 왕필은 도를 빌려주는 것으로 보고 설명을 달고 있지만, 일부학자들은 '貸(대)'자를 설문의 풀이를 들어 '베풀 시(施)'로 바꾸어 풀이하고 있는 만큼 흡족하게 받아들이기에는 부족함이 있다. 필자는 백서의 기록에 따랐다.

마지막 문장에는 앞서의 모든 말들을 아우르는 말씀이 담겨 있다. 여러 차례 반복되는 것처럼 도는 겉으로 드러나 보이지 않기에 이름이 없고, 이름을 구하지 않기에 앞서 나열한 것들을 이룰 수 있었던 것이다. 노자가 서두에서 선비들을 구분해 가며 말머리를 꺼낸 이유도 어렵고 힘들게 새로운 통치방법을 찾아내려고 공을 들이기보다는 나라를 다스림에 있어 허명을 구하지 말고 더디고 불편하지만 도를 근본으로 여겨 힘써 행하라는 당부의 말을 전하고자 함이다.

47) 『왕필주』 "凡此諸善, 皆是道之所成也. 在象則爲大象, 而大象無形, 在音則爲大音, 而大音希聲. 物以之成, 而不見其成形, 故隱而無名也. 貸之非唯供其乏而已, 一貸之, 則足以永終其德, 故曰善貸也. 成之不如機匠之裁, 無物而不濟其形, 故曰善成."

도는 숨어 있어 이름은 없으나 훌륭하게 시작하고 또한 훌륭하게 이룬다고 했다. 옛 지식인들은 그들의 이름(호)에 은(隱)자를 즐겨 붙였다. 그들 중에서 은둔하며 살지만 천하를 걱정하는 이들도 많았다. 노자의 가르침을 알고 행한 것일까? 鳳

제 42 장

도는 하나를 낳고, 셋은 만물을 낳는다.

道生一 一生二 二生三 三生萬物

도생일 일생이 이생삼 삼생만물

萬物負陰而抱陽 沖氣以爲和

만물부음이포양 충기이위화

人之所惡 唯孤寡不穀 而王公以爲稱

인지소오 유고과불곡 이왕공이위칭

故物或損之而益 或益之而損

고물혹손지이익 혹익지이손

人之所教 我亦教之

인지소교 아역교지

强梁者不得其死 吾將以爲教父

강량자부득기사 오장이위교부

도는 하나를 낳고, 하나는 둘을 낳고, 둘은 셋을 낳고, 셋은 만물을 낳는다.
만물은 음을 등지고 양을 껴안아서 기를 부드럽게 하는 것을 조화로 여긴다.
사람들이 두려워하는 바는 오직 외롭고 의지할 곳이 없는데 길러 주지 않는 것이다. 그래서 왕공들은 그것을 호칭으로 삼았다.
옛날부터 물은 혹 감소하면 더해 주고, 넘치면 덜어 내었다.
사람들이 가르쳐 온 바를 나 역시도 가르치고 있다.
기력이 세찬 것은 그것을 얻지 못해 죽는다는 것을 나는 가르침의 아비로 여길 것이다.

[해설]

道生一, 一生二, 二生三, 三生萬物.

도는 하나를 낳고, 하나는 둘을 낳고, 둘은 셋을 낳고, 셋은 만물을 낳는다.

첫 문장은 백서(갑)에서는 훼손되어 전체 문장이 보이지 않으며, 백서(을)에서는 뒤의 '萬物(만물)'의 글자가 유실되어 확인되지 않는다. 다른 판본들의 기록은 모두 같다.

먼저 학자들의 주해들 살펴보자. 하상공은 "도가 처음에 낳은 것은 일(一)이다. 일은 음과 양을 생겨나게 했다. 음양은 화기(和氣)·청기(淸氣)·탁기(濁氣)를 낳는데, 이것이 나뉘어져 하늘·땅·인간이 된다. 천지인이 함께 만물을 생성한다. 하늘은 베풀고 땅은 화육하며 인간은 성장시키고 기르는 것이다"[48]라고 했다. 일(一)은 도가 처음 낳은 어떤 것이고, 둘[二]는 음과 양이며, 셋[三]은 천·지·인이라는 말이다. 곧 천지인이 만물을 만들었다는 말이다. 박세당(朴世堂)도 이와 비슷하게 하나는 태극이며, 둘은 양의[陰陽]고, 셋은 삼재[天·地·人]라 풀었다. 『회남자』에서도 형체가 없다는 것은 일(一)을 말하는 것이라 하면서, 둘[二]은 음양이며 음양화(陰陽和)를 셋[三]으로 해석했다. 서명응은 일(一)은 양의 일이고, 둘[二]은 음의 둘이며, 셋은 충기(沖氣)라 말하면서 만물은 음양이 충기를 얻은 후에 생긴다고 했다.

48) 『하상공주』 "道使所生者一也. 一生陰與陽也. 陰陽生和、清、濁三氣, 分為天地人也. 天地人共生萬物也, 天施地化, 人長養之也."

또한 왕필은 "만물만형은 그 귀착점이 하나이다. 어찌하여 하나에 이르게 되는가. 무에서 말미암아서이다. 무로 말미암아 하나가 되니 하나를 없음이라고 말할 수 있다. 이미 그것을 하나라고 했으니 어찌 없다고 말하겠는가. 말이 있고 하나가 있으니 둘이 아니고 무엇이겠는가? 하나가 있고 둘이 있으니 마침내 셋이 생겨난다. 무에서 유로 감으로써 셈이 여기에서 다하니, 이후부터는 도의 흐름이 아니다"[49]라고 했다. 왕필은 무(無) - 유(有) - 현(玄)으로 이해하고 있다. 이는 『장자』의 '제물론'에서의 내용과 유사하다. 『장자』 '내편'에서 "천지는 나와 함께 더불어 생겨나며 만물은 나와 함께 하나가 된다. 이미 하나가 되었는데, 또 얻을 것이 있다고 말하여야 하나. 이미 하나라고 하였으니, 또 얻을 것이 없다고 말하여야 하는가.

하나와 의견은 둘이다. 둘과 하나와 하면 셋이다. 여기서부터 시작하여 가다 보면 역법에 능한 자도 능히 얻지 못한다. 하물며 평범한 자가 그 답을 얻겠는가. 그러므로 무에서 시작하여 유로 가는 데에도 셋에 이르렀는데, 하물며 유에서 시작하여 유로 나간다면 말할 나위가 있겠는가. 더 나아갈 바가 없다. 이렇게 그냥 놓아둘 따름이다"[50]라고 했다.

20세기 현대 신유학의 대가인 중국의 모종삼 교수는 노자철학 강의에서 "道生一, 一生二, 二生三, 三生萬物에서 一, 二, 三은 無, 有, 玄을 가리킨다. 도에는 무성(無性)이 있으며 이것은 일(一)이다. 단, 당신은 무(無)인 일(一)에 머물러 있을 수 없다. 그것은 언제라도 유(有)다. 한번 유로 있게 될 때에 이(二)가 나온다. 이 양자(유, 무)가 섞여져 이름하여 현(玄)이

---

49) 『왕필주』 "萬物萬形, 其歸一也. 何由致一. 由於無也. 由無乃一, 一可謂無. 已爲之一, 豈得無言乎. 有言有一, 非二如何. 有一有二, 遂生乎三. 從無之有, 數盡乎斯, 過此以往, 非道之流."

50) 莊子, 內篇 齊物論 "天地與我竝生, 而萬物與我爲一. 旣已爲一矣, 且得有言乎. 旣已謂之一矣, 且得無言乎. 一與言爲二, 二與一爲三. 自此以往, 巧曆不能得, 而況其凡乎. 故自無適有, 以至於三, 而況自有適有乎. 無適焉, 因是已."

다. 현은 셋[三]을 대표한다. 無는 一이고, 有는 二이며, 셋[三]은 하모니[諧和]이며 원리이고 법칙[law]이다"라고 했다. 즉 一과 二를 가지고는 법칙을 이룰 수 없지만 三이 있기에 법칙으로서 의의가 있는 것이며, 三은 여러 형식으로 응용이 가능하고 응용이 되면 하나의 내용이 생성되어지는 것이라고 했다. 왕필의 주해를 근간으로 숫자가 각 하나씩을 대표한다고 했다. 이외에도 여러 해석과 풀이를 볼 수 있다.

이 문장은 도에서부터 시작하여 만물이 생겨나는 과정까지의 사이를 一, 二, 三과 같은 수로 표현한 노자의 우주론적 전개라고 보고, 많은 학자들이 온갖 지혜를 동원하여 풀이하고자 했다. 그러나 아직까지도 일치된 해석은 없는 듯하다. 이처럼 해석이 난해해서 자칫 이해를 더 어렵게 하는 경우가 되기도 한다.

필자는 이러한 시각에서 좀 떨어져 노자는 결코 어려운 표현으로 혼란을 주려 하지 않는다는 믿음으로 살펴보고자 한다. 자! 그러면 다시 첫 문장을 적어 보겠다. '道生一, 一生二, 二生三, 三生萬物.' 이 문장에서 특이한 점은 숫자를 사용한 것이다. 의미가 한정된 문자를 사용하지 않고 굳이 도와 만물 사이를 하나[一], 둘[二], 셋[三]이라는 숫자를 사용하여 말문을 열고 있다. 단계마다의 복잡하고 난해한 상황을 어찌 보면 포괄적으로 담아 일목요연(一目瞭然)하게 이해할 수 있도록 표현하고 있다는 생각이 든다.

먼저 "도는 하나를 낳는다"라고 했다. 그럼 '하나[一]'의 의미를 찾아

보자. 노자는 39장에서 하나라는 글자를 여러 번 반복 설명한 적이 있다. "옛날에 하나 됨을 얻는 것이 있었으니, 하늘은 맑음으로 하나 됨을 얻고, 땅은 평온함으로 하나 됨을 얻었으며, 신은 영험함으로 하나 됨을 얻고, 골짜기는 채움으로써 하나 됨을 얻으며, 만물은 낳음으로 하나 됨을 얻었다. 후왕도 천하를 바르게 함으로써 하나 됨을 얻는다. 그 도달한 곳은 하나이다"라고 했다. 필자는 '하나[一]'가 모두 한 덩어리가 되는 뜻이라 주장했다. 또한 22장의 글에서도 "굽으면 온전해지려 하고 휘어지면 곧게 하려 한다. 움푹 파이면 채우려 하고 낡고 해지면 새로워지려 한다. 적으면 얻으려 하고 많으면 미혹해진다. 이 때문에 성인은 하나로 껴안는 것을 천하를 기르는 방식으로 여긴다"라고 해서, 온전하게 되는 하나의 의미로 쓰였다. 이처럼 하나[一]는 모든 것들이 일체화된 하나의 틀로 동작되는 것이다. 따라서 이 문장은 한 공간 내에 형태의 유무를 떠나 수많은 것들이 부딪치며 공존하고 있다는 말로 설명할 수 있다. 이를 정리하면 "도는 일체화된 하나를 낳는다"라고 할 수 있다.

그리고 다음 구절로 "하나는 둘을 낳는다"라고 했다. 도는 일체화된 하나를 낳는데, 이 하나가 둘을 낳는다고 했으니 둘이란 무엇을 말하는 것인가? 하상공과 박세당, 회남자와 진고응 등은 '음'과 '양'이라 말하고 있으며, 모종삼은 하나는 '무'이며 둘은 '유'라고 이야기한다. 반면 오강(吳康)은 "하나는 형태의 시작으로 혼돈되어 미분화된 상태이고, 이것이 드러나 상을 이루게 된다. 정(正)이 있으면 반(反)이 있게 되고 음이 있으면 양이 있게 되어 둘이라 말하는 것이다"라고 한다. 오강이 좀 더 유연하게 접근하고 있다.

필자는 이 문장을 우주발생론적인 견지에서 바라보지 않는다. 이 장의 아래 문장에서도 외롭고 의지할 곳 없는 사람들을 감싸 안아서 길러 주는 것이 왕공의 치도라 말하고 있으며, 물(物)의 경우에 부족하고 넘칠 때 그 조화를 유지해야 한다고 강조하고 있다. 따라서 생명의 태동을 밝히려고 서두를 꺼낸 것으로 보기는 어렵다. 필자는 둘은 시간의 흐름에 따라 물들이 자리를 잡아가는 과정을 설명하는 것으로 본다.

그럼 알기 쉬운 단어로 직접 제시하지 않고 의미의 확장성이 있는 숫자로 표현한 이유는 무엇일까? 한정된 글자로는 모두를 표현하기 어려웠기 때문에 숫자로 대신한 것으로 본다.

노자의 글에서 보여주듯이 도는 일체화된 공간에서 서로가 공존하며 순환을 지속하는 틀 속에 있다. 29장에서 말한 바와 같이 천하는 신비로운 그릇과 같아서 어떻게 할 수가 없다. 그래서 "물은 어떤 경우에는 앞서 나가기도 하고 어떤 경우에는 뒤따르기도 하며, 어떤 경우에는 탄식하기도 하지만 어떤 경우에는 부추기기도 한다. 어떤 경우에는 왕성하기도 하지만 어떤 경우에는 파리하기도 하며, 어떤 경우에는 떠받들기도 하지만 어떤 경우에는 무너뜨리기도 한다"라고 했다.

이처럼 함께하는 공간에서는 드러나 있는 것도 있고 감추어진 것도 있을 것이며, 움직임[動]이 있는 것도 있고 고요함[靜]을 유지하는 것도 있을 것이다. 또 강한 것이 있으면 약한 것도 있듯이, 높은 곳이 있다면 낮은 곳도 생긴다. 누구에게는 있지만 어떤 이에게는 없기도 한다. 이처럼 다양한 요소들이 양 극단으로 서서히 나누어지면서 새로운 환경을 조성하게 된다. 이러한 상황은 없던 것들이 외부에서 갑자기 뛰어 들어와 새로 만들어지는 것이 아니라, 이미 섞여 있던 것들이 시·공간의 흐름 속에서 양분되어 드러난다는 말이다. 따라서 둘[二]이라는 숫자로만 표현할 수 있다.

이어서 "둘은 셋을 낳고, 셋은 만물을 낳는다" 했다. 셋이라는 숫자를 두고 하상공과 박세당은 천지인(天地人)이라 하였으며, 회남자는 음·양·화(陰陽和)를, 서명응은 음양과 충기(沖氣)를, 모종삼은 무(無)는 一이고 유(有)는 二이며 현(玄)은 셋[三]을 대표한다고 하면서, 一, 二로는 법칙을 이룰 수 없으며 三이 하모니(諧和)를 이루어 법칙을 대표한다고 말한다.

진고응은 역대 노자 풀이는 대부분 한(漢) 이후의 관념을 바탕으로 원기(元氣)를 일(一)로, 천지나 음양을 이(二)로, 화기(和氣)를 삼(三)으로 해석했다고 말했다. 이외에도 여러 가지 다양한 해석들이 있다. 즉 만물의 생성과정으로 보더라도 역시 셋[三]이란 숫자는 어떤 글자로든 대신하기 어려워 보인다.

그럼 둘이 낳은 셋은 무엇을 말하는가. 역으로 접근해 보자. 즉 뒤에서부터 살펴보는 것이다. 다음 구절에서 "셋은 만물을 낳는다"고 했으니, 셋은 만물을 낳는 무언가를 지니고 있어야 한다. 이와 아울러 낳는다[生]는 의미도 다시 정립할 필요가 있다. 이 문장에서는 어미가 자식을 낳는다는 의미보다는 어떠한 것이 생겨난다는 뜻으로 보아야 한다. 하나라는 환경에서는 둘이 나타날 수밖에 없고 둘이라는 환경에서는 자연스럽게 셋이라는 것이 만들어질 수밖에 없다는 필연성이다.

그렇다면 만물과 둘[二] 사이에 무엇이 있어야 하는가? 처음에는 하나였으나 시간의 흐름 속에서 양단으로 갈라지게 되니 여기에 틈새가 생겨 중심을 잡을 수가 없게 되었다. 원래 양단에 위치한 둘이라는 숫자는 불안정한 것으로 한편으로는 이롭게 나타나기도 하지만 다른 면에서는 해로운 쪽으로도 작용한다. 중심을 잡아줄 하나가 더 필요하다. 예로부터 삼(三)이라는 숫자는 안정된 상태를 가리킨다. 어떠한 물이 우연하게 만들어졌다고 해도 항상할 수 없다면 이내 사라져 버릴 것이다.

동식물이라면 하늘과 땅에 의존하고 있어서 이에 따를 것이며, 사람의 경우에는 특별한 존재이기에 이를 넘어서는 절대자의 손에 달려 있다. 신이 될 수도 있고 군왕이 될 수도 있다. 즉 길러주는 자에 의지한다. 따라서 각각의 물에 따라 양단의 둘[二]에 이것을 합쳐 셋[三]이라 말할 수 있다. 넓게 말한다면 조화를 유지해 줄 수 있는 것을 더해서 셋[三]이다.

천하에서 조화를 유지해 주는 수단은 많다. 덕이 될 수도 있고 선이 될 수도 있다. 부드럽고 약한 것일 수도 있다. 셋이 갖추어져야 만물을 번성하게 만든다는 말씀이다. 천하에 있어서는 군왕이 그 역할을 해야 한다는 말이 아니겠는가.

萬物負陰而抱陽, 沖氣以爲和,

만물은 음을 등지고 양을 껴안아서 기를 부드럽게 하는 것을 조화로 여긴다.

앞 구절은 백서(갑을)에서는 훼손되어 확인되지 않는다. 뒤 구절의 '沖(충)'자는 일부에서는 '중(中)'이나 빈 그릇이라는 '충(盅)'으로 쓰이기도 했다.

하상공은 "만물은 모두 음을 등지고 양을 향하니 중심을 돌이켜 햇빛을 향해 나아간다. 만물 속에는 모두 원기(元氣)가 있으니 이것을 얻으면 조화롭고 부드럽게 된다. 이는 마치 가슴속에 장이 있고 뼈 속에 골수가 있으며 초목 속에 텅 빈 곳이 있어 기가 통하는 것과 같으니, 그러므로 장생할 수 있게 되는 것이다"[51] 하였다. 왕필은 "그러므로 만물이 생겨남에, 그 주인을 알고 있으니 비록 가지각색으로 드러날지라도 비어 있는 기[沖氣]는 하나이다"[52]라고 말했다.

남송 때의 동사정(董思靖)은 "충기는 음의 고요함과 양의 활동함 사이에서 운행한다" 하였고, 사마광(司馬光)은 "만물은 음양으로 형체를 이루지 않음이 없고, 비어서 조화로움으로 작용을 이룬다"라고 했다. 모두 조화라는 귀결점을 가지고 있으나 풀어가는 과정은 조금씩 차이를 보인다. 다만 조화를 유지하는 방법에 따라 충(沖)자의 해석이 조금 달라지는 부분이 있을 뿐이다.

하상공과 같이 기의 통로를 의식하거나 또한 담을 그릇으로 보는 이들은 비어 있다는 점을 강조하여 충자를 허(虛)로 본다. 다른 한편에서는 설문에서와 같이 "충은 용솟음치고 흔들리는 것이다"라고 하여 서로 부

---

51)『하상공주』"萬物無不負陰而向陽, 迴心而就日. 萬物中皆有元氣, 得以和柔, 若胸中有藏, 骨中有髓, 草木中有空虛與氣通, 故得久生也."

52)『왕필주』"故萬物之生, 吾知其主, 雖有萬形, 沖氣一焉."

덮치거나 격렬히 요동치는 뜻으로 해석하기도 한다.

이 문장은 백서에서는 앞 구절이 훼손되어 불완전한 상태이기 때문에 첫 문장의 모호한 말씀에 대한 설명의 글이라 확신할 수가 없다. 따라서 뒤의 구절인 '沖氣以爲和(충기이위화)'를 더 의미 있게 살펴보아야 한다.

"만물은 음을 등지고 양을 껴안아서 기를 부드럽게 하는 것을 조화로 여긴다"라고 했다. 충기(沖氣)라 함은 음과 양의 상충된 기운이 서로 충돌하는 것이지만, 이와 함께 충돌하는 기운을 회전시켜 부드럽게 한다는 의미가 내포되어 있다. 4장에서 설명했듯이 '충(沖)'자는 비어 있다는 의미와 함께 정중동(動中靜)처럼 소용돌이를 통해 가운데는 조용함을 유지한다는 뜻도 가지고 있다. 그래서 중(中)이나 조화(和)와 같은 의미로 해석되기도 한다. 다시 말해 낮과 밤, 더위와 추위, 맑음과 흐림은 누군가에게 치명적일 수도 있지만 지금까지 생존해오고 있는 것은 이를 잘 조화시켜 왔기 때문이라는 것이다.

낮에만 행동하는 동식물이 있는 반면 밤에만 활동하는 동식물이 있고, 모두가 양지에서만 살아가는 것 같지만 음지에서 살아가는 생물도 있다. 이는 음과 양이 항상 만물과 함께 존재하고 있기 때문에 피해서 될 일이 아니다. 그대로 충돌하면 죽는 것이다. 이것은 물(物)이 주어진 환경에서 생존하려면 그만큼 함께하는 공간에서의 조화가 중요하다는 말씀이다.

人之所惡, 唯孤寡不穀, 而王公以爲稱. 故物或損之而益, 或益之而損.
사람들이 두려워하는 바는 오직 외롭고 의지할 곳이 없는데 길러 주지 않는 것이다. 그래서 왕공들은 그것을 호칭으로 삼았다. 예로부터 물은 혹 감소하면 더해 주고, 넘치면 덜어 내었다.

'人(인)'이 백서(갑)에는 '天下(천하)'로 되어 있어 개인이 아님을 말하고 있으며, '오직 유(唯)'자는 하상공본에 '생각할 유(惟)'로 되어 있다. '以爲稱(이위칭)'도 백서(갑)에는 '以自名也(이자명야)'로 되어 있으나 전하는 의미는 같다. 또한 백서에서는 '익(益)'자와 '손(損)'자의 어순이 통행본과는 다르게 되어 있다.

하상공은 "외롭고 모자라고 착하지 않다는 것은 상서로운 이름이 아니지만 왕공들은 이것으로 호칭을 삼으니 겸손과 낮춤에 머무르고 비움을 본받아 부드러움과 조화된다. 끌어당기면 얻지 못하나 밀어 사양하면 반드시 돌아온다. 무릇 더 높이 쌓으려는 자는 그 뜻이 무너지고 부유를 탐내는 자는 환난을 만난다"[53)]라고 설명했다.

왕필은 이와 다른 방향에서 "백성은 저마다 자신의 마음이 있고 나라마다 풍속을 달리하지만, 하나를 얻은 자가 왕후로서 주인이다. 하나로 으뜸을 삼으니 하나를 어찌 버릴 수 있겠는가. 많을수록 더욱 멀어지고 덜어 내면 가까워지니 덜어 냄이 다하는 경지에 이르러야 그 궁극을 얻는다. 이미 그것을 하나라고 말했는데도 오히려 셋에 이르게 되었는데, 하물며 근본이 하나가 아니면 도에 가까워지겠는가. 덜어 내면 더해진다는

53) 『하상공주』 "孤寡不轂者, 不祥之名, 而王公以為稱者, 處謙卑, 法空虛和柔. 引之不得, 推之必還. 夫增高者志崩, 貪富者致患."

것이 어찌 허언이겠는가"[54]라고 말했다. 또한 여길보(呂吉甫)는 뒷부분의 설명에서 "가득 참은 덜어 냄을 초래하고, 겸손함은 보탬을 수용한다"라고 했다. 글을 바라보는 시각이 다르니 설명에도 차이가 있다.

필자는 "사람들이 두려워하는 바는 오직 외롭고 의지할 곳이 없는데 길러 주지 않는 것이다. 그래서 왕공들은 그것을 호칭으로 삼았다"라고 풀이했다. 이 문장에서 '사람들'로 표현한 '人(인)'자는 백서(갑)에 '天下(천하)'로 되어 있다. 즉 세상 사람들을 말하는 것으로 보인다. '고과불곡(孤寡不穀)'의 '고(孤)'는 혼자라 외롭다는 말이며 '과(寡)'는 의지할 사람이 적다 즉 돌봐줄 지아비가 없어 어렵다는 말이다. 끝으로 '곡(穀)'이란 곡식(낟알)을 말하기도 하지만 또 다른 뜻도 있다. 은대의 갑골문에는 왕이 하늘에 점을 통해 동서남북의 지역과 중앙에 위치한 은나라 등 어느 지역에 풍년이 들 것인지를 물어보는 광경이 적혀 있다. 이처럼 고대 사회에서는 먹는 것을 해결하는 문제가 나라의 가장 큰 과업이었으며, 이는 군왕의 치적으로 여겨졌다. 이 때문에 '곡'자는 '기르다, 양육하다'라는 뜻으로 함께 쓰인다. 따라서 '불곡'이란 백성들을 굶주리게 한다는 뜻이다. 외롭고 의지할 곳이 없는 백성들을 길러 주는 것이 왕공들의 소임이기에 가까이 두고 다짐을 다하기 위해 그것들을 호칭으로 사용한다는 말이다.

그렇다면 앞 문장과 연결지어 볼 때 이 구절에서 말하고자 하는 바는 무엇인가. 앞에서 만물[物]은 충돌하는 기운들이 조절하여 조화를 유

54) 『왕필주』 "百姓有心, 異國殊風, 而得一者, 王侯主焉. 以一爲主, 一何可舍. 愈多愈遠, 損則近之. 損之至盡, 乃得其極. 旣謂之一, 猶乃至三, 況本不一, 而道可近乎. 損之而益, 豈虛言也."

지하며 살아간다고 했다. 그리고 사람은 오직 외롭고 의지할 곳이 없는데 길러 주지 않는 것이 두려운 것이라 했다. 사람들이 번성하여 세(勢)를 이루려면 이러한 두려움이 해소되어야 한다는 말이다. 즉 셋의 자리에 있는 왕공(王公)이 이를 해결해 주어야 한다는 말이다. 물론 덕으로 다스려야 할 것이다.

뒤이어 "옛날부터 물은 혹 감소하면 더해 주고, 넘치면 덜어 내었다"라고 했다. 만물이 살아가는 자연의 이치다. 어느 한편이 극에 달하면 처음으로 돌아가야 하는 것이니 곧 조화의 중요성을 말하는 것이다.

군왕의 도리를 밝히는 글이 조선왕조실록에 나온다. 순조 25년, 우의정 심상규가 쓴 장문의 상소문에는 "『주역(周易)』 '박괘(剝卦)'의 상(象)에 말하기를, '산(山)이 땅에 붙어 있는 것이 박(剝)이니, 위에서 아래를 후(厚)하게 해야 그 거처함이 편안하다'고 하였고, '익괘(益卦)'의 단(彖)에서는 말하기를, '익(益)은 위를 덜어 아래에 보태는 것이니, 백성들의 기뻐함이 끝이 없다'라고 했다. 주자(朱子)는 해석하기를 '산이 땅에 붙어 있는데, 오직 땅이 두텁기 때문에 산이 편안하게 붙어 있어 흔들리지 않는다. 인군(人君)도 아래를 두텁게 하여 백성의 마음을 얻으면 그 지위 역시 편안해서 흔들리지 않는다'라고 하였습니다. 위를 덜어서 아래에 보태는 것이 익(益)이며, 아래를 덜어서 위에 보태는 것을 손(損)이라 합니다. 나라의 근본이 후하면 나라가 편안하고 임금도 편안하기 때문에 익이 되는 것이며, 그렇지 않으면 이와 반대가 되는 것입니다"[55]라고 쓰여 있다.

55) <조선왕조실록> '순조실록' 27권, 순조 25년 11월 19일 임인 첫 번째 기사. 국사편찬위원회

이것이 천하의 백성들을 살아가게 하는 군주의 덕이다. 위에서 덜어 아래의 백성들에게 더해 주면 결국은 임금 또한 익(益)이 된다는 말이다. 생물들의 경우에는 이러한 역할을 하늘과 땅이 한다. 개체수나 성장의 속도를 스스로 조절하도록 만드는 것이다.

人之所敎, 我亦敎之. 强梁者不得其死, 吾將以爲敎父.
사람들이 가르쳐 온 바를 나 역시도 가르치고 있다. 기력이 세찬 것은 그것을 얻지 못하여 죽는다는 것을 나는 가르침의 아비로 여길 것이다.

첫 구절은 백서에서 훼손된 글자가 많아 온전하지 못하다. 다만 '人(인)'은 백서(갑)에서 '古人(고인)'으로 표현하고 있어 옛사람을 말한 것으로 보인다. 또한 '我亦敎之(아역교지)'도 '亦我而敎人(역아이교인)'으로 끊어 읽어야 함을 보여주고 있다. 마지막 구절에 '나 오(吾)'자도 '나 아(我)'자로, '가르칠 교(敎)'자는 '배울 학(學)'으로 되어 있다. 주겸지는 敎父(교부)는 곧 學父(학부)이니 지금의 사부(師傅)와 같다고 했다. 이 문장에서는 특별히 노자 자신을 나타내는 我(아)자를 사용하고 있다. 마지막 구절의 '吾(오)'자도 백서(갑)에서는 我(아)로 되어 있다. 그동안 필자는 '吾(오)'를 '그대들'이라고 번역했으나 본 문장에서는 백서의 표현대로 노자 자신을 말하는 것으로 보고 풀이했다.

하상공은 "뭇사람들이 가르치는 바는, 약함을 버리고 강함이 되고 부드러움을 버리고 단단함이 되라는 것이다. 나는 뭇사람들을 가르치며 강함을 버리고 약함이 되게 하고 단단함을 버리고 부드러움이 되게 하라고 말한다. 강량(强梁)한 자는 현묘한 이치를 믿지 못해 도와 덕을 배반하고 경(經)에서의 가르침을 따르지 않으며, 세를 숭상하고 힘에 의지하는 자를 일컫는 것이다. 제 명에 죽지 못한다는 것은 하늘에 의해 목숨이 끊어지고 칼날에 베어지며 왕법에 죽임을 당해 제 수명대로 살지 못하고 죽는다는 뜻이다. 보(父)는 시초[始]를 뜻한다. 노자는 강하고 난폭한[强梁] 사람을 가르침과 훈계의 시작으로 삼았다"[56]라고 강량(强梁)이라는 글자에 중심을 두어 문장을 이해하고 있다.

왕필은 "내가 억지로 사람들이 따르도록 하지 않는 것은 저절로 그렇게 됨을 운용했기 때문이다. 그 지극한 이치를 들고 있음이니, 따르면 반드시 길하고 어기면 반드시 흉할 것이다. 그러므로 사람들은 서로 거스르면 스스로 흉함을 취하게 된다고 가르친다. 나 역시 사람들에게 어기지 말라고 가르치는 것과 같다. 강하고 굳세기만 한 사람은 반드시 제 명에 죽지 못한다. 사람들이 서로 강하고 굳세게 되라고 가르치는 것은, 내가 사람들에게 강하고 굳세게 되는 것은 옳지 않다고 가르치는 것과 같다. 강하고 굳세게 하면 제 명에 죽지 못한다는 것을 들어서 가르치니 내 가르침을 따르는 것이 반드시 길하다고 말하는 것과 같다. 그러므로 가르침을 어기는 무리들을 가지고 가르침의 아비로 삼을 수 있다"[57]라고 설명을 달았다. 대체로 '강량'이라는 글자가 문장의 중심이 되고 있는 느낌이다.

56)『하상공주』"謂衆人所教, 去弱為強, 去柔為剛. 言我教衆人, 使去強為弱, 去剛為柔. 強梁者, 謂不信玄妙, 背叛道德, 不從經教, 尚勢任力也. 不得其死者, 為天命所絕, 兵刃所伐, 王法所殺, 不得以壽命死. 父, 使也. 老子以強梁之人為教, 誡之始也."

57)『왕필주』"我之非强使人從之也, 而用夫自然. 擧其至理, 順之必吉, 違之必凶. 故人相教, 違之自取其凶也. 亦如我之敎人, 勿違之也. 强梁則必不得其死. 人相敎爲强梁, 則必如我之敎人不當爲强梁也. 擧其强梁不得其死以敎邪, 若云順吾敎之必吉也. 故得其違敎之徒, 適可以爲敎父也."

먼저 "사람들이 가르쳐 온 바를 나 역시 가르치고 있다"라고 했다. 온전한 문장으로 볼 수는 없으나, 통행본에 따른 풀이이다. 물의 경우 (기세가) 감소하면 더해 주고 넘치면 덜어 내는 공생의 지혜를 보고 깨달았던 옛사람들의 가르침이 있었다는 것이다. 따라서 "기력이 세찬 것은 그것을 얻지 못하여 죽는다는 것을 나는 가르침의 아비로 여길 것이다"라고 했다. 이 구절에서 '강량(强梁)'이란 제멋대로 굴며 몹시 난폭하다는 뜻이다. 즉 기력이 왕성하나 그 세력을 조절하지 못한다는 의미다. 조화로움을 얻지 못하고 어느 한쪽의 극단에 이르고 있는 것과 같다. 이렇게 기력이 한쪽으로 세찬 것은 하나 됨(조화)을 얻지 못하면 죽음의 경계로 들어간다는 것이다. 만물도 그러할 것이며 나라의 왕공 또한 백성들을 다스림에 있어 조화를 유지하지 못한다면 그 나라의 운은 다할 것이다. 노자는 이러한 만물의 이치를 자신을 가르치는 아비로 여기겠다고 천명하고 있다.

첫 문장은 낳는다는 뜻의 '생(生)'자로 시작되었는데, 글의 마지막 문장에서 죽는다는 '사(死)'를 언급하고 있다. 이를 가볍게 생각할 수 없다. 앞부분에서 도가 만물을 생의 공간으로 이끌어 가는 모습을 묘사했다. 도는 이렇게 만물들이 이롭게 살아가도록 길을 열어가는 것인데, 백성을 다스리는 군왕이 이러한 생성의 이치를 모르고 자신의 의욕을 앞세워 백성을 돌본다면, 그들을 죽음으로 이끌어 가는 결과가 된다는 말씀이 아니겠는가.

여기까지가 42장에 대한 필자의 설명이다. 항상 반복되는 느낌이지만 노자의 글을 해석하고 나면 늘 부족하다는 생각을 떨쳐버릴 수가 없다. 더욱이 학식이 높은 선대의 학자와 다른 해석을 내 놓을 때는 더욱 그러하다. 앞으로 더 나은 해석이 나오길 기대한다. 鳳

제 43 장

지극히 부드러운 것은 지극히 견고한 곳에서도
말을 달리듯 다닐 수 있다.

天下之至柔 馳騁天下之至堅

천하지지유 치빙천하지지견

無有入無間 吾是以知無爲之有益

무유입무간 오시이지무위지유익

不言之敎 無爲之益 天下希及之

불언지교 무위지익 천하희급지

천하의 지극히 부드러운 것은 천하의 지극히 견고한 것에도 말을 달리듯 다닐 수 있다.

소유함이 없는 것은 틈이 없는 곳에도 들어간다. 그대들은 이 때문에 무위의 유익함이 있다는 것을 아는 것이다.

말하지 않는 가르침이다. 무위의 유익함은 천하에서 이만큼 영향을 미칠 만한 것을 찾아보기 어렵다.

[해설]

天下之至柔, 馳騁天下之至堅.
천하의 지극히 부드러운 것은 천하의 지극히 견고한 것에도 말을 달리듯 다닐 수 있다.

백서(갑을)에는 '馳騁(치빙)'의 다음에 '어조사 어(於)'가 적혀 있으나 의미에는 차이가 없다.

하상공은 "가장 부드러운 것은 물이고, 가장 견고한 것은 쇠와 돌이다. 물은 견고한 것을 뚫고 굳센 것에 들어갈 수 있어서 통하지 아니하는 것이 없다"[58]라고 예를 들어서 설명했다. 왕필도 "기(氣)는 들어가지 못하는 곳이 없고, 물(水)은 지나가지 못하는 곳이 없다"[59]라며 추가적인 설명을 보탰다. 소자유(蘇子由)는 "견고한 것으로 견고한 것을 부릴 경우, 부러지지 않으면 부서진다. 부드러움으로 견고함을 부린다면 부드러움 또한 쓰러지지 않고 견고함 역시 병이 되지 않는다. 이것을 사물에서 구한다면 물이 바로 그것이다"[60]라고 말한다. 『회남자』의 '원도훈편'에서는 "천하의 사물 중에서 물보다 유약한 것은 없다"라고 했다.

이처럼 "천하의 지극히 부드러운 것"은 대부분의 학자들이 주장하는 것처럼 물[水]로 보는 것이 자연스럽다. 그러나 천하의 지극히 견고한 곳에 말을 달리듯 마음대로 다닐 수 있으려면 상대방이 의식하지 못하는

58) 『하상공주』 "至柔者, 水也. 至堅者, 金石也. 水能貫堅入剛, 無所不通."
59) 『왕필주』 "氣無所不入, 水無所不出於經."
60) 소자유 "以堅御堅, 不折則碎. 以柔御堅, 柔亦不靡, 堅亦不病. 求之於物, 則水是也."

정도가 되어야 할 것이며, 상대편에 해가 되지 않아야 할 것이다. 이 구절은 아래에 나오는 '무위'의 특성을 설명하는 글이다. '馳騁(치빙)'이란 '말을 타고 달리는 것, 이곳저곳 바삐 돌아다닌다'는 의미도 가지고 있으나 하상공과 소자유의 해설처럼 '뚫고 들어가는 것' 또는 '말을 마음대로 다루어 부린다'는 뜻에서 '부리다[駕御]'로 번역하는 책도 많다.

無有入無間. 吾是以知無爲之有益.
소유함이 없는 것은 틈이 없는 곳에도 들어간다. 그대들은 이 때문에 무위의 유익함이 있다는 것을 아는 것이다.

백서와 하상공본에는 '無有入於無間(무유입어무간)'으로 '어조사 어(於)'가 추가되어 있으며, 백서에서는 뒤 구절의 끝이 '어조사 야(也)'로 마무리되어 있다. 내용에는 별다른 차이가 없다.

하상공은 "무와 유(無有)는 도를 일컫는 것이다. 도는 형태와 바탕이 없으니, 사이가 없는 곳에 나가고 들어갈 수 있어서 신과 통하고 여러 생명을 구제할 수 있다. 나는 도가 무위하고 만물이 스스로 변화되고 이루어짐을 보니, 이런 까닭에 무위가 사람들에게 유익함을 알 수가 있다"[61]라고 추가적인 설명을 붙여 이해를 구했다. 왕필은 "텅 비어 있고 유약한 것은 통하지 않는 곳이 없다. 무는 다할 수가 없으며, 지극히 부드러운 것은 꺾을 수가 없다. 이로 미루어 무위의 유익함을 알 수가 있다"[62]라고 무와 유약함의 특성을 이유로 들어 설명했다.

---

61)『하상공주』"無有謂道也. 道無形質, 故能出入無間, 通神明濟群生也. 吾見道無為而萬物自化成, 是以知無為之有益於人也."
62)『왕필주』"虛無柔弱, 無所不通. 無有不可窮, 至柔不可折. 以此推之, 故知無爲之有益也."

먼저 “소유함이 없는 것은 틈이 없는 곳에도 들어간다”라고 했다. 앞 문장에서 지극히 견고한 곳을 예로 들었다면 이번에는 갈라진 틈이 없는 곳, 즉 좀 더 접근하기 힘든 경우를 예시하고 있다. 이것은 닫혀 있는 물의 내면을 말하는 것으로 보인다. 이 구절에서 해석이 어려운 글자가 ‘無有(무유)’이다. 틈이 없는 곳을 드나드는 것이라면 어떠한 형체가 없어야 한다는 가정 하에 대체로 ‘유(有)’를 ‘형체(태)’로 번역하고 있다. 다만 ‘無有(무유)’라는 글자는 전체의 문장에서 보면 무위의 유익함이 되는 근거를 설명하는 위치에 있다는 점을 고려해야 한다. 따라서 有(유)는 가진 것이 있다는 ‘소유’의 뜻으로 유사(有事), 유욕(有欲), 유명(有名)을 가리키는 것으로 보아야 한다.

천하를 다스림에 있어 새로운 일을 만들거나 성취하고자 욕심을 부리며, 이름을 얻고자 하는 등의 의도를 가지지 않고 선이나 덕으로 스스로 교화되도록 한다면, 백성들의 마음이 아무리 굳게 닫혀 있다 하여도 그 응어리진 가슴에 다가서서 그들의 마음을 품을 수 있다는 말씀이다. 따라서 “그대들은 이 때문에 무위의 유익함이 있다는 것을 아는 것이다”라고 말한다. 즉 무위는 지극히 부드러운 것이며 소유함이 없다는 것이다.

不言之教, 無爲之益, 天下希及之.
말하지 않는 가르침이다. 무위의 유익함은 천하에서 이만큼 영향을 미칠 만한 것을 찾아보기 어렵다.

백서(갑)에서는 ‘天下希能及之矣(천하희능급지의)’로 ‘능할 능(能)’

과 '어조사 의(矣)'가 더 들어 있다.

하상공은 "도의 말하지 않음을 본받고 몸으로 이끈다. 도를 본받아 무위하니 몸을 다스리면 정(精)과 신(神)에 이익이 있고, 나라를 다스리면 만민에게 이익이 있어 수고롭거나 번거롭지 않다. 천하는 임금을 말한다. 무위함으로 몸을 다스리고 나라를 다스리는 도에 미칠 수 있는 자가 드물다"[63] 하여 무위의 다스림으로 풀이하고 있다.

마지막 문장은 해석에 이견이 적은 편이다. 말하지 않는다는 것은 명하지 않는다는 것이며, 강제하지 않아도 모두가 그 길로 따라온다는 말이다. 또한 무위는 닫힌 마음도 열 수 있을 정도로 그 힘을 헤아릴 수 없으며 이처럼 유익한 수단은 천하에서 찾아보기 힘들다고 말한다. 즉 무위는 천하에서 지극히 부드럽고 소유함이 없이 행하여진다는 말씀이다. 여러 차례 반복되는 면은 있으나 결국 이 글은 무위의 유익함을 알리기 위한 것으로 보인다. 鳳

---

63) 『하상공주』 "法道不言, 帥之以身. 法道無為, 治身則有益於精神, 治國則有益於萬民, 不勞煩也. 天下, 人主也. 希能有及道無為之治身治國也."

제 44 장

족함을 알고 있으면 욕되지 아니하고, 그쳐야 함을 알면
위태롭지 않는다.

名與身孰親 身與貨孰多 得與亡孰病

명여신숙친 신여화숙다 득여망숙병

是故甚愛必大費 多藏必厚亡

시고심애필대비 다장필후망

知足不辱 知止不殆 可以長久

지족불욕 지지불태 가이장구

이름과 몸, 어느 것이 가까운가? 몸과 재화, 어느 것이 많을까? 얻는 것과 잃는 것, 어느 것이 근심이 될까?

이러한 까닭으로 지나치게 애착을 하면 반드시 크게 비용을 지불하게 되고, 감추어 놓은 것이 많으면 반드시 후하게 잃어버리게 된다.

족함을 알고 있으면 욕되지 아니하고, 그쳐야 함을 알면 위태롭지가 아니하니, 이렇게 하는 것이 길고 오래 갈 수 있다.

[해설]

名與身孰親, 身與貨孰多, 得與亡孰病.

이름과 몸, 어느 것이 가까운가? 몸과 재화, 어느 것이 많을까? 얻는 것과 잃는 것, 어느 것이 근심이 될까?

대체로 판본의 기록이 일치한다. '없을 망(亡)'자가 일부 판본에서는 '잃을 실(失)'자로 되어 있기도 하다.

"명예가 이루어지면 몸은 반드시 물러나야 한다. 재물이 많으면 몸을 해치게 된다. 이익을 얻는 것을 좋아하면 행동에 근심이 생긴다."[64] 하상공의 풀이다. 둘을 동시에 얻을 수는 없다는 설명이다. 왕필은 "명예를 숭상하고 높음을 좋아하면 그 몸은 반드시 소원(疏遠)해진다. 재화를 거리낌 없이 탐하면 그 몸은 반드시 적어진다. 많은 이익을 얻으면 그 몸을 잃게 되는데, 어느 것이 근심이 되겠는가"[65]라고 했다. 왕필은 일신상의 영달을 추구하는 상명주의(尙名主義)와 재화를 탐하는 것은 몸을 망치는 것으로 풀이하고 있다. 대체로 탐욕을 경계하는 뜻이다. 많은 학자들의 해석도 이와 비슷하다.

노자께서 이름과 몸 중에서 어느 것이 더 친한지를 필자에게 묻는다면 쉽게 답하기 어려울 것 같다. 한 존재가 그 실존 자체인 몸[身]을 가지고 있음에도 그 존재와는 별개로 붙여지는 것이 이름[名]이다. 『도덕경』

64) 『하상공주』 "名遂則身退也. 財多則害身也. 好得利則病於行也."
65) 『왕필주』 "尙名好高, 其身必疏. 貪貨無厭, 其身必少. 得多利而亡其身, 何者爲病也."

의 글은 모든 이에게 가르침을 주지만, 대부분은 백성을 돌보는 위치에 있는 자에게 던지는 말씀이다. 몸[身]은 감각욕망의 주체로 묘사되기도 하지만 더 나아가 정신과 육체를 포괄하는 수양의 대상으로서 생의 전 영역을 나타내기도 한다. 이름 또한 공명(功名)과 허명(虛名) 사이에서 그 색깔을 달리한다. 이 장에서 노자는 이름[名]이나 몸[身]의 의미를 한정지어 말하지 않았다. 여기에서는 문장의 어순을 잘 살펴보면서 전하는 바를 찾아야 할 것 같다.

먼저 "이름[名]과 몸[身] 중에서 어느 것이 가까운가?"라고 쉽게 대답할 수 없는 질문을 던지고 있다. 이어서 다음 질문은 "몸[身]과 재화[貨] 어느 것이 많을까?" 하면서 '이름[名]'과 비교했던 '몸[身]'이 다음 문장의 첫 글자로 나온다. 일단은 '몸[身]'을 중심으로 문답을 하고 있음을 알 수 있다. 이 물음에서 판단의 기준은 첫 번째는 '가까운 것[親]'이고, 두 번째는 '많은 것[多]'이며, 마지막에 생각해 볼 것은 '근심[病]'이다.

근심은 마음에 병이 되는 것을 말하는 것 같다. 그럼 노자가 말하는 이름과 몸은 어떤 의미일까? 사람들에게 덕이나 선을 베풀어 명예나 공적 등을 얻음으로써 그를 기리는 이름이 있다면, 포악하고 무도하여 해악의 표상으로 고통과 원망을 남긴 이름도 있을 것이다. 몸도 마찬가지다. 자신을 뒤로 하고 사람을 돌보는 일에 희생을 아끼지 않는 몸이 있다면, 다른 만물의 삶에는 관심 없이 오롯이 자신의 몫만 챙기고, 자신의 입장만을 우선시하는 이기적인 몸도 있을 것이다. 이처럼 이름과 몸은 둘 다 양면성을 가지고 있으니 어찌 가까운 것을 쉽게 선택할 수 있겠는가. 다만 몸은 이름보다는 공간적으로 붙어 있으며, 더욱이 몸이 없다면 바람직한 이름을 얻을 수 있겠는가.

두 번째의 물음은 "몸[身]과 재화[貨] 중에서 어느 것이 많을까?"이다. 이 구절의 '다(多)'는 '중요하다[重]'로 보거나 '중시한다'로 해석하기도 한다. 그러나 이러한 뜻으로 보면 다음 문장에서 '多藏(다장)'을 설명하는 부분이 난감해진다. 따라서 '많다'라는 의미가 적절하다고 판단된다. 몸과 재화 중에서 수량이 많은 것을 물은 것이라면 당연히 몸은 하나밖에 없는 것이기에 답하기 쉬울 것이다. 그러나 더 깊은 뜻이 있을 것 같다. 이 구절에서는 몸과 재화를 대비했다. 재화는 한자로 재화(財貨)로 표기하는데, '재(財)'가 대체로 사람의 욕망을 충족시킬 수 있는 물건으로 표현한다면, '貨(화)'는 여러 가지로 바꿀 수 있는 가치를 지닌 것, 교환할 수 있는 물건이라고 말할 수 있다. 이렇게 구분해 보면 '재화[貨]'는 금은보화 등 욕망의 주체이기도 하지만 한편으로는 살아가는 데 필요한 재물이기도 하다. 따라서 재화는 욕망과 탐욕을 채우는 측면도 있지만 왕도를 실천하는 군왕의 입장에서는 많은 사람들을 구휼(救恤)하거나 그들의 생계를 지켜주는 방편이기도 하다. 이렇게 본다면 많다[多]는 것은 몸과 재화가 자신에게 주는 이로움[利]이 어느 것이 많으냐는 물음이다. 이 또한 쉽게 답변하기 어려운 질문이다.

마지막으로 "얻는 것과 잃는 것 중에서 어느 것이 근심이 될까?"라며 마음에 고통과 상처를 깊게 하는 것이 어느 것이냐고 묻고 있다. 비교

대상을 적시하지 않았으나 폭넓게 적용할 수 있을 것이다. 다만 문장 안에서 범위를 한정한다면 '이름과 몸' 중에서 각각을 선택했을 때의 경우일 것이다. 그리고 '몸과 재화' 중에 고르는 것과 동일한 질문이 된다. 이 역시 후회가 없는 선택을 위한 판단의 잣대인 셈이다. 다만 이 문장에서 판단하는 주체는 개인의 소시민적 입장이 아니라 치자(治者)의 입장에서 고민하라는 것으로 이해한다.

사람들은 어떠한 선택의 기로에 서게 되면 대개 자신에게 가장 해가 되는 것부터 제외하고 서서히 평온과 기쁨을 줄 수 있는 쪽으로 상향하면서 가장 안전한 방책을 강구한다. 목적은 같더라도 처한 상황이나 역량의 차이로 선택은 달라질 수 있다. 그러나 여기서는 영화로움을 구하는 것이 아니라 어떠한 것을 얻거나 잃었을 때 어떤 경우가 더 근심이 될 것인지를 묻고 있다. 범위를 확정하지는 않았지만 앞에서 나열한 이름과 몸 그리고 재화에 국한하여 살펴보는 것이 타당할 것 같다. 이들 세 가지는 각각 독립되어 있는 존재들이 아니라 몸을 중심으로 연결되어 있다. 이들은 서로 영향을 주고받는 형태이기에 하나만의 문제로 끝나지 않는 특성이 있다. 극과 극이 통하는 것이라면 과하지 않은 것, 가운데를 지키는 것이 가장 좋은 선택이 될 것이다. 이에 대한 답은 다음 문장에서 주고 있다.

是故甚愛必大費, 多藏必厚亡.

이러한 까닭으로 지나치게 애착을 하면 반드시 크게 비용을 지불하게 되고, 감추어 놓은 것이 많으면 반드시 후하게 잃어버리게 된다.

이 문장은 백서(갑을)에서는 대부분이 훼손되어 내용을 알 수 없으며 '是故(시고)'의 글자는 다른 판본에서는 보이지 않는다. '많을 다(多)'자와 '두터울 후(厚)'자는 죽간(갑)에서는 어순을 서로 달리 하고 있으나 전달하고자 하는 의미는 다르지 않아 보인다.

하상공은 "지나치게 색을 좋아하는 자는 정(精)과 신(神)을 소비하고, 지나치게 재화를 좋아하는 자는 재앙을 만난다. 좋아하는 것으로 인해 얻는 쾌락은 적고 망가지는 것은 많다. 그러므로 크게 소모한다고 말하는 것이다. 살아서는 창고에 많이 쌓아 두고, 죽어서는 묘지에 많이 쌓아 둔다. 살아서는 공(功)을 위협하는 바에 근심이 있고, 죽어서는 묘가 파헤쳐질 재앙이 있다"[66]라고 하였다. 왕필은 "심히 아끼면 다른 사물과 더불어 통하지 않고, 많이 간직하면 물이 흩어져 있지 아니하여 구하는 이가 많아지고 공격하는 이가 무리를 이루니, 물(物)이 근심하는 바가 된다. 그러므로 크게 대가를 지불하고 후하게 잃는 것이다"[67]라고 했다. 모두 과도한 욕심을 경계하여야 한다는 풀이이다.

첫 구절에서 "지나치게 애착을 하면 반드시 크게 비용을 지불하게 된다"라고 말한다. 이는 앞 문장에서 말한 이름이나 몸, 재화에 너무 애착을 가지면 반드시 큰 대가를 치르게 된다는 말이다. 일에는 순서가 있고 때가 있는 법이다. 어느 하나에 너무 집착하면 다른 것은 왜소해질 수밖에 없다. 자신을 돌보는 일에만 집착하고 있다면 백성들의 고단한 삶을 돌아볼 여지가 있겠는가? 이름이나 재화라는 것은 혼자서는 만들 수

---

66)『하상공주』"甚愛色, 費精神. 甚愛財, 遇禍患. 所愛者少, 所亡者多, 故言大費. 生多藏於府庫, 死多藏於丘墓. 生有攻劫之憂, 死有掘塚探柩之患."
67)『왕필주』"甚愛, 不與物通, 多藏, 不如物散. 求之者多, 攻之者衆, 爲物所病, 故大費, 厚亡也."

없기 때문이다.

세상은 하나로 연결되어 움직이는 것이기에 한쪽이 과하면 다른 한쪽은 약해지는 것이 이치이다. 이러한 도리라면 높은 자리에 있는 자가 순리를 어기면 아래에 있는 자가 어긴 것보다 그 피해의 반경은 상상할 수 없을 만큼 크다는 말씀이다.

이어서 "감추어 놓은 것이 많으면 반드시 후하게 잃어버리게 된다"라고 했다. 많은 책들이 이 구절의 '장(藏)'자를 재물을 쌓아 놓는다는 의미로 풀이하고 있다. 여기서 많이 가지고 있다고 하여 반드시 잃어버린다는 등식은 부적절하다. 떳떳하게 쌓아 올린 이름과 몸, 재화도 있기 때문이다. 아울러 설사 부정하게 이루었다고 해도 반드시 잃게 된다고 단정지을 수 없다. 따라서 필자는 감추어 놓은 것으로 번역하고 있다. 감춘다는 것은 재화를 포함해 의식까지 세상과 공유하지 않고 자신만의 것으로 여긴다는 뜻이다.

세상은 맞물려 공존하는 것이 순리임에도 어느 한쪽에서 자신들만의 경계를 지으려 하면 서로 간의 틈이 생겨 앞으로 나아가기 어렵다. 더욱이 드러내 놓지 않고 쌓아 놓고 있는 것이 많다는 것은 그만큼 떳떳하지 못하거나 필요 이상으로 가지고 있음이니 천하의 질서와는 동떨어져 살고 있음이다. 천하는 혼자만의 욕심대로 굴러가지 않는다. 도가 가고자 하는 길은 영구히 생존하는 길이다. 만물이 공존해 왔기에 자신도 지금까지 생존할 수 있었던 것이다. 잠시 풍족했어도 남들이 살아가기가 어렵다면 결국에는 모두가 큰 어려움을 겪게 된다는 것이 아닌가. 노자는 이러할 경우에는 후하게 잃는다고 했다. 후하게 잃는다는 것은 감추어 놓은 것 이상의 손실이 있다는 말이다. 재화는 물론 이름도 몸도 함께 잃게 된다는 말씀이다.

知足不辱, 知止不殆, 可以長久.
족함을 알고 있으면 욕되지 아니하고, 그쳐야 함을 알면 위태롭지가 아니하니, 이렇게 하는 것이 길고 오래 갈 수 있다.

죽간본과 백서(갑)에서는 이 문장의 첫 글자로 '옛 고(故)'자를 쓴 것 이외에는 다름이 없다.

하상공은 "만족할 줄 아는 사람은 이익을 끊고 욕심을 버리니, 몸이 욕됨을 당하지 않는다. 멈출 줄 알면 재물과 이익이 몸과 마음에 누가 되지 않고, 소리와 색이 눈과 귀를 어지럽히지 않는다. 즉 몸이 위태롭지 않게 되는 것이다. 사람이 만족할 줄 알면 자기에게 복록이 있게 된다. 이로 몸을 다스리는 자는 신이 수고롭지 않고 국가를 다스리는 자는 백성이 편하게 된다. 그러므로 길이 오래 갈 수 있는 것이다"[68]라고 풀이했다. 왕필은 마지막 문장과 관련하여서는 별다른 설명이 없다. 앞서 충분히 설명했다고 여긴 듯하다.

마지막 문장이다. 족함을 알고 그침을 알아야 한다고 이야기하면 누구나 거부감이 없이 받아들일 수 있다. 다만 어느 정도가 족함이고 어디

68) 『하상공주』 "知足之人, 絕利去欲, 不辱於身. 知可止, 則財利不累於身, 聲色不亂於耳目, 則身不危殆也. 人能知止足, 則福祿在己, 治身者, 神不勞, 治國者民不擾, 故能長久."

쯤에서 그쳐야 하는지는 쉽게 판단하기 어려울 것이다. 더군다나 장구하게 이어나갈 정도라면 평범한 속인들로서는 쉽게 넘볼 경지는 아니다. 나라를 다스리는 자리는 자신의 몸을 편안하게 둘 수 없는 자리이다. 온갖 유혹에 쉽게 빠져들 수 있으나 구차할 정도가 아니라면 천하의 만물이 즐겁고 평화스럽게 사는 모습을 지켜보는 것으로 지족함을 채우는 것이 천자(天子)로서의 자세가 아니겠는가. 鳳

제 45 장

조급한 것은 추위를 이기나 고요한 것은 더위를 이긴다.

大成若缺 其用不弊

대성약결 기용불폐

大盈若沖 其用不窮

대영약충 기용불궁

大直若屈 大巧若拙 大辯若訥

대직약굴 대교약졸 대변약눌

躁勝寒 靜勝熱 淸靜以為天下正

조승한 정승열 청정이위천하정

크게 이루어진 것은 이지러져 있는 것 같으나 그 쓰임에는 폐해가 되지 않는다.
크게 채워진 것은 비어 있는 것 같으나 그 쓰임에는 궁하지 않다.
크게 곧으면 굽어 있는 것 같고, 크게 공교하면 서투른 것 같으며, 크게 조리가 있으면 어눌한 것 같다.
조급한 것은 추위를 이기나 고요한 것은 더위를 이기니, 맑고 고요함을 천하의 바름으로 여긴다.

[해설]

大成若缺, 其用不弊. 大盈若沖, 其用不窮.
크게 이루어진 것은 이지러져 있는 것 같으나 그 쓰임에는 폐해가 되지 않는다.
크게 채워진 것은 비어 있는 것 같으나 그 쓰임에는 궁하지 않다.

'폐단 폐(弊)'와 '빌 충(沖)'자가 죽간(을)과 백서(갑)에서는 '해질 폐(敝)'와 '빌 충(盅)'자로 되어 있다. 그러나 두 글자의 뜻하는 의미가 같아 의미 전달에는 다르지 않다.

하상공은 "도와 덕을 크게 이룬 군주를 가리킨다. 약결(若缺)이라는 것은 이름을 숨기고 명예를 감추어 훼손되고 결여되어 온전히 갖추어지지 않는 것과 같다. 그 마음을 쓰는 것이 이와 같으면 해지거나 소진되는 때가 없다. 도와 덕이 가득 차 있는 군주를 가리킨다. 약충(若沖)이라는 것은 귀하지만 감히 교만하지 않으며 부유해도 감히 사치하지 않는다는 뜻이다. 그 마음 씀이 이와 같다면 궁하거나 다하는 때가 없다"[69]라고 해서 도와 덕을 갖춘 군주의 자세로 설명하고 있다.

왕필은 "사물을 따라서 이루는데 한결같은 형상만을 이룬 것이 아니기 때문에 이지러진 것 같다고 한 것이다. 크게 채워져 충족된다는 것은 사물에 따라서 주지만 아끼거나 자랑함이 없으므로 비어 있는 것 같다고 했다"[70]라고 설명하고 있다. 소자유는 "천하는 결핍되지 않은 것으로 이루어지나, 이루고 나면 반드시 못쓰게 되는 것이 있게 된다. 비

69) 『하상공주』 "謂道德大成之君也. 若缺者, 滅名藏譽, 如毁缺不備也. 其用心如是, 則無敝盡時也. 謂道德大盈滿之君也. 若沖者, 貴不敢驕也, 富不敢奢也. 其用心如是, 則無窮盡時也."
70) 『왕필주』 "隨物而成, 不爲一象, 故若缺也. 大盈充足, 隨物而與, 無所愛矜, 故若沖也."

어 있지 않은 것으로 채워져 있으나, 채우게 되면 반드시 다함이 있다. 성인은 크게 이룸에서 구하기 때문에 그 결핍됨을 가엾게 여기지 않으며, 크게 채우는 것에 목적을 두기 때문에 채우는 것을 싫어하지 않는다. 이러한 까닭에 이루면서도 못쓰는 것이 없고 채우면서도 다함이 없다"[71]라고 했다. 성인은 크게 이루고 크게 채우는 것에 목적이 있다고 말하는 것이다.

이번 장도 각 구절의 내용과 문장이 전체 줄거리와 일치하지 못하는 해석이 많다. 먼저 '大成(대성)'과 '大盈(대영)' 등 이 장에서는 '클 대(大)'자가 자주 보인다. 25장에서 "네 가지 큰 존재가 있으니 '道·天·地·王'이다"라고 했듯이 이 글은 천하를 대상으로 하고 있다. 이를 근거하여 한 구절씩 살펴보자.

"크게 이루어진 것은 이지러져 있는 것 같으나 그 쓰임에는 폐해가 되지 않는다"라고 서두를 꺼냈다. 크게 이루어져 있다는 것은 무슨 뜻인가. 넓은 지역을 지배하는 큰 나라가 세워졌다고 가정해 보자. 그 나라 안에는 선한 자와 불선한 자, 부유한 자와 가난한 자, 배운 자와 못 배운 자, 힘센 자와 유약한 자 등 이루 헤아릴 수 없는 종류의 사람들이 함께 모여 있을 것이다. 따라서 하나하나 따지고 보면 쓸모가 있어 보이는 것과 불필요한 것들이 혼재되어 있기에, 통일된 가치나 이상을 추구하는 군주의 입장에서 보면 정연한 질서가 없이 이지러진 모습으로 비쳐지는 것은 당연하다. 그러나 이것은 쓰임에 폐해가 되지 않는다고 말하고 있다. 사람이 불선하거나 힘이 없고 배운 것이 없다고 해서 아무런 효용이 없는 게 아

71) 소자유(蘇子由) "天下以不缺爲成, 故成必有敝. 以不虛爲盈, 故盈必有窮. 聖人要于大成, 而不卹其缺, 期于大盈, 而不惡其盈. 是以成而不敝, 盈而不窮也."

니다. 모두 나름의 역할이 있기 때문이다. 과거를 불문하고 지금 보탬이 되지 않는다 해서 제외하려 든다면 사회라는 공동체가 형성될 수 있겠는가. 이 문장에서 '결(缺)'자는 '이지러지다'라는 뜻으로 상현달에서 보름달 크기로 변해 갈 때 한쪽이 차지 않는 모양을 말하는 것이다. 즉 완전하게 느껴지지 않는다는 의미다.

이어서 "크게 채워진 것은 비어 있는 것 같으나 그 쓰임에는 궁하지 않다"라고 했다. 이 말씀은 이미 4장의 "도는 조화로 비어 있으니 사용해도 다 채우지 못한다"라는 문장에서 설명한 바 있다. '빌 충(沖)'자는 조화(和)와 같은 뜻으로 해석할 수 있다. 크게 채워져 있다는 말은 한 곳에 가득 차 있다는 것이 아니라 천하의 여기저기에 널려 있다는 말이다. 전체로 보면 가지고 있는 것이 넘치지도 않지만 부족하지도 않다는 것이다. 호가호위하며 재화를 넘치게 쌓아 놓는 사람들이 없도록 해서 모두가 나누어 쓸 수 있다면, 다소 적더라도 궁하게는 되지 않는다는 말이다. 남는 것을 덜어서 부족한 것에 보태는 것이다.

> 大直若屈, 大巧若拙, 大辯若訥.
> 크게 곧으면 굽어 있는 것 같고, 크게 공교하면 서투른 것 같으며, 크게 조리가 있으면 어눌한 것 같다.

이 문장은 판본별로 어순과 글자가 다르다. '若(약)'과 '屈(굴)', 그리고 '辯(변)'과 '訥(눌)'자가 백서(갑)에서는 '같을 여(如)'와 '굽

힐 굽(詘)' 그리고 '이익이 남을 영(贏)'과 '살찔 눌(肭)'자로 되어 있다. 큰 틀에서의 문맥으로 보면 전하려는 의미는 같다고 보여진다.

하상공은 "크게 곧다는 것은, 도를 닦고 도수를 따라서 한결같이 바르고 곧은 사람을 가리킨다. 마치 굽은 것 같다는 것은 세상 사람들의 다툼에 관여하지 아니하기에 굽히고 꺾일 수 있다는 것이다. 큰 재주란 재주와 기술이 많은 것을 가리킨다. 마치 서툰 듯하다는 것 또한 감히 그 능함을 볼 줄 모른다는 말이다. 크게 말을 잘한다는 것은, 그 지혜에 의심스러움이 없다는 뜻이다. 마치 어눌한 것 같다는 것은, 입에서 회피함이 없다는 뜻이다"[72]라고 해서 도를 닦은 자의 모습으로 풀이하고 있다.

왕필은 이와 조금 달리 "사물에 따라 곧으나, 곧음이 한결같지 않으므로 굽은 것 같다. 뛰어난 솜씨는 저절로 그러함에 따라 그릇을 만드는데, 특이한 것을 만들지 않는다. 그래서 서툰 것 같다. 크게 말을 잘함은 사물에 따라 말하므로 자기가 지어낸 것이 없다. 그래서 어눌한 것 같다"[73]라고 풀었다. 또한 소자유는 "곧기만 하고 굽히지 아니하면 그 곧음은 반드시 꺾이게 된다. 이치를 따라가니 비록 굽을지라도 곧은 것이다. 말을 잘하면서 어눌하지 아니하면, 그 말 잘함은 반드시 궁해진다. 이치에 연유하여 말하면 비록 어눌하지만 말을 잘하는 것이다"라고 설명한다.

한 구절씩 살펴보자. "크게 곧으면 굽어 있는 것 같다"라고 말했다. 천하가 한 방향으로 곧게 나아간다는 뜻이다. 예를 들어 멀리서 큰 산을

72) 『하상공주』 "大直, 謂修道法度正直如一也. 若屈者, 不與俗人爭, 如可屈折也. 大巧, 謂多才術也. 若拙者, 亦不敢見其能. 大辯者, 智無疑. 若訥者, 口無辟."
73) 『왕필주』 "隨物而直, 直不在一, 故若屈也. 大巧因自然以成器, 不造爲異端, 故若拙也. 大辯因物而言, 己無所造, 故若訥也."

바라보면 나무들이 하늘을 향해 일목요연하게 곧게 솟아 자라는 것을 볼 수 있다. 그러나 산길로 접어들면 곧게 자라는 것보다는 여기저기로 가지를 뻗어가며 자유스럽게 자라는 나무가 훨씬 많음을 볼 수 있다. 그렇지만 햇빛을 향해 자라는 방향은 다르지 않다.

이어서 "크게 공교하면 서투른 것 같다"고 했다. 이 구절 또한 글자만 다를 뿐 뜻하는 바는 같다. 크게 솜씨가 좋다는 것은 정교하다는 말이 아니라 모두가 흡족해 하는 솜씨라는 것이다. 한 나라의 백성들이 불편 없이 모두 이용하도록 만들었다면 더없이 훌륭한 솜씨라 부를 수 있다. 물론 모두의 쓰임과 편의를 도모하였기에 각자에게는 조금씩 부족한 면이 있을 것이다. 이와는 달리 아름답고 정교하고 화려하더라도 천하의 백성들이 쓰고 가까이하는 데 불편하다면 그 솜씨 앞에 '대(大)'자를 붙일 수는 없는 것이다.

마지막으로 "크게 조리가 있으면 어눌한 것 같다"라고 했다. 전체를 위해 대의를 좇다 보면 최선책이 아니라 차선책이나 차하일 수 있으며, 어떤 이들에게는 도움이 없을 수도 있다. 어느 한쪽을 딱 부러지게 보여주지 못하기 때문에 조리가 있어 보이지 않을 것이다. 당장 눈에 보이지는 않으나 멀리 보고 모두 함께 그 길을 가고자 하는 것이 도의 정치이다. 이러하기에 도의 정치는 질박하다는 것이며 족함을 소중하게 여기는 것이다.

躁勝寒, 靜勝熱, 淸靜以為天下正.

조급한 것은 추위를 이기나 고요한 것은 더위를 이기니, 맑고 고요함을 천하의 바름으로 여긴다.

마지막 문장에서도 판본별로 사용된 글자가 다르나 전하고자 하는 의미는 같다고 본다.
죽간(을)에서는 '燥勝滄(조승창) 清勝熱(청승열) 清靜爲天下正(청정위천하정)'으로, 백서(갑)에서는 '趮勝寒(조승한) 靜勝熱(정승열) 淸靜可以爲天下正(청정가이위천하정)'이다.

하상공은 "승(勝)은, 극(極)이다. 봄과 여름에는 양기가 위에서 조급하고 빠르게 움직이고 만물이 무성하다. 극에 이르면 추워지게 되고 추워지면 초목의 잎이 말라서 떨어지고 흩어진다. 사람은 강하거나 조급해서는 안 된다는 말이다. 가을과 겨울에 만물은 황천 아래에서 고요하지만, 극에 이르면 따뜻해진다. 더운 것은 생의 원천이다. 맑을 수 있고 고요할 수 있으면 천하의 우두머리가 되고, 몸의 바름을 유지하면 끝나는 때가 없다"[74]라며 역의 오행을 비유해서 설명했다. 한(寒)은 생명이 물러나는 곳이고, 열(熱)은 생의 원천으로 비유한 것으로 보았다. 이 구절에 대해 왕필은 "활발하게 움직인 뒤에야 추위를 이기고, 고요히 무위함으로써 더위를 이긴다. 이로 추측하건대 청정은 천하의 바름이 된다. 고요함은 물(物)의 참됨을 온전하게 하고, 조급함은 물(物)의 성질을 해친다. 그러므로 오직 청정이 위에서 말한 것과 같이 여러 큰 것들을 얻을 수 있다"[75]라고 설명한다.

74) 『하상공주』 "勝, 極也. 春夏陽氣躁疾於上, 萬物盛大, 極則寒, 寒則零落死亡也. 言人不當剛躁也. 秋冬萬物靜於黃泉之下, 極則熱, 熱者生之源. 能清靜則為天下之長, 持身正則無終已時也."
75) 『왕필주』 "躁罷然後勝寒, 靜無爲以勝熱. 以此推之, 則淸靜爲天下正也. 靜則全物之眞, 躁則犯物之性, 故惟淸靜, 乃得如上諸大也."

본 문장의 경우 '성급할 조(躁)'의 의미부터 살펴보자. 백서(갑을)에서는 '조급할 조(趮)'로 쓰여 있다. 둘 다 '조급하다'는 의미가 있다. 조(躁)는 새가 무리를 지어 지저귀는 '울 소(喿)'자에 '발 족(足)'자가 붙어 있다. 여기저기 부산스럽고 번잡하게 다니는 모습으로 번잡하다, 조급하다는 뜻을 가지고 있다. '조(躁)'자는 26장에서 만승의 주인이 천하를 다스림에 있어 "고요한 것은 조급한 것의 주인이 된다"라고 '조급하다'는 의미로 사용된 바가 있다. 이 글에서는 백성들이 추위와 배고픔을 이겨내기 위해 부산하게 움직이면서 살아가는 모습을 표현한 글자로 보인다.

따라서 백성들의 조급한 성향은 추위를 이겨내는 힘이 있다고 말한 것이다. 군주가 조급하게 행동하는 것과는 다른 결과를 가져온다. 다만, 백성들의 조급함은 그들의 생존과 직결되어 있으나 두터운 삶을 영위하고자 하는 사람들의 속성은 지족하는 선에서 머물지 않는다는 데에 문제가 있다. 미래에도 평온한 삶을 이어가고자 하는 인간의 욕구가 자기의 몫은 좀 더 많이 더 안전하게 확보하려는 경쟁을 만들어 낸다.

이어서 고요한 것이 더위를 이겨낸다고 했다. 앞 문장에서와 같이 백성들의 삶의 조급함은 부작용으로 더위라고 표현한 과열이 생겨난다. 조급함은 무위가 아닌 유위한 것이어서 과도한 경쟁과 욕심을 불러오고, 이는 다툼과 원망으로 나타날 것이다. 따라서 여기에서 발생하는 과열은 고요함이 이긴다고 한 것이며, 이것은 군주의 몫으로 백성들의 다툼과 원망을 고요함으로 치유하라는 말씀이다. 고요함은 조화를 이끌어 내기 위한 무위의 정치이며 도의 길이다. 그대들이 보기에는 이지러져 보이고 비어 있어 보이고, 굽어 있어 보이고, 서툴고 어눌해 보이지만, 이것이 바로 맑고 고요한 정치라는 것이다.

맑다는 것은 가려 있지 않음이다. 미래의 불확실성이 사라진 투명한 상태라 앞으로 나아가는 것에 두려움이 없다. 노자는 이와 같이 맑고 고요하게 다스리면 천하를 바름으로 이끌어 갈 수 있다고 강조하고 있다. 鳳

제 46 장

충분하다는 것을 알면 항상 만족할 수 있다.

天下有道 却走馬以糞

천하유도 각주마이분

天下無道 戎馬生於郊

천하무도 융마생어교

罪莫大於可欲 禍莫大於不知足 咎莫大於欲得

죄막대어가욕 화막대어부지족 구막대어욕득

故知足之足常足矣

고지족지족 상족의

천하에 도가 있으면 달리는 말을 농사짓는 곳으로 물러나게 한다.
천하에 도가 없으면 군마들은 들판에서 살아간다.
죄는 바랄 만하다고 여기는 것보다 더 큰 것이 없고, 재앙은 족함을 알지 못하는 것보다 더 큰 것이 없으며, 허물은 얻고자 바라는 것보다 더 비통한 것이 없다.
그러므로 충분하다는 것을 알면 항상 만족할 수 있는 것이다.

[해설]

天下有道, 却走馬以糞. 天下無道, 戎馬生於郊.
천하에 도가 있으면 달리는 말을 농사짓는 곳으로 물러나게 한다. 천하에 도가 없으면 군마들은 들판에서 살아간다.

'물리칠 각(却)'자는 다른 판본들에서 본자(本字)인 '물리칠 각(卻)'으로, '天下無道(천하무도)'는 백서(을)에서는 '天下'라는 글자 없이 '無道'로만 쓰여 있다.

이 문장의 설명으로 하상공은 "임금에게 도가 있음을 일컫는 것이다. 糞(분)은 논밭을 기름지게 한다는 뜻이다. 나라를 다스리는 사람은 군대와 무기를 사용하지 않고, 잘 달리는 말 즉 천리마를 되돌려 농사짓는 밭을 갈게 한다. 몸을 다스리는 사람은 사람의 양의 정기를 되돌려 몸을 기름지게 한다. 임금에게 도가 없음을 일컫는 것이다. 전쟁이 그치지 않아 군마가 접경지역에서 새끼를 낳고 오랫동안 돌아오지 못함을 말한다"[76] 라고 적고 있다. 왕필도 "천하에 도가 있으면 만족함을 알고 그칠 줄을 알며, 밖에서 찾음이 없고 그 내면을 닦는다. 그러므로 달리는 말을 되돌려 밭에 거름을 주는 데 쓴다. 탐욕은 진정하는 것이 없으면 그 내면에서 닦지 않고 밖에서 구한다. 그러므로 군마가 야외에서 사는 것이다"[77]라고 했다. 도가 없으면 전쟁에 휘말리게 되는 것이라는 말이다.

---

76) 『하상공주』 "謂人主有道也. 卻走馬以糞, 糞者, 糞田也. (治國者), 兵甲不用, 卻走馬以治農田也. 治身者, 卻陽精以糞其身."
77) 『왕필주』 "天下有道, 知足知止, 無求於外, 各修其內而已. 故卻走馬以治田糞也. 貪欲無厭, 不修其內, 各求於外, 故戎馬生於郊也."

먼저 “천하에 도가 있으면 달리는 말을 농사짓는 곳으로 물러나게 한다”라고 말했다. 이 문장에서 쓰인 ‘却(각)’자는 물러나다[退]의 의미인데, 그냥 물러나는 것이 아니라 무릎을 꿇고 삼가 물러난다 즉 순리대로 물러난다는 뜻이다. ‘똥 분(糞)’은 본래 우마(牛馬) 등 가축의 배설물 또는 사람의 대소변을 가리키는 말이다. 분은 논밭을 기름지게 해 주는 주요 시비 재료다. 부혁본에 ‘뿌릴 파(播)’로 되어 있는 것을 감안하면, 농사를 짓는 것과 관련이 있음을 알 수 있다.

‘走馬(주마)’는 문장의 뒤에 전차를 끄는 말인 ‘융마(戎馬)’가 등장하는 것을 보면, 원래 평범한 말이었으나 지금은 전장에서 달리고 있음을 말하는 것으로 추측할 수 있다. 천하에 도가 있으면 모두가 제자리에서 본분을 다하는 세상이기에 전쟁터에 동원된 말이라면 다시 백성들의 삶의 터전으로 물러나게 될 것이라고 말하고 있다. 이와 달리 천하에 도가 없으면 군마들이 들판에서 살아간다고 했다. ‘들 교(郊)’는 들이나 야외, 성 밖을 말하는 것으로 말들이 농사짓는 일을 떠나 전쟁에 동원되었음을 말하고 있다.

처음 문장에서부터 사람들끼리의 다툼을 연상시키는 이유는 무엇일까. 이 장에는 인간들이 지족함을 넘어서 과도한 욕심을 가지게 되면 천하에 도가 사라지고 이로 인해 죄와 재앙을 불러들이며, 큰 허물을 남기게 된다는 가르침이 담겨 있다.

罪莫大於可欲, 禍莫大於不知足, 咎莫大於欲得.

죄는 바랄 만하다고 여기는 것보다 더 큰 것이 없고, 재앙은 족함을 알지 못하는 것보다 더 큰 것이 없으며, 허물은 얻고자 바라는 것보다 더 비통한 것이 없다.

이 문장은 판본에 따라 문장의 구조나 어순 등이 좀 다르나, 전달하고자 하는 의미는 크게 다르지 않다. 그러나 왕필본의 경우 첫 구절이 생략되어 있는 점이 특이하다. 마지막으로 허물을 지적하는 구의 '대(大)'자를 죽간(갑)에서는 '다 첨(僉)'자를 쓰고 있으며 백서(갑)에서는 '비통할 참(憯)'으로 쓰여 있다.

하상공은 "음란한 여색을 좋아하는 것이다. 부귀는 스스로 금하거나 멈출 수 없다. 욕심을 채우는 사람은 이익만 좇고 탐욕스럽다"[78]라고 하여 죄와 재앙 그리고 허물을 구분하여 설명했다. 육희성(陸希聲)은 "마음은 욕심낼 만한 것을 보게 되면 이치가 아닌데도 구하게 되므로 죄가 막대해진다. 구함에 그침이 없다면 반드시 남에게 해를 끼치게 되어 화가 막대해진다 얻을 수 없는 것을 바라면, 그 마음은 점점 더 성하게 되어 허물이 막대해진다"[79]라고 했다. 마음대로 구하면 죄가 되고, 구함에 절제가 없으면 남에게 해가 되며, 얻을 수 없는 것을 구하고자 하면 허물이 막대해진다고 풀이했다.

필자는 이 문장을 무도한 세상에 다툼이 그치지 않는 이유를 설명한 것으로 이해한다. 첫 구절부터 살펴보자. "죄는 바랄 만하다고 여기는 것보다 더 큰 것이 없다"라고 풀이했다. 이 구절에 쓰인 '크다[大]'는 죽간

78)『하상공주』"好淫色也. 富貴不能自禁止也. 欲得人物, 利且貪也."
79) 육희성 "心見可欲, 非理而求, 故罪莫大焉. 求而不已, 必害於人, 故禍幕大焉. 欲以不得 其心愈熾, 故咎莫大焉."

(갑)에서는 '두터울 후(厚)'로 쓰여 있다. 죄는 자기가 바라는 것이 옳다고 느껴 그 정도가 심해질수록 더 커진다는 것이다.

우리는 과거의 역사 속에서 수많은 인물들이 자신이 믿는 것이 정의롭다고 여겨 굳은 신념을 가지고 그 뜻을 쟁취하려 드는 모습들을 보아왔다. 이들은 그 신념을 공고히 하여 추진하는 과정에서의 희생은 불가피한 것이며 또한 고결한 죽음으로 미화하여 이를 정당화한다. 모든 것이 정의라는 이름으로 합리화되어 간다. 고대 중국에서 패도정치로 나라를 세우는 거병의 명분을 보면 그 나라의 군왕이 덕을 잃어 하늘이 천명을 거두었으니 불의를 제거하여 의를 세워야 한다면서 자신이 일으킨 전쟁이 의로운 선택이었음을 내세운다. 도탄에 빠진 백성들을 구원하는 방법에도 도리가 있건만, 그들은 무력으로 해결하는 것이 바람직한 것이라 믿어 결국에는 수많은 백성들의 목숨과 고통을 가져온다. 노자는 이것이 큰 죄를 짓는 것이라고 말하는 것이다.

학자들은 이 구절의 가욕(可欲)을 '욕심·욕망·과욕' 등으로 번역하고 있다. 그러나 노자는 다음 구절에서 화(禍)를 언급하며 지족(知足)하지 못한 결과임을 지적한다. 따라서 원인이 중복되는 어색함이 있다. 이에 필자는 이 문장을 '자신이 바라는 바가 옳다고 여기는 마음'으로 보는 것이다.

이어서 "재앙은 족함을 알지 못하는 것보다 더 큰 것이 없다"라고 했다. 재앙은 화를 불러들이는 것이다. 만족을 느끼지 못한다는 것은 채워지지 않는 욕망을 끝없이 탐하는 것으로, 남을 해하고 자신에게도 화가 될 것이다. 한 나라를 다스리는 것에 만족하지 못하고 천하의 패자가 되고자 한다면, 평화롭게 살고 있는 주변국들을 전쟁의 소용돌이에 집어넣는 행동이 될 것이다. 그의 과욕으로 죄 없는 백성들이 치러야 할 희생은 이루 헤아릴 수가 없다.

마지막 구절은 "허물은 얻고자 바라는 것보다 더 비통한 것이 없다"라고 말한다. 아무리 고귀하고 숭고한 것이라 해도 순리대로 얻지 않고 욕심을 부려 얻었다면, 그 치욕스럽고 부끄러움은 얻은 것보다 훨씬 크다는 말씀이다. 예를 들어 군주가 성인의 반열에 들기 위해 인위적인 방법으로 공을 세우고 덕을 베풀어 권위와 이름을 높이려 든다면, 도리어 자신에게 허물이 된다는 말이다. 가진 것이 많아지면 이것들이 오히려 자기를 구속하게 되는 것처럼, 스스로 이루지 않고 피동적으로 따라주어야만 그 목적을 완수할 수 있도록 만들었다면 매사에 군주의 수고로움은 멈출 수가 없을 것이다. 만약에 군주가 치적을 쌓았다 해서 그 수고로움을 멀리하게 된다면, 그 순간부터 과거보다 더 나빠질 것은 불을 보듯 뻔하다.

이 구절의 경우 다른 구절과 달리 백서(갑)에서는 '大(대)'자의 위치에 '비통할 참(憯)'이 쓰여 있다. 이는 노자가 44장에서 "지나치게 애착을 하면 반드시 크게 비용을 지불하게 되고, 감추어 놓은 것이 많으면 반드시 후하게 잃어버리게 된다"라고 말하였듯이, 얻고자 바라는 욕심은 결국에는 얻는 것보다 더 많게 잃게 된다는 뜻을 전하려는 것 같다. 앞서 9장에서도 허물에 대한 글이 있었다. "가지고 있으면서 가득 채우려는 것은 그만두는 편이 낫다. 헤아리면서 날카로우면 길게 보존할 수 없다. 집 안에 금과 옥이 가득 차면 지킬 수 없고, 부귀하면서도 교만하면 스스로 허물을 남기게 된다. 공을 완수하면 몸은 물러나는 것이 하늘의 도이다"라고 했다. 매사에 지족함을 알고 이를 지킬 수 있는 자세를 당부하고 있다.

故知足之足 常足矣.
그러므로 충분하다는 것을 알면 항상 만족할 수 있는 것이다.

판본별로 차이는 없다.

마지막 문장이다. 이 글은 본장의 결론으로, 전체를 정리하는 글이 될 것이다. '족지족(足之足)'이라는 말을 직역하면 '족함의 족함'이다. 족한 것에 만족한다는 뜻이다. 바꾸어 말해 충분하다고 여긴다는 말이다. 따라서 이 문장을 "충분하다는 것을 알면 항상 만족할 수 있는 것이다"라고 풀이했다. 하상공은 "참된 근본을 지키는 것이다. 욕심이 없음을 가리킨다"[80]라고 했다. 참된 근본을 지키는 것이 무욕에 있다는 말이다.

이 문장에서 지족(知足)은 도가 행해지는 나라의 덕목이다. 만물은 자기가 얻고자 하는 것을 언제든지 구할 수 있다고 여기면 과도한 욕심을 내지 않는다. 귀하게 여기지 않으면 평범한 것일 뿐이다. 이와는 반대로 도가 없는 천하에서는 바라는 것을 정당화하고, 바라는 대로 무한히 얻

80)『하상공주』"守真根也. 無欲心也."

으려 하며, 바라는 것을 얻는 데에 주저함이 없다. 그런데 이러한 세상은 결코 만족을 얻을 수가 없어 바라는 마음을 그칠 수가 없다는 말씀이다. 세상은 복잡한 것 같아도 움직이는 이치는 단순하다. 백성들이 살아가는 데 필요한 것을 언제든지 구할 수 있다면 그 물건은 귀하게 되지 않을 것이며, 귀하지 않다면 굳이 쌓아 두려 하지 않을 것이다. 사람들이 쌓아 두지 않는다면 천하에 다툼이 일어날 여지는 줄어든다. 모든 만물이 족함을 알면 귀한 것이 사라져 모두가 무욕해지니, 죄도 전쟁도 허물도 생겨나지 않을 것이다. 이러한 세상은 노자가 늘 그려오는 천하로, 도를 행하면 이루어지는 것이라고 우리들에게 반복하여 들려주고 있다. 鳳

죄는 바랄 만하다고 여기는 것보다 더 큰 것이 없고,

재앙은 족함을 알지 못하는 것보다 더 큰 것이 없으며,

허물은 얻고자 바라는 것보다 더 비통한 것이 없다.

제 47 장

성인은 다니지 않아도 알고, 행하지 않고서도 이룬다.

不出戶 知天下 不窺牖 見天道

불출호 지천하 불규유 견천도

其出彌遠 其知彌少

기출미원 기지미소

是以聖人不行而知 不見而名 無爲而成

시이성인불행이지 불견이명 무위이성

문밖을 나가지 않고서도 천하를 알고, 들창을 엿보지 않아도 하늘의 도를 본다.
그 나아감은 멀리까지 다다르며, 그 앎은 소소한 것까지 다다른다.
그러므로 성인은 다니지 않아도 알고, 보지 않아도 이름하며, 행하지 않고서도 이루는 것이다.

[해설]

不出戶, 知天下, 不窺牖, 見天道.
문밖을 나가지 않고서도 천하를 알고, 들창을 엿보지 않아도 하늘의 도를 본다.

이 문장은 글자의 구성에서 판본마다 조금씩 차이를 보인다. 백서(갑을)에서는 '不出於戶(불출어호) 以知天下(이지천하) 不窺於牖(불규어유) 以知天道(이지천도)'로 적혀 있다.

하상공은 "성인이 문밖을 나가지 않아도 천하를 아는 것은, 자기 몸으로써 타인의 몸을 알고, 자기의 집안을 통해 타인들의 집안을 알 수 있기 때문이다. 이러한 바로 천하를 보는 것이다. 하늘의 도와 사람의 도는 같은 것이니, 하늘과 인간은 서로 통하고 정과 기는 서로 꿰뚫는다. 임금이 맑고 고요하면 하늘의 기운도 저절로 바르고, 임금이 하고자 함이 많으면 하늘의 기운도 번잡하고 탁하다. 길함과 흉함 그리고 이로움과 해로움은 모두 자기 자신에게서 말미암은 것이다"[81]라고 설명했다.

왕필은 "일에는 종주가 있고 사물에는 주인이 있으니, 길은 비록 다르지만 돌아가는 것은 같고, 사려는 비록 갖가지이나 이르는 곳은 하나다. 도에는 큰 항상함이 있고 이치에는 크게 이르는 바가 있으니, 옛날의 도를 잡아 현재를 다스릴 수 있고, 비록 현재에 머문다 하더라도 옛날의

81) 『하상공주』 "聖人不出戶以知天下者, 以己身知人身, 以己家知人家, 所以見天下也. 天道與人道同, 天人相通, 精氣相貫. 人君清淨, 天氣自正, 人君多欲, 天氣煩濁. 吉凶利害, 皆由於己."

시작을 알 수 있다. 따라서 문을 나서지 않고 들창을 엿보지 않더라도 알 수가 있다고 한 것이다"[82]라고 했다.

첫 문장은 성인에게 선견지명이 있음을 알리고 있다. "문밖을 나가지 않고서도 천하를 알고, 들창을 엿보지 않아도 하늘의 도를 본다"라고 했다. '집 호(戶)'는 집을 가리키는 말이나, 구절의 뒤에 방에 나 있는 들창이 등장하고 있어 집을 드나드는 문으로 풀이했다. 들어서 올리는 창을 들창(牖)이라고 하는데, '엿볼 규(窺)'를 사용하여 "창문을 엿보지 않는다"라고 했다. 커닝을 하지 않는다는 듯한 재미있는 표현이다. 엿보는 것은 하늘의 낌새를 보려 함이다. 하지만 가만히 방안에 앉아 있어도 앞을 내다볼 수 있는 능력을 가지고 있다는 말이니, 왕필의 견해와 같이 만물의 나고 사라지는 이치와 하늘의 조화를 깨치고 있다는 것이다. 즉 앞으로 일어날 일을 내다볼 수 있을 것이다. 이와 같은 능력은 다음 문장에서 더 살펴볼 수 있다.

其出彌遠, 其知彌少.
그 나아감은 멀리까지 다다르며, 그 앎은 소소한 것까지 다다른다.

이 문장도 앞의 문장과 같이 판본간의 단어에서 약간의 차이가 있으나 별다른 점은 없다.

간단하게 보이지만 이 문장은 풀이가 다양하다. 먼저 하상공의 풀이

82) 『왕필주』 "事有宗而物有主, 途雖殊而同歸也, 慮雖百而其致一也. 道有大常, 理有大致. 執古之道可以御今, 雖處於今, 可以知古始. 故不出戶窺牖而可知也."

부터 살펴보자. "자신의 집안은 버려두고 남의 집안만 살펴보고, 자기 몸은 버려두고 남의 몸만 살펴보는 것을 가리킨다. 살펴보는 대상이 멀수록 보는 내용은 더욱더 적어진다"[83]고 했다. 즉 멀리 나아갈수록 아는 것이 더욱 적어진다고 풀이했다. 왕필은 "없음은 하나에 있는데 무리에서 찾으려 하는 것이다. 도는 보려고 해도 볼 수가 없고, 들으려 해도 들을 수 없으며, 쥐려고 해도 쥘 수가 없으니, 그것과 같이 안다면 굳이 문을 벗어나지 않을 것이다. 만약에 그것을 알지 못하면, 나감이 멀면 멀수록 더욱더 혼미해질 것이다"[84]라고 했다. 도를 모르면 엉뚱한 곳에서 구하려고 헤매게 된다는 설명이다.

여길보도 지금의 천하는 예전과 달리 크고 무궁하다고 하면서, 하늘과 같이 깊이를 헤아리기 어려우니 나아감이 멀수록 그 앎은 더욱 적어진다고 했다. 이처럼 멀어지면 아는 것이 적어진다고 풀이하고 있다. 대체로 많은 책에서는 하상공과 왕필의 주해처럼 '밖으로 나아감이 멀수록 그 앎이 더욱 적어진다'는 식으로 번역되고 있다. 그러나 이와 같이 해석하게 되면 성인이 앉아서 세상을 내다보는 것보다 밖으로 나와 돌아다니는 것이 그의 능력을 떨어뜨리는 격이 되어 버린다.

필자는 이 문장을 "그 나아감은 멀리까지 다다르며, 그 앎은 소소한 것까지 다다른다"'라고 풀이했다. 이 문장에서 그것(其)은 무엇을 가리키는가? 바로 앞 문장에서 언급한 '천하와 하늘의 이치를 헤아리는 능력'으로 보아야 할 것이다. 그렇다면 앞을 내다볼 수 있는 혜안을 지녔다고 말할 수 있을 것이다. 천하와 하늘의 도를 알고 있는 성인은 과거와 현재를

83) 『하상공주』 "謂去其家觀人家, 去其身觀人身, 所觀益遠, 所用益少也."
84) 『왕필주』 "無在於一, 而求之於衆也. 道視之不可見, 聽之不可聞, 搏之不可得. 如其知之, 不須出戶, 若其不知出愈遠愈迷也."

헤아려 소소한 것까지 미래를 예측할 수 있다는 표현이다. 앞을 내다보는 능력에 대하여는 15장에서도 소개된 바가 있다. 옛날에 선을 행하는 선비를 언급하면서 "미묘하고 현묘함에 통달하여 그 깊음을 알기 어려웠다. 대저 알기가 어렵기 때문에 억지로 그것을 형용하라면, 미리 내다보는 바는 겨울철 내를 건너는 것같이 하고, 머뭇거리는 바는 이웃들을 두려워하는 것 같다. 근엄한 것은 객과 같이 하는데, 풀어내는 것은 얼음 녹듯이 자연스럽다"고 하여 높은 안목을 갖추고 있음을 전해주었다.

이 구절에서 '미(彌)'는 '널리, 두루, 다다르다, 미치다, 도달하다'의 뜻을 가지고 있으며 한편으로는 '메우다, 보충하다'는 의미도 있다. 동사로 보면 멀리까지 도달한다는 것과 멀리 있는 간격을 메운다는 의미가 된다. 두루 미치는 것이다. 또한 나아간다는 '출(出)'자는 몸으로 직접 문밖으로 나아간다는 의미가 아니라 그의 능력이 나아감을 표현한 것이다. 이어서 '원(遠)'은 시·공간적으로 멀리 떨어진 것을 표현하는 것이다. 이 구절에서는 멀리 미래를 내다보는 혜안을 말하는 것 같다.

是以聖人不行而知, 不見而名, 無爲而成.
그러므로 성인은 다니지 않아도 알고, 보지 않아도 이름하며, 행하지 않고서도 이루는 것이다.

마지막 문장의 '아니 불(不)'자를 백서에서만 '아니 불(弗)'자로 써 준 것이 다르다.

하상공은 “성인이 하늘에 올라가지 않고 연못에 들어가지 않아도 세상을 잘 알 수 있는 것은, 마음으로 그것을 알기 때문이다. 위에서 도를 좋아하면 아래에서는 덕을 좋아하게 되고, 윗사람이 무력을 좋아하면 아랫사람은 힘쓰기를 좋아하게 된다. 성인은 작은 것에 근거해 큰 것을 알고, 안을 살핌으로써 밖을 안다. 위에서 하는 바가 없으면 아래에서는 일이 없어지니, 집안이 넉넉하고 사람들이 만족하게 되고, 만물이 저절로 변화되면서 나아간다”[85]라고 했다. 즉 윗사람이 하는 것에 따라 달라지고, 성인은 작은 것에서 큰 것을 알아낸다는 말이다.

왕필은 이와 조금 달리 “물의 이치를 터득하였기에 비록 행하지 않더라도 사려하여 알 수가 있고, 물의 마루를 알기에 비록 보지 않더라도 옳고 그름의 이치를 판단할 수가 있어서 이름할 수 있다. 물의 성질에 밝아서 연유하는 바에 따를 뿐이다. 그러므로 비록 하지 않더라도 부리는 대로 이루어지는 것이다”[86]라고 했다. 사물이 연유한 대로 흘러가기 때문에 무위로 이룰 수 있다고 설명하고 있다.

마지막 문장이다. 이 장은 간결하면서도 전하고자 하는 메시지를 잘 정리해 주고 있다. “그러므로 성인은 다니지 않아도 알고, 보지 않아도 이름하며, 행하지 않고서도 이루는 것이다”라고 말한다. 성인은 천하에 일일이 돌아보지 않아도 사태를 짐작하고 그 일의 진상을 규정짓는다는 것이다. 또한 이 일이 어떤 방향으로 매듭지어져야 함을 내다보기에 나아가야 할 길을 큰 틀에서 뚫어 놓기에, 백성들은 저절로 그 길을 따라 나아갈 것이다. 이것이 백성들이 자발적으로 움직여 저절로 이루어지게 만드는

85) 『하상공주』 “聖人不上天, 不入淵, 能知天下者, 以心知之也. 上好道, 下好德, 上好武, 下好力. 聖人原小知大, 察內知外. 上無所為, 則下無事, 家給人足, 萬物自化就也.”

86) 『왕필주』 “得物之致, 故雖不行, 而慮可知也. 識物之宗, 故雖不見, 而是非之理可得而名也. 明物之性, 因之而已, 故雖不爲, 而使之成矣.”

무위의 행함이다. 왕필의 설명대로 만물의 도리를 알고 있기에 가능한 것이다. 하늘과 땅이 움직이는 이치를 깨닫고, 이를 멀리까지 내다볼 줄 아는 자라면 능히 무위로 다스릴 수가 있다. 鳳

제 48 장

학문을 하는 길은 날로 더해가나, 도를 깨달아 가는 길은 날로 덜어낸다.

爲學日益 爲道日損

위학일익 위도일손

損之又損 以至於無爲 無爲而無不爲

손지우손 이지어무위 무위이무불위

取天下常以無事 及其有事 不足以取天下

취천하상이무사 급기유사 부족이취천하

학문을 하는 길은 날로 더해 가는 것이나, 도를 깨달아 가는 길은 날로 덜어 내는 것이다.

덜어 내고 또 덜어 내면 무위에 이르니, 무위하면 하지 못함이 없다.

천하를 취하려면 항상 일이 없음으로 하여야 하는데, 일이 있음에 미치면 천하를 취하기에는 부족한 것이다.

[해설]

爲學日益, 爲道日損.
학문을 하는 길은 날로 더해 가는 것이나, 도를 깨달아 가는 길은 날로 덜어 내는 것이다.

죽간(을)에서는 장의 첫 부분의 '할 위(爲)'자가 보이지 않고, 다음 구절은 '爲道者(위도자)'라 하여 '者(자)'가 들어가 있다. 백서(을)에서는 양쪽 구절에 모두 '놈 자(者)'가 들어 있으며, 뒤 구절의 '爲道(위도)'를 '聞道者(문도자)'라고 표현했다. 문도자라 함은 도에 관하여 배워 가며 깨우쳐 가는 것이라 할 수 있다.

하상공은 "배움은 정교와 예악의 배움을 일컫는다. 날로 더해 간다는 것은 욕망과 꾸밈이 날마다 많아진다는 뜻이다. 도는 저절로 그러한 도를 일컫는 것이다. 날마다 덜어진다는 것은 욕망과 꾸밈이 날마다 사라져 줄어든다는 뜻이다"[87]라고 풀이했다. 배움이 깊어 갈수록 욕망과 꾸밈은 늘어 가는 것이고, 도는 저절로 그러하기에 이러한 것들이 줄어든다고 말하는 것이다. 하상공의 주해를 따르는 사람들은 군주가 유위(有爲)의 학문을 하는 것은 욕정이 나날이 더해지는 것을 말하는 것으로, 천하에 번거로운 일이 많이 생기는 까닭이라고 한다(장석창).

이에 비해 왕필은 "능한 바를 더 나아가고자 힘써 그 익히는 바를 더하는 것이요, 무의 비어 있음으로 돌아가는 것에 힘쓰기 때문이다"[88]라

87)『하상공주』"學謂政教禮樂之學也. 日益者, 情欲文飾日以益多. 道謂之自然之道也. 日損者, 情欲文飾日以消損."
88)『왕필주』"務欲進其所能, 益其所習. 務欲反虛無也."

고 했다. 배움은 그 사람의 능력을 키워가는 것이지만, 도는 무의 허(虛)로 돌아가는 것에 힘쓰기에 날로 덜어 낸다는 설명이다.

'爲學(위학)'에 대해 서명응은 유가(儒家)의 문(文)이라 하였고, 진고응은 바깥 사물을 탐구하는 지식활동을 가리킨다고 했다. 학문을 하는 과정에서 더해지는 것을 욕망과 꾸밈 등으로 보는 것은, 노자가 학문을 멀리하고 있다는 견해가 깔려 있기 때문이다. 이처럼 많은 학자들이 노자가 배움을 배척하거나 멀리하고 있다고 보고 다른 장에서도 그러한 방향의 해석을 해오고 있다. 하지만 필자는 이에 동의하지 않는다. 노자는 19장에서 "비할 데 없이 성스러우면 지혜를 버릴 수 있어 백성들의 이익은 백배가 될 것이다"라고 말씀하였으며, 33장의 글에서는 "남을 아는 자는 지혜로우나 저절로 아는 자가 밝은 것이다"라고 하였고, 20장에서도 "배움이 비할 데 없는 경지에 이르면 근심하 는 바가 없어진다"라고 하여 배움의 진가를 역설하기도 했다.

그럼 본 문장으로 돌아와 "학문을 하는 길은 날로 더해 가는 것"이란 어떤 의미인가? 우리는 매순간 경험을 통해 지식을 만들어 낸다. 과거에서 시작해 지금까지 만들어져 온 지식의 양은 헤아릴 수가 없다. 학문이란 이러한 지식을 익혀 현재에 필요한 지혜를 얻는 일이기에, 훌륭한 지혜는 지식의 양과 질에 비례할 수밖에 없다. 그래서 선현들은 배움에는 끝이 없다고 말하는 것이다. 이처럼 학문의 길은 끝없는 배움으로 나아가는 길이다.

반면에 "도를 깨달아 가는 길은 날로 덜어 내는 것"이라 했다. 도를 익힌다는 것은 우주와 만물의 태어나고 소멸하는 생사의 섭리를 깨닫는 일이다. 근원으로부터 시작하여 과거와 현재에 이르는 과정의 필연적인 이치를 찾아내고 이를 미래로 연결하여 꿰뚫는 것을 말한다 하겠다. 그러자면 학문이 그 바탕을 이룰 것이다. 따라서 하나의 이치를 깨우칠 때마다 이를 뒷받침해 주었던 수많은 분량의 낱낱의 지식은 그 쓰임을 다해 덜어 낼 수가 있다는 말씀이다. 이처럼 낱개의 많은 지식이 모여 전체를 나타냈다면, 도는 이를 하나의 지식으로 꿰뚫어 이해하는 것이다.

損之又損, 以至於無爲, 無爲而無不爲.
덜어 내고 또 덜어 내면 무위에 이르니, 무위하면 하지 못함이 없다.

죽간(을)에서는 '또 우(又)'자 대신에 '혹 혹(或)'자를, '없을 무(無)' 대신에 '망할 망(亡)'자가 적혀 있다.

하상공은 "덜어 낸다는 것은 욕망을 덜어 낸다는 말이다. 또 덜어 낸다는 것은 점차적으로 제거된다는 것이다. 갓난아이처럼 이익을 탐내는 마음이 없고, 일부러 꾸미는 일이 없어야 한다. 욕망을 단절하고 덕이 도와 합해지면, 베풀어지지 않는 것이 없고 하지 못하는 바가 없다"[89]라고 풀이한다. 왕필은 "하고자 함이 있으면 잃어버리는 바가 있게 되니, 무위하여야 하지 못하는 바가 없게 된다"[90]라고 했다. 앞 문장과 연결된 것이어서 학자들마다의 해석 역시 앞 문장과 맥을 같이한다.

89)『하상공주』"損之者, 損情欲也. 又損之者, 所以漸去之也. 當恬淡如嬰兒, 無所造為也. 情欲斷絕, 德於道合, 則無所不施, 無所不為也."
90)『왕필주』"有爲則有所失, 故無爲乃無所不爲也."

노자는 "덜어 내고 또 덜어 내면 무위에 이르니, 무위하면 하지 못함이 없다"라고 했다. 앞 문장에서 설명한 것과 같이 도는 군더더기로 행하여져 온 것을 계속 덜어 내는 속성을 지니고 있다. 원래대로라면 불필요했던 것들을 모두 다 걷어 내고 나면 결국에는 무위에 이른다는 말이다. 만물이 스스로 그러함의 무위의 세상으로 되돌아온 것을 뜻한다. 25장에서 "사람은 땅을 본받고, 땅은 하늘을 본받으며, 하늘은 도를 본받는다. 도는 스스로 그러함을 본받는다"라고 말하였듯이 도는 무위자연을 지향한다.

나라를 다스리는 군주라면 이를 본받아 나라가 간여하는 일을 지속적으로 줄여 가고 결국에는 무위로 다스리게 된다. 이렇게 통치하면 나라에 걱정할 일이 없어진다는 말씀이다. 이와 반대로 학문을 통해 쌓은 지혜로 백성들을 통치한다면 현재 벌어지고 있는 형편에 맞춘 해결 방법들을 만들어 내어야 할 것이기에, 경우의 수를 고려하다 보면 더 많은 법령과 제한이 생겨날 수밖에 없다. 결국에는 스스로 그러함에서 멀어지는 다스림이 된다.

取天下常以無事, 及其有事, 不足以取天下.
천하를 취하려면 항상 일이 없음으로 하여야 하는데, 일이 있음에 미치면 천하를 취하기에는 부족한 것이다.

죽간(을)에서는 이 문장이 보이지 않는다. 전체적인 문맥상의 의미를 전하는 데 있어서는 본 문장이 없어도 별다른 지장이 없는 것

같다.

하상공은 "취(取)는 다스린다[治]는 뜻이다. 천하를 다스리는 것은 항상 무사로 하는 것이 마땅한 것이라, 번거롭게 힘쓰는 것이 아니다. 일 벌이는 것을 좋아하는 데에 미치면 정교가 번잡해지고 백성은 불안해하니 그러므로 천하를 다스리기에 부족하다"[91]라고 했다. 그렇다. 간섭하고 금지하는 일이 많아질수록 나랏일은 번잡해지고, 이와 비례하여 백성들이 알고 지켜야 하는 것들도 많아지는 법이다. 왕필은 "항상 말미암은 대로 움직이는 것이다. 자기가 지어내는 것은 통할하여야 할 근본을 잃는 것이다"[92]라고 무위를 강조했다.

무사(無事)로 천하를 얻어야 한다고 말한다. 혹시 일을 만들어 내는 쪽에 머물고 있다면 천하를 취하기에는 부족하다 말한다. 앞에서 설명한 바와 같이 학문이 깊은 자를 중히 여겨 나라를 맡기면, 새로운 개선책을 계속 만들어 낼 것이므로 그만큼 인위적인 명령이 많아질 것이다. 그러나 나라의 인위적인 개입은 한계가 있기에 아무리 세세하게 규정한다 해도 수많은 백성들의 사정을 일일이 헤아리는 법은 만들 수가 없을 것이다. 57장에서도 "바름으로 나라를 다스리고 방편으로 군사를 사용하며 일을 없게 하면 천하를 얻을 수 있다. 그러므로 성인이 이르기를 내가 무위하면 백성은 저절로 변화되며, 내가 고요함을 좋아하면 백성은 저절로 바르게 된다"라고 말했다.

91) 『하상공주』 "取, 治也. 治天下當以無事, 不當以勞煩也. 及其好有事, 則政教煩, 民不安, 故不足以治天下也."
92) 『왕필주』 "動常因也. 自己造也. 失統本也."

노자는 줄곧 천하의 백성들이 스스로 변화하도록 이끌어서 능동적으로 살아가도록 만들어야 한다고 주장하고 있다. 천하는 우주와 만물이 도도히 흐르는 길에 순응할 수밖에 없는데도, 군주가 이를 거슬러 자신이 원하는 새로운 섬을 구축할 수가 있겠는가. 鳳

제 49 장

성인은 백성들의 마음을 성인의 마음으로 삼는다.

聖人無常心 以百姓心爲心

성인무상심 이백성심위심

善者(吾)善之 不善者(吾)亦善之 德善

선자(오)선지 불선자(오)역선지 덕선

信者(吾)信之 不信者(吾)亦信之 德信也

신자(오)신지 불신자(오)역신지 덕신야

聖人在天下歙歙 爲天下渾其心

성인재천하흡흡 위천하혼기심

百姓皆注其耳目 聖人皆孩之

백성개주기이목 성인개해지

성인은 항상하는 마음이 없어, 백성의 마음을 성인의 마음으로 삼는다.
선한 자는 선하게 하고 불선한 자도 역시 선하게 하는 것이 덕의 선함이요,
믿는 자는 믿게 하고 불신하는 자도 역시 믿게 하는 것이 덕의 믿음이다.
성인이 천하에 임하면 천하의 마음을 들이마시니, 천하는 그 마음들을
뒤섞이도록 한다.
백성들은 모두 그 귀와 눈에 집중하니, 성인은 모두를 어린아이가 되게 하였다.

[해설]

聖人無常心, 以百姓心爲心.
성인은 항상하는 마음이 없어, 백성의 마음을 성인의 마음으로 삼는다.

'無常心(무상심)'이 백서(을)에서는 '恒無心(항무심)'으로, 다음 구절의 '百姓(백성)' 뒤에는 '갈 지(之)'자가 첨가되어 있다.

이 문장의 설명으로 하상공은 "성인은 바꿈을 중히 여기고 옛것의 따름을 귀하게 여기니, 스스로 마음이 없는 것 같다. 백성들의 마음이 편안하게 여기는 바를 성인은 따르고 좇는다"[93]라고 했다. 반면 왕필은 간결하게 "움직임에는 늘 기인함이 있다"[94]라고 했다.

소자유는 "도는 공허하여 드러냄이 없으니 단지 만물의 드러냄에 의거하여 드러냄으로 삼았을 따름이다. 가령 네모에 있으면 네모가 되고, 원에 있으면 원이 된다"라고 말한다. 성인의 마음이 무심한 것에 대해 하상공은 백성들이 편안하게 여기는 바를 따르고, 왕필은 말미암은 바에 따름이며, 소자유는 만물의 각각의 드러냄을 통하여 나타내기 때문이라고 했다.

노자는 첫 문장에서 "성인은 항상하는 마음이 없어, 백성의 마음을 성인의 마음으로 삼는다"라고 했다. 이 구절의 '無常心(무상심)'을 "고정된 마음이 없다"라고 풀이하면, 백서(을)에 기록된 '恒無心(항무심)'은 "언

93) 『하상공주』 "聖人重改更, 貴因循, 若自無心. 百姓心之所便, 聖人因而從之."
94) 『왕필주』 "動常因也."

제나 무심하다"라고 번역할 수 있다. 이 둘은 글자의 위치가 바뀌어 있지만 공통적으로 표현하고자 하는 것은 "성인은 백성의 마음을 성인의 마음으로 여긴다"라고 하였으니 "성인은 고정된 마음을 갖지 않는다"라는 것이다. 언제나 마음을 열고 모두의 마음을 포용하여 자신의 마음처럼 소중히 여기는 것이다. 일부 사람들이 생각하는 것처럼 성인이 백인백색의 마음을 공정하고 편벽되지 않는 마음인 공심(公心)으로 중심을 삼는다는 말도 아니다. 무색, 무미로 모두를 포용하는 무심(無心)으로 대한다는 것이다. 이에 대한 설명이 아래에 나온다.

善者(吾)善之, 不善者(吾)亦善之, 德善.
선한 자는 선하게 하고 불선한 자도 역시 선하게 하는 것이 덕의 선함이요.

'善者(선자)'와 '善之(선지)' 사이의 '나 오(吾)'자는 백서에서는 보이지 않으며, 이는 뒤에 나오는 구절과 다음 문장에서도 '者(자)'자 뒤에 반복되고 있다. 백서(갑)에서는 문장의 끝을 '德善也(덕선야)'로 해서 '어조사 야(也)'자로 마무리하는 패턴을 이 장에서도 유지하고 있다.

하상공은 "백성들이 선하게 행하면, 성인도 따라서 그를 선하게 대하고, 백성들이 선하지 못한 것이 있어도 성인은 그들을 변화시켜서 선하게 만든다. 백성들은 덕화되고, 성인은 선을 행한다"[95]라고 하여, 성인은 불선한 자도 선하게 대하여 선하게 만든다고 풀이하고 있다. 왕필은 "각기 그

95) 『하상공주』 "百姓為善, 聖人因而善之, 百姓雖有不善者, 聖人化之使善也. 百姓德化, 聖人為善."

쓰임에 따라서 한다면 선함을 잃지 않는다. 사람을 버리는 일이 없다"[96] 라고 설명한다. 서명응은 "선자와 불선자는 백성이 좋다고 하는 것과 좋지 않다고 하는 것을 일컫는 것이고, 좋다고 하는 것과 또한 좋다고 하는 것은 성인이 좋다고 하는 것과 또한 좋다고 일컫는 것이다"라고 설명했다. 서명응은 백성이 좋지 않다고 하는 것도 성인은 좋다고 말한다는 것이다.

"선한 자는 선하게 하고 불선한 자도 역시 선하게 한다"라고 말한다. 이 문장에서 우리는 성인이 무심으로 일관하면서도 백성들을 이끌 수 있는 것은 바로 덕이 있기에 가능하다는 점을 짐작할 수 있다. 성인은 백성들이 선하거나 선하지 않거나 간에 모두에게 똑같이 덕을 베풀기 때문이다. 그러나 이 문장에서 '善者吾善之(선자오선지)'의 '나 오(吾)자'는 그 해석을 난해하게 만들고 있다. 백서에 보이지 않는 '吾(오)'자를 다른 판본에서 삽입한 것은 주체를 분명히 하고자 하는 의도로 본다. 성인이 베푸는 덕으로 인해 선한 자는 앞으로도 선한 행동을 계속하게 될 것이며 불선한 자도 자신의 판단에 의해 선한 행동을 선택하고 행하게 된다는 말씀이다. 이것이 바로 덕이 만물에 선함을 만들어 내는 힘이라 하여 '德善(덕선)'이라 했다.

信者(吾)信之, 不信者(吾)亦信之, 德信也.
믿는 자는 믿게 하고 불신하는 자도 역시 믿게 하는 것이 덕의 믿음이다.

앞 문장과 마찬가지로 백서에는 '나 오(吾)'자가 빠져 있다.

---

96) 『왕필주』 "各因其用, 則善不失也. 無棄人也."

하상공은 "백성들이 믿음을 행하면, 성인은 따라서 그들을 믿는다. 백성들이 불신을 행하여도 성인은 그들을 변화시켜 믿음이 있게 만든다. 백성들은 덕화되고 성인은 믿음을 행한다"[97]라고 풀이했다. 왕필은 "각자에 맞게 총명함을 쓴다"[98]라고 간단히 덧붙였다. 하상공과 왕필은 앞 문장의 선과 같은 패턴으로 설명하고 있다. 소자유는 "모두를 진실하게 대하고, 진실하게 대하는 것이 변하지 않으니 덕신이라 일컫는 것이다"라고 말한다. 성인이 백성들에게 믿음을 가지게 한다는 데에는 다름이 없는 것 같다. 이 문장 역시 앞 장의 글과 비슷한 유형이다.

21장에 "큰 덕의 용모는 오직 도만을 좇는다. 도의 물이 되는 것은 오직 어슴푸레하고 흐릿하다. 흐릿하고 어슴푸레한데도 그 가운데 형상이 있고, 어슴푸레하고 흐릿한데 그 가운데 물이 있다. 그 이치를 헤아릴 수 없이 아득한데도 그 가운데에는 정이 있고, 그 정은 매우 진실하니 그것에 믿음이 있다"라는 글이 나온다. 도를 따라 덕을 행하면 매우 진실하여 믿음이 생긴다고 노자는 말한다. 성인이 덕을 베푸는 방식은 앞서 덕선이라 말한 것과 같이 선과 유사하다.

원래 선이란 무심한 것이다. 27장에서 "선이 행한 것에는 흔적을 남기지 않으며, 선이 말한 것에는 허물이나 책망함이 없고, 선이 계산한 것에는 이해타산의 꾀를 사용하지 않는다. (중략) 이런 까닭에 성인은 항상 선으로 사람을 구원하기에 돌보지 않는 사람이 없고, 항상 선으로 물을 구원하기 때문에 돌보지 않는 물이 없다. 이를 일러 밝음을 그대로 따른다고 한다"라고 했다. 선은 무심하여 차별함 없이 모두를 대

97)『하상공주』"百姓為信, 聖人因而信之. 百姓為不信, 聖人化之為信者也. 百姓德化, 聖人為信."
98)『왕필주』"各用聰明"

한다는 말이다.

또한 28장에서 "천하의 시냇물이 되면 항상하는 덕이 떠나지 않기에 다시 연약한 어린아이로 돌아온다"라고 한 것을 통해서도 그 뜻하는 바를 찾아볼 수 있다. 여기서 계곡의 시냇물은 선(善)과 같은 의미다. 변하지 않음이 있기에 만물들이 항상 신뢰(信)하도록 만든다. 이것을 일러 '덕신(德信)'이라 말한다.

노자의 『도덕경』에 자주 등장하는 단어 중에 '항상 상(常)'이 있다. 변하지 않고 그대로 지속한다는 의미로, 이 또한 믿음[信]을 가지게 하는 힘을 가지고 있다. 믿음은 강요나 설득에 의해서가 아니라 자연스럽게 생겨야 오래 갈 수 있다. 그대에게 내가 믿음을 주었으니 그대도 나에게 믿음을 주라고 요구하여 이루어질 성질의 것이 아니다. 믿음은 변함없이 지켜지고 반복될 때 형성되는 것이므로 인위적으로 만들기 어려운 법이다.

聖人在天下歙歙, 爲天下渾其心.

성인이 천하에 임하면 천하의 마음을 들이마시니, 천하는 그 마음들을 뒤섞이도록 한다.

'들이쉴 흡(歙)'자가 백서(을)에는 '들이마실 합(欱)'자로, 하상공본에는 '두려워할 출(怵)'자로 조금 다른 글자를 쓰고 있으나 의미상으로는 큰 차이가 없어 보인다. 마지막 구절의 '渾其心(혼기심)'에서 '其(기)'자가 백서(갑)에는 적혀 있지 않다.

하상공은 "성인은 천하에 있어서 두려워하고 항상 무서워하여, 부유하고 귀해도 감히 교만하거나 사치하지 않는다. 성인이 천하 백성들을 위해서 그 마음을 흐리고 탁하게 하는 것은, 마치 어리석고 몽매하여 통하지 않는 것처럼 한다는 말이다"[99]라고 풀이했다. 의도적으로 자세를 낮추고 우매한 척한다는 말이다. 서명응도 육희성본과 같이 '들이쉴 흡(歙)'자 대신 '두려워할 접(慄)'자로 보고 "접접(慄慄)은 위태롭고 두렵다는 뜻이니, 성인이 두려워함을 말한 것이다. 혹 천하의 인심을 잃어버리지나 않을까 두려워하며, 스스로 그 마음을 혼일(渾一)하게 하여 선과 불선, 신(信)과 불신(不信)을 분별하지 않는다"라고 풀었다. 하상공과 비슷한 설명이다.

"성인이 천하에 임하면 천하의 마음을 들이마시니, 천하는 그 마음들을 뒤섞이도록 한다"라고 했다. 성인이 천하에 나서면 먼저 천하의 마음을 하나로 모은다는 것이다. 들이마신다는 것은 불선함이나 불신의 마음들까지도 다 포용한다는 뜻이다. 덕을 베풀어 서로의 반목을 없애고 상생의 기류를 만들어 내는 과정이다. 천하 백성들의 하나하나의 마음이 고루 뒤섞이면서도 다툼이 벌어지지 않게 하는 것이 덕의 힘이다. '歙(흡)'은 '합(欱)'이나 '흡(吸)'과 같은 뜻으로 중첩하여 쓰면 '깊게 숨을 들이쉬다'가 된다. 이 문장은 백성들의 흩어진 마음을 하나로 모은다는 표현이다.

百姓皆注其耳目, 聖人皆孩之.
백성들은 모두 그 귀와 눈에 집중하니, 성인은 모두를 어린아이가 되게 하였다.

---

99)『하상공주』"聖人在天下怵怵常恐怖, 富貴不敢驕奢. 言聖人爲天下百姓混濁其心, 若愚闇不通也."

왕필본에서는 첫 구절이 빠져 있는 것이 다르고 그 이외에는 크게 다름이 없다.

하상공은 "주(注)는 사용한다[用]는 뜻이다. 백성들이 모두 눈과 귀를 써서 성인의 보고 듣는 것이 된다. 성인은 백성들을 막 태어난 갓난아이와 같이 아끼고 생각하니, 그들을 기르면서도 그 보답을 바라지 않는다"[100]라고 했다. 성인이 백성들의 삶을 잘 지켜보고 있다는 의미로 보인다. 왕필은 글의 말미에서 장문의 주석을 달았다. 너무 길어 간단히 요약하여 전하자면, 성인이 백성들을 아이들처럼 대하는 까닭은 사람마다 강하고 약한 부분이 다르기 때문에 일일이 대응하여 규제하는 것은 어쩔 수 없이 편파적일 수밖에 없는 것이다. 따라서 결국 스스로 그러함을 잃게 만들어 백성들은 어떻게 행동해야 할지 혼란스럽게 되고, 새는 하늘에서 물고기는 물속에서 혼란스러워한다고 말한다. 따라서 성인은 어디에다 마음을 묶어 놓지 않으며 뜻을 세우지도 않기에 백성들은 제각기 귀를 기울이고 눈여겨볼 것이므로 어린아이처럼 되게 한 것이라고 말했다.

서명응은 "성인은 하나로 보고 고르게 대우하기를 마치 어린아이를 돌보듯이 한다. 어린아이는 인품의 고하를 막론하고 부모가 되면 누구나 사랑하여 젖을 먹이고 옷을 입히지 아니하는 사람이 없으니, 일찍이 후박의 차등을 매길 수 없을 것이다"라고 부모 된 자의 자애로움으로 보았다.

마지막 문장이다. 앞에서 말한 바와 같이 성인은 백성의 마음을 덕

100)『하상공주』"注, 用也. 百姓皆用其耳目為聖人視聽也. 聖人愛念百姓如嬰孩赤子, 長養之而不責望其報."

을 베풀어 감싸 안으니 선함과 믿음이 생겨나 스스로 그러할 수 있는 토대가 만들어져 있다. 따라서 백성들은 자신이 보고 듣는 것에 집중한다는 말이다. 즉 다른 눈치를 볼 필요가 없어진 것이다. 도의 정치로 백성들에게 믿음을 가지게 하였으니 스스로 이루어 가면 되는 것이다. 성인이 이렇게 천하를 다스려 가니 백성들은 모두 어린아이가 되었다고 했다. 이 말씀 역시 앞서 가르침을 주신 바가 있다. 28장에서 "천하의 시냇물이 되면 항상하는 덕이 떠나지 않기에 다시 연약한 어린아이로 돌아온다"라고 말한 것과 같다. 천하가 모두 평온해지니 모두가 질박하게 된다는 것이 아니겠는가. 鳳

제 50 장

선하게 삶을 다스리는 자는 뭍에 다녀도 호랑이를 우연히 만나지 않는다.

出生入死 生之徒十有三 死之徒十有三

출생입사 생지도십유삼 사지도십유삼

人之生動之死地 亦十有三

인지생동지사지 역십유삼

夫何故 以其生生之厚

부하고 이기생생지후

蓋聞善攝生者 陸行不遇兕虎 入軍不被甲兵

개문선섭생자 육행불우시호 입군불피갑병

兕無所投其角 虎無所措其爪 兵無所用其刃

시무소투기각 호무소조기조 병무소용기인

夫何故 以其無死地

부하고 이기무사지

태어나면 죽는 것이어서, 태어나는 무리는 열에서 셋이고, 죽어가는 무리도 열에서 셋이다.

그러나 사람들은 살아남기 위해서 사지로 움직이는 경우가 역시 열에서 셋이 있다.

무슨 까닭인가. 그것으로 살아남을 확률을 높이고자 함이다.

대략 듣기로 선하게 삶을 다스리는 자는, 뭍에 다녀도 코뿔소와 호랑이를 우연히 만나지 않으며, 군에 들어가도 갑옷이나 무기를 걸치지 않는다.

코뿔소는 그 뿔을 들이미는 바가 없고, 호랑이도 그 발톱으로 조치할 바가 없으며, 병기는 그 칼날을 휘두르는 바가 없다. 무슨 까닭인가. 그 때문에 목숨을 잃을 곳이 없어진 것이다.

[해설]

出生入死, 生之徒十有三, 死之徒十有三, 人之生動之死地, 亦十有三. 夫何故, 以其生生之厚.

태어나면 죽는 것이어서, 태어나는 무리는 열에서 셋이고, 죽어가는 무리도 열에서 셋이다. 그러나 사람들은 살아남기 위해서 사지로 움직이는 경우가 역시 열에서 셋이 있다. 무슨 까닭인가. 그것으로 살아남을 확률을 높이고자 함이다.

이 문장은 판본별로 글자의 첨자가 많은 편이다. 예를 들어 '人之生動之死地(인지생동지사지)'의 구절이 백서(갑을)에서는 '而民生生動皆之死地之(이민생생동개지사지지)'로 적혀 있는 등 구절마다 조금씩 차이가 있다. 그러나 의미상으로는 큰 차이가 없다고 본다.

하상공은 "나가는 것이 삶이라는 것은 감정과 욕심이 오장의 안에서 나오는 것을 일컫는 것으로, 혼이 안정되고 백이 고요해지기 때문에 살게 된다. 들어가는 것이 죽음이라는 것은 감정과 욕심이 가슴속으로 들어가는 것을 일컫는 것으로, 정기가 수고롭고 신이 미혹되기 때문에 죽게 된다. 삶과 죽음의 무리가 각각 열셋이 있다고 말한 것은, 구규(九竅)와 사관(四關)을 일컫는다. 그 삶의 무리는 눈으로 망령되게 보지 않고 귀로 망령되게 듣지 않으며 코로 망령되게 냄새 맡지 않고 입으로 망령되게 말하지 않으며 혀로 망령되게 맛보지 않고 손으로 망령되게 잡지 않으며 발로 망령되게 다니지 않고 정기를 망령되게 베풀지 않는다. 그러나 죽음의 무리는 이와 반대로 행한다.

사람은 삶을 구하지만 반대로 열셋의 사지로 움직여 들어가는 경우가 있다. 사지로 움직이는 까닭을 묻는다. 사지로 움직여 가는 이유는, 사람들이 지나치게 넉넉한 삶을 구하면서 도에 어긋나고 하늘을 거스르며 망령되게 법도를 잃었기 때문이다"[101]라고 했다. 하상공은 '十有三(십유삼)'이란 열에서 셋이 아니라, 九竅(구규)와 四關(사관)[102]을 일컫는 열셋이라고 주장하고, 이것이 망령되지 않아야 죽음을 피해 삶을 이어갈 수 있다고 보았다.

왕필은 "생지로 나와서 사지로 들어감이다. 열에서 셋이란 열 개로 나누어 셋을 가졌다는 말과 같다. 생하는 도를 취하여 끝까지 살아남은 자들이 열에서 셋이고, 죽는 도를 취하여 온전히 죽음에 이르는 것도 열에서 셋이다. 백성들이 삶을 후하게 하려 하면 삶이 없는 곳으로 바뀐다. 선하게 양생하는 이는 삶을 의도적으로 살아야겠다는 것이 없으므로 죽을 곳이 없다"[103]라고 했다.

왕필은 생하는 도와 죽음의 도로 구분하고, 이에 더해 후하게 살려 하는 욕심 때문에 사지로 나아가게 된다 했다. 이 문장에서 出生(출생)과 入死(입사)를 나오고 들어감에 의미를 부여하는 주해들도 있다. 오징

101) 『하상공주』 "出生謂情欲出於五內, 魂靜魄定, 故生. 入死謂情欲入於胸臆, 精勞神惑, 故死. 言生死之類各有十三, 謂九竅四關也. 其生也, 目不妄視, 耳不妄聽, 鼻不妄嗅, 口不妄言, 舌不妄味, 手不妄持, 足不妄行, 精不妄施. 其死也反是. 人之求生, 動作反之十三死地也. 問何故動之死地也. 所以動之死地者, 以其求生活之事太厚, 違道忤天, 妄行失紀."

102) 九竅는 몸에 있는 9개의 구멍. 귀(2)·눈(2)·코(2)·입과 전음(前陰)·후음(後陰)을 말하고, 四關은 사지의 팔꿈치(2)와 무릎 관절(2)을 말한다.

103) 『왕필주』 "出生地, 入死地. 十有三, 猶云十分有三分. 取其生道, 全生之極, 十分有三耳, 取死之道, 全死之極, 亦十分有三耳. 而民生生之厚, 更之無生之地焉. 善攝生者, 無以生爲生故, 無死地也."

은 출(出)은 무에서 유로 나옴을, 입(入)은 유로부터 무로 들어감을 말한 것이라 했다.

첫 문장이다. 만물은 태어나면 죽는 것이 자연의 이치라 할 것이다. 만물은 열이라는 숫자를 기준으로 할 때 셋은 자연의 순리대로 태어나고, 또한 같은 비율로 죽는다고 했다. 사람들의 경우에는 태어나고 죽는 비율과는 상관없이 살아가면서 사지로 움직이는 숫자도 열에서 셋이라 했다. 자연의 섭리에서 벗어난 경우임을 짐작케 한다. 통행본에서 사람[人]으로 표현한 것과는 달리 백서(갑·을)에서는 백성[民]으로 되어 있는 것이 다르다. 통행본에서는 일부 사람들의 경우로 이들이 삶을 두텁게 하고자 행동한 것으로 본 듯하다.

그러나 전체 문맥으로 보면 백서본에서 백성으로 표기한 것이 바르다고 판단된다. 어찌할 수 없이 살아남기 위해서 사지로 가야만 하는 당시의 백성들을 삶의 실상을 보여주고 있기 때문이다. 자연의 질서와 다르게 무력을 통해 체제를 유지하고 있었던 당시의 정치 상황에서는 숙명과도 같았을 것이다.

蓋聞善攝生者, 陸行不遇兕虎, 入軍不被甲兵. 兕無所投其角, 虎無所措其瓜, 兵無所用其刃.

대략 듣기로 선하게 삶을 다스리는 자는 뭍에 다녀도 코뿔소와 호랑이를 우연히 만나지 않으며, 군에 들어가도 갑옷이나 무기를 걸치지 않는다. 코뿔소는 그 뿔을 들이미는 바가 없고, 호랑이도 그 발톱으로 조치할 바가 없으며, 병기는 그 칼날을 휘두르는 바가 없다.

백서(갑을)에서는 '뭍 육(陸)'과 '만날 우(遇)'자 대신 '언덕 능(陵)'과 '피할 피(避)'자를 쓰고 있으나, 문장의 내용에서는 차이가 없다.

하상공은 "섭(攝)은 기르다[養]는 뜻이다. 자연스럽게 멀리 피하므로 해로움이 범하지 않는다. 전쟁에서 사람을 죽이는 것을 좋아하지 않는다. 생명을 잘 기르는 사람은 호랑이나 외뿔소가 상하게 할 수 없고 병기와 칼날이 가해질 수 없다"[104]라고 풀었다.

왕필은 "기물에서 해가 되는 것은 병기보다 심한 것이 없고, 짐승에서 해가 되는 것은 코뿔소와 호랑이만 한 것이 없다. 병기가 그 칼날을 댈 곳이 없게 하고 코뿔소와 호랑이가 뿔과 발톱으로 조치할 바를 없게 하니, 이것은 진실로 욕심이 자신을 옭아매려 하지 않는 것이니 어찌 죽을 곳이 있겠는가. 도롱뇽과 지렁이는 연못이 얕다고 여겨서 바닥에 구멍을 뚫고 들어가고, 송골매와 새매는 산이 낮다고 여겨서 산꼭대기로 새집을 높인다. 화살이 미치지 못하고 그물이 닿지 못하니 안전한 곳이라고 말할 만하다. 그렇지만 달콤한 먹이 때문에 삶이 없는 땅으로 이내 들어가니 어찌 삶을 두텁게 하려 했음이 아니겠는가? 그러므로 물이 진실로 구하는 것 때문에 근본을 떠나지 않고 욕심 때문에 원래의 참됨을 더럽히지 않는다면, 비록 군대에 들어가도 위해를 입지 않고 육로로 다니더라도 범할 수 없다. 갓난아이는 참으로 본받고 귀하게 여길 만하

104) 『하상공주』 "攝, 養也. 自然遠離, 害不干也. 不好戰以殺人. 養生之人, 兕虎無由傷, 兵刃無從加之也."

다"[105]라고 길게 주해를 달았다.

이 문장에 대한 설명들은 모두 '섭생(攝生)'이라는 의미와 결부되어 조금씩 다른 예를 들고 있으나 전하는 의미는 동일해 보인다.

"선하게 삶을 다스리는 자는 뭍에 다녀도 코뿔소와 호랑이를 우연히 만나지 않으며, 군에 들어가도 갑옷이나 무기를 걸치지 않는다"라고 했다. 먼저 섭생(攝生)의 의미를 살펴보자. 하상공은 '攝(섭)'을 '기를 양(養)'이라 하였으며, 진고응도 양생(養生)이라는 뜻으로 보았다. 서명응도 '攝(섭)'을 '지양(持養)'이라 하여 '보양하여 기른다'라는 의미라 했다. 攝(섭)자가 다른 판본에서는 執(집)으로 쓰여 생명을 잘 지킨다는 의미로도 해석되기도 한다. 아무튼 앞에 선(善)자를 붙여 '善攝生(선섭생)'이라 표현한 것으로 보면, 선하게 생을 다스린다는 말에서 자연의 순리에 따른 삶을 지킨다는 의미가 있다 하겠다. 따라서 선섭생이란 태어나는 무리는 열에서 셋이고, 죽어가는 무리도 열에서 셋인 것처럼 도의 순리에 따른 삶이라 하겠다. 즉 자연의 섭리에 부응하여 일관된 삶의 자세를 보이는 사람이라 하겠다.

이처럼 전해 들은 것임을 전제하며 자신의 삶을 선하게 지켜가는 사람들의 이야기를 이어가고 있다. 이들이 사지로 나아가도 죽지 않는 이유를 나열하면서 무서운 코뿔소나 호랑이를 우연히 만나지 않는다고 했다. 통행본의 '遇(우)'자가 백서(갑을)에서는 '避(피)'로 쓰여 '피하지 않는다'라고 적혀 있는 것으로 보면, 서로 적대감이 없는 관계임을 알 수가 있다. 서로에게 해를 입히지 않으니 경계하지 않고 살아간다는 뜻이다. 또

105) 『왕필주』 "器之害者, 莫甚乎兵戈, 獸之害者, 莫甚乎兕虎. 而令兵戈無所容其鋒刃, 虎兕無所措其爪角, 斯誠不以欲累其身者也, 何死地之有乎. 夫蚖蟺以淵爲淺, 而鑿穴其中, 鷹鸇以山爲卑, 而增巢其上. 矰繳不能及, 網罟不能到, 可謂處於無死地矣. 然而卒以甘餌, 乃入於無生之地, 豈非生生之厚乎. 故物苟不以求離其本, 不以欲渝其眞, 雖入軍而不害, 陸行而不可犯也. 赤子之可則而貴信矣."

한 군에 들어가도 갑옷이나 무기를 걸치지 않는다고 말한 것도 이와 같다. 필요 없이 남을 해할 이유가 없기 때문에 살생을 위한 일에 몸을 담지 않는다는 말이다.

이어서 "코뿔소는 그 뿔을 들이미는 바가 없고, 호랑이도 그 발톱으로 조치할 바가 없으며. 병기는 그 칼날을 휘두르는 바가 없다"라고 해서 다른 물들은 이미 선섭생하고 있음을 전하고 있다. 코뿔소는 초식동물이다. 그가 뿔을 들이미는 것은 위협을 받았을 때의 행동이다. 호랑이도 발톱을 세우는 것도 적으로부터 공격을 받았을 때 자위적 방어수단이다. 바로 이것이 자연의 선섭생의 모습이다.

만물은 그들의 삶을 지족하면서 살아가고 있을 뿐 생존의 위험을 느끼지 않는 한, 절대 공격성을 보이지 않는다는 말이다. 인간과는 다른 면이다.

아울러 무기도 그 자체는 위험한 것이지만 스스로 칼날을 휘두르는 바가 없다. 인간이 따로 의도하는 바가 있어 해하는 것을 손에 쥐고 그들의 욕심대로 사용할 뿐이다. 만물은 꼭 필요한 경우가 아니면 다른 생명들을 해하거나 분에 넘치게 물(物)을 얻으려 하지 않는다. 생존의 지족함만을 지키는 것이다.

夫何故, 以其無死地.

무슨 까닭인가. 그 때문에 목숨을 잃을 곳이 없는 것이다.

이 문장은 백서의 경우 구절의 끝에 '어조사 야(也)'와 '언(焉)'을 사용한 것이 다르다.

하상공은 "외뿔소와 호랑이 그리고 병기와 갑옷이 무슨 까닭으로 그를 해치지 못하는지를 묻는다. 열셋의 사지를 범하지 않기 때문이다. 신명이 그를 잘 보호하니 이런 물건들이 감히 해하지 못한다는 말이다"[106] 라고 했다. 즉 사람이 이들로부터 해를 받지 않는 것은 신명이 보호하기 때문이라는 것이다.

앞 문장이 길어져 어쩔 수 없이 따로 떨어뜨려 설명하고 있다. 이 문장에서도 노자는 선(善)을 강조하고 있다. 어떻게 이들은 사지에 있는데도 이를 피해 갈 수 있는가? 그것은 선하게 삶을 지키고 있기 때문이다. 이 문장에서 '以其(이기)'는 결국 '善攝生(선섭생)'을 말하는 것이다.

선은 거짓됨 없이 한결같은 것으로, 코뿔소는 강한 힘을 가지고 있으나 필요 이상의 욕심을 채우려고 다른 동물에게 해를 주지 않는다. 생존에 필요한 풀을 먹는 일에 방해를 받지 않으면 언제나 온순한 모습을 보이기에 주변의 수많은 약한 동물들이 안심하고 그 곁을 지나갈 수 있는 것이다.

인간들은 이와는 다르게 자신의 나라를 보호하기 위해 군대라는 조직을 가지고 있다. 이로 인해 이웃나라와의 분쟁이 발생하면 협상보다는 무력으로 해결을 꾀한다. 힘이 강한 자는 자발적으로 자국민들을 전쟁터라는 사지로 보내 상대편을 죽여 공을 세우길 원한다. 그러나 강한 것은

106)『하상공주』"問兕虎兵甲何故不加害之. 以其不犯十三之死地也. 言神明營護之, 此物不敢害."

죽음으로 나아가는 길이기에, 살기 위해서 불가피하게 사지로 나온 경우라면 선한 행동으로 살아남을 길을 찾으라는 말씀이다.

백성들이 살기 위해 몸부림치지 않도록 통치자가 새겨들어야 할 경구이다. 鳳

제 51 장

도는 낳고 덕은 기르니 물은 형상을 갖추고 세를 이룬다.

道生之 德畜之 物形之 勢成之

도생지 덕휵지 물형지 세성지

是以萬物莫不尊道而貴德

시이만물막불존도이귀덕

道之尊 德之貴 夫莫之命而常自然

도지존 덕지귀 부막지명이상자연

故道生之 德畜之 長之育之

고도생지 덕휵지 장지육지

亭之毒之 養之覆之

정지독지 양지복지

生而不有 爲而不恃 長而不宰 是謂玄德

생이불유 위이불시 장이부재 시위현덕

도는 낳고 덕은 기르니, 물은 형상을 갖추고 세를 이룬다.
이 때문에 만물은 도를 우러러보고 덕을 귀하게 여기지 않는 것이 없다.
도를 우러러보고 덕을 귀하게 여기는 것은, 명하지 않고 항상 스스로 그러하게 맡겨두기 때문이다.
그러므로 도는 낳고 덕은 기른다는 것은, 오래도록 기르면서 시련을 극복하게 하는 것으로, 양육하면서 덮어 주는 것이다.
생겨나더라도 소유하지 않고, 하더라도 믿고 의지하지 않도록 하며, 오래하면서도 주재하지 아니함을 일러 현묘한 덕이라 한다.

[해설]

道生之, 德畜之, 物形之, 勢成之. 是以萬物莫不尊道而貴德.
도는 낳고 덕은 기르니, 물은 형상을 갖추고 세를 이룬다. 이 때문에 만물은 도를 우러러보고 덕을 귀하게 여기지 않는 것이 없다.

백서(갑)에서는 구절에 '말 이을 이(而)'자를 넣어 연결한 것이 다르다. '형세 세(勢)'자가 백서에는 '그릇 기(器)'자로 되어 있는데, 이는 아래에서 살펴보기로 하겠다. 마지막 구절의 경우에도 백서(갑을)에서는 이중부정인 '莫不(막불)'이 빠져 있는 것이 다르다.

하상공은 "도는 만물을 낳는다. 덕은 하나[一]이고, 하나가 주가 되어 기를 퍼트려 기른다. 하나는 만물을 만들고 형상을 만든다. 하나는 만물을 위해 차고 더운 형세를 만들어 만물을 완성시킨다. 도와 덕이 행하는 바에 만물은 크게 놀라고 존경한다"[107]라고 했다. 덕을 하나[一]라고 말하면서 덕을 중심으로 설명하는 것이다.

왕필은 "물은 생겨난 이후에 기르고, 기른 후에 형체를 갖추며, 형체를 갖춘 후에 이룬다. 어떤 연유로 생겨나는가. 도인 것이다. 무엇을 얻어 길러지는가. 덕이다. 무엇으로 말미암아 형상이 만들어지는가. 물(物)이다. 무엇을 시켜서 이루는가. 세(勢)이다. 오직 말미암는 것이니, 어떤 물도 형태를 갖추지 않을 수 없다. 무릇 물이 생겨나는 까닭과 공이 이루어지는 이유는 모두 연유하는 바가 있기 때문이다. 연유하는 바가 있다고 말하

107) 『하상공주』 "道生萬物. 德, 一也. 一主布氣而蓄養. 一為萬物設形像也. 一為萬物作寒暑之勢以成之. 道德所為, 無不盡驚動, 而尊敬之."

는 것은, 도로 말미암지 않음이 없다는 말이다. 그러므로 추적해 보면 끝에 이르게 되는데, 역시 도에 이른다. 그 연유한 바에 따르기에 각기 칭하는 것이 있다. 도란 물이 말미암는 바요, 덕이란 물이 얻는 것이다. 말미암아야 이내 얻을 수 있으므로 고로 말하기를, 부득불 존중하는 것을 잃어버리면 해가 되기에 부득불 귀하게 여기는 것이다"[108]라고 했다. 연유하는 바에 따라 이루어지는 과정으로 설명하는 것이다.

첫 문장이다. "도는 낳고 덕은 기르니, 물은 형상을 갖추고 세를 이룬다"라고 했다. 여기서 도가 낳는다는 표현은 42장에서 "도는 하나를 낳고, 하나는 둘을 낳고, 둘은 셋을 낳고, 셋은 만물을 낳는다"라고 할 때 사용된 적이 있다. 도가 하나를 낳고 결국에는 만물을 낳게 되었다. 이만큼 도는 절대적인 위치에 있음을 알 수 있다. 『시경』 '대아(증민)편'에서 주나라의 백성들을 일컬으며 "하늘이 뭇 백성을 낳으시니, 사물에는 각기 정한 법칙이 있구나. 백성들은 타고난 천성을 지켜 아름다운 덕을 좋아하네"[109]라고 노래하는 구절에서도 하늘이 백성을 낳는다고 표현하고 있다. 당시에는 숭배의 정점이 하늘에 있어서 하늘이 낳는다고 보았다. 반면에 하늘이 아닌 도가 낳는다는 노자의 우주관에 유념할 필요가 있다.

이렇듯 도가 천하에 주재하고 있으면 덕으로 만물을 기르니, 이로 인해 물들은 각자 형상을 갖출 수 있다고 했다. 형상은 그릇으로 완성될 골격으로, 결국 도가 생겨나 덕이 베풀어지면 물들은 자신의 그릇을 만

---

108) 『왕필주』 "物生而後畜, 畜而後形, 形而後成. 何由而生. 道也. 何得而畜. 德也. 何由而形, 物也. 何使而成. 勢也. 唯因也, 故能無物而不形. 唯勢也, 故能無物而不成. 凡物之所以生, 功之所以成, 皆有所由. 有所由焉, 則莫不由乎道也. 故推而極之, 亦至道也. 隨其所因, 故各有稱焉. 道者, 物之所由也. 德者, 物之所得也. 由之乃得, 故日 不得不失尊之則害不得不貴也."
109) 시경 대아 증민 "天生蒸民, 有物有則, 民之秉彛, 好是懿德."

들어 갈 수 있다는 말이다. 이 구절에서 勢(세)란 쓰임이 있는 그릇으로서의 기세나 위세의 뜻이다.

여기서 '勢成之(세성지)'의 '勢(세)'의 의미에 대해 조금 더 살펴보자. 『한비자(韓非子)』에는 세(勢)의 개념을 설명하는 조(趙)나라 신도(愼到, BC 350~275)의 말이 인용되어 있다. "세(勢)란 것은 단지 어진 사람만이 쓰도록 하고 어리석은 자로 하여금 쓰지 못하게 할 수 있는 것이 아니다. 다만 어진 사람이 그것을 사용하면 천하가 다스려지고, 어리석은 자가 그것을 사용하면 천하가 어지러워진다. 사람의 성정을 보면 어진 사람은 적고 어리석은 사람은 많다."[110] 신도가 말한 '세'는 중요 통치 수단인 군주의 위세의 중요성을 뜻하는 용어로, 군주의 도덕성보다는 존엄한 위세가 권력 유지의 근본 비결이라는 주장을 담고 있다.

법가사상을 정리한 이는 한비자이지만, 법가에는 세 갈래의 큰 학파가 있었다. 첫째는 법(法)을 강조한 상앙이고, 두 번째는 술(術)을 강조한 신불해, 세 번째는 세(勢)를 강조한 신도였다. 한비자는 이 가운데 어느 것 한 가지로 통치할 수 없으며, 군주는 법·술·세라는 그릇을 모두 사용해야 한다고 주장했다. 나아가 철저히 이기적 존재인 인간에게 공과에 따른 상벌을 주어야 한다고 보았다.

한비자는 세(勢)의 내용을 대체로 네 가지 의미로 본다. 첫 번째는 높은 지위에서 생기는 정치적인 통제력, 두 번째는 신하를 제압하는 강력한 힘, 세 번째는 권력의 자루이자 법을 시행하는 정치력, 네 번째는 기회를 통제할 수 있는 능력이자 군신의 지위를 역전시킬 수 있는 세력화

110) 한비자(韓非子) 제40 난세(難勢) "夫勢者, 非能必使賢者用己, 而不肖者不用己也. 賢者用之則天下治, 不肖者用之則天下亂. 人之情性, 賢者寡而不肖者衆."

능력이다.

앞에서 '勢(세)'의 뜻을 법가사상을 통해 살펴보았지만, '세'는 강력한 힘을 가지고 있어 쉽게 무너지지 않는 무형의 힘이다. 도로 이룬 천하는 물들이 각각의 그릇으로 나름의 세를 갖추고 있다는 말이다. 이 때문에 만물은 모두가 도를 우러러보고 덕을 귀하게 여긴다고 말하는 것이다.

道之尊, 德之貴, 夫莫之命而常自然.
도를 우러러보고 덕을 귀하게 여기는 것은, 명하지 않고 항상 스스로 그러하게 맡겨두기 때문이다.

'목숨 명(命)'자가 백서(갑을)에서는 '벼슬 작(爵)'으로 되어 있다.

하상공은 "도와 하나는 만물을 명령해 부르지 않아도 스스로 그러하여 그림자나 메아리와 같이 그것에 응한다"[111)]라고 풀이했다. 하상공의 '하나[一]'는 덕을 말하는 것으로, 도와 덕은 만물에게 명령하지 않아도 늘 스스로 그러함의 도와 덕에 반응한다는 말이다. 왕필은 설명 대신 "命(명)자는 爵(작)자와 나란히 쓰인다(命, 竝作爵)"라고 했다.

德(덕)자는 주나라 이전의 금문이나 갑골에서는 찾아볼 수 없다고 한다. 아무튼 덕의 정신은 주나라 사람들이 가졌던 사상으로, 주나라의 군주가 갖추어야 할 가장 기본적인 자질이라 할 수 있다. 주나라 왕은 천명을 받아 직접 백성들을 다스리는 통치권을 위임받았다고 볼 수 있다.

---

111) 『하상공주』 "道一不命召萬物, 而常自然應之如影響."

여기서의 조건은 군왕이 덕을 갖추는 일이다. 그 근원은 주나라의 시조인 후직(后稷)의 탄생설화와 연결되어 있다.

후직의 어머니는 강원(姜嫄)이다. 『시경』 '대아(생민)편'에 "처음 백성을 낳으신 분은 바로 강원이시다. 백성들이 어떻게 생겨나게 되었는가. 정결하게 제사하여 자식이 없는 액운을 좇아내시고, 상제의 엄지발가락을 밟고 크게 감동하고 그 자리에 쉬어 머무르니, 곧 아이를 가지고 낳아 기르시니, 이가 바로 후직이다"[112]라고 했다. 즉 '후직은 상제의 자식'이라는 설정을 하고, 상제를 조선(祖先)으로 여겨 하늘과 조상을 함께 섬기는 상제의식으로 변화되었다. 생민을 위하는 상제의 명이 곧 천명이고, 이를 군왕이 실천하는 것은 바로 덕이라는 하나의 등식이 성립된 것이다. 이 시대의 덕은 천명을 받기 위한 군왕의 덕과 각 씨족들의 조상의 덕으로 나누어져 있는 듯 보인다.

도를 우러러보고 덕을 귀하게 여기는 것은 명하지 않고 항상 스스로 그러하게 맡겨두기 때문이라고 했다. '命(명)'자가 백서에서 '벼슬 작(爵)'으로 쓰인 것으로 보면, 벼슬이 없어도, 시키지 않아도 백성들이 스스로 그러한다는 것은 천하가 능동적으로 움직인다는 말이다. 이처럼 도로 다스리는 세상은 강제로 행하지 않고 무위로 보살피고 있음을 보여주고 있다.

故道生之, 德畜之, 長之育之, 亭之毒之, 養之覆之.

그러므로 도는 낳고 덕은 기른다는 것은, 오래도록 기르면서 시련을 극복하게

112) 詩經 大雅 生民 "厥初生民 時維姜嫄 生民如何 克禋克祀 以弗無子 履帝武敏 歆攸介攸止 載震載夙 載生載育 時維后稷"

하는 것으로, 양육하면서 덮어 주는 것이다.

백서(갑을)에서는 '도생지'와 '덕축지' 앞에 '옛 고(故)'자와 '큰 덕(德)'자가 생략되어 있으며, '亭之(정지)'와 '毒之(독지)'가 하상공 본에서는 '成之(성지)'와 '孰之(숙지)'로 되어 있다.

하상공은 "도는 만물에 있어서 단지 낳는 것뿐만 아니라 이내 다시 길러 주고 키워 주며, 성숙케 하고 덮어 주고 양육해 주어 그 성명(性命)을 온전하게 해 준다. 군주가 나라를 다스리고 몸을 다스릴 때도 또한 이와 같아야 한다"[113]라고 했다. 왕필은 "그 진실한 바를 이루어 각기 보살펴 주는 것을 얻으니, 그 몸을 다치지 않는다는 말이다"[114]라고 했다. 자세한 설명은 들을 수 없다. 범응원은 '亭(정)'을 응결하는 것이며, '毒(독)'은 편안히 하는 것이라고 하여 모두 만물을 기르는 쪽에서 설명하고 있다.

이 문장은 도가 행해지고 있는 천하에서의 물들이 자신들의 그릇을 스스로 만들어 가면서 살아가는 과정을 그리고 있다. 천하에 도가 자리하면 물들을 덕으로 오랫동안 보살피기에, 물들이 유약하여 겪게 되는 시련을 스스로 극복하게 만들어 주고, 성장하여 번식하는 과정에서의 허물을 덮어 준다는 것이다. 이 구절에서 育(육)이 어릴 때를 말한다면, 養(양)은 성장해서 다음 세대를 양육하는 과정까지를 말하는 것으로 보인다.

이처럼 도와 덕은 만물이 생애를 평온하게 살아갈 수 있도록 뒷받

113) 『하상공주』 "道之於萬物, 非但生而已, 乃復長養, 成孰, 覆育, 全其性命. 人君治國治身, 亦當如是也."
114) 『왕필주』 "謂成其實, 各得其庇蔭, 不傷其體矣."

침해 주고, 물은 이러한 보살핌으로 스스로 그러하는 삶을 살아간다. 도와 덕이 천하에서 존경받고 귀하게 여겨지는 까닭이 여기에 있다. '亭之毒之(정지독지)'는 소장(消長)의 법칙으로 시련의 기간을 거치며 성장한다는 뜻이다.

> 生而不有, 爲而不恃, 長而不宰, 是謂玄德.
> 생겨나더라도 소유하지 않고, 하더라도 믿고 의지하지 않도록 하며, 오래하면서도 주재하지 아니함을 일러 현묘한 덕이라 한다.

판본별로 자수가 조금 다르나 의미상에는 차이가 없다.

하상공은 "도는 만물을 낳지만, 만물을 취해 이용하는 일이 없다. 도는 베푸는 바에 대해 그 보답을 기대하거나 바라지 않는다. 도는 만물을 자라게 하고 기르지만 이롭기 위해 주재하거나 나누지 않는다. 도가 행하는 은혜와 덕은 현묘하고 어둑해 볼 수 없다"[115]라고 풀이하고 있다. 왕필은 "행하였지만 있다고 하지 않는다. 덕이 있으나 그 주인 됨을 알지 못한다. 깊숙하고 어두운 곳에서 나왔기 때문에 현묘한 덕이라 일컫는 것이다"[116]라고 했다.

이 문장은 이미 10장에서 나왔다. 도와 덕은 생겨나더라도 소유하지 않고, 하더라도 믿고 의지하지 않도록 하며, 오래하면서도 주재하지 않는다고 말하면서 이것을 일러 현묘한 덕이라 했다. 드러나지 않고 덕을

115) 『하상공주』 "道生萬物, 不有所取以為利也. 道所施為, 不恃望其報也. 道長養萬物, 不宰割以為利也. 道之所行恩德, 玄闇不可得見."
116) 『왕필주』 "爲而不有. 有德而不知其主也, 出乎幽冥, 謂之玄(元)德也."

베푼다는 것은 선의 행함과 같다. 『도덕경』에서는 '玄(현)'자가 자주 쓰인다. 왕필은 "알지 못하는 깊숙하고 어두운 곳에서 나온 것"이라 하였고, 소자유는 "사물들이 알지 못하는 것", 오징은 "현묘하여 헤아릴 수 없는", 하상공은 "현은 하늘이다, 현묘하고 어둑하여 볼 수 없는 것이다", 박세당(朴世堂)은 "심오하고 미묘한 것이다" 등으로 어둡고 오묘하며, 볼 수 없고 아득한 것 등으로 묘사되고 있다. 이들의 설명처럼 현이란 인간의 이성으로 이것이라고 명명할 수 없는, 꼭 집어 보여줄 수 없는, 정형화할 수 없는 존재임을 표현하는 글자로 보인다. 鳳

제 52 장

그 어미가 얻은 것을 그 자식이 알게 한다.

天下有始 以爲天下母

천하유시 이위천하모

旣得其母 以知其子 旣知其子 復守其母 沒身不殆

기득기모 이지기자 기지기자 복수기모 몰신불태

塞其兌 閉其門 終身不勤

색기태 폐기문 종신불근

開其兌 濟其事 終身不救

개기태 제기사 종신불구

見小曰明 守柔曰强

견소왈명 수유왈강

用其光 復歸其明 無遺身殃 是爲襲常

용기광 복귀기명 무유신앙 시위습상

천하에는 시작이 있으니, 그것을 천하의 어미로 삼는다.

이미 그 어미가 얻은 것을 그 자식이 알게 하고, 이미 그 자식이 알게 된 것으로 다시 그 어미를 지키면, 몸을 다해도 위태롭지가 않다.

그 바꾸는 것을 막아 그 문을 닫으면, 몸을 다할 때까지 수고롭지 않다.

그 바꾸는 것을 열어 그 일에 도움이 되었다 하더라도, 다할 때까지 구제할 수 없다.

작은 것을 보는 것을 일러 밝음이라 하고, 유연한 것을 지키는 것을 일러 강하다고 한다.

그 빛을 써서 다시 그 밝음으로 돌아가면, 몸에 재앙을 물려주는 것은 없다.

이것은 늘 따르고 익혀야 하는 것이다

[해설]

天下有始, 以爲天下母

천하에는 시작이 있으니, 그것을 천하의 어미로 삼는다.

판본의 기록이 일치한다.

하상공은 "시(始)는 도다. 도는 천하 만물의 어미가 된다"[117)]라고 해서 범응원과 함께 시작과 어미는 모두 도를 가리키고 있다고 했다. 이 장을 1장과 연결시켜 우주 발생론으로 풀이하는 학자도 있다. 소자유와 육희성은 始는 무명(無名), 母는 유명(有名)으로 보았다. 왕필은 간단히 어미[母]는 근본을 가리킨다고 했다.

이 문장은 '천하'의 의미를 '천지'의 시작으로 확대 해석해서 우주의 생성차원으로 끌고 가는 경향이 있었다. 그러나 전체 문장의 문맥으로 보면, 만물이 최초로 생성되어 현재까지 존속할 수 있었던 그 과정을 설명하면서 이를 통해 다스리는 이들이 깨달음을 얻게 한다는 의미로 되어 있다. 천하에는 시작이 있다고 했다. 모든 것에 시작이 있다는 것을 부정하는 사람은 없을 것이다. 다만 시작은 있었으나 중간에 사라져 현재 남아 있지 않을 뿐이다. 하늘 아래 처음 시작되는 것이 있을 경우, 우리는 그것을 어미라고 부를 수 있다. 이러한 것을 마루[宗]라 부르기도 한다. 물질이든 사상이든 최초의 시작이 있는 것이다.

---

117) 『하상공주』 "始, 道也. 道為天下萬物之母."

既得其母, 以知其子, 既知其子, 復守其母, 沒身不殆.
이미 그 어미가 얻은 것은 그 자식이 알게 하고, 이미 그 자식이 알게 된 것으로 다시 그 어미를 지키면 몸을 다해도 위태롭지가 않다.

이 문장에서는 '旣知其子(기지기자)'의 부분이 백서(갑)에서 생략되어 있는 것을 제외하면 별다른 점은 없다.

하상공은 "자식은 하나[一]이다. 이미 도를 알았으면 다시 하나를 알아야 한다. 이미 그 하나를 알았으면 다시 도를 지켜 무위로 돌아가야 한다. 위태롭지 않다"[118]고 하여, 도에서 하나로 하나에서 무위로 돌아가야 한다고 설명한다. 왕필은 "어미는 본(本)이고 자식은 말(末)이다. 근본을 얻어 끝을 알아야지 근본을 버리고 끝을 좇아서는 아니 된다"[119]라고 했다. 이 문장에서 어미[母]는 무엇이고 자식[子]은 어떤 것을 가리키는 것인가에 대한 주장이 학자마다 조금씩 다르다. 어미를 하상공은 도(道)라고 보았고, 왕필은 근본(本)으로, 소자유와 육희성은 유명(有名)이라 했다. 또한 자식은 하상공과 육희성은 하나[一]로, 왕필은 끝[末]으로, 소자유는 만물로 보았다.

"이미 그 어미가 얻은 것으로 그 자식이 알게 한다"라고 말한다. 시작이 있다는 것은 이미 무엇을 가지고 있음이다. 새로운 나라를 여는 왕이 천명을 받아 나라를 세웠다고 말하는 것처럼 나라도 통치 이념을 가지고 시작하는 것이며, 하찮은 미물도 아무것도 없는 상태에서 순식간에

118)『하상공주』"子, 一也. 旣知道己, 當復知一也. 己知一, 當復守道反無為也. 不危殆也."
119)『왕필주』"母, 本也. 子, 末也. 得本以知末, 不舍本以逐末也."

공중에서 떨어지는 것은 아니다. 따라서 시초는 어떠한 근본을 지니고 있는 것이며 이것을 그 어미가 갖고 있는 것이라 말하는 것이다. 이 구절에서 어미[母] 앞에 '손에 넣다'는 '得(득)'자를 쓰고, 자식[子] 앞에 '알게 하다'는 '知(지)'자를 쓴 이유이기도 하다. 바꾸어 말하자면 사물의 본질이나 본바탕인 근본이 어미이며 어미가 근본인 셈이다. 이 근본을 자식에게 알게 한다고 했다. 여기서 자식이라 함은 어미를 이어갈 후대를 말한다. 이 후대가 새로운 환경을 접하게 될 것인 바, 새로운 경험을 통해 근본을 더욱 굳건히 하는 것이다. 어미가 있음에도 다른 생존의 방식을 선택하는 것을 경계하는 말이다. 천하의 모든 것은 그 어미(근본)를 지키면 죽을 때까지 위태롭지가 않다고 했다. 이는 노자가 줄곧 주장했던 말씀이다.

塞其兌, 閉其門, 終身不勤.
그 바꾸는 것을 막아 그 문을 닫으면, 몸을 다할 때까지 수고롭지 않다.

죽간(을)에서는 어순이 바뀌어 있는 부분도 있고, '근(勤)'이 '앓을 매(痗)'로 되어 있으나 두 글자 모두 '근심하다'는 뜻을 갖고 있다. 근심하는 것이나 수고로운 것이나 문맥상 그리 다르지 않다.

하상공은 "兌(태)는 눈[目]이다. 눈으로 망령되게 보지 않게 한다. 門(문)은 입[口]이다. 입으로 망령되게 말하지 않게 한다. 사람의 눈을 막아 망령되게 보지 말아야 하고, 입을 닫아 망령되게 말하지 말아야 한다. 그러면 죽을 때까지 부지런히 힘쓰지 않을 것이다"[120]라고 태와 문을 눈

120) 『하상공주』 "兌, 目也. 使目不妄視也. 門, 口也. 使口不妄言, 人當塞目不妄視, 閉口不妄言, 則終生不勤苦."

과 입으로 풀이했다. 왕필은 "태(兌)는 하고자 하는 욕심이 나오는 곳이요, 문은 하고자 하는 욕심이 따라가는 곳이다. 일이 없으면 오랫동안 편안할 것이며 몸이 다하도록 수고롭지 않다"[121]라고 했다. 왕필은 태(兌)를 일하고자 하는 욕심이 나오는 구멍으로 보는 듯하다. 일이 없으면 수고롭지 않다는 것은 무위를 염두에 둔 풀이로 보인다. 이 문장도 전체 글에 대한 시각이 다르므로 여러 주장이 있는 것이 당연하다.

이 문장의 해석은 모두가 어려워한다. 어떤 것을 막고 문을 닫았는데 수고롭지 않다고 하니, 도대체 어떤 경우가 이에 해당하는지 난감하다. 이 때문에 학자들은 문장 가운데 태(兌)라는 글자에서 실마리를 찾아보려고 했던 것 같다. '兌(태)'의 의미를 '눈으로, 입으로, 구멍으로, 기쁨'으로 보고자 했고, 이 가운데 구멍을 일종의 입으로 볼 수 있기에 태를 입으로 보는 것이 합당하다고 여기는 사람이 많았다. '태(兌)'를 입[口]으로 보면 '門(문)'을 귀[耳]로 풀어서 "그 입을 막고 그 귀를 닫으라"라고 풀이한다. 왕필 역시 구멍으로 보았지만 '일이 만들어져 나오는 곳'이라고 풀었다. 또한 '욕망의 구멍'으로 해석하여 금욕을 지키거나 화를 부르지 않는다는 식으로 설명을 이어가기도 한다.

그러나 이와 같은 풀이는 그 뜻하는 바를 앞 문장과 연결시키기 어렵다는 아쉬움이 남는다. 이 문장에서 노자가 사용한 '태(兌)'자는 학자들의 이러한 고민에도 불구하고 특별한 의미를 가지고 있지 않다. '바꾸다, 교환하다'라는 평범한 뜻을 가지고 있을 뿐이다. 이 구절에서 '그[其]'란 바로 앞 문장에서의 "이미 그 어미가 얻은 것은 그 자식이 알게 하고,

121) 『왕필주』 "兌, 事欲之所由生. 門, 事欲之所由從也. 無事永逸, 故終身不勤也."

이미 그 자식이 알게 된 것으로 다시 그 어미를 지키는 것"을 말하는 것이다. 즉 이러한 순리를 바꾸려 하는 것을 말한다. 따라서 이 문장은 앞 문장을 보완 설명하는 글로써, 후대들이 순리를 가볍게 여겨 근본을 바꾸려 하거나 그 근본을 무시하는 행위를 경계하라는 말씀이다. 이를 지킨다면 다스리는 이가 몸을 다할 때까지 수고롭지 않다고 당부한다.

開其兌, 濟其事, 終身不救.
그 바꾸는 것을 열어 그 일에 도움이 되었다 하더라도, 다할 때까지 구제할 수 없다.

'열 개(開)'자는 죽간(을)과 백서(갑을)에서는 같은 의미인 '열 계(啓)'로 되어 있으며, '건널 제(濟)'자와 '구원할 구(救)'자는 죽간(을)에서 '굿할 새(賽)'와 '다스릴 치(治)'자로 되어 있다. 이들 글자 또한 전하고자 하는 의미에 차이가 없다.

하상공은 "눈을 열어 정욕을 보는 것이다. 제(濟)는 더하다[益]는 뜻이다. 정욕의 일을 증가시킨다는 말이다. 재앙과 난리가 일어날 것이다"[122]라고 하여 정욕으로 인해 화와 어려움에 봉착할 것이라 풀이하고 있다. 왕필은 "그 근원을 닫지 않고서 그 일을 이루어 내므로 비록 몸이 다하더라도 구해 내지 못한다"[123]라고 풀었다. 일하고자 하는 욕심이 나오는 곳을 닫지 않고는 결국 제대로 하지 못한다는 것이다.

122) 『하상공주』 "開目視情欲也. 濟, 益也. 益情欲之事. 禍亂成也."
123) 『왕필주』 "不閉其原, 而濟其事, 故雖終身不救."

이 문장에 대한 학자들의 해설도 이전과 같은 패턴으로 이어지고 있다.

'濟其事(제기사)'에서 '건널 제(濟)'자는 죽간(을)에서 '굿할 새(賽)'로 되어 있다. 무속에서 굿을 뜻하는 새(賽)자와 물을 건너가게 하여 구제한다는 의미의 제(濟)이다. '終身不救(종신불구)'의 구절도 '구원할 구(救)'자가 죽간(을)에서는 '다스릴 치(治)'자로 되어 있다. "몸이 다할 때까지 다스릴 수 없다"는 말은 그 다스림이 오래 갈 수 없다는 뜻이다. "몸이 다할 때까지 구제되지 않는다"는 통행본의 구절과 다를 바 없다. 이 문장은 앞의 글과 이어지는 내용으로, 다스리는 이가 그동안 지켜왔던 순리를 바꾸어 더 낫다고 생각하는 새로운 통치 질서를 만든다면 그것이 현재의 난국을 해결하는 데에는 도움이 된다 하더라도 죽을 때까지 백성들을 구제할 수는 없다는 것이다. 즉 도리를 지키지 않고 행하는 일은 잠시 효과는 볼 수 있어도 근본적인 처방이 될 수 없음을 다시 강조하고 있다.

見小曰明, 守柔曰强.
작은 것을 보는 것을 일러 밝음이라 하고, 유연한 것을 지키는 것을 일러 강하다고 한다.

판본들의 기록이 동일하다.

하상공은 "싹이 아직 움트지 않고 재앙과 난리가 아직 보이지 않는 것을 작다고 하고, 확연하게 혼자 보는 것을 밝음이라 여긴다. 유약함을 지키면 날로 강대해지는 것이다"[124]라고 풀이했다. 재앙과 난리가 아직 드러나지 않았을 때 작은 기미를 보는 눈이 밝음이요, 유약함을 지키면 강대해질 수 있다 했다. 왕필은 "다스려 공으로 하려는 것이 큰 것에 있지 않으니, 큰 것을 보는 것은 밝지 않고, 작음을 보는 것이 곧 밝음이다. 강함을 지키는 것은 강하지 아니하며, 유약한 것을 지키는 것이 곧 강한 것이다"[125]라고 했다. '작을 소(小)'를 바라보는 입장이 서로 다르다.

"작은 것을 보는 것을 일러 밝음"이라 했다. 여기서 작은 것이란 결과로 나타나는 큰 것이 아니라 결과를 만들어 내는 소소하게 작은 원인들이라 할 수 있다. 작은 것이 모여 큰 것을 이루는 법이니, 결국 소소한 원인들을 아는 것이 밝음이라 할 수 있다. 일이 커진 다음에야 볼 수 있다면, 혹시 잘못 될 경우 호미로 막을 것을 가래로 막는 격이 아니겠는가. 따라서 작은 것들을 가벼이 여겨 쉽게 행동하는 것을 지적하는 것이다. 이어서 "유연한 것을 지키는 것을 일러 강하다"라고 했다. 여기서는 부드럽다는 유(柔)자가 뜻하는 것이 무엇인지를 알아 보는 것이 중요하다. 부드러움은 모나지 않은 것으로 이질적인 것들과도 친화적인 것이다. 굳어있거나 강하지 않기에 나와 다르다고 억지로 이끌고 가지 않는다. 따라서 천하에 변화가 생겨도 모두 유연하게 품어 함께 가는 길을 모색한다. 이렇게 유연함을 지키는 것이 진정 강하다는 말씀으로 이 역시 큰 곳에서 조화를 유지하는 방식이다.

用其光, 復歸其明, 無遺身殃. 是爲習常.

---

124) 『하상공주』 "萌芽未動, 禍亂未見為小, 昭然獨見為明. 守柔弱, 日以強大也."
125) 『왕필주』 "爲治之功不在大, 見大不明, 見小乃明. 守强不强, 守柔乃强也."

그 빛을 써서 다시 그 밝음으로 돌아가면, 몸에 재앙을 물려주는 것은 없다. 이 것은 늘 따르고 익혀야 하는 것이다.

백서(갑)에서는 '是爲襲常(시위습상)'으로 되어 있어 '익힐 습(習)'이 '엄습할 습(襲)'자로 쓰여 있다. 하지만 習은 원래 '習俗(습속)'의 뜻이며, 襲(습)은 예전의 풍습, 습관, 예절 따위를 그대로 따른다는 '因襲(인습)'의 의미여서 서로 뜻하는 바가 같다. 다만 '항상 상(常)'의 경우 『도덕경』의 대부분 장에서 백서에서의 恒(항)자를 피휘(避諱)한 글자로 바꾸어 쓰인 글자였으나, 이번 장에서는 백서에서 그대로 常(상)자로 적혀 있는 것이 특별하다. 16장과 52장, 55장에서만 쓰였다. 이는 그동안의 恒(항)자와 다른 의미로 쓰였다고 볼 수 있다.

하상공은 "밖으로 그 눈빛을 써서 세상의 이로움과 해로움을 살펴본다. 다시 그 광명을 안으로 되돌려, 정과 신이 새는 것이 없게 한다. 안으로 신이 있음을 보면, 새거나 잃지 않는다. 사람이 이를 행할 수 있으면, 이는 항상 도를 닦고 익힌다고 말하는 것이다"[126]라고 했다. 왕필은 "도를 드러내서 백성의 미혹함을 제거한다. 분명하게 살피지 않는 것이다. (앞에서 말하였던 것은) 도의 항상함이다"[127]라고 했다. 하상공과 왕필의 주해처럼 이 문장에 대한 해석도 다양하다. 마지막 구절에서 익힌다는 것은 대체로 '도'를 말하는 것으로 바라보고 있다.

그럼 마지막 문장을 살펴보자.

---

126)『하상공주』"用其目光於外, 視時世之利害. 復當返其光明於內, 無使精神泄也. 內視存神, 不為漏失. 人能行此, 是謂修習常道."
127)『왕필주』"顯道以去民迷. 不明察也. 道之常也."

'用其光(용기광)'에서 그 빛[光]이란 어떤 빛을 말하는 것일까? 빛은 어둠을 물리치는 하나의 밝음이다. 앞 문장에서 "작은 것을 보는 것을 일러 밝음이라 하고, 유연한 것을 지키는 것을 일러 강하다"라고 말했다. 그렇다면 빛은 작은 것을 보는 지혜라 할 수 있다. 작은 것을 볼 줄 알면 밝음으로 돌아갈 수 있다는 것이다. 그렇다면 이 글에서 밝음이란 "이미 그 어미가 얻은 것은 그 자식이 알게 하고, 이미 그 자식이 알게 된 것으로 다시 그 어미를 지키면 몸을 다해도 위태롭지가 않다"는 깨우침이다. 따라서 이렇게 다스리면 "몸에 재앙을 물려주는 것이 없다"는 말씀이다. 이와 같은 필자의 해설은 앞서의 주해서와 다른 해석이어서 독자의 입장에서 보면 당황스러울 수도 있을 것이다. 하지만 『도덕경』을 끝까지 읽고 나면 나름의 견해가 생길 것으로 믿고 해석을 이어가겠다.

끝으로 "이것은 늘 따르고 익혀야 하는 것이다"라고 맺음말을 했다. 마지막 구절인 '是爲習常(시이습상)'이다. '익힐 습(習)'이 백서(갑)에서 '襲(습)'으로 쓰였는데, 습은 용(龍)과 옷[衣]이란 글자로 이루어져 있다. 본래의 뜻은 죽은 사람의 몸을 씻긴 다음 옷을 입히고 염포(殮布)로 묶는다는 '염습(殮襲)하다'이나, 예전의 풍습, 습관, 예절 따위를 그대로 따른다는 뜻으로 사용해 왔다. 여기서 용(龍)은 고대 중국에서 천자의 상징이다. 따라서 천하에서 만들어진 풍습이나 습관 등을 그대로 물려받는다는 것이다. 따라서 백서에 의하면 다스리는 자인 군왕에 대한 일갈이고, 통행본에 의하면 신분에 관계없이 모두에게 고하는 말씀이다.

모든 일에는 시작했던 근본이 있고 이 근본을 이어 나아가는 것이 올바른 길임을 명심하고, 이 점을 늘 몸에 배어 있도록 하여 자연스럽게 행해질 수 있도록 하라는 가르침이다. 옛 것이 온갖 풍상을 겪고도 살아남아 현재에 이르고 있다면, 그 존재가 지속될 수밖에 없는 이유와 그 실효성이 검증되고도 남지 않았겠는가? 鳳

제 53 장

대도는 심히 평탄한데 백성들은 지름길만 좋아한다.

使我介然有知 行於大道 唯施是畏

사아개연유지 행어대도 유이시외

大道甚夷 而民好徑

대도심이 이민호경

朝甚除 田甚蕪 倉甚虛 服文綵

조심제 전심무 창심허 복문채

帶利劍 厭飮食 財貨有餘

대리검 염음식 재화유여

是謂盜夸 非道也哉

시위도과 비도야재

나에게 알고 있는 것이 있다 하여 그러함에 끼어들게 한다면, 대도로 나아감에 있어 오직 비스듬하게 나가는 것을 두려워한다.

대도는 심히 평탄한데 백성들은 지름길만 좋아한다.

아침 조회를 지나치게 줄였더니 밭은 심하게 황폐되고, 창고는 대부분이 비었는데 옷은 화려하구나.

허리에는 날카로운 검을 차고 질리도록 먹고 마시는데도, 재화는 여유가 있다.

이것은 도둑질을 과시하라는 말이 되어 버리니, 도가 아니도다.

[해설]

使我介然有知, 行於大道, 唯施是畏.
나에게 알고 있는 것이 있다 하여 그러함에 끼어들게 한다면, 대도로 나아감에 있어 오직 비스듬하게 나가는 것을 두려워한다.

'낄 개(介)'자가 백서(갑을)에서는 '挈(설)'로 되어 있으나 '거느리다, 이끌다'라는 의미에서 보면 서로 같다. '베풀 시(施)'자도 '비스듬할 이(迆)'로 되어 있는 것을 보면 '비스듬히 가다'라는 '이(施)'의 의미로 쓰였다고 보인다. 비스듬하다는 것은 온전하지 아니함을 말한다.

하상공은 "개(介)는 대(大)란 뜻이다. 노자는 당시의 왕이 대도를 행하지 못하는 것을 안타깝게 여겨 이런 말을 한 것이다. 정사에 대해 크게 아는 것이 있다면, 대도를 행하여 몸소 무위의 교화를 실천할 것이라는 말이다. 유(唯)는 독(獨)이란 뜻이다. 거짓된 행위가 있음을 홀로 두려워하고, 도의 뜻을 잃을까 무서워한다. 선함에 상을 주고자 하지만 거짓된 선이 생겨날까 두렵고, 충성을 믿고자 하지만 거짓된 충성이 일어날까 두려워한다"[128]라고 풀이했다. 왕필은 "만일 내가 확고하게 아는 바가 있어 큰 도를 행하게 될지라도 시행하는 것만은 두렵다는 말이다"[129]라고 하였다. 이 문장에 대한 학자들의 주해는 노자가 나라를 다스리는 일에 나서는 것을 이런저런 이유로 주저하는 듯 나약한 인상을 갖게 만든다. 그러나 이 글은 노자가 생각하는 도의 정치와 당시의 지도자들이 행하고

128) 『하상공주』 "介, 大也. 老子疾時王不行大道, 故設此言. 使我介然有知於政事, 我則行於大道, 躬行無為之化. 唯 , 獨也. 獨畏有所施為, 恐失道意. 欲賞善, 恐偽善生, 欲信忠恐詐忠起."
129) 『왕필주』 "言若使我可介然有知, 行大道於天下, 唯施爲之是畏也."

있는 통치 방식과의 차이를 나타내는 글이라 할 수 있다.

첫 문장부터 풀이가 쉽지 않다. 문장의 '개(介)'에 대한 해석이 학자들마다 다르다. 통상 '사이에 낀다'는 뜻인데, 하상공은 크다[大]는 뜻으로 보았다. 반면에 많은 학자들은 작다는 뜻의 미(微)로 보고 "내가 조금이나마 아는 것이 있어서"라고 풀이한다. 그런데 이렇게 풀어 가면 노자의 한탄을 털어 놓은 글이 되어 버린다. 즉 도의 정치란 현실을 무시한 순진한 유토피아적 발상이고 실제의 정치에 변화를 가져오지 못하는 비현실적인 통치술임을 자인하는 꼴이다.

'사이 개(介)'자는 '사이에 끼어드는'이라는 뜻으로, 백서에서는 '거느리다, 이끌다'의 의미인 '설(挈)'자로 쓰여 있다. 이를 합해 보면 어떤 입장에 끼어들었다 즉 어떤 방향으로 이끄는 상황에 처했다는 말과 같다고 볼 수 있다. 이어 나오는 '그러할 연(然)'은 '그러하다, 이러하다, 그러하게 하다'라는 의미이다. 그리고 다음에 나오는 有知(유지)의 '知(지)'는 앞장인 52장에서 언급한 것과 같이 이미 그 어미가 얻은 것을 그 자식이 알게 하고, 이미 그 자식이 알게 된 것으로 다시 그 어미를 지키는 것처럼, 시초로부터 축적되어 온 것이 참다운 앎이라는 것을 아는 밝음을 말한다.

이와 같이 정리하면 첫 구절은 "나에게 알고 있는 것이 있다 하여 그러함에 끼어들게 한다면" 정도의 풀이가 가능할 것이다. 그런데 잘 살펴보면 이 구절에는 다음 구절들을 이해하게 하는 중요한 사실이 숨겨져 있다. 도의 정치는 무위자연이다. 성인이 무위로 행하여 모두가 스스로 그러함의 길로 가는 것이다. 그러나 이 문장에서는 스스로 그러함[自然]이 아니라 그러함[然]에만 개입하게 한다고 말하고 있다. 스스로[自]가 빠져 있음을 알 수 있다. 따라서 노자는 이와 같은 여건에서 자신에게 나라를 다스리는 일을 맡으라 한다면, "대도로 나아감에 있어 오직 비스듬하게 나가는 것을 두려워한다"라고 말한 것이다. 천하가 스스로 굴러갈 수 있도록 다스리려는 의도보다는, 백성들이 하여야 할 것을 마땅히 수행하도록 만들라고 요구하니 이는 두려운 일이라는 말이다. 따라서 이러한 정치는 도의 정상적인 궤에서 빗나간 정치로 장차 두려워할 만한 일들이 나타날 것이라 예견하면서 아래 문장에서 그 사례를 들고 있다. 자! 그럼 다음 구절을 읽어 보자.

大道甚夷, 而民好徑.
대도는 심히 평탄한데 백성들은 지름길만 좋아한다.

'而民好徑(이민호경)'은 백서(갑을)에서 '民甚好徑(민심호경)'으로 되어 있으나 같은 의미이다.

하상공은 "이(夷)는 평평하고 쉽다는 뜻이다. 경(徑)은 간사하고 바르지 않음을 뜻한다. 대도는 매우 평평하고 쉽지만, 사람들은 기울고 바르지 않은 길을 좋아한다"[130]라고 풀었다. 왕필은 "말하자면 큰 도는 넓고도 넓어 바르고 평탄하나 백성들은 오히려 그것을 버려두고 가려 하지 않으며, 기울고 바르지 않은 길로 다니기를 좋아한다. 하물며 다시 시행

130) 『하상공주』 "夷, 平易也. 徑, 邪, 不平正也. 大道甚平易, 而民好從邪徑也."

하여 큰 도의 가운데를 막겠는가. 그러므로 큰 도는 심히 평탄하나 백성은 사잇길을 좋아한다고 한 것이다"[131]라고 풀이했다.

율곡은 "도는 큰 길과 같으니 어찌 알기 어렵고 행하기 어렵겠는가. 다만 백성의 정감이 사사로운 뜻에 이끌려 지름길을 찾고 큰 길을 따라가지 않을 뿐이다"라고 하여 사람들의 사사로운 욕심을 지적했다.

노자가 살았던 시대적 상황을 알 수 있는 부분이다. 『논어』의 '옹야(雍也)편'에 '行不由徑(행불유경)'이라는 말이 나온다. 지름길을 취하지 말고 큰길로 가라, 즉 행동을 공명정대하게 해야 한다는 뜻이다. 맹자는 춘추시대에 의로운 전쟁이 없었다고 개탄한 바 있다. 『열국지』를 보면 그 시대 사람들이 패권을 다투고 이득을 추구하는 데만 혈안이 되어 아리아욕(我利我慾)을 위해 권모술수가 난무했다. 춘추전국시대는 그동안 세상을 지탱해온 가치와 규범이 허물어지고 이를 대신할 이념이 아직 나타나지 않은 혼돈의 시대였다. 신하가 임금을 죽이고, 아들이 아비를 죽이며, 동생이 형을 죽이는 일이 다반사로 벌어지는 등 사회체제와 인륜이 붕괴를 맞고 있었던 격변의 시대이기도 했다. 이처럼 혼란한 시대에는 미래의 불확실성이 높기에 일시적이고 임기응변적인 샛길을 찾는 사람들의 행태가 일상화되기 쉽다.

노자의 도의 길은 느리지만 오랫동안 이어질 수 있는 온전한 길로 나아가려는 것이다. 앞장에서 언급한 것과 같이 자신들의 어미가 하였던 길을 지키고 이어 나가는 것이 가장 현명한 방법이다. 모든 물들이 각자

---

131) 『왕필주』 "言大道蕩然正平, 而民猶尙舍之而不由, 好從邪徑, 況復施爲以塞大道之中乎. 故日 大道甚夷, 而民好徑."

의 근본을 잘 지켜 스스로 그러한 삶을 살아가는 일이다. 하지만 백성들은 이와 다른 환경이 주어지면 평탄한 길을 가지 않고 결과만을 얻으려는 지름길을 선호하게 된다는 것이다. 혼돈의 시대를 만나면 사람들은 조급해져서 여유를 가지고 차분하게 살아가지 못하기 때문이다. 혼돈은 위에서부터의 일탈에서 비롯된다. 군주가 백성들을 온전하게 믿지 못해 비스듬하게 다스린 결과가 어떻게 나타나는지 다음 문장에서 알 수 있다.

> 朝甚除, 田甚蕪, 倉甚虛. 服文綵, 帶利劍, 厭飮食, 財貨有餘.
> 아침 조회를 지나치게 줄였더니 밭은 심하게 황폐되고, 창고는 대부분이 비었는데 옷은 화려하구나.
> 허리에는 날카로운 검을 차고 질리도록 먹고 마시는데도, 재화는 여유가 있다.

'비단 채(綵)'자가 백서(갑을)에서는 '풍채 채(采)'로 쓰여 있다. 몸에 화려하고 고급스런 의복을 하고 있다는 뜻이다. '財貨(재화)'가 백서(을)에서는 '資財(자재)'로 표현되어 있다. '貨(화)'는 여러 가지로 바꿀 수 있는 물건이라는 뜻이 있고, '資(자)'자는 여러 가지 물건이 모인 것이니 곧 재물이 많음을 나타낸다.

하상공은 "높은 누각과 궁궐이 수리되어 있다. 농사일은 버려져 논밭을 갈지 않는다. 오곡이 해를 입어 나라에는 쌓아 놓은 것이 없다. 꾸밈과 거짓을 좋아하고 밖의 화려함을 귀하게 여긴다. 굳세고 강함을 숭상하여 무인 또한 사치스럽다. 즐기려는 욕망이 많아 만족하는 때가 없다"[132)]

---

132) 『하상공주』 "高台榭, 宮室修. 農事廢, 不耕治. 五穀傷害, 國無儲也. 好飾僞, 貴外華. 尙剛强, 武且奢. 多嗜欲, 無足時."

라고 하여 백성들의 삶은 어려우나 권력자의 사치와 향락은 만족을 모르는 지경임을 말하는 것이라 설명하고 있다. 왕필은 "조(朝)는 궁실(宮室)이요, 제(除)는 깨끗함을 좋아한다는 말이다. 조정이 매우 깨끗함을 좋아하면 밭은 매우 거칠어지고 곳간은 심하게 비게 된다. (궁궐) 하나를 설치했는데 갖가지 해가 생겨난다"[133]라고 하여, 궁궐만이 부유한 삶을 좋아하니 백성들의 살림살이가 황폐해져 간다고 풀이했다.

이 문장에서도 글자의 뜻을 헤아려 보자. '조(朝)'는 궁궐을 뜻하는 것이 아니라 조정의 조회(朝會)를 말하는 것이다. 주(周)나라 때는 고급 관료들이 새벽에 출근하여 먼저 대궐에서 불을 밝혔고, 이후에 임금이 나와 아침회의를 주재하였다. 그리고 대궐의 조회가 끝나면 각각 자기 집무실로 가서 소관업무를 집행했다. 이는 나랏일이 궁궐의 조회 중심으로 이루어지고 있음을 말하는 것이다.

남조시대 주흥사가 지었다는 『천자문』에 '坐朝問道 垂拱平章(좌조문도 수공평장)'이란 글이 있다. '坐朝問道'는 임금은 정사(政事)의 본바탕인 도리를 묻고 듣기만 하면 스스로 원칙을 세우지 않아도 잘 다스려진다는 뜻으로, 황로(黃老)에서 말하는 임금의 상을 가리킨다. '垂拱平章'은 『서경』의 '무성(武成)편'에 나오는 "신의를 돈독히 하고 의리를 밝히며, 덕을 높이고 공에 보답하니, 옷을 드리우고 팔짱을 끼고 가만히 있었는데도 천하가 다스려졌다(惇信明義 崇德報功 垂拱而天下治)"[134]라는 문장을 다시 쓴 것이다.

---

133) 『왕필주』 "朝, 宮室也. 除, 潔好也. 朝甚除, 則田甚蕪, 倉甚虛. 設一而衆害生也."

134) <서경>의 '무성'편에서 전쟁에 승리하고 돌아온 주나라 무왕의 정치에 대해 설명할 때 나온 글자다. "첫째, 제후를 제대로 봉하고, 둘째, 관리를 제대로 임명하며, 셋째, 윤리와 도덕교육을 실시하고, 넷째, 예절과 의리를 확립하고, 다섯째, 덕 있는 자에게 상을 주는 것 등 다섯 가지를 제대로 해결하기만 하면 임금은 별로 할 일이 없어 팔짱을 끼고 가만히 있기만 해도 된다"라고 했다.(이기동, <서경강설> 성균관대학교출판부)

아침 조회는 나랏일을 신하들이 서로 공유하며 자신의 역할을 충실히 하도록 만드는 장치이다. 나라의 어려움이 생기면 백성들이 스스로 나서서 이겨 나갈 수 있도록 신하들은 머리를 맞대고 방안을 마련해야 한다. 그러나 왕의 말을 줄이기 위해 조정의 조회를 심하게 줄였다는 말이다.

『회남자』 '주술훈'에서, 옛날에 신농씨가 천하를 다스릴 때는 돌아다니며 유람하다가 들어와 백성들을 기르는데, 도를 지켜 공평하게 하니 백성들이 다투는 일이 없었고 재물은 풍족했다고 했다. 그러나 말세의 정치는 그러하지 못했다고 하면서 "위에서는 취하기를 좋아하여 그 끝이 없었으며, 아래에서는 탐욕스런 이리와 같아서 사양함이 없었다. 백성들은 가난하고 고통스러워 분노가 생겨 다투었다. 사업을 힘써 노력해도 공로가 없었다. 지혜는 거짓의 싹으로 돋아나서 번성하였으며, 도적들은 더욱 불어났다. 위와 아래가 서로 원망하니 호령이 행해지지 못했다. 정사를 담당한 관리들은 도(道)로 돌아가는 것에 힘쓰지 않았다. 그 근본을 바로잡는 것을 거스르고 그 말단만을 닦아 다스렸다. 그 덕은 깎이고 박해지는데, 그 형벌은 모이고 누적하여 욕심을 채우는 정치를 했다"[135]라고 했다. 중국 삼황의 하나인 신농씨가 나라를 다스릴 때와 이후 도가 사라진 말세에 백성들이 살아가는 모습을 비교하고 있다.

이 문장의 중심은 조정의 아침 조회를 지나치게 줄였다는 구절이다. 조회를 심하게 줄인 의도는 도를 본받는 치자로서 새로운 일을 만들

135) <회남자> '주술훈' "上好取而無量 下貪狼而無讓 民貧苦而忿爭 事力勞而無功 智詐萌興 盜賊滋彰 上下相怨 號令不行 執政有司 不務反道 矯拂其本 而事脩其末 削薄其德 曾累其刑 而欲以爲治"

어 내는 것을 줄여 무위의 도를 실천하기 위함이다. 그러나 도자의 의도와는 달리 아직 정치 환경은 스스로 그러하는 분위기가 만들어지지 않은 상황임을 보여주고 있다. "밭은 심하게 황폐되고, 창고는 대부분이 비어 있는데 화려한 옷을 입고, 허리에는 날카로운 검을 차고 질리도록 먹고 마시는데도, 재화는 여유가 있다"라고 했다. 윗자리에 있는 자들이 자신의 역할을 제대로 하지 않고 백성들에게만 그 소임을 다하도록 요구한 결과다. 군왕은 신하와 백성들을 믿지 못해 권력을 바탕으로 한 통치 방식을 유지하고 있으며, 신하들은 군왕의 힘을 두려워하여 결과만을 얻으려 하기에 백성들에게 책임을 다하도록 권력을 휘두르고 있다는 추론이 가능하다. 결국 논밭은 심하게 황폐해지고 나라의 곳간도 대부분이 비어 있지만 관리들의 의복은 더 화려해져 가고 질리도록 먹고 마시는데도 관리들의 곳간에는 재화가 넘쳐난다는 것이다.

여기서 이러한 주장이 가능한 이유는 신하들이 허리에 날카로운 검을 차고 있다는 정황이다. 이는 自然(자연)에서 '스스로[自]'의 장치가 작동하지 못하는 데에서 비롯된 것으로, 군왕이 도의 정치를 정도대로 하도록 허용하지 않음에서 기인하고 있다.

是謂盜夸, 非道也哉.
이것은 도둑질을 과시하라 일컫는 것이니, 도가 아니도다.

'자랑할 과(夸)'자는 백서(을)에서는 '피리 우(竽)'로 쓰여 있다. 하상공본에는 '盜誇(도과)'의 글자가 구절 사이에 추가로 쓰여 있으나

이 또한 전달하는 의미에는 차이가 없다. '우(竽)'는 대나무의 여러 공명통을 이용하여 화음을 내는 관악기로, 춘추전국시대에 많이 사용되었다고 한다. 우생(竽笙) 또는 생황(笙簧)이라 부르는 이 악기는 묘족(苗族)이 만들었다고 하며, 죽관(竹管)의 수에 따라 13관은 和(화), 17관은 笙(생), 36관은 竽(우)로 부른다. '우'는 생황이라는 악기의 이름과 함께 패거리의 우두머리라는 의미를 가지고 있어 일단 부정적인 뜻으로도 사용된다고 볼 수 있다. 따라서 앞장서서 연주하는 모습이 자신의 행동을 자랑하는 모양새를 나타낸 것으로 보아 '자랑할 과(夸)'자와 다르지 않다고 본다.

하상공은 "백성은 부족한데 군주에게는 남음이 있는 것은 빼앗고 도둑질한 것으로 화려한 의복을 만들어 입고 남에게 과시하는 행위이다. 몸이 죽고 집안이 파산하는 것을 알지 못하고 친척들도 그렇게 뒤따른다. 군주가 하는 행위가 이와 같다면 이는 바른 도가 아니다. '也哉'라고 다시 말하는 것은 몹시 슬퍼하고 아프게 여긴다는 말이다"[136]라고 풀이했다. 왕필은 "모든 물은 그 도로써 얻은 것이 아니면 모두 삿된 것이다. 삿된 것은 바로 훔치는 것이다. 과시하지만 도로 얻지 않았으니 지위로 훔치는 것이다. 그러므로 도가 아닌 것을 들어서 도가 아닌 것을 밝혔으므로, 모두 도둑질한 것을 과시하는 것이다"[137]라고 하여 도로 얻지 않은 것은 모두 삿된 것이라 했다.

마지막 결어의 문장이다. 노자는 "이것은 도둑질을 과시하라 일컫는 것이니 도가 아니다"라고 말한다. 겉으로 드러난 것만 보면 나라가 이

136) 『하상공주』 "百姓不足而君有餘者, 是由劫盜以為服飾, 持行誇人, 不知身死家破. 親戚並隨之也. 人君所行如是, 此非道也. 復言也哉者, 痛傷之辭."
137) 『왕필주』 "凡物, 不以其道得之, 則皆邪也, 邪則盜也. 夸而不以其道得之, 竊位也. 故擧非道以明, 非道則皆盜夸也."

렇게 망가진 것은 조정의 조회를 심하게 줄인 것부터 시작된 일이다. 이렇게 무위를 지향하고자 한 행위가 결국 신하나 백성들에게 도둑질을 하도록 장려하는 꼴이 되었다는 말이다. 노자는 현실의 정치행태를 근본적으로 도에 따라 행하지 못하는 여건에서 나랏일에 개입하는 것은 처음부터 우려가 된다고 말했다. 그러하도록[然] 하려면, 먼저 각자가 스스로 근본에 충실할 수 있도록 여건을 조성한 연후에 행해야 하는데, 이를 빼놓고는 도의 정치가 실현될 수 없음을 지적하고 있다. 군주가 권력을 내려놓지 않고 무위의 형식만을 빌려 자신의 욕심을 이루려고 하는 것은 정도(正道)가 아님을 말하는 것이다. 군주가 스스로 그러함의 도의 정치를 온전하게 받아들여야 무위로 나라를 오랫동안 평온하게 다스릴 수 있다는 말이 아닐까? 鳳

제 54 장

선으로 세운 것은 뽑히지 않으며, 선으로 껴안은 것은 벗어나지 않는다.

善建者不拔 善抱者不脫 子孫以祭祀不輟
선건자불발 선포자불탈 자손이제사불철

修之於身 其德乃眞 修之於家 其德乃餘
수지어신 기덕내진 수지어가 기덕내여

修之於鄕 其德乃長 修之於邦 其德乃豊
수지어향 기덕내장 수지어방 기덕내풍

修之於天下 其德乃普
수지어천하 기덕내보

故以身觀身 以家觀家 以鄕觀鄕 以邦觀邦
고이신관신 이가관가 이향관향 이방관방

以天下觀天下 吾何以知天下然哉 以此
이천하관천하 오하이지천하연재 이차

선으로 세운 것은 뽑히지 아니하며 선으로 껴안은 것은 벗어나지 아니하니, 자자손손 제사가 끊어지지 않는다.
그것을 몸에 닦으면 그 덕이 이내 참되어질 것이요, 그것을 집안에 닦으면 그 덕이 이내 남음이 있다.
그것을 마을에 갖추면 덕이 이내 오래할 것이며, 그것을 나라에 갖추면 덕이 이내 풍성해질 것이다.
그것을 천하에 갖추면 그 덕은 이내 보편화된다.
그러므로 몸으로써 몸을 보고, 집안으로써 그 집안을 보게 되며, 마을로써 그 마을이 보이게 되고, 나라로써 그 나라를 볼 수 있듯이, 천하를 살펴보면 그 천하가 어떠한지를 볼 수 있다.
그대들은 천하가 그러하다는 것을 어찌 아는가? 이것 때문이다.

[해설]

善建者不拔, 善抱者不脫, 子孫以祭祀不輟.
선으로 세운 것은 뽑히지 아니하며 선으로 껴안은 것은 벗어나지 아니하니, 자자손손 제사가 끊어지지 않는다.

'그칠 철(輟)'자가 백서(을)에서는 '끊을 절(絶)'로 적혀 있으나 서로 통한다. 이어서 죽간(을)에서는 그 구절의 '祭祀(제사)' 앞에 '그 기(其)'자를 써 주었다.

하상공은 "건(建)은 세운다는 뜻이다. 도로써 몸을 세우고 나라를 잘 세우는 자는, 끌어 뽑아낼 수가 없다. 도로써 정과 신을 잘 끌어안은 자는 끝까지 떼어 내거나 벗어 버릴 수 없다. 철(輟)은 끊어진다[絶]는 뜻이다. 사람들을 위해 자손 된 자가 이와 같이 도를 닦을 수 있다면, 장생불사하고 대대로 이어져, 선조의 종묘에 대한 제사가 끊어질 때가 없다"[138] 라고 했다. 즉 도로써 세운 것은 무너지지 않으니 종묘에 대한 제사도 끊어질 수가 없다고 풀이한다. 왕필은 "그 뿌리를 튼튼히 한 이후에 그 말단을 다스리므로 뽑히지 않으며, 많은 것을 탐하지 않고 할 수 있는 것만을 가지런히 하기에 이탈되지 않는다. 자손들이 이 도를 전하기를 제사로써 한다면 끊어지지 않은 것이다"[139]라고 했다. 왕필도 이러한 것들이 도를 펼치는 것으로 보고 있다. 오징과 소자유도 실제로 세우거나 보듬은 것이 아니라 무위로 한 것이기에 뽑을 수도 없고 달아나지도 않는 것

138) 『하상공주』 "建, 立也. 善以道立身立國者, 不可得引而拔之. 善以道抱精神者, 終不可拔引解脫. (輟, 絕也). 為人子孫能修道如是, (則)長生不死, 世世以久, 祭祀先祖, 宗廟無絕時."
139) 『왕필주』 "固其根而後營其末, 故不拔也. 不貪於多, 齊其所能, 故不脫也. 子孫傳此道以祭祀則不輟也."

이라고 풀이한다.

이 문장에서 주어는 문장 속에 내포되어 있는 도가 아니라 선(善)이다. 그러나 대부분의 주해에서는 선을 건(建)과 포(抱)를 수식하는 글자로 여기고 '잘 세운 것'과 '잘 껴안은 것'으로 풀이하고 있다. 오징이나 소자유는 "잘 세운다는 것과 잘 껴안는다는 것은 세상에 실제로 행한 것이 아니라 무위로 세우고 껴안은 것"이라 했다. 그러하기에 뽑히지 아니하고 달아나지도 않는 것이라 설명한다. 그러나 이는 추측에 불과하다. 무엇을 어떻게 잘 세웠는지는 전체의 글 안에서 찾아보기 어렵다.

무위는 도를 기반으로 해야 한다. 그렇다면 이 문장의 주어가 따로 있어야 한다. 바로 선(善)이다. 선(善)은 오늘날 착하고 정당하여 도덕적 기준에 맞는 것으로 이해하고 있다. 노자가 말하는 '선' 역시 『도덕경』 8장의 상선약수(上善若水)에서 보듯이 하고자 함이나 차별함이 없이 누구에게나 아무런 조건 없이 베풀어지는 것이어서, 필요한 자가 스스로 가져다 쓰는 것이다. 따라서 선에 의해 세워진 것이라면 타의적으로 세운 것이 아니기에 쉽게 뽑힐 수 없는 것이며, 선으로 보듬고 있기에 그 품에서 떠나가지 않는다는 것이다. 따라서 선으로 베풀어진 곳에는 자자손손 하늘이나 선조들에게 감사의 예를 올리는 제사가 끊이질 않는다고 한 것이다. 이처럼 선으로 세운 것은 그만큼 공덕이 크다는 것이며, 사라지지 않고 오랫동안 지속된다는 말씀이다.

修之於身, 其德乃眞. 修之於家, 其德乃餘.

그것을 몸에 닦으면 그 덕이 이내 참되어질 것이요. 그것을 집안에 닦으면 그

덕이 이내 남음이 있다.

백서(을)과 죽간(을)에서는 '어조사 어(於)'가 빠져 있으며 '其德乃餘(기덕내여)'는 '其德有餘(기덕유여)'로 적혀 있다. '닦을 수(修)'는 백서(을)에서 '포 수(脩)'자로 되어 있다.

하상공은 "도를 몸에 닦아 기를 아끼고 신을 기르면 수명이 늘어나게 된다. 그 덕이 이와 같으면 곧 진인(眞人)이 된다. 집안이 도를 닦으면 아비는 자애롭고 자식은 효도하며, 형은 우애가 있고 동생은 순종하며, 지아비는 믿음직스럽고 아내는 정숙하게 된다. 그 덕이 이와 같으면 곧 경사가 넘쳐 후세 자손에까지 미치게 된다"[140]라고 하여 도를 닦아 덕을 베푸는 것으로 풀이하고 있다. 왕필은 "자신으로부터 타인에게 미친다는 것이다. 자신을 닦으면 진실해지고 집안에 닦으면 여유가 있게 되니, 닦음을 그만두지 않으면 펼치는 바가 더욱 커진다"[141]라고 설명했다. 덕을 닦으면 남에게 미치고 이내 널리 퍼져 간다고 풀이한 것이다. 많은 주해서가 수신·제가·치국·평천하의 도식으로 설명하고 있다. 즉 덕으로 천하를 평안케 한다고 본다.

이 문장에서 '修之(수지)'의 주어는 앞서의 '선(善)'이다. 선을 몸에 익힌다 즉 선이 몸에 배게 한다는 것이다. 이리하면 그 덕이 참되어진다고 했다. 선이 몸에 배도록 하여 베푸는 것이야말로 노자가 말하는 진정한 덕이다. 이어서 집안에서 그리하면 남아돈다고 했다. 모두가 지족함을 아

140) 『하상공주』 "修道於身, 愛氣養神, 益壽延年. 其德如是, 乃為真人. 修道於家, 父慈子孝, 兄友弟順, 夫信妻貞. 其德如是, 乃有餘慶及於來世子孫."
141) 『왕필주』 "以身及人也, 修之身則眞, 修之家則有餘, 修之不廢, 所施轉大."

니 부족함이 없을 것이다.

修之於鄉, 其德乃長. 修之於邦, 其德乃豊.
그것을 마을에 갖추면 덕이 이내 오래할 것이며, 그것을 나라에 갖추면 덕이 이내 풍성해질 것이다.

앞 문장에서와 같이 죽간(을)과 백서에서는 '어조사 어(於)'자가 빠져 있는 부분과 '나라 방(邦)'자와 '나라 국(國)'자가 섞여 쓰여 있는 것 이외에는 다름이 없다.

하상공은 "마을에 도를 닦으면 노인들을 존경하고, 어린아이를 아끼고 기르며, 어리석고 비천한 사람들을 가르치게 된다. 그 덕이 이와 같으면 덮어 미치지 못하는 것이 없다. 나라에 도를 닦으면 임금은 성스러워지고 신하는 충성스럽게 되며, 인의가 저절로 생겨나고 예악이 저절로 흥해지며, 정치는 평평하여 사사로움이 없다. 그 덕이 이와 같으면 곧 풍요롭고 두터워지게 된다"[142)]라고 하여 종국에는 천하가 풍요로워지는 것으로 그 의미를 설명하고 있다. 왕필은 "저것들은 모두 그러하다(彼皆然也)"라고 하여 앞문장의 내용과 같은 이치로 보면 된다고 했다.

앞 문장에 이어 선을 닦고 행하는 규모가 점점 커지면서 그 덕이 커지고 있다. 덕이 참되어져 여유가 생기고 오래가며 이내 풍성해진다는 것이다. 나라에까지 넓혀지면 온 천하에 덕이 넘쳐날 것이라고 말한다. 덕은

142)『하상공주』 ""修道於鄉, 尊敬長老, 愛養幼少, 教誨愚鄙. 其德如是, 乃無不覆及也. 修道於國, 則君信臣忠, 仁義自生, 禮樂自興, 政平無私. 其德如是, 乃為豐厚也.

대체로 하늘의 명을 받은 천자나 성인 그리고 제후 등이 위에서 아래로 베푸는 형식을 갖추고 있다. 따라서 집단의 리더가 선으로 몸을 닦아 덕을 베풀면 구성원 모두가 선함을 갖게 된다는 말씀이 된다.

修之於天下, 其德乃普.
그것을 천하에 갖추면 그 덕은 이내 보편화된다.

이 문장 또한 '修(수)'가 '脩(수)'로 쓰인 점과 '어조사 어(於)'가 빠져 있는 부분은 앞서와 같다. '널리 보(普)'자가 백서(을)에서는 '넓을 박(博)'으로 적혀 있다.

하상공은 "임금이 천하에 도를 닦으면 말하지 않아도 교화되고 가르치지 않아도 다스려지니, 아랫사람의 윗사람에 대한 반응이 믿음의 영향 같구나. 그 덕이 이와 같으면 덕이 이에 널리 퍼진다"[143]라고 풀었다.

자신의 몸에서부터 실천한 것이 이제는 천하에서 행하여진다는 것으로, 누구에게나 어디에서나 볼 수 있어서 특별한 것이 아니다. 온 세상의 만물이 선을 행하여 서로가 덕을 베풀고 누리는 것이 일상화되었다 즉 보편화되었다는 말이다. 선을 세워 가꾸어 온 결과가 이제는 누가 뽑아 낼 수 없는 상태에 달했기에, 누구나가 대대손손 끊이지 않고 행하며 또한 누리는 일상의 선이 되었음을 말하고 있다.

143)『하상공주』"人主修道於天下, 不言而化, 不教而治, 下之應上, 信如影響. 其德如是, 乃為普博."

故以身觀身, 以家觀家, 以鄕觀鄕, 以邦觀邦, 以天下觀天下.
그러므로 몸으로써 몸을 보고, 집안으로써 그 집안을 보게 되며, 마을로써 그 마을이 보이게 되고, 나라로써 그 나라를 볼 수 있듯이, 천하를 살펴보면 그 천하가 어떠한지를 볼 수 있다.

판본별로 사용하였던 글자를 그대로 적은 것 이외에는 별다른 차이가 없다.

하상공은 "도를 닦은 몸으로 도를 닦지 않은 몸을 보니, 누가 죽고 누가 사는지를 볼 수 있다. 도를 닦은 집안으로 도를 닦지 않은 집안을 살펴본다. 도를 닦은 마을로 도를 닦지 않은 마을을 살펴본다. 도를 닦은 나라로 도를 닦지 않은 나라를 살펴본다. 도를 닦은 군주로 도를 닦지 않은 군주를 살펴본다"[144)]라고 하여 도를 닦은 것으로 닦지 않은 것을 살펴보아 그를 다스리는 방편으로 삼을 수 있다고 풀이한다. 왕필은 이와 조금 달리 "천하 백성들의 마음으로 천하의 도를 살핀다. 천하의 도가 거스르거나 따르며 길하고 흉한 것 또한 모두 사람의 도와 같다"[145)]라고 풀었다. 모든 것이 사람에서 비롯되니 사람이 지닌 도가 중요하다고 본 것이다. 이 문장을 임희일은 "곧 내 한 몸으로 타인을 볼 수 있고, 내 일가로 타인의 집을 볼 수 있고, 나의 한 마을로 타인의 마을을 볼 수 있다"라고 풀었다. 이것을 통해 저것을 아는 것으로 본 것이다.

몸으로 몸을, 집안으로 집안을, 마을로 마을을 볼 수 있다고 했다. 무

---

144) 『하상공주』 "以修道之身, 觀不修道之身, 孰亡孰存也. 以修道之家, 觀不修道之家. 以修道之鄕, 觀不修道之鄕也. 以修道之國, 觀不修道之國也. 以修道之主, 觀不修道之主也."
145) 『왕필주』 "以天下百姓心, 觀天下之道也, 天下之道, 逆順吉凶, 亦皆如人之道也."

엇으로 보는 것일까? 이는 앞 문장에서 언급한 바를 다시 거론하는 것이다. 덕이 참되어 있다면 선을 닦은 몸이요, 덕이 남음이 있다면 선을 집안에 닦은 결과이며, 그 덕이 오래되었다면 마을에 널리 닦은 것이다. 또한 덕이 풍성해져 있으면 나라에서 선을 닦은 것이며, 덕이 일상화되어 있다면 천하에 선이 배어 있다는 말이다. 덕이 드러난 것을 보면 규모의 정도를 알 수 있으니 천하가 어떠한지를 쉽게 파악할 수 있다는 말씀이다. 따라서 이는 특별한 능력으로 보이는 것이 아니라 그들의 삶을 지켜보면 누구나 다 알 수 있다는 말씀이다.

吾何以知天下然哉. 以此.
그대들은 천하가 그러하다는 것을 어찌 아는가? 이것 때문이다.

판본별로 별다른 차이가 없다.

하상공은 "노자가 말하기를, 천하에 도를 닦은 자는 창성하고 도를 등진 자는 망하는 것을 내가 어찌 아는가. 이 다섯 가지 일로써 보고 아는 것이다"[146]라고 풀이하였다. 왕필은 "이것은 위에서 말한 내용이다. 내가 천하가 그렇다는 것을 어찌 알 수 있었겠는가. 자신을 살펴서 아는 것이지 밖에서 구해지는 것이 아니다. 이른바 집밖으로 나가지 않아도 천하를 안다는 것이다"[147]라고 하여 자신을 잘 살피면 천하가 그러함을 알 수 있다고 해설했다. 소자유도 왕필과 같이 "성인이 천하로써 천하를 보는 것은 내가 몸으로써 몸을 보는 것과 같다"라고 풀었다.

146)『하상공주』 "老子言, 吾何知天下修道者昌, 背道者亡. 以此五事觀而知之也."
147)『왕필주』 "此, 上之所云也. 言吾何以得知天下乎, 察己以知之, 不求於外也, 所謂不出戶以知天下者也."

겼어다. 노자는 다시 확인하는 입장에서 말한다. 천하가 복잡해 보여도 작은 것에서 천하의 움직이는 방향을 볼 수 있다는 것이다. 또한 천하를 다스려 보겠다는 자들에게 천하의 질서가 어떻게 만들어져야 하는지를 깨우치려 한다. 선이라는 것이 한 개인이 닦으면 참되어 보이지만 천하의 사람들이 모두 그러하면 평범해진 일상이 되어 영원히 사라지지 않는다는 귀중한 가르침을 주고 있다. 통치자가 선으로 나라를 세우고 덕으로 백성들을 껴안으면, 군왕이 나서지 않아도 천하가 내내 태평하게 굴러갈 것이라는 도의 정치를 전하는 것이다. 鳳

제 55 장

조화로움을 아는 것은 항상함이라 하고, 항상함을 아는 것을 밝음이라 한다.

含德之厚 比於赤子

함덕지후 비어적자

蜂蠆虺蛇不螫 猛獸不據 攫鳥不搏

봉채훼사불석 맹수불거 확조불박

骨弱筋柔而握固 未知牝牡之合而全作 精之至也

골약근유이악고 미지빈모지합이전작 정지지야

終日號而不嗄 和之至也

종일호이불사 화지지야

知和曰常 知常曰明

지화왈상 지상왈명

益生曰祥 心使氣曰强

익생왈상 심사기왈강

物壯則老 謂之不道 不道早已

물장즉노 위지부도 부도조이

머금고 있는 덕의 두터움은 갓난아이에 견줄 수 있다.
날카로운 침을 가진 전갈이나 웅크리고 있는 살모사는 쏘지 않는다. 맹수는 막아 지키지 아니하며, 움켜 채어가는 맹금류는 후려치지 않는다.
뼈대가 약하고 근육은 유연하지만 쥐는 힘이 단단하고, 암수의 교합은 아직 모르지만 온전하게 짓는 것은 정기가 지극한 것이다. 온종일 부르짖어도 목이 잠기지 않는 것은 조화로움이 지극하기 때문이다.
조화로움을 아는 것은 항상함이라 하고, 항상함을 아는 것을 밝음이라 한다.
삶을 더하는 것을 상서롭다고 하고, 마음이 기를 부리는 것을 강하다고 한다.
물은 기세가 좋으면 바로 늙어가는 것이니, 이를 일러서 도라 하지 않는다. 도가 아니기에 서둘러 그치는 것이다.

[해설]

含德之厚, 比於赤子.

머금고 있는 덕의 두터움은 갓난아이에 견줄 수 있다.

죽간(갑)과 백서(갑을)에서는 '含德之厚者(함덕지후자)'로 '놈 자(者)'가 있는 것 외에는 차이가 없다.

하상공은 "도와 덕을 두텁게 머금고 품은 것을 가리킨다. 신명은 덕을 머금은 사람을 돕고 보호하니, 마치 부모가 갓난아이에게 하는 것과 같다"[148]라고 하여, 덕을 머금은 사람을 신명이 보호하는 것을 말한다고 풀었다.

왕필은 "갓난아이는 구하는 것이 없고 바라는 것이 없어서 물의 무리들을 범하지 않는다. 그러므로 독충 같은 물들이 범함이 없다. 머금고 있는 덕이 두터운 자는 사물을 범하지 않는다. 그러므로 그 온전함을 훼손하는 물이 없는 것이다"[149]라고 풀이했다. 갓난아이를 상징으로 보는 측면에서는 하상공과 같다.

첫 구절에서 덕을 머금고 있는 것을 함덕(含德)으로 표현했다. 아마 천하의 물(物)들이 천성적으로 가지고 있는 덕성(德性)을 말하고자 하는 것 같다. 이러한 덕은 밖으로 내보이지는 않으나 물의 행동에서 덕의 품성을 일관되게 보여준다는 것이다. 이렇게 머금고 있는 덕은 갓난아이와

---

148) 『하상공주』 "謂含懷道德之厚(者)也. 神明保佑含德之人, 若父母之於赤子也."
149) 『왕필주』 "赤子, 無求無欲, 不犯衆物, 故毒蟲之物 無犯之人也. 含德之厚者, 不犯於物, 故無物以損其全也."

비견된다고 했다. 적자(赤子)란 태어난 아이가 아직 피부가 연약하여 빨갛게 보이는 때를 말한다. 갓 태어나 자신도 보호하지 못하는 연약한 아이에게 무슨 덕성이 있다는 말일까?

성인은 일반적으로 부양하여야 할 책무를 가지고 있다. 따라서 무리의 안정적인 삶을 영위하기 위해 구하는 방식이나 지족하는 정도가 사회환경에 지배를 받는다. 이에 비해 갓난아이는 생존을 위한 최소한의 보호기능과 기본적인 욕구가 충족되면 항상 평온함을 보인다. 갓난아이의 이러한 삶이 가능한 것은 어미가 있기 때문이다.

이런 갓난아이가 어떤 덕성을 머금고 있다는 것인가? 아래의 글에 설명이 있을 것이다.

> **蜂蠆虺蛇不螫, 猛獸不據, 攫鳥不搏.**
> **날카로운 침을 가진 전갈이나 웅크리고 있는 살모사는 쏘지 않는다. 맹수는 막아 지키지 아니하며, 움켜 채어가는 맹금류는 후려치지 않는다.**

죽간(갑)과 백서(갑을)에서는 '猛獸不據 攫鳥不搏(맹수불거, 확조불박)'의 구절이 합쳐져 '攫鳥猛獸弗搏(확조맹수불박)'으로 되어 있다. 판본별로 표현하는 글자는 다르나 전달하는 의미는 동일하다.

하상공은 "벌, 전갈, 뱀, 살모사는 쏘지 않는다. 갓난아이는 물을 해치지 않는다. 물 역시 그를 해하지 않는다. 그러므로 태평의 시대에는 신분의 귀천에 관계없이 모두 어진 마음을 지니고, 날카로운 것이 있는 물도 그 근본으로 돌아가니, 독을 지닌 벌레가 있어도 사람을 상하게 하지 않는다"[150]라고 하여 덕이 두터운 사람은 동물도 범하지 않는다고 풀이한다.

이 문장에서 '벌 봉(蜂)'자는 벌이 아니라 봉망(鋒鋩) 즉 '날카로운 침'을 가리킨다. 따라서 '날카로운 침을 가진 전갈'이라 풀이할 수 있다. 또한 '살무사 훼(虺)'자와 함께 쓰인 '蛇(사)'는 뱀이 웅크리고 쉬고 있는 모습을 뜻하는 글자다. 즉 전갈과 살모사는 치명적인 독을 가지고 있으나 벌레처럼 어디서나 쏘지 않는다고 풀이할 수 있다.

대체로 날아다니는 벌레는 나약한 대신 독을 손쉽게 쏠 수 있는 특별한 능력을 지니고 있다. 반대로 강한 전갈이나 살무사 등은 독을 가지고는 있으나 쏘는 능력까지는 가지지 않고 있다. 또한 먹이사슬의 상위 포식자인 맹수는 약한 초식동물을 희생물로 삼지만 배가 고플 때 허기를 채우기 위해서만 다른 짐승들 앞에 나타난다. 반면에 사람은 그물이나 덫을 놓아 시도 때도 없이 지나가는 모든 짐승들의 생명을 위협한다.

날카로운 발톱과 억센 발을 가진 맹금류는 조류의 먹이사슬 중 최강자다. 크고 무거운 동물도 한번 움켜쥐면 놓치지 않을 만큼 힘센 발을 갖고 있어서 하늘을 날다가 순식간에 먹이를 채어간다. 이러한 맹금류가 땅 위의 맹수들처럼 후려치는 강한 발의 힘까지 가지고 있다면 땅에 있는 동물들은 돌아다닐 수조차 없을 것이다.

150) 『하상공주』 "蜂蠆蛇虺不螫. 赤子不害於物, 物亦不害之. 故太平之世, 人無貴賤, (皆有)仁心, 有刺之物, 還返其本, 有毒之蟲, 不傷於人."

이와 같이 강한 힘을 가진 동물들의 행태를 일일이 나열하는 이유는 무엇일까? 강한 힘을 가진 동물이라도 살펴보면 모든 면을 강한 것으로 갖추고 살아가지 않는다는 것이다. 이처럼 천하의 물은 강한 힘을 하나씩 가지고 있지만 항상 강함을 사용하려 하거나 강함만을 고집하지 않는다. 각자가 강함을 지니고 있지만 스스로 지족함에 머물기에 공존할 수 있다. 이러한 것들은 만물이 조화를 이루게 하는 선이며 덕의 품성이니, 자연계의 물들은 각기 이러한 덕을 천성적으로 머금고[含] 있다고 말할 수 있지 않겠는가.

骨弱筋柔而握固, 未知牝牡之合而全作, 精之至也. 終日號而不嗄, 和之至也.
뼈대가 약하고 근육은 유연하지만 쥐는 힘이 단단하고, 암수의 교합은 아직 모르지만 온전하게 짓는 것은, 정기가 지극한 것이다. 온종일 부르짖어도 목이 잠기지 않는 것은 조화로움이 지극하기 때문이다.

죽간(갑)에서는 '쥘 악(握)'과 '부르짖을 호(號)'자가 각각 '잡을 착(捉)'자와 '부를 호(呼)'자로 되어 있다. '全作(전작)'은 죽간(갑)과 백서(을)에서는 '朘怒(선노)'로, 하상공본에서는 '峻作(준작)'으로 되어 있다. '목이 잠길 사(嗄)'는 죽간(갑)과 백서(갑을)에서는 '탄식할 우(嚘)'자를 썼다. 전체적인 의미에서는 차이가 없다.

하상공은 "갓난아이는 근육과 뼈는 부드럽고 약하지만 사물을 움켜쥐는 것은 매우 견고하다. 그 뜻이 전일하고 마음이 옮겨지지 않기 때문이다. 아직 남녀의 합함을 알지 못하는 갓난아이가 발기가 되는 것은 정기가 많아서 지극함에 이르는 바이며, 아침부터 저녁까지 울어도 목소리가 변하지 않는 것은 화기(和氣)가 많아서 지극할 수 있는 것이다"[151]라고 해서 모두 기(氣)에서 그 이유를 찾고 있다.

육희성 역시 "순수한 정기가 흩어지지 않고 화기가 상존하기 때문이다"라고 하여 비슷하게 풀이했다.

왕필은 "유약하기 때문에 그러한 것이다. 그러므로 쥐는 것이 지극히 견고할 수 있다. 作(작)은 성장한다는 의미이다. 그 몸을 훼손하는 물이 없으므로 온전하게 성장할 수 있다. 머금은 덕이 두텁다는 말은, 그의 덕을 훼손할 수 있는 물이 없고 그의 참된 상태를 변하게 할 수 없다는 말이다. 유약한 것은 다투지 아니하기에 꺾이지 않는 것이어서 모두 이와 같은 것이다. 다투거나 욕심을 내는 마음이 없으므로 종일 울부짖어도 목이 쉬지 않는다. 물은 조화로 항상할 수 있다. 그러므로 조화를 알면 항상함을 얻는 것이다"[152]라고 풀었다.

"뼈대가 약하고 근육은 유연하지만 쥐는 힘은 단단하다"라고 했다. 앞에서도 언급한 바와 같이 모든 물들은 유약하고 강한 것을 함께 가지고 있다는 말이다. 강한 무리든 연약한 무리든 자신의 삶을 이어가기 위해 나름의 생존본능으로 약함과 강함의 조화를 잘 이루어 사용하고 있음을 말하고자 꺼낸 것이다. 따라서 이 문장을 갓난아이의 경우로 한정해서 이해할 필요는 없다.

갓 태어난 아기는 인체의 모든 부분이 약하지만 악력은 비교적 강하

151) 『하상공주』 "赤子筋骨柔弱而持物堅固, 以其意(專而)心不移也. 赤子未知男女會合而陰陽作怒者, 由精氣多之所致也. 赤子從朝至暮啼號聲不變易者, 和氣多之所至也."

152) 『왕필주』 "以柔弱之故, 故握能周固. 作, 長也. 無物以損其身, 故能全長也. 言含德之厚者, 無物可以損其德, 渝其眞. 柔弱不爭而不摧折, 皆若此也. 無爭欲之心, 故終日出聲而不嗄也. 物以和爲常, 故知和則得常也."

다. 다른 동물의 어린 새끼들 역시 어미의 몸에 달라붙어 쉽게 떨어지지 않는 힘은 유난히 강한 것을 볼 수 있다. 이어서 "암수의 교합은 아직 모르지만 온전하게 짓는 것은 정기가 지극한 것이다"라고 했다. 판본에 따라 표현하는 문구는 다르나 뜻하는 바는 다르지 않다. '全作(전작)'이 죽간(갑)과 백서에서는 '朘怒(선노)' 즉 '어린아이의 생식기가 성내다'라고 되어 있으나, 이 또한 비유를 든 것이다. 아직 성인처럼 기운을 마음대로 부리지는 못하지만 성징(性徵)은 분명히 나타낸다는 말이다. 이것은 정기가 지극하기 때문에 가능하다고 말한다.

또한 "온종일 부르짖어도 목이 잠기지 않는 것은 조화로움이 지극하기 때문이다"라고 말한다. 최근의 신생아 연구보고서에 따르면 신생아는 하루 세 시간 이상 운다고 한다. 어떤 이들은 갓난아이가 울어도 목이 쉬지 않는 이유가 복식호흡 때문이라고 말하기도 하지만, 아무튼 갓난아이는 계속 울어도 목이 잠기지 않도록 균형을 잘 유지한다. 순수한 일념으로 정(精)의 지극함과 화(和)의 조화로움을 유지할 수 있다면 누구나 본성대로 성장해 나아갈 수 있다는 말씀이 아닌가. 다음 문장을 살펴보자.

> 知和曰常, 知常曰明, 益生曰祥, 心使氣曰强.
> 조화로움을 아는 것은 항상함이라 하고, 항상함을 아는 것을 밝음이라 한다. 삶을 더하는 것을 상서롭다고 하고, 마음이 기를 부리는 것을 강하다고 한다.

첫 구절은 죽간(갑)에서 '和曰常 知和曰明(화왈상 지화왈명)'으로 '알 지(知)'를 생략했다.

하상공은 "화기의 부드러움이 사람에게 이익이 있다는 것을 알 수 있다면, 도의 늘 그러함[常]을 알게 된다. 도의 늘 그러한 운행을 알 수 있다면 날로 밝아져 현묘한 경지에 도달하게 된다. 상(祥)은 늘어난다[長]는 뜻이다. 삶을 늘리면 욕망이 저절로 생겨나, 날로 자라고 커지는 것이다. 마음을 마땅히 하나에 전념하고 부드러움을 조화시키면 신기가 안으로 가득 차니, 그러므로 형체가 부드러워지는 것이다. 그러나 반대로 망령되게 하는 바가 있으면 화기가 가운데서 떠나 버리니, 그러므로 형체가 날로 단단하고 강하게 된다"[153]라고 기의 운행으로 풀이하는 듯하다.

왕필은 "밝지도 않고 어둡지도 않으며, 따뜻하지도 않고 서늘하지도 않으니, 이런 것이 상(常)이다. 형태가 없어 볼 수 없는 것을 일러 밝음이라고 한다. 삶은 더할 수 없는 것이니 더한다면 재앙이 된다. 마음은 소유하는 것이 없어야 마땅한데 기운을 부리니 강한 것이다"[154]라고 하여 마음은 비워 있어야 하는 것이라고 했다.

조화로움을 안다는 것은 항상하다는 것이라 했다. 조화[和]란 각각의 물이 상대를 해하지 않고 균형을 유지하며 공존함을 말한다. 이러한 것을 두고 항상하다고 한 것은 물들의 지속가능성을 보장한다는 말이기

153) 『하상공주』 "人能和氣柔弱有益於人者, 則為知道之常也. 人能知道之常行, 則日以明達於玄妙也. 祥, 長也. 言益生欲自生, 日以長大. 心當專一和柔而(神)氣實內, 故形柔. 而反使妄有所為, 則和氣去於中, 故形體日以剛強也."
154) 『왕필주』 "不皦不昧, 不溫不涼, 此常也. 無形不可得而見, 曰明也. 生不可益, 益之則夭也. 心宜無有, 使氣則強."

도 하다. 이러함을 아는 것은 밝음이라고 했다. 조화로움을 유지할 수 있는 길을 알았다면 바로 거기에서 깨달음을 얻은 것이란 말씀이다. 이와 함께 "삶을 더하는 것을 상서롭다고 하고, 마음이 기를 부리는 것을 강하다고 한다"라고 덧붙였다.

궁정의 말씀이기도 하지만 앞의 구절과 문맥이 전환되는 느낌이 든다. 물론 정도의 차이인 듯하다. '益生(익생)'이란 삶에 무엇인가를 더해 간다는 의미다. 현재보다 나은 여유롭고 풍요로운 삶은 모든 사람의 바람일 것이며 이를 상서로운 일로 여긴다. 그러나 자연의 흐름에 맞추어 가는 질박한 삶을 넘어선 것이라면 인간의 욕심을 더해 가는 것이라 하겠다. 장자도 "사람이 좋아하고 싫어하는 것으로 자신을 상하게 하지 않고, 늘 자연을 따라 자기의 삶에 인위적으로 더함을 주지 않는 것"을 불익생(不益生)이라 했다. 익생으로 인해 자연적 본성을 다치게 할 수 있음을 경계하는 듯하다.

노자가 앞서의 글에서 만물은 조화로움을 지극히 하여 살아가고 있음을 강조한 것으로 보면, 결코 상서로운 일이 아님을 일깨우고 있다. 이어서 마음이 기를 부리는 것은 강한 것이라 말한 것도 감정이 한쪽으로 치우쳐 있어 조화로움을 잃은 상태를 표현하는 것이다.

物壯則老, 謂之不道, 不道早已.
물은 기세가 좋으면 바로 늙어 가는 것이니, 이를 일러서는 도라 하지 않는다.
도가 아니기에 서둘러 그치는 것이다.

'不道早已(부도조이)'이라는 표현은 죽간(갑)에서는 보이지 않는다. 또한 '곧 즉(則)'은 백서(갑)에서만 '곧 즉(卽)'으로 적혀 있다.

하상공은 "만물의 장성함이 극에 이르면 마르고 늙게 된다. 말라 늙어버리면 도를 얻지 못한다. 도를 얻지 못하는 자는 일찍 죽는다"[155]라고 하였다. 왕필은 주를 달지 않았다. 동사정은 "목숨을 더하고 기를 억지로 하는 것은 자연의 도를 잃는 것이니 늙음을 재촉하는 것"이라 풀이했다.

'장할 장(壯)'은 '기세가 좋다'는 뜻으로 강한 기를 사용하는 것을 말한다. 노자는 이 장에서 천하의 물(物)은 정기의 조화로움을 유지해야 한다고 강조하고 있는데, 기세가 좋다는 것은 마음이 조화로움을 잃고 강한 기운만을 부리고 있음을 말한다. 이렇게 되면 쉬 늙는다. 강함만을 견지하니 유연성을 잃어 전체가 약해진다는 말이며, 이러한 것은 도가 아니라는 것이다.

앞에서 "조화로움을 아는 것을 항상함이라 하고, 항상함을 아는 것을 밝음이라 한다"라고 했다. 즉 밝음은 항상함을 지향하고 있음을 전제한 바가 있었으니 새삼스러운 말씀은 아니다. 이러한 것은 도가 아니기에 서둘러 그치는 것이라고 끝을 맺고 있다.

52장에서 "작은 것을 보는 것을 일러 밝음이라 하고, 유연한 것을 지키는 것을 일러 강하다고 한다"라고 했고, 이 장에서 "항상함을 아는 것을 밝음이라 하고, 마음이 기를 부리는 것을 강하다고 한다"라고 한 것을

155) 『하상공주』 "萬物壯極則枯老也. 枯老則不得道矣. 不得道者早死."

놓고 보면, 도는 매사에 주변과 조화로움을 유지하고자 하며 이를 통해 항상함을 이어가는 것이 궁극에 있어 강한 것이라는 말이다.

노자의 철학은 바로 이러한 길을 지향하고 있다. 鳳

제 56 장

아는 자는 말하지 못하고, 말하는 자는 알지 못한다.

知者不言 言者不知

지자불언 언자부지

塞其兌 閉其門 挫其銳 解其分

색기태 폐기문 좌기예 해기분

和其光 同其塵 是謂玄同

화기광 동기진 시위현동

故不可得而親 不可得而疏

고불가득이친 불가득이소

不可得而利 不可得而害

불가득이리 불가득이해

不可得而貴 不可得而賤 故爲天下貴

불가득이귀 불가득이천 고위천하귀

아는 자는 말하지 못하고, 말하는 자는 알지 못한다.

그 바꾸는 것을 막아 그 문을 닫고, 그 날카로움을 꺾이게 하여 엉클어짐을 풀어지게 하며, 그 빛들을 조화롭게 하여 그 티끌들을 함께하게 한다. 이것을 현묘한 어울림이라 부른다.

그러므로 가까이 할 수도 없고 멀리할 수도 없고, 이롭게 할 수도 없고 해롭게 할 수도 없으며, 귀하게 할 수도 없고 천하게 할 수도 없다.

그러므로 천하가 귀하게 여기는 것이다.

[해설]

知者不言, 言者不知.

아는 자는 말하지 못하고, 말하는 자는 알지 못한다.

죽간(갑)에서는 '놈 자(者)' 앞에 '갈 지(之)'자가 두 구절에 각각 삽입되어 있는 것이 다를 뿐 판본별 차이는 없다.

하상공은 "아는 자는 행하는 것을 귀하게 여기고 말은 귀하게 여기지 않는다. 사두마차도 혀를 미치지 못하니, 말이 많으면 근심도 많다"[156]라고 하여, 아는 자는 행하는 것을 높이고 말하는 것을 조심해야 한다고 했다. 왕필은 "스스로 그러함에 말미암는다. 일의 실마리를 만들어가는 것이다"[157]고 했다. 즉 말하지 않는 것은 스스로 그러함에 따르기 때문이며 말하는 자는 알지 못하기에 일의 단서를 만드는 것이라고 했다.

이 문장은 전하는 뜻이 함축되어 있어 많은 학자들이 나름의 고민을 거듭해 왔다. 주어를 도(道)로 보고 "도는 알 수 없는 것이며, 말로 표현할 수 있는 것도 아니다"라고 해설하기도 하고, 언(言)을 '정치적 명령이나 가르침'을 뜻하는 것으로 보는 학자도 있다. 엄령봉은 '알지(知)'자는 '지혜 지(智)'로 보아야 한다고 주장했고, 진고응은 "지혜가 있는 사람은 말을 많이 하지 않고, 말이 많은 사람은 지혜로운 사람이 아니다"라고

156) 『하상공주』 "知者貴行不貴言也. 駟不及舌, 多言多患."
157) 『왕필주』 "因自然也. 造事端也."

해석한다. 아무튼 노자가 전하는 뜻을 명료하게 이해하지 못하니 논란은 계속될 수밖에 없었던 듯하다.

'장한가(長恨歌)'를 지은 당나라 시인 백거이(白居易)는 다음과 같은 시를 통해 "도는 말로 표현할 수 없다면서 왜 도에 대해 五千言(오천언)이 넘는 글을 썼는가?"라고 노자를 비웃었다고 한다.

> 말하는 자는 모르고, 아는 자는 침묵한다.
> 나는 이 말을 노자에게서 들었다.
> 만약 노자가 도를 정말 안다면,
> 어찌 자기는 『도덕경』을 지었겠는가?[158)]

이처럼 논란이 많은 첫 문장을 살펴보자. "아는 자는 말하지 못하고, 말하는 자는 알지 못한다"라고 했다. 가장 핵심이 되는 글자가 '말씀 언(言)'자다. '입안에서 나오는 소리'를 뜻하는 평범한 글자이면서 문장에 따라서는 절대적인 힘을 가진 명령과 같은 의미를 가지기도 한다. 문장의 해석을 놓고 논란이 많아지는 때는 상황의 전개 없이 던져놓은 말의 전후 문맥을 이해하기 어려울 때다. 따라서 이 글을 제대로 이해하기 위해서는 어떠한 상황에서 이와 같은 말을 하고 있느냐가 관건이 될 것이다.

이 문장에서 '아는 자(知者)'를 세상물정에 널리 능통한 신하로 보고, '말하는 자(言者)'는 천하를 지배하는 군주라고 바꾸어 생각해 보자.

158) 백거이(白居易), 독노자(讀老子) "言者不智智者默, 此語吾聞諸老君. 若道老君是智者, 如何自著五千言."

신하는 각 분야에 조예가 깊은 인물이지만 명령을 내릴 권한은 없다. 반면에 임금은 천하를 호령할 수는 있지만 혼자의 능력으로는 세상의 모든 일을 꿰고 있을 수 없다. 따라서 천하의 백성들을 다스리려면 임금과 신하가 함께 필요하다.

62장에 "듣기 좋은 말은 시장에서 할 수 있고, 존귀한 행실은 사람들에게 따라 하게 할 수 있다. 사람의 선하지 않음을 어떻게 버리게 할 수 있겠는가. 그러므로 천자를 세우고 삼공을 두는 것이다"라고 해서 천자를 세우고 삼공을 두는 이유를 설명하고 있다. 이처럼 천자와 삼공의 구조는 서로를 보완하면서 견제하기도 하는 시스템을 통해 백성들을 올바른 길로 이끌기 위한 최적의 선택인 셈이다.

塞其兌, 閉其門, 挫其銳, 解其分, 和其光, 同其塵, 是謂玄同.
그 바꾸는 것을 막아 그 문을 닫고, 그 날카로움을 꺾이게 하여 엉클어짐을 풀어지게 하며, 그 빛들을 조화롭게 하여 그 티끌들을 함께하게 한다. 이것을 현묘한 어울림이라 부른다.

죽간(갑)에서는 閉其兌(폐기태), 塞其門(색기문)으로 앞 글자만 서로 바뀌어 있고, 兌(태)자는 백서(을)에서 埶(태)로 적혀 있다. 그 외에는 통행본의 挫其銳(좌기예)가 畜其銳(축기예)로, 解其分(해기분)은 解其忿(해기분)으로, 和其光(화기광)은 和其廣(화기광)으로 달리 쓰였다. 또한 '꺾을 좌(挫)'자가 백서(을)에서는 '가마 좌(銼)'로 쓰여 있다. 이외에 판본별로 어순이 좀 다르게 배치된 것들이 있다. 대체로 표현의 글이 다를 뿐 전달하려는 의미는

다르지 않아 보인다.

하상공은 "막고 닫는다는 것은 그 근원을 끊고자 하는 것이다. 감정과 욕심은 하려는 것을 날카롭게 하는 바가 있으니, 마땅히 도를 생각하고 무위함으로써 그것을 꺾고 그치게 해야 한다. 분(紛)은 한이 맺혀 풀리지 않는 것을 뜻한다. 도의 담백함을 생각하여 그것을 풀어야 한다. 비록 홀로 아는 밝음이 있어도 그것을 조화시켜 흐릿하게 하여야지, 그것으로 사람들을 놀라게 하거나 어지럽게 해서는 안 된다. 스스로를 특별한 존재로 구별하지 말아야 한다. 현(玄)은 하늘이라는 뜻이다. 사람이 위의 일을 행할 수 있으면, 이를 일컬어 하늘과 더불어 도와 함께 한다고 할 수 있다"[159]라고 하여 도로써 문제를 해결할 수 있다는 말이라 풀이하고 있다.

왕필의 주해에서는 "질박함을 머금고 지키는 것이다. 다툼의 근원을 제거하는 것이다. 특별히 드러내는 바가 없어서 사물이 치우쳐 다투는 바가 없다. 특별히 천하게 여기는 바가 없어서 사물이 치우쳐 수치스러워 하지 않는다"[160]라고 하여, 도가 나타내는 특성을 표현하는 것으로 설명한다.

이 문장은 4장과 52장에서 나온 구절들이다. 따라서 학자들도 대부분 같은 맥락으로 설명하고 있다. 다만 판본별로 어순이 좀 다르게 배치된 점을 감안하면서 학자들이 해석한 글을 살펴야 한다.

---

159) 『하상공주』 "塞閉之者, 欲絕其源. 情欲有所銳為, 當念道無為以挫止之. 紛, 結恨不休也. 當念道恬怕以해석之. 雖有獨見之明, 當和之使闇昧, 不使曜亂(人也). 不當自別殊也. 玄, 天也. 人能行此上事, 是謂與天同道也."
160) 『왕필주』 "含守質也. 除爭原也. 無所特顯, 則物無所偏爭也. 無所特賤, 則物無所偏恥也."

두 번째 문장을 살펴보자. 앞 구절은 "그 바꾸는 것을 막아 그 문을 닫고, 그 날카로움을 꺾이게 하여 엉클어짐을 풀어지게 하며, 그 빛들을 조화롭게 하여 그 티끌들을 함께하게 한다"라고 했다. 여기서 바꾸는 것을 막는다는 것은 서로의 역할에 경계가 없어지는 것을 말한다. 노자는 70장에서 "말에는 근원이 있으며, 일에도 주인이 있는 것이다"라고 했다. 지자와 언자의 역할이 바뀐다면 이는 도리가 아니다. 아는 자가 제대로 알지 못하거나 자신의 신분을 벗어나 함부로 말하고, 말하는 자가 자의적으로 나라를 이끌어 간다면 천하는 혼란에서 벗어나지 못할 것이다. 따라서 이러한 일이 벌어지지 않도록 막아야 한다는 것이다. 즉 신하와 군주가 서로의 역할을 존중하여 천하를 조화롭게 이끌어야 한다는 말이다. 서로의 차이를 인정하고 서로의 존재를 존중하면 불선함이 사라진다. 이것이 바로 현묘한 어울림이라 말하고 있다.

故不可得而親, 不可得而疏, 不可得而利, 不可得而害, 不可得而貴, 不可得而賤, 故爲天下貴.

그러므로 가까이 할 수도 없고 멀리할 수도 없고, 이롭게 할 수도 없고 해롭게 할 수도 없으며, 귀하게 할 수도 없고 천하게 할 수도 없다. 그러므로 천하가 귀하게 여기는 것이다.

왕필본을 제외한 다른 판본에서는 짝수 구절마다 '또 역(亦)'자를 썼으며, '소통할 소(疏)'자가 하상공본에서는 '트일 소(踈)'로 쓰인 것을 제외하면 다른 점이 없다.

하상공은 “영예를 즐거움으로 여기지 않고 홀로 서서 슬퍼한다. 뜻이 고요하고 욕심이 없으니 다른 사람들과 원한이 없다. 몸은 부귀를 바라지 않고 입은 맛있는 음식을 바라지 않는다. 탐욕에 관여하거나 이익을 다투지 않고, 힘센 자와 어울리거나 기운을 다투지 않는다. 어지러운 세상의 주인이 되지 않고 어리석은 임금의 자리에 머물지도 않는다. 권좌에 올랐다고 해서 교만하지 않고 뜻을 잃었다고 해서 굴복하지 않는다. 그 덕이 이와 같으면 천자는 신하를 얻지 아니하고 모든 제후에게는 굴복하도록 하지 않으며 세상의 흥망과 함께하여 몸을 허용하니 해를 피한다. 그러므로 천하의 귀한 존재가 되는 것이다”[161]라고 했다.

왕필은 “가까이 할 수 있는 것이라면 멀리할 수도 있다. 이롭게 할 수 있는 것이라면 해롭게 할 수도 있다. 귀하게 할 수 있는 것이라면 천하게 할 수도 있다. 어떤 물이라도 더할 수 없다는 말이다”[162]라고 설명하고 있다. 이 장에서의 논란은 바로 앞에서 ‘귀하게 할 수도 없고 천하게 할 수도 없다’고 말하고 바로 뒤에서 ‘그러므로 천하가 귀하게 여긴다’며 앞의 말을 어색하게 만든 부분이다. 이에 대해 근세의 이름난 주역 연구가 고형(高亨)은 ‘귀(貴)’자는 ‘정(貞)’자의 잘못된 글자라고 주장하기도 했다.

이 글은 知者(지자)와 言者(언자)에서부터 시작되었다. 필자는 지자와 언자를 신하와 군주로 본다. 백인백색 만인만색의 천하는 결코 가볍게 대하여 움직일 대상이 아니다. 천하의 만물이 서로 공존하면서 살아가려면 각자의 위치에서 자신의 역할을 다해야 한다. 천지가 만들어진 이

161) 『하상공주』 “不以榮譽為樂, 獨立為哀. 志靜無欲, 故與人無怨. 身不欲富貴, 口不欲五味. 不與貪爭利, 不與勇爭氣. 不為亂世主, 不處暗君位. 不以乘權故驕, 不以失志故屈. 其德如此, 天子不得臣, 諸侯不得屈, 與世沉浮容身避害, 故天下貴也.”
162) 『왕필주』 “可得而親, 則可得而疎也. 可得而利, 則可得而害也. 可得而貴, 則可得而賤也. 無物可以加之也.”

래로 만물은 고락을 함께 겪으면서 지금까지 생존해 왔다. 유구한 세월 동안 사라지지 않고 생존해 있는 것은 그 생존 방식이 현명했음을 말하는 것이다.

누구의 힘에 의해 피동적으로 생존을 보장받은 것이 아니라 각자가 천하의 그릇으로 쓰임이 있었기에 가능한 일이었다고 봐야 한다. 따라서 어느 일방이 외력을 가하여 천하를 강제로 움직이게 할 수 있는 구조가 아니다. 또한 어느 일부를 가까이해서 그들끼리만 살아갈 수 있는 것도 아니고, 반대로 어느 한쪽을 멀리하여 그들을 제외하고 살아갈 수도 없다는 말이다. 아울러 어느 일방만을 이롭게 하거나 해롭게 하는 일도 도리에 어긋나는 일이며, 어떠한 것을 인위적으로 귀하게 만들거나 천하게 여기는 것도 올바른 길이 아님을 강조하고 있다. 이러한 행동들은 어울림을 저해하는 것들이다.

천하의 주인은 오직 임금 혼자뿐이다. 주인의 말 한 마디가 세상의 법이며 생사여탈의 기준이 된다. 지자(知者)가 임금의 뜻을 받들면 도의 정치에서 멀어지게 되며, 임금의 의중을 멀리하자니 이 또한 도의 정치를 실행할 수 없을 것이다. 이처럼 어느 일방을 귀하게 여기면 다른 무리들과 동떨어지게 되고, 하찮게 취급하면 배척될 수 있다. 세상에 존재하는 것은 무엇이든 천하에 쓰임이 있는 그릇이라는 사실을 알아야 한다. 따라서 현동의 정치를 하라는 것이다.

타인의 존재를 인정하고 자신의 역할을 충실히 하는 것이야말로 모두가 함께하는 어울림의 출발이다. 나와 다름을 소중히 여기고 차별 없이 대한다면 바로 천하가 귀하게 여기는 일이 될 것이다.

이 장도 기존의 해석과는 다소 다르다. 하지만 필자의 풀이가 옳다고 우길 생각은 없다. 노자의 세계는 깊고 넓다. 필자는 다만 그 그릇의 한쪽을 조명해 볼 뿐이다. 鳳

제 57 장

바름으로 나라를 다스리고, 일을 없게 하면 천하를 얻을 수 있다.

以正治國 以奇用兵 以無事取天下

이정치국 이기용병 이무사취천하

吾何以知其然哉 以此

오하이지기연재 이차

天下多忌諱 而民彌貧 民多利器 國家滋昏

천하다기휘 이민미빈 민다이기 국가자혼

人多伎巧 奇物滋起 法令滋彰 盜賊多有

인다기교 기물자기 법령자창 도적다유

故聖人云 我無爲而民自化 我好靜而民自正

고성인운 아무위이민자화 아호정이민자정

我無事而民自富 我無欲而民自樸

아무사이민자부 아무욕이민자박

바름으로 나라를 다스리고 방편으로 군사를 사용하며, 일을 없게 하면 천하를 얻을 수 있다.

그대들은 그것이 그러하다는 것을 어찌 아는가? 이것 때문이다.

천하가 꺼려 피하는 것이 많으면 백성들은 두루 빈곤해지고, 백성들에게 이득이 되는 도구가 많으면 정부는 혼미함이 깊어진다.

사람들이 기교가 많아지면 기이한 일들이 잦아지고, 본받아야 할 명령이 자주 만들어지면 도적이 많아진다.

그러므로 성인이 이르기를, 내가 무위하면 백성은 저절로 변화되며 내가 고요함을 좋아하면 백성은 저절로 바르게 된다.

내가 일이 없게 하면 백성은 저절로 부유해지고, 내가 무욕하면 백성은 저절로 질박해진다고 했다.

[해설]

以正治國, 以奇用兵, 以無事取天下.
바름으로 나라를 다스리고 방편으로 군사를 사용하며, 일을 없게 하면 천하를 얻을 수 있다.

판본의 시기에 따라 '나라 국(國)'자가 '나라 방(邦)'으로, '없을 무(無)'자가 '없을 무(亡)'로 쓰인 것 이외에는 다른 점이 없다.

하상공은 "이(以)는 '이르다[至]'는 뜻이다. 하늘은 바른 몸을 가진 사람으로 하여금 나라를 소유하게 한다. 기(奇)는 '속이다[詐]'의 뜻이다. 하늘은 잘 속이는 사람을 시켜 군대를 부리게 한다. 무사와 무위하는 사람으로 하여금 천하를 취해 주인이 되게 한다"[163]라고 했다.

왕필은 "도로써 나라를 다스리면 나라가 평안하고, 바름으로 나라를 다스리면 그것을 속이는 것이 일어난다. 하는 일이 없는 것으로 한다면 천하를 취할 수 있다. 위의 장(48장)에서 이르기를 천하를 취하는 것은 항상하는 일이 없이 한다. 하는 일이 있으면 또 천하를 취하기에 부족하다고 하였으니, 바름으로 나라를 다스린다면 천하를 취하기에 부족해서 속이는 것으로 군대를 부린다. 도로 나라를 다스린다면 근본을 숭상하여 말단을 멈추게 하지만, 바름으로 나라를 다스릴 경우 형법을 세워 말단을 공격하면 근본이 확립되지 못하고, 말단이 천박해지면 백성들이 어찌할 줄을 모르니, 반드시 속이는 것으로 군대를 부리는 지경까지 가게

163) 『하상공주』 "以, 至也. 天使正身之人, 使有國也. 奇, 詐也. 天使詐僞之人, 使用兵也. 以無事無為之人, 使取天下為之主."

된다”[164]라고 말한다. 바름으로 다스려서는 천하를 취하기 어렵기 때문에 군대를 사용한다는 것이다.

또 다른 주해에서는 ‘정(正)’은 법치를 말하는 것으로, 형명-법술(刑, 名, 法, 術)의 제도적 상벌장치를 통해 나라를 다스리는 것을 바른 정치라고 풀이한다. ‘奇(기)’는 권모술수로 군사를 부리는 것으로 보고 이 두 가지와 무사(無事)를 통해 천하를 취한다고 해석한다. ‘正(정)’자를 공자의 ‘정명(正名)’으로 보아야 한다는 또 다른 주장도 있다. 효는 효다워야 하고 법은 법다워야 한다는 것이다. 즉 모든 ‘명(개념)’에는 그 명(名)에 어울리는 실제가 갖추어져 있어야 나라를 바르게 다스릴 수 있다고 명분을 중시하는 정치로 풀이한다.

첫 문장에서 “바름으로 나라를 다스리고 방편으로 군사를 사용하며, 일을 없게 하면 천하를 얻을 수 있다”라고 했다. 바름이라는 ‘정(正)’은 정명이나 상벌에 의한 법치의 뜻보다는 매사 투명하며 다툼이 없다는 의미에서 ‘청정(清靜)의 다스림’을 말하는 것으로 보인다. 45장에서 “맑고 고요함을 천하의 바름으로 여긴다(清靜以為天下正)”라고 했듯이, 항상 도리에 맞게 보살펴 천하가 고요함을 유지하는 것이다. 이어서 군사는 어찌할 수 없을 때 부득이하게 사용한다고 했다. 최후의 불가피한 선택이라는 뜻이다.

기이하다는 뜻의 ‘奇(기)’자는 하상공과 왕필은 ‘속이다’라는 뜻으로 보았으며, 오징은 권모술수로 보았다. 또한 병법의 기병책(奇兵策)이

164) 『왕필주』 “以道治國則國平, 以正治國則奇正起也. 以無事, 則能取天下也. 上章云, 其取天下者, 常以無事, 及其有事, 又不足以取天下也. 故以正治國, 則不足以取天下, 而以奇用兵也. 夫以道治國, 崇本以息末, 以正治國, 立辟以攻末. 本不立而末淺, 民無所及, 故必至於奇用兵也.”

라 하여 측면에서 기습하여 승리를 거두는 기묘한 용병술로 이해하는 학자도 있다.

'기(奇)'자는 보통의 경우가 아닌 기이한 경우를 뜻하는 글자이나, 정면이 아닌 측면 즉 방편을 의미하기도 한다. 불가에서의 방편(方便)은 십바라밀의 하나로 중생을 구제하기 위해 쓰는 묘한 수단과 방법이다. 노자는 30장에서 "도로써 군주를 보좌하는 자는 군사로 천하를 강제하지 않는다. 그런 일은 주고받기를 좋아한다"라고 했다. 군사를 쓰는 일은 정도(正道)가 아님을 말하고 있는 것으로, 이 글에서의 기(奇)는 불가피하게 어쩔 수 없는 경우 정도로 나아가기 위한 방편의 뜻으로 보아야 한다.

또한 노자는 새로운 일을 만들지 말고 다스려야 한다고 말한다. 48장에서도 "천하를 취하려면 항상 일이 없음으로 하여야 하는데, 일이 있음에 미치면 천하를 취하기에는 부족한 것이다"라고 말했다. 노자의 도에서는 원래 만물은 최초의 어미로부터 이어져 현재에 이른 것으로 항상 공존하는 환경에 최적화되어 있다고 본다. 따라서 각자의 역할과 경계를 지켜 가면서 자신의 삶을 영위하는 평화공존의 시스템을 갖추고 있다. 그런데 이와 같은 특성을 무시하고 인위적인 개입으로 기존의 질서를 깨뜨려 백성들의 삶에 혼란을 가중시켜 왔다는 것이다. 무사(無事)란 한편으로 생각하면 할 일이 없도록 만든다는 의미로 백성들의 평온한 삶에 부담을 주는 일을 줄여 주는 뜻이기도 하다.

따라서 오래전부터 만물이 공존하며 살아왔던 방식을 표방하는 무위의 정치를 강조하는 것이며, 백성들에게 이러한 환경 속에서 살도록 한다면 천하가 자발적으로 모여들게 된다는 말씀이다. 이처럼 노자는 천하를 얻기 위해 갖추어야 할 것으로 세 가지를 제시하고 있다. 바름으로 나라를 다스리고, 방편으로 군사를 사용하며, 무사로 다스리는 것이다.

吾何以知其然哉, 以此.
그대들은 그것이 그러하다는 것을 어찌 아는가? 이것 때문이다.

판본별로 표현상의 차이는 조금 있으나 전달하고자 하는 맥락은 다르지 않다. '어조사 재(哉)'가 백서(갑을)에서는 '也哉(야재)'로, 죽간(갑)에서는 '어조사 야(也)'로 적혀 있다. '以此'는 죽간과 백서에는 보이지 않는다.

하상공은 "이것은 지금[今]이라는 뜻이다. 노자가 말하길 "내가 어떻게 큰 뜻의 그러함을 알겠는가. 지금 보는 것에 의해 그것을 안다"라고 풀었다."[165]

이 문장은 노자가 앞 문장에서 일깨운 천하를 다스리는 이치, 즉 "바름으로 나라를 다스리고, 방편으로 군사를 사용하며, 일이 없어야 천하를 얻을 수 있다"는 것을 어찌 알게 되었는지 알고 있느냐는 물음이다. 노자는 자신의 깨달음을 먼저 밝히고 이에 대해 설명을 하겠다며 자문자답하고 있다.

165) 『하상공주』 "此, 今也. 老子言, 我何以知天意然哉, 以今日所見知之也."

天下多忌諱, 而民彌貧. 民多利器, 國家滋昏.
천하가 꺼려 피하는 것이 많으면 백성들은 두루 빈곤해지고, 백성들에게 이득이 되는 도구가 많으면 정부는 혼미함이 깊어진다.

'가난할 빈(貧)'은 죽간(갑)에는 '배반할 반(叛)'자로 되어 있으며, '國家(국가)'는 죽간과 백서에서 '邦家(방가)'로 되어 있으나 의미는 다르지 않다.

하상공은 "천하는 '임금(主)'을 가리킨다. '기휘(忌諱)'는 막고 금한다는 뜻이다. 율령이 빈번하면 간사함이 발생하고 금지가 많으면 아래에서 속이게 되니, 서로 위태로워지고 가난해진다. '이기(利器)'는 '저울추(權)'를 말한다. 백성에게 저울질하는 것이 많으면 보는 자는 귀가 어지럽고 듣는 자는 귀가 미혹된다. 위와 아래가 친하지 아니하니 나라는 혼란스러워진다"[166]라고 했다. 세상에 금하는 것이 많아지면 백성들의 저울질도 많아져 이로 인해 더 힘들어진다는 뜻이다. 왕필은 "이기(利器)는 일반적으로 자신을 이롭게 하는 도구이다. 백성이 강하면 국가는 약해진다"[167]라고 했다. 하상공과는 달리 '이기'를 백성이 자신을 이롭게 하는 물건으로 보았다.

이 문장은 노자가 앞에서 나라는 바름으로 다스리고 군사는 방편으로 사용해야 한다고 주장한 부분에 대해 그 이유를 설명하는 글이다. 먼저 "천하가 꺼려 피하는 것이 많으면 백성들이 두루 빈곤해진다"라고 했

166)『하상공주』"天下謂人主也. 忌諱者防禁也. 令煩則姦生, 禁多則下詐, 相殆故貧. 民多利器, 國家滋昏. 利器者, 權也. 民多權則視者眩於目, 聽者惑於耳, 上下不親, 故國家昏亂."
167)『왕필주』"利器, 凡所以利己之器也. 民强則國家弱."

다. '가난할 빈(貧)'은 죽간(갑)에는 '배반할 반(叛)'자로 되어 있다. 군주가 천하가 꺼리고 싫어하는 일을 벌여 백성들이 굶주림에 처하게 만드니 힘없는 백성들의 민심이 이반되었다는 뜻으로 보면 같다. 천하가 꺼리고 싫어하는 것은 아마 전쟁이 제일 으뜸일 것이다. 천하 만물에게 무익한 전쟁이 많아지면 그 피해가 힘없는 백성들에게 몰리게 되니 가족을 잃고 굶주림에 시달리는 그들의 고통은 이루 말할 수 없을 것이다.

이어서 "백성들에게 이득이 되는 도구가 많으면 정부는 혼미함이 깊어진다"라고 했다. 백성들에게 이득이 되는 도구나 방법이 많은 것이 어찌하여 정부에 혼미함을 준다고 말하는 것일까? '이기(利器)'라는 표현의 속뜻에 주목해 보자. 이 글에서 '이(利)'라는 글자는 이익이나 이득이 된다는 뜻이나, 공동의 이익이 아니라 사적인 이득을 추구하는 것을 말하는 것으로 보인다. 백성들이 자신들의 이익을 불리는 경우가 많아졌다는 것이다.

어떻게 이러한 일이 벌어진 것일까? 백성들 사이에서 귀하게 된 것들이 많아진 때문이다. 귀할수록 거래에 이문이 많다. 전쟁이 나거나 흉년이 들면 더할 것이다. 따라서 가난한 백성들이나 이득을 보고자 하는 사람들 사이에서는 이것을 구하려고 다툼이 생겨난다. 나라를 다스리는 이의 입장에서는 이를 해결할 근심 또한 깊어만 갈것 같다.

이 구절의 바른 해석에 열쇠를 쥐고 있는 부분이 '利器(이기)'라는 글자다. '이기'를 하상공은 '저울추(權)'라고 했고, 왕필은 '자신을 이롭게 하는 도구'라고 했으며, 오징은 '그물이나 농기구, 배나 수레 등'으로 본다고 했다. '날카로운 무기'라고 이해하는 진고응과 같은 학자도 많다. 필자는 앞 구절에서 꺼리어 피한다고 하였으니 대구를 이루는 뒤에서는 반대로 가까이 하는 쪽에서 이로운 도구로 해석을 하였고, 나라[國, 邦]로 쓰지 않고 국가(國家, 邦家) 로 '家(가)'자를 추가한 것은 나라의 구성원 전체를 가르키는 것이 아니라 지배자 부류만을 지칭하는 표현으로 보았다.

人多伎巧, 奇物滋起. 法令滋彰, 盜賊多有.
사람들이 기교가 많아지면 기이한 일들이 잦아지고, 본받아야 할 명령이 자주 만들어지면 도적이 많아진다.

'伎巧(기교)'가 죽간(갑)에는 '지혜 지(智)'로 백서(갑)에는 '알 지(知)'로 되어 있으며, '드러날 창(彰)'은 죽간(갑)에서 '글 장(章)'을 써 준 것이 다르다. 또한 '法令(법령)'은 대부분의 판본에서 '法物(법물)'로 되어 있다. 법물에 대한 해석을 다양하게 하고 있으나 구절의 뒤에 글이나 문장을 의미하는 '章(장)'자를 쓴 것을 보면 법이나 규칙에 가까운 듯하다. 따라서 문맥상으로 전하는 의미에는 차이가 없다고 볼 수 있다.

하상공은 "인(人)은 임금과 백리제후를 가리킨다. 기교가 많다는 것은 궁궐을 조각이나 그림으로 꾸미고 의복에 무늬나 장식을 새기는 것을 일컫는 것이다. 기이한 물건이 점점 더 생겨나면 아랫사람들이 윗사람들을 따라 금과 옥으로 장식하고 의복을 화려하게 꾸미는 등 사치스러움이 날로 심해지게 된다. '법물'은 좋아하는 물건이다. 진귀하고 좋아하는 물건이 많이 생겨나고 드러나면, 농사가 망쳐지게 되어 기근과 추위가 나란히 이르게 되니, 도적이 많아지게 되는 것이다"[168]라고 풀이했다. 군왕과 제후들이 호사스럽고 사치하는 데 열중하여 기교가 생겨났고, 결국 이로 인해 농사가 소홀해져 도적이 많아졌다는 것이다.

왕필은 "백성들이 지혜가 많아지면 교묘한 것과 거짓이 생겨나고, 교묘한 것과 거짓이 생겨나면 삿된 일들이 발생한다. 올바름을 세워서 삿된 것이 멈추기를 바랐으나 속임수로 군대를 부리게 되고, 꺼리고 피할 것을 많게 해서 가난을 부끄럽게 여기도록 바랐으나 백성들은 두루 가난하게 되었다. 이로운 기구는 나라를 강하게 하려는 것이었는데 나라는 더욱 혼란스럽게 되었으니, 모두가 근본을 버리고 말단을 다스렸기 때문에 여기까지 이르게 된 것이다"[169]라고 했다. 정(正)과 사(邪)의 관계에서 삿됨을 바로잡기 위해 노력하는 과정에서 근본을 버리고 말단만을 다스렸기 때문에 이와 같이 되었다고 본 것이다.

다시 본 문장으로 돌아와 보자. 노자는 "사람들이 기교가 많아지면 기이한 일들이 잦아진다"라고 했다. '伎巧(기교)'는 죽간(갑)에는 '지혜 지(智)'로 백서(갑)에는 '알 지(知)'자로 되어 있다. 기교란 사람들의 재간이 능수능란하다는 말이기도 하다.

이 구절은 앞서의 '무사(無事)'로 다스려야 한다는 주장에 대한 설

---

168) 『하상공주』 "人謂人君, 百里諸侯也. 多技巧, 謂刻畫宮觀, 雕琢章服, 奇物滋起, 下則化上, 飾金鏤玉, 文繡彩色日以滋甚. 法物, 好物也. 珍好之物滋生彰著, 則農事廢, 飢寒並至, 而盜賊多有也."

169) 『왕필주』 "民多智慧, 則巧僞生, 巧僞生, 則邪事起. 立正欲以息邪, 而奇兵用, 多忌諱欲以恥貧, 而民彌貧, 利器欲以强國者也, 而國愈昏(多)[弱], 皆舍本以治末, 故以致此也."

명 중 하나이다. 백성을 지배하는 환경이 달라지면 이에 적응하는 과정에서 기묘한 것들이 등장하기 마련이다. 여기에서는 기교가 많아지고 이로 인해 기이한 물건이나 행동들이 생겨난다는 것이다. 기이하다는 것은 평범한 것이 아닌 별난 것이다. 기이한 일이란 사람들의 오감을 유혹하거나 생각을 혼란스럽게 하는 것들로 보아야 한다. 밝음이 가려져 있는 곳에는 어둠이 그 자리를 차지하지 않겠는가?

이어서 "본받아야 할 명령이 자주 만들어지면 도적이 많아진다"라고 풀이했다. '法令(법령)'은 대부분의 판본에서 '法物(법물)'로 되어 있다. 하상공은 법물은 '좋은 물건' 즉 일종의 물건으로 보는 반면, 왕필처럼 법령으로 보고 백성들을 심하게 규제하는 것을 말하는 것이라고 주장하는 쪽도 있다. 필자는 '法(법)'자를 다른 장에서와 같이 '본받다'는 뜻으로 본다. 물이 위에서 아래로 흘러가는 것처럼 세상의 일에는 마땅히 그러한 규칙이 있다는 뜻이 합하여 법(法)이나 규정(規定)을 뜻하는 말이 되었듯이, 법물(法物)이란 당시의 상황에서 모두가 본받아야 할 것들을 말한다 하겠다. 통치자들이 이러한 것들을 명확히 하여 법이나 의례로 정해 본을 삼으려 한다는 것이다. 이 또한 무사(無事)로 다스리지 않은 경우를 설명하는 글이다.

물론 나라가 혼란하여 이를 바로 잡고자 행하는 경우도 있다. 그러나 그 근원을 해결하지 않고 결과만을 처리해서 해결될 일은 아닐 것이다. 말단에서 나타나는 허물만을 걷어 내려고 통제하는 법령과 의례가 번잡해진다면, 선한 백성들은 살아남기 위해 부득이 도적의 무리로 빠져들 수밖에 없을 것이다. 나라의 도적이란 선한 백성들을 고통스럽게 하고 나라를 무력하게 만드는 자들이다. 무도한 산적뿐만 아니라 부패한 탐관오리도 도적이 아니겠는가.

故聖人云, 我無爲而民自化, 我好靜而民自正, 我無事而民自富, 我無欲而民自樸.
그러므로 성인이 이르기를, 내가 무위하면 백성은 저절로 변화되며 내가 고요함을 좋아하면 백성은 저절로 바르게 된다. 내가 일이 없게 하면 백성은 저절로 부유해지고, 내가 무욕하면 백성은 저절로 질박해진다고 했다.

죽간(갑)과는 어순이 조금 다르고 판본별로 글자의 증감은 있으나 전반적인 의미에는 변함이 없다. 문장의 끝에 나오는 '我無欲而民自樸(아무욕이민자박)'의 경우 죽간(갑)과 백서(을)에서는 '我欲不欲而民自樸(아욕불욕이민자박)'으로 '無欲(무욕)'이 '欲不欲(욕불욕)'으로 쓰인 것이 다르다.

하상공은 "성인이 말하기를, 내가 도를 닦아 하늘을 계승하여 고치는 바가 없으면 백성은 저절로 변화되고 이룬다. 성인이 말하기를, 내가 고요함을 좋아하여 말하지 않고 가르치지 않아도 백성은 저절로 충성스럽고 바르게 된다고 한 것이다. 내가 요역에 징발하는 일을 하지 않으니 백성이 각자 자신의 일에 편안히 하게 되므로 모두 스스로 부유하게 되는 것이다. 나는 항상 욕심이 없어 화려한 무늬를 버리고 의복의 장식은 보이지 않게 한다. 백성은 나를 따라서 질박해진다. 성인이 말하기를, 내가 도를 닦고 참됨을 지켜 여섯 가지 감정을 끊어 보내니 백성이 스스로 나를 따라 맑아진다고 한 것이다"[170]라고 했다. 성인이 먼저 모범을 보이면 백성들은 이를 본받아 따라오게 된다는 설명이다.

왕필도 비슷하게 "위에서 욕심내는 바를 백성들이 따라가는 것은 신속하다. 내가 욕심을 내는 바가 오직 무욕이어서, 백성들도 또한 무욕으로 저절로 소박해진다. 그러니 이 네 가지는 근본을 숭상하고 말단을 멈추게 하는 것이다"[171]라고 하여, 말단을 멀리하고 근본을 받들어야 한다는 점을 강조하고 있다.

노자는 마지막 문장에서 자신이 언급한 것들을 성인이 이르는 말로 정리하고 있다. 이 문장에서는 네 가지를 성인의 '바른 다스림(正治)'으로 들고 있다. '無爲(무위)·好靜(호정)·무사(無事)·無欲(무욕)'이다. 성인이 이것을 근본으로 삼아 나라를 다스리면 백성들은 '自化(자화)·自正(자정)·自富(자부)·自樸(자박)'하게 된다는 것이다.

이 문장에서는 『도덕경』에서 새겨들어야 할 낱말들이 다시 등장하고 있다. 무위는 백성들이 스스로 변화하면서 살아가게 하는 길이요, 성인이 고요함을 좋아하는 것은 백성들을 저절로 바르게 하는 길이며, 일을 만들지 않으면 백성들을 부유하게 하는 길이며, 바라는 것이 없으면 백성들을 질박하게 만드는 길이 된다는 말이다. 鳳

---

170) 『하상공주』 "聖人言 : 我修道承天, 無所改作, 而民自化成也. 聖人言 : 我好靜, 不言不教, 而民自忠正也. 我無徭役徵召之事, 民安其業故皆自富也. 我常無欲, 去華文, 微服飾, 民則隨我為質樸也. 聖人言 : 我修道守真, 絕去六情, 民自隨我而清也."

171) 『왕필주』 "上之所欲, 民從之速也. 我之所欲唯無欲, 而民亦無欲而自樸也. 此四者, 崇本以息末也."

내가 일이 없게 하면 백성은 저절로 부유해지고,

내가 무욕하면 백성은 저절로 질박해진다.

제 58 장

그 정사가 매우 답답한데 그 백성들은 도타워진다.

其政悶悶 其民淳淳 其政察察 其民缺缺

기정민민 기민순순 기정찰찰 기민결결

禍兮福之所倚 福兮禍之所伏 孰知其極

화혜복지소의 복혜화지소복 숙지기극

其無正 正復爲奇 善復爲妖 人之迷 其日固久

기무정 정복위기 선복위요 인지미 기일고구

是以聖人 方而不割 廉而不劌

시이성인 방이불할 렴이불귀

直而不肆 光而不燿

직이불사 광이불요

그 정사가 매우 답답한데 그 백성들은 도타워지고, 그 정사가 사리에 밝고 뚜렷한데 그 백성들은 이지러진다.
재앙이란 복이 기대어 있는 바이며, 복이라 하는 것에도 재앙이 엎드려 있는 바이니, 누가 그 궁극을 알겠는가.
그것에는 바른 것이 없다. 바름이 기이한 것이 되어 돌아오고, 선함이 요사한 것이 되어 돌아오니, 사람들의 미혹됨이 이미 오래되었다.
이 때문에 성인은 모나지만 잘라 내지 않으며, 살피지만 상처를 입히지 않고, 곧고 바르지만 늘어놓지 않으며, 비추지만 빛나려고 하지 않는다.

[해설]

其政悶悶, 其民淳淳. 其政察察, 其民缺缺.
그 정사가 매우 답답한데 그 백성들은 도타워지고, 그 정사가 사리에 밝고 뚜렷한데 그 백성들은 이지러진다.

'순박할 순(淳)'자는 백서(을)에는 '도타울 순(惇)'으로 하상공본에는 '진한 술 순(醇)'으로 되어 있으며, '이지러질 결(缺)'자는 백서(갑)에 '터놓을 쾌(夬)'로 쓰여 있다.

하상공은 "정교가 관대하기에 어둡고 컴컴하여 마치 밝지 않은 것 같다. 정교가 관대하기에 백성들은 순박하고 넉넉하여 서로 친밀하고 화목하다. 정교가 조급하면 말하는 것은 입에서 결정되고 듣는 것은 귀에서 결정된다. 정교가 번잡하고 급하면 백성은 편안하게 살지 못하니, 그러므로 날로 수척해지게 된다"[172]라고 하여 관대한 가르침과 번잡한 가르침의 차이로 보았다.

왕필은 "정치를 잘하는 자는 무형, 무명, 무사하여 정사로 거론할 것이 없다. 흐리멍덩하게 한 것이 마침내는 크게 다스려지게 되므로 정사가 흐리멍덩하다고 한 것이다. 백성들은 다투는 것이 없어 관대하고 순진하게 되므로 백성들이 매우 순진하다고 했다. 형벌과 명분을 세우고 상과 벌을 밝혀서 간사한 것과 거짓된 것을 단속하므로 세밀하고 자세하다고 한 것이고, 종류별로 다른 것을 나누고 쪼개니 백성들은 다투고 경쟁하는 마

172)『하상공주』"其政教寬大, 悶悶昧昧, 似若不明也. 政教寬大, 故民醇醇富厚, 相親睦也. 其政教急疾, 言決於口, 聽決於耳也. 政教急疾. 民不聊生. 故缺缺日以踈薄."

음을 품는다. 그러므로 그 백성들은 이지러진다고 말한 것이다"[173]라고 했다. 왕필은 무형과 무명 그리고 무사로 다스리는 것을 일러 '민민(悶悶)' 하게 정사를 보는 것이라 했다.

이 장에서는 인간이라는 존재가 자연계의 생물과 달리 주어진 환경과 다른 결과를 가져오는 경우가 있음을 적시하고 있다. 이와 같은 예문을 통해 그동안 성인의 다스림으로 역설해 왔던 치국의 도리를 이해하도록 도와주고 있다.

첫 문장부터 살펴보자. 노자는 "그 정사가 매우 답답한데 그 백성들은 도타워지고, 그 정사가 사리에 밝고 뚜렷한데 그 백성들은 이지러진다"라고 말문을 열었다. 어떤 나라가 살림살이를 꾸려감에 있어 매우 답답하고 소심하게 하는 경우에는 무엇인가 알 수 없는 불안함에 큰 변고가 일어날 것으로 생각하게 된다. 이는 경험상으로 예측되는 경우다. 그러나 오히려 백성들의 사이가 돈독해져 있다는 것이다. 또 다른 경우로 사리에 밝고 뚜렷하게 정사를 보는 나라는 백성들이 살기 좋은 곳이 되어야 함에도 오히려 백성들이 무언가 어긋나 있어 나라가 이지러져 있다는 것이다.

세상 사람들이 무엇인가 놓치고 있는 바가 있음을 암시하고 있다. 이 구절에 나오는 '정(政)'자는 '나라를 바르게 하는 일'이란 뜻에서 정사(政事)나 정치(政治)로 옮겨 번역할 수 있겠다. 노자가 『도덕경』에서 자주 쓰던 치(治)자를 내버려두고 정(政)자를 사용한 것을 보면 그냥 다스

173) 『왕필주』 "言善治政者, 無形, 無名, 無事, 無政可擧. 悶悶然, 卒至於大治. 故日其政悶悶也. 其民無所爭競, 寬大淳淳, 故日其民淳淳也. 立刑名, 明賞罰, 以檢姦僞, 故日察察也. 殊類分析, 民懷爭競, 故日其民缺缺."

리는 것과는 다른 무엇이 있다 할 것이다. 고대에는 '政'은 '正'과 통용되었으며, 正은 갑골문과 금문에서 보면 '다른 나라로 쳐들어가 그 나라를 바로잡다'라는 뜻을 나타냈다고 한다. 흔히 나라가 바로 가지 못하고 혼란에 빠진 정치를 일컬어 '다스림(治)'만 있지 '바름(政)'은 없다고 말한다. 따라서 문장의 두 경우가 나라를 잘 다스리려는 방법으로 행한 것임을 추측할 수 있다.

禍兮福之所倚, 福兮禍之所伏, 孰知其極.
재앙이란 복이 기대어 있는 바이며, 복이라 하는 것에도 재앙이 엎드려 있는 바이니, 누가 그 궁극을 알겠는가.

백서(갑)에서는 '禍兮(화혜)'와 '福兮(복혜)'를 '禍(화)'와 '福(복)'으로만 표기하고 있다.

하상공은 "의(倚)는 말미암는다는 뜻이다. 무릇 화는 복에 말미암아 생기니 사람이 화를 만났을 때 과오를 반성하고 자신을 책망하지만, 도를 닦고 선을 행하면 화가 떠나고 복이 올 것이다. 화는 복 가운데 숨어 있으니, 사람이 복을 얻었을 때 교만하고 방자하면 복이 떠나가고 화가 오게 된다. 화와 복은 바뀌어 서로를 낳으니 누가 그 궁극의 때를 알 수 있겠는가"[174]라고 했다.

왕필은 "누가 훌륭하게 다스리는 것의 궁극을 알겠는가? 오직 바르다고 제시할 만한 것이 없고, 형상으로 이름지을 만한 것이 없어서 흐리

174) 『하상공주』 "倚, 因也. 夫福因禍而生, 人遭禍而能悔過責己, 修道行善, 則禍去福來. 禍伏匿於福中, 人得福而為驕恣, 則福去禍來. 禍福更相生, 誰能知其窮極時."

멍덩하였으나 천하는 크게 교화되니, 이것이 그 궁극됨이다"[175]라고 주해를 달았다.

두 번째 문장이다. 먼저 "재앙이란 복이 기대어 있는 바이며, 복이라 하는 것에도 재앙이 엎드려 있는 바이다"라고 했다. 이 말씀은 '화가 바뀌어 오히려 복이 되다'라는 전화위복(轉禍爲福)이나, 세상만사는 변화가 많아 어느 것이 화가 되고 어느 것이 복이 될지 예측하기 어려워 재앙도 슬퍼할 게 못되고 복도 기뻐할 것이 아님을 이르는 새옹지마(塞翁之馬)라는 사자성어에 익숙해져 있는 것처럼, 세상 사람들은 이를 당연한 것으로 여기게 되었다. 더 나아가 재앙과 복이 언제 바뀔지를 더 궁금하게 만들었다. 노자도 인간 세상에서만 일어나는 일이기에 "누가 그 궁극을 알겠는가"라고 반문하고 있다.

이 문장에는 재미난 부분이 있다. 복은 기대어 있으나 재앙은 엎드려 있다는 표현이다. 기대어 있다면 밖으로 쉽게 나올 수 있지만 엎드려 있는 재앙은 기대어 있는 것보다 밖으로 나오기가 더 어려워 보인다. 그러나 한편으로는 복에 가려서 잘 보이지 않기에 재앙의 늪에 빠지기가 더 쉬울 수도 있다.

> 其無正. 正復爲奇, 善復爲妖. 人之迷, 其日固久.
> 그것에는 바른 것이 없다. 바름이 기이한 것이 되어 돌아오고, 선함이 요사한 것이 되어 돌아오니, 사람들의 미혹됨이 이미 오래되었다.

---

175) 『왕필주』 "言誰知善治之極乎. 唯無可正擧, 無可形名, 悶悶然, 而天下大化, 是其極也."

'요사할 요(妖)'자는 하상공본에서는 '요사할 요(訞)'자로 쓰였으나 뜻은 다르지 않다.

하상공은 "무(無)는 아니다[不]라는 뜻이다. 임금이 자신의 몸을 바르게 하지 않으면 나라를 잃는 것이다. 기(奇)는 속인다[詐]는 뜻이다. 임금이 바르지 않으면 아랫사람이 비록 바르다 할지라도 윗사람의 영향으로 다시 속이는 사람이 될 것이다. 선한 사람들도 모두 다시 윗사람의 영향을 받아 요사스럽게 된다. 임금이 미혹되어 바름을 잃어버린 지가 심히 오래되었다는 말이다"[176]라고 하여, 모두 임금의 몸가짐에 달려 있다고 했다.

왕필은 "올바름으로 나라를 다스리면 곧 다시 속임수로 군대를 부리게 되는 것이어서, 올바름은 다시 속임수가 된다. 선을 세워서 만물을 조화롭게 하면 곧 다시 요사한 환란이 생긴다. 말하자면 사람들이 미혹되어 도를 잃은 지가 심히 오래되어서, 선한 다스림으로 바로 잡아도 책임을 물을 수 없다"[177]라고 했다. 이러한 것들이 나타나는 것을 왕필은 바름으로 다스린 필연으로 보고 있다.

엄령봉은 "바른 것이 사악한 것으로 바뀌고 선한 것이 다시 악한 것으로 바뀌는 것으로, 복이 가고 화가 오는 화복이 다시 바뀌는 것을 말한다"고 했다.

"그것에는 바른 것이 없다"라고 말한다. 자연의 섭리에서는 뿌린 것과 다른 결실을 맺을 수 없다. 결과가 바뀌어 나오는 것은 다른 어떤 것이

---

176) 『하상공주』 "無, 不也. 謂人君不正其身, 其無國也. 奇, 詐也. 人君不正, 下雖正, 復化上為詐也. 善人皆復化上為訞祥也. 言人君迷惑失正以來, 其日已固久."
177) 『왕필주』 "以正治國, 則便復以奇用兵矣. 故日 正復爲奇. 立善以和萬物, 則便復有妖之患也. 言人之迷惑失道固久矣, 不可便正善治以責."

작용했다는 것이며, 영향을 미친 그 실체를 알아채지 못한 결과이다. 나랏일을 융통성 없이 답답하게 처리하는 것으로 보였으나 백성들이 더 도타워졌다는 결과는 결코 나랏일을 가벼이 행하지 않았다는 증거다. 이러한 결과는 평범한 사람들의 눈높이에서는 의외라고 생각할 수밖에 없을 것이다. 이처럼 후자의 경우에도 나랏일을 사리에 밝게 뚜렷하게 챙기면 나라가 더욱 돈독해져야 하는 것을 당연한 일로 여기고 있으나, 결과는 백성들이 모두 이지러져 있다고 했다. 이 또한 사리에 밝게 뚜렷하게 챙겼다는 그 행위의 실체를 제대로 판단하지 못한 데서 나온 것이다.

그렇다고 두 가지의 경우가 항상 그러한 결과를 가져오는 것은 아닐 것이다. 인간은 다른 생물과는 달리 주체적으로 사고하고 행동하는 특성이 있다. 바르다는 개념도 서로 다르게 인식하는 것처럼, 똑같은 환경에 처해 있으면서도 받아들이고 대처하는 방법과 정도는 다르기 때문에 각기 다른 선택을 한다. 이처럼 인간이란 존재는 개별적인 처지와 사고의 정도가 다르기 때문에 겉으로 드러난 실체가 같다고 하더라도 결과까지 같다야 한다고 생각하는 것은 상당히 무리가 있다. 그래서 노자는 "여기에는 바른 것이 없다"고 말한 것이다.

이어서 노자는 "바름이 기이한 것이 되어 돌아오고, 선함이 요사한 것이 되어 돌아오니, 사람들의 미혹됨이 이미 오래되었다"라고 지적한다. 사람들은 자기 나름대로 예상했던 것과는 다른 결과로 돌아오는 경우가 많아지니, 어느 것이 옳고 그른 것인지를 판단할 수 없는 미혹된 상태가 오래되었다고 말한다. 이 장의 주제는 스스로 그러하게 하는 무위의 정치가 곧 바른 정치라는 사실을 강조하는 것이다. 왕필이 자주 언급하는 말로, 군주가 근본을 중하게 여기지 않고 말단에서 해법을 찾으려 한다면 늘 이와 같은 굴레에서 벗어나지 못할 것이다.

是以聖人, 方而不割, 廉而不劌, 直而不肆, 光而不燿.
이 때문에 성인은 모나지만 잘라내지 않으며, 살피지만 상처를 입히지 않고, 곧고 바르지만 늘어놓지 않으며, 비추지만 빛나려고 하지 않는다.

'상처 입힐 귀(劌)'자가 백서(을)에는 '찌를 자(刺)'자로, 하상공본에는 '해할 해(害)'자로 되어 있으나 해친다는 의미에서는 서로 같다. '聖人'이란 글자는 백서(을)에는 적혀 있지 않다.

하상공은 "성인이 방정하게 행하는 것은 아랫사람을 거느리고자 하는 것이지 사람을 나누고 견주려고 하는 것이 아니다. 해롭게 한다는 것은 상하게 한다는 뜻이다. 성인은 청렴하게 행동함으로써 백성을 교화하려고 하는 것이지 남을 상하게 하려는 것이 아니다. 지금은 그러하지 못함이니 남을 상하게 하여 자기를 바르게 하는 것이다. 사(肆)는 펼친다[申]는 뜻이다. 성인은 비록 곧지만 자기를 굽혀 사람들을 따르지만 스스로 펼치지 않는다. 성인은 비록 홀로 밝음을 보더라도 늘 어리석은 듯 행동하여 빛나는 것으로 사람들을 어지럽게 하지 않는다"[178]라고 했다. 즉 성인이 행함에는 모두 큰 뜻이 있는 것이라 풀이했다. 오징은 '방(方)'자는 사물의 모서리와 같은 것으로 모서리가 날카로우면 사람을 해칠 수 있으나 성

178)『하상공주』"聖人行方正者, 欲以率下, 不以割截人也. (害, 傷也). 聖人(行)廉清, 欲以化民, 不以傷害人也. 今則不然, 正己以害人也. 肆, 申也. 聖人雖直, 曲己從人, 不自申也. 聖人雖有獨見之明, 當如闇昧, 不以曜亂人也."

인은 해치지 않는다[不割]라고 말했다.

또한 왕필은 "처방으로 사물을 인도하고 그 사악한 것을 버리게 하지만, 처방으로 사물을 해치지는 않으니 이른바 큰 처방에는 모퉁이가 없다는 것이다. 廉(렴)은 청렴(淸廉)이라는 뜻이고, 귀(劌)는 다치다[傷]는 의미다. 청렴으로 백성을 깨끗하게 해서 사악한 것과 더러운 것을 버리게 하지만, 사물을 다치게 하여 상처를 주지는 않는 것이다. 곧음으로 사물을 인도하여 편벽된 것을 버리게 하지만 사물과 부딪혀 들끓게 하지 않으니, 이른바 크게 곧은 것은 굽은 것과 같다고 하는 것이다. 빛으로 미혹한 까닭을 비춰주지만 그들이 숨기고 감춘 것을 밝히려 하지는 않는다. 이른바 "밝은 도는 어두운 듯하다"라는 것이다. 모두 근본을 숭상하여 말단을 멈추게 하는 것이며, 공격하지 않으면서 되돌아가게 하는 것이다"[179] 라고 설명하고 있다.

마지막 문장이다. 이 문장에서 성인이라는 글자는 하상공본과 왕필본에는 적혀 있으나 백서 등에는 없다는 점을 감안하고 이해해야 한다.

먼저 "모나지만 잘라내지 않으며, 살피지만 상처를 입히지 않는다" 라고 했다. '모서리[方]'는 모가 나 있는 부분, 즉 주변과 달리 돌출되어 있음을 말한다. 렴(廉)은 꼼꼼하게 나라를 살펴보는 것을 말한다. 성인은 나랏일을 보면서 모두를 날카롭게 살펴보지만 불선하다고 처벌하거나 위해를 가하지 않는다, 즉 모두를 포용하여 조화를 유지함을 묘사하고 있다.

179) 『왕필주』 "以方導物, 舍去其邪, 不以方割物. 所謂大方無隅. 廉, 淸廉也. 劌, 傷也. 以淸廉淸民, 令去其邪, 令去其汚, 不以淸廉劌傷於物也. 以直導物, 令去其僻, 而不以直激沸(拂)於物也. 所謂大直若屈也. 以光鑑其所以迷, 不以光照求其隱慝也. 所謂明道若昧也. 此皆崇本以息末, 不攻而使復之也."

인간의 본성을 선하게 보고 언제나 제자리로 돌아올 수 있다고 보는 것이다. 정사를 보는 데 있어서는 '찰찰(察察)'하되 그 처리는 '민민(悶悶)'하게 하는 것을 말하는 것 같다. 인간의 속성을 잘 알기에 변화의 가능성을 모두 포용하여 큰 도리로 나아가도록 이끄는 치도의 하나다.

이어서 "곧고 바르지만 늘어놓지 않으며, 비추지만 빛나려고 하지 않는다"라고 했다. 올바른 것이지만 시장에서 물건을 늘어놓고 자랑하는 것처럼, 좋다고 해서 그 길로 가라고 강제하지 않는다는 말이며, 백성들을 바르게 이끌지만 자신의 존재를 드러내려 하지 않는 성인의 용모를 설명하고 있다. 이 내용은 여러 차례 반복되어 제시되는 메시지 중 하나다.

이 구절에서 '사(肆)'는 '늘어놓다'는 뜻이다. 하상공은 '펼친다[申]'는 뜻으로, 오징은 '방자하다'로 해석하여 "솔직한 사람은 담아두고 숨길 수 없기 때문에 말을 방자하게 하여 남의 단점을 들추어내지만 성인은 방자하지 않다"는 말로 풀이한다. 그러나 전체 문맥이나 성인의 그릇으로 보아 이러한 의미를 결부시키는 것은 마땅하지가 않다.

『장자(莊子)』 '외물'편에 '목마른 고기의 어물전'이라는 뜻의 '고어지사(枯魚之肆)'가 나온다. "장자가 길을 가다가 수레바퀴 자국에 고인 물 속에서 말라 죽어가는 물고기에게 '나중에 서강(西江)의 물을 가져와 구해주겠다'고 말하자, 물고기는 '지금 당장 한 동이의 물이 필요하다'고 말하며, '당신이 굳이 그렇게 한다면 나를 건어물가게에서 찾아야 할 것'이라고 말했다"라는 내용이다. '사(肆)'는 '사람들이 모여 장사하는 곳'을 일컫는 말이기도 하다. 상인은 물건들을 돋보이게 진열해 놓은 뒤에 지나가는 손님을 붙들고, 관심을 보이는 상품을 미언(美言)으로 포장하는 사람이다. 鳳

제 59 장

사람을 다스리고 하늘을 섬기는 일은 아끼는 것보다
좋은 것이 없다.

治人事天莫若嗇

치인사천막약색

夫唯嗇 是以早服 早服謂之重積德

부유색 시이조복 조복위지중적덕

重積德則無不克 無不克則莫知其極

중적덕즉무불극 무불극즉막지기극

莫知其極 可以有國 有國之母 可以長久

막지기극 가이유국 유국지모 가이장구

是謂深根固柢 長生久視之道

시위심근고저 장생구시지도

사람을 다스리고 하늘을 섬기는 일은 아끼는 것보다 좋은 것이 없다.

대저 아끼기 때문에 미리 준비할 수 있는 것이다. 미리 준비한다는 것은 겹겹이 쌓은 덕을 이르는 말이다.

겹겹이 쌓은 덕은 이겨내지 못할 것이 없다. 이겨내지 못할 것이 없다는 것은 그 한계를 알 수 없다는 말이기도 하다.

그 한계를 알 수 없으면 나라를 가질 만하고, 나라의 어미가 있으면 길고 오래 갈 수 있는 것이다.

이것을 일러 밑동이 깊고 뿌리가 견고하다고 말하는 것이니 장생구시의 도이다.

[해설]

> 治人事天莫若嗇. 夫唯嗇, 是以早服, 早服謂之重積德.
> 사람을 다스리고 하늘을 섬기는 일은 아끼는 것보다 좋은 것이 없다. 대저 아끼기 때문에 미리 준비할 수 있는 것이다. 미리 준비한다는 것은 겹겹이 쌓은 덕을 이르는 말이다.

글자의 표현에 판본별로 약간의 차이는 있다. '是以(시이)'는 죽간(을)과 백서(을)에서는 같으나 하상공본과 왕필본에서는 '是謂(시위)'로 쓰여 있다. 그러나 전체적인 의미에 있어서는 차이가 없다.

하상공은 "임금이 백성을 다스리는 것을 일컫는 것으로, '事(사)'는 '이용한다[用]'는 뜻이다. 하늘의 도를 이용하고 사계절을 따라야 한다. '嗇(색)'은 '아낀다[愛]'는 뜻이다. 나라를 다스리는 자는 백성의 재물을 아껴야 하고 지나치게 사치하지 말아야 하며, 몸을 다스리는 자는 정기를 아껴야 하고 방종하지 말아야 한다. '早(조)'는 '앞선다[先]'는 뜻이다. '服(복)'은 '얻는다[得]'는 뜻이다. 오로지 백성의 재물을 아끼고 정기를 아끼면, 먼저 하늘의 도를 얻을 수 있다. 먼저 하늘의 도를 얻으니, 이것을 일컬어 자신에게 거듭 덕을 쌓는 것이라 한다"[180]라고 했다. 즉, '색(嗇)'을 '아끼고 소중하다[愛惜]'라고 풀이해서 백성들을 아끼고 몸의 정기를 아껴 천도를 얻는다고 풀었다. 왕필은 "'~하는 것만 못하다'는 말은 오히려 '~보다 뛰어남이 없다'는 말과 같다. 색(嗇)은 농부다. 농부가 밭을 가꾸면서 열심히

---

180) 『하상공주』 "謂人君欲治理人民. 事, 用也. 當用天道, 順四時. 嗇, 愛惜也. 治國者當愛民財, 不為奢泰. 治身者當愛精氣, 不為放逸. 早, 先也. 服, 得也. 夫獨愛民財, 愛精氣, 則能先得天道也. 先得天道, 是謂重積得於己也."

다른 종류들을 제거하여 가지런히 하나로 돌려 놓는다. 저절로 그러함이 온전해지니 흉년의 근심에 대해 급박해 하지 않고 흉년의 근심이 생기는 원인도 제거된다. 위로 천명을 받들고 아래로 백성을 편안하게 하는 데 이보다 뛰어난 것이 없다. 일찍 준비하는 것은 늘 해 왔다. 오직 거듭 덕을 쌓고 민첩하고 빠르게 하려고 하지 않아야 늘 일찍 갖추고 부릴 수 있다. 그러므로 일찍 준비하는 것을 일러 거듭 덕을 쌓는 것이라 한다"[181]라고 풀었다. 즉, 색(嗇)을 '농부'라는 의미로 풀이했다. 주겸지(朱謙之)는 '嗇(색)'을 법(法)을 의미하는 '式(식)'으로 바꿔 읽어야 한다고 주장했다.

『한비자』 '해로(解老)'에는 이렇게 되어 있다. "사람을 다스릴 줄 아는 사람은 그 사려가 고요하고, 하늘을 섬길 줄 아는 사람은 그 감각기관[孔竅]이 텅 비어 있다. 사려가 고요하므로 덕이 떠나지 않고 감각기관이 텅 비어 있으므로 화합의 기운이 날마다 들어온다. 그러므로 거듭 덕을 쌓는다고 했다"[182] 비어 있음으로 덕을 쌓을 수 있다고 말하고, 이어서 "嗇之(색지)는 그 정신을 아끼는 것[愛]이고, 그 지식을 아끼는 것이다. 그러므로 사람을 다스리고 하늘을 섬기는데 색(嗇)만 한 것이 없다고 한 것이다. 일반인들은 정신을 사용하는 데 조급하다. 조급하면 많이 소비하게 되고, 많이 쓰는 것은 치(侈)라고 한다. 성인은 정신을 쓰는 데 고요하다. 고요하면 덜 소비하게 되고 덜 소비하는 것을 색(嗇)이라 한다"[183]라고 하여 색은 정신을 덜 소비하거나 적게 소비한다는 의미로 이해하고 있다.

이 문장에서의 어려움은 '嗇(색)'자와 '早服(조복)'을 제대로 해석하

181) 『왕필주』 "莫若, 猶莫過也. 嗇, 農夫. 農人之治田, 務去其殊類, 歸於齊一也. 全其自然, 不急其荒病, 除其所以荒病. 上承天命, 下綏百姓, 莫過於此. 早服, 常也. 唯重積德, 不欲銳速, 然後乃能使早服其常. 故日 早服謂之重積德者也."
182) 韓非子, 解老 "知治人者, 其思慮靜; 知事天者, 其孔竅虛. 思慮靜, 故德不去; 孔竅虛, 則和氣日入. 故日: 重積德."
183) 韓非子, 解老 "嗇之者, 愛其精神, 嗇其智識也. 故日: '治人事天莫如嗇.' 衆人之用神也躁, 躁則多費, 多費謂之侈. 聖人之用神也靜, 靜則少費, 少費謂之嗇."

는 데 있는 것 같다. 많은 학자들이 자신들의 사유체계에 따라 풀이하는 것은 자연스러운 모습일 수 있다. 이처럼 의견이 분분할 때는 이야기의 뼈대를 찾아 골격을 세운 뒤 이해하는 편이 쉬울 수 있다.

노자가 이 장에서 전하고자 하는 메시지는 미리 겹겹이 쌓아놓은 덕은 이겨내지 못할 것이 없다는 것과, 오랫동안 나라를 유지할 수 있으려면 이를 꾸준하게 실천할 나라의 어미가 있어야 한다는 것이다. 이러한 줄거리를 그리면서 한 문장씩 살펴보기로 하자.

첫 구절에서 "사람을 다스리고 하늘을 섬기는 일은 아끼는 것보다 좋은 것이 없다"라고 했다. '색(嗇)'[184]은 농사지은 보리를 수확하여 창고에 보관하며 아낀다는 뜻이다. 고문자를 연구하는 학자들은 '색'자는 잘 익은 곡식과 창고의 모양으로, 수확한 곡식을 정성을 다해 보관하는 글자 모양이라고 말한다. 자연재해에 취약한 당시에는 언제 닥칠지 모르는 어려움에 대비하고 내년의 파종을 위해 종자를 남겨두는 일이 무엇보다도 소중했다. 이처럼 '색'에는 아낀다는 뜻이 깔려 있다.

그렇다면 왜 많은 글자 중에서 '아낄 색(嗇)'자를 쓴 것일까? 그것은 다음 구절에 나오는 '미리 준비하여 쌓아 둔 덕'과 연결시키기 위함이다. 미래를 대비해 창고에 쌓아 둔 곡식은 백성들의 생명을 담보하는 목숨과도 같은 존재다. 군주가 하늘을 섬기듯이, 또한 백성들을 돌보듯이 소중하게 다루어야 할 자원인 것이다. 이는 모두에게 꼭 필요한 것이어서 귀하게 되면 사람들에게 욕심과 다툼을 야기하므로 미리 쌓아 두고 있는 덕과 같은 것이다. 미리 준비한다는 것은 겹겹이 쌓은 덕을 이르는 말이라고

184) 고야왕(顧野王: 519~581)이 편찬한 □옥편□에서 "嗇은 아끼는 것이니, 아끼고 탐내는 것이다. 또 嗇夫는 농부이다"라고 했다.

했다. 군주가 이처럼 미리 챙겨서 보살피고 있으니, 백성들은 미래의 삶을 걱정함 없이 자신들의 그릇을 만들어 갈 수가 있을 것이다.

조복(早服)이란 글자의 의미를 필자는 '미리 준비한다'는 뜻으로 옮겨 보았다. 조복(早服)에 대한 판본의 기록들을[185] 살펴보면서 더 자세히 들여다보자.

早備(조비) : 竹簡本(죽간본)
蚤服(조복) : 帛書本(백서본), 『韓非子(한비자)』 '解老(해로)'
早伏(조복) : 敦煌本(돈황본), 遂州道德經碑本(수주도덕경비본)
早服(조복) : 王弼本(왕필본), 傅奕(부혁), 河上公本(하상공본)
早復(조복) : 宋代以後(송대 이후)

早(조)와 蚤(조)는 같은 글자다. 복(服)자는 몸을 다스려 보호한다는 의미가 합해져 '옷을 입다'라는 뜻과 함께 '갖추다, 준비하다, 복종하다' 등의 의미도 가지고 있다. 어떤 것을 보호하기 위해 갖추거나 준비한다는 의미에서 備(비)와 服(복)은 통한다고 볼 수 있다. '엎드릴 복(伏)'은 '엎드리다, 살피다, 엿보다'는 뜻이 있어 미리 엿본다는 점에서 같다고 할 수 있다. 송대(宋代) 이후에는 원래 상태를 회복한다는 뜻을 가지고 있는 '復(복)'자로 적었다. 이처럼 달리 적은 이유가 있겠으나 '채우다, 보충하다'의 의미로 보면 크게 벗어나지 않는다. 따라서 '조복(早服)'이란 글자는 미리 방비를 갖추고 있다는 의미에서 '미리 준비하다'로 풀이했다.

---

185) 『노자』 '색(嗇)'개념과 '조복(早服)' 개념에 관한 주석사적 고찰(1). 김형석, 한국중국학회, <중국학보> 74권(2015), pp.489-505

重積德則無不克, 無不克則莫知其極.
겹겹이 쌓은 덕은 이겨 내지 못할 것이 없다. 이겨 내지 못할 것이 없다는 것은 그 한계를 알 수 없다는 말이기도 하다.

이 문장은 주요 판본에서 판독이 불가한 글자가 많아 따로 비교하기가 어렵다. 다만 '이길 극(克)'자가 하상공본에는 동의어인 '이길 극(尅)'으로 되어 있다.

하상공은 "극(尅)은 '이기다(勝)'는 뜻이다. 자신에게 덕을 거듭 쌓으면 이기지 못하는 것이 없다. 이기지 못하는 것이 없으면, 아무도 자기 덕의 끝을 알지 못한다"[186]라고 풀이했다. 왕필은 "도는 끝이 없는 것이다(道無窮也)"라고 해서 도의 무한함을 간단히 설명하고 있다. 한비자는 "다른 사람이 그 끝을 측량할 길이 없다"라고 했고, 소자유는 "덕을 쌓음이 이미 두터워지면 비록 천하에 굳센 것이라도 이기지 못할 것이 없으니 누구도 그 한도를 헤아리지 못한다"라고 했다. 동사정도 "자신의 덕성이 무궁무진하여 막힘이 없다"라고 풀었다. '極(극)'자는 막다른 곳이나 궁극으로 덕이 이기지 못하는 것이 없는데 그 정도가 어디까지인지 그 끝을 알 수 없다는 의미로 보는 것이 적절할 것이다.

이처럼 노자는 "겹겹이 쌓은 덕은 이겨 내지 못할 것이 없다"라고 하면서, "이겨 내지 못할 것이 없다는 것은 그 한계를 알 수 없다"는 말이라고 했다. 미리 갖추어 놓고 대비하고 있으니 어떠한 난관이 닥치더라도 이

186) 『하상공주』 "尅, 勝也. 重積德於己, 則無不勝. 無不尅勝, 則莫知有知己德之窮極也."

겨 낼 수 있다는 것이다. 여러 방면으로 백성들이 어려움에 당면하지 않도록 미리 방비하는 것이 나라를 다스리는 자의 소임이며 지혜라 할 것이다. 이 글에서 보는 것처럼 노자의 덕이란 거창한 것을 요란하게 베푸는 것이 아니다. 하늘의 이치에 따라 물이 순환됨을 알기에 미리 대비케 하는 일이 바로 덕인 것이다.

> 莫知其極, 可以有國. 有國之母, 可以長久.
> 그 한계를 알 수 없으면 나라를 가질 만하고, 나라의 어미가 있으면 길고 오래 갈 수 있는 것이다.

'可以有國(가이유국)'은 하상공본에서만 '則可以有國(즉가이유국)'으로 '곧 즉(則)'자를 추가하여 의미를 좀 더 한정하고 있다.

하상공본에서는 "자기 덕의 끝이 있음을 알지 못하면 사직(社稷)을 가질 수 있고 백성을 복되게 할 수 있다. 나라와 몸은 동일하다. '모(母)'는 '도'를 뜻한다. 사람이 몸 가운데 있는 도를 보존하여 정기를 수고롭지 않게 하고 오장신을 괴롭게 하지 않을 수 있으면 장수할 수 있다"[187]라고 했다. 모(母)를 도로 보고 나라와 몸을 비교하며 장구할 수 있는 법을 설명하는 것으로 본 것이다. 왕필은 "끝이 있는 것으로 나라에 임하면 나라를 소유할 수 없다. 나라가 편하게 되는 까닭은 어미 때문이다. 거듭 덕을 쌓는 것만이 그 근본을 도모하는 것이니, 그렇게 한 다음에 말단을 경영해야 좋은 결과를 얻을 수 있다"[188]라고 했다.

---

187) 『하상공주』 "莫知己德者有極, 則可以有社稷, 為民致福. 國身同也. 母, 道也. 人能保身中之道, 使精氣不勞, 五神不苦, 則可以長久."
188) 『왕필주』 "以有窮而莅國, 非能有國也. 國之所以安, 謂之母. 重積德, 是唯圖其根, 然後營末, 乃得其終也."

그 한계를 알 수 없으면 나라를 가질 만하다고 했다. 백성들을 아끼는 행동을 겹겹이 쌓은 덕으로 행한다면 나라의 주인이 될 자격이 있다는 말씀이다. 이에 더해 나라를 길게 오랫동안 이끌어 가려면 나라의 어미가 있어야 한다고 말한다. 나라를 지탱할 튼튼한 뿌리가 필요하다는 말씀이다. 『도덕경』에서의 어미는 근본을 가진 물의 종주이다. 이 글에서 어미라 하면 항상 겹겹이 쌓은 덕으로 백성들을 아끼는 지속성을 갖춘 어미를 말한다. 이러한 어미가 있으면 그 나라를 장구하게 이어 갈 수 있다는 말이다.

是謂深根固柢, 長生久視之道.
이것을 일러 밑동이 깊고 뿌리가 견고하다고 말하는 것이니, 장생구시의 도이다.

대부분의 판본들이 '뿌리 저(柢)'를 쓴 반면 하상공본만 '밑 대(蒂)'로 다르게 적혀 있다. 그러나 의미상으로는 별다른 차이가 없다.

하상공은 "사람은 기(氣)를 뿌리로 삼고 정(精)을 꼭지로 삼으니, 이는 마치 나무의 뿌리가 깊지 않으면 뽑히고 꼭지가 단단하지 않으면 떨어지는 것과 같다. 말하자면 그 기를 깊이 간직하고 그 정을 견고하게 지켜 새는 바가 없어야 한다. 뿌리를 깊게 하고 꼭지를 견고하게 하는 것이 장생구시의 도이다"[189]라고 하여 양생의 방법과 결부하고 있다. 왕필은 이 문장과 관련해서 추가적인 주해가 없다. 항상 강조하는 바와 같이 말단

189) 『하상공주』 "人能以氣為根, 以精為蒂, 如樹根不深則拔, (果)蒂不堅則落. 言當深藏其氣, 固守其精, 使無漏泄. 深根固蒂者, 乃長生久視之道."

을 멀리하고 근본을 잘 다스리면 장구할 수 있다는 입장이기에 굳이 부연 설명할 필요는 없었다고 본다.

마지막 문장이다. "이것을 일러 밑동이 깊고 뿌리가 견고하다고 말하는 것이니, 장생구시의 도이다"라고 한다. 앞 문장에서 언급한 것처럼 겹겹이 쌓은 덕으로 보살피고 있는 어미가 있으면 밑동이 깊고 뿌리가 견고하여 쉽게 무너지지 않는다는 말씀이다. 동진시대에 지어진 산둥성(山東省)의 딩린사(定林寺)에는 수령이 4,000년 정도 된 은행나무가 자라고 있다. 기원전 715년 노나라와 거나라 양국 제후들이 이 은행나무 아래서 회의를 했다고 전해지고 있는데, 그 기나긴 세월을 증명하듯이 밑동의 둘레가 15.7미터에 달한다고 한다. 이 고목이 수천 년을 살아남을 수 있었던 것은 극한을 대비하여 늘 준비해 두고 있었기 때문이다.

구절의 끝에 '장생구시(長生久視)'란 글자를 두고, 한편에서는 인간이 장구한 삶을 누릴 수 있는 양생의 도로 바라보거나, 변화무쌍한 정치판에서 살아남는 비책의 하나로 이해하려는 경우가 있다. 하지만 이 장은 첫 문장에서 백성을 다스리고 하늘을 섬기는 일로 말문을 열고 있기에 나라를 다스리는 측면으로 좁혀서 이해해야 한다. 이 문장에서 '根(근)'은 나무줄기 가운데 뿌리에 가까운 부분이고, '柢(저)'는 뿌리의 아래쪽으로 나무를 지탱하는 갈라진 뿌리를 말한다. 따라서 根柢(근저)란 어떠한 것의 '근본 토대'를 뜻하는 말로 쓰인다. 鳳

제 60 장

큰 나라를 다스리는 일을 작은 고기로 제사를 올리는 일로 대신할 수 없다.

治大國若烹小鮮

치대국약팽소선

以道莅天下 其鬼不神

이도리천하 기귀불신

非其鬼不神 其神不傷人

비기귀불신 기신불상인

非其神不傷人 聖人亦不傷人

비기신불상인 성인역불상인

夫兩不相傷 故德交歸焉

부양불상상 고덕교귀언

큰 나라를 다스리는 일이 만약 작은 날고기를 삶아서 제사를 올리는 일이라면, 도가 천하에 다다르면 그 귀신은 신령하지 않다.
그 귀신이 신령하지 않는 것이 아니라, 신령한 것은 사람을 상하게 하지 않는 것이다.
그 신령함만이 사람을 상하게 하지 않는 것이 아니라, 성인도 역시 사람을 상하게 하지 않는다.
무릇 양자는 서로 상하게 하지 않으니, 그러므로 덕이 오고가면 제자리로 돌아가는 것이다.

[해설]

治大國若烹小鮮,
큰 나라를 다스리는 일이 만약 작은 날고기를 삶아서 제사를 올리는 일이 라면…

판본에서의 차이는 없다.

이 문장의 풀이를 살펴보자. 하상공은 "鮮(선)은 물고기란 뜻이다. 작은 물고기를 요리할 때는 창자와 비늘을 제거하지 않고, 뒤적거리지도 않는다. 물고기가 부서질까 두렵기 때문이다. 나라를 다스릴 때 번잡스러우면 아래에서는 혼란스럽고 몸을 다스릴 때 번잡스러우면 정기가 흩어진다"[190]라고 했다. 대국을 다스리는 일이 작은 물고기를 삶는 것과 같다고 푼 것이다. 왕필은 "소란스럽게 하지 않는다는 것이니, 조급하면 해가 많으나 고요하면 참됨을 온전히 한다. 그러므로 나라가 두루 클수록 임금은 두루 고요하게 한 뒤에라야 널리 뭇사람들의 마음을 얻을 수 있는 것이다"[191]라고 했다. 진고응도 "큰 나라를 다스리는 것은 마치 작은 생선을 지지는 것과 같다"고 했다.

이처럼 이 문장은 "큰 나라를 다스리는 것은 생선을 삶는 것과 같다"는 해석이 주류이며 당연하게 여겨지고 있다. 그러나 이러한 해석은 '큰 나라를 다스리는 일'에서 시작한 글에 귀(鬼)와 신(神)이 등장하고, 마지막 문장에서는 '덕이 오고가면 제자리로 돌아간다'는 내용으로 마

190) 『하상공주』 "鮮, 魚(也). 烹小魚不去腸, 不去鱗, 不敢撓, 恐其糜也. 治國煩則下亂, 治身煩則精散."
191) 『왕필주』 "不擾也. 躁則多害, 靜則全眞. 故其國彌大, 而其主彌靜, 然後乃能廣得衆心矣."

무리하고 있어서 앞뒤의 문장이 단절되는 느낌이다. 문맥의 흐름이 매끄럽지 못하다면 그 뜻을 제대로 반영하고 있지 못한 것일 수도 있다. 따라서 이 문장에 대한 재해석을 시도하는 것은 충분히 의미가 있는 일이다.

"큰 나라를 다스리는 일이 만약 작은 날고기를 삶아서 제사를 올리는 일이라면…" 하고 대국을 다스리는 일과 제례를 행하는 일을 서로 비교하여 설명할 것임을 암시하고 있다. 이 문장에서 '삶을 팽(烹)'은 일부 판본에서 '향(享)'이나 '형(亨)'으로 적혀 있는 경우도 있다.

누릴 향(享), 형통할 형(亨), 삶을 팽(烹) 세 글자는 어원이 같다. 享(향)은 '제사를 지내다'가 본뜻이고, 제사를 지내면 안녕과 평온을 누릴 수 있다고 하여 '누리다'로 확대된 것이며, 亨(형)은 제사음식을 올린다는 뜻이고, 烹(팽)은 제사음식을 솥에 넣고 불을 때고 있으니 '삶는다'는 의미이다. 삶는 것은 사람들만의 문화로, 날것보다 맛을 더하고 연하게 한다. 아울러 '고울 선(鮮)'자도 '신선한 것'을 뜻하는 글자로 바다의 고기(魚)와 육지의 양(羊)의 합성어다. 고대에는 귀한 음식 즉 정성이 담긴 제물을 뜻했다. 이 문장에서는 小鮮(소선)이라 하여 날것을 작게 손질한 고기로 표현되어 있다. 이를 합해서 보면 '烹小鮮(팽소선)'이란 작은 날고기를 삶아서 어떤 제사에 올리는 일을 표현하는 것으로 보인다.

그 시대에 왕이 행하는 제례는 『주례(周禮)』에 기록되어 있다. 후한의 학자 정현(鄭玄)이 설명한 글에 따르면, 천자가 하늘에 드리는 제사는 땔나무를 쌓고 그 위에 희생물을 놓고 태워 연기로 드리는 인사(禋

祀)가 있었다. 『사기』 '오제본기'에도 요순 시절 상제에게 유사(類祀)를, 육종(六宗)에게는 인사(禋祀)를, 산천에는 망사(望祀)를 지내고, 모든 신들에게 제사를 올렸다는 기록이 있다. 이후 천자의 제천의식으로 정착된 듯하다. 이와 더불어 주나라부터 시작된 종묘(宗廟)제례는 선왕(先王)에게 올리는 제향으로 1년 동안 여섯 번을 지냈는데, 곧 사헌관(肆獻祼)·궤식(饋食)·사춘(祠春)·약하(禴夏)·상추(嘗秋)·증동(烝冬)의 6제이다. 여기에는 익은 것과 날것을 올리고 술을 땅에 뿌려 조상신(人鬼)을 부르는 배향을 행했다. 또한 익은 음식인 궤식(饋食)으로 선왕에게 배향한다고 쓰여 있다.[192] 이처럼 종묘의 제례를 행할 때는 날고기를 사용했음을 알 수 있다. 그렇다면 날고기를 삶아 제례에 올리는 것은 왕이 조상신(先王)을 위한 종묘 제례를 지낼 때라고 볼 수 있다.

고대 중국에서는 하늘을 지고무상한 권위를 지닌 상제천(上帝天)으로 이해했다. 따라서 종교의식에서 가장 중시되는 대상이었다. 주나라의 조상 후직은 상제의 아들로 되어 있다. 후직은 상제의식을 통해 종주권을 형성하였으며 종주권을 통해 백성들에 대한 통치권을 갖고자 했다. 따라서 상제의식은 천명을 받는 의식이며, 하늘의 명은 만물에 덕을 베푸는 것이기에 이를 행하는 왕은 하늘의 자손임을 내세우는 것이 된다.

천조일여(天祖一如)의 사상이 깔려 있다. 이러한 의식은 상제와 조상을 같은 반열(配天)에 둘 수 있는 종묘제도로 발전했다. 배천은 임금의 조상을 하늘과 함께 제사 지내는 일로, 덕(德)이 하늘과 같이 많음을 말하는 것이다. 이처럼 종묘와 사직에 바치는 제사는 천명의 신성함을 계승

192) <주례> '춘관'편[大宗伯] "以肆獻祼享先王, 以饋食享先王, 以祠春享先王, 以礿夏享先王, 以嘗秋享先王, 以烝冬享先王"

하여 백성들을 다스리는 수단이 되었으므로 상제의 의지를 받들어 백성을 다스리는 일이기 때문에 쉬운 일로 여겼던 것이다.[193] 노자는 이처럼 당시 왕들이 나라의 중대사를 비는 제례를 매우 형식적인 의식으로 보고 '烹小鮮(팽소선)'이라 에둘러 표현한 듯하다.

以道莅天下, 其鬼不神.
도가 천하에 다다르면 그 귀신은 신령하지 않다.

'다다를 리(莅)'자가 하상공본에서 같은 속자인 '涖(리)'로 쓰인 것 외에는 다르지 않다.

이 문장에 대해 하상공은 "도와 덕으로 자리에 머물면서 천하를 다스리면, 귀신이 감히 그 정과 신을 드러내어 사람을 범하지 못할 것이다"[194]라고 했다. 성인이 다스리면 귀신도 범접하지 못하게 된다는 뉘앙스로 보인다. 왕필은 "큰 나라를 다스리는 것은 작은 생선을 삶는 것과 같고, 도로써 천하에 임하면 그 귀신은 신령스럽지 않다"[195]고 했다. 도로 다스리면 귀신이라도 개입할 여지가 없다는 것이다. 범응원은 "귀신은 음양 중의 정령이다. 귀는 돌아간다는 뜻이고 신은 편다는 뜻이다"라고 했다.

"도가 천하에 다다르면 그 귀신은 신령하지 않다"라고 했다. 현재 도로 다스려지고 있다는 표현이 아니라, 방금 외부로부터 도달했다는 뉘앙스다. 이는 왕들이 종묘의 제례를 근본 목적과는 다른 의도로 사용하고

193) <예기>와 <중용>에서 "교사의 뜻과 상제의 예에 관하여 분명하게 알면 나라를 다스리는 일은 아마도 손바닥 위에 물건을 얹어놓는 것과 같으리라(明乎郊社之禮 禘嘗之義 治國其如示諸掌乎)"고 했다.
194) 『하상공주』 "以道德居位治天下, 則鬼不敢以其精神犯人也."
195) 『왕필주』 "治大國則若烹小鮮, 以道莅天下, 則其鬼不神也."

있음을 말하는 것이다. 종묘 의식의 목적은 도의 행함이지만 현재 도가 천하에 행해지지 않고 있음을 지적하고 있다. 천명의 덕을 베풀었던 조상신이 신령하지 않다고 말하고 있다.

이 구절에서 귀(鬼)는 종묘에 배향된 선황을 말하는 것이다. 학자들의 연구에 의하면, 종묘에서는 제사[祀]의 의식뿐만 아니라 이웃나라를 정벌하는 나라의 큰 행사나 왕실에 큰 일이 있을 때 아뢰는 의식도 있었고, 나라의 형벌 또한 여기서 집행되었다고 한다. 만약 종묘제례에서 형벌[196]의 집행을 천명을 구실로 이용하고 있다면, 분명 도가 사라지고 덕이 실종된 것이다. 이는 『시경』의 '노송(魯頌)편'에서 종묘의 덕을 칭송하는 대목과는 다른 것이다. "비궁이 고요하니 엄숙하고도 아름답구나. 빛나고 빛나는 강원이시니 그 덕은 진실하여 상제가 이를 살펴 재앙이 없고 해침이 없구나(閟宮有侐 實實枚枚 赫赫姜嫄 其德不回 上帝是依, 無災無害)"라고 적혀 있다. 여기서 비궁(閟宮)이란 주나라 시조 후직의 어머니 강원(姜嫄)을 모신 종묘를 말한다.

따라서 큰 나라를 다스리는 일을 배천의 예로 조상신을 모신 종묘의 취지처럼 천명의 덕을 굳건히 하는 의식으로 이어가지 않고, 이를 빙자하여 왕이 원하는 것들을 세우려 하거나 정치적 위기를 모면하려고 형벌을 집행하는 등의 일을 행한다면, 실제로 조상신이 내려와 명을 내리는 게 아니다. 만약 그러한 명을 내리는 조상신이라면 그 귀신은 신령함이 없는 것이라는 역설이다.

---

196) 주희의 논어집주에 "옛날에는 종묘의 사당에서 사람을 죽였기 때문에 그 말을 부회한 것이었다고 말한 부분이 있다(古者戮人於社 故附會其說與)."고 공자의 제자 재아(宰我)가 잘못 이해하고 말한 것을 지적하는 글에서 나온다.

非其鬼不神, 其神不傷人.
그 귀신이 신령하지 않는 것이 아니라, 신령한 것은 사람을 상하게 하지 않는다.

백서에서는 '어조사 야(也)'가 구절의 마지막에 들어 있는 것 외에는 다름이 없다.

하상공은 "그 귀신이 정신이 없는 것이 아니라 삿된 것은 바른 것 속으로 끼어들지 못하니, 스스로 그러하는 사람을 상하게 할 수는 없다"[197]고 했다. 또한 왕필도 "신령스러움은 저절로 그러함을 해하지 않는다. 사물이 저절로 그러함을 지키면, 신령스러움이 더할 곳이 없다. 신령스러움이 더할 바가 없으면, 신령스러움이 신령스러운 줄을 모르는 것이다"[198]라고 설명하고 있다.

신령한 것은 사람을 상하게 하지 않는다고 했다. 앞 문장에서도 설명했듯 천명을 실천하는 조상신이라면 덕을 내릴 것이기에 종묘제례에서 사람을 상하게 하는 일은 결코 벌어질 수가 없다는 것이다. 현재의 왕들이 나라를 다스리는 하나의 수단으로 활용하는 것을 비판하는 글이다.

非其神不傷人, 聖人亦不傷人.
그 신령함만이 사람을 상하게 하지 않는 것이 아니라, 성인도 역시 사람을 상하게 하지 않는다.

---

197) 『하상공주』 "其鬼非無精神也, 邪不入正, 不能傷自然之人."
198) 『왕필주』 "神不害自然也. 物守自然, 則神無所加. 神無所加, 則不知神之爲神也."

'聖人亦不傷人(성인역불상인)'의 구절이 백서(갑을)에서는 '聖人亦不傷也(성인역불상야)'로 人(인)이 생략되어 있다는 점이 다르다. 해를 당하는 대상을 적시하지 않았으나 사람들로 보아도 큰 무리는 없을 것으로 본다.

하상공은 "그 귀신이 사람을 상하게 하거나 해할 수 없는 것이 아니라, 성인이 자리에 있기에 감히 사람을 상하게 하거나 해하지 못하기 때문에 귀신도 감히 사람을 범하지 못하는 것이다"[199]라고 하여 성인이 있기에 가능하다고 했다. 왕필은 "도로 다스리면 신령스러움은 사람을 상하게 하지 않는다. 신령스러움이 사람을 상하게 하지 않으면, 신령스러움이 신령하다는 것을 알지 못한다. 도가 촉촉이 배어 들면 성인도 역시 사람을 상하게 하지 아니한다.

성인이 사람을 상하게 하지 않으면 역시 성인이 성스럽다는 것을 알지 못한다. 오히려 신이 신령하다는 것을 알지 못하고 역시 성인이 성스러운 것을 알지 못한다고 말하는 것과 같다. 대저 위세의 그물에 의지해 사물을 부리는 것은 다스림이 쇠퇴하는 것이다. 신성함이 신성하다는 것을 알지 못하도록 하는 것이 도의 지극함이다"[200]라고 하여 무위로 다스리는 깊은 뜻으로 대신했다.

이 문장에서 드디어 성인이 등장한다. 앞에서 도가 천하에 임한다고 서두를 꺼낸 뒤에 그 실천자인 성인이 등장한다. 현재의 왕이 성인에 미치지 못한다는 것을 말하는 것이다. 선왕이라면 사람을 해하는 명을

199) 『하상공주』 "非鬼神不能傷害人. 以聖人在位不傷害人, 故鬼(神)不敢干之也."
200) 『왕필주』 "道治, 則神不傷人. 神不傷人, 則不知神之爲神. 道洽, 則聖人亦不傷人, 聖人不傷人, 則(亦)不知聖人之爲聖也. 猶云(非獨)不知神之爲神, 亦不知聖人之爲聖也. 夫恃威網以使物者, 治之衰也. 使不知神聖之爲神聖, 道之極也."

내리지 않았을 테니, 이는 왕의 결정으로 볼 수밖에 없다. 천명을 받들고 선조들의 덕을 이어가는 왕이라면 분명 성인일 것이며, 이러한 성인은 사람을 해하지 않는다는 말씀이다. 이 문장 역시 나라를 다스리는 데 있어 편법으로 하늘과 선왕들을 이용하는 왕들의 행태를 비판하는 내용이다.

夫兩不相傷 故德交歸焉
무릇 양자는 서로 상하게 하지 않으니, 그러므로 덕이 오고가면 제자리로 돌아가는 것이다.

판본의 기록들이 동일하다.

하상공은 "귀와 성인은 둘 다 서로 상하게 하지 않는다. 무릇 둘이 서로 상하게 하지 않으니 사람은 양(陽)에서 다스려지고 귀신은 음(陰)에서 다스려지기에, 사람은 그 성명을 온전히 할 수 있고 귀신은 그 정과 신을 보존할 수 있다. 그러므로 덕은 교류하면서 귀의하는 것이다"[201]라고 하여 사람과 귀는 서로 다른 세계에서 살아가는 것이기에 서로가 온전할 수 있는 곳으로 돌아간다고 했다. 엄준도 "귀신은 그 영험함으로 음지에서 사물을 기르고 성인은 그 도로 양지에서 사물을 기른다"라고 풀이했다.

왕필은 "신령스러움이 사람을 상하게 하지 않으면 성인도 역시 사람을 상하게 하지 않으며, 성인이 사람을 상하게 하지 않으면 신령스러움 또한 사람을 상하게 하지 않는다. 그러므로 말하기를 둘은 서로 상하게 하

201) 『하상공주』 "鬼與聖人俱兩不相傷也. 夫兩不相傷, 則人得治於陽, 鬼神得治於陰, 人得保全其性命, 鬼得保其精神, 故德交歸焉."

지 않으니 신령스러움과 성스러움이 도와 합하여 교류하면서 귀의하는 것이다"[202]라고 했다. 즉, 신령스러움과 성인의 대결구도로 보일 만큼 서로의 영역을 구분 짓고 있다.

마지막 문장이다. 앞서 설명한 대로 조상신과 성인은 모두 사람을 상하게 하는 존재들이 아니다. 따라서 무릇 양자는 사람을 상하게 하지 않으니, 그러므로 덕이 오고가면 제자리로 돌아간다고 말한다. 나라의 재난과 허물이 있을 때는 통치자의 덕이 필요함에도 의례를 통해 그것을 덮으려 하는 잘못된 관례를 지적하는 글이다. 고대 중국에서의 종묘제례는 체제의 근본인 예(禮)의 출발점이었다. 예는 나라의 법으로 삼을 만큼 강력한 힘을 가지고 있었다. 노자는 이렇게 유형의 의식을 통해 백성들을 교화시키려는 일련의 행동들은 결코 오래 지속될 수 없음을 천하에 알리려고 한 것으로 보인다. 鳳

202) 『왕필주』 "神不傷人, 聖人亦不傷人, 聖人不傷人, 神亦不傷人, 故日 兩不相傷也. 神聖合道, 交歸之也."

그 귀신이 신령하지 않는 것이 아니라,

신령한 것은 사람을 상하게 하지 않는 것이다.

제 61 장

대국이라는 것은 아래로 흐르는 것이다.

大國者下流 天下之交 天下之牝

대국자하류 천하지교 천하지빈

牝常以靜勝牡 以靜爲下

빈상이정승모 이정위하

故大國以下小國 則取小國

고대국이하소국 즉취소국

小國以下大國 則取大國

소국이하대국 즉취대국

故或下以取 或下而取

고혹하이취 혹하이취

大國不過欲兼畜人 小國不過欲入事人

대국불과욕겸휵인 소국불과욕입사인

夫兩者各得其所欲 大者宜爲下

부량자각득기소욕 대자의위하

대국이라는 것은 아래로 흐르는 것으로, 천하의 교류의 장이며 천하의 암컷이다.
암컷은 항상 고요함으로 수컷을 이기기 때문에 고요함을 아래로 한다.
그러므로 대국은 소국을 아래로써 소국을 취하고, 소국은 대국의 아래에 있기 때문에 대국을 취한다.
그러므로 어떤 경우에는 아래로써 취하기도 하고 혹은 아래에 있기에 취하기도 한다.
대국은 사람을 기르는 바를 겸하는 데 지나지 않을 뿐이고, 소국은 사람을 섬기는 것을 받아들이는 데에 지나지 않는다.
무릇 양자는 각기 그들이 원하는 바를 얻게 되는 것이니, 큰 것은 마땅히 아래로 한다.

[해설]

大國者下流, 天下之交, 天下之牝.
대국이라는 것은 아래로 흐르는 것으로, 천하의 교류의 장이며 천하의 암컷이다.

백서(갑을)에서는 문장의 뒤쪽 두 구절의 위치가 바뀌어 있으며, 처음과 끝의 구절에 '어조사 야(也)'자가 붙어 있다. 백서(갑)에는 '나라 국(國)'이 '나라 방(邦)'으로 표기되어 있다.

하상공은 "큰 나라를 다스릴 때는 마땅히 강과 바다가 하류에 머무는 것과 같이 아주 작은 것도 거스르지 않아야 한다. 큰 나라는 천하의 선비와 백성이 모여드는 곳이다. 암컷은 음의 종류이다. 부드럽고 겸손하며 조화롭지만 먼저 나서지 않는다"[203]라고 했다. '下流(하류)'라는 단어를 글자 그대로 강과 바다가 하류에 있다는 것을 전제하고 있으며, 암컷(牝)을 음(陰)으로 비유하여 설명한 것이다.

왕필도 "강과 바다가 큰 곳에 머무르면서도 낮은 곳에 처하니, 온갖 하천의 시냇물이 그곳으로 흐른다. 큰 나라가 크게 차지하고 있으면서도 낮게 처신하니 천하가 몰려온다. 그러므로 큰 나라는 아래로 흐른다고 말하는 것이다. 천하가 귀의해서 모이는 곳이다. 고요하면서 구하지 않으니 사물들이 저절로 귀의한다"[204]라고 하여, 강과 바다가 가장 넓게 차지하고 있으면서 하류에 있다는 점을 들어 큰 나라를 설명하는 비유로 보았

203) 『하상공주』 "治大國(者), 當如江海居下流, 不逆細微. 大國(者), 天下士民之所交會. 牝者, 陰類也. 柔謙和而不唱也."

204) 『왕필주』"江海居大而處下, 則百川流之, 大國居大而處下, 則天下流之, 故日 大國(者)下流也. 天下(之)所歸會(者)也. 靜而不求, 物自歸之也."

다. 서명응도 "하류는 강과 바다로 바퀴살처럼 주변에서 중앙으로 모이는 것과 같고, 빈은 물(物)의 암컷이다"라고 풀이하고 있다.

이 장은 여러 주해서에서 대국이 자신을 낮추어 겸손한 자세를 유지해야 천하가 평화스럽게 살 수 있다는 겸하(謙下)의 도리를 전하는 것이라 말한다. 그러나 이러한 해석은 첫 문장에서는 통용될 수 있으나, 무위자연을 따르는 노자의 메시지로는 적절해 보이지 않는다. 그럼 첫 문장부터 하나씩 살펴보자.

먼저 "대국이라는 것은 아래로 흐르는 것이다"라고 말문을 열었다. '大國(대국)'이라 하지 않고 '大國者(대국자)'라 표현한 것으로 보면 '큰 나라'라는 일반적인 호칭보다는 어떠한 이름에 걸맞으려면 일정한 자격요건이 있다는 표현으로 보인다. 대국이라는 나라는 아래로 흐르는 무엇이 있다고 말하고, 이어서 대국은 천하의 문물과 인물들이 교류하거나 교제하는 장소가 되는 천하의 암컷이라고 말한다. 천하의 암컷이란 표현은 주변국들에게도 암컷의 자세로 교류와 교제를 하는 것으로 이해할 수 있다.

牝常以靜勝牡, 以靜爲下.
암컷은 항상 고요함으로 수컷을 이기기 때문에 고요함을 아래로 한다.

백서(갑을)에서는 '以靜爲下(이정위하)'를 '爲其靜也 故宜爲下也(위기정야 고의위하야)'로 좀 더 자세히 쓰고 있다.

하상공은 “여성이 남성을 굴복시키고 음이 양을 이길 수 있는 까닭은 편안하고 고요함 때문이며, 먼저 구하지 않기 때문이다. 음의 도는 편안하고 고요함으로써 겸손하게 아래가 된다”[205]라고 하여 음의 특성으로 설명하고, 음은 편안하고 고요함으로 아래가 된다고 했다. 왕필 또한 “고요하기 때문에 아래가 될 수 있다. 빈(牝)이란 암컷이다. 수컷은 조급하게 움직이고 탐욕스러운데 암컷은 항상 고요하기 때문에 수컷을 이길 수 있다. 그 고요함으로 다시 아래가 되기 때문에 사물들이 귀의하는 것이다”[206]라고 하상공과 같이 음과 양의 비유로 해설했다. 다른 학자들도 암컷의 유약으로 그것을 아래로 삼는다고 하거나 유약함으로 겸손하게 처신하기 때문에 수컷의 조급함을 이긴다고 설명한다. 소자유는 이와 달리 “천하가 대국으로 돌아오는 것은 마치 여러 물이 하류로 달려가는 것과 같다. 여러 움직임이 고요함을 향하여 나아감은 마치 여러 높은 것들이 낮은 곳으로 향하여 나아가는 것이다”라고 말한다.

두 번째 문장에서 “암컷은 항상 고요함으로 수컷을 이기기 때문에 고요함을 아래로 한다”라고 했다. 암컷과 수컷은 동물의 타고난 성질이나 음양의 관점에서 접근할 수도 있다. 그러나 여기서의 암컷은 천하와 교류하는 역할을 하고, 수컷인 주변국들이 대국을 공경하게 만드는 수단이 고요함에 있다는 것으로, 암컷이 공격성이 강한 수컷들을 대함에 고요함을 근간(뿌리)으로 두고 있다고 볼 수 있다.

여기서 고요함[靜]은 『도덕경』에서 자주 나오는 글자이니 좀 더 살펴보자. 『황제사경(黃帝四經)』에서는 군주와 신하가 각자의 위치를

205)『하상공주』“女所以能屈男, 陰勝陽, 以(其)安靜, 不先求之也. 陰道以安靜為謙下.”
206)『왕필주』“以其靜, 故能爲下也. 牝, 雌也. 雄躁動貪欲, 雌常以靜, 故能勝雄也. 以其靜復能爲下, 故物歸之也.”

지키는 것을 정(靜)이라 했고, 『도덕경』 16장에서는 '歸根曰靜(귀근왈정)'이라 하여 뿌리로 되돌아온 것을 일러 고요함이라 한다고 했다. 26장에서도 "무거운 것은 가벼운 것의 뿌리가 되고, 고요한 것은 조급한 것의 주인이다"라고 했다. 서로가 자신의 근본자리로 돌아오도록 하면 다툼 없이 평온함을 유지할 수 있다는 것이다. 즉 공존을 위하여 각자의 위치에 걸맞은 소임이 있다. 이것을 잘 지키도록 유지하고 있는 상태가 고요함이다. 따라서 대국은 덕을 아래로 내려 보내 고요함을 유지한다.

故大國以下小國, 則取小國. 小國以下大國, 則取大國.
그러므로 대국은 소국을 아래로써 소국을 취하고, 소국은 대국의 아래에 있기 때문에 대국을 취한다.

판본별로 큰 차이는 없으나 하상공본에서 마지막 구절에서만 '가질 취(取)'를 '모을 취(聚)'자로 표기했다. 또한 문장의 마지막 구절인 '則取大國(즉취대국)'은 백서(갑을)에서는 '則取於大國'으로 중간에 어조사 어(於)를 넣어 표현하고 있다. 번역은 백서의 기록을 따랐다.

하상공은 "겸손하게 낮출 수 있으면 항상 가질 수 있다. 이것은 나라의 크고 작음에 상관없이 겸손함을 지키면 사람을 기를 수 있다는 말로써, 과실이 없다는 것이다"[207]라고 하여, 겸손한 자세로 처신해야 의(義)로써 취해질 수 있다고 풀이했다. 왕필도 "큰 나라로서 낮추는 것은 큰 나라로서 작은 나라에게 낮춘다고 말하는 것과 같다. 작은 나라는 부속

207) 『하상공주』 "能謙下之, 則常有之. 此言國無大小, 能持謙畜人, 則無過失也."

되는 것이다. 큰 나라가 받아들이는 것이다"[208]라고 하여 겸양의 도리를 주문하고 있다. 소자유도 "대국은 아래로 처하여 남을 취하고, 소국은 아래로 처하여서 남에게 용납된다"라고 하여 왕필과 같이 작은 나라는 큰 나라에 겸손한 자세로 순종해야 안전을 보장받을 수 있다는 의미라고 설명한다.

이 문장에서도 학자들은 '아래[下]'를 낮은 자세로 몸을 낮추는 '겸양'의 모습으로 풀어 가고 있다. 대국은 겸양의 도로 소국에 존경받을 수 있고, 소국도 겸양을 보여야 안전을 보장받을 수 있다고 보는 것이다. 물론 이러한 설명이 현실적인 상황에서는 잘못되었다고 말할 수는 없다. 다만, 노자가 이 장에서 말하는 대국은 힘으로 천하를 지배하는 큰 나라가 아니라 암컷으로서의 도리를 아래로 흐르게 하는 나라이며, 암컷은 고요함을 아래로 한다고 했다. 즉 대국은 소국의 백성들이 다툼 없는 천하에서 살아가도록 고요함을 유지해 주고 있다는 말이다. 따라서 이 글은 큰 나라가 고요함으로 대하면 소국들은 자연스럽게 대국을 따른다는 뜻이다. 다른 한편으로는 약소국으로서 대국을 받아들이는 경우가 있다고 말한다.

故或下以取, 或下而取.

그러므로 어떤 경우에는 아래로써 취하기도 하고 혹은 아래에 있기에 취하기도 한다.

---

208)『왕필주』"大國以下, 猶云以大國下小國. 小國則附之. 大國納之也."

판본별로 다르지 않다.

하상공은 "낮춘다는 것은 큰 나라가 작은 나라에 낮추고 작은 나라가 큰 나라에 낮추는 것을 일컫는 것이니, 다시 의로움으로써 서로를 취한다"[209]고 하였으며, 왕필은 "오직 낮추는 것을 닦아야 각기 그 있을 자리를 얻는다는 말이다"[210]라고 했다. 서명응은 "下는 겸손하게 낮추는 것을 말하는 것이다. 나라의 크고 작음 없이 오직 겸손하게 낮추는 자가 취한다. 以取(이취)는 다른 사람을 취함을 말하고 而取(이취)는 다른 사람에게서 취하는 것이다"라고 설명한다.

위의 문장과 이어지는 구절이다. 대국이 소국을 취하는 경우를 보자. 대국이 고요함의 치도로 천하를 안정시키기 때문에 주변의 소국들이 스스로 대국에 의지하려 드는 경우와 한편으로는 약소국으로서 대국을 섬기는 입장에서 취해지는 경우가 있다고 말한다.

大國不過欲兼畜人, 小國不過欲入事人.
대국은 사람을 기르는 바를 겸하는 데 지나지 않을 뿐이고, 소국은 사람을 섬기는 것을 받아들이는 데에 지나지 않는다.

판본별로 큰 차이는 없으나 백서(을)에서만 '겸할 겸(兼)'자 대신 '아우를 병(並)'자를 쓴 것이 특별하다.

---

209)『하상공주』"下者謂大國以下小國, 小國以下大國, 更以義相取."
210)『왕필주』"言唯修卑下, 然後乃各得其所(欲)."

하상공은 "큰 나라가 낮춤을 잃지 않으면 작은 나라를 겸병하여 거두어 기르게 된다. 신하와 종이 된다"[211]라고 하여, 큰 나라가 작은 나라를 취하는 이유는 백성들을 겸병하여 기르기 위함이나, 소국은 생존을 위해 선택하는 것이라고 풀이하고 있다. 왕필은 "작은 나라는 낮추는 것을 닦아 스스로를 온전하게 하려 할 뿐이고, 천하를 그에게로 귀의하게 하지는 못한다. 큰 나라가 낮추는 것을 닦으면 천하가 그에게 귀의한다"[212]라고 하여, 자신을 낮추는 일이 나라의 세력에 따라 다르다는 것으로 이해하고 있다.

이 문장은 대국과 소국이 서로 한 몸이 된 이유를 설명하고 있다. 대국은 천하의 모든 사람을 기르는 바에 충실할 뿐, 달리 복속을 원하는 것이 아님을 말하고 있다. 또한 소국이 대국을 취하는 이유도 안위를 위해 대국을 섬기는 것을 받아들인 것이라고 말한다. 이 글에서는 나라 국(國)자를 쓰면서 백성을 의미하는 민(民)자 대신 사람 인(人)자를 쓰고 있다. 대국의 경우에는 '兼畜人(겸휵인)'이라 하여 소국의 백성들을 포함하여 기른다는 의미로 보이며, 소국의 경우 '入事人(입사인)'이라 표현한 것을 보면 대국의 군주나 성인을 섬기는 뜻으로 이해된다.

夫兩者各得其所欲, 大者宜爲下.

무릇 양자는 각기 그들이 원하는 바를 얻게 되는 것이니, 큰 것은 마땅히 아래로 한다.

---

211) 『하상공주』 "大國不失下, 則兼併小國而牧畜之. 使為臣僕."

212) 『왕필주』 "小國修下, 自全而已, 不能令天下歸之. 大國修下, 則天下歸之."

백서(갑)에서는 문장의 첫 구절이 '夫皆得其欲(부개득기욕)'으로 짧게 표기한 것이 다르나 의미 전달에는 차이가 없어 보인다.

하상공은 "큰 나라와 작은 나라가 각자 자신이 바라는 바를 얻고자 하니, 큰 나라가 또한 마땅히 겸손하게 낮추어야 한다"[213]라고 하여 공존을 위한 방편임을 설명하고 있다. 왕필 또한 "그러므로 각기 바라는 바를 얻으려면 큰 나라가 마땅히 낮추어야 한다고 말하는 것이다"[214]라고 하여, 큰 나라가 낮게 처신해야 함을 강조하고 있다.

마지막 문장이다. 앞서와 같이 무릇 양자는 그들이 원하는 바를 얻었다고 말한다. 대국의 고요함은 천하를 하나로 만든 어미의 역할을 제대로 한 셈이다. 대국이나 소국이 원하는 바는 나라를 이롭게 하는 것이지만, 대국이라 불리려면 마땅히 아래로 하라고 끝맺음의 말을 남겼다.

『도덕경』에서 아래로 한다는 것은 몸을 낮춘다는 의미로 보기보다는 아래를 중히 여긴다거나 소중하게 여겨야 할 것들은 모두 아래에 있다는 것으로 이해해야 한다. 그래서 아래가 커지면 나라가 튼튼해지는 것으로 풀어가고 있다. 따라서 장생구시의 천하를 만들기 위해 치자는 나라의 밑동을 건강하고 크게 하는 노력을 다하여야 한다고 노자는 매번 말하고 있다. 鳳

213)『하상공주』"大國小國各欲得其所, 大國又宜為謙下."
214)『왕필주』"故日 各得其所欲, 則大者宜爲下也."

제 62 장

도라는 것은 만물의 깊숙한 안쪽에 있다.

道者 萬物之奧 善人之寶 不善人之所保

도자 만물지오 선인지보 불선인지소보

美言可以市 尊行可以加人 人之不善 何棄之有

미언가이시 존행가이가인 인지불선 하기지유

故立天子 置三公

고립천자 치삼공

雖有拱璧以先駟馬 不如坐進此道

수유공벽이선사마 불여좌진차도

古之所以貴此道者何

고지소이귀차도자하

不曰以求得 有罪以免邪 故爲天下貴

불왈이구득 유죄이면야 고위천하귀

도라는 것은 만물의 깊숙한 안쪽에 있으니, 선한 사람의 보배이고 선하지 않은 사람도 간직하고 있는 바이다.
듣기 좋은 말은 시장에서 할 수 있고, 존귀한 행실은 사람에게 따라 하게 할 수 있다. 사람의 선하지 않음을 어떻게 버리게 할 수 있겠는가. 그러므로 천자를 세우고 삼공을 두는 것이다.
비록 보옥의 벽을 공손하게 붙잡고 네 필의 말을 앞서게 해도, 앉아서 이 도로 나아가는 것만 못하다.
옛날에 이 도라는 것을 귀히 여긴 까닭이 무엇이었겠는가. 아뢰지 않아도 얻게 해 주며 죄가 있어도 면해 주기 때문에 천하가 귀하게 여기는 것이다.

[해설]

道者萬物之奧, 善人之寶, 不善人之所保.
도라는 것은 만물의 깊숙한 안쪽에 있으니, 선한 사람의 보배이고 선하지 않은 사람도 간직하고 있는 바이다.

'깊을 오(奧)'자는 백서(갑을)에서 '주(主, 注)'로 쓰여 있는 것이 다르다. 奧(오)는 '속, 나라의 안, 아랫목' 등의 뜻을 담고 있어 깊숙한 중요한 곳을 말한다. 이와는 달리 엄준본 등에는 문장의 끝의 '所保(소보)'를 '所不保(소불보)'로 하여 선하지 않은 사람을 제외하고 있다. 이는 전체 글에 대한 이해의 차이로 생각된다.

하상공은 "奧(오)는 창고라는 뜻이다. 도는 만물의 창고가 되니 용납하지 못할 바가 없다. 선한 사람은 도를 가지고 몸의 보배로 삼으니 감히 어기지 않는다. 도라는 것은 선하지 않은 사람도 보존하고 의지하는 것이다. 근심을 만나고 급한 일을 당하면 스스로 회개하고 뉘우칠 것을 안다"[215]라고 하여 모든 사람이 의지할 수 있는 것으로 풀이하고 있다. 이에 대해 왕필은 "오(奧)는 '가리는(曖)' 것이다. 즉 두둔하여 보살펴 줄 수 있다는 말이다. 보배로 여겨 쓰임을 삼는다. 보존하여 온전하게 한다"[216]라고 하여, 도는 만물을 감싸 주는 것이라고 말한다.

첫 구절에서 "도라는 것은 만물의 깊숙한 안쪽에 있다"라고 말했

215) 『하상공주』 "奧, 藏也. 道為萬物之藏, 無所不容也. 善人以道為身寶, 不敢違也. 道者, 不善人之(所)保倚也. 遭患逢急, 猶知自悔卑下."
216) 『왕필주』 "奧, 猶曖也. 可得庇蔭之辭. 寶以爲用也. 保以全也."

다. '奧(오)'자는 통행본에 따라 깊숙한 안쪽에 있다고 풀이했다. 백서에서는 주인이나 중심이라는 의미의 '主(주)' 또는 한곳으로 흐른다는 의미에서의 '注(주)'로 표현되어 있다. 하상공은 '창고'로, 왕필은 위험으로부터 보호해 주고 가려 주는 뜻이라고 말하고 있다. 각 판본에서 표현하고자 하는 의미를 종합해 보면, 만물은 도의 품안에서 벗어날 수 없는 존재임을 알 수가 있다.

이처럼 도는 만물의 깊숙한 곳에 조용히 자리 잡고 있는데, 선한 사람은 늘 도를 본받아 행하기에 보배라 하였고, 선하지 않은 사람도 드러나지는 않지만 깊숙한 곳에 간직하고 있다는 말이다. 따라서 불선한 사람도 선한 사람으로 얼마든지 바뀔 수 있다는 가능성을 열어 놓고 있다.

> 美言可以市, 尊行可以加人. 人之不善, 何棄之有.
> 듣기 좋은 말은 시장에서 할 수 있고, 존귀한 행실은 사람에게 따라 하게 할 수 있다. 사람의 선하지 않음을 어떻게 버릴 수 있겠는가.

모든 판본의 기록이 같다.

하상공은 "아름다운 말은 오직 시장에서나 쓸 수 있을 뿐이다. 무릇 시장은 거래가 이루어지면 물러나는 곳으로, 선한 말과 대화를 필요로 하지 않는다. 구하는 사람은 빨리 얻고자 하고, 파는 사람은 빨리 팔기만을 바랄 뿐이다.

加(가)는 구별한다[別]는 뜻이다. 사람에게 존귀한 행위가 있으면 평범한 사람과 구별될 수는 있지만 도를 높이 받들기에는 아직 부족하다"[217]라고 했다. 미언(美言)을 시장에서 거래를 성사시키기 위한 겉치레의 말로 보고, 높일 만한 행동(尊行)도 사람을 끌어들이는 정도에 불과한 것으로 보고 있다.

왕필 역시 "도는 우선하지 않는 곳이 없으니, 사물 중에 이보다 귀한 것이 없다. 비록 진귀한 보배와 말이 있을지라도 그것에 필적할 수 없다. 아름답게 말을 하면 많은 재화의 가치를 빼앗을 수도 있기 때문에 아름다운 말은 가치가 있다고 하였고, 존귀하게 행동하면 천리 밖에서도 응하게 되니 널리 사람들에게 영향을 미칠 수 있다고 했다"[218]라고 설명한다. 미언은 재화의 가치를, 존행은 멀리 있는 사람에게까지도 영향을 미치는 것이라 이해하고 있다.

『회남자』의 '인간훈'에도 이 문장을 인용하여 설명한 글이 나온다.

전국 초기 조(趙)나라의 제후 조양자가 진(晉)나라 지백(智伯)의 공격을 받았다. 이때 장맹담(張孟談)이 현란한 말솜씨로 함께 공격하러 온 한나라와 위나라를 회유함으로써 지백에 역공을 가해 진나라를 정복하고 세 나라가 나누어 차지했다. 전쟁 후 전공을 포상하면서 전과는 세우지 않았으나 적군에 포위되었을 때 주군의 곁에 머물며 신하의 예를 잃지 않았던 고혁(高赫)을 최고로 대우하였는데, 조양자가 이렇게 한 이유를 설명한다.

"의(義)란 사람의 큰 근본이다. 비록 전쟁에 승리하고 존재케 하고

---

217)『하상공주』"美言者獨可於市耳. 夫市交易而退, 不相宜善진고응美語, 求者欲疾得, 賣者欲疾售也. 加, 別也. 人有尊貴之行, 可以別異於凡人, 未足以尊道."

218)『왕필주』"言道無所不先, 物無有貴於此也. 雖有珍寶璧馬, 無以匹之. 美言之, 則可以奪衆貨之賈, 故曰美言可以市也. 尊行之, 則天里之外應之, 故曰可以加於人也."

멸망케 하는 공로가 있다 하더라도, 의를 높여 행하는 것만 같지 못하다. 그러므로 군자(노자)는 '아름다운 말은 저자거리에서 존중받을 수 있으나, 아름다운 행실은 사람에게 더하게 하는 것이 있다(美言可以市尊 美行可以加人)'고 말했다."

이 글에서는 미언과 미행으로 표현되어 있으며, 尊(존)이 앞 구절의 끝에 배치되어 있다.

그럼 문장의 글들을 살펴보자. "듣기 좋은 말은 시장에서 할 수 있고, 존귀한 행실은 사람에게 따라 하게 할 수 있다"라고 말했다. 이 문장에서 市(시)는 저자거리를 말하는 것이다. 여기에 '미언(美言)'이라는 글자를 연결해 보면, 물건값을 흥정하거나 물물 교환하는 데 쓰는 말이라 할 것이다.

시장에서는 물건을 파는 것이 목적이기에 사람의 비위에 맞도록 듣기 좋게 꾸며 말하는 감언(甘言)이 효과적이다. 그러나 설령 생계를 위해 부득이하다 해도 사람을 현혹시키는 일은 엄연히 불선한 일이다. 그럼에도 저자거리에서는 당연한 것처럼 여겨져 누구나 그 위치에 서면 대부분 똑같은 행위를 반복한다. 이로 보아 태생적인 불선함이라기보다는 환경의 영향에 따라 나타나는 것임을 상기시키고 있다.

이어서 존귀한 행실은 사람들을 따라오게 하는 효과를 가지고 있다고 말한다. 인간이 존귀한 행실을 보이면 그것을 따라 하려는 본성이 나타나는 이유를 노자는 누구나 도를 보존하고 있기 때문이라고 본다.

이 구절에서 '加人(가인)'이란 존귀한 행실을 본받아 따라 하는 사람들이 불어난다는 의미이기도 하고, 존귀한 행실을 더 풍부하게 한다는 뜻도 될 것이다.

다음 구절에서 노자는 "사람의 선하지 않음을 어떻게 버리겠는가"라며 불선한 것을 어떻게 처리해야 좋을지 묻는다. '착할 선(善)'을 왕필본에서는 '아름다울 미(美)'로 바꾸어 적었다. 하상공은 "사람이 비록 선하지 못하더라도 도로써 교화시켜야 한다. 대개 삼황의 전에는 버려지는 백성이 없었으며 덕으로 순박하게 만들었다"[219]라고 하여, 버리지 않고 교화시켜야 한다고 말한다.

또한 왕필도 "선하지 못한 사람이라도 마땅히 도를 보존하고 있기 때문에 내침을 면하게 해야 한다"[220]라고 하였으며, 서명응도 "선하지 않음을 고쳐서 선하게 되는 경우가 있으니 어찌 선하지 않다고 갑자기 버릴 수 있는가"라고 했다. 대체로 불선한 자를 교화하고 보듬어야 한다고 해석하고 있다.

노자는 불선하다고 해서 내칠 수 없다고 말한다. 잘라낸다고 해서 불선함이 천하에서 사라진다고 보지 않기 때문이다. 앞의 구절에 나오는 미언과 존행의 관계를 보면, 인간은 환경의 영향을 받아 본의 아니게 불선한 행동을 하는 것일 뿐 진정으로는 모두가 도를 간직하고 있기에 선한 것을 보면 본능적으로 따라가게 되어 있다는 말씀이다. 따라서 존귀한 행실을 보여 이들을 선함으로 이끄는 것처럼, 사람들에게 본을 보여 간직

---

219) 『하상공주』 "人雖不善, 當以道化之. 蓋三皇之前, 無有棄民, 德化淳也."
220) 『왕필주』 "不善當保道以免放."

하고 있는 도가 드러나도록 하는 것이 가장 바람직하다는 뜻으로 이해할 수 있다. 이처럼 인간의 잘못된 사고와 행동에 대해 노자는 처벌 대신 본성을 드러나게 함으로써 교정할 수 있다고 보는 것이다.

故立天子, 置三公. 雖有拱璧以先駟馬, 不如坐進此道.
그러므로 천자를 세우고 삼공을 두는 것이다. 비록 보옥의 벽을 공손하게 붙잡고 네 필의 말을 앞서게 하여도, 앉아서 이 도로 나아가는 것만 못하다.

본 문장의 '삼공(三公)'이 백서(갑을)에서는 '삼경(三卿)'으로 쓰여 있다. 三卿은 주대(周代)의 세 집정대신(執政大臣)인 司徒(사도)·司馬(사마)·司公(사공)을 뜻하고, 三公은 주대의 최고 대신인 太師(태사)·太傅(태부)·太保(태보)를 뜻한다. 나라를 다스리는 최상층에 덕과 능력이 있는 세 자리를 두어 왕을 견제하면서 백성들을 다스린다는 점에서 전하고자 하는 의미는 같다고 할 것이다. 그리고 이 문장의 마지막 구절인 '不如坐進此道(불여좌진차도)'가 백서(갑을)에서는 '不若坐而進此(불약좌이진차)'로 道자가 적혀 있지 않은 점이 다르다.

하상공은 "선하지 않은 사람을 교화시키고자 하면, 비록 아름다운 옥을 가지고 사두마차를 앞세우면서 다다른다 할지라도, 가만히 앉아서 이 도에 나아가는 것만 못하다"[221]라고 했다.

왕필은 "도를 받들어 행한다는 말이다. 이 도(此道)는 윗글에서 말한 것이다. 그러므로 천자를 세우고 삼공을 두어 그 지위를 존귀하게 하

221) 『하상공주』 "欲使教化不善之人. 雖有美璧先駟馬而至, 故不如坐進此道."

고 그 사람을 중하게 해서 도를 행하기 위함이다. 사물에는 이것보다 귀한 것이 없으므로 비록 보배로운 구슬을 품고 네 마리 말이 끄는 수레를 앞세우고 나아갈지라도 앉아서 이 도에 나아가는 것만 못하다"[222]고 풀이했다.

노자는 불선함을 없애는 방법을 '천자를 세우고 삼공을 두는 것'이라고 말한다. 앞 문장에서 '존귀한 행실은 사람들에게 따라 하게 한다'는 말씀에 대한 실천의 예이다. 본래 천자는 천명을 받들어 백성을 보살피는 하늘의 대리자이며, 삼공은 그의 행실이 바르기 때문에 천자가 나랏일을 맡도록 초빙한 인물들로, 백성들로부터 존경을 받는 신하들이다. 따라서 노자는 천자와 삼공이 바른 도를 실천하여 바른 행실을 보일 것이니, 천하 사람들의 불선함은 자연스럽게 사라지게 된다고 말씀하고 있다. 이것 역시 말없는 가르침과도 같은 것이다. 이어서 "비록 보옥의 벽을 공손하게 붙잡고 네 필의 말을 앞서게 하여도, 앉아서 이 도로 나아가는 것만 못하다"라고 했다.

이 구절에서 璧(벽)은 어떤 의미를 가지고 있는 것인가. 璧(벽)은 가운데 작은 구멍이 나 있는 둥근 형태의 옥으로, 은주(殷周) 시대의 사회적 신분을 나타내는 표식이었다. 왕이 은사(隱士)에게 나랏일에 대한 조언을 구할 때 벽(璧)[223]을 보여준다는 기록이 『순자』에 나온다. 또한 공벽(拱璧)의 拱(공)은 두 손을 맞잡는다는 의미로, 공경의 예를 갖추는 모양

222) 『왕필주』 "言以尊行道也. 此道, 上之所云也. 言故立天子, 置三公, 尊其位, 重其人, 所以爲道也. 物無有貴於此者, 故雖有拱抱寶璧以先駟馬而進之, 不如坐而進此道也."

223) <순자(荀子)> '대략(大略)' "사람을 초빙할 때에는 규(珪)로 하고, 선비에게 물을 때는 벽(璧)으로 하고, 사람을 부를 때는 원(瑗)으로 하며, 사람과 절교할 때에는 결(玦)로 하고, 절교했던 사람은 환(環)을 주어 돌아오게 한다(聘人以珪, 問士以璧, 召人以瑗. 絶人以玦, 反絶以環)."

을 뜻한다. 왕의 상징이자 지혜를 구하는 보옥인 벽을 두 손으로 공손하게 들고 있는 모습을 표현한 글자다. 네 필의 말이 끄는 수레를 타고 천하를 평온하게 다스릴 수 있는 비책을 구하고자 널리 세상의 현자들에게 지혜를 구하러 다니는 광경을 그려 볼 수 있다. 하지만 노자는 이렇게 현자들을 찾아다니는 것보다는 처음 천자와 삼공을 둔 그 취지를 살펴서 도의 정치를 하는 게 낫다고 말씀한다.

이 구절과 관련하여 많은 책에서 어진 사람을 초빙할 때는 귀중한 옥을 먼저 선물하고 이어서 사두마차를 진상하는 것이 예라고 설명하면서, 고대 중국에서 현인을 모시는 절차로 설명하고 있다. 반면에 필자는 노자가 귀중한 보옥 중에서 벽(璧)이라는 옥을 선택한 뜻을 따로 헤아려 보았다.

古之所以貴此道者何. 不日以求得, 有罪以免邪. 故爲天下貴.
옛날에 이 도라는 것을 귀히 여긴 까닭이 무엇이었겠는가. 아뢰지 않아도 얻게 해 주며 죄가 있어도 면해 주기 때문에 천하가 귀하게 여기는 것이다.

'道(도)'자는 백서에서 보이지 않으며, '不日(불왈)'은 '不謂(불위)'로 되어 있다. ''邪(야)'는 백서(갑을)에서 '與(여)'로, 하상공본에서는 '耶(사)'로 감탄사로 쓰였다.

하상공은 "옛날에 이 도를 귀하게 여긴 까닭이니, 날마다 멀리 돌아다니면서 구하고 찾은 것이 아니라 가까이 자신의 몸에서 얻었다. 죄가 있다는 것은 어지러운 세상의 만남을 일컫는 것으로 어리석은 군주가 망령되게 형벌을 내리고 주살을 행해도 도를 닦으면 죽음에서 풀려날 수 있으며, 여러 나쁜 일에서 벗어날 수 있다. 도와 덕은 깊이 비어 있고 멀지만 덮거나 구제하지 못하는 것이 없으며, 몸을 온전히 하여 나라를 다스리니 마음에 구애됨이 없어 무위하다. 그러므로 천하의 귀한 것이 될 수 있는 것이다"[224)]라고 풀었다. 도를 닦으면 죽음에서도 벗어날 수 있다고 본 것이다.

왕필은 "구하고자 하면 구하는 것을 얻게 되고, 죄를 면하고자 하면 면함을 얻을 수 있으니, 베풀어지지 않는 곳이 없다. 그러므로 천하에서 귀함이 되는 것이다"[225)]라고 풀이했다. 여길보(呂吉甫)는 "구하면 얻는다는 것은 선한 사람의 보배임을 말하는 것이며, 죄가 있어도 면할 수 있다는 것은 불선한 사람들이 간직하고 있음을 일컫는 것이다"라고 첫 문장과 결부시켜 설명했다.

마지막 문장이다. 옛날에도 이 도를 귀히 여긴 까닭을 말해 준다. "아뢰지 않아도 얻게 해 주며 죄가 있어도 면해 주기 때문이다"라고 했다. 도는 앞서 첫 문장에서 선하지 않은 사람도 간직하고 있다고 하였듯이 만물의 마음속 깊숙이 자리 잡고 있는 것이어서 얼마든지 되살릴 수가 있다. 따라서 아뢰어 구하지 않아도 도가 드러나게 할 수 있으며, 존행을 보이면 선함을 되찾을 수 있기에 그 죄를 묻지 않는다고 했다. 불선한 자를 처벌하는 것은 또다시 불선한 행동이 나타나는 것을 방지하고자 함이다.

224)『하상공주』"古之所以貴此道者, 不日日遠行求索, 近得之於身. 有罪謂遭亂世, 闇君妄行刑誅, 修道則可以解死, 免於衆也. 道德洞遠, 無不覆濟, 全身治國, 恬然無為, 故可為天下貴也."
225)『왕필주』"以求則得求, 以免則得免, 無所而不施, 故爲天下貴也."

그러나 도의 정치에서는 윗사람이 존귀한 행실을 보임으로써 스스로 불선함을 버리게 만들고 있으니, 죄를 물을 필요가 없다. 이 때문에 옛날부터 도를 귀하게 여겨왔다는 것이 아닌가.

노자는 이 글을 통해 사람의 바탕은 본디 불선하지 않음을 알려주고 있다. 鳳

제 63 장

무위로 하고, 무사로 일하며, 무미로 맛본다.

爲無爲 事無事 味無味

위무위 사무사 미무미

大小多少 報怨以德

대소다소 보원이덕

圖難於其易 爲大於其細

도난어기이 위대어기세

天下難事必作於易 天下大事必作於細

천하난사필작어이 천하대사필작어세

是以聖人終不爲大 故能成其大

시이성인종불위대 고능성기대

夫輕諾必寡信 多易必多難

부경낙필과신 다이필다난

是以聖人猶難之 故終無難矣

시이성인유난지 고종무난의

무위로 하고, 무사로 일하며, 무미로 맛본다.

크고 작고 많고 적어도, 원망은 덕으로 갚는다.

어려운 일은 쉬운 것에서부터 도모하고, 큰일은 세세한 것부터 한다.

세상의 어려운 일은 반드시 쉬운 것에서 만들어지고, 세상의 큰일은 반드시 세세한 것에서 만들어진다.

이 때문에 성인은 크게 하지 아니하고 마치는 것이며, 그래서 큰 것을 이룬다.

무릇 가볍게 승낙하는 것은 반드시 믿음이 적어지니, 쉽게 여기는 것이 많으면 반드시 어려움이 많아진다.

이 때문에 성인은 오히려 그것을 어렵게 여기기에 어려움 없이 마치는 것이다.

[해설]

爲無爲, 事無事, 味無味.
무위로 하고, 무사로 일하며, 무미로 맛본다.

죽간(갑)에는 '無(무)'자 대신 '亡(무)'로 되어 있다.

하상공은 "이루어짐에는 원인이 있고 연고에 따르니 바꾸어 지으려는 바가 없다. 사전에 준비함이 있으며, 번거로움은 없애고 일을 살핀다. 깊이 생각하고 멀리 사려하여 도의 뜻을 음미한다"[226]라고 했다. 미리 생각하고 살펴서 사려 깊게 행동한다고 본 것이다. 왕필은 "무위로 생활을 삼고, 말하지 않음으로 가르침을 삼으며, 담백함으로 맛을 삼으면 다스림의 극치이다"[227]라고 풀었다. 무사(無事)를 불언(不言)으로 본 것이다.

무위(無爲)라는 단어는 자주 등장해서 어느 정도 익숙해져 있을 것 같다. 대체로 '위(爲)'가 어떤 일을 하는 것이라면 '무위(無爲)'는 하는 것이 없는 것(non-action)으로 이해한다. 따라서 '爲無爲(위무위)'라 하면 '하는 것이 없이 한다'라는 문리적인 표현이 먼저 와 닿는다. 우리는 '무위'에 대해 '하는 것이 없다'고 말하면서도 한편으로는 '하는 것이 있다'고 역설적으로 이해한다. 노자의 무위는 백성들이 자화(自化), 자생(自生)할 수 있다는 믿음을 가지고 있다. 이 때문에 백성들이 스스로 성취하도록 만드는 정치체계가 중요한 것이다. 따라서 무위의 정치는 통치자가 더 이상

226) 『하상공주』 "因成循故, 無所造作. 預有備, 除煩省事也. 深思遠慮, 味道意也."
227) 『왕필주』 "以無爲爲居, 以不言爲敎, 以恬淡爲味, 治之極也."

유위를 만들어 내지 않아도 이루어지지 않는 바가 없다고 말한다. 무위의 다스림이 무위자연으로 가는 길이 되는 것이다.

이어서 "무사로 일한다"라고 했다. 무사(無事)라는 말은 '장애가 없다' 또는 '걱정이 없다'란 뜻을 가지고 있다. 말 그대로 평온을 유지한다는 말로, 만물을 힘들게 하는 일이 없다는 말과도 같다.

무릇 나라를 다스리거나 농사를 짓는 일에 몸과 진심을 다하는 노력을 하지 않고서는 좋은 결과를 얻기 어려울 것이다. 여기서 말하는 무사란 백성들이 자발적으로 열심히 생활을 영위하는 데 있어서 새로운 일이나 걱정거리를 만들지 않아서, 그들을 힘들게 하지 않는다는 말이다. 가령 소수의 이탈을 보고 이를 제한하는 제도 혹은 형벌을 만들어 피동적인 환경을 만들거나, 전쟁이나 역사(役事)를 일으켜 부역과 과도한 세금으로 백성들을 생사를 넘나드는 고통으로 내모는 것은, 결국 이를 피해 가려는 과정에서 다툼과 원망이 남을 뿐이다.

세 번째, "무미로 맛본다"고 했다. 味(미)자는 보통 '맛'이라는 의미로 사용되고 있으나 '기분, 취향, 뜻, 의의' 등의 뜻도 함께 가지고 있다. '맛을 본다'고 하면 음식을 떠올리지만 노래나 시를 읊고 그 맛을 느낀다고 할 때는 그 의미를 새겨 궁구(窮究)한다는 뜻이 된다. 이 구절에서의 味(미)는 35장에서 "도에서 나오는 말들은 담백하고 무미하다(道之出口淡乎其無味)"라고 한 바가 있듯이 왕필과 엄영봉도 담백함(淡)을 말한 것이라고 본다. 담백함으로 백성을 기른다는 뜻이다.

성인이 백성을 기를 때 그들이 바라는 모든 것을 고려한다면 온갖 맛이 섞인 무미(無味)라 할 수 있겠다. 사회가 어떠한 것을 아름답다, 추악하다고 규정하거나, 중요한 것과 하찮은 것으로 구분 짓고, 또한 어떤 것은 맛이 있고 어느 것은 맛이 없다고 단정해 버리는 것은, 백성들이 눈치를 보고 행동하도록 만드는 일이 된다. 이와 달리 다스리는 자가 특별한 감정이나 취향을 가지지 않는다면 모두가 자신의 것을 소중하게 여기고 자신의 삶을 충실하게 살아갈 수 있게 되는 것이다.

大小多少, 報怨以德.
크고 작고 많고 적어도, 원망은 덕으로 갚는다.

죽간(갑)에는 '大小'까지만 적혀 있고 이후의 구절은 쓰여 있지 않다. 원망은 덕으로 갚는다는 구절이 이후에 첨가된 것이라면, 이 장에서는 큰 의미를 부여할 필요가 없어 보인다.

하상공은 "그 계율과 명령을 펼치고 있다. 크고자 하면 도리어 작아지고, 많고자 하면 도리어 적어지니 스스로 그러함의 도이다. 도를 닦고 선을 행하여 아직 싹트지 않았을 때 재난을 끊는다"[228]라고 하였다. 왕필은 "사소한 원한은 보복하기에 부족하지만 큰 원한이라면 천하가 주벌하고자 하는 바이니, 천하가 같이하는 바를 따르는 것이 덕이다"[229]라고 했다. 크든 작든, 많든 적든 원한은 덕으로 갚는 것이며, 큰 원한을 갚는 일은 천하 사람들의 뜻에 따르는 것이라 본 것이다.

228) 『하상공주』 "陳其戒令也. 欲大反小, 欲多反少, 自然之道也. 脩道行善, 絕禍於未生也."
229) 『왕필주』 "小怨則不足以報, 大怨則天下之所欲誅, 順天下之所同者, 德也."

이 구절은 그 뜻이 불분명해서 여러 가지 해석이 가능하다. 지금까지 '대소다소(大小多少)'의 뜻을 풀이한 글들을 보면 "큰 것은 작은 것으로 하고, 많은 것은 적은 것으로 하며, 원망은 덕으로 갚는다"라고 풀이하기도 했고 "크고자 하면 도리어 작아지고, 많고자 하면 도리어 적어진다" 등 자연의 이치로 보는 경우도 있다. 또한 서명응의 풀이처럼 "큰 것은 마치 작은 것처럼 보아서 처리하고, 많은 것은 마치 적은 것으로 보아서 처리하며, 원망은 마치 덕처럼 보아서 처리하는 것이다"라고 덕의 체를 말하는 것이라 주장하기도 했다.

소자유는 "크든 작든 많든 적든 간에 하나의 도로 짝할 뿐이다"로 보았고, 엄영봉은 "큰 것은 반드시 작은 것에서 생기고, 많은 것은 반드시 적은 것에서 생겨남을 말한 것이다"라고 했다. 고형은 "대소란 작은 것이 큰 것이니, 작지만 크다고 하는 것이다. 다소란 적은 것이 많은 것이니 적지만 많다고 여기는 것이다"라고 했다. 또 일부 학자들은 탈락된 글자가 있어 정확한 해석이 불가능하다고 지적한다.

공자는 『논어』 '헌문편'에서 '원한을 덕으로 갚는 것(以德報怨)'에 대한 제자의 물음에 "원한은 바른 것으로 갚고, 덕은 덕으로 갚아야 한다"라고 답했다. 공자의 글 속에 있는 부분이라 『도덕경』의 연대 고증에 있어 논쟁으로 삼는 문장이기도 하고, 때로는 이를 근거로 해석하기도 했다. 보원(報怨)이란 상대방이 나에게 해를 입힌 대로 나도 그대로 해 준다는 앙갚음의 뜻이다. 이처럼 이 구절에 대한 주해가 넘쳐나는 이유는 압축된 문장 구조 때문이라 할 것이다.

노자는 "크고 작고 많고 적어도, 원망은 덕으로 갚는다"라고 가르침을 먼저 제시한다. 앞에서 말한 것처럼 무위·무사·무미로 나라를 다스림에 있어 부득이하게 원망이 생기면 이를 덕으로 갚으라는 말씀이다. 보통의 통치자라면 상벌로 백성들을 교화시키려 하는 것과는 다른 처방이다.

그런데 도로 나라를 다스리고 있는데 어찌하여 원망이 생긴다는 것인가? 얼핏 생각해 보면 완벽한 도의 정치에 결함이 있다고 생각될 수 있을 것이다. 그렇다! 만물이 살아가는 세상에서 모두를 만족시킬 수 있는 묘수가 어디 있겠는가. 도의 정치는 누구나 똑같이 대하는 것이 변함없는 원칙이다. 따라서 모두에게 공평한 기회를 제공하지만, 한편으로는 처지가 다른 누구에게는 불가피하게 어려움으로 다가서기도 할 것이다. 이처럼 도의 정치에서 불가피하게 어려움을 당하는 경우가 생겨난다면 백성을 보살피는 군주는 이들을 덕으로 감싸 안으라는 말씀이다.

圖難於其易, 爲大於其細.
어려운 일은 쉬운 것에서부터 도모하고, 큰일은 세세한 것부터 한다.

판본별로 미세한 차이가 있는 것을 제외하면, 죽간(갑)의 경우 본 문장의 내용이 '多易必多難(다역필다난)'으로만 적혀 있다.

하상공은 "어려운 일을 도모하고자 한다면 아직 이루어지지 않고 쉬울 때 해야 한다. 큰일을 하고자 할 때 반드시 작은 것에서 만들어 가는 것은 재난과 어지러움은 작은 것에서부터 오기 때문이다"[230]라 하여, 일

230) 『하상공주』 "欲圖難事, 當於易時, 未及成也. 欲為大事, 必作於小, 禍亂從小來也."

이 커지기 전에 막는 것이 현명하다고 풀이하고 있다. 서명응도 "어려운 일은 갑자기 어려워진 것이 아니라 반드시 쉬운 것에서 일어나 점차 어려워진 것이다"라고 설명하고 있다. 한비자 또한 "천하의 어려운 일은 반드시 쉬운 것에서부터 시작이 되고, 천하의 큰일도 반드시 아주 작은 것에서부터 시작된다"라고 했다. 이 문장의 풀이는 주해서마다 해석하는 방향이 동일하여 논란이 적다.

먼저 이 문장에서 눈여겨보아야 하는 글자가 '가늘 세(細)'이다. 앞에 '대(大)'와 대비되는 글자라면 '소(小)'자가 쓰여야 할 것인데 '가늘다'는 의미의 글자를 사용했다. 그렇다면 크고 작은 측면이 아니라 큰 것을 이룸에 있어서 세세한 부분을 가리키는 것으로 보인다. 따라서 작은 것이 모여 큰 것이 된다는 일상적인 말씀이 아니라, 소소한 것들을 잘 챙겨야 큰 하나를 이룰 수 있다는 말이다.

그리고 "어려운 일은 쉬운 것에서부터 도모하고, 큰일은 세세한 것부터 한다"라고 했다. 천하에 어려운 일은 쉬운 일부터 해 나가라는 말씀이다. 샛길을 찾지 말고 쉬운 것부터 하나씩 해 나가면 어려운 일도 해결할 수 있다는 것이다. 또한 큰일은 세세한 것부터 챙겨야 한다고 말한다. 다시 말해 일의 세세한 부분을 다 어루만져 주어야 큰 것을 이룰 수 있다는 뜻이다. 앞 구절의 '쉬울 이(易)'는 '가벼이 보다, 경시하다'의 뜻을 내포하고 있다.

天下難事必作於易, 天下大事必作於細. 是以聖人終不爲大, 故能成其大.

세상의 어려운 일은 반드시 쉬운 것에서 만들어지고, 세상의 큰일은 반드시 세세한 것에서 만들어진다. 이 때문에 성인은 크게 하지 아니하고 마치는 것이며, 그래서 큰 것을 이룬다.

판본별로 큰 차이는 없으나, 백서에는 양쪽 구절에 있는 '사필(事必)'이란 글자가 빠져 있는 점이 다르다. 그러나 전달하고자 하는 의미는 대체로 같다. 하상공은 "쉬운 것만 좇다 보면 어려움이 생겨나고, 자세한 것만 좇다 보면 분명한 것이 생겨난다. 겸손한 태도를 취하니 천하가 모두 그에게로 돌아온다"[231]라고 했다. 서명응은 "성인은 결코 큰일을 하지 않는다는 말은, 큰일은 그 세세한 것에서 하기 때문이다"라고 설명했다. 이 문장 또한 각기 다른 표현으로 설명하고 있으나 뜻하는 바의 내용은 같다고 본다.

이 글도 앞문장과 동일한 패턴으로 구성되어 있다. 다만 그 규모를 천하로 옮겨왔다. 세상의 일이 어렵게 된 것은 반드시 쉬울 때 처리하지 않아서 생긴 것이라 말하고 있다. 커다란 저수지의 둑이 무너지는 것도 조금씩 누수가 되는 것을 가볍게 여기고 방치하는 데서 생기는 것과 같다. 또한 큰일은 세세한 것을 잘 보살피지 않아서 만들어진 것이라 했다.

이 장은 대체로 다음 장에서 전하고자 하는 뜻과 연결되어 있다. 64장에서 "평안할 때 유지하기가 쉽고, 그것이 빌미가 되지 못할 때 도모하기가 쉬우며, 그것이 연약할 때 풀리기가 쉽고, 그것이 미약할 때 흩뜨리기가 쉽다"라고 했듯이, 천하의 일은 드러나지 않았을 때는 바로잡

231) 『하상공주』 "從易生難, 從細生著. 處謙虛, 天下共歸之也."

기 쉽지만 이 시기를 놓치면 커져 버리는 것이다. 그래서 "양팔로 껴안을 수 있는 나무도 털끝만 한 것에서 생겨나며, 아홉 층의 누대도 흙을 쌓아 올려 세워진다. 천리 길을 가는 것도 발아래에서 시작되는 것이다"라고 말한다. 이처럼 세상의 큰일은 반드시 하나하나 쌓아서 만들어진다고 노자는 말한다. 마지막 구절로 "이 때문에 성인은 크게 하지 아니하고 마치는 것이며, 그래서 큰 것을 이룬다"라고 했다. 나라의 일을 가벼이 여기거나 대충 살피지 않아 큰 어려움으로 만들지 않는다는 말이며, 도리에 맞게 평온함을 유지하면서 미리 세세하게 대비하였으니 저절로 크게 자란다는 말이다.

> 夫輕諾必寡信, 多易必多難. 是以聖人猶難之, 故終無難矣.
> 무릇 가볍게 승낙하는 것은 반드시 믿음이 적어지니, 쉽게 여기는 것이 많으면 반드시 어려움이 많아진다. 이 때문에 성인은 오히려 그것을 어렵게 여기기에 어려움 없이 마치는 것이다.

판본별로 차이가 없다.

하상공은 "강조하지 않음이요, 삼가고 걱정하지 않음이다. 성인이 움직여 일을 거행할 때 다만 나아가고 물러서기만 하면서도 매우 중요하게 여기는 것은 그 근원을 막고자 함이다. 성인이 종신토록 걱정스럽거나 어지러운 일이 없는 것은, 해로움이 깊어지는 것을 다만 피하기 때문이다"[232]라고 했다. 왕필도 "성인의 재주로도 오히려 미세하고 쉬운 것을

232) 『하상공주』 "不重言也. 不愼患也. 聖人動作擧事, 猶進退, 重難之, 欲塞其源也. 聖人終生無患難之事, 猶避害深也."

어렵게 여기는데, 하물며 성인의 재주가 아니면서 이런 것들을 소홀히 하려 하는가! 그러므로 오히려 그런 것들을 어렵게 여긴다고 한 것이다"[233] 라고 하여 성인이 작은 것을 가벼이 보지 않음을 말해주고 있다. '猶難之(유난지)'에 대하여 박세당은 "비록 쉬운 일일지라도 감히 소홀히 여기지 않는다는 뜻이다"라고 말했다.

마지막 문장이다. "무릇 가볍게 승낙하는 것은 반드시 믿음이 적어진다"라고 했다. 이 말은 현 시대의 우리들도 쉽게 공감할 수 있는 말이다. 여기서 '허락할 낙(諾)'자를 사용한 것을 보면 대등한 관계로 보기보다는 우월한 입장에서 이루어지는 승낙으로 볼 수 있다. 청하는 바를 가볍게 수락하는 것은 한편 대범하게 보일 수 있겠으나, 나라의 일이라면 경솔한 행동일 것이다. 즉 경위를 깊이 살펴보지 않고 가벼이 대하는 것과 같다. 허락을 받은 쪽의 입장에서 보더라도 허락을 받은 것이 쉽게 변경될 수 있음을 예견할 수 있다. 승낙은 기존의 틀을 바꾸는 것이다. 자연의 질서는 하루아침에 만들어진 것이 아니다. 따라서 기존의 질서를 바꾸려 하면 미래의 불확실성은 증가한다. 이에 대한 백성들의 믿음도 낮아질 것이며, 승낙하는 자의 신뢰까지 줄어드는 것이다.

따라서 "쉽게 여기는 것이 많으면 반드시 어려움이 많아진다"라고 했다. 어떠한 일에 훈수를 두거나 개입하는 문제를 쉽게 생각하면 그만큼 제약이 많아지는 것과 같다. 작은 것이라도 제한이 많아지면 그것을 의식하며 살아갈 수밖에 없기에 여러 가지 문제를 일으킬 것이다. 이처럼 무사(無事)가 아닌 유사(有事)로 백성을 다스리려 하면 세상이 무미(無味)

233)『왕필주』"以聖人之才, 猶尚難於細易, 況非聖人之才, 而欲忽於此乎. 故曰 猶難之也."

한 것이 아니라 유미(味)한 것들로 채워지고 있다는 말과 같다.

백성들의 삶과 욕망은 소소하게 보이지만 그 나름대로 전부이다. 한 가지 입맛에 맞춰 음식을 제공하는 것보다는 천하에 널린 무미의 재료를 가져다 그들의 입맛에 맞게 조리하여 먹도록 하는 것이 노자가 천하를 다스리는 방법이다. 이렇게 무위와 무사, 무미의 정치를 하되 이런 가운데에도 예기치 않은 원망이 있을 수 있으니 이러한 것을 덕으로 갚으라는 말이다. 노자가 말하는 덕이란 한정된 사람에게 주어지는 것이 아니다. 모두에게 주어지는 것으로 차별함이 없고 감춤이 없다. 누구나 가질 수 있는 것이어서 믿음이 강하다.

끝으로 "이 때문에 성인은 오히려 그것을 어렵게 여기기에 어려움 없이 마치는 것"이라 했다. 성인은 유위와 유사 유미한 것을 만들어 내는 것을 쉽게 승낙하지 않는다는 말이다. 그러하기에 성인은 어려움 없이 일을 마칠 수 있다고 했다. 일부 학자들은 성인이 쉽고 가벼운 일을 어렵게 여긴다 하니, 이는 노자의 우환(憂患) 의식을 나타내는 것이 아닌가 하고 지적한다. 하지만 이는 과분한 오해로 보인다. 鳳

제 64 장

성인은 만물의 스스로 그러함을 돕고 의지한다.

其安易持 其未兆易謀 其脆易泮 其微易散

기안이지 기미조이모 기취이반 기미이산

爲之於未有 治之於未亂

위지어미유 치지어미란

合抱之木 生於毫末 九層之臺 起於累土

합포지목 생어호말 구층지대 기어누토

千里之行 始於足下 爲者敗之 執者失之

천리지행 시어족하 위자패지 집자실지

是以聖人 無爲故無敗 無執故無失

시이성인 무위고무패 무집고무실

民之從事 常於幾成而敗之

민지종사 상어기성이패지

愼終如始 則無敗事 신종여시 즉무패사

是以聖人欲不欲 不貴難得之貨 시이성인욕불욕 불귀난득지화

學不學 復衆人之所過 학불학 복중인지소과

以輔萬物之自然 而不敢爲 이보만물지자연 이불감위

그것이 평안할 때 유지하기가 쉽고, 그것이 빌미가 되지 못할 때 도모하기가 쉬우며, 그것이 연약할 때 풀리기가 쉽고, 그것이 미약할 때 흩뜨리기가 쉽다.

하는 것은 있기 전에 하고, 다스리는 것은 혼란스럽기 전에 한다.

양팔로 껴안을 수 있는 나무도 털끝만 한 것에서 생겨나며, 아홉 층의 누대도 흙을 쌓아올려 세워진다. 천리 길을 가는 것도 발아래에서 시작되는 것이다. 하려는 자는 실패하고, 잡으려는 자는 잃게 된다.

이 때문에 성인은 하는 것이 없으니 실패하는 것도 없으며, 잡으려 하는 것이 없으니 잃는 것도 없다.

백성들이란 일을 쫓아서 하기에, 항상 거의 다 가서 이루고자 하니 실패로 가는 것이다. 마치는 것도 처음과 같이 삼가야 일에 실패가 없다.

이 때문에 성인은 욕심이 없이 바라는 것이며, 얻고자 하는 재물은 귀하거나 어렵지가 않다.

배우지 아니한 것을 배우기에 뭇 사람들이 지나쳐 온 바를 되돌린다.

만물의 스스로 그러함을 돕고 의지하기 때문에 감히 하려고 하지 않는 것이다.

[해설]

其安易持, 其未兆易謀, 其脆易泮, 其微易散,
그것이 평안할 때 유지하기가 쉽고, 그것이 빌미가 되지 못할 때 도모하기가 쉬우며, 그것이 연약할 때 풀리기가 쉽고, 그것이 미약할 때 흩뜨리기가 쉽다.

본 문장은 백서에는 거의 지워져 있어 해독할 수 없다. 죽간(갑)에는 구절의 중간마다 '어조사 야(也)'를 써서 '其安也易持也, 其未兆也易謀也'와 같이 어절을 구분하고 있다. 泮(반)자는 죽간(갑)에서는 '판단할 판(判)'으로, 하상공본에는 '깨뜨릴 파(破)'로 쓰여 있으며, '작을 미(微)'와 '흩을 산(散)'자는 죽간(갑)에서 '기미 기(幾)'와 '밟을 천(踐)'으로 되어 있는 것이 다르다.

하상공은 "몸을 다스리고 나라를 다스림에 있어 안정된 것은 쉽게 지키고 유지한다. 욕망과 재앙은 아직 조짐이 드러나지 않았을 때 도모해 저지하기 쉽다. 아직 재앙이 싹트지 않고 욕망이 색욕으로 드러나지 않을 때 그것들은 매우 취약해 쉽게 깨어지고 제거된다. 밖으로 드러나지 않아 미약하고 작을 때 쉽게 흩어지고 사라진다"[234)]라고 했다. 나라는 안정되어 있어야 오래 유지할 수 있으며, 어떤 재앙의 징후가 아직 드러나지 않을 때 저지하기 쉽다고 본 것이다. 왕필은 "편안할 때에는 위태로움을 잊지 않고 지키고, 없어질 것을 잊지 않고 준비하니, 공이 없는 형세에서 도모하기 때문에 쉽다고 했다. 비록 무를 잃고 유에게 들어간다고 할지라도

234) 『하상공주』 "治身治國安靜者, 易守持也. 情欲禍患未有形兆時, 易謀止也. 禍亂未動於朝, 情欲未見於色, 如脆弱易破除. 其未彰著, 微小易散去也."

그것이 미미하고 여리기 때문에 큰 공을 세울 정도는 되지 못한다. 그러므로 쉬운 것이다. 이 네 가지는 모두 마침을 염려하라는 설명이다. 아무것도 없다고 해서 지키지 않으면 안 되는 것이며, 미미하다고 해서 분산시키지 않으면 안 되는 것이다. 아무것도 없다고 무시하면 무엇인가 생겨나고, 미미하다고 분산시키지 않으면 큰일이 생긴다. 그러므로 마칠 때의 환란에 대해 염려하는 마음을 시작할 때의 재앙과 같이 한다면 일을 그르치는 경우는 없다"[235]라고 설명한다.

첫 문장에서 세상의 일이란 "그것이 평안할 때 유지하기가 쉽고, 그것이 빌미가 되지 못할 때 도모하기가 쉽다"라고 했다. 평안하다는 것은 조화가 잘 이뤄진 최적의 상태라 할 수 있다. 이런 경우에는 소소한 일도 서로 협조하여 해결하니 더욱 돈독함을 보여준다. 또한 어떤 일을 도모하기 위해서는 어떠한 빌미를 가지지 않을 때 쉽게 행할 수 있다고 말한다. 이해관계로 시비가 형성될 여지가 있거나 위해를 가져올 만한 일은 다툼과 재앙을 가져오기에 그만큼 행하기가 어려워진다는 것이다.

이어서 "그것이 연약할 때 풀리기가 쉽고, 그것이 미약할 때 흩뜨리기가 쉽다"라고 했다. 연약하다는 것은 살얼음과 같은 상태로, 쉽게 물로 돌아올 수 있는 상태를 말한다. 또한 미약한 때란 실체가 아직 구체화되지 않은 상태로, 미세한 징후들만 보이는 단계다. 이런 경우에는 민심을 쉽게 제자리로 돌리기 쉬우니, 진행되고 있는 일을 바로잡기 위한 적기라고 제시하고 있다. 이 구절에서 '조(兆)'는 재앙이나 탈 따위가 생기는 원인이라는 의미로 쓰였다.

---

235)『왕필주』"以其安不忘危, 持之不忘亡, 謀之無功之勢, 故曰 易也.雖失無入有, 以其微脆之故, 未足以興大功, 故易也. 此四者, 皆說愼終也. 不可以無之故而不持, 不可以微之故而弗散也. 無而弗持則生有焉, 微而不散則生大焉. 故慮終之患如始之禍, 則無敗事."

爲之於未有, 治之於未亂.
하는 것은 있기 전에 하고, 다스리는 것은 혼란스럽기 전에 한다.

'미유(未有)'는 죽간(갑)에서는 '망유(亡有)'로 되어 있다.

하상공은 "하고자 하는 바가 있으면 아직 싹이 나기 전에 실마리를 미리 막아야 한다. 몸을 다스리고 나라를 다스릴 때는 아직 어지러워지지 않았을 때, 미리 그 문을 닫아야 한다"[236]라고 풀이했다. 왕필은 "아직 조짐이 나타나지 않은 편안할 때를 말함이다. 미미하고 여릴 때를 말한다"[237]라고 했다. 여길보도 "안정됨[安]과 미조(未兆)라는 것은 아직 나타나지 않은 것은 생기기 전에 행하는 것이고, 연약함[脆]과 미세함[微]이라는 것은 아직 어지러워지기 전에 다스린다는 것이다"[238]라고 했다. 모두의 설명이 통한다.

이 문장에서 '미유(未有)'는 앞 구절의 평안하거나 빌미가 되지 않은 때를 말하고, '미란(未亂)'은 연약할 때나 미약할 때의 경우라 하겠다. 이 구절은 앞 문장과 이어지는 글로, 어떤 일을 새로 시도하려고 할 때와 어떠한 것을 바로잡으려 할 경우의 적정한 여건과 시기를 일러주고 있다. 무위와 무사 그리고 무미를 기본으로 하는 노자의 다스림의 철학은, 아래의 글에서 이렇게 행해야 하는 이치를 설명하고 있다.

合抱之木, 生於毫末. 九層之臺, 起於累土. 千里之行, 始於足下.

---

236) 『하상공주』 "欲有所爲, 當於未有萌芽之時塞其端也. 治身治國於未亂之時, 當豫閉其門也."
237) 『왕필주』 "謂其安未兆也. 謂(閉)微脆也."
238) 여길보 "安也, 未兆也, 則是爲之於未有也. 脆也, 微也, 則是治之於未亂也."

양팔로 껴안을 수 있는 나무도 털끝만 한 것에서 생겨나며, 아홉 층의 누대도 흙을 쌓아올려 세워진다. 천리 길을 가는 것도 발아래에서 시작되는 것이다.

이 문장은 죽간에서는 많은 부분이 훼손되어 판독하기 어려우며 백서에서도 일부가 확인되지 않는 등 앞 문장과 같이 해석에 있어 객관성을 유지하기 어려운 부분이 있다. 확인이 되는 글자 가운데 백서에서는 起於累土(기어누토)가 作於虆土(작어나토)로 되어 있다. 千里之行(천리지행)은 백서(갑을)에서는 百仞之高(백인지고)로 쓰여 있다. 백인(百仞)은 매우 깊거나 높음을 이르는 말이다. '仞(인)'은 길이의 단위로, 일곱 자나 여덟 자가 1仞이었다고 하니, 1仞을 2.5미터로 보고 100인을 계산하면 250미터가 된다. 그만큼 높다는 표현이다.

하상공은 "작은 것에서 큰 것으로 성장한다. 낮은 곳에서부터 높게 세워진다. 가까운 곳에서 시작하여 먼 곳까지 이른다. 일에서 유위로 하면 저절로 그러함을 폐하는 것이고, 의에서 유위로 하면 인을 망치며, 색에 하고자 함이 있으면 정기와 오장신을 망친다. 이익을 잡으면 근심을 만나고 도를 잡으면 몸이 온전해지니, 굳게 잡고자 하면 얻지 못하지만 남에게 미루고 사양하면 오히려 자신에게 되돌아오게 된다"[239]라고 했다. 나라를 다스리는 일과 자신의 몸을 다스리는 것을 같게 보고, 작은 것에서 시작되며 유의로 하면 실패하게 된다고 풀이한 것이다. 왕필은 "마침을 염려해서 미약할 때 제거하고, 미약할 때 미리 염려하여 혼란을 제거해야 한다. 베풀고, 인위적인 것으로 다스리고, 이름을 드러내고 움켜잡으면 도리어 일을 만드는 원인이 생기는 것이니, 교묘하고 편벽된 것이 더욱더 만

239) 『하상공주』 "從小成大. 從卑立高. 從近至遠. 有爲於事, 廢於自然 ; 有爲於義, 廢於仁 ; 有爲於色, 廢於精神也. 執利遇患, 執道全身, 堅持不得, 推讓反還."

들어진다. 그러므로 그르치게 되는 것이다”[240]라며, 미약할 때 제거해야 하고, 이름을 드러내지 말고 처리해야 실패하지 않는다 했다.

이 문장은 천하의 일은 시작의 토대(바탕)가 중요하다는 뜻을 전달하기 위한 비유들이다. 앞 문장에서 “양팔로 껴안을 수 있는 나무도 털끝만 한 작은 것에서 생겨나고, 아홉 층의 누대도 쌓아올린 흙에서 세워진다”고 했다. 여기서 ‘生於毫末(생어호말)’은 백서(을)에서 ‘作於毫末(작어호말)’로 되어 있어 짓는다는 뜻의 ‘作(작)’이 쓰였다. ‘累土(누토)’는 건물의 토대가 되는 부분을 흙으로 쌓은 것을 말하는 것이나, 백서(갑을)에서는 ‘蘽土(나토)’로 ‘삼태기 나(蘽)’자를 써서 삼태기에 흙을 담아 높은 누대가 만들어짐을 표현했다. 모두 아래에서부터 시작됨을 강조했다. 나무가 높이 자랄 수 있었던 것은 토양이 기름진 곳에 뿌리를 내린 덕이다.

이어서 “천리 길을 가는 것도 발아래에서 시작된다”고 말한다. 이 구절은 우리가 익히 알고 있는 ‘천리 길도 한 걸음부터’와 같이 아무리 먼 길이라도 출발이 중요하다는 의미로 받아들일 수 있지만 사실은 이와 조금 다르다. 이 글은 시작 이전의 토대가 매우 중요하다는 뜻이다. 나랏일은 혼자 가는 길이 아니다. 백성들이 천리를 행군할 사전 준비가 잘 되어 있어야 중간에 되돌아오지 않고 목적지까지 온전히 갈 수 있지 않겠는가. 이 구절은 백서(갑을)에서 “백 길이나 되는 높은 곳도 발아래에서 시작된다(百仞之高 始於足下)”로 기록되어 있다. 그 높이의 크고 작음은 바로 그 아래를 얼마만큼 잘 다져놓았는지에 따라 정해진다.

240)『왕필주』“當以愼終除微, 愼微除亂. 而以施爲治之, 形名執之, 反生事原, 巧辟滋作, 故敗失也.”

爲者敗之, 執者失之. 是以聖人, 無爲故無敗, 無執故無失.
하려는 자는 실패하고, 잡으려는 자는 잃게 된다. 이 때문에 성인은 하는 것이 없으니 실패하는 것도 없으며, 잡으려 하는 것이 없으니 잃는 것도 없다.

'없을 무(無)'는 죽간(갑)에 '망할 망(亡)'으로 되어 있다.

하상공은 "성인은 화려한 꾸밈을 하지 않고 색과 이익을 추구하지 않으며 해침과 도적질을 하지 않으니, 그러므로 패하여 무너짐이 없다. 성인은 덕이 있으면 어리석은 사람을 가르치고, 재물이 있으면 가난한 사람에게 나누어 준다. 잡아 두고 쌓아 두는 것이 없으므로 사람들에게 잃는 일이 없다. 종(從)은 한다[爲]는 뜻이다. 백성이 일을 할 때는 늘 공덕이 거의 이루어진 시점에서, 지위를 탐하고 명예를 좋아하여 사치와 태만함이 가득 차서 스스로 일을 망치고 만다"[241]라고 했다. 즉 성인은 무욕하고 덕을 베풀기에 패하거나 잃어 버릴 것이 없다고 말하면서 백성들은 거의 이루어진 시점에서 욕심을 부리기에 스스로 일을 망치게 되는 것이라 풀이했다. 왕필은 "끝을 신중하게 하지 않음이다(不愼終也)"라고 하여 백성들의 조급하고 가벼운 처신 탓으로 풀이했다.

이 문장도 하나씩 살펴보자. 먼저 "하려는 자는 실패하고, 잡으려는 자는 잃게 된다"고 했다. 이 글은 전제되는 바가 먼저 있었다. 앞 문장에서 "하는 것은 있기 전에 하고, 다스리는 것은 혼란스럽기 전에 하라"고 가르침을 주었다. 미리 토대를 만들어 놓지 않고 해야 될 일을 무작정 하

241)『하상공주』"聖人不爲華文, 不爲色利, 不爲殘賊, 故無敗壞. 聖人有德以教愚, 有財以與貧, 無所執藏, 故無所失於人也. 從, 爲也. 民之爲事, 常於功德幾成, 而貪位好名, 奢泰盈滿而自敗之也."

려고 덤비고, 또한 혼란이 있는데 이를 무작정 잡으려 덤벼들면 모두 실패로 끝난다는 가르침이다. 이 구절을 사람들의 욕심 탓으로만 해석하는 것은 옳지 않다. 63장에서 "세상의 어려운 일은 반드시 쉬운 것에서 만들어지고, 세상의 큰일은 반드시 세세한 것에서 만들어진다"라고 말한 것처럼, 미리 토대를 마련하는 것의 중요성을 강조하는 글이다.

아름드리나무로 성장하기 위해서는 먼저 토양을 기름지게 만들어 놓고 씨를 뿌린 다음, 해가 미치지 않게 주시하면서 조용히 기다리면 된다. 박토에 씨앗을 뿌린 다음 물을 주고 잡초를 뽑아 주는 정성을 다한다 해도, 바탕이 부실하니 어찌 견실한 결과를 얻을 수 있겠는가. "이 때문에 성인은 하는 것이 없으니 실패하는 것도 없으며, 잡으려 하는 것이 없으니 잃는 것도 없다"라고 말한다. 성인은 이처럼 미리 적합한 환경을 조성한 뒤 백성들이 나서게 하였으니 무사로 일한 것이며, 늘 덕을 베풀어 불선함을 제거했으니 혼란이 생길 여지도 없을 것이다.

民之從事, 常於幾成而敗之, 愼終如始, 則無敗事. 是以聖人欲不欲, 不貴難得之貨.
백성들이란 일을 쫓아서 하기에, 항상 거의 다 가서 이루고자 하니 실패로 가는 것이다. 마치는 것도 처음과 같이 삼가야 일에 실패가 없다. 이 때문에 성인은 욕심이 없이 바라는 것이며, 얻고자 하는 재물은 귀하거나 어렵지가 않다.

판본별로 표현의 글자가 다르나 의미 전달에는 차이가 없다.

하상공은 "끝에서도 처음과 같아야 하니, 마땅히 게으르고 태만해서는 안 된다. 성인은 사람들이 바라지 않는 것을 바란다. 사람들은 드러나길 바라지만 성인은 빛남을 감추길 바라고, 사람들은 꾸미고 허식을 하고자 하지만 성인은 질박하고자 하며, 사람들은 색을 바라지만 성인은 덕에서 바란다. 성인은 현란한 것으로 옷을 하지 않으며 돌을 천하게 여기거나 옥을 귀하게 여기지 않는다"[242]라고 했다. 게으르거나 태만해서는 안 된다는 것과 성인의 무욕함을 근거로 들어 풀이를 한 것이다. 왕필은 "좋아하고 하고자 하는 것이 미미할지라도 다툼과 떠받드는 일이 그 때문에 성해지고, 얻기 힘든 재화가 비록 작을지라도 탐욕과 도둑이 그것 때문에 생겨난다"[243]라고 하여, 처음 시작할 때의 신중하지 못한 처세에 기인한다고 말한다.

이 문장은 앞서 설명한 내용들을 재론하는 것으로 크게 어렵지 않다. 백성들은 일을 이룸에 있어서 눈에 보이는 것에만 매달려 전후좌우를 둘러보지 않고 덤벼들기 때문에 항상 실패하는 것이라고 말하고 있다. 높은 건물을 짓고자 할 때, 미리 토질의 연약함을 해결하지 않고서는 아무리 큼직한 주춧돌을 놓아도 소용이 없다. 따라서 "마치는 것도 처음과 같이 삼가야 일에 실패가 없다"고 강조하는 것이다. 자녀들을 입신양명시키고자 하는 부모들이 아이를 가지려고 할 때부터 온갖 정성을 다하는 이유가 어디에 있겠는가.

이어서 "이 때문에 성인은 욕심 없이 바라는 것이며, 얻고자 하는 재물은 귀하거나 어렵지가 않다"라고 했다. 성인은 튼실한 토대를 만든 뒤에 백성들의 뒤를 따라가며 보살핀다. 그들이 얻게 될 것을 미리 닦아 놓았으니 백성들은 성실하게 본분을 좇으면 될 일이다. 해를 끼치는 일이 생

242)『하상공주』"終當如始, 不當懈怠. 聖人欲人所不欲. 人欲彰顯, 聖人欲伏光 ; 人欲文飾, 聖人欲質朴 ; 人欲色, 聖人欲於德. 聖人不眩爲服, 不賤石而貴玉."
243)『왕필주』"好欲雖微, 爭尙爲之興, 難得之貨雖細, 貪盜爲之起也."

기지 않는다면 이루어질 바가 모두 예견되어 있으니, 마칠 때까지 욕심을 부리지 않는다. 이처럼 성인은 도리에 맞게 행하기에 얻고자 하는 재물이 귀하거나 어렵지가 않다. 될 수 없는 일에 욕심을 가지지 않기에, 행한 만큼 결과로 돌아온 것을 감사하게 여긴다. 잘 준비하여 탈 없이 거두었으니 백성들은 결과에 족함을 느낄 것이며, 부족하더라도 스스로 이룬 결과이니 재물에 욕심을 내지 않고 질박하게 살아갈 것이다.

學不學, 復衆人之所過. 以輔萬物之自然, 而不敢爲.
배우지 아니한 것을 배우기에, 뭇사람들이 지나쳐 온 바를 되돌린다. 만물의 스스로 그러함을 돕고 의지하기 때문에 감히 하려고 하지 않는 것이다.

죽간(갑)에는 '배울 학(學)'자가 '가르칠 교(敎)'로 되어 있으나 전달하고자 하는 의미는 같다.

하상공은 "성인은 사람들이 배울 수 없는 것을 배운다. 사람들은 꾀와 속임수를 배우지만 성인은 자연을 배우고, 사람들은 세상을 다스리는 법을 배우지만 성인은 몸을 다스리는 것을 배우니, 도의 참됨을 지키는 것이다. 뭇사람들은 반대로 물어서 배운다. 즉 세상 사람들은 근본을 지나쳐 버리고 말단에 힘쓰고 알맹이를 지나쳐 버리고 껍데기에 힘쓴다. 되돌린다는 것은 근본과 알맹이로 되돌아가게 한다는 것이다"[244]라고 풀이한다. 성인은 배우는 차원이 다르다고 본 것이다. 아울러 "사람들이 근본과 알맹이로 되돌아가도록 가르쳐서 만물의 자연스러운 본성을 돕고자 하는 것이

244) 『하상공주』 "聖人學人所不能學. 人學智詐, 聖人學自然 ; 人學治世, 聖人學治身 ; 守道真也. 衆人學問反, 過本爲末, 過實爲華. 復之者, 使反本也."

다. 성인은 행위에 있어 있는 그대로 따를 뿐 감히 조작하지 않으니, 이는 근본에서 멀어짐을 두려워하기 때문이다"[245]라고 했다.

왕필은 "배우지 않고 능히 할 수 있는 것은 스스로 그러함이다. 배워서 깨우치게 하는 것은 잘못이다. 그러므로 배우지 않는 것을 배워서 뭇 사람들의 잘못을 회복시킨다"[246]라고 하여, 자연을 배워서 사람들의 잘못을 회복시킬 수 있다고 했다.

마지막 문장이다. "배우지 아니한 것을 배우기에, 뭇사람들이 지나쳐 온 바를 되돌린다"라고 했다. 성인은 학문으로 배울 수 없는 것을 도를 통해 배운다. 만물의 순행을 통해 배운 것은 앞서의 문장에서 나열한 것들이 해당될 것이다. 성인은 이렇게 배운 것을 바탕으로 뭇사람들이 행하지 못하고 지나쳐 온 것들을 다시 챙겨서 제자리로 돌려놓는다는 말씀이다. 끝으로 "만물의 스스로 그러함을 돕고 의지하기 때문에 감히 하려고 하지 않는다"라고 마무리하고 있다. 만물은 하늘이 안배한 환경에 맞춰 스스로 적응하면서 살아간다. 따라서 백성들에게도 스스로 그러할 수 있도록 좋은 환경(토대)을 만들어 줄 것을 당부한다. 성인의 역할은 스스로 그러함의 도에 이르도록 돕는 데에 있다는 말씀이다.

이 문장에서 '도울 보(輔)'자는 수레의 양쪽 가장자리에 덧대는 덧방나무를 지칭하는 글자다. 수레의 덧방나무[輔]와 바퀴[車]가 서로 의지한다는 '보거상의(輔車相依)'[247]라는 고사성어도 있다. 한 몸으로 되어 있어 서로가 의지하고 돕는 사이가 되는 것이다. 鳳

245) 『하상공주』 "教人反本實者, 欲以輔助萬物自然之性也. 聖人動作因循, 不敢有所造爲, 恐遠本也."
246) 『왕필주』 "不學而能者, 自然也. 喩於學者過也. 故學不學, 以復衆人之(所)過."
247) 춘추시대 말엽(BC 655)에 오패(五霸)의 한 사람인 진(晉)나라 문공(文公)의 아버지 헌공(獻公)이 괵나라와 우나라를 공략할 때의 일이다. 진나라는 괵을 치고자 하면서 우나라에 그 길을 빌려달라고 했다. 그러자 우나라의 궁지기(宮之奇)가 이렇게 직언을 했다. "옛 속담에 덧방나무와 수레는 서로 의지하여 지탱하고[輔車相依], 입술이 없어지면 이가 시리다[脣亡齒寒]란 말이 있사온데, 그것은 곧 괵나라와 우나라를 두고 한 말이라고 생각되옵니다."

제 65 장

백성을 다스리기가 어려운 것은 지혜가 많아졌기 때문이다.

古之善爲道者 非以明民 將以愚之

고지선위도자 비이명민 장이우지

民之難治 以其智多

민지난치 이기지다

故以智治國 國之賊 不以智治國 國之福

고이지치국 국지적 불이지치국 국지복

知此兩者 亦稽式 常知稽式 是謂玄德

지차양자 역계식 상지계식 시위현덕

玄德深矣 遠矣 與物反矣 然後乃至大順

현덕심의 원의 여물반의 연후내지대순

옛날에 도를 행하는 자는 백성들을 세상물정에 밝게 하는 것이 아니라, 대체로 우직한 쪽으로 이끌었다.

백성을 다스리기가 어려운 것은 지혜가 많아졌기 때문이다.

그러므로 지혜로 나라를 다스리는 것은 나라의 도둑이 되었고, 지혜가 아닌 것으로 나라를 다스리는 것은 나라의 복이 되었다.

이 양자를 알 수 있는 것은 역시 방식을 헤아려 보는 것이다. 항상 방식을 헤아려 알게 하는 것을 일러 현덕이라 한다.

현덕은 깊고도 아득하여 물과 함께하도록 되돌리니, 그러한 연후에 큰 순리에 이르는 것이다.

[해설]

古之善爲道者, 非以明民, 將以愚之.
옛날에 도를 행하는 자는 백성들을 세상물정에 밝게 하는 것이 아니라, 대체로 우직한 쪽으로 이끌었다.

첫 구절에서 '古之善'의 부분이 백서(갑)에서는 '故曰(고왈)'로 쓰여 있는 반면, 백서(을)에서는 '古之(고지)'로 적혀 있다. 또한 하상공본과 왕필본 등을 포함하여 일부 판본에서는 '善(선)'자가 추가되어 있다. 이 부분에 있어서는 '선'자가 문장의 내용에 영향을 미치는 정도가 제한적이라 할 수 있다.

하상공은 "옛날에 도에 의해 몸과 나라를 잘 다스리는 사람은, 백성들을 꾀에 밝고 교묘한 수단으로 남을 속이게 가르친 것이 아니라 도와 덕으로 백성들을 가르쳐 질박함으로 거짓되지 않게 만들고자 했다"[248)] 라고 풀었다. 왕필도 "명(明)은 식견이 많아 교묘한 수단으로 남을 속여 그 순박함을 가리는 것을 말한다. 우(愚)는 앎이 없는 것으로, 참됨을 지켜서 스스로 그러함을 따르는 것을 말한다"[249)]라고 하여, 옛날에 도를 행하는 자들은 백성들을 순박하게 만들었다는 뜻이라고 풀이했다. 진고응도 '우'를 순박하다, 질박하다는 뜻으로 옮겼다.

이 문장을 둘러싸고 노자의 우민(愚民) 정치를 나타내는 것이라는 분석도 있다. 이에 대해 왕회(王淮)는 "노자는 본래 우민을 주장하였지만,

248)『하상공주』"說古之善以道治身及治國者, 不以道教民明智巧詐也, 將以道德教民, 使質朴不詐僞."
249)『왕필주』"明, 謂多見(智)巧詐, 蔽其樸也. 愚, 謂無知守眞, 順自然也."

동시에 왕의 지(智)를 주장하지도 않았다. 반드시 군신·상하가 아울러 지(智)를 쓰지 않고, 저들과 이들이 서로 잊고 도에 동화되어 성(誠)으로 복귀함이 노자의 이상정치다. 후세 법가에서의 우민(愚民)은 왕이 반드시 밝게 살피어 간사한 것을 알아야 하며, 백성들의 우(愚)는 다만 백성들을 몰아 가다가 노역시키는 데 충분히 이바지하도록 하기 위함이니, 이것이 도가와 법가의 다른 점이다"[250]라고 말했다.

첫 문장에서 "옛날에 도를 행하는 자는 백성들을 세상물정에 밝게 하는 것이 아니라 대체로 우직한 쪽으로 이끌었다"라고 서두를 꺼냈다. 어찌 보면 거꾸로 백성들을 다스리는 것이 아닌가 하는 의심이 들게 한다. 임기응변에 능통한 사람으로 만들지 않고 큰 질서에 순응하여 아무런 의심 없이 우직하게 따라오는 쪽으로 다스렸다고 하니, 그 사정이 있을 것이다.

이 문장에서 '명(明)'은 '~에 밝다'는 뜻으로 민(民)을 수식한다. 고대의 백성들에게는 지금과 같은 교육의 혜택은 상상할 수 없는 일이었으며 그런 수단도 갖추지 못했다. 따라서 명민(明民)이란 식견이 높은 백성을 말하는 것이 아니라 남들보다 앞서서 더 많은 이득(利)을 얻기 위해 수단 방법을 가리지 않고 살길을 모색하는 눈치 빠른 사람들을 말한다. 따라서 명(明)은 '세상물정에 밝은'으로 이해할 수 있다. 또한 '어리석을 우(愚)'자는 20장의 "무리지어 있는 사람들은 모두 여유가 있는데 나만 홀로 남겨져 있는 것 같다. 나도 어리석은 사람의 마음이 드는구나"라는 글에서 보듯, 순수하여 고지식하고 우직하다는 뜻으로 사용되었다.

250) 도덕지귀(道德指歸) 2002년도 인문사회분야 지원 사업. 전자자료: 한국연구재단, 2004.

民之難治, 以其智多.

백성을 다스리기가 어려운 것은 지혜가 많아졌기 때문이다.

이 문장은 백서(을)에서는 앞 구절에 '夫(부)'자를 붙여 시작하였고, 마지막 구절에 '多(다)'자 없이 어조사 '也(야)'로 끝낸 부분이 다르다.

하상공은 "백성을 다스리기가 어려운 까닭은 지혜가 많아서 교묘함과 거짓됨을 행하기 때문이다"[251]라고 하였고, 왕필은 "지혜가 많아 교묘한 속임수를 사용하기에 다스리기가 어려운 것이다"[252]라고 하여 백성들이 피해 가는 방법을 잘 알기에 다스리기가 어려워진다고 말하고 있다. 이 글은 백성들을 어리석게 만들어야 한다는 주장의 빌미로 사용되고 있다. 나라를 부강하게 하려면 백성들을 무지하게 만들어야 한다는 우민화 정책을 노자가 주장했다는 것이다. 그러나 이는 앞에서 언급한 바와 같이 노자의 사상이 아니며 관점의 차이에 따른 해석상의 해프닝이다.

이 문장에서는 백성들을 다스리기 어렵게 하는 요인으로 '지혜'를 언급하고 있다. 대체로 의외의 메시지로 여길 것이다. 지(智)와 지(知)는 구별해서 볼 수 있다. 맹자는 시비지심(是非之心)을 지(智)라 했고, 순자(荀子)는 아는 소이(까닭, 일이 생기게 된 원인이나 조건)가 사람에 있는 것이 지(知)이고, 지(知)에 합하는 것이 있는 것을 지(智)라고 말했다.

지혜는 주인이 없는 것이어서 쓰는 이에 따라 그 모습을 달리한다. 다스리는 자가 순리에 합당하게 사용하면 모두에게 득이 되지만 겉으로 드러난 것만을 보고 판단한다면 근본을 해결하지 못하고 말단만을 치유

251) 『하상공주』 "民之所以難治者, 以其智多而為巧偽."
252) 『왕필주』 "多智巧詐, 故難治也."

하는 데 그칠 것이다. 따라서 지혜는 근본에 충실하게 사용되어야 한다. 이 문장에서의 지혜는 백성들을 다스리면서 생겨난 것이다. 그런데도 다스리기 어렵게 되었다는 것은 근본을 다스린 것이 아니기 때문에 일을 크게 만든 것으로 보인다. 이렇듯 유위(有爲)한 것은 또 다른 유위를 만들어 낸다. 우직한 백성들이 이러한 변화된 환경에 적응하려면 세상물정에 밝아지는 수밖에 없다. 천하는 천하대로 복잡한 함수가 늘어 이를 대처하려 들 것이며, 백성들도 살아남기 위해 임기응변에 능한 꾀를 쫓을 것이다. 이것이 나라를 어렵게 만드는 원인이 되었다.

故以智治國, 國之賊. 不以智治國, 國之福.
그러므로 지혜로 나라를 다스리는 것은 나라의 도둑이 되었고, 지혜가 아닌 것으로 나라를 다스리는 것은 나라의 복이 되었다.

이 문장에서는 판본별로 글자의 차이는 약간 있으나 전하고자 하는 의미에는 다름이 없다.

하상공은 "지혜 있는 사람으로 하여금 나라의 정사를 돌보게 하면 반드시 도와 덕을 멀리하고, 망령되게 때로 위압을 때로 복덕을 베풀어 사람을 복종시키니 결국 나라의 해가 된다. 지혜 있는 사람으로 하여금 나라의 정사를 다스리게 하지 않으면 백성은 바름과 곧음을 지키고 사특함이나 꾸밈을 행하지 않으니 위와 아래는 서로 친하고 군주와 신하는 힘을 합치게 되므로 나라의 복이 되는 것이다"[253]라고 했다. 지혜가 있는

253) 『하상공주』 "使智慧之人治國之政事, 必遠道德, 妄作威福, 為國之賊也. 不使智慧之人治國之政事, 則民守正直, 不為邪飾, 上下相親, 君臣同力, 故為國之福也."

자의 교활함은 나라의 해가 되므로 지혜가 없는 순박한 자가 나라를 다스려야 한다는 설명으로 이해할 수 있다.

왕필은 "지혜(智)는 다스린다는 말과 같다. 지혜로 다스리기 때문에 이를 일컬어 도적이라고 했다. 그러므로 지혜라고 한 것이다. 백성들을 다스리기 어려운 것은 그들의 지혜가 많아졌기 때문이니, 힘써 출구[兌]를 막고 문을 닫아서 아는 것도 하고자 하는 것도 없게 해야 한다. 그런데 지혜와 술수로 백성들을 움직여 삿된 마음이 이미 움직이게 한 뒤에 다시 교묘한 술수로 백성들의 거짓을 막으려고 하지만, 백성들은 그 술수를 알아채고 따르는 척하면서 피한다. 생각이 치밀하고 교묘하여 간사하고 거짓된 것은 더욱더 자라난다. 그러므로 지혜로 나라를 다스리는 것이 국가의 도적이다"[254)]라고 했다. 이는 마치 백성들과 다스리는 자의 지혜의 숨바꼭질로 느껴진다. 다른 이들의 해석도 이와 대동소이하다.

노자는 이 구절 때문에 지혜(智)를 죄악시하는 인물처럼 오명을 뒤집어쓰고 있다. 하지만 노자가 "지혜로 나라를 다스리면 나라의 도둑이 되었고, 지혜가 아닌 것으로 나라를 다스리면 나라의 복이 된다"라고 말한 이유는 앞 문장에서 이미 설명했다. 또한 첫 문장에서 "옛날에 도를 행하는 자는 백성들을 세상물정에 밝게 하는 것이 아니라 대체로 우직하게 이끌었다"라고 말한 이유이기도 하다.

노자의 다른 글 속에서 노자의 생각들을 찾아보자. 노자는 18장에서 "대도가 버려지면 인의가 있게 되고, 지혜가 나오면 큰 위선이 있게 된다"[255)]라고 했고, 38장에서는 "도를 잃은 후에는 덕이 나오고, 덕을 잃은

254)『왕필주』"智, 猶治也. 以智而治國, 所以謂之賊者, 故謂之智也. 民之難治, 以其多智也. 當務塞兌閉門, 令無知無欲. 而以智術動民, 邪心旣動, 復以巧術防民之僞, 民知其術, 隨而避之. 思惟密巧, 奸僞益滋, 故曰 以智治國, 國之賊也."
255)『도덕경』제18장 "大道廢, 有仁義. 智慧出, 有大僞."

후에는 인이 나오며, 인을 잃은 후에는 의가 나오고, 의를 잃은 후에는 예가 나오는 것이다. 무릇 예라는 것은 진심을 다하는 믿음이 엷은 것이니 어지러움의 으뜸이다"[256]라고 했다. 도와 덕과 같이 질박한 정치가 사라지면 결국 스스로 그러함의 질서를 대신할 법과 제도나 의식이 필요할 것이며, 이는 필히 나라의 어지러움으로 나타난다는 것이 노자의 지론이다. 또한 바로 앞장인 64장의 마무리 문장을 기억해 보자.

"만물의 스스로 그러함을 돕고 의지하기 때문에 감히 하려고 하지 않는 것이다."

知此兩者, 亦稽式. 常知稽式, 是謂玄德.

이 양자를 알 수 있는 것은 역시 방식을 헤아려 보는 것이다. 항상 방식을 헤아려 알게 하는 것을 일러 현덕이라 한다.

'知(지)'는 백서(갑을)에서는 '恒知(항지)'로 쓰여 있으며, '常知(상지)'도 '恒知(항지)'로 적어 항상한다는 의미를 강조하고 있다.

하상공은 "두 가지는 지혜와 지혜롭지 않음을 가리킨다. 지혜로운 자는 도적이 되고 지혜롭지 않은 자는 복이 된다는 것을 항상 알 수 있으니, 이것이 몸을 다스리고 나라를 다스리는 법식이다. 현(玄)은 하늘이다. 몸을 다스리고 나라를 다스리는 법식을 능히 안다면 이것을 가리켜 하늘과 더불어 덕을 같이 한다고 한다"[257]라고 하여, 몸과 나라 다스리는 법식을 안다면 하늘의 덕과 같다고 했다. 왕필은 "稽(계)는 한결같다[同]는

256)『도덕경』제38장 "故失道而後德, 失德而後仁. 失仁而後義, 失義而後禮. 夫禮者, 忠信之薄, 而亂之首."
257)『하상공주』"兩者謂智與不智也. 常能智者為賊, 不智者為福, 是治身治國之法式也. 玄, 天也. 能知治身及治國之法式, 是謂與天同德也."

의미다. 예나 지금이나 한결같은 준칙이라면 버려서는 안 된다. 법식을 능히 알 수 있는 것을 바로 현덕이라고 한다"[258]라고 했다. 稽式(계식)은 하상공본이나 엄준본, 돈황본 등에서는 '본보기 해(楷)'자를 써 楷式(해식)이라 하였으며, 법식(法式)과 같은 의미로 보았다.

문장으로 돌아가 보자. "이 양자를 알 수 있는 것은 역시 방식을 헤아려 보는 것이다"라고 했다. 여기서 양자는 나라에 도둑이 되는 것과 나라에 복이 되는 것을 일컫는 것이다. 稽(계)는 하늘의 별자리를 확인하는 것처럼 수평과 수직을 맞추어 정확한 자리를 헤아리는 것을 말하고, 式(식)은 나름대로 질서정연하게 움직이는 방식을 뜻한다. 다스리는 자의 통치 방식이 도둑이 될 것인지 복이 될 것인지는 수평과 수직으로 잘 헤아려 보면 알 수가 있다는 말이다. "항상 방식을 헤아려 알게 하는 것을 일러 현덕이라 한다"라고 했다. 다스리는 자가 어떻게 행해야 하는지를 알게 해 주는 것이 현덕이라는 것이다.

玄德深矣, 遠矣. 與物反矣, 然後乃至大順.
현덕은 깊고도 아득하여 물과 함께하도록 되돌리니, 그러한 연후에 큰 순리에 이르는 것이다.

이 문장의 마지막 구절에서 '然後(연후)'가 백서에서는 빠져 있는 부분이 다르다.

258) 『왕필주』 "稽, 同也. 今古之所同則, 不可廢. 能知稽式, 是謂玄德."

하상공은 "하늘과 덕을 같이하는 사람은 너무 깊어서 헤아릴 수 없고, 너무 멀어서 미칠 수 없다. 하늘과 덕을 같이하는 사람은 만물과 상반되고 다르다. 만물은 자기 자신만 이롭게 하고자 하지만, 하늘과 덕을 같이하는 사람은 남에게 베풀고자 한다. 하늘과 덕을 같이하는 사람은 만물과 상반되기 때문에 큰 따름에 이를 수 있다. 천리를 따르는 것이다"[259]라고 했다. 玄(현)을 하늘로 보고 하늘의 덕이 만물과 다름에서 그 이유를 찾는 것이다. 하상공은 順(순)을 천리(天理)라 했다. 왕필은 "현덕은 깊고도 심오한 것이다. 그 참됨으로 되돌아간다"[260]라고 하여 원론적으로 덕이기에 참됨으로 되돌아간다고 했다.

끝으로 "현덕은 깊고도 아득하여 물과 함께하도록 되돌린다"라고 말한다. 여기서 성인이 올바른 치도의 방법을 찾아내는 근본이 만물에 있음을 밝히고 있다. 자연이 살아가는 모습과 방법을 세밀하게 살펴봄으로써 백성들을 어떻게 이끌어 가야 하는지를 알 수 있다는 것이다. 즉 물아일체(物我一體)의 세계관을 밝히고 있다. 인위적인 개입은 모두를 공평하게 보살필 수 없으며, 지속성을 가지지도 못하기 때문이다.

따라서 이와 같이 되돌리면 "큰 순리에 이르게 된다"라고 말하는 것이다. 이 문장에서 '대순(大順)'이란 천하의 모든 것이 무리 없이 질서정연하게 돌아간다는 의미로 쓰였다. 鳳

259) 『하상공주』 "玄德之人深不可測, 遠不可及也. 玄德之人與萬物反異, 萬物欲益己, 玄德施與人也. 玄德與萬物反異, 故能至大順. 順天理也."
260) 『왕필주』 "玄德深矣, 遠矣. 反其眞也."

제 66 장

강과 바다가 골짜기의 왕이 될 수 있는 것은 선함을 아래로 하기 때문이다.

江海所以能爲百谷王者

강해소이능위백곡왕자

以其善下之 故能爲百谷王

이기선하지 고능위백곡왕

是以聖人欲上民 必以言下之

시이성인욕상민 필이언하지

欲先民 必以身後之

욕선민 필이신후지

是以聖人處上而民不重 處前而民不害

시이성인처상이민부중 처전이민불해

是以天下樂推而不厭 以其不爭

시이천하낙추이불염 이기부쟁

故天下莫能與之爭

고천하막능여지쟁

강과 바다가 능히 온갖 골짜기의 왕이 될 수 있는 것은,

그 선함을 아래로 하기 때문이다. 그러므로 능히 백곡왕이 될 수 있다.

이 때문에 성인은 백성의 위에 있고자 하면 반드시 말은 낮추고, 백성의 앞에 서려고 하면 반드시 몸은 뒤로 한다.

이 때문에 성인은 위에 머물러도 백성들은 무거워하지 않으며, 앞에 머물러도 백성들이 해롭게 여기지 않는다.

이 때문에 천하는 기쁘게 받들고 싫어하지 않는다. 그것으로 다투지 아니하기 때문에 천하는 더불어 다툴 수가 없다.

[해설]

江海所以能爲百谷王者, 以其善下之, 故能爲百谷王.
강과 바다가 능히 온갖 골짜기의 왕이 될 수 있는 것은, 그 선함을 아래로 하기 때문이다. 그러므로 능히 백곡왕이 될 수 있다.

판본별로 표현이 조금씩 다르다. 이 가운데 '以其善下之(이기선하지)'가 죽간(갑)에서만 '以其能爲百谷下(이기능위백곡하)'로 쓰여 '善(선)'이 빠진 부분이 다르다.

하상공은 "강과 바다가 자기를 낮추기에 온갖 흐르는 것이 그곳으로 돌아가니, 백성이 왕에게 귀의해 가는 것과 같다. 낮은 곳에 머무르기 때문에 능히 뭇 계곡물의 왕이 될 수 있는 것이다" [261]라고 하여 자신을 낮추는 것에서 이유를 찾았다. 『회남자』의 '설산훈'도 "강수와 하수가 모든 계곡의 장이 되는 이유는 낮은 위치에 있기 때문이다. 오직 능히 낮은 위치에 있기 때문에 높은 위치에 있을 수 있는 것이다" [262]라고 같은 풀이를 하고 있다. 그러나 여기에서도 '하(下)'자를 어떤 뜻으로 보느냐에 따라 해석이 달라진다. 왕필은 이 장에 대해서는 전혀 주해를 달지 않았다. 일부에서는 '王(왕)'자를 '갈 왕(往)'으로 보고, 계곡물이 모두 강과 바다로 흘러가기 때문에 백곡의 왕이라 부른다고 풀이하기도 한다.

---

261)『하상공주』"江海以卑, 故衆流歸之, 若民歸就王. 以卑下, 故能為百谷王也."
262) <회남자> '설산훈' "江河所以能長百谷者, 能下之也. 夫惟能下之, 是以能上之."

첫 문장에서 강과 바다가 능히 온갖 골짜기의 왕이 될 수 있는 것은 그 선함을 아래로 하기 때문이라고 말한다. 선함을 아래로 하는 것은 골짜기도 마찬가지다. 골짜기의 물은 위에서 아래로 흐르면서 거쳐 가는 지역마다 그곳에 사는 생물들을 이롭게 한다. 이렇듯 천하의 모든 골짜기는 항상 아래로 흐르고 흘러 머무르는 곳마다 이로움을 주면서 강과 바다에 이르게 된다. 이렇게 골짜기의 물이 모여드는 강과 바다도 선함을 아래로 한다.

강과 바다는 그저 천하의 온갖 골짜기에서 흘러 들어온 물을 가장 낮은 곳부터 채우기 시작할 뿐이며, 채우고 나면 가장 높은 곳이 자연스럽게 수면으로 결정된다. 수면 아래에는 온갖 생물들이 골짜기와 왕래하며 살아가며, 강과 바다는 그 생물들이 온전하게 일생을 살아갈 수 있도록 물을 담는 그릇의 역할을 한다. 따라서 강과 바다는 그 선함을 아래로 하고 있다고 말할 수 있기에, 능히 백곡왕이 될 수 있다.

是以聖人欲上民, 必以言下之. 欲先民, 必以身後之.
이 때문에 성인은 백성의 위에 있고자 하면 반드시 말은 낮추고, 백성의 앞에 서려고 하면 반드시 몸은 뒤로 한다.

왕필본에서만 첫 구절에 성인(聖人)이라는 글자가 보이지 않는다. 그러나 문맥상으로 들어 있는 것과 다르지 않다. 죽간(갑)에서는 뒷부분의 글이 서로 위치가 바뀌어 있다.

하상공은 "백성의 위에 있고자 한다면 강과 바다를 본받아 겸허함에 머무른다. 백성의 앞에 있고자 한다면 남을 앞세우고 자신을 뒤로 한다"[263]라고 풀이했다. 윗사람은 겸허함과 미덕을 보여야 한다는 것으로 이해가 된다.

앞 문장에 이어 "성인은 백성의 위에 있고자 하면 반드시 말은 낮춘다"라고 말한다. 강과 바다가 선을 아래로 함으로써 백곡의 왕이 될 수 있었듯, 성인은 말을 낮춘다고 말한다. 윗사람의 지엄한 말을 아래로 낮춘다는 것은 백성의 입장에서 바라보고 말한다는 뜻이다. 높은 군주의 위치에서 통제하는 말을 하지 않는다는 뜻으로, 겸허한 자세를 보이는 것과는 다소 거리가 있다. 강과 바다가 아래를 채워서 이루어지는 이치와 같다.

이어서 "백성의 앞에 서려고 하면 반드시 몸은 뒤로 한다"고 했다. 이는 노자가 여러 차례 강조한 도의 정치로, 성인이 이끌고자 하는 방향으로 나아가도록 말없이 덕을 베풀면서도 뒤로 물러나 있기에 백성들은 스스로 이룬 공으로 알게 되는 것이다.

是以聖人處上而民不重, 處前而民不害.
이 때문에 성인은 위에 머물러도 백성들이 무거워하지 않으며, 앞에 머물러도 백성들이 해롭게 여기지 않는다.

이 문장에서는 聖人(성인)이라는 단어가 통행본에서만 보인다. 추

263) 『하상공주』 "欲在民之上也. 法江海處謙虛. 欲在民之前也. 先人而後己也."

후에 삽입했다고 볼 수 있는데, 앞의 문장에서는 제외했던 적이 있어 나름의 문맥을 정리한 것으로 보인다.

하상공은 "성인은 백성 위에 있어서 주인이 되어도 자신의 존귀한 지위를 이용해 아래 사람들을 해치지 아니한다. 그러므로 백성은 성인을 위에 받들면서도 무겁게 여기지 않는다. 성인은 백성의 앞에 있어도 자신의 빛으로 뒷사람을 가리지 않는다. 그러므로 백성들은 그를 마치 부모처럼 여겨 그를 해치고자 하는 마음이 없다"[264]라고 풀었다. 하상공은 이 문장의 '무거울 중(重)'자를 고형은 '심한 부담으로 크게 피곤해 한다'는 의미로 풀이하는 등 대체로 권력을 가진 윗사람의 중압감으로 보고 있다.

앞에서 언급하였듯 성인은 백곡의 왕처럼 아래를 채워 수면의 위치에 앉아 있는 것처럼 위에 있어도 백성들은 위에 있다는 것을 느끼지 못하고, 미리 백성들이 나아갈 길을 닦아 놓고 백성들이 나아가는 모습을 지켜보며 뒤를 따라간다. 무거울 것도, 해롭다고 여길 여지도 없다. 그만큼 백성들은 성인을 의식하고 눈치를 보며 살아가지 않는다.

是以天下樂推而不厭. 以其不爭, 故天下莫能與之爭.

이 때문에 천하는 기쁘게 받들고 싫어하지 않는다. 그것으로 다투지 아니하기 때문에 천하는 더불어 다툴 수가 없다.

---

264)『하상공주』"聖人在民上為主, 不以尊貴虐下, 故民戴而不為重. 聖人在民前, 不以光明蔽後, 民親之若父母, 無有欲害之心也."

이 문장도 판본별로 표현하는 글자가 다르나 전달하고자 하는 의미는 같다고 본다. '推(퇴)'자가 죽간(갑)에서는 '나아갈 진(進)'으로 쓰인 점이 다르나, 천하가 즐겁게 나아간다고 보면 전하고자 하는 의미는 같다.

하상공은 "성인은 은혜가 깊으며 사랑이 두터워 백성들을 갓난아이와 같이 바라보니, 그러므로 천하가 즐겁게 추대하여 주인으로 삼으면서 싫어함이 없다. 천하 사람들은 성인을 싫증내는 때가 없다. 사람들과 앞뒤를 다투지 않기 때문이다. 말하자면 사람들은 모두 하고자 함이 있으나, 나와 더불어 다툼이 없는 것은 하고자 함이 없기 때문이다"[265]라고 설명했다.

마지막 문장이다. "이 때문에 천하는 기쁘게 받들고 싫어하지 않는다"라고 했다. 천하가 기쁘게 받들거나 추대하는 대상은 성인이라고 볼 수 있다. 다만, 다음 구절에서 그것으로 다투지 아니하기 때문에 천하는 더불어 다툴 수가 없다는 구절과 연결시킬 때에는 다소 부족함이 느껴진다. 이와 달리 죽간(갑)의 표현으로 보면 '밀 추(推)' 대신에 '나아갈 진(進)'자를 사용하고 있어 "천하가 기쁘게 나아간다"는 의미로 볼 수 있을 것이다.

성인의 '말은 낮추고, 몸은 뒤로 하는 다스림'으로 인하여 천하가 기쁘게 앞으로 나아간다거나 기쁘게 이를 받든다는 뜻으로 보는 것이 더 가깝게 와 닿는다. 다스리는 이가 선을 아래로 하여 백성들이 이룬 것은 백성들에게 돌렸기 때문에, 백성들은 스스로 행한 결과가 설령 부족하더

265)『하상공주』"聖人恩深愛厚, 視民如赤子, 故天下樂推進以為主, 無有厭也. 天下無厭聖人時, 是由聖人不與人爭先後也. 言人皆有為, 無有與吾爭無為."

라도 싫어하지 않는다는 것이다. 또한 통치자가 유위하거나 공을 세우려 하지 않기에 이를 둘러싸고 다툼도 없다는 것이다. 천하의 모든 존재들은 스스로 그러함으로 움직이고 있음이다. 鳳

제 67 장

세 가지 보물은 자애로움, 검약, 감히 천하에 앞서려고 하지 않는 것이다.

天下皆謂我道大 似不肖 천하개위아도대 사불초

夫唯大 故似不肖 부유대 고사불초

若肖 久矣其細也夫 약초 구의기세야부

我有三寶 持而保之 아유삼보 지이보지

一曰慈 二曰儉 三曰不敢爲天下先

일왈자 이왈검 삼왈불감위천하선

慈故能勇 儉故能廣 不敢爲天下先 故能成器長

자고능용 검고능광 불감위천하선 고능성기장

今舍慈且勇 舍儉且廣 舍後且先 死矣

금사자차용 사검차광 사후차선 사의

夫慈以戰則勝 以守則固

부자이전즉승 이수즉고

天將救之 以慈衛之

천장구지 이자위지

세상은 모두 나의 도를 일컬어 크다고 말하나, 닮지 아니한 것 같다.
대저 오직 크다는 것으로 보면 닮지 않은 것 같다.
만약에 닮았다면 오래되었을 것이니 그 세세함이구나.
나에게는 세 가지 보물이 있어 그것을 지키고 간직하여 오고 있다.
첫째가 자애로움이라 말할 것이요, 둘째는 검약이요, 셋째는 감히 천하에 앞서려고 하지 않는 것이다.
자애롭기에 용감할 수 있고, 검약하기에 넓힐 수 있으며, 감히 천하에 앞서려고 하지 않기에 능히 그릇을 길게 완성할 수 있는 것이다.
지금 자애로움을 버리고 용감함을 우선시하고, 검약을 버리고 넓히는 것만을 우선시하며, 뒤로 물러서 있는 것을 버리고 앞서려 하면, 생명을 다했을 것이다.
무릇 자애로움이란 싸움에서 쓰면 이기는 것이고, 수비하는 곳에서도 견고해지는 것이다.
하늘이 장차 구원할 것이니 자애로 호위해 가라.

[해설]

天下皆謂我道大, 似不肖.

세상은 모두 나의 도를 일컬어 크다고 말하나, 닮지 아니한 것 같다.

판본별로 조금씩 다르다. 첫 구절의 道(도)자는 왕필본에서는 쓰였으나 나머지 판본에서는 보이지 않는다. 두 번째 구절의 似不肖(사불초)가 백서(을)에서는 大而不肖(대이불초)로 적혀 있으나 의미상으로는 큰 차이가 없다.

하상공은 "노자가 말하기를 천하 사람들이 모두 나의 덕이 위대하다고 말하지만 나는 은혜를 따지지 않는 어리석인 사람인 체한다"[266)]라고 했다. 하상공본에서는 도(道)자가 빠져 있으나 주해에서는 덕(德)으로 뜻을 넣어 설명했다. 대부분의 판본에서 '큰 대(大)'자만 쓰여 있기에 그 대상을 도(道)나 덕(德) 그리고 그릇(器)으로 보고 설명한다. 하상공은 '肖(초)'는 '善(선)'이라고 말하고 '辦惠(변혜)'라 하여 '은혜를 잘 따지는 것'을 말한다고 했다. 그리하여 불초(不肖)라는 의미를 덕을 베풀어도 자신의 덕이라고 분별하지 않는다는 뜻으로 풀어가고 있다.

소자유와 서명응은 '불초'를 '형상으로 종류를 지을 바가 없음'을 말한다고 했다. 도가 워낙 커서 견줄 만한 것이 없고 만물에 두루 미치고 있기에 형상을 짓거나 형태를 가질 수 없다는 것이다. 소자유와 동사정은 "만물을 닮지 않았다"라고 해석하고 있다.

---

266) 『하상공주』 "老子言 : 天下謂我德大, 我則佯愚似不肖."

풀이한 것이다.

왕필은 "'오래되었을 것이니 그 세세함이구나!'라는 말은 이미 자잘함이 오래되었다고 말하는 것이다. (지금은 닮지 않았지만) 닮았으면 크다고 여기는 바를 잃는 것이다. 그래서 이르기를 닮았다면 오래되었을 것이니 그 자잘함을 말하는구나"[269]라고 설명한다.

노자는 "만약에 닮았다면 오래되었을 것이다"라고 말한다. 크다는 것과 오래된 것을 같은 의미로 여기고 있음을 느낄 수 있다. 노자의 철학에서는 사라지지 않고 오래 이어져 내려올 수 있다면 그것은 도를 따라 행한 것으로 본다. 바꾸어 말해 큰 것(大)이라 할 수 있다. 이렇듯 자신이 오랫동안 지켜 온 것을 찾아보니 세세함이 있다는 것이다.

이 구절에서 역자마다 해석의 차이를 보이는 '세(細)'자를 좀 더 살펴보자. 노자는 63장에서 "세상의 어려운 일은 반드시 쉬운 것에서 만들어지고, 세상의 큰일은 반드시 세세한 것에서 만들어진다. 이 때문에 성인은 크게 하지 아니하고 마치는 것이며, 그래서 그 큰 것을 이룬다"라고 세(細)와 대(大)를 넣어 설명한 바가 있다.

이 글에서 '세(細)'는 작은 것이지만 이를 통해 큰 것이 이루어진다고 말한다. 也夫(야부)는 '~하구나, ~도다'로 표현되는 감탄의 어기를 표시하는 어기조사다. 다음 글에서는 '細(세)'라 표현한 바를 나열하고 있다.

我有三寶, 持而保之. 一曰慈, 二曰儉, 三曰不敢爲天下先.

---

269)『왕필주』"久矣其細, 猶曰其細久矣. 肖則失其所以爲大矣, 故曰 若肖, 久矣其細也夫."

나에게는 세 가지 보물이 있어 그것을 지키고 간직하여 오고 있다. 첫째가 자애로움이라 말할 것이요, 둘째는 검약이요, 셋째는 감히 천하에 앞서려고 하지 않는 것이다.

이 문장의 첫 구절이 백서(갑을)에서는 '我(아)' 다음에 '항상 항(恒)' 자가 쓰여 있는 것이 다르다. 항상 그리하고 있다는 말로 이해할 수 있다. 또한 백서(을)에서는 '持而寶之(지이보지)'로 보존하다는 뜻의 保(보)가 보배라는 뜻의 寶(보)로 쓰여 있다. 전체적인 의미 전달에서는 다름이 없다 하겠다.

하상공은 "노자가 말하기를 나에게는 세 가지 보물이 있으니 그것을 품어 지키며 보존하며 의지한다. 백성을 갓난아이처럼 아낀다. 세금을 거두어 들일 때 마치 자기에게서 취하는 것처럼 한다. 겸양을 지켜 물러나, 앞장서 시작하지 않는다"[270]라고 했다. 대부분의 해석이 서로 다르지 않다. 왕필은 설명을 달지 않았다.

이 문장부터는 세상 사람들이 노자의 도를 제대로 이해하지 못하고 오해하는 데 대한 설명이다. 문장의 해석에는 큰 이론이 없어서 그대로 읽을 수 있다. 노자가 오래전부터 항상 지니고 보존하면서 실천하는 세 가지의 보물이 있다는 말이다. 여기서 儉(검)은 검소한 생활이다. 노자는 『도덕경』에서 족(足)함과 무욕을 강조해 왔다. 따라서 노자의 세 가지 보배는 자애로움과 검약 그리고 천하의 일을 함에 있어 천하보다 앞서 나가

270) 『하상공주』 "愛百姓若赤子. 賦斂若取之於己也. 執謙退, 不為倡始也. 老子言 : 我有三寶, 抱持而保倚."

려 하지 않음이라 했다. 그렇다면 이러한 것을 어떻게 보배라고 부를 수 있는가. 노자는 아래의 글에서 이를 설명해 주고 있다.

慈, 故能勇. 儉, 故能廣. 不敢爲天下先, 故能成器長.
자애롭기에 용감할 수 있고, 검약하기에 넓힐 수 있으며, 감히 천하에 앞서려고 하지 않았기에 능히 그릇을 길게 완성할 수 있는 것이다.

이 문장에서의 '慈(자)'는 왕필본을 제외하고는 대부분이 '夫慈(부자)'로 기록되어 있다. 마지막 구절의 '그릇 기(器)'자가 백서(갑)에서는 '일 사(事)'자로 쓰여 있음이 다르다.

하상공은 "자애롭고 어질기 때문에 충과 효에 용감할 수 있다. 천자가 몸소 절약하고 검소할 수 있기에 백성이 날마다 사용하는 것이 넉넉해진다. 천하의 우두머리는 먼저 나서지 않는다. 그릇을 오래 걸려 이룬다는 것은 도를 얻은 사람을 일컫는다. 나는 도를 얻어 사람의 우두머리가 될 수 있다"[271]라고 풀이하여, 成器(성기)를 도를 얻은 사람으로 해석했다.

왕필은 "무릇 자애로 진을 치면 승리하고 지키면 견고하기에 그러므로 능히 용감해진다. 절약하고 검소하여 비용을 아끼니 천하가 궁핍하지 않다. 그러므로 넉넉할 수 있다. 오직 자신을 앞세우지 않고 도외시해서 사물들이 귀의하게 한 다음에야 능히 세우고 그릇을 이루어서 천하를 이롭게 한다. 사물의 우두머리가 될 수 있다"[272]라고 했다.

271) 『하상공주』 "以慈仁, 故能勇於忠孝也. 天子身能節儉, 故民日用廣矣. 不為天下首先. 成器長, 謂得道人也. 我能為得道人之長也."
272) 『왕필주』 "夫慈, 以陳則勝, 以守則固, 故能勇也. 節儉愛費, 天下不匱, 故能廣也. 唯後外其身, 爲物所歸, 然後乃能立成器爲天下利, 爲物之長也."

이 문장의 '길 장(長)'을 대부분 어른이나 우두머리로 풀이한다. 소자유도 "앞에 나서지 않기에 오히려 다른 사람들이 그를 밀어 사람들의 우두머리가 될 수 있다"라고 했고, 서명응도 "그릇을 이루면 사람들의 우두머리가 된다"라고 했다.

"자애롭기에 용감할 수 있고, 검약하기에 넓힐 수 있다"라고 말한다. '사랑 자(慈)'자는 '자비, 어머니, 사랑' 등의 뜻을 가지고 있는 글자로, 어미가 자식을 키우는 심정을 담고 있다. 따라서 자애(慈愛)라는 뜻으로 볼 수 있으며, 어미가 자식을 위해서 하는 일에 두려움이나 주저함이 없는 것은 본성의 영역이기에 용감하다는 말을 사용해도 전혀 어색함이 없을 것이다.

검약하다는 것은 아껴서 쓴다는 것으로, 지족함을 지키면 모두가 널리 사용할 수가 있다. 이어서 "감히 천하에 앞서려고 하지 않았기에 능히 그릇을 완성하고 길게 갈 수 있었다"라고 말한다. 천하보다 앞서려고 하지 않는다는 것은 천하의 백성들이 나아가는 바를 뒤에서 따라갈 뿐 앞에 나서서 끌고 가지 않는다는 것이다. 천하라는 큰 존재는 스스로 그러함으로 굴러가는 것이어서, 성인이 앞에 나서서 이끌어 간다고 끌려가는 존재가 아니라는 말이다. 이를 통해 모두가 자신들이 바라는 그릇을 완성할 수 있다고 말한다. 이처럼 노자가 보배로 여기고 있는 세 가지의 세세함이 자신을 대기만성의 길로 나아가게 했다는 것이다.

今舍慈且勇, 舍儉且廣, 舍後且先, 死矣.

지금 자애로움을 버리고 용감함을 우선시하고, 검약을 버리고 넓히는 것만

을 우선시하며, 뒤로 물러서 있는 것을 버리고 앞서려 하면, 생명을 다했을 것이다.

'舍(사)'자는 백서에서는 같은 뜻인 '버릴 사(捨)'로 쓰여 있으며, '捨(사)' 뒤에는 '그 기(其)'자가 적혀 있다. 또한 死矣(사의)를 백서(갑)에서는 則必死矣(칙필사의)로 강조하고 있다.

하상공은 "지금 세상 사람들은 자애와 어짊을 버리고 단지 용감한 무력에만 힘쓴다. 검소와 절약을 버리고 단지 사치와 정도가 지나침을 일삼는다. 자기를 뒤로 하는 것을 버리고 단지 남의 앞에 서려고만 한다. 행하는 바가 이와 같으면 죽음의 땅으로 움직여 들어가는 것이다"[273]라고 설명했다. 왕필은 "且(차)는 취하다(取)의 뜻이다"[274]라고 하여, 앞에 것을 버리고 뒤의 것을 취하면 결국에는 죽는다고 했다. 이 문장의 해석은 앞 문장과 연결되어 있어 주해서마다 전달하는 의미에 차이가 없다.

앞 문장에서 언급한 내용을 더 확실하게 설명해 주는 글이다. 용감함은 자애로움에서 나오는 것인데, 자애로움을 버리면 용감한 것은 유한한 것이 된다. 검약함도 지족을 버리고 확대하려고만 든다면 무리한 확대일 수밖에 없을 것이니 결코 오래 갈 수 없다는 말이며, 마찬가지로 천하를 억지로 끌고자 하면 결코 오랫동안 강제로 끌고 갈 수 없을 것이다. 이렇게 무리하게 다스린다면 그 대의는 명이 다할 것이라는 말씀이다.

---

273) 『하상공주』 "今世人舍慈仁, 但為勇武. 舍其儉約, 但為奢泰. 舍其後己, 但為人先. 所行如此, 動入死地."
274) 『왕필주』 "且, 猶取也."

夫慈, 以戰則勝, 以守則固. 天將救之, 以慈衛之.
무릇 자애로움이란 싸움에서 쓰면 이기는 것이고 수비하는 곳에서도 견고해지는 것이다. 하늘이 장차 구원할 것이니 자애로 호위해 가라.

이 문장에도 백서와는 조금 다른 글자가 쓰여 있다. '건질 구(救)'는 '세울 건(建)'으로, '지킬 위(衛)'자는 '담 원(垣)'자로 되어 있다. 또한 마지막 구절의 '같을 여(如)'자가 첫 글자로 붙어 있는 것이 차이가 있는 부분이다.

하상공은 "무릇 자애롭고 어진 사람은 백성이 친척처럼 가깝게 하며 마음을 하나의 뜻으로 아우르니, 전쟁에서도 적에게 승리하는 것이며 나라를 지키고 호위하는 것에서도 매우 견고한 것이다. 하늘이 선한 사람을 구하고 돕고자 할 때는, 그에게 반드시 자애롭고 어진 품성을 부여하여 스스로 경영하고 도울 수 있게 한다"[275]라고 했다. 왕필은 "서로 가엾게 여겨서 어려움을 피하지 않으므로 이기게 된다"[276]라고 했다. 서명응은 "자애로움이 세 가지 보물의 우두머리가 된다"라고 말한다.

마지막 문장에서 자애(慈)를 재차 언급하고 있다. 자애로움이란 싸움에서 쓰면 이기는 것이고 수비하는 곳에서도 수비를 더욱 견고하게 만든다고 하면서 자애를 위기 때의 통치자의 덕목으로 들고 있다. 다스리는 자가 만물의 어미와 같은 마음을 가진다면 어려움을 능히 극복해 나갈 수 있다는 의미로 들린다. 하늘에서도 만백성을 자애로 돌보는 군주를 도

275) 『하상공주』 "夫慈仁者, 百姓親附, 并心一意, 故以戰則勝敵, 以守衛則堅固. 天將救助善人, 必與慈仁之性, 使能自營助也."
276) 『왕필주』 "相愍而不避於難, 故勝也."

울 것이니, 나라가 어려울 때는 백성들을 어미의 따뜻한 마음으로 감싸서 극복해 내라는 말씀이다.

이 글은 천하의 사람들이 도의 큰 뜻을 실천하는 노자의 방법을 오해하는 부분에 대한 답이기도 하다. 그들의 눈에는 자애와 검약한 생활 그리고 천하의 뒤에 서려는 모습들이 큰 나라를 다스리기에 미약하고 소극적으로 보였을 것이다. 하지만 이러한 세세함이 더 강한 것이며, 나라를 더 오래 이끌어 갈 수 있는 길임을 환기시키고 있다. 鳳

제 68 장

선은 선비에게 무력을 갖지 않게 한다.

善爲士者不武 善戰者不怒

선위사자불무 선전자불노

善勝敵者不與 善用人者爲之下

선승적자불여 선용인자위지하

是謂不爭之德

시위부쟁지덕

是謂用人之力

시위용인지력

是謂配天 古之極

시위배천 고지극

선은 선비에게 무력을 갖지 않게 하고, 선으로 싸우는 자는 분노하지 않는다.
선은 대적하는 자에게 관여함이 없이 이기고, 선은 사람들을 낮추도록 하는 데에 쓰인다.
이것을 일러 다투지 않는 덕이라 하고,
이것을 일러 사람들을 부리는 힘이라 하며,
이것을 일컬어 하늘에 짝할 만하다 말하는 것으로 오래된 지극함이다.

[해설]

善爲士者不武, 善戰者不怒,
선은 선비에게 무력을 갖지 않게 하고, 선으로 싸우는 자는 분노하지 않는다.

판본별로 약간의 첨자는 있지만 전달하려는 의미에는 큰 차이가 없다.

먼저 하상공은 "도와 덕을 귀하게 여기고 무력을 좋아하지 않음을 말하는 것이다. 도로써 잘 싸우는 자는 마음속의 사악함이 일어남을 금하고 아직 싹트지 않은 화를 잘라버리니, 죽이거나 노여워하는 바가 없다"[277]고 했다. 善(선)을 '잘한다'는 뜻으로 해석하면서 덕과 도를 가지고 있는 선으로 풀이한 것이다. 이에 반해 왕필은 "士(사)란 병졸들의 장수이다. 武(무)는 앞서는 것을 숭상하여 사람을 업신여긴다. 뒤에 물러나 앞서지 않으며, 응수는 하지만 선창하지 않는다. 그러므로 분노를 가지지 않는다"[278]라고 했다. 서명응과 오징은 士(사)를 병사와 전차라고 해석했다. 이렇듯 이 장은 싸움과 관련된 글자들이 많아 병법과 관련한 노자의 견해로 보는 학자가 많았던 것 같다.

대부분의 학자들은 善(선)을 '잘한다, 훌륭한' 등의 의미로 보고 "훌륭한 장수는 무력을 사용하지 않는다. 잘 싸우는 자는 성내지 않는다. 적을 잘 이기는 자는 싸우지 않는다. 사람을 잘 부리는 자는 자신을 낮춘다" 등으로 풀이한다. 이렇게 하면서도 싸움에 이길 수 있는 것은, 수비를 잘

277) 『하상공주』 "言貴道德, 不好武力也. 善以道戰者, 禁邪於胸心, 絕禍於未萌, 無所誅怒也."
278) 『왕필주』 "士, 卒之帥也. 武尙先陵人也. 後而不先, 應而不唱, 故不在怒."

하고 적을 가벼이 여기지 않으며 용인술이 뛰어난 결과라고 설명한다. 그리고 이 문장을 전쟁에서 이기기 위한 전술전략으로 이해하는 학자가 많다. 그러나 만물에 도와 덕을 베풀어 모두를 잘 기르고자 하는 성인이 어찌 전쟁에서 이기는 방법을 논하겠는가. 서로 다투지 않게[不爭] 하려는 성인의 다스림과 배치되는 생각들이다.

이 장의 주어는 善(선)으로 보아야 한다. 앞서의 주해들이 선을 수식어로 보고 해석한 결과 노자의 본의가 달라진 것으로 보인다. 선을 주어로 놓고 풀이해 보자. "선은 선비에게 무력을 갖지 않게 하고, 선으로 싸우는 자는 분노하지 않는다"라고 번역할 수 있다. 『도덕경』에서 선은 덕과 더불어 도의 다스림의 근본이다. 즉 선으로 세상을 변화시킬 수 있다는 말씀이다.

먼저 "선은 선비에게 무력을 갖지 않게 한다"고 말했다. 선비는 문무(文武)를 겸비한 자로, 나라의 의사결정에 주축을 이루는 집단이다. 이들이 나라의 무력을 통해 나라의 부강을 성취하려고 든다면, 다툼은 끊이지 않을 것이다. 따라서 도의 선은 이들에게 힘으로 해결하려는 생각을 갖지 않도록 한다는 말씀이다. 선은 다툼을 조화로움으로 바꾸는 큰 덕목이다. 이처럼 선으로 싸우는 이들은 가족을 지키고자 하는 마음으로 부득이 싸우는 것이기에 분노를 갖지 아니하며, 이에 따라 상대편도 분노할 여지가 없을 것이다. 바로 앞장에서도 노자는 세 가지 보물을 나열하면서 '자애'를 강조했다. "무릇 자애로움이란 싸움에서 쓰면 이기고, 수비하는 곳에서도 견고해지는 것"이라고 말하지 않았던가.

善勝敵者不與, 善用人者爲之下.
선은 대적하는 자에게 관여함이 없이 이기고, 선은 사람들을 낮추도록 하는 데에 쓰인다.

이 문장도 판본별로 약간의 첨자는 있지만 전달하려는 의미에는 큰 차이가 없다. 하상공은 "도로써 적을 잘 이기는 자는, 가까이 있는 것은 인자함으로 대하고 멀리서 올 때는 덕으로 대하여 적과 다투지 않으니 적이 스스로 복종한다. 사람을 잘 써서 스스로를 보좌하는 자는 항상 사람을 위하여 겸손함을 지킨다"[279]라고 했다. 왕필은 不與(불여)란 "맞서 싸우지 않는다"[280]라는 의미라고 했다. 고형(高亨)도 與(여)는 옛날에 鬪(투)라고 말했다고 했다. 아마 아래 문장에 나오는 도의 부쟁(不爭)을 염두하고 말하는 것 같다. 그러나 적을 잘 이기는 자는 싸우지 않았다는 말과 싸우지 않고 전쟁에서 승리한다는 말은 서로 다르다.

첫 문장과 연결되는 글이다. "선은 대적하는 자에게 관여함이 없이 이긴다"라고 했다. 선이란 앞선 글에서 여러 차례 살펴본 바와 같이 모두를 감싸 안아 자연스럽게 하나로 합류하게 만드는 힘을 가지고 있다. 이처럼 선은 상반된 입장에 관여하여 직접 해결하는 방식을 사용하지 않는다. 이어서 "선은 사람들을 낮추도록 하는 데 쓰인다"라고 했듯이 선은 아래로 베푸는 것이어서 아래를 소중히 여기니 인간을 무욕하게 만듦으로써 자신을 낮추도록 하는 힘이 있다.

279) 『하상공주』 "善以道勝敵者, 附近以仁, 來遠以德, 不與敵爭, 而敵自服也. 善用人自輔佐者, 常為人執謙下也."
280) 『왕필주』 "與, 爭也."

是謂不爭之德, 是謂用人之力, 是謂配天古之極.

이것을 일러 다투지 않는 덕이라 하고, 이것을 일러 사람을 쓰는 힘이라 하며, 이것을 일컬어 하늘에 짝할 만하다 말하는 것으로 오래된 지극함이다.

이 문장에서는 '是謂用人之力(시위용인지력)'의 구절이 백서(갑을)에서는 '是謂用人(시위용인)'으로 쓰여 있어 '之力(지력)'이 없으며, '是謂配天(시위배천)'은 백서(갑)에서는 '是謂天(시위천)'으로 '짝 배(配)'자가 빠져 있다.

하상공은 "위가 아래로 됨을 일컫는 것이다. 이는 다른 사람과 싸우지 않는 도와 덕이다. 사람들에게 자신을 낮출 수 있으면, 이것을 신하의 힘을 쓸 수 있는 것이라고 말한다. 이를 행할 수 있는 자는 덕이 하늘과 짝한다. 이는 예로부터의 지극한 도이다"[281]라고 말했다. 왕필은 "남을 부리면서 그들의 아래가 되지 않으면 그 힘을 사용하지 못한다"[282]라고 짧게 주해했다.

마지막 문장에서는 앞에서 말한 선의 효용을 정리하고 있다. 선의 현묘한 가치는 하늘의 능력과 짝할 만한 대등한 것이라고 높이고, 옛날 사람들이 이룬 지극한 도라 말하고 있다. 이러한 선은 다투지 않는 덕이라 하였고, 사람을 쓰는 힘을 갖게 만든다고 일깨운다. 모두 공감할 수 있는 말씀이다. 해석을 두고 분분한 의견이 많았던 장이라 필자의 새로운 해석에 당황스럽기도 할 것 같다. 앞으로도 좀 더 나은 해석이 나와 노자의 도의 심연이 제대로 드러나고 평가되는 계기가 되었으면 한다. 鳳

281) 『하상공주』 "謂上為之下也. 是乃不與人爭之道德也. 能身為人下, 是謂用人臣之力也. 能行此者, 德配天也. 是乃古之極要道也."
282) 『왕필주』 "用人而不爲之下, 則力不爲用也."

제 69 장

군사로 겨루는 것이 서로 더해지면 애절한 자가 승리한다.

用兵有言 吾不敢爲主而爲客 不敢進寸而退尺

용병유언 오불감위주이위객 불감진촌이퇴척

是謂行無行 攘無臂 扔無敵 執無兵

시위행무행 양무비 잉무적 집무병

禍莫大於輕敵 輕敵幾喪吾寶

화막대어경적 경적기상오보

故抗兵相加 哀者勝矣

고항병상가 애자승의

군사를 부리는 데에 말이 있으니, 그대들은 감히 주가 되지 못하니 객이 되고, 감히 한 치를 나가지 못하니 한 자를 물러서라.
행하려고 해도 행함이 없고 물리치려 해도 노(활)의 자루가 없음은 적이 없음에 기인한 것이었으니, 병권을 잡아도 군사가 없음을 이르는 말이다.
재앙은 대적하는 것을 가벼이 여기는 것보다 큰 것이 없으니, 대적하는 것을 가벼이 여기면 그대들의 보배를 거의 잃게 될 것이다.
그러므로 군사로 겨루는 것이 서로 더해지면 애절한 자가 승리하게 되는 것이다.

[해설]

> 用兵有言, 吾不敢爲主而爲客, 不敢進寸而退尺.
> 군사를 부리는 데에 말이 있으니, 그대들은 감히 주가 되지 못하니 객이 되고, 감히 한 치를 나가지 못하니 한 자를 물러서라.

판본별로 기록의 차이는 거의 없다.

하상공은 "용병의 도에 관하여 진술하고 있다. 노자는 당시에 병사를 쓰는 것을 싫어하였으므로 자신의 생각에 근거해 용병의 뜻을 제시한 것이다. 주(主)는 먼저 나선다는 뜻이다. 감히 먼저 병사를 일으키지 않음이다. 객(客)은 화답할 뿐 먼저 나서지 않음이다. 병사를 쓰는 일은 하늘을 받든 이후에 움직여야 한다. 남의 국경을 침입하고 남의 재물과 보배를 탐내는 것이 나아감이고 문을 닫고 성을 지키는 것이 물러남이다"[283]라고 하였다. 왕필은 "저들의 공격이 그치지 않게 하려 함이다"[284]라고 전술의 일환으로 설명했다. 소자유는 하상공과 같이 "주(主)란 일을 이루게 하는 자이고, 객(客)이란 적에 응하는 자이다. 진(進)이란 싸움에 뜻을 둔 자이고, 퇴(退)란 싸움에 뜻을 두지 않는 자이다"[285]라고 말했다.

이번 장은 옛날 병서의 용병에 관한 서술을 인용하는 것으로 서두를 꺼내고 있다. 먼저 용병(用兵)이란 대체로 '병법, 용병술, 용병가' 등의 뜻이다. 필자는 '군사를 부리는 것'으로 옮겼다. "군사를 부리는 데에 말

283)『하상공주』"陳用兵之道. 老子疾時用兵, 故託己設其義也. 主, 先也. 不敢先舉兵. 客者, 和而不倡. 用兵當承天而後動. 侵人境界, 利人財寶, 為進 ; 閉門守城, 為退."
284)『왕필주』"彼(進)遂不止"
285) 소자유(老子解) "主, 造事者也, 客, 應敵者也. 進者, 有意於爭者也, 退者, 無意於爭者也."

이 있으니, 그대들은 감히 주가 되지 못하니 객이 되고, 감히 한 치를 나가지 못하니 한 자를 물러서라"라고 한다. 도의 정치를 하는 나라는 전쟁이 일어나면 객이니 한 자를 물러나 있으라는 충고다. 성인이 머무르는 나라는 용맹한 군사를 길러 세력으로 키우지 않으니 당연히 전장을 주도하는 군사력이 없을 것이다. 첫 장에서 도의 정치를 하는 나라의 취약점으로 볼 수 있는 군사에 관한 이야기를 꺼낸 것은, 이후의 글이 어찌 전개될 것인지 가늠하게 한다.

是謂行無行, 攘無臂, 扔無敵, 執無兵.
행하려고 해도 행함이 없었고 물리치려 해도 노(활)의 자루가 없음은 적이 없음에 기인한 것이었으니, 병권을 잡아도 군사가 없음을 이르는 말이다.

판본별로 어순을 달리한 점이 있다. '당길 잉(扔)'이 백서(갑을)에서는 '이에 내(乃)'로, 하상공본에는 '인할 잉(仍)'자로 되어 있는 부분이 다르다.

하상공은 "저들이 나아가 멈추지 않으면 천하의 적이 되는 것이니, 비록 베어 나가도 행렬을 이루지는 아니한다. 비록 팔을 걷어붙이고 크게 화내려고 해도 마치 걷어붙일 소매가 없는 것처럼 한다. 비록 잡아당기려 해도 마치 잡아당길 적이 없는 것처럼 한다. 비록 병기를 잡으려 해도 마치 잡아 쓸 수 있는 병기가 없는 것처럼 한다. 어째서인가. 저 백성이 하늘에 죄를 지음을 근심하고 무도한 군주를 만난 것이 마음 아프고 참고 견딜 고통이 너무도 가엾기 때문이다"[286]라고 해서 마지못해 싸우기 때문으로 설명하고 있다. 왕필은 "행(行)은 진을 이뤄 나아가는 것을 말한다. 겸손하게 물러서고 불쌍히 여겨 자애하기 때문에 감히 남들 앞에 나서지 않는다는 말이다. 전쟁에 사용하면 행진에 나아가도 나아간 흔적이 없고, 팔 없이 휘두르며, 병사 없이 잡으며, 대적이 없이도 깨뜨리니, 더불어 맞서 싸울 상대가 없다는 말이다"[287]라고 했다. 오징과 임희일, 초횡 등 다른 이들도 行(행)을 행군이나 진법으로 보고, 팔뚝을 걷어붙이려 해도 팔뚝이 없으며, 잡으려 해도 병기가 없고, 적이 있지만 적이 없는 듯이 행한다는 식으로 해설하고 있다.

이 문장은 무력을 멀리하며 살아온 나라의 형편을 잘 알려주고 있다. 이웃이 전쟁을 일으켜 위협하고 있으나 맞서 싸울 준비가 되어 있지 않으므로 한 자를 물러날 수밖에 없다는 것이다. 이 구절에서 무행(無行)이란 인위적으로 계획하거나 분별하는 일 없이 자연에 맡겨 행동하여 왔음을 말한다. 성인이 다스리는 나라의 전형이다. 싸움을 대비하여 살아오지 않았으니 바로 전쟁에 나아갈 수 없는 형편을 설명하고 있다. 물리치려 해도 노(활)의 자루가 없다는 것 역시 마찬가지 설명이다.

당시에는 활이 무기 중에서 가장 우수한 살상력을 가지고 있었다. 이 가운데 노(弩)는 방아쇠를 사용하여 화살을 발사하는 강력한 활로, 보통 활보다 위력이 훨씬 세다. 노는 비(臂), 익(翼), 기(機) 세 부분으로 구성되어 있다. 비(臂)는 몸(身)이라고도 하며 사격할 때 손으로 잡는 부분이다. 나무로 되어 있다. 노는 정확하게 언제 누가 발명했는지 알려져 있지 않으

286) 『하상공주』 "彼遂不止, 為天下賊, 雖行誅之, 不成行列也. 雖欲大怒, 若無臂可攘也. 雖欲仍引之, 若無敵可仍也. 雖欲執持之, 若無兵刃可持用也. 何者?傷彼之民罹罪於天, 遭不道之君, 愍忍喪之痛也."

287) 『왕필주』 "行, 謂行陳也. 言以謙退哀慈, 不敢爲物先. 用戰猶行無行, 攘無臂, 執無兵, 扔無敵也. 言無有與之抗也."

나 전국시대 초기(기원전 5세기)에는 많은 나라들이 군사들을 노로 무장시켰다. 전국시대 이후 노는 중국 군대의 기본적인 장비가 되었다.[288] 이처럼 살상무기인 활의 몸체가 없다는 것은 나라의 다스림에 있어서 무력을 멀리한 탓이다.

이처럼 전쟁에 대한 대비가 없었던 이유가 "적이 없음에 기인한 것이었으니, 병권을 잡아도 군사가 없음을 이르는 말이다"라고 말한다. 이 구절은 백서에서는 구절의 어순이 서로 바뀌어 있으며, '잉(扔)'자는 백서에서는 '이에 내(乃)'로, 하상공본에는 '인할 잉(仍)'자로 되어 있다. 큰 틀에서 뜻하는 바는 다르지 않다. 앞글에서 언급한 바와 같이 전쟁을 대비하여 군사적 전력을 갖추지 않고 지내온 것은 그동안 주변에 적을 만들지 않고 지내왔기 때문이라고 말하면서, 주변의 나라를 적으로 여기지 않으니 군사를 가질 이유가 없었고, 따라서 병권을 잡아도 지휘할 군사가 없다고 했다. 도의 정치에서는 민을 주축으로 하는 예비적 방편으로서의 군사체제를 유지하고 있다고 말할 수 있으나, 전술적 차원에서의 전투력을 갖춘 실물의 군사력을 갖고 있지 않기 때문에 상대가 싸우려 들면 가볍게 대응할 일이 아니어서 일단 한 자를 물러난 것이다.

禍莫大於輕敵, 輕敵幾喪吾寶.

재앙은 대적하는 것을 가벼이 여기는 것보다 큰 것이 없으니, 대적하는 것을 가벼이 여기면 그대들의 보배를 거의 잃게 될 것이다.

---

288) <무기와 방어구> 시노다 고이치, 신동기 역, 도서출판 들녘

이 문장은 '가벼울 경(輕)'자가 백서(갑을)에서는 '없을 무(無)'로 쓰여 있는 등의 차이는 있으나 판본별로 그리 다르지 않다.

하상공은 "무릇 화와 어지러움의 해로움은 적을 가볍게 여기는 것보다 큰 것은 없으니, 침략하여 취하는 것이 그치지 않고 전쟁을 가볍게 여겨 재물을 탐내는 것이다. 幾(기)는 가깝다는 뜻이다. 보배는 몸을 말한다. 적을 가볍게 여기고 업신여기면 몸을 잃는 것이 가까워진다"[289]라고 했다. 힘이 강하다고 해서 적을 가벼이 보는 것은 도리어 몸을 해치는 결과를 가져온다는 경계의 말로 풀이한 것이다. 왕필은 "내가 불쌍히 여겨 자애하며 겸손하게 물러나는 것은, 강한 것을 가지고 천하에 무적이 되고자 하는 것이 아니다. 부득이하게 어쩔 수 없이 천하무적이 되면, 이것이야말로 내가 큰 화로 여기는 것이다. 보물은 세 가지 보물이다. 그러므로 자신의 보물을 거의 잃게 될 것이라 한 것이다"[290]라고 했다. 즉 부득이하게 천하무적이 된 경우를 큰 화근으로 여겨야 한다고 보았다.

輕敵(경적)이 백서(갑을)에서는 無敵(무적)으로 쓰여 있어 '겨루는 것을 가벼이 보는 것'과 '겨룰 만한 것이 없다'는 뜻으로 맥락을 같이한다. 이는 병법의 기본을 이야기하는 것으로 보인다. 전쟁의 승패는 전력의 우열과는 달리 알 수 없음을 말하고 있다. 재앙은 상대를 가벼이 여기는 것보다 큰 것이 없다는 점에서 같은 말이다. 즉 '자만'이나 '끈기'라는 변수가 존재하기에 열세라 하더라도 승리할 수 있는 길이 있음을 보여주는 글이다.

---

289)『하상공주』"夫禍亂之害, 莫大於欺輕敵家, 侵取不休, 輕戰貪財也. 幾, 近也. 寶, 身也. 欺輕敵者, 近喪身也."

290)『왕필주』"言吾哀慈謙退, 非欲以取强無敵於天下也. 不得已而卒至於無敵, 斯乃吾之所以爲大禍也. 寶, 三寶也. 故日 幾亡吾寶."

물론 싸움에만 한정된 말이 아니다. 그래서 어떤 환경에서나 대적하는 것을 가벼이 여기면 약한 자뿐만 아니라 강한 자라도 보배를 잃을 수 있다. 이 문장의 보배(寶)의 뜻을 왕필은 67장에 나오는 세 가지 보물로 보았고, 하상공은 몸(身)이라고 보았다. 또 지위를 말한다고 주장하는 이도 있었다. 그러나 넓게 보면 누구의 것이라고 굳이 한정할 필요가 없다. 사람은 누구나 형편에 따라 각자 아끼는 보배가 있지 않겠는가.

故抗兵相加, 哀者勝矣.
그러므로 군사로 겨루는 것이 서로 더해지면, 애절한 자가 승리하게 되는 것이다.

'막을 항(抗)'자가 백서(갑)에서는 '일컬을 칭(稱)'자로 되어 있으며, '더할 가(加)'자는 백서(갑을)에서는 '같을 약(若)'자로 쓰여 있는 것이 다르다. 이는 군사의 세력이라고 여겨지는 양쪽의 대치상태가 길어지고 있다는 점에서 같은 뜻이라 할 것이다.

하상공은 "양쪽이 적이 되어 싸운다. 슬퍼하는 사람은 자애롭고 어진 이니 군사들은 죽음을 멀리하지 않는다"[291]라고 했다. 앞장에서 밝힌 노자의 보배 가운데 자애로 싸우는 자가 용감하다는 것을 예로 들고 있는 듯하다. 왕필은 "'항(抗)'은 '거(擧)'의 뜻이며, '가(加)'는 '당(當)'의 의미이다. 슬퍼하는 이는 반드시 서로 애처롭게 여겨서 (자신의) 이로움을 도모하거나 해로움을 피하려 하지 않으므로 반드시 승리한다"[292]라고 했

291) 『하상공주』 "兩敵戰也. 哀者慈仁, 士卒不遠於死."
292) 『왕필주』 "抗, 擧也. 加, 當也. 哀者必相惜而不趣利避害, 故必勝."

다. 즉 군대를 동원하여 서로 맞붙을 때는 슬퍼하는 이가 이긴다고 풀었다. 소자유는 자비를 보배로 삼아 싸운다고 했다.

마지막 문장이다. 노자는 싸움에서는 전력이 큰 힘을 발휘하지만 이보다는 더 애절한 자가 승리한다고 했다. 왜 애절한 상대가 이기는 것인가? 이 문장에서 '抗兵相加(항병상가)'는 '병사들이 대적하는 횟수가 점점 늘어난다'라고 풀이할 수 있다. 즉 이 글은 뒤로 물러나 전열을 갖추어 싸우고 있는 형국으로, 쉽게 결말이 나지 않는 싸움이 여러 차례 반복되고 있음을 보여준다. 이때에는 애절한 자가 승리한다고 말한다.

『황제사경』 '경편(본벌)'에 나라들이 전쟁을 벌이는 이유를 설명한 글이 있다.

"세상에는 세 가지 전쟁의 도(근원)가 있는데, 이익을 위한 전쟁이 있고, 의를 위한 전쟁이 있으며, 분노로 인한 전쟁이 있다. 첫째, 이익[利]을 위한 전쟁은 이웃나라에 기근이 들었는데 국가에서 이를 해결하지 못하고 상하가 적절한 조치를 취하지 못하는 것을 보고 군사를 일으켜 주벌하는 것이다. 두 번째로 의(義)를 위한 전쟁은 반란을 토벌하고 포악을 금지하며 현자를 기용하고 불초한 자를 폐출시키는 것이다. 사람들은 의를 위한 전쟁에 목숨을 바치지만 끝까지 마칠 수 있었던 자는 드물다. 그 마음이 계속 유지되는 것은 아니기 때문이며 궁(窮)하면 되돌아간다. 세 번째는 이른바 분노[忿]를 풀기 위한 전쟁으로 마음에 분노가 일면 단지 성을 내는 것만으로는 안 되고 성이 나면 반드시 행동을 취한다. 그러나 성공을 해도 얻을 것이 없다. 이런 전쟁은 도가 아니다. 도를 행하려면 그 연유가 부득이해야 하며, 부득이해서 하는 것이라야 궁함이 없고 사방으로 두루 통하여 막힘이 없다."

『황제사경』의 설명처럼 전쟁의 목적은 분노[忿]를 위한 것과 의를 세운다는 명분 그리고 분노를 해소하기 위한 것이 있다. 때문에 이들의 전쟁을 길게 수행할 수 없음을 알려주고 있다. 도의 정치를 주창하는 노자는 67장에서 "무릇 자애로움이란 싸움에서 쓰면 이기는 것이고, 수비하는 곳에서도 견고해지는 것이다. 하늘이 장차 구원할 것이니 자애로 호위해 가라"라고 당부했다. 이 장에서 노자가 전하고자 하는 것은, 덕과 선으로 다스리는 나라는 전쟁에서 무엇을 얻으려고 하는 게 아니라 자신과 가족의 생명을 지키고자 하는 애절함만이 전부이며, 나라에서는 그들을 자애로움으로 호위하고 있으니 시간이 흐를수록 그들의 강인함은 더 커질 것이기에 하늘도 구원해 준다는 것이 아니겠는가. 鳳

제 70 장

말에는 근원이 있으며, 일에도 주인이 있다.

吾言甚易知 甚易行

오언심이지 심이행

天下莫能知 莫能行

천하막능지 막능행

言有宗 事有君

언유종 사유군

夫唯無知 是以不我知

부유무지 시이불아지

知我者希 則我者貴

지아자희 측아자귀

是以聖人被褐懷玉

시이성인피갈회옥

그대의 말은 매우 알기 쉽고, 매우 행하기가 쉽다.

하지만 천하에서는 그것을 능히 알지 못하고, 능히 행하지 못한다.

말에는 근원이 있으며, 일에도 주인이 있는 것이다.

무릇 이것에 대해 아는 것이 없다면 내가 아는 것이 아니다.

나를 아는 자가 드물기에 그래서 나라는 존재는 귀한 것이다.

이런 연유로 성인은 베옷을 걸치고 있지만, 마음속에는 옥을 품고 있다.

[해설]

> 吾言甚易知, 甚易行. 天下莫能知, 莫能行.
> 그대의 말은 매우 알기 쉽고, 매우 행하기가 쉽다. 하지만 천하에서는 그것을 능히 알지 못하고, 능히 행하지 못한다.

백서(갑을)에서는 구절마다 '어조사 야(也)'자가 있으며, 통행본의 '天下莫能知 莫能行(천하막능지 막능행)' 구절은 백서(갑)에는 '而人莫之能知也 而莫之能行也(이인막지능지야 이막지능행야)'로, 天下(천하)라는 자리에 而人(이인)으로 기록되어 있는 등 표현 방법에 차이가 있다.

하상공은 "노자가 말하기를, 내가 말하는 바를 살피면 알기 쉽고, 간략해서 실천하기 쉽다. 사람들은 부드러움과 약함을 싫어하고, 굳셈과 강함을 좋아한다"[293]라고 하였고, 왕필은 "집밖으로 나가거나 창밖으로 내다보지 않아도 알 수 있기 때문에 매우 알기 쉽다고 했다. 아무것도 함이 없어도 이룰 수 있기 때문에 매우 행하기 쉽다고 했다. 성급하게 하고 싶은 것에 미혹되므로 알지 못한다고 한 것이고, 이익을 얻으려는 데 빠지므로 누구도 행하지 못한다고 한 것이다"[294]라고 풀이했다.

필자는 노자 자신을 지칭하는 吾(오)자를 화자의 입장에서 주고받는 형식을 취해 '그대'라고 번역해 오고 있다. 이 장에서의 그대란 노자

---

293) 『하상공주』 "老子言, 吾所言省而易知, 約而易行. 人惡柔弱, 好剛強也."
294) 『왕필주』 "可不出戶窺牖而知, 故日 甚易知也. 無爲而成, 故日 甚易行也. 惑於躁欲, 故日 莫之能知也. 迷於榮利, 故日 莫之能行也."

의 철학을 배우고 있는 제자가 될 수도 있고, 지혜가 높은 당대의 현자일 수도 있다.

노자는 첫 문장에서 도의 길로 나아감에 있어, 그대들의 말은 (간단하여) 매우 쉽게 알아들을 수 있고 실천하기도 매우 쉽다고 말한다. 그러나 세상 사람들은 그 말을 쉽게 믿지 못하고, 또한 그 결과를 제대로 얻지도 못한다는 것이다. 무엇인가 결핍되어 있음을 암시하고 있다. 이러한 결과가 나오는 이유는 다음 문장에서 설명하고 있다.

言有宗, 事有君.
말에는 근원이 있으며, 일에도 주인이 있는 것이다.

백서(갑)에서는 宗(종)과 君(군)자의 위치가 바뀌어 '言有君 事有宗(언유군 사유종)'으로 되어 있다. 통행본과 같이 말이나 일에는 그 근원이 있으며 주인이 있다는 것으로 보면 서로 통한다 할 것이다.

이 문장에 대해 하상공은 "내가 말하는 바는 종지와 근본이 있고 일에는 군신의 상하가 있으니, 세상 사람들이 나의 말을 알지 못하는 것은 나에게 덕이 없기 때문이 아니라 그들의 마음이 나와 상반되기 때문이다"[295]라고 보았다. 왕필은 "종(宗)은 만물의 마루[宗]이고, 군(君)은 만물의 주인[主]이다"[296]라고 종과 군의 의미를 구체적으로 제시하고 있다. 왕회(王淮)는 "종은 근본을 말하고 군은 주체를 말한 것이다. 일체의 이

295)『하상공주』"我所言有宗祖根本, 事有君臣上下, 世人不知者, 非我之無德, 心與我之反也."
296)『왕필주』"宗, 萬物之宗(主)也, 君, 萬物(事)之主也."

론과 사물이 모두 통일된 불변의 본체를 가지고 있음을 말한 것으로, 도가 이것이다"라고 말했다.

"말에는 마루(근원)가 있으며, 일에도 주인이 있다"라고 했다. 어떤 말이든 처음 그 말이 나오게 된 배경과 뿌리가 있다. 이러한 근원을 무시하면 71장에서 노자가 "알지 못한다는 것을 아는 것은 높여야 하나, 아는 것이 아는 것이 아니라면 병폐가 된다"라고 지적했듯이 잘못 알고 있는 것을 진실이라고 오해하게 된다. 그리고 그것을 신념으로 삼는다면 이로 인한 정책의 오류는 그대로 혼란으로 돌아올 것이다. 따라서 이 문장에서 전하려고 하는 메시지는 현재의 전후 상황을 살핀 다음, 말의 근원을 잘 살펴보고 이해하여야 한다는 뜻이다.

이어서 "일에도 주인이 있다"는 말은 글자 그대로 일에는 그 일을 해야 할 적합한 사람이 따로 있다는 말이다. 천하를 다스리는 자리는 그 행함에 있어 정당성과 권위가 부여되어야 하므로 누구나 덤벼들어 차지해서는 안 된다. 이 문장은 대단히 중요한 의미를 담고 있다. 인간들이 천하의 지혜를 모으고도 실패하는 이유를 진단하고 있기 때문이다.

이 문장은 『도덕경』 1장의 말씀을 떠올리게 한다. "도라 할 만한 도는 항상하는 도가 아니다. 이름이라 할 만한 이름은 항상하는 이름은 아니다"라고 했다. 항상 근원을 살펴 헤아리라는 말이다. 천하의 모든 것이 세상에 처음 생겨난 것이 아님에야 종주(어미)가 없는 것이 어디에 있겠으며, 천하의 만물이 각자 나름의 역할과 쓰임의 차이가 없다면 어찌 천하의 그릇이라 부를 수 있겠는가?

夫唯無知, 是以不我知. 知我者希, 則我者貴.
무릇 이것에 대해 아는 것이 없다면 내가 아는 것이 아니다. 나를 아는 자가 드물기에 그래서 나라는 존재는 귀한 것이다.

이 문장은 판본별로 표현에 약간의 차이는 있으나, 문장이 전달하려는 의미는 다르지 않다.

하상공은 "무릇 세상 사람들이 알지 못하는 것은, 나의 덕이 흐릿해 밖으로 드러나지 않고, 지극히 작고 극히 미묘하기 때문이다. 희(希)는 적다[少]는 뜻이다. 오로지 도에 통달한 사람만이 나를 알 수 있기에 그러므로 귀한 존재가 되는 것이다"[297]라고 했다. 왕필은 "말에는 마루가 있고 일에는 주인이 있는 까닭에 분별 있는 사람은 그것을 알지 않을 수 없다. 오직 심오하기에 알아보는 자가 드문 것이다. 나를 알아보는 자가 드물수록 나 또한 짝할 자가 없는 것이니, 나라는 존재가 귀하다고 한 것이다"[298]라고 했다. 하상공이나 왕필 등 많은 주석가들은 세상 사람들이 노자의 심오함을 알아보지 못한다는 쪽으로 설명하고 있다.

본 문장은 앞 문장을 전제하여 설명을 이어 간다. 말은 근원을 가지고 있으며 일은 주인이 있다는 사실을 깊이 새기지 못하면 제대로 알고 있다고 말할 수 없다는 것이다. 사람들은 자신의 지식과 지혜의 한계에서 현 상황을 이해하고 단정을 지으려 하는데, 이것은 무지(無知)와 같은 것이거나 무지보다 더 나쁠 수도 있다. 노자는 잠시 임시방편으로 융통하

297) 『하상공주』 "夫唯世人之無知者, 是我德之暗, 不見於外, 窮微極妙, 故無知也. 希, 少也. 唯達道者乃能知我, 故為貴也."
298) 『왕필주』 "以其言有宗, 事有君之故, 故有知之人, 不得不知之也. 唯深, 故知之者希也. 知我益希, 我亦無匹, 故日 知我者希, 則我者貴也."

는 것이 아니라 항상 계속 이어질 수 있는 것을 지향한다. 따라서 뿌리에서부터 끊이지 않고 이어져 온 것을 중요시한다. 그것은 생명력을 가지고 있기 때문이다. 또한 정해진 일을 행할 때는 그 일에 마땅한 사람이 해야 하는데, 부절적한 누군가가 대신 행하기 때문에 원하는 결과를 얻지 못하는 것이라 말한다.

천하의 만물에게 각자의 그릇이 있듯이 모든 일에도 이에 부합된 위치와 역할이 있는 것이다. 그러나 천하에는 자신의 역할이나 소임을 알지 못하는 자가 대부분이다. 이처럼 자기 자신의 부족함을 잘 알고 있는 자가 드물다는 것이며, 그래서 이를 분별할 줄 아는 아(我)라는 존재는 귀하다는 것이다. 이 글에서 '我(아)'는 여러 의식 작용의 주관자로서 여러 작용에 반응하고 이를 통일하는 주체적 존재인 자아(自我)의 의미가 담겨져 있다.

是以聖人被褐懷玉
이런 연유로 성인은 베옷을 걸치고 있지만 마음속에는 옥을 품고 있다.

백서에서는 '말 이을 이(而)'를 넣어 '而褱玉(이회옥)'이라 적혀 있다. 褱(회)는 '품을 회(懷)'의 옛 글자로 서로 같다.

하상공은 "칡베 옷을 입는다는 것은 외면을 엷게 하는 것이고, 옥을 품는다는 것은 안을 두텁게 한다는 뜻이다. 보배를 숨기고 덕을 감추어 사람들에게 보이지 않는 것이다"[299]라고 했다. 왕필은 "거친 베옷을

299)『하상공주』"被褐者薄外, 懷玉者厚內, 匿寶藏德, 不以示人也."

입었다는 것은 티끌 같은 세속과 함께함이고 옥을 품었다는 것은 참됨을 보배로 여김이다. 성인을 알아보기 어려운 것은 티끌 같은 세속과 함께하는 데도 유별나지 않고, 옥 같은 진리를 가슴에 품고 있는데도 변덕스럽지 않기 때문이다. 그러므로 알아보기가 어려워 귀한 것이다"[300]라고 했다. 『공자가어(孔子家語)』의 '삼서(三恕)편'에도 이 구절을 들어 공자에게 그 생각을 묻는 장면이 나온다.

자로가 공자에게 물었다. "여기에 한 사람이 있는데 베옷을 입고 옥을 품속에 품고 있다면 이런 사람은 어떻습니까?" 공자가 말했다. "나라에 도가 없다면 숨기는 것이 옳을 것이요, 나라에 도가 있으면 아름다운 옷을 입고 옥을 쥐더라도 옳을 것이다."

이와 같은 추론들은 옥(玉)을 무엇에 비유하느냐에 따라 달라질 수 있다.

마지막 문장이다. 노자는 "이런 연유로 성인은 베옷을 걸치고 있지만, 마음속에는 옥을 품고 있는 것이다"라고 끝맺음을 하고 있다. 천하의 말에는 근원이 있으며 일에도 주인이 있다는 것을 강조한 뒤에, 성인은 베옷을 걸치고 있다고 했다. 성인은 자신이 나설 때와 물러날 때를 잘 알고 있기에 질박하고 무욕한 삶을 살고 있다는 표현이다. 그렇지만 가슴속에는 옥을 품고 있다고 했다. 옥은 왕의 표식과도 같은 것이며 세상에 귀중한 보물이기도 하다. 언제든지 천하의 일을 맡아 다스릴 수 있는 도를 품고 있다는 말이 아니겠는가. 鳳

300) 『왕필주』 "被褐者, 同其塵, 懷玉者, 寶其眞也. 聖人之所以難知, 以其同塵而不殊, 懷玉而不渝, 故難知而爲貴也."

제 71 장

알지 못한다는 것을 아는 것은 높여야 한다.

知不知上 不知知病

지부지상 부지지병

夫唯病病 是以不病

부유병병 시이불병

聖人不病 以其病病 是以不病

성인불병 이기병병 시이불병

알지 못한다는 것을 아는 것은 높여야 하나, 아는 것이 아는 것이 아니라면 병폐가 된다.
대저 병폐는 병폐이므로, 이 때문에 병폐가 아닌 것이다.
성인이 병폐가 되지 않는 것은, 그 병폐를 병폐로 알기에 병폐가 아닌 것이다.

[해설]

知不知上, 不知知病.
알지 못한다는 것을 아는 것은 높여야 하나, 아는 것이 아는 것이 아니라면 병폐가 된다.

上(상)은 백서(갑을)에서는 尙矣(상의)로 적혀 있으며, 不知知(부지지)가 백서(갑)에서는 不知不知(부지부지)로 쓰여 있는 점이 다르다. 그러나 '아는 것이 제대로 아는 것이 아니다'라는 말과 '제대로 알고 있지 못하다는 것을 알지 못하다'라는 말로 서로 통한다.

하상공은 "도를 알면서도 알지 못한다고 말하는 것이니, 이것은 덕의 가장 좋은 것이다. 도를 알지 못하면서 아는 것처럼 말하는 것은 덕의 병이 된다"[301]라고 하여, 알면서 겸손해 하는 것과 알지 못하면서 아는 체하는 것을 구분하여 풀이했다. 서명응 또한 같은 해석이다. 이에 반해 왕필은 "앎이 일을 감당하기에는 부족하다는 것을 알지 못하는 것이 병이다"[302]라고 했다. 자신의 앎이 부족한지 모르고 일을 하면 병폐가 된다는 뜻이다. 소자유는 "도는 사려가 미칠 수 있는 곳이 아니어서 알아서는 안 된다"라고 하면서, "알면서 알지 못함이 최상이고 알지 못하면서 아는 체함이 병폐"라고 했다.

이 장은 70장과 맥을 같이 하는 장으로, 짧지만 함축적인 말씀이 담

---

301) 『하상공주』 "知道言不知, 是乃德之上. 不知道言知, 是乃德之病."
302) 『왕필주』 "不知知之不足任, 則病也."

겨 있다. 나라를 다스리는 이들은 자신이 얼마만큼 제대로 알고 있는지 자각해 보아야 한다는 것이다. 자만이 자신을 그르칠 수도 있고 나라에 큰 피해를 줄 수도 있음을 지적하고 있다.

첫 문장에서 "알지 못한다는 것을 아는 것은 높여야 한다"고 말한다. 그동안 역사적으로 한 시대의 주류를 형성했던 사상들은 주류 사상이 가지지 못한 것이 있을지라도 다른 부류의 사상을 배척하거나 교화시키려 했다. 현대처럼 여러 학문 간의 경계를 두지 않고 하나의 학문적 가치로 보아 새로운 기술이나 지식을 창조하는 융합학문을 기대하기 어려웠던 것이다. 이처럼 시대의 사조(思潮)마다 견해의 차이가 발생한 것은 70장에서와 같이 사상의 토대를 근원에 두지 않았기 때문이다. 노자는 그 근원을 살펴 근원을 통해 알고 있는 것이 아니라면 제대로 알고 있다고 말할 수 없다고 했다. 심지어 자신의 지식과 지혜의 범주 내에서만 알고 있는 것은 무지(無知)와 같은 것이라고 지적하기도 했다. 성인의 앎이 뭇사람들과 다른 점이기도 하다. 따라서 이러한 점을 인정하는 자세를 높여야 한다는 것이다.

이어서 "아는 것이 아는 것이 아니라면 병폐가 된다"라고 했다. 앞에서 설명한 것과 마찬가지로 자신의 지식과 지혜를 과신하여 자신의 앎을 진실이라고 굳게 믿는 경우라 할 것이다. 권력을 가진 자의 경우, 모르는 것보다 잘못된 신념을 가지고 있는 것이 더 무서운 법이다. 차라리 모르면 진실이 빨리 드러날 수 있지만, 힘을 가진 자가 잘못된 신념에 따라 나랏일을 행하면 백성들에게 얼마나 큰 불행을 만들어 내는지 그간의 역사로 확인할 수 있다. 따라서 성인의 견지에서 보면 근심스럽지 않을 수 없다. 이러한 이유로 노자는 자신을 제대로 성찰하지 못하는 것이 바로 병폐라고 말하는 것이다.

夫唯病病, 是以不病.
대저 병폐는 병폐이므로, 이 때문에 병폐가 아닌 것이다.

백서에는 보이지 않는 구절이다.

하상공은 "무릇 병은 병인데, 대중들은 억지로 아는 체하는 병이 있다. 자신도 모르게 생긴 병이다"[303]라고 풀이했다. 대중들의 거짓말이 결국 고통을 주는 병이지만, 그것이 습관이 되었다고 보는 듯하다. 이에 대한 해석으로 서명응은 "그 병을 잘 알아서 그것을 병으로 여기므로 병에 이르지 않는 것이다"라고 했다. 서명응의 풀이가 더 설득력이 있어 보인다.

이 문장은 나중에 통행본에서 첨삭되어졌다고 한다. 다음 문장에서도 반복되는 내용이 나오기 때문이다. 병폐[病]는 제대로 모르면서 안다고 하는 것처럼 잘못되었음을 모르고 참인 양 여기는 것이다. 잘못된 것을 진실로 여기고 이를 나라를 다스리는 법으로 여긴다면 세상에 큰 재앙이 될 것이다. 그러나 병폐가 병폐라는 것을 알아차리면 그 순간부터는 병폐가 아니라는 뜻이다. 즉 병을 병으로 알아차리면 치료할 수 있는 방

303) 『하상공주』 "夫唯能病苦衆人有強知之病, 是以不自病也."

법을 강구할 수 있기에 정상적인 자리로 되돌아갈 수 있다. 이것 또한 자신을 제대로 아는 것이기에 높이 받들어야 할 대상이 되는 것이다.

聖人不病, 以其病病, 是以不病.
성인이 병폐가 되지 않는 것은, 그 병폐를 병폐로 알기에 병폐가 아닌 것이다.

聖人不病(성인불병)은 백서(갑을)에서 是以聖人之不病(시이성인지불병)으로 자세히 표현하고 있다.

하상공은 "성인에게는 억지로 아는 체하는 병이 없다. 대중들은 이 병을 가지고 있기에 항상 고통스러운 것이며, 이런 것들로 사람들은 마음 아파하기 때문에 나도 모르게 병이 되는 것이다. 대저 성인은 통달한 지혜를 지니고 있으면서도 알지 못하는 것처럼 처신한다. 천하를 질박하고 충실하고 올바르게 되길 바라니, 각자가 순수한 성질을 지키게 된다. 소인은 도의 뜻을 알지 못하면서 망령되게 아는 체 일을 행하여 스스로를 드러내니, 안으로 자신의 정기와 오장신을 해쳐 수명을 단축시킨다"[304]라고 풀이했다.

오징은 "성인은 태어나면서부터 아는 사람이기 때문에 병에 걸리는 것은 아니다"라고 하면서, "성인이 근심하는 것은 뭇사람들의 병"이라고 설명했다. 이처럼 학자들의 설명이 앞장부터 다르게 나오지만 노자의 본의를 잘못 이해한 때문이 아니라 표현 방법이 다르기 때문인 것 같다.

---

304) 『하상공주』 "聖人無此強知之病者, 以其常苦衆人有此病, 以此悲人, 故不自病. 夫聖人懷通達之知, 託於不知者, 欲使天下質朴忠正, 各守純性. 小人不知道意, 而妄行強知之事以自顯著, 內傷精神, 減壽消年也."

노자는 병폐가 성인에게는 문제가 되지 않는다고 말한다. 그동안 노자가 말한 성인이 천하를 보살피는 방법을 보자. 일이 발생하기 전에 살피고, 앞서 행한 선현들의 발자취에 더하여 그 일의 근원이 되는 종주를 헤아려 앎을 구한 뒤, 나서지 않고 뒤에서 행한다. 따라서 성인의 행함은 병폐를 남길 여지를 확실하게 줄일 수 있다.

이 장은 정치인들이 새겨들어야 할 소중한 경구로 들린다. 제나라 선왕이 수도 임치(臨淄)에 직하학궁(稷下學宮)을 만들어 춘추전국시대의 제자백가들이 자유로이 비교되고 서로 다듬어서 더 깊은 학문의 세계로 들어갈 수 있는 터전을 마련해 준 것처럼, 한 나라를 책임지는 자라면 자신이 옳다고 판단하기보다는 먼저 세상을 향해 귀를 열고 그들의 말을 경청하여 잘못된 부분이 없는지를 살피는 것이 보다 중요할 것이다. 자신의 결정이 천하에 병폐가 될 수 있다는 점을 두려워하는 군주라면, 각 분야에 적합한 인재를 등용하고 부족한 점은 없는지 겸손한 자세로 천하에 귀를 기울여야 할 것이다. 鳳

알지 못한다는 것을 아는 것은 높여야 하나,

아는 것이 아는 것이 아니라면 병폐가 된다.

제 72 장

백성들이 위엄을 두려워하지 않으면 곧 큰 위엄에 이르게 된다.

民不畏威 則大威至

민불외위 칙대위지

無狎其所居 無厭其所生

무압기소거 무엽기소생

夫唯不厭 是以不厭

부유불염 시이불염

是以聖人自知不自見 自愛不自貴

시이성인자지불자견 자애불자귀

故去彼取此

고거피취차

백성들이 위엄을 두려워하지 않으면, 곧 큰 위엄에 이르게 된다.

그 머무르는 바를 업신여기지 말고, 그 생겨난 바를 싫어하지 말라.

대저 오직 싫어하지만 아니하여도 이 때문에 싫어하지는 아니할 것이다.

이러한 까닭으로 성인은 스스로 아는 것일 뿐 스스로 보려 하지 않으며, 스스로 아끼는 것일 뿐 스스로 귀하게 하는 것이 아니다.

그러므로 저것을 버리고 이것을 취하는 것이다.

[해설]

民不畏威, 則大威至.
백성들이 위엄을 두려워하지 않으면, 곧 큰 위엄에 이르게 된다.

백서(을)에서는 '民之不畏畏 則大畏將至矣(민지불외외 즉대외장지의)'로 구절의 구분됨을 알 수 있게 적혀 있다. 통행본 등에 적혀 있는 '위엄 위(威)'자가 백서에서는 '두려워할 외(畏)'로 쓰여 있다.

하상공은 "威(위)는 害(해)이다. 사람이 작은 해로움을 두려워하지 않으면 큰 해로움에 이르게 되니, 그것은 곧 죽음을 말한다. 이것을 두려워하는 사람은 마땅히 정기와 오장신을 보존하고 기르며, 하늘을 받들고 땅을 따라야 한다"[305]라고 했다. 威(위)를 해로움으로 보고 백성들이 해로움을 두려워하지 않는다고 보았다. 왕필은 "청정하여 무위한 것을 일러 머무르는 것[居]이라 한다. 겸손하여 뒤로 물러나 채우지 않는 것을 일러 삶[生]이라 한다. 그 청정함을 떼어 놓고 조급하게 하고 싶은 대로 행하고, 뒤로 물러나 있는 그 겸손함을 버리고 위엄과 권력에 맡기면 사물은 동요되고 백성들은 한쪽으로 치우치게 된다. 위엄으로는 백성들을 다시 통제할 수 없고 백성들은 그 위엄을 감당할 수 없다. 이로써 위아래가 크게 무너져 하늘의 주벌이 장차 닥치게 된다"[306]라고 했다.

왕필은 다스리는 자가 권력의 힘으로 백성들을 내몰면 하늘의 벌이 닥치게 된다고 풀이했다. 威(위)가 뜻하는 바에 대해 하상공은 해로

---

305) 『하상공주』 "威, 害也. 人不畏小害則大害至. 大害者, 謂死亡也. 畏之者當愛精神, 承天順地也."
306) 『왕필주』 "淸淨無爲謂之居, 謙後不盈謂之生. 離其淸淨, 行其躁欲, 棄其謙後, 任其威權, 則物擾而民僻, 威不能復制民. 民不能堪其威, 則上下大潰矣, 天誅將至."

움(害)으로, 초횡(焦竑)은 두려움(畏), 박세당은 죄(罪)로, 홍석주는 재앙과 형벌로 보았다. 바로 뒤에 나오는 大威(대위)를 하상공과 홍석주는 죽음으로 해석했다.

이 문장에서의 주안점은 백성들이 두려워하는 것이 무엇인지를 먼저 규명하는 일이다. 외(畏)는 경외(敬畏)의 뜻으로, 한편으로는 공경하지만 그 대상을 두려워한다는 의미를 담고 있다. 백서에서의 '두려워할 외(畏)'를 통행본에서는 첫 번째 글자를 제외하고는 '위엄 위(威)'자로 바로잡았다. 이로 보아 권위에 대한 두려움으로 해석할 수 있다. 그렇다면 백성들 입장에서 이렇게 두려워할 만한 것은 무엇일까. 농사를 천직으로 삼기에 하늘을 두려워할 것이며, 나라의 법과 위정자들의 권력의 힘을 두려워할 것이다. 전체의 문맥으로 볼 때 이 둘 가운데 후자의 경우로 보인다.

노자는 현재의 민심이 법과 권력자의 힘을 두려워하지 않고 있다면 곧 큰 위엄에 이를 것이라 말한다. 백성들이 공경해야 할 대상을 두려워하지 않으면 위정자들은 더 강한 힘의 통치를 행할 것이며, 백성들은 더 크게 저항할 것이란 말이다. 나라의 근간인 백성들이 나라의 권위를 두려워하지 않는 것은 분명 그럴 만한 이유가 있을 것인데, 이를 살펴보지 않고 위엄을 지키는 것을 우선하여 강권으로 대응하면 나라를 잃어버리는 길로 나아가는 것과 같다. 그렇다면 이에 대하여 위정자들은 어떻게 대응하여야 한다는 것인가.

無狎其所居, 無厭其所生.
그 머무르는 바를 업신여기지 말고, 그 생겨난 바를 싫어하지 말라.

'없을 무(無)'자는 백서(갑을)에서는 '말 무(毋)'로 되어 있으며, '狎(압)' 자는 백서(갑을)과 하상공본에서는 '狹(협)'으로 되어 있다. 경시한다는 의미에 있어 서로 통한다.

이 문장과 관련하여 하상공은 "마음에는 오장신이 깃들어 있으니, 마음을 늘 편안하고 부드럽게 해야지 급하고 좁게 해서는 안 된다는 말이다. 사람이 사는 까닭은 정기와 오장신을 지니고 있기 때문이다. 비어 있음에 의탁하고 맑음과 고요함을 기뻐하지만, 마시고 먹는 것을 절제하지 못하고 도 닦기를 소홀히 하여 여색만 좇는다면, 삿됨과 편벽됨이 배에 가득 차게 될 것이다. 이 때문에 근본을 해쳐 오장신이 싫어하는 것이다"[307]라고 하여 절제하지 못하는 삶으로 인해 마음과 근본이 싫어하게 하지 말아야 한다고 풀이했다. 이와는 달리 왕필은 "그러므로 백성들이 위엄을 두려워하지 않으면 큰 위엄에 이르게 되므로 머무는 곳을 업신여기지 말고 살아가는 바를 싫증내지 말라고 한 것이니, 위엄의 힘으로는 맡길 수 없다는 말이다"[308]라고 했다.

첫 문장의 화두에 대해 이에 대처하는 방법을 제시하고 있다. 백성들이 두려워할 것을 두려워하지 않는다면 그에 합당한 이유와 원인이 있을 것이다. 따라서 백성들이 반발하고 있는 그 행동만을 문제 삼아 일벌

307) 『하상공주』 "謂心居神, 當寬柔, 不當急狹也. 人所以生者, 以有精神. 託空虛, 喜清靜, 飮食不節, 忽道念色, 邪僻滿腹, 爲伐本厭神也."
308) 『왕필주』 "故曰 民不畏威, 則大威至無狎其所居, 無厭其所生. 言威力不可任也."

백계로 실추된 위엄을 찾으려 하지 말고, 왜 반발이 생겨났는지를 처음부터 살펴보라는 말씀이다. 이는 70장에서 "그대의 말은 매우 알기 쉽고, 매우 행하기가 쉽다. 하지만 천하에서는 그것을 능히 알지 못하고, 능히 행하지 못한다. 말에는 근원이 있으며, 일에도 주인이 있는 것이다"라고 지적한 것과, 71장에서 "알지 못한다는 것을 아는 것은 높여야 하나, 아는 것이 아는 것이 아니라면 병폐가 된다"라고 한 것과 맥락이 이어지는 글이다. 위정자들은 백성의 저항이 높아지면 가중하여 징벌로 짓눌러 해결하려 하지 말고 통치자의 말에서 혹시 놓치고 있는 것은 없는지 살펴보라는 것이다.

이러한 맥락에서 "그 머무르는 바를 업신여기지 말고, 그 생겨난 바를 싫어하지 말라"라고 한 것이다. 여기서 '그(其)'는 '백성들이 두려워하지 않는 것'을 말한다. 부연하자면 나라의 권위를 두려워하지 않는 분위기가 백성들의 생활 속에 널리 형성되어 있는 것을 보면서 이를 교만한 마음으로 낮추어 보거나 하찮게 여기지 말라는 것이다. 또한 그것이 왜 생겨나게 되었는지 살펴보지 않고 권위에 도전하는 마음이 생겨난 그 자체만을 가지고 싫어하지 말라는 말씀이다.

夫唯不厭, 是以不厭.
대저 오직 싫어하지만 아니하여도, 이 때문에 싫어하지는 아니할 것이다.

'아닐 불(不)'자가 백서(갑을)에서는 '아닐 불(弗)'로 되어 있을 뿐 다름이 없다.

하상공은 "무릇 정기와 오장신을 싫어하지 않는 사람만이 홀로 마음을 씻고 더러움을 닦아서 담백하고 욕심이 없어지니, 정기와 오장신이 머물며 싫어하지 않는다"[309]라고 했다. 왕필은 "스스로 싫증내지 않는다는 것이다. 스스로 싫증내지 않기 때문에 천하가 싫어하지 않는다는 말이다"[310]라고 했다.

즉 다스리는 자가 인내심을 가지고 싫증내지 않으면 천하의 사람들도 싫증내지 않는 것이라는 말이다. 염(厭)자와 관련하여 고형과 주겸지는 앞 구절은 백성들을 압박하지 않는다는 '누를 엽(厭)'으로 사용되었으며, 뒤 구절은 이 때문에 싫어하지 않는다는 '싫을 염(厭)'으로 사용된 것이라고 구별해서 해석하기도 했다.

이 문장은 같은 '厭(염)'자를 두고서도 앞과 뒤를 다른 의미로 설명할 만큼 난해한 문장으로 분류된다. 그러나 앞 문장과 연결해 보면 그렇게 어렵게 생각하지 않아도 이해할 수 있다.

천하다고 여기는 백성이 감히 지고무상한 군주의 권위에 도전한다는 생각은 분명 노여워하고 싫어할 만하다. 하지만 나라가 혼란에 빠질 정도라면 군주의 실정이 이어져 온 기간이 오래되었음이다. 여기서 대저 싫어하지만 아니하여도 싫어하지는 아니할 것이라는 말씀은, 자신의 나라의 백성들을 싫어하는 마음만 갖지 않았다면 이러한 사태까지 나아가지 않았을 것이며, 백성들 또한 군주를 싫어하지는 않았을 것이란 뜻이다. 모든 원망은 덕으로 갚으라고 노자가 말하지 않았던가.

---

309) 『하상공주』 "夫唯獨不厭精神之人, 洗心濯垢, 恬泊無欲, 則精神居之不厭也."
310) 『왕필주』 "不自厭也. 不自厭, 是以天下莫之厭."

是以聖人自知不自見, 自愛不自貴.
이러한 까닭으로 성인은 스스로 아는 것일 뿐 스스로 보려 하지 않으며, 스스로 아끼는 것일 뿐 스스로 귀하게 하는 것이 아니다.

백서에서는 '말 이을 이(而)'와 '어조사 야(也)'자를 넣어 '自知而不自見也 自愛而不自貴也(자지이불자현야 자애이불자귀야)'로 기록하여 어휘의 구분되는 지점을 알 수 있다.

하상공은 "스스로 자신의 득실을 안다. 스스로의 덕과 아름다움을 밖으로 드러내지 않고 안으로 간직한다. 스스로 자기 몸을 아껴 정기를 보존하고, 세상에서 스스로를 귀하게 높이거나 이름을 드날리지 않는다"[311]라고 했다. 성인은 스스로의 덕과 아름다움을 안으로 간직하고 몸을 아끼기 때문에 드러내지 않으며 스스로를 귀하게 여기지 않는다고 본 것이다. 이는 70장의 "성인은 베옷을 걸치고 있지만 마음속에는 옥을 품고 있는 것이다"라는 말을 염두하고 풀이한 듯싶다. 왕필 또한 "그 알고 있는 것을 스스로 내보여 빛을 발하거나 위엄을 드러내지 않는 것이다. 스스로를 귀하게 여기면 사물들이 머무르고 살아가는 것을 업신여기고 싫어하게 된다"[312]라고 해서 성인은 드러내지 않는다는 말이라고 해석하고 있다. 주해들은 대부분 '볼 견(見)'자를 '드러낼 현(見)'으로 읽고 있다.

다시 본문을 살펴보자. "이러한 까닭으로 성인은 스스로 아는 것

311) 『하상공주』 "自知己之得失, 不自顯見德美於外, 藏之於內. 自愛其身以保精氣, 不自貴高榮名於世."
312) 『왕필주』 "不自見其所知, 以耀光行威也. 自貴, 則物狎厭居生."

일 뿐 스스로 보려 하지 않는다"라고 했다. 성인은 앞글에서 밝힌 것처럼 겉으로 보이는 것이나 자신의 안목으로 세상을 바라보고 이해하는 것이 아니라, 물(物)의 스스로 그러함의 흐름을 밝혀 알아낸다는 것이다. 말과 일에는 종주가 있다고 말한 대로 근원을 살피면 자연스럽게 감추어진 사실들이 드러나게 되는 것이다. 이처럼 전체를 알지 못하고 부분적으로 아는 것을 가지고 나랏일을 행하면 나라의 병폐가 된다고 71장에서 말했다.

이어서 "스스로 아끼는 것일 뿐 스스로 귀하게 하는 것이 아니다"라고 했다. 천하의 모든 것들이 스스로 아끼는 마음을 가지면 스스로 귀해지는 것처럼, 성인은 천하를 아끼는 것이 자신의 역할이므로 천하를 아끼는 것은 바로 자신을 귀하게 만드는 것이라 말씀하고 있다. 천하의 어느 누구나 자신의 본분을 알고 그것을 아끼는 행동을 실천한다면 결국은 자신을 귀하게 만들 수 있다는 말이다. 군주가 백성을 아끼는 것이 본분임을 안다면 백성들의 저항을 힘으로 억누르려 하겠는가 .

故去彼取此.
그러므로 저것을 버리고 이것을 취하는 것이다.

판본별로 기록이 일치하는데, 백서(을)에서만 '말 이을 이(而)'를 넣어 '故去彼而取此(고거피이취차)'로 했다. 하상공은 "스스로를 드러내고 귀하게 여기는 저것을 버리고, 스스로를 알고 스스로를 아끼는 이것을 취한다"[313]라고 했다. 서명응은 "버리는 저것은 자기의 재능을 자랑하고 스스로 영화롭고 귀하게 여기는 것이고, 취하는 이것은 각자의 본성과 도와 덕이다"라고 했다. 자주 반복되는 문장이다. 이 장에서 취할 것과 버려야 할 것은 여러분의 마음속에 이미 전달되어 있을 것이다. 鳳

313)『하상공주』"去彼自見, 自貴. 取此自知, 自愛."

제 73 장

하늘의 그물은 넓고도 넓어 성기면서도 놓치지 아니한다.

勇於敢則殺 勇於不敢則活

용어감즉살 용어불감즉활

此兩者或利或害 天之所惡 孰知其故

차양자혹이혹해 천지소오 숙지기고

是以聖人猶難之

시이성인유난지

天之道 不爭而善勝 不言而善應

천지도 부쟁이선승 불언이선응

不召而自來 繟然而善謀

불소이자래 천연이선모

天網恢恢 疏而不失

천망회회 소이불실

감히 하는 것에서 용감하면 죽이고, 감히 하지 않는 것에서 용감하면 목숨을 살린다.
이 양자는 혹은 이롭기도 하고 혹은 해가 되기도 하는데, 하늘이 싫어하는 바이니 누가 그 까닭을 알겠는가. 이 때문에 성인은 오히려 그것을 어렵게 여긴다.
하늘의 도는 다투지 아니하고 선으로 이기고, 말하지 않아도 선으로 응하며, 부르지 않아도 스스로 찾아오고, 그러함이 유약하여도 선으로 도모하는 것이다.
하늘의 그물은 넓고도 넓어, 성기면서도 놓치지 아니한다.

[해설]

勇於敢則殺, 勇於不敢則活.
감히 하는 것에서 용감하면 죽이고, 감히 하지 않는 것에서 용감하면 목숨을 살린다.

백서(갑)에서는 勇於敢(용어감)과 勇於不敢(용어불감)의 뒤에 각각 '者(자)'가 쓰여 있어 구분됨을 알 수 있다.

하상공은 "감히 유위(有爲)하는 데 용감하면 그 몸을 죽인다. 감히 유위하지 않는 데 용감하면 그 몸을 살린다"[314]라고 풀이했다. 인간의 독단적인 행위를 경계하여 무위해야 함을 말하고 있다. 왕필도 "반드시 제 명에 죽지 못한다. 반드시 명대로 산다"[315]라고 하여, 과감하면 제 명에 죽지 못하고 과감하지 않으면 명대로 산다고 했다. 여길보와 서명응도 "敢(감)은 굳세고 강한 것이며 不敢(불감)은 유약(柔弱)한 것"이라고 하고, "剛强(강강)에 용감하면 죽음의 무리요, 柔弱(유약)에 용감하면 삶의 무리"라고 했다.

첫 문장이다. "감히 하는 것에서 용감하면 죽이고, 감히 하지 않는 것에서 용감하면 목숨을 살린다"라고 했다. 여기서 '敢(감)'은 무모하게 보이는 것을 구태여 하는 것이다. 두려워해야 할 일에 무리하게 용감히 나서면 죽임을 당하게 되지만, 나서야 할 일에 용감하게 대항하면 목숨을 보

314) 『하상공주』 "勇敢有為, 則殺其身. 勇於不敢有為, 則活其身."
315) 『왕필주』 "必不得其死也. 必齊命也."

전하게 된다는 뜻이다. 곧 하늘의 도가 그렇다는 말이다. 69장에서와 같이 도의 정치를 하는 나라는 전쟁에서 주가 되지 못하니 감히 대적하지 않고 뒤로 물러나 있으라 했다. 그래도 계속 적이 덤벼들자 그때는 애절하게 싸워 목숨을 보존할 수 있었다는 말씀과 같아 보인다. 이처럼 힘써 행하는 것이라도 경우에 따라 다르다고 다음 문장에서 말한다.

此兩者或利或害, 天之所惡, 孰知其故.
이 양자는 혹은 이롭기도 하고 혹은 해가 되기도 한다. 하늘이 싫어하는 바이니 누가 그 까닭을 알겠는가?

이 문장은 모든 판본들의 기록이 다르지 않다.

하상공은 "감히 하는 것과 하지 않는 것을 일컫는다. 몸을 살리는 것은 이로운 것이 되고, 몸을 죽이는 것은 해로움이 된다. 함이 있음[有爲]을 미워한다. 누가 하늘의 뜻을 알아 그 뜻을 범하지 않을 수 있는가"[316] 라고 말한다. 몸을 살리는 것은 이로운 것이며, 몸을 죽이는 것이 해로운 것이라는 풀이다. 유위의 결과로 보는 듯하다. 서명응도 과감함에 용감하게 행하는 것은 하늘이 미워하는 것이라 했다. 왕필은 "다 같이 용감한 것이지만 시행하는 곳이 달라서 이로움과 해로움이 같지 않다. 그러므로 어떤 것은 이롭고 어떤 것은 해롭다고 말했다. 숙(孰)은 누구[誰]라는 말이다. 천하가 미워하는 까닭을 어느 누가 알 수 있겠는가? 그것은 오직 성인뿐이다"[317]라고 풀이하고 있다.

316)『하상공주』"謂敢與不敢也. 活身為利, 殺身為害. 惡有為也. 誰能知天意之故而不犯."
317)『왕필주』"俱勇而所施者異, 利害不同, 故日 或利或害也. 孰, 誰也. 言誰能知天下之所惡意故邪. 其唯聖人."

노자는 "이 양자는 혹은 이롭기도 하고 혹은 해가 되기도 한다. 하늘이 싫어하는 바이니 누가 그 까닭을 알겠는가?"라고 했다. 주어를 넣어 다시 말하자면, 하늘이 감히 하는 것에서 용감하면 죽이고 감히 하지 않는 것에서 용감하면 목숨을 살려 주는 것은, 사람들 입장에서는 한편으로는 이롭기도 하지만 또한 해롭기도 하다는 것이다. 당장 눈앞에 벌어진 난제를 해결하기 위해 자연을 거스르는 때가 있으나, 하늘은 이를 용납하지 않기 때문이다.

예를 들어 신하가 군주의 악행을 보고도 이를 남의 일처럼 방관하면 자신의 목숨은 보전할 수 있어도 백성들의 고통은 외면하는 꼴이 된다. 반대로 군주에게 바른 덕행을 요구하는 것은 감히 하는 것에서 용감한 것으로, 자신은 목숨을 버리게 되지만 백성들에게 희망을 주는 면에 있어서는 이로운 일이 된다. 이처럼 하늘은 불인(不仁)하여 사정을 고려하지 않는 냉정함을 보이기에, 사람들이 하늘을 원망하는 경우가 생긴다는 말이다.

이 문장에서 '惡(오)'자는 아래의 문장에서 '善(선)'자가 나오는 것을 감안할 때 하늘의 도에 기준이 맞는 것을 '선'이라 한다면 이 기준에 벗어난 행위를 '오'라 말할 수 있다. '惡(오)'자는 도덕적 기준에 맞지 않는 것이어서 하늘이 '싫어한다'는 의미로 풀이했다.

是以聖人猶難之.

이 때문에 성인은 오히려 그것을 어렵게 여긴다.

백서(갑을)에서는 이 문장이 빠져 있어 이후에 삽입된 구절로 보인다.

성인이 혼란스러워하는 연유와 관련하여 하상공은 "성인의 밝은 덕은 오히려 용감하게 하는 것을 어려워한다고 말한 것이니, 하물며 성인의 덕이 없으면서 무엇을 행하고자 하겠는가"[318]라고 풀었다. 즉 성인이 감히 행함을 어렵게 여기는 것이라고 보았다. 왕필도 "성인의 명철함을 가지고도 오히려 용감하기 어렵게 여기는데, 하물며 성인의 명철함도 없으면서 행하려 함에 있어서야! 그러므로 오히려 어렵게 여긴다고 한 것이다"[319]라고 하상공과 같은 입장이다.

성인이 오히려 이를 어렵게 여기는 것은, 성인은 하늘과 사람들의 생각을 모두 이해하고 있기 때문이다. 힘써 행하는 것이 때로는 이롭기도 하고 해가 되기도 하는 것은 하늘이 불인하여 나타나는 일이건만, 올바른 일을 하면서도 재앙이 되어 돌아오는 경우를 사람들에게 이해시키는 것은 성인의 입장에서도 쉬운 일이 아니다. 하늘의 냉정함이 야속하게 느껴지는 것은 성인도 같은 마음일 것이다.

天之道, 不爭而善勝, 不言而善應, 不召而自來, 繟然而善謀.
하늘의 도는 다투지 아니하고 선으로 이기고, 말하지 않아도 선으로 응하며, 부르지 않아도 스스로 찾아오고, 그러함이 유약하여도 선으로 도모하는 것이다.

318) 『하상공주』 "言聖人之明德猶難於勇敢, 況無聖人之德而欲行之乎."
319) 『왕필주』 "夫聖人之明, 猶難於勇敢, 況無聖人之明, 而欲行之也. 故曰 猶難之也."

이 문장에서는 '다툴 쟁(爭)'자와 느슨하다는 뜻의 '繟然(천연)'이 백서(갑을)에서는 '싸울 전(戰)'자와 '평탄할 탄(坦)'으로 쓰인 것이 다르다. 의미 전달에 있어서는 차이가 없다 하겠다.

하상공은 "하늘은 인간과 귀천을 다투지 않는데, 사람은 스스로 하늘을 두려워한다. 하늘은 말하지 않지만 만물이 스스로 움직여 때에 응한다. 하늘은 부르지 않지만 만물이 모두 스스로 음을 등지고 양을 향한다. 천(繟)은 너그럽다는 관(寬)이다. 하늘의 도는 비록 관대하고 넓지만 사람의 일을 잘 살피니, 선함을 닦거나 악행을 저지르면 각기 그에 합당한 대가를 받는다"[320]라고 했다. 하늘이 선과 악을 행한 것에 합당한 대가를 내린다는 말이다. 왕필은 "하늘은 오직 다투지 않기 때문에 천하가 하늘과 더불어 다툴 수 없다. 따르면 길하고 거스르면 망하니 말하지 않아도 잘 응한다. 아래에 머물러 있으니 만물이 저절로 귀의한다. 상(象)을 드리워서 길흉을 보니, 일이 있기 전에 정성을 드리고 편할 때 위급함을 잊지 않으며, 조짐이 있기 전에 도모한다. 그러므로 느긋하면서도 잘 도모한다고 했다"[321]라고 설명했다.

다시 이 문장에서는 하늘의 도가 세상을 이끌어 가는 방향을 구체적으로 설명하고 있다. "하늘의 도는 다투지 아니하고 선으로 이기고, 말하지 않아도 선으로 응하며, 부르지 않아도 스스로 찾아오고, 그러함이 유약하여도 선으로 도모하는 것이다"라고 했다. 만물이 이제껏 장구할 수 있었던 것은 하늘의 도가 흐트러지지 않고 질서정연함을 보이기 때문

320) 『하상공주』 "天不與人爭貴賤, 而人自畏之. 天不言, 萬物自動以應時. 天不呼召, 萬物皆負陰而向陽. 繟, 寬也. 天道雖寬博, 善謀慮人事, 修善行惡, 各蒙其報也."
321) 『왕필주』 "天唯不爭, 故天下莫能與之爭. 順則吉, 逆則凶, 不言而善應也. 處下則物自歸. 垂象而見吉凶, 先事而說誠, 安而不忘危, 未兆而謀之, 故日 繟然而善謀也."

이다. 즉 모든 일을 선으로 해결하고 있음을 강조하고 있다. 하늘의 도리에 합당한 것을 우리는 선이라 부른다. 따라서 하늘은 순리인 선을 항상 도모한다고 말하는 것이다.

참고로 이 문장의 마지막 구절에 나오는 '繟然(천연)'의 '繟(천)'자를 살펴보면, 백서(갑을)에서는 '평탄할, 너그러울 탄(坦)'으로 쓰여 있다. 이를 '너그럽다'로 풀이하기도 하고, '느릴 완(緩)'자로 보아 '느슨하다'거나 '허술하다'라고 해석하기도 한다. 다른 판본에서는 '홑 단(單)'으로 표기하기도 했다. 그럼 '繟(천)'자를 파자(破字)해서 살펴보자. 천자는 '한 가닥의 실'을 나타내는 글자로, 약하지만 끊어짐이 없이 이어져 있다는 의미를 담고 있다. 뒤의 글자인 然(연)은 '그러하다'의 의미를 갖고 있다. 두 글자를 이어보면 가늘긴 하지만 틀림이 없다는 의미로, 유약해 보여도 목적지에 평탄하게 갈 수 있다는 뜻이 된다. 이는 백서에 적힌 '평탄할 탄(坦)'자의 '평탄하다, 편하다, 뚜렷하다' 등의 의미와 상통한다고 할 수 있다.

天網恢恢, 疏而不失.
하늘의 그물은 넓고도 넓어, 성기면서도 놓치지 아니한다.

'그물 망(網)'과 '트일 소(疎)'자는 백서(을)에서는 '그물 망(罔)'과 '트일 소(疏)'자로 적혀 있으나 동일한 글자로 쓰이고 있어 다르지 않다.

하상공은 "하늘의 그물망은 드넓고 매우 크며, 비록 엉성하지만 사람의 선악을 잘 살펴 놓치는 바가 없다"[322]라고 했다. 그물의 용도를 선악을 걸러내는 채로 본 것이다. 서명응은 세상의 그물은 촘촘하게 보이나 악이 빠져나가는 경우도 있어 다행으로 여기기도 하지만, 하늘의 그물은 성긴 듯하지만 악을 행하는 사람은 도망갈 수 없다고 했다. 이와 달리 범응원은 "그 망라하는 것이 끝이 없어서 큰 그물과 같고, 비록 성기게 생겼으나 작은 것이나 큰 것을 빠뜨리지 않으니 선한 자든 악한 자든 도망갈 수가 없다"라고 풀이했다. 하늘의 그물이 놓치지 않는다는 것을 대체로 선과 악 또는 도망가지 못하게 하는 그물로 이해하는 듯하다. 하늘을 선악의 징벌자나 만물을 통제하는 입장에서 바라보고 있다.

마지막 문장이다. "하늘의 그물은 넓고도 넓어, 성기면서도 놓치지 아니한다"라고 했다. 여러 주해서에는 그물의 역할을 선악을 다스리는 쪽으로 보고 있다. 하지만 전체 글에서는 이러한 부분들이 보이지 않는다. 따라서 마지막 문장은 하늘의 도가 얼마나 빈틈 없이 만물을 다스리는지에 대한 설명의 글이다.

이 문장의 하늘의 그물[天網]은 『도덕경』에서 처음 등장하는 단어다. 하늘의 도를 이야기하면서 그물을 비유하고 있다. 사람의 그물은 고기를 잡거나 사냥에 쓰이는 도구지만 의도하지 않는 생물의 목숨도 거두어 들이는 불선의 경우가 많다. 여기서 그물의 생김새를 자세히 살펴보면, 그물망은 실로 매듭지어 마름모 형식으로 코를 떠서 크기를 넓혀 간다. 실은 질서 정연하게 규칙적으로 길게 이어져 있다. 이는 하늘의 도가 질서 정연하게 짜여 있음을 연상하게 만든다. 이러한 하늘의 그물은 넓고

322) 『하상공주』 "天所網羅恢恢甚大, 雖疏遠, 司察人善惡, 無有所失."

도 넓다고 했다. 온 천하의 만물을 감당하고도 남을 정도로 크다는 말이다. 이러한 그물은 성기면서도 놓치지 아니한다고 했다. 성기다는 말은 그물의 코가 크다는 것으로, 허술하게 보인다는 뜻이기도 하고 그물을 의식하지 못할 정도로 만물들의 삶에 부담을 주지 않는다는 의미이기도 하다.

이와 같이 성긴 그물이지만 하늘이 원하는 바를 놓치지는 않는다 했다. 하늘의 큰 질서를 유지하는 데 빈틈이 없다는 말이다. 善(선)으로 만들어진 그물이기 때문에 이 모든 것이 가능한 것이다. 정치인들에게 전하는 메시지로, 유난히 날카롭게 들린다. 鳳

제 74 장

마치 큰 목수를 대신하여 나무를 베어내는 것과 같다.

民不畏死 奈何以死懼之

민불외사 나하이사구지

若使民常畏死而爲奇者 吾得執而殺之 孰敢

약사민상외사이위기자 오득집이살지 숙감

常有司殺者殺 夫代司殺者殺 是謂代大匠斲

상유사살자살 부대사살자살 시위대장착

夫代大匠斲者 希有不傷其手矣

부대대장착자 희유불상기수의

백성들이 죽는 것을 두려워하지 않는다면, 어찌 죽는 것으로 그들을 위협할 수 있겠는가.

만약에 백성들로 하여금 항상 죽는 것이 두렵고 기이한 것으로 여기게 하여 그대가 집행하는 일을 맡아 죽인다면, 누가 감히 그렇게 하겠는가.

항상 죽이는 일을 맡은 자가 있어 죽이는 것이다. 무릇 죽이는 자의 일을 대신하여 죽인다면, 이는 마치 큰 목수를 대신하여 나무를 베어 내는 것과 같다.

무릇 큰 목수를 대신하여 나무를 베어 내면 그 손을 다치지 않는 경우가 드문 법이다.

[해설]

民不畏死, 奈何以死懼之.

백성들이 죽는 것을 두려워하지 않는다면, 어찌 죽는 것으로 그들을 위협할 수 있겠는가.

백서(갑을)에서는 '若民恒且畏不畏死(약민항차외불외사), 若何以殺懼之也(약하이살구지야)'로 내용을 좀 더 자세히 설명하고 있다.

하상공은 "나라를 다스리는 자가 형벌을 혹독하게 하면 백성들은 편안히 살아갈 수 없으니 죽음을 두려워하지 않게 된다. 몸을 다스리는 자도 즐김과 욕심이 오장신을 상하게 하면 재물을 탐하여 몸을 죽이게 되니, 백성들이 두려워하는 것을 알지 못하는 것이다. 임금은 형벌을 관대하게 하여야 하고 백성들을 가르쳐서 그들의 욕망을 제거해야 하는 것이지, 어떻게 형법을 설치해 죽음으로 그들을 두렵게 할 수 있겠는가"[323] 라고 했다.

소자유도 하상공과 같이 정사가 번거롭고 형벌이 무거우면 백성들이 수족을 둘 곳이 없어지게 되어 죽음을 두려워하지 않게 된다고 풀이했다. 이처럼 학자들은 형벌이 지나치기 때문에 백성들이 죽음을 두렵게 생각하지 않게 된다고 보고 있다.

이번 장도 백성들이 두려워하는 것으로 서두를 꺼내고 있다. 두려

---

323) 『하상공주』 "治國者刑罰酷深, 民不聊生, 故不畏死也. 治身者嗜欲傷神, 貪財殺身, 民不知畏之也. 人君不寬刑罰, 教民去情欲, 奈何設刑法以死懼之."

위한다는 것은 72장에서 "백성들이 위엄을 두려워하지 않으면 곧 큰 위엄에 이르게 된다"라고 언급된 바 있다. 그런데 이번에는 죽음이다. 백성들이 죽는 것을 두려워하지 않는다면 사는 것보다 죽는 편이 낫다고 여길 만큼 나라의 규율이 매우 잘못되어 있다는 말로 들린다. 이렇게 한계 상황에 몰린 상태에서 어찌 죽는 것으로 그들을 위협할 수 있겠느냐고 묻는다. 여기서 '그들'이란 죽음까지도 가볍게 여기며 저항하는 백성들을 말한다. 본디 형벌은 교화하는 방편으로 쓰임이 있는 것이나 목숨까지 빼앗아 처벌하는 중형을 가해도 이를 두려워하지 않는다면 근본적인 문제가 있는 것이다.

백성들이 죽음을 두려워하지 않고 극한 상황까지 도달한 사례가 바로 하나라 걸왕의 경우다. 『서경(書經)』의 '상서(尙書)'에 상나라 탕(湯)왕이 하나라의 마지막 임금인 걸(桀)을 정벌하러 나서면서 행한 연설문이 있다. 탕왕이 자신의 백성들에게 전쟁을 해야 하는 이유를 설명하면서, "하나라의 임금은 백성들이 일하는 것을 모두 막았으며, 하나라의 마을들을 모두 망가뜨렸다. 그리하여 모두가 나태하여 화합하지 못하고, 백성들은 걸왕이 언제 없어질 것인가, 내 너와 함께 죽겠노라고 말하고 있다"며 이러한 폭군을 몰아내는 것은 하늘의 뜻에 따르는 것이라 말한다.

若使民常畏死而爲奇者, 吾得執而殺之, 孰敢.
만약에 백성들로 하여금 항상 죽는 것이 두렵고 기이한 것으로 여기게 하여 그대가 집행하는 일을 맡아 죽인다면, 누가 감히 그렇게 하겠는가.

若使民(약사민)이 백서(갑)에서는 若民(약민)으로, 백서(을)에서는 使民(사민)으로 되어 있다. 두 번째 구절도 백서(갑)은 '則而爲者吾將得而殺之(칙이위자오장득이살지)'으로 앞에 '則(칙)'으로 시작했으며, 통행본의 得執(득집)은 將得(장득)으로 쓰여 있다. 또한 백서(을)과 통행본에서는 爲奇者(위기자)로 되어 있으나 백서(갑)에서는 爲者(위자)로 적혀 있음이 다르다. 마지막 구절의 孰敢(숙감)은 백서(갑을)에서는 夫孰敢矣(부숙감의)로 쓰여 있다. 판본별로 쓰인 글자는 다르나 의미에서는 크게 다르지 않다.

하상공은 "군주 자신의 잔혹함과 가혹함을 제거하고 백성을 가르쳐 이익과 욕심을 없애야 한다. 도에 의해 가르치는 데도 백성이 따르지 않고 오히려 기이하고 교묘한 일을 행한다면, 이내 왕의 법에 따라서 그를 잡아서 죽이니, 누가 감히 범하겠는가. 노자는 당시의 왕이 먼저 도와 덕에 의해 사람들을 교화시키지 않고 형벌부터 앞세우는 것을 가슴 아파한 것이다"[324)]라고 했다. 왕필은 "이상한 것으로 속여 무리를 어지럽히는 것을 기이한 짓[寄]이라고 한다"[325)]라고 짧게 주해했다. 하상공과 왕필은 법의 집행을 엄격하게 하여 세상을 어지럽히는 자를 처벌하면 감히 이를 따라 하지 않을 것이라 했다.

첫 문장에서는 백성들이 죽는 것을 두려워하지 않기 때문에 죽는 것을 가지고는 백성들을 위협할 수 없다고 말했다. 하지만 이번에는 반대로 죽음을 두렵게 만드는 상황을 이야기하고 있다. "만약에 백성들로 하여금 항상 죽는 것이 두렵고 기이한 것으로 여기게 하여 그대가 집행

324)『하상공주』"當除己之所殘剋, 教民去利欲也. 以道教化而民不從, 反為奇巧, 乃應王法執而殺之, 誰敢有犯者. 老子疾時王不先道德化之, 而先刑罰也."
325)『왕필주』"詭異亂群, 謂之奇也."

하는 일을 맡아 죽인다면, 누가 감히 그렇게 하겠는가"라고 하여 백성들이 죽음을 두렵게 여기게 만든다면 나라의 질서를 되찾을 수 있다고 말한다. 무분별한 강압 통치는 결코 백성들을 따라오게 만들 수 없음을 지적하는 것이다.

죽음이라는 것이 두려운 일이며 정상적인 상황이 아니라는 생각을 갖게 한다는 것은, 바꾸어 말하면 사람들에게 삶의 애착을 매우 높게 만들었다는 것과 같다. 가족과 이웃들과 행복한 삶을 살고 있는 나라의 백성들이라면, 가장 두려운 일은 아마 이들과 헤어지는 것이 될 것이다. 따라서 누가 감히 죽음으로 내몰리는 행동을 나서서 하겠는가. 이때에는 사형을 집행하는 일이 기이한 구경거리가 될 것이다.

이 문장이 다르게 해석되는 것은 '爲奇者(위기자)'의 '奇(기)'자 때문인 것 같다. 많은 학자들은 이를 '사악하고 괴이한 짓거리로 사람들을 어지럽히는 것'을 뜻하는 글자로 보고, 이러한 자를 잡아 죽이면 누가 나쁜 짓을 할 수 있겠느냐며 공정하고 엄격한 법 집행이 되지 못하기 때문에 백성들이 죽는 것을 두려워하지 않는 것이라고 설명한다. 그러나 이와 같은 주장은 힘의 정치를 내세우는 것으로, 노자의 도의 정치와는 거리가 있어 보인다. 주나라 시절의 『주례』를 보면 나라의 질서를 유지하기 위한 형벌제도를 엄격하게 규정하고 있다. 아울러 백성들에게 법의 엄중함을 널리 알리려면 그 집행에 있어서 누구도 거부할 수 없는 믿음이 확보되어야 한다고 말한다. 그리고 진나라가 천하를 제패하는 위업을 달성한 공로가 상앙이 법치를 확고히 한 결과라고 평가하고 있다. 하지만 법치로 나라의 질서를 바르게 잡은 상앙은 자신이 만든 법으로 목숨을 잃게 되었다. 법의 집행은 결국 사람의 몫이기에 결코 올바름을 담보할 수 없는 것이다. 생명을 거두는 일은 신의 영역이다.

常有司殺者殺, 夫代司殺者殺, 是謂代大匠斲.
항상 죽이는 일을 맡은 자가 있어 죽이는 것이다. 무릇 죽이는 자의 일을 대신하여 죽인다면, 이는 마치 큰 목수를 대신하여 나무를 베어 내는 것과 같다.

백서(갑을)에서는 若民恒且必畏死(약민항차필외사), 則恒有司殺者(칙항유사살자), 夫代司殺者殺(대사살자살), 是代大匠斲(시대대장착)으로 다른 판본보다 추가된 구절이 있으나 의미 전달에는 다름이 없다.

하상공은 "죽음을 맡은 자란 하늘을 일컫는 것이다. 높은 곳에 머물면서 아래로 임하여 사람들의 잘못을 살핀다. 하늘의 그물은 넓고 넓어 엉성하지만 놓치는 게 없다. 하늘의 도는 지극히 밝아 죽임을 맡음에도 항상함이 있어, 마치 봄에 생성되고 여름에 자라나며 가을에 결실을 맺고 겨울에 갈무리되는 것과 같고, 북두칠성이 자리를 옮겨 가는 것이 절기에 따라 움직이는 것과 같다. 임금이 죽이는 것을 대신하려 하는 것은 마치 서툰 사람이 유능한 목수를 대신해 나무를 다루는 것과 같으니 힘써도 공로가 없다"[326)]라고 하여, 임금이 죽이는 것을 대신하는 것은 아무런 공로가 없다고 했다. 왕필은 "거역하는 것은 순종하는 자의 입장에

---

326)『하상공주』"司殺者, 謂天居高臨下, 司察人過. 天網恢恢, 疏而不失也. 天道至明, 司殺有常, 猶春生夏長, 秋收冬藏, 斗杓運移, 以節度行之. 人君欲代殺之, 是猶拙夫代大匠斲木, 勞而無功也."

서는 미워하고 노여워하는 바이고, 어질지 못한 것은 사람들이 괴로워하는 바이다. 그러므로 항상 사형 집행자가 있는 것이라 했다"[327]며 순리에 따라야 함을 강조하고 있다.

마지막 문장이다. "항상 죽이는 일을 맡은 자가 있어 죽이는 것이다"라고 말한다. 앞서의 문장에서 말한 것처럼 백성들로 하여금 죽는 것이 두렵고 기이한 것으로 여기게 만들 수 있는 자가 맡아야 한다는 것이다. 이 또한 여러 차례 언급한 70장의 "말에는 근원이 있으며, 일에도 주인이 있다"는 말과 상통하는 부분이다. 그러나 아무나 죽이는 자의 일을 대신하여 사람을 죽인다면, 이는 마치 큰 목수를 대신하여 나무를 베어 내는 것과 같다고 말한다. 서투른 자가 나무를 베어 내는 모양새니, 흉내는 내고 있어도 제대로 된 작품을 만들어 낼 수는 없을 것이다.

큰 목수는 작품을 왜 만들어야 하는지 그리고 어떻게 쓰여야 하는지를 잘 숙지하고 있다. 또한 부족한 것을 핑계 삼지 않으며, 현재에 존재하는 것을 활용하여 목적물을 완성한다. 이러한 능력의 소유자이기에 장인은 나무를 다듬지만 버리는 나뭇조각이 없다. 작품을 다듬으면서 불가피하게 베어 낸 나무 조각이라도 다른 용처에 모두 활용하기 때문이다. 그러나 아직 장인의 그릇이 되지 못한 자에게 그 칼을 쥐어 준다면, 결과가 달라질 것임은 명약관화(明若觀火)하다. 그가 불필요하다고 판단하여 베어 내는 나뭇조각이 얼마나 생길지는 보지 않아도 상상할 수 있을 것이다. 노자가 큰 목수[大匠]를 등장시킨 이유다.

327) 왈필주 "爲逆, 順者之所惡忿也, 不仁者, 仁之所疾也. 故日 常有司殺也."

夫代大匠斲者 希有不傷其手矣
무릇 큰 목수를 대신하여 나무를 베어 내면 그 손을 다치지 않는 경우가 드문 법이다.

마지막 구절의 希有(희유)가 백서(갑을)에서는 則希(즉희)로 되어 있는 점이 다르다.

하상공은 "임금이 형벌을 집행하는 것은, 서툰 사람이 유능한 목수를 대신해 나무를 다루는 것과도 같아 네모와 원이 그 이치를 얻지 못하고 오히려 스스로 상한다. 하늘을 대신해 사람을 죽이는 자는 그 기강을 잃게 되며, 그 기강을 얻지 못하면 도리어 그 재앙을 받게 되는 것이다"[328]라고 풀었다. 즉 죽임을 담당하는 것은 하늘이며, 임금이 이를 대신하는 것은 서툰 사람이 목수를 대신하는 것과 같다고 했다. 소자유도 "죽임을 담당하는 것은 하늘"이라고 하면서 내가 죽이는 것도 하늘이 죽이는 것과 같은 것이며, 다만 큰 목수를 대신하는 자는 그 죽음이 자신에게까지 미치게 된다고 말했다. 많은 학자들은 이 장이 당시 가혹한 형벌로 사람들을 죽음의 길로 몰았던 통치자들의 잔혹한 폭정을 강하게 질타하는 글이라 했다.

무릇 큰 목수를 대신하여 나무를 다듬는다는 것은 도리를 모르는 자가 큰일을 담당한다는 말이니, 그 결과 손을 다치지 않는 자가 드물 것이라 했다. 목수가 손을 다치면 더 이상 나무를 다루는 일을 하지 못하게

---

328) 『하상공주』 "人君行刑罰, 猶拙夫代大匠斲, 則方圓不得其理, 還自傷. 代天殺者, 失紀綱, 不得其紀綱, 還受其殃也."

된다. 『맹자집주』에 보면, "큰 목수가 사람을 가르칠 적에 반드시 규거로서 하니, 목수 일을 배우는 자 역시 반드시 규거로서 한다(大匠誨人 必以規矩 學者亦必以規矩)"라는 말이 있다.

맹자의 입장에서는 분명한 원칙과 기준이 없으면 아무리 오감이 높다고 해도 큰 장인이 되지 못할 것이다. 법가에서는 "먹줄은 굽음에 따라 휘어지지 않는 것"이라 하여 법 앞에서의 평등함을 강조한다. 그러나 노자가 바라보는 큰 목수의 개념은 다른 듯하다. 법이 정한 대로 원칙에 따라 처리하는 것은 공정할 수는 있어도 근본적인 해결책은 되지 못한다.

모든 문제는 일의 근원을 찾아 본질을 되찾게 해야 근본적인 해결을 할 수 있다는 게 노자의 입장이다. 따라서 겉으로 드러난 것만 가지고 일을 처리하려 드는 자를 서투른 목수라 부르고, 그는 손을 다치게 된다고 말한다. 산에 있는 나무를 모두 베어 내도 상관없는 일이라면 이를 해내지 못할 사람이 어디에 있겠는가. 鳳

제 75 장

오직 살아남기 위해서 해야만 하는 것이 없어야 한다.

民之飢 以其上食稅之多 是以飢
민지기 이기상식세지다 시이기
民之難治 以其上之有爲 是以難治
민지난치 이기상지유위 시이난치
民之輕死 以其求生之厚 是以輕死
민지경사 이기상구생지후 시이경사
夫唯無以生爲者 是賢於貴生
부유무이생위자 시현어귀생

백성의 굶주림은 바치는 곡식의 세금이 많아졌기 때문으로, 이러한 연유로 굶주리는 것이다.
백성들을 다스리기 어려운 것은 위에서 하려는 바가 있기 때문으로, 이러한 연유로 다스리기가 어려운 것이다.
백성들이 죽음을 가볍게 여기는 것은 삶의 두터움을 추구하기 때문으로, 이러한 연유로 죽음을 가볍게 여기는 것이다.
무릇 오직 살아남기 위해서 해야만 하는 것이 없어야 한다. 이것이 삶을 귀하게 하는 것보다 현명한 것이다.

[해설]

民之飢, 以其上食稅之多, 是以飢.
백성의 굶주림은 바치는 곡식의 세금이 많아졌기 때문으로, 이러한 연유로 굶주리는 것이다.

'民(민)'과 '上(상)'자는 백서(갑을)에서는 '人(인)'과 '取(취)'로 되어 있으나, 의미상에는 다름이 없다.

하상공은 "백성이 굶주리고 추위에 떠는 까닭은, 군주와 윗사람들이 아랫사람들에게서 세금을 거둬들인 것이 너무 많았기 때문이다. 백성은 윗사람의 영향을 받아 탐욕스럽게 되어 도를 배반하고 덕에 어긋나게 되니, 그러므로 굶주리는 것이다"[329]라고 풀이하고 있다.

『시경』의 '위풍(魏風)편'에 있는 민요 '석서(碩鼠)'에는 위(魏)나라의 백성들이 가렴주구를 견디다 못해 낙토(樂土)를 찾아 유리·걸식하는 모습을 참담하게 표현하는 내용이 나온다. 탐오(貪汚)하고 잔인한 정치에 시달리는 백성들은 큰 쥐가 자신을 해롭게 한다고 한탄한다.

碩鼠復碩鼠(석서부석서)	큰 쥐야, 큰 쥐야!
無食我黍(무식아서)	우리 기장 먹지 마라
三歲慣汝(삼세관여)	삼 년이나 너를 섬겼지만

329)『하상공주』"人民所以饑寒者, 以其君上稅食下太多, 民皆化上為貪, 叛道違德, 故饑."

莫我肯顧(막아긍고)	나를 돌아보지 않는구나!
逝將去汝(서장거여)	떠나련다. 이제 너를 버리고
適彼樂土(적피락토)	저 행복의 땅으로 가리라
爰得我所(원득아소)	거기에서 내 쉴 곳을 찾으리라

가혹한 세금을 거두어 가는 위정자들이나 임금을 큰 쥐라는 뜻의 석서(碩鼠)로 부른 것 같다. 힘들게 농사를 지었지만 수확물을 갉아먹고 훔쳐 가는 얄미운 자가 바로 쥐이기 때문이다.

이 문장에서는 백성이 굶주리는 이유를 곡식에 대한 세금이 많아졌기 때문이라 했다. 상식(上食)은 백서에서는 취식(取食)으로 적혀 있다. 범응원은 '먹을 것'과 '세금'으로 나누어 풀이했으며, 서명응은 조세(租稅)로, 한편에서는 식세(食稅)라 하여 양식세금으로 설명하기도 한다. 食(식)자는 사전적 의미에서 음식이나 생활, 생계 등이다. 대체로 서로 통하는 의미지만 아래 문장과의 관계로 보아 식세(食稅)로 읽는 것이 적절하다고 보인다. 즉 곡식에 붙는 조세다.

고대 중국의 세법을 보면, 하나라는 세대 당 전지 50묘를 주고 공법(貢法)을 행했고, 은나라는 세대 당 70묘를 주고 조법(助法)을 행했으며, 주나라는 세대 당 100묘를 주고 철법(徹法)을 행했다. 용자(龍子)는 "토지를 다스리는 데는 조법보다 좋은 것이 없고, 공법보다 나쁜 것이 없다"라고 말했다. 공법의 경우, 흉년이 들어도 이를 감안하지 않고 주어진 세금을 다 거두어 가니 굶어 죽는 이가 발생했다 한다. 백성들의 형편을 감안하지 않고 무리하게 공사를 벌이거나 전쟁에 대비한 식량을 비축하는 등, 각종 명목을 붙여 세금을 거둬들이기 때문이다. 풍년이 들어 여유가 있다면 위에서 거둬들인다 해도 굶주리는 자가 있겠는가.

> 民之難治, 以其上之有爲, 是以難治.
> 백성들을 다스리기 어려운 것은 위에서 하려는 바가 있기 때문으로, 이러한 연유로 다스리기가 어려운 것이다.

> *難治(난치)가 백서(갑을)에서는 不治(불치)로 되어 있는 부분이 다르긴 하나, 의미상으로는 차이가 없다.*

하상공은 "백성을 다스릴 수 없는 것은 군주와 윗사람들이 하고자 함이 많고 유위를 좋아하기 때문이다. 이 때문에 백성도 윗사람의 유위에 영향을 받고, 거짓된 정서로 백성을 다스리기가 어려운 것이다"[330]라고 했다. 다스리기가 어려운 까닭을 윗사람들의 잘못된 행태를 아래에서 따라가기 때문으로 본 것이다. 왕필도 비슷하게 "백성들이 멋대로 행동하고 다스림이 어지러워지는 까닭은, 모두 윗사람들에게 원인이 있는 것이지 아랫사람들에게 연유하는 것이 아니다. 백성들은 윗사람을 좇기 때문이다"[331]라고 말한다.

노자는 백성들을 다스리기 어려운 이유를 윗자리에서 '有爲(유위)' 하기 때문이라 했다. 위에서 백성들이 본업인 농사를 짓는 데 전념하도

---

330) 『하상공주』 "民之不可治者, 以其君上多欲, 好有為也. 是以其民化上有為, 情偽難治."
331) 『왕필주』 "言民之所以僻, 治之所以亂, 皆由上, 不由其下也. 民從上也."

록 내버려두지 않고 이와는 상관이 없는 곳에 강제로 동원하거나 자연스러운 삶을 규제하기 때문이라는 것이다. 진고응도 "(유위는) 정치적 명령이 번거롭고 가혹하여 강제로 함부로 행하는 것이다"라고 해석하고 있다.

노자는 천하의 다스림은 하늘의 도를 본받아야 한다고 주장한다. 도의 순리를 말하는 것으로, 자연의 질서를 근본으로 하고 있다. 물론 다스리는 자의 유위는 본디 나라와 백성들을 위한 마음에서 출발한 것이다. 다만 이러한 유위는 앞장에서 지적한 바와 같이 큰 목수를 대신하여 나무를 베어 내는 경우가 되면 안 될 것이다.

民之輕死, 以其求生之厚, 是以輕死.
백성들이 죽음을 가볍게 여기는 것은 삶의 두터움을 추구하기 때문으로, 이러한 연유로 죽음을 가볍게 여기는 것이다.

판본별로 '어조사 야(也)'가 구절에 포함되어 있는 것을 제외하면 다름이 없다.

하상공은 "백성이 죽음을 가볍게 범하는 것은 생활에서 지나치게 넉넉함을 바라기 때문이다. 백성은 이익을 탐하다가 스스로를 위태롭게 만든다. 지나치게 넉넉한 생활을 추구하기 때문에 쉽게 죽음의 땅으로 들어가는 것이다"[332]라고 했다. 백성들이 윗사람들의 영향을 받아 무절제한 향락에 도취하면 스스로 위태롭게 되는 줄 모르는 것이라고 풀이한 것이다.

332)『하상공주』"人民所以侵犯死者, 以其求生活之道太厚, 貪利以自危. 以求生太厚之故, 輕入死地也."

백성들이 두려워해야 할 죽음을 가볍게 여기는 연유를 삶의 두터움을 원하기 때문이라고 설명했다. 여기서 두터움[厚]이란, 삶이 풍족하여 넘쳐나는 상태를 말하는 것이 아니다. 두텁다는 것은 가족이 굶주리지 않고 외부에 시달리지 않는 지족한 삶이다. 생존의 근본적인 문제이기 때문에 백성들의 입장에서는 목숨을 바쳐서라도 지킬 수밖에 없는, 선택의 여지가 없는 일이다. 따라서 백성들의 생계와 관련된 문제이므로 나라를 다스리는 데 있어서 어느 것보다 소중하게 여겨야 함을 강조하고 있다.

> 夫唯無以生爲者, 是賢於貴生.
> 무릇 오직 살아남기 위해서 해야만 하는 것이 없어야 한다. 이것이 삶을 귀하게 하는 것보다 현명한 것이다.

'是賢於貴生(시현어귀생)'의 구절이 백서(갑을)에서는 '是賢貴生(시현귀생)'으로 되어 있다. '어조사 어(於)'자가 이후 판본에서 추가되었음을 알 수 있다.

이 문장의 풀이로 하상공은 "무릇 생활에만 힘쓰지 않는 사람이 벼슬과 녹봉에 관여하지 않으니, 재산과 이익에 몰두하지 않는다. 천자도 신하로 삼을 수 없고 제후도 부릴 수 없다. 때문에 이런 사람은 생활을 중시하는 사람보다 현명하다"[333]라고 풀이했다.

글의 마지막 부분에서 앞에서 설명한 것들을 정리해 주고 있다. "무

333)『하상공주』"夫唯獨無以生為務者, 爵祿不干於意, 財利不入於身, 天子不得臣, 諸侯不得使, 則賢於貴生也."

릇 오직 살아남기 위해서 해야 하는 것이 없어야 한다"라고 말한다. 백성들이 죽음을 당하는 것을 마다하지 않고 어떠한 행동도 불사해야만 하는 참담한 지경으로 나라를 이끌어서는 안 된다는 당부의 말이다. 인간생활의 기본 요소인 의식주 가운데 특히 먹는 것은 인간의 생존에 기초가 되는 조건이다. 무엇으로도 대체하기 어려운 것으로, 가족의 생계를 책임진 입장이라면 불속에라도 뛰어들 만큼 먹는 것의 결핍은 다른 방법으로 해결할 수 없다. 이 때문에 여유가 있을 때 식량을 비축하고, 흉년이 들면 세금을 감해 주고, 위에 것을 아래에 채워 주는 것이 나라살림의 기본이라 할 것이다. 이것은 나라의 근본을 지키는 백성을 보살피는 군주의 덕이다. 따라서 무엇을 이루려는 욕심에 앞서 백성들이 굶주리지 않는지를 살펴보는 것이 치자의 우선 덕목이며, 이것이 백성들의 삶을 귀하게 하는 것보다 더 현명한 것이라 말하고 있다. 나라의 살림살이에 있어 백성들을 부유하게 하는 일보다 굶주리지 않게 하는 일이 우선되어야 한다는 말씀이다. 鳳

제 76 장

굳어지고 강한 것은 죽음의 무리이고, 부드럽고 약한 것은 삶의 무리이다.

人之生也柔弱 其死也堅強

인지생야유약 기사야견강

萬物草木之生也柔脆 其死也枯槁

만물초목지생야유취 기사야고고

故堅強者死之徒 柔弱者生之徒

고견강자사지도 유약자생지도

是以兵強則不勝 木強則兵

시이병강즉불승 목강즉병

強大處下 柔弱處上

강대처하 유약처상

사람이 살아 있을 때에는 부드럽고 약하지만, 죽음에 있을 때에는 굳어지고 강해진다.
만물 초목은 살아 있을 때에는 부드럽고 연하지만, 죽음에 있을 때에는 시들고 마른다.
그러므로 굳어지고 강한 것은 죽음의 무리이고, 부드럽고 약한 것은 삶의 무리이다.
이런 까닭에 군사가 강하면 승리하지 못하고, 나무가 강하면 군사와 같다.
강하고 큰 것은 아래에 머물고, 부드럽고 약한 것은 위에 머무는 것이다.

[해설]

人之生也柔弱, 其死也堅强.
사람이 살아 있을 때에는 부드럽고 약하지만, 죽음에 있을 때에는 굳어지고 강해진다.

堅强(견강)이 백서(갑을)에서는 筋肕堅强(근인견강)으로 '근육이 질기다'라는 의미를 더하고 있다.

하상공은 "사람이 살아 있을 때는 조화로운 기운을 머금고 정기와 오장신을 껴안기 때문에 부드럽고 약한 것이다. 사람이 죽으면 조화로운 기운이 고갈되고 정기와 오장신이 사라지기 때문에 단단하고 강해진다"[334]라고 했다. 조화로운 기운을 그 원인이라 보았다. 오징은 "사람이 태어나면 곧 피부가 유연하고 활동적이어서 굽히고 펼 수가 있으나, 죽으면 곧 차갑고 굳어지며 단단하고 곧아져서 굽히거나 펼 수 없음을 말한다"라고 했다.

서두에서 살아 있는 것과 죽어 있는 것을 비교하며 말문을 열고 있다. 백서에 힘줄이 질기다는 뜻의 '筋肕(근인)'이 추가로 들어가 있는 것으로 보면, 신체적으로 경직된 모습을 그리고 있다. 하지만 노자가 물질적인 측면에서 인간의 특성을 논하고자 말문을 시작할 리는 없을 것이다. 유약(柔弱)이라는 글자는 『도덕경』에서 물(水)의 특성을 빌어 부드럽

334) 『하상공주』 "人生含和氣, 抱精神. 故柔弱也. 人死和氣竭, 精神亡, 故堅強也."

고 약한 것이 강한 것을 이긴다고 하면서 유약함의 강함을 설명할 때 사용되었다. 이 문장에서 중요한 글자는 '堅强(견강)'이다. 굳센 것을 표현하는 견(堅)은 이 글에서는 굳어져 단단해져 있는 상태를 말한다. 즉 물기가 빠져 유연함이 사라진 상태다. 사람의 의식이나 행동이 강한 쪽으로만 집중되어 있는 모습을 비유하고 있다. 인간이 자연스럽지 못한 죽음의 목전에 다다르면 여유가 없어져 한쪽으로만 일방적으로 나아가는 비정상적인 몸부림을 보이는 것과 같다. 글의 서두에서 화두를 던졌으니 우리를 일깨우는 답을 줄 것이다.

> 萬物草木之生也柔脆, 其死也枯槁.
> 만물 초목은 살아 있을 때에는 부드럽고 연하지만, 죽음에 있을 때에는 시들고 마른다.

판본들의 기록은 서로 다르지 않다.

하상공은 "화기가 있기 때문이다. 화기가 흩어졌기 때문이다"[335]라고 하여, 앞에서와 같이 삶과 죽음은 조화로운 기운(和氣)의 존재 여부에 있다고 말했다.

처음에 사람의 경우를 말했다면 이번 문장에서는 초목을 들어 설명하고 있다. 앞서 사람의 경우 '유약(柔弱)'으로 적었고, 풀과 나무는 유취(柔脆)라고 해서 풀과 나무의 특성대로 표현하고 있다. 아울러 초목이

335)『하상공주』"和氣存也. 和氣去也."

죽어갈 때는 시들고 마른다고 했다. 사람의 경우 단단하고 강해진다고 표현한 것과 대비해 보면 유연성이 사라졌다는 면에서 동일하다. 무릇 유연성이 물과 같은 성질이라면 인체와 초목이 죽어가면서 단단해지고 시드는 것과 연관지어 생각해 볼 수 있다.

만물은 물을 머금고 있는 정도에 따라 유연성이 비례한다. 또한 물은 생물체 내부에서 각 기관과 말초에 이르기까지 영양을 공급하고 해로운 물질을 배출하는 유기적인 소통 통로다. 죽음은 생명을 유지하는 물의 소통이 약해지며 차단되어 가는 과정이다. 식물의 경우에는 생존이 어려워지면 몸체 일부의 영양 공급을 차단하여 몸집을 줄여 가면서 삶을 지탱한다.

故堅强者死之徒, 柔弱者生之徒. 是以兵强則不勝, 木强則兵.
그러므로 굳어지고 강한 것은 죽음의 무리이고, 부드럽고 약한 것은 삶의 무리이다. 이런 까닭에 군사가 강하면 승리하지 못하고, 나무가 강하면 군사와 같다.

'柔弱者(유약자)'는 백서(갑)에서는 '柔弱微細(유약미세)'로 좀 더 자세히 언급하고 있다. '兵(병)'은 백서(갑을)에는 '화톳불 홍(烘)'으로, 하상공본에는 '한 가지 공(共)'자로 쓰여 있다.

하상공은 "이상의 두 가지 일을 통해 볼 때 단단하고 강한 것은 죽고, 부드러운 것은 산다는 것을 알 수 있다. 강대한 군사는 전쟁을 가볍게 여기고 죽임을 즐긴다. 독기가 흐르고 원한이 맺혀지니, 여러 약한 자들이 하나로 뭉쳐 강함을 이루게 된다. 그러므로 이기지 못하는 것이다"[336] 라고 했다. 왕필의 풀이는 간결하다. "강한 군사는 천하에서 난폭하게 굴기 때문에 사물들이 미워하는 바이며, 그러므로 반드시 승리하지 못한다. (나무가 강하면 재앙을 당하는데) 물은 더하는 바가 있다"[337]라고 했다.

이 문장도 앞서와 비슷하다. 다만 견강함을 죽음의 무리로, 유약함을 생의 무리로 확대하고 있다. 무언가 전하고자 하는 메시지가 있어 보인다. "굳어지고 강한 것은 죽음의 무리이고, 부드럽고 약한 것은 삶의 무리이다"라고 말하고 있다. '굳셀 강(强)'자를 사전에서 찾아보면 강하다는 의미 이외에 '기운이나 세력이 한창 왕성하다, 강제로 하다, 억지로 시키다, 순종하지 아니하다'라는 뜻을 담고 있다. 이 장에서는 '부드러울 유(柔)'자와 대비되어 쓰이고 있는 것을 보면, 앞에서 설명한 것과 같이 유연성이 떨어진 것으로 이해할 수 있다. 여기에 더하여 굳어져 간다고 했다. 굳어지는 것은 더 이상의 유연성을 찾아볼 수 없이 강한 면이 더 두드러지는 상태다. 따라서 융통성이 사라진 상태다. 결국 삶과 죽음은 유연성의 다소(多少)에 달려 있다 해도 무리가 없어 보인다.

이어서 "이런 까닭에 군사가 강하면 승리하지 못하고, 나무가 강하면 군사와 같다"라고 말한다. 여기서 의문을 제기할 수도 있다. '강하면 싸움에서 승리하지 못한다'는 말은 항상 성립될 수 없는 전제로, 선뜻 신뢰하기 어려울 것이다. 이 때문에 왕필은 난폭하게 굴기 때문이라고 해석

336)『하상공주』"以上二事觀之, 知堅強者死, 柔弱者生也. 強大之兵輕戰樂殺, 毒流怨結, 衆弱為一強, 故不勝."
337)『왕필주』"强兵以暴於天下者, 物之所惡也, 故必不得勝. 物所加也."

했고, 오징도 강하다는 교만심 때문에 오히려 전쟁에서 질 수 있다고 그 이유를 제시하고자 노력했다. 대체로 군사가 강하면서도 전쟁에 지는 것은 지휘관의 전술 실패 때문이지 군사력의 강함 때문이 아니다. 그렇다면 강함이 왜 이길 수 없다는 말인가? 그동안 이러한 의문은 많은 학자들을 고심하게 만들었고, 궁여지책으로 글자에서 오류를 찾아보게 만들었지만 아직까지 명쾌한 답을 얻지 못하고 있다.

이 구절에서는 '강한 군사가 패하는 이유'를 유연성이 없기 때문으로 보고 있다. 군사란 원래 강한 무리인데 이에 더하여 강하다고 하였으니 견강(堅强)한 상태를 말함이다. 앞 글에서 굳어지고 강한 것은 죽음의 무리라 말한 것처럼, 67장에서도 자애로움을 버리고 용감함을 우선시하면 죽는다고 하였으며 무릇 자애로움이란 싸움에서 쓰면 이긴다고 말했다.

이어서 "나무가 강하면 군사와 같다"라고 했다. 이 구절에서 兵(병)자는 판본마다 烘(홍)·共(공)·兢(긍)·절(折) 등으로 다양하게 쓰여 있다. 그만큼 이해하기 어려운 부분이었던 셈이다. 병(兵)자가 백서(갑을)에는 '화톳불 홍(烘)'으로 적혀 있는데, 이는 바깥에 장작 따위를 모아 지펴 놓은 불이라는 뜻이다. 나무를 불을 땔 때나 사용한다는 말이니, 살아 있는 나무가 아님을 말하고 있다. 이처럼 나무도 유약함이 사라지면 앞의 군사의 경우처럼 살아 있는 나무로서의 가치를 잃게 된다는 말이다.

이 구절에서 판본마다 兵(병)자와 다르게 사용된 글자를 보면, 하상공본의 경우 共(공)은 앞의 경우와 '한 가지'란 뜻이고, 兢(긍)은 '나무가 두려워하다'라는 의미이며, 절(折)은 '나무가 꺾인다'는 뜻이다. 전하려는 의미에서는 크게 다르지 않다.

強大處下, 柔弱處上.
강하고 큰 것은 아래에 머물고, 부드럽고 약한 것은 위에 머무는 것이다.

'柔弱(유약)'은 앞서와 같이 백서(갑)에서는 '柔弱微細(유약미세)'로 되어 있으며, 處上(처상)은 백서(갑을)에서는 居上(거상)으로 되어 있다.

하상공은 "뿌리가 강하고 크면 가지와 잎사귀들이 그 위에서 함께 산다. 사물을 흥성하게 하고 공을 이루니, 큰 나무는 아래에 놓이고 작은 사물은 위에 놓인다. 하늘의 도는 강한 것을 누르고 약한 것을 부축하는 것이니, 자연의 드러냄이다"[338]라고 했다. 왕필은 "강대한 것이 아래에 처한 것은 나무의 뿌리이고, 유약한 것이 위에 처하는 것은 뻗어 나온 가지다(木之本也 枝條是也)"라고 했다. 엄군평(嚴遵)은 "천지의 이치는 작은 것은 큰 것을 실을 수 없고 가벼운 것은 무거운 것을 실을 수 없다. 따라서 강한 사람은 왕이 될 수 없고 나무가 강하면 위에 처할 수 없다"라고 말했다.

서두에서 삶과 죽음이라는 화두를 던지면서 말문을 열고서는, 사람과 초목의 예를 들어 설명해 왔다. 그리고 말미는 노자가 말하고자 했던

338) 『하상공주』 "本強大則枝葉共生其上. 興物造功, 大木處下, 小物處上. 天道抑強扶弱, 自然之效."

글로 마무리하고 있다. 앞에서 살펴본 바와 같이 만물의 도는 "강하고 큰 것은 아래에 머물고, 부드럽고 약한 것은 위에 머무는 것이다"라고 했다. 혹자들은 앞장의 글에서는 귀하고 높은 자는 아래에 처하는 것이라 하였는데, 이 장에서는 강(强)한 것은 죽음을 상징한다고 말하면서 아래에 처한다고 말하고 있으니 갈피를 잡기 어렵다고 한다. 이 때문에 오징은 "군사를 쓸 때 약함을 보이는 것은 깊고도 교묘하게 도모하는 것으로 적이 가벼이 보고 희롱하려고 한다. 그래서 승리할 수 있다. 강함만을 믿는 자는 사려함이 얕고 교만하여서 적이 두려워하여 그것을 대비하게 하니 이길 수 없다"라고 풀이했다. 즉 극히 예외적인 상황으로 설명한다. 진고응도 "모든 강대한 것은 오히려 낮은 자리에 있고, 모든 유약한 것은 오히려 높은 곳에 처한다"라고 '오히려'를 강조했다.

이처럼 이 문장의 이해를 둘러싸고 의견이 분분하다. 필자는 이 문장의 글이 앞에서 노자가 말해 온 바와 궤를 달리하고 있다고 생각하지 않는다. 『도덕경』에서 다스리는 자와 관련된 '下(하)'자의 쓰임은 "위에 있는 자는 아래에 있는 자의 처지를 잘 살피기 위해 그 마음을 아래로 두라"고 하거나, "선을 베푸는 방법은 물과 같이 위에서 아래로 흐르게 하라"는 것, 그리고 "높은 건물을 지으려면 토대인 아래의 백성들이 튼튼해야 한다"는 등 나라의 토대가 되는 아래를 소중하게 여기도록 강조해 왔다. 이 문장 역시 통치자의 자세를 역설하는 것으로 강하고 큰 힘을 가진 군주는 부드럽고 유연한 자세로 아래의 백성들을 보살펴야 계속 성장하면서 나아갈 수 있다는 말씀이다.

모든 만물은 강함과 유약함의 조화를 통해 살아간다. 따라서 나라가 크고 강하면 어느 곳이 굳어지지 않도록 세심하게 돌보란 말씀이다. 크거나 작아도 유연해야 생명력을 가질 수 있다. 오래된 나무와 같이 밑둥을 튼튼히 하고 끊임없이 가지와 잎에 영양분을 주고받을 수 있다면 수천 년을 넘게 살아 남을 수 있을 것이다. 鳳

제 77 장

하늘의 도는 마치 시위를 걸어 놓은 활과 같다.

天之道 其猶張弓與

천지도 기유장궁여

高者抑之 下者擧之 有餘者損之 不足者補之

고자억지 하자거지 유여자손지 부족자보지

天之道 損有餘而補不足

천지도 손유여이보부족

人之道則不然 損不足以奉有餘

인지도즉불연 손부족이봉유여

孰能有餘以奉天下 唯有道者

숙능유여이봉천하 유유도자

是以聖人爲而不恃 功成而不處 其不欲見賢

시이성인위이불시 공성이불처 기불욕견현

하늘의 도는 마치 시위를 걸어 놓은 활과 같구나!
높은 것은 누르고 아래에 있는 것은 들어 올리며, 여유가 있으면 덜어 내고 부족하면 더해 준다.
하늘의 도는 이렇게 여유가 있는 것을 덜어서 부족한 것에 채워 준다.
사람의 도는 그러하지 아니하여 여유를 받들어서 부족한 데에서 덜어 낸다.
누가 천하를 받들어서 여유가 있도록 할 수 있겠는가. 오직 도가 있는 자일 것이다.
이 때문에 성인은 하면서도 믿고 의지하지 않게 하고, 공을 이루고도 머물지 않으며, 그 현명한 것을 나타내려고 하지 않는다.

[해설]

> 天之道, 其猶張弓與.
> 하늘의 도는 마치 시위를 걸어 놓은 활과 같구나!

天(천)은 백서(갑)에서는 天下(천하)로 되어 있음이 다르고, 어조사 與(여)는 也(야)나 乎(호)로 같은 어조사가 쓰여 있다.

하상공은 "하늘의 도는 어둑해 볼 수 없으므로 구체적 사물을 들어서 비유로 삼는다"[339]라고 풀이한다.

이 장에서는 하늘의 도와 인간의 도를 설명하고 있는데, 하늘의 도를 '張弓(장궁)'에 비유하고 있다. 장궁에 대한 해석은 대체로 둘로 나뉘는 것 같다. '활시위를 당기는 것'으로 보거나 '활시위를 걸어 놓은 상태'로 보는 것이다. 필자는 '시위를 걸어 놓은 활'로 풀이했다.

활은 옛날 전쟁에서 사용되던 무기 중 하나다. 춘추전국시대에는 원거리에서도 상대를 살상할 수 있는 강력한 힘을 발휘하였기에 활을 쏘는 궁수를 훈련하는 데 많은 시간과 노력을 들였다. 전쟁에 나서는 병거(兵車)에는 병사 세 명이 탔는데 그중 한 명은 활을 쏘는 전문 궁수였다. 이 구절에서의 장궁(張弓)이란 활을 쏠 수 있도록 시위를 고자에 걸어 놓은 활로, 일명 '얹은 활'이라고 부른다. 또한 사용하지 않을 때는 활이 탄력을 잃어버리지 않도록 시위를 부려놓는데, 이때 원래의 모습으로 돌아간

339) 『하상공주』 "天道暗昧, 舉物類以為喻也."

C자형의 활을 '부린 활(弛弓)'이라고 부른다. 시위를 걸어 놓는다는 말은 활의 기능을 갖춘 상태라는 뜻이다. 그럼 노자는 왜 하늘의 도를 장궁의 상태와 같다고 했을까. 그 이유를 살펴보자.

> 高者抑之, 下者擧之, 有餘者損之, 不足者補之.
> 높은 것은 누르고 아래에 있는 것은 들어 올리며, 여유가 있으면 덜어 내고 부족하면 더해 준다.

모든 판본들의 기록이 동일하나, 하상공본에서만 '도울 보(補)'가 아닌 '줄 여(與)'로 표기했다. '돕다'나 '베풀다'는 뜻으로 표현하고자 한 것으로 보인다.

하상공은 이 문장의 풀이를 "활에 시위를 걺이 조화를 이루니, 이와 같아야 비로소 사용할 수 있다는 말이다. 대저 높은 것은 내리 누르고 낮은 것은 들어 올리며 강한 것은 덜어 내고 약한 것은 보태 주는 것, 이 것이 하늘의 도이다"[340]라고 했다.

이 문장을 노자의 글이라고 볼 수 없다는 목소리도 있다. 여유가 있는 것을 덜어서 부족한 것에 더해 주는 것은 무위가 아니라 인위인데, 노자가 주장하던 무위를 실천하려면 높이 있는 것은 높이 있게 그냥 두어야 하는 것이 아니냐고 되묻는다. 이는 다른 장에서도 같은 논란이 있었던 문제로, 전체적인 글에 대한 해석의 차이에서 비롯된 것이다.

340)『하상공주』"言張弓和調之, 如是乃可用耳, 夫抑高擧下, 損強益弱, 天之道也."

노자는 하늘의 도를 설명하기 위해 시위를 걸어 놓은 활을 비유했다. 활은 사용하지 않을 때에는 탄력을 잃지 않도록 시위를 풀어 놓는다. 팽팽하게 당겨진 시위를 부려 놓으면 C자형으로 움츠러드는데, 배부른 곳은 더 나오고 낮은 곳은 안으로 더 들어가 있는 모양이 된다. 이처럼 구부러져 있는 활을 이궁(弛弓)이라 한다. 그리고 다시 활을 사용하려면 시위를 걸어야 하는데, 이궁 상태에서 시위를 걸면 배가 불렀던 곳은 눌러져 낮아지고 안으로 구부러져 있던 양끝은 추켜올려진다. 시위만을 걸었을 뿐이지만 활은 제 모습을 찾고 그 기능을 행사할 수 있게 된 것이다. 이러한 장궁의 모습이 바로 하늘의 도가 여유가 있으면 덜어 내고 부족하면 더해 주는 것과 비슷하다는 말씀이다.

그럼 어떻게 위에 것은 덜어 내고 부족하면 더한다는 것인가. 우리는 자연 생태계에서 그러한 것을 쉽게 볼 수 있다. 상위포식자는 먹이로 삼을 대상이 많아 쉽게 식량을 구할 수 있는 반면에 번식 능력이 약하게 하여 개체수를 적게 유지하도록 하고, 먹이사슬의 아래로 내려갈수록 하위 피식자는 남에게 먹잇감으로 쉽게 내어 주는 반면에 번식 능력을 높여 서로가 공존하는 데 적절한 개체수를 유지하고 있다.

天之道, 損有餘而補不足. 人之道則不然, 損不足以奉有餘.
하늘의 도는 이렇게 여유가 있는 것을 덜어서 부족한 것에 채워 준다. 사람의 도는 그러하지 아니하여 여유를 받들어서 부족한 데서 덜어 낸다.

이 문장에서는 '도울 보(補)'자 대신 백서(을)에서는 '더할 익(益)'

으로 '돕다, 보조하다'라고 표현했다. 대체로 '人之道則不然(인지도칙불연)'이라고 쓰여 있으나 백서(을)에서만 '人之道'라고 짧게 표현했다.

하상공은 "하늘의 도는 남음이 있는 것을 덜어서 겸손하게 더해 주니, 늘 중화로 으뜸을 삼는다. 인간의 도는 하늘의 도와 상반되어, 세속의 사람들은 가난한 자의 것을 덜어 내어 부유한 자를 받들고, 약한 자의 것을 빼앗아 강한 자에게 더해 준다"[341]라고 했다.

왕필은 "천지와 더불어 덕을 합치하면, 이내 능히 하늘의 도와 같이 포용할 수 있다. 사람의 양은 같으나 각기 몸은 가지고 있어, 서로 균등하게 얻는 것은 아니다. 자신의 몸을 돌보려는 생각이 없고 사사로움도 없이 스스로 그러하다면, 그러한 후에야 천지와 더불어 덕을 합치할 수 있다"[342]라고 설명했다. 인간의 도에는 사사로움이 있다는 말이다. 이어서 왕필은 "비록 채워져 있는 곳에 머물면서 비움을 온전히 하는 것에 능하더라도, 있는 것을 덜어 내어 없는 것에 보태고, 자기의 빛나는 것을 나타내지 않고 티끌과 함께하고, 허물어뜨려서 균등하게 할 수 있는 것은 오직 도만 그러할 수 있다. 이 때문에 성인은 그 현명함을 내보이지 않음으로써 천하를 고르게 한다"[343]라고 말한다. 소자유도 하늘은 사사로운 것이 없어 균등할 수 있으나 사람은 사사로운 것이 많아서 균등하지 못하다고 말하면서, 도가 있는 자는 남을 위하기 때문에 자기는 더욱 있게 되며 이미 남에게 주었기 때문에 자기는 더욱 많아진다고 했다.

---

341) 『하상공주』 "天道損有餘而益謙, 常以中和為上. 人道則與天道反, 世俗之人損貧以奉富, 奪弱以益強也."
342) 『왕필주』 "與天地合德, 乃能包之如天之道. 如人之量, 則各有其身, 不得相均. 如惟無身無私乎. 自然, 然後乃能與天地合德."
343) 『왕필주』 "言唯能處盈而全虛, 損有以補無, 和光同塵, 蕩而均者. 唯其道者也. 是以聖人不欲示其賢, 以均天下."

그러나 여기서 우리가 의심해 보아야 할 것이 있다. 노자는 분명 하늘에 도가 있는 것처럼 사람에게도 도가 있음을 뜻하는 '사람의 도[人之道]'라고 했다. 도(道)라는 신성함이 인간이라는 글자와 합쳐지면서 마치 도의 근본을 상실한 개념처럼 해석되고 있다. 노자께서 이러한 인간들의 잘못된 행태에도 도라는 이름을 사용했을까?

이 문장에서의 '도울 보(補)'자는 '돕다, 보태다'의 뜻이지만 해어진 부분을 꿰매는 '깁다'라는 의미도 가지고 있다. 이는 넉넉하게 살아가도록 보태는 것이 아니라 위급한 정도를 면해 주는 정도로 더하는 것이다. 이처럼 하늘의 도는 만물이 스스로 남으면 덜어 내고 부족하면 최소한의 상태를 유지할 수 있도록 채워 주어 모두가 삶을 이어갈 수 있도록 돕는다. 그런데 인간의 도는 하늘의 도와 달리 유여함을 받든다는 것이다. 그것도 부족한 곳에서 덜어서 여유가 있는 바를 추구한다고 했다.

이 문장에서는 '받들 봉(奉)'자를 쓰고 있는데, '공손히 두 손으로 받쳐 들다'라는 의미로 본받을 만한 것을 받들거나 섬긴다는 뜻이다. 따라서 사사로운 욕심을 가지고 윗사람에게 바치거나 빼앗은 행동을 지칭하는 글자가 아니다. 인간은 다른 동물과는 달리 미래를 준비하는 특별함을 가지고 있다. 삶을 두텁게 한다고 말하기도 한다. 사람들은 시간이 흐르면서 어려움을 겪지 않으려는 지혜가 생겨나 안정적인 미래를 위해 곡식과 가축을 기르거나 저장을 하게 되었다. 아무리 배가 고파도 곡식과 가축의 종자를 남기고 자식이 태어날 것을 감안하여 재물을 비축하는 등, 부족한 것에서도 덜어 내는 것을 당연시하는 속성을 가지게 되었기에 이를 사람의 도라 말하는 것이다.

그렇다면 무엇이 문제가 되는 것일까? '인간의 도'처럼 미래를 대비하여 모두가 선량하게 비축하고 어려움을 방비하면 아주 이상적이며 만물과 조화롭게 살아갈 수 있을 것이다. 그러나 안타깝게도 여유로움에 대한 정도가 넘쳐 자신의 창고가 넘치고 있음에도 이를 족하다 여기지 못하고 무한정 남의 것에 욕심을 가지는 인간이 있기 때문에 문제가 되는 것이다. 노자는 이것을 지적하고 있는 것이다. 미래를 대비하는 인간의 본성은 신체적으로 약한 존재가 자연에서 살아남을 수 있는 방편으로, 천하와의 공생을 위한 조화의 산물이며 아름다운 것이었다. 그러나 쉬운 다른 방법으로 이를 이루고자 하기 때문에 문제가 되는 것이다. 이처럼 왜곡된 탐욕이 다툼을 가져오고 자연의 시스템을 훼손하는 일이라면 모두를 위해 누군가는 바로잡아야 할 것이다.

孰能有餘以奉天下. 唯有道者.
누가 천하를 받들어서 여유가 있도록 할 수 있겠는가. 오직 도가 있는 자일 것이다.

백서(갑을)에서는 '孰能有餘而有以取奉於天者乎(숙능유여이유이취봉어천자호)'로 좀 더 자세하게 표현되어 있다. 표현하고자 하는 뜻은 같다고 본다.

하상공은 "누가 남음이 있는 자리에 있으면서 스스로 벼슬의 녹봉을 살펴서 천하의 부족한 사람들을 받들 수 있느냐는 말이다. 오직 도를 지닌 군주만이 이것을 행할 수 있다고 말하는 것이다"[344]라고 했다.

하상공의 해설처럼 천하를 받들어 모두의 삶을 여유롭게 할 수 있는 사람은 성인일 것이다. 도를 행하는 자이기 때문이다. 앞에서 말씀한 바와 같이 하늘의 도는 여유가 있으면 덜어 내고, 부족하면 채워 주는 것이다. 땅에서는 이를 본받아 무위와 무사, 무욕함의 덕으로 위에서 덜어 아래에 채워 주도록 하는 것이 조화를 유지하는 방편일 것이다. 인간은 불확실한 미래를 대비하여 비축한다. 사람들이 이를 벗어나 과도한 욕심을 부리지 않는다면 질박함에서도 지족함을 느낄 수 있다. 지족함은 여유를 얻는 일이며, 여유는 자신을 아끼며 서로를 사랑하게 만든다. 이것이 여유를 받드는 인간의 도이다. 이를 행할 수 있는 자는 위에 있는 성인밖에 없다는 말씀이다.

是以聖人爲而不恃, 功成而不處, 其不欲見賢.
이 때문에 성인은 하면서도 믿고 의지하지 않게 하고, 공을 이루고도 머물지 않으며, 그 현명한 것을 나타내려고 하지 않는다.

백서(을)에서는 '是以聖人爲而弗有, 成功而弗居也, 若此其不欲見賢也'라고 좀 더 자세히 표현하고 있다.

하상공은 "성인은 덕을 행하여 베풀지만 그 보답을 기대하지 않는다. 공이 완성되고 일이 이루어져도 그 자리에 머물지 않는다. 사람들이

---

344) 『하상공주』 "言誰能居有餘之位, 自省爵祿以奉天下不足者乎. 唯有道之君能行也."

자신의 어짊을 알기를 바라지 않아 공을 감추고 영화로움에 머물지 않는다. 하늘을 경외하여 남음이 있어 덜어 내는 것이다"[345]라고 성인의 행적이 바로 하늘의 도를 따르고 있음을 설명하고 있다.

마지막 문장으로, 성인의 용모를 설명하고 있다. 여러 차례 반복되는 구절이어서 이제는 익숙해진 글귀이다. 노자가 살았던 시대는 정치사회적으로 대단히 혼란스러워 빈부의 격차가 심했고, 힘의 논리가 작동되어 약한 자의 재물을 빼앗는 것이 성행하였다. 따라서 이러한 세태가 지속되면 머지않아 모두가 파멸의 길로 나아갈 것을 우려하고 있었을 것이다. 노자는 『도덕경』을 통해 여러 경우를 예로 들어 도와 덕의 근본을 이해시키면서, 세상의 병폐가 어떻게 생겨나는지, 이를 바로잡는 해법은 무엇인지 제시한다. 자신의 삶에 여유를 느끼지 못하는 이들과 사람들의 위에 서려는 이들이 있다면, 본 장에서의 가르침이 더없는 보배가 될 것이다. 鳳

345) 『하상공주』 "聖人為德施, 不恃其報也. 功成事就, 不處其位. 不欲使人知己之賢, 匿功不居榮, 畏天損有餘也."

제 78 장

약함이 강함을 이기고 부드러운 것이 굳센 것을 이긴다.

天下莫柔弱於水 而攻堅强者莫之能勝

천하막유약어수 이공견강자막지능승

以其無以易之

이기무이역지

弱之勝强 柔之勝剛 天下莫不知 莫能行

약지승강 유지승강 천하막부지 막능행

是以聖人云 受國之垢 是謂社稷主

시이성인운 수국지구 시위사직주

受國不祥 是謂天下王 正言若反

수국불상 시위천하왕 정언약반

천하에 물보다 부드럽고 약한 것이 없지만, 굳고 강한 것이 공격하여도 능히 이길 수가 없는 것은 그것을 바꾸게 할 수가 없기 때문이다.
약함이 강함을 이기고 부드러운 것이 굳센 것을 이기는 것을 천하에서 알지 못하는 자가 없으나, 능히 행하지 못한다.
이 때문에 성인의 말씀에 이르기를 나라의 욕됨을 떠맡는 것을 사직의 주인이라 하고, 나라의 상서롭지 못함을 떠맡는 것을 천하의 왕이라 했다. 바른 말은 반대되는 것 같다.

[해설]

天下莫柔弱於水, 而攻堅强者莫之能勝, 以其無以易之.
천하에 물보다 부드럽고 약한 것이 없지만, 굳고 강한 것이 공격하여도 능히 이길 수가 없는 것은 그것을 바꾸게 할 수가 없기 때문이다.

판본별 기록에 조금씩 차이가 있으나 의미 전달에는 차이가 없다.

하상공은 "둥근 곳에 들어가면 둥글게 되고 네모난 곳에 들어가면 네모지게 되며, 막으면 멈추고 터 놓으면 흘러간다. 그러나 굳세고 단단한 것을 공격하는 데 있어서 물을 이길 수 있는 것이 없다"[346)]라고 풀었다. 물의 조화로운 성질을 거론하며 강한 것을 이기는 것은 물이라는 점을 강조한 것이다. 왕필도 "~으로써[以]란 사용한다[用]는 의미이고, 그것[其]은 물[水]을 말한다. 물의 유약함을 사용하면 그것을 바꿀 수 있는 것이 없다는 말이다"[347)]라고 말했다.

"천하에 물보다 부드럽고 약한 것이 없지만 굳고 강한 것이 공격하여도 능히 이길 수가 없다"라고 말했다. 견강(堅强)은 부드러움이 사라진 상태로, 겉으로는 강하게 보이나 죽음의 무리와 같은 존재다. 물은 약하지만 부드러워서 칼로 물을 베어 내도 곧 원상태로 돌아오는 것처럼 강한 것으로도 어찌할 수 없는 존재이다. 따라서 결국에는 부드럽고 약한 물이 견강한 것을 이길 수밖에 없다. 이러한 이치는 그것을 바꾸게 할 수가 없기 때문이라고 노자는 말한다. 이 글에서는 물의 선함을 말하고자

---

346)『하상공주』"圓中則圓, 方中則方, 壅之則止, 決之則行. 水能懷山襄陵, 磨鐵消銅, 莫能勝水而成功也. 夫攻堅強者, 無以易於水."
347)『왕필주』"以, 用也. 其, 謂水也. 言用水之柔弱, 無物可以易之也."

부드럽고 약한 특성을 꺼낸 것은 아니다.

자연 상태에서 물들의 성질을 비유하여 서로를 비교하고 있는 것이다. 자연에서의 물은 위에서 아래로 흐르고 강한 곳은 물론 틈이 없는 곳까지 들어가 포위를 한다. 이처럼 유약한 특성은 암컷이 수컷을 이기는 속성으로 우리는 자연계에서 쉽게 찾아볼 수가 있다. 또한 이러한 특성은 타고난 것으로 바꿀 수가 없다.

'以其無以易之(이기무이역지)'에서 '易(역, 이)'는 크게 두 가지 방향으로 해석된다. 먼저 "물의 성질을 바꾸게 할 수가 없다" 또는 "물과 바꿀 만한 것이 없다"로 하는 경우다. '바꿀 역(易)'자로 보는 것이다. 다른 한편에서는 '쉬울 이(易)'자로 보아서 "물보다 용이한 것이 없기 때문이다"로 풀고 있다.

弱之勝强, 柔之勝剛, 天下莫不知, 莫能行.
약함이 강함을 이기고 부드러운 것이 굳센 것을 이기는 것을 천하에서 알지 못하는 자가 없으나, 능히 행하지 못한다.

백서(갑을)에서는 매 구마다 '어조사 야(也)'자가 적혀 있다. 하상공본에는 '갈 지(之)'를 생략하고 있다.

하상공은 "물은 불로 끌 수 있고 음은 양을 사라지게 할 수 있다. 혀는 부드럽고 이는 단단하지만 이는 혀보다 먼저 망가진다. 부드럽고 약한 것을 알면 오래 살고, 굳세고 단단한 것을 아는 자는 부러지고 상한다. 겸손함과 비천함을 부끄럽게 여기고 강함과 난폭함을 좋아한다"[348] 라고 말한다.

이 문장에서 눈여겨보아야 할 구절은 "천하에서 알지 못하는 자가 없다"는 부분이다. 천하가 모두 알 정도인데 왜 군주들은 법과 제도를 제정하여 준법을 강요하면서 형벌을 가혹하게 시행하였을까? 많은 주해들은 뒷부분의 해석에서 "순리를 알고 있으나 능히 행하지 못한 것"이라는 정도에서 마무리하고 있다. 누구나 인정하면서도 이를 행하지 못한 이유는 도대체 무엇이란 말인가?

노자는 부드럽고 유약한 것을 물로 비유하여 설명하고 있으나 실제로는 백성을 지칭하는 말로 보인다. 아무리 강한 통치자라도 그 강함이 정도를 벗어나면 결코 백성들을 이기지 못한다는 말을 하고 싶은 것이다. 당대에 부국 강병을 이루고자 하는 군주들은 백성들을 길들이는 존재로만 인식하고 있었기에 유약한 존재의 강인함을 간과하고 있다는 말씀이다. 오히려 백성들을 두려워해야 할 대상임을 알아차리도록 은근히 일러 주고 있다.

是以聖人云, 受國之垢, 是謂社稷主, 受國不祥, 是謂天下王. 正言若反.
이 때문에 성인의 말씀에 이르기를 나라의 욕됨을 떠맡는 것을 사직의 주인이라 하고, 나라의 상서롭지 못함을 떠맡는 것을 천하의 왕이라 했다. 바른 말은 반대되는 것 같다.

이 문장도 판본별로 기록에 차이는 있지만 의미는 크게 다름이 없다.

---

348)『하상공주』"水能滅火, 陰能消陽. 舌柔齒剛, 齒先舌亡. 知柔弱者久長, 剛強者折傷. 恥謙卑, 好強梁."

하상공은 "아래의 일을 일컫는 것이다. 임금이 국가의 더러움과 탁함을 받아들여 강과 바다처럼 작은 물도 거스르지 않을 수 있다면, 능히 사직을 보존하여 한 나라의 군주가 될 수 있다"[349]라고 했다. 또한 하상공은 "군주가 허물을 이끌어 자신에게 되돌릴 수 있고, 백성을 대신해 불길한 것도 감당할 수 있으면 천하에서 왕 노릇을 할 수 있다. 이런 말은 바르고 곧은 말이지만 세상 사람들은 알지 못하고 반대되는 말로 여긴다"[350]라고 했다.

노자는 "나라의 욕됨을 떠맡는 것을 사직의 주인이라 일컫는다"라고 했다. 사직이란 토지신과 곡식의 신이라는 뜻이다. 옛날에는 사직이 풍흉과 국가의 운명을 관장한다고 믿었기에 백성의 안위에 문제가 생기는 것은 사직의 주인이 부덕한 탓으로 보았다. 나라에 흉년이 들고 도둑이 횡행하여 나라에 근심거리가 생겼다면 이는 모두 백성들을 잘못 보살핀 왕의 책임이라는 것이다. 군주의 입장에서는 무고한 부분이 많을 것이다.

이어서 "나라의 상서롭지 못함을 떠맡는 것을 천하의 왕이라 한다"라고 했다. 이것은 우러러보아야 하는 대상이 노하고 있음을 나타낸다고 볼 수 있다. 나라에 역병이 돌고 천재지변이 일어났다면 왕이 천하를 대신하여 하늘에 죄를 청해 노여움을 풀어야 하는 존재임을 나타내고 있다.

끝으로 "바른 말은 반대되는 것 같다"라고 했다. 나라의 욕됨을 떠맡는 것을 사직의 주인이라 하고, 나라의 상서롭지 못함을 떠맡는 것을 천하의 왕이라 말하니 하늘과 같이 높은 군주의 위상을 떠올리면 말하

349)『하상공주』"謂下事也. 人君能受國之垢濁者, 若江海不逆小流, 則能長保其社稷, 為一國之君主也."
350)『하상공주』"人君能引過自與, 代民受不祥之殃, 則可以王天下. 此乃正直之言, 世人不知, 以為反言."

고자 하는 의도를 쉽게 이해할 수가 있다. 다만 여기서 "바른 말은 반대되는 것 같다"는 표현은 "바른 말은 허튼 소리로 들린다"라는 얘기라기보다 "바른 것은 뒤집어 보아도 같아야 한다"라는 말씀으로 이해하여야 한다. 유와 무는 서로 반대쪽에 있는 것처럼 보이지만 사실은 서로 순환되는 존재로 한 몸과 같다. 귀한 군주가 몸은 위에 두되 마음은 아래에 있는 천한 백성들에게 두고 있어야 하는 이치로, 귀한 것도 천한 것이 없다면 존재할 수가 없다. 극과 극은 단절되어서는 존재할 수 없는 법이다. 따라서 서로의 위치가 달라도 공존해야만 각자가 자신의 그릇으로 살아갈 수 있다. 논란이 있던 글이라 설명이 길어졌다. 鳳

약함이 강함을 이기고 부드러운 것이 굳센 것을 이기는 것을

천하에서 알지 못하는 자가 없으나, 능히 행하지 못한다.

제 79 장

큰 원망은 화해하여도 반드시 원망의 남음이 있다.

和大怨 必有餘怨 安可以爲善

화대원 필유여원 안가이위선

是以聖人執左契 而不責於人

시이성인집좌계 이불책어인

有德司契 無德司徹

유덕사계 무덕사철

天道無親 常與善人

천도무친 상여선인

큰 원망은 화해하여도 반드시 원망의 남음이 있으니, 어찌 선이라 여길 수 있겠는가.
이 때문에 성인은 왼쪽 계를 잡으면서도, 사람에게 책임을 지우지 않는다.
덕이 있으면 계를 살피고, 덕이 없으면 균등함을 살핀다.
하늘의 도에는 사사로움이 없기 때문에 항상 선한 사람과 함께하는 것이다.

[해설]

和大怨, 必有餘怨, 安可以爲善.
큰 원망은 화해하여도 반드시 원망의 남음이 있으니, 어찌 선이라 여길 수 있겠는가.

판본별로 기록은 크게 다르지 않다. 마지막 구절의 '어찌 언(焉)'이 백서(갑)에서는 '편안할 안(安)'자로 쓰여 있으나 '어찌'라는 뜻을 가지고 있어 서로 통한다.

하상공은 "남을 죽이는 자는 생명을 끊고 남을 해치는 자는 형벌을 주어, 상응한 방식으로 풀고 갚는다. 형벌을 맡은 자는 사람의 감정을 잃고, 반드시 원한이 남아 그것이 선량한 사람에게까지 미친다. 한 사람이 탄식을 하면 하늘의 마음을 잃게 되니 어찌 원한 푸는 것을 선하게 여길 수 있는가"[351]라고 했다. 왕필도 "그 계의 처리를 분명하게 하지 못해 커다란 원망을 초래하여 이미 이르렀다. 덕으로 풀어 주어도 그 상처는 회복되지 않으므로 남은 원한이 있는 것이다"[352]라고 풀이했다. 하상공은 법으로 다스리는 정치에는 한계가 있다고 푼 반면, 왕필은 계의 부실한 처리로 인한 원망으로 보았다. 오징은 "대인은 화해하려고 하나 소인배는 반드시 원망을 남긴다"라고 설명한다.

큰 원망을 만들면 쉽게 풀어지지 않는다고 말문을 열었다. 작은 원

351) 『하상공주』 "殺人者死, 傷人者刑, 以相和報. 任刑者失人情, 必有餘怨及於良人也. 言一人吁嗟, 則失天心, 安可以和怨為善."
352) 『왕필주』 "不明理其契, 以致大怨已至. 而德和之, 其傷不復, 故有餘怨也."

망이 아니라 큰 원망이라고 했다. 『도덕경』에서 大(대)는 일정한 힘이 미치는 정도의 규모를 나타낼 때 쓰이는 글자다. 대원(大怨)이라 하면 나라에 대한 원망으로 볼 수 있겠다. 화해를 했으나 예전의 원망은 남아 있다고 했으니, 그 상처가 크고 깊었음을 짐작하게 한다. 또한 선이라 여길 수 없다고 말하는 것으로 보아 격식에 얽매여 실질을 보지 못한 경우를 일컫는 것 같다. 앞장에서 원망은 덕으로 갚아야 한다고 했는데, 여기서는 원망이 남아 있다고 했으니 베풀었다고 해도 덕은 아닌 것으로 보인다. 아무튼 어떤 이유에서 이렇게 원한이 남아 있는지는 다음 문장에서 알아보아야 할 것 같다.

是以聖人執左契, 而不責於人.
이 때문에 성인은 왼쪽 계를 잡으면서도, 사람에게 책임을 지우지 않는다.

이 문장은 백서(갑)을 제외하고는 기록이 비슷하다. 백서(갑)에서는 '是以聖右契(시이성우계)'로 보다 짧게 적으면서도 다른 판본이 左契(좌계)로 적은 것과 달리 右契(우계)로 쓰고 있다.

하상공은 "옛날에 성인은 좌계를 지니고 부절이 합해지면 믿었다. 문서나 법률이 없어도 계에 새겨진 것을 부절이 부합하면 믿을 수 있는 것으로 여겼다. 단지 계에 새겨진 것을 신용으로 삼을 뿐 다른 일로 남을 책망하지 않았다"[353]라며 서로의 약속을 계로 남겨 이를 믿고 행했다고 설명한다. 계(契)에 대하여 오징은 "계는 나무에 새겨 증서로 삼은 것으

353) 『하상공주』 "古者聖人執左契, 合符信也. 無文書法律, 刻契合符以為信也. 但刻契為信, 不責人以他事也.

로서, 가운데로 나누어 각각 하나씩을 갖고 있다가 그것을 합하여 신의를 표시한 것이다"라고 설명했다. 당시에는 군주와 신하 사이에 또는 채권·채무자가 대나무나 옥 등에 내용을 새겨 계를 만들고 이를 쪼개어 하나씩 나누어 가졌다고 한다.

왕필은 "좌계는 원망이 생겨나는 바를 막는 것이다"[354]라고 풀이했다. 고형(高亨)은 "남에게 빌려준 자는 왼쪽을 갖고, 남에게 빌린 자는 오른 쪽을 갖는다. 왼쪽을 가진 자가 상환을 요구할 수 있다"라고 말한다. 『예기』의 '곡례(曲禮)'에도 "곡식을 바칠 자는 우계를 잡는다"라고 되어 있다. 그러나 시대에 따라 우와 좌를 높여 보는 것이 다르다고 한다. 전국시대까지는 우계가 더 귀한 쪽이어서 성인은 우계를 가지고 있는 것이 옳다는 주장이다. 고명(高明)은 갑본에 따라야 한다고 주장하는 쪽이다. 성인이 우계를 가지고 있어서 요구를 해야 하는데, 성인이기에 요구하지 않고 베풀지만 보답을 구하지 않는 것이라고 했다. 당시의 관례로는 지위가 높아서 빌려주는 쪽에서 우계를 가지는 것이 옳다는 것이다.

계(契)는 신의를 바탕으로 하는 계약의 문서임은 확실한 것 같다. 첫 문장의 내용으로 보아 두 개인의 문제가 아닌 나라와 백성들 간에 이루어진 약속이다. 즉 백성들 모두가 해당되는 계약으로, 나라에 내야 하는 조세의 계일 것이다. 그렇다면 백성은 나라에 약속한 세금을 내야 하는 입장에서 좌계와 우계를 누가 가지게 되는지가 중요한 일이 된다. 어느 쪽이 갑이며 을인지를 구분할 수 있기 때문이다. 앞서 이를 분석한 학자들의 견해를 종합해 보면 우계가 채권을 가지고 있는 쪽으로 보인

354) 『왕필주』 "左契, 防怨之所由生也."

다. 그럼 백서(갑)을 제외한 다른 판본들이 잘못되었다는 것일까? 그렇지는 않다고 보인다. '是以聖人執左契(시이성인집좌계)'의 구절을 잘 살펴보면 "이 때문에 성인이 이러한다"라고 해서 앞 구절이 원인이었음을 밝히고 있다. 성인은 큰 원망이 남지 않도록 보통의 군주들과는 달리 행한다는 말이다.

그럼 좌계를 잡는다는 말은 무슨 뜻인가. 세금을 내는 백성들의 계를 잡는다는 말이다. 우계를 가지고 있으나 백성들의 입장에 선다는 말씀이다. 이렇게 주장하는 이유는 다음 글에 있다. 사람에게 책임을 지우지 않는다고 말했는데 약속을 이행하지 않는 사람들에게 성인은 왜 책임을 묻지 않는 것일까.

有德司契, 無德司徹.
덕이 있으면 계를 살피고, 덕이 없으면 균등함을 살핀다.

백서(갑을)에서는 첫 구절의 앞에 '연고 고(故)'를 더하여 시작하고 있다.

하상공은 "덕을 지닌 군주는 계를 살펴 믿음을 지키고 따를 뿐이다. 덕이 없는 군주는 그 계의 믿음을 배신하여 사람을 지키다 잃어 버리는 것이다"[355]라고 하여 덕이 있는 군주와 덕이 없는 군주의 행동으로 풀이했다. 왕필은 "덕이 있는 사람은 그 계에 대해 마음에 두고 생각하고, 착하지 아니하여 원망이 생긴 것에 대해 후에 사람들을 책하는 것이

---

355) 『하상공주』 "有德之君, 司察契信而已. 無德之君, 背其契信, 司人所失."

다. 철(徹)은 사람들의 잘못을 살핀다는 의미이다"[356]라고 하여, 덕이 있고 없음의 차이를 설명했다.

이 문장에서 학자들이 풀이에 역점을 두는 글자는 '徹(철)'이다. 그러나 이에 앞서 有德(유덕)과 無德(무덕)의 주체를 확실히 해 두어야 전체 문장의 이해가 쉽게 이루어진다. 하상공은 군주의 덕으로, 혹자는 세금을 걷는 일을 담당하는 사람의 덕으로 번역한다. 여기서 세금을 징수하는 관리의 덕을 논한다는 것은 일부 사람의 문제에 국한되는 것이어서 일단 제외하자. 그러면 군주의 덕이 남는다. 따라서 덕이 있는 군주는 계를 살피고 덕이 없는 군주는 철을 살핀다는 뜻이 된다. 여기서 앞 문장의 '큰 원한이 있다'는 점과 '사람들에게 책임을 지우지 않는다'는 문구를 중심으로 접근해 보자.

원래 흉년은 군주의 덕이 부족할 때 든다고 전해져 내려오고 있다. 나라에 우환이 생기는 것을 군주의 부덕함 때문으로 보는 것이다. 78장에서도 "나라의 상서롭지 못함을 떠맡는 것을 천하의 왕"이라 했다. 그렇다면 유덕은 풍년이 든 것이며, 무덕은 흉년이 든 것이다. 성인은 풍년이 들어 여유가 있을 때는 약속한 계대로 세금을 받는데, 흉년이 들면 백성들이 약속대로 세금을 낼 수 없는 처지이기에 수확한 양을 감안하여 세금을 징수한다는 말이다. 흉년의 책임이 나라의 군주가 부덕함에 기인한 것이라면, 어찌 흉년이 들어 정해진 세금을 내지 못하는 책임을 백성에게만 지울 수 있겠는가. 그럼 왜 백성들이라 하지 않고 사람[人]이라 하였는가. 흉년은 사람의 노력으로 극복할 수 없는 일이기 때문이다.

---

356)『왕필주』"有德之人, 念思其契, 不令怨生而後責於人也. 徹, 司人之過也."

필자는 "군주가 덕이 없으면 균등함을 살핀다"라고 풀이했는데, 여기서 균등하다고 해석한 글자는 바로 '徹(철)'이다. 그럼 이 글자에 대해 살펴보자. 철(徹)자는 '온갖 세납을 통틀어 이르던 말'이다. 徹法(철법)이라 하면 바로 주나라 때의 세법(稅法)이다. 고대 중국의 세법[357]에서 하(夏)나라의 공법(貢法)과 은(殷)나라의 조법(助法)보다 주(周)나라의 철법(徹法)이 가장 공평했다. 용자(龍子)도 "토지를 다스리는 데는 조법(助法)보다 좋은 것이 없고, 공법(貢法)보다 나쁜 것이 없다"라고 했다.

주나라의 세법인 철법에 따르면 사방 1리(里)의 농지를 우물 정(井)자 모양으로 100무(畝)씩 9등분한 다음 그 중앙의 한 구역을 공전(公田)이라 하고, 둘레의 여덟 구역을 사전(私田)이라 하여 여덟 농가에게 맡기고 여덟 집에서 공동으로 공전을 부쳐 그 수확을 나라에 바치게 했다. 공자도 주나라의 세법을 존중했다. 정전제(井田制)에서 나온 '철(徹)'자는 힘을 합해 함께 일하고 똑같이 나눈다는 뜻으로, 두루 통하고 균등하다, 공평하다는 뜻이 포함되어 있다. 따라서 이 문장에서의 철을 '똑같이 균등하게 하다'는 말로 풀이한 것이다.

그럼 첫 문장에서 "큰 원망은 화해하여도 반드시 원망의 남음이 있다"라고 한 이유를 본 문장에서 유추해 볼 수 있다. 흉년이 들어 먹을 것이 부족함에도 나라에서는 계(契)대로 세금을 걷어들여 마을마다 굶어 죽은 이가 속출했다면, 뒤에 이를 어루만져 준다 하더라도 몸부림치다 죽

357) 공법(貢法)과 조법(助法)은 수확의 10분의 1을 세금으로 내게 한다는 점에서는 같지만, 과세 방식은 전혀 달랐다. 공법이란 국가에서 각 가장에게 토지 50이랑을 주고 각 가장이 5이랑분의 소출을 관청에 바치게 하는 방식이다. 공법은 50이랑의 사전(私田)에서 수년간 수확한 양을 비교하여 그 평균 수확량을 상수(常數)로 삼아, 그 10분의 1에 해당하는 수입을 세금으로 납부하게 했다. 따라서 풍작이나 흉작의 사정을 융통성 있게 반영할 수 없었다. 그래서 옛날의 현자 龍子(용자)는 공법이야말로 조세제도로서 최악이라고 말했다. 조법이란 토지를 井의 형태로 구획해서 8명의 가장마다 사전(私田) 70이랑을 분배하고 한가운데 70이랑에서 廬舍(여사) 14이랑을 제외한 54이랑의 공전(公田)을 공동으로 경작해서 그 소출을 관청에 바치게 하는 방식이다.

어간 그 쓰라림을 어찌 지울 수 있겠는가. 원칙대로 했지만 백성을 다스리는 이의 선이 아니라는 말씀이다. 이것은 도가 바라는 선이 아니기에 성인은 백성과 함께 그 고통을 분담한다는 것이다. 노자는 63장에서 "원망은 덕으로 갚는다"라고 했다. 무덕하기에 흉년이 들었으니 백성의 좌계를 잡고 백성들이 감당할 수 있는 정도로 세금을 줄이거나 유예하는 것이다.

天道無親, 常與善人.
하늘의 도에는 사사로움이 없기 때문에 항상 선한 사람과 함께하는 것이다.

이 문장도 백서(갑)에서는 첫 구절의 앞에 '지아비 부(夫)'를 더해 시작하고 있다.

하상공은 "하늘의 도는 친함이나 소원함 없이 오직 선한 사람과 함께하니, 이는 계를 지키는 것과 더불어 함께하는 것이다"[358)]라고 했다. 서명응은 "하늘의 도는 항상 선한 사람들과 함께하는 것이다. 성인이 마음을 세울 때 항상 선한 일만 하며, 남에게 문책을 하지 않는 이유는 하늘과 더불어 덕이 합치되기 때문이다"라고 했다.

하늘의 도에는 사사로움이 없다고 말한다. 누구를 편애하지 않는다는 뜻이다. 하늘은 만물을 공히 똑같이 대하기에 어느 지역은 풍년이 들고 어느 지역은 흉년이 들어도 어느 쪽을 특별하게 친애하여 임의대로 행한 것이 아니라는 말이다. 모두 그럴 만한 이유가 있다는 것이다.

---

358) 『하상공주』 "天道無有親疏, 唯與善人, 則與司契同也."

이 장에서는 유덕한 군주와 무덕한 군주의 행실을 들어 선(善)을 논하고 있다. 하늘은 항상 선한 사람과 함께한다고 했다. 27장에서는 "성인은 항상 선으로 사람을 구원하기에 돌보지 않는 사람이 없고, 항상 선으로 물을 구원하기 때문에 돌보지 않는 물이 없다"라고 묘사했다. 하늘이 사사로움 없어 똑같이 행하다 보면 본의 아니게 고통을 받는 자가 나오니, 하늘은 이런 사람들을 보살펴 줄 선한 이와 함께한다는 말이 아니겠는가? 鳳

제 80 장

나라가 작아 백성이 적으면 백성들로 하여금 죽음을
중히 여기도록 만든다.

小國寡民 使有什佰之器而不用

소국과민 사유십백지기이불용

使民重死而不遠徙

사민중사이불원사

雖有舟輿 無所乘之 雖有甲兵 無所陳之

수유주여 무소승지 수유갑병 무소진지

使人復結繩而用之

사인부결승이용지

甘其食 美其服 安其居 樂其俗

감기식 미기복 안기거 락기속

隣國相望 鷄犬之聲相聞 民至老死不相往來

린국상망 계견지성상문 민지노사불상왕내

나라가 작아 백성이 적으면 열 사람 백 사람의 그릇이 있다 해도 사용하지 않도록 하고, 백성들로 하여금 죽음을 중히 여기도록 하여 먼 곳으로 옮겨가지 않도록 한다.

비록 배와 수레가 있어도 타는 일이 없고, 갑옷과 무기가 있어도 그것을 늘어 놓을 일이 없으니, 사람들로 하여금 다시 매듭을 쓰던 시대처럼 그것을 사용하게 한다.

음식은 달고, 의복은 아름다우며, 거처가 평안하니, 풍속을 즐기는구나.

이웃의 나라들이 서로 바라보고 있어 닭과 개 짖는 소리가 서로 들리는데도, 백성들은 늙어서 죽을 때까지 오고가지 않는구나.

[해설]

小國寡民, 使有什佰之器而不用, 使民重死而不遠徙.
나라가 작아 백성이 적으면 열 사람 백 사람의 그릇이 있다 해도 사용하지 않도록 하고, 백성들로 하여금 죽음을 중히 여기도록 하여 먼 곳으로 옮겨가지 않도록 한다.

판본별로 기록이 크게 다르지는 않으나, 백서(갑)에서는 두 번째 구절에서 有(유)자가 없다. '아니 불(不)'자는 백서(갑)에서는 '말 무(毋)'로, 백서(을)에서는 '말 물(勿)'로 적혀 있다. 또한 什伯(십백)은 백서본에서는 十百人(십백인)으로 표현되어 있으며, '不遠徙(불원사)'가 백서(갑)에서는 부정어인 '不'자가 생략된 '遠送(원송)'으로 백서(을)에는 '遠徙(원사)'로 적혀 있다. 이처럼 이 문장을 보는 관점도 다르다.

하상공은 "성인은 비록 큰 나라를 다스린다 할지라도 오히려 작다고 여기니 검소함을 보이고 사치하지 않는다. 백성이 비록 많다 할지라도 오히려 적게 여겨 감히 백성을 수고롭게 하지 않는다. 백성으로 하여금 각기 열 집 백 집 단위의 부락으로 모여 살게 하니, 귀천이 서로 범하지 아니한다. 器(기)는 농사짓는 사람들의 도구를 말함이다. 而不用(이불용)이란 백성들이 농사지을 때를 맞춰 징발하지 아니한다는 뜻이다"[359]라고 풀이한다. 백성들이 수고롭지 않게 한다 즉 전쟁 중에도 농사를 망치지 않도록 해야 한다는 말이라고 설명한다.

---

359)『하상공주』"聖人雖治大國, 猶以為小, 儉約不奢泰. 民雖衆, 猶若寡少, 不敢勞之也. 使民各有部曲什伯, 貴賤不相犯也. 器謂農人之器. 而不用, 不徵召奪民良時也."

왕필은 “나라가 원래부터 작고 백성 또한 적으면 오히려 옛날로 돌아가게 할 수 있는데, 하물며 나라가 크고 백성이 많으니 어찌하겠는가. 그러므로 작은 나라를 들어서 말하는 것이다. 백성들이 비록 열 사람 백 사람의 기구를 가지고 있을지라도 쓸 곳이 없다면, 어찌 부족한 것을 두고 근심하겠느냐는 말이다”[360]라고 말한다.

먼저 소국과민(小國寡民)에 대해 살펴보자. 후기의 많은 학자들은, ‘작은 나라’는 노자의 이상향을 건설하기 적당한 규모라고 보고 ‘소국과민’은 노자가 다스리고자 바라는 바를 표현한 것이라고 주장했다. 소자유는 “노자는 쇠퇴한 주나라에서 태어나 꾸밈이 성행하고 풍속이 무너졌기에 장차 무위로써 구제하려 했다. 그리하여 『노자』의 말미에 자신의 의지한 바를 말한 것”이라고 했다.

이처럼 큰 나라를 다스리고 있으나 작다고 여긴다고 본 하상공과 이상적으로 다스릴 수 있는 작은 나라를 말한다고 보는 관점이 함께 존재한다. 범응원도 노자가 갑자기 소국을 말하는 이유는 다스리는 자가 도가 있으면 나라가 크거나 백성이 꼭 많아야 할 필요는 없다는 것을 말한 것이라고 보았다.

이 문장으로만 보면 나라의 규모에 대한 노자의 선호 여부는 알 수가 없다. 춘추시대 말기는 제후국들이 점차 몸집을 불려 나가던 시기로, 힘이 약한 작은 나라는 시류에 벗어나 생활하기가 어려웠을 것이다. 따라서 전쟁의 참화에서 멀리 벗어난 지역을 생각하고 있지 않다면 동감하기 어렵다고 본다. 당시는 큰 대륙의 패권을 차지하려고 온갖 술수와 계략

360) 『왕필주』 “國旣小, 民又寡, 尙可使反古, 況國大民衆乎. 故擧小國而言也. 言使民雖有什伯之器, 而無所用, 何患不足也.”

을 동원하여 전쟁과 연대를 수없이 반복하던, 도가 사라진 시대였기 때문이다. 따라서 이 글은 힘이 약한 작은 나라가 살아 나가야 할 바를 제시하는 글로 본다.

이어서 "열 사람 백 사람의 그릇이 있다 해도 사용하지 않도록 한다"라고 했다. 이 구절은 백서(갑을)과 하상공의 판본과 다르게 표기된 것에 유념해야 한다. 그릇[器]을 말함에 있어 백서(을)에서는 '十百人器(십백인기)'라 했는데, 왕필본 등에서는 '사람 인(人)'자가 빠져 있기 때문이다. 먼저 '十百人器(什伯人器)'로 보는 학자들은 열 배와 백 배의 능력을 지닌 사람을 대신하는 기구로 설명하거나, 열 사람 백 사람을 당해 낼 수 있는 뛰어난 인재로 풀이한다. 하상공은 부락 단위의 농사짓는 도구로 보았고, 소자유와 동사정은 재능이 뛰어난 사람들의 능력 정도라고 보았다.

기구로 보든 능력이 출중한 인재로 보든 간에, 집단에 사용되는 그릇임에는 틀림이 없다. 문맥으로 보면 열 사람 백 사람이 함께 사용하는 그릇이라는 의미다. 또한 이 그릇을 사용하지 않도록 하면 백성들이 죽음을 중히 여겨 먼 곳으로 옮겨가지 않는다고 하였으니, 이 그릇은 집단과 죽음이 연관되어 있는 군사용 그릇으로 볼 수 있다.

이어서 "백성들로 하여금 죽음을 중히 여기도록 하여 먼 곳으로 옮겨가지 않도록 한다"라고 했다. 백성들이 죽음을 두려워하는 마음은 그들의 삶이 평온하고 안락하게 영위될 때에 생겨날 것이다. 아무튼 죽음을 무겁게 느끼도록 하는 방법은 아래에서 제시하고 있다. 통행본 끝부분의 '不遠徙(불원사)'가 백서(갑을)에서는 부정어인 '不'자가 생략된 '遠徙(원사)'로 적혀 있다. 이대로 보면 서로 반대되는 표현이 된다. 무엇인가 잘못된 것처럼 보인다. 그러나 이주하는 것을 멀리하도록 한다는 뜻으로 풀이할 수 있으므로 같은 맥락으로 볼 수 있다. 백성들이 나라를 떠나지 않는 이유에 대해 하상공과 왕필은 이렇게 설명한다.

하상공은 "군주가 백성을 위해 이익을 일으키고 해로움을 제거하여 백성이 각기 그 자리를 얻게 해 줄 수 있으면, 백성은 죽음을 무겁게 여기고 삶을 탐내게 된다. 정치와 율령이 번잡하지 않으면 백성은 그 직업을 편안히 여기게 되기 때문에, 자신이 늘 거처하던 곳을 떠나 멀리 옮겨가지 않는다"[361]라고 본다. 백성들에게 간섭을 줄이고 이익을 주는 것에서 찾았다.

왕필은 "백성들이 재능을 사용하지 않게 하면 몸뚱이만 보배로 여기고 재화를 탐내지 않는다. 그러므로 제각기 자신들이 거처하는 곳을 편안히 여겨 죽음을 중히 여기고 멀리 이사하지 않는다"[362]라고 했다. 이는 '什佰之器(십백지기)'의 해석을 다르게 본 결과다.

> 雖有舟輿, 無所乘之, 雖有甲兵, 無所陳之, 使人復結繩而用之.
> 비록 배와 수레가 있어도 타는 일이 없고, 갑옷과 무기가 있어도 그것을 늘어놓을 일이 없으니, 사람들로 하여금 다시 매듭을 쓰던 시대처럼 그것을 사용하게 한다.

---

361) 『하상공주』 "君能為民興利除害, 各得其所, 則民重死而貪生也. 政令不煩則民安其業, 故不遠遷徙離其常處也."
362) 『왕필주』 "使民不用, 惟身是寶, 不貪貨賂. 故各安其居, 重死而不遠徙也."

이 문장은 판본별로 표현이 조금 다른 부분도 있으나 의미상으로는 별 차이가 없다.

하상공은 "맑고 고요히 무위하고, 번잡하고 화려함을 일으키지 않으며, 놀고 즐기는 것에 출입을 좋아하지 않는다. 천하에 원한이나 미워하는 것이 없기 때문이다. 겉꾸밈을 버리고 바탕으로 돌아가니, 믿음에 속임이 없다"[363]라고 하여 소박한 삶에 만족하고 있다고 풀이했다.

이 문장은 앞에서 언급하였던 십백지기(什佰之器)의 실체가 배와 수레 그리고 갑옷과 무기들이었음을 확인해 주고 있다. 이는 모두 전쟁과 관련된 도구들로, 이제는 군사적 목적으로 늘어놓을 일이 없어졌다고 했으니 앞으로는 군주가 힘으로 문제를 해결하겠다는 의지를 내려놓은 것이다. 그런 연후에 십백지기는 모두 생활에 필요한 도구로 사용하도록 했다고 말한다. 結繩(결승)은 옛적 글자가 없었던 시대에 노끈으로 매듭을 맺어서 기억의 편리를 꾀하고 또 서로 뜻을 교환하던 것을 말한다. 이어서 중국 유사이전(有史以前)의 간이(簡易)한 정치를 이르는 말을 結繩之政(결승지정)이라 했다. 전쟁의 소용돌이에 휘말리지 않는 질박한 삶을 추구한다는 것이 아니겠는가.

甘其食, 美其服, 安其居, 樂其俗, 隣國相望, 鷄犬之聲相聞, 民至老死不相往來.

음식은 달고, 의복은 아름다우며, 거처가 평안하니, 풍속을 즐기는구나. 이웃의 나라들이 서로 바라보고 있어 닭과 개 짖는 소리가 서로 들리는데도, 백성

363)『하상공주』"淸靜無為, 不作煩華, 不好出入遊娛也. 無怨惡於天下. 去文反質, 信無欺也."

들은 늙어서 죽을 때까지 오고가지 않는구나.

이 문장 역시 판본들마다 어순에 차이는 있으나 기록은 다르지 않다.

하상공은 "백성들은 고기밥이 아니어도 나물밥이 달다고 한다. 오색의 귀한 옷이 아닌데도 그 나쁜 옷을 아름답다고 한다. 화려하게 장식된 가옥을 마다하고 풀로 엮어 지붕을 얹은 오두막을 편안히 여긴다. 질박한 풍속을 즐겨 옮겨가지 않는다"[364]라고 풀이했다. 또한 하상공은 닭소리 개소리가 들린다는 것은 서로의 거리가 가깝다는 말이며, 백성들이 늙어 죽을 때까지 오고가지 않는 이유는 백성에게 욕망이 없기 때문이라고 말한다.

왕필은 왕래하지 않는 이유를 "구하고 바라는 것이 없기 때문(無所欲求)"이라고 했다. 소자유는 "안으로 만족해 한다면 밖으로 그리워하는 것이 없다. 그래서 처한 바대로 서로 즐거워하니, 다시 예전의 것을 구하지 않는다"라고 했다.

이 문장에서 작은 나라의 백성들이 질박하게 살아가면서도 풍속을 즐기면서 모두가 평화롭게 지내고 있다는 것을 알 수 있다. 그리고 이웃나라가 가까이 있어 닭과 개 짖는 소리가 서로 들리는데도, 백성들은 늙어서 죽을 때까지 오고가지 않는다고 했다. 왕필의 설명대로 소국의 백성들은 욕망을 채우기 위해 다른 곳으로 나아갈 필요가 없어진 것이다. 다만, 주변국의 백성이라면 행복하게 살고 있는 나라를 부러워하여 오고갈

364) 『하상공주』 "甘其蔬食, 不漁食百姓也. 美其惡衣, 不貴五色. 安其茅茨, 不好文飾之屋. 樂其質朴之俗, 不轉移也."

수 있을 텐데 왜 왕래하지 않는 것일까? 무릇 세상에서 돈과 권력을 추구하는 자들이란 그 욕망을 마음껏 즐길 수 있도록 자신들의 안위를 보장하는 나라가 필요한 법이다. 하지만 살고 있는 집에 울타리가 없고 방문에 자물쇠를 걸어두지 않는 마을이라면 욕망에 젖어 있는 무리가 찾아올 곳은 못될 것이며, 아울러 질박한 삶에 젖은 백성들이라면 담장이 높이 둘러쳐진 동네에서는 살기 어려울 것이다.

이 장에서 노자는 작은 나라에서조차 군사를 기르는 일로 백성들의 목숨을 잃게 하는 어리석은 정치를 지적했다. 인간들의 싸움은 백성들의 안락한 삶을 위협하는 일이면서, 한편으로는 욕망을 다른 곳에서 쉽게 찾으려 하는 불선함을 부추겨 질박한 삶을 방해하는 무익한 일임을 상기시키면서 최대한 멀리하도록 일러 주고 있다. 鳳

이웃의 나라들이 서로 바라보고 있어

닭과 개 짖는 소리가 서로 들리는데도,

백성들은 늙어서 죽을 때까지 오고가지 않는구나.

제 81 장

믿음이 있는 말은 아름답지 않고, 아름다운 말은 미덥지 않다.

信言不美 美言不信

신언불미 미언불신

善者不辯 辯者不善

선자불변 변자불선

知者不博 博者不知

지자부박 박자부지

聖人不積 旣以爲人 己愈有 旣以與人 己愈多

성인부적 기이위인 기유유 기이여인 기유다

天之道 利而不害 聖人之道 爲而不爭

천지도 리이불해 성인지도 위이부쟁

믿음이 있는 말은 아름답지 않고, 아름다운 말은 미덥지 않다.
선한 것은 변명하지 않고, 변명하는 것은 선한 것이 아니다.
안다는 것은 넓게 아는 것이 아니며, 넓게 안다는 것은 제대로 아는 것이 아니다.
성인은 쌓아 두지 않고 이미 사람들을 위하였는데도 자기는 더욱 가지게 되고, 이미 사람들에게 주었는데도 자기는 더욱 많아진다.
하늘의 도는 이롭게 하면서 해를 끼치지 않으며, 성인의 도는 위하면서 다투지 않는다.

[해설]

통행본의 마지막 장이다. 그러나 백서에서는 66장과 67장 사이에 들어 있다. 이 장에서는 信(신)과 美(미), 善(선)과 辯(변), 知(지)와 博(박)의 관계를 통해 信·善·知의 의미를 깊게 하였으며, 하늘의 도와 성인의 도가 인간들에게 미치는 정도가 다름을 이해하게 한다. 또한 이들 글자들은 『도덕경』에서 노자가 항상 소중하게 강조했던 말로, 성인이 지니고 있는 덕목들이다.

信言不美, 美言不信.
믿음이 있는 말은 아름답지 않고, 아름다운 말은 미덥지 않다.

판본들의 기록은 동일하다.

하상공은 "信(신)이란 그 실질(實)과 같은 것이다. 아름답지 않다는 것은 소박함과 바탕을 말한다. 美言(미언)이란 아름답게 꾸며낸 화려한 말을 뜻한다. 믿음직스럽지 않다는 말은 꾸미고 거짓되며 매우 허황됨을 뜻한다"[365]라고 했다. 왕필은 "실질(實)은 바탕에 있으며, 근본(本)은 질박함에 있다"[366]라고 했다. 소자유도 "신(信)은 실질(實)을 위한 것일 따름이므로 반드시 아름다울 필요는 없다. 아름다움은 보이기 위한 것일 따름이므로 반드시 믿음이 있을 필요는 없다"라고 말했다.

---

365) 『하상공주』 "信者, 如其實也. 不美者, 朴且質也. 美言者, 滋美之華辭. 不信者, 飾僞多空虛也."
366) 『왕필주』 "實在質也. 本在樸也."

첫 문장의 '신(信)'자는 많은 학자들이 실질[實]이라고 해석하고 있다. 동감하는 해석이다. 믿음은 있는 그대로의 실질에서 생겨나기 때문이다. 오랫동안 보아 왔기에 감추어진 부분이 없어 전혀 의심하지 않는 상태를 말한다. 따라서 믿음은 순수하고 질박한, 있는 그대로의 상태를 대변하기에 꾸밈이 없어 불미(不美)라고 표현했다. 또한 "아름다운 말(美言)은 미덥지 않다"라고 했다. 62장에서 "듣기 좋은 말은 시장에서는 할 수 있다"라고 한 것과 같이 아름답다는 말은 꾸민 것을 전제로 하고 있다. 이 때문에 상대에게 호기심은 주지만 믿음을 주기란 어려운 법이다. 박세당도 "말이 미덥다는 것은 꾸밈이 없다는 뜻이다"라고 말했으며, 홍석주도 "미(美)는 사람들이 좋게 여기는 것을 말하는 것이다"라고 설명했다. 대체로 이견이 없는 문장이다.

善者不辯, 辯者不善.
선한 것은 변명하지 않고, 변명하는 것은 선한 것이 아니다.

백서와 어순이 다르게 되어 있다. 백서(을)에서는 '善者不多 多者不善(선자불다 다자불선)'으로 쓰여 있다.

하상공은 "善(선)이란 도로써 몸을 닦음을 말한다. 꾸미지 않는다는 말이다. 辯(변)이란 교묘하게 말하는 것을 일컫는다. 不善(불선)이란 혀로 인해 근심에 이르게 됨을 뜻한다. 땅속에 옥이 있으면 산이 파헤쳐지고, 물속에 구슬이 있으면 연못을 탁하게 하고, 입담 좋게 말을 잘하는 재주로 말이 많으면 그 몸을 망친다"[367]라고 했다. 소자유는 "선을 위주로 한다면 말 잘함을 구하지 않게 되며, 말 잘함을 위주로 한다면 반드시 선한 것은 아니다"라고 말한다. 왕필은 "궁극은 하나[一]에 있다. 사사로움이 없이 절로 가지고 있어, 오직 선함만을 더불어 하고 물(物)에 맡길 따름이다"[368]라고 했다.

이 문장의 설명은 통행본에 따라 "선한 것은 변명하지 않고, 변명하는 것은 선한 것이 아니다"라고 해석했다. 辯(변)자는 흔히 말솜씨가 뛰어나 이리저리 잘 둘러대는 것을 말하는데, 원래 옳고 그름이나 참되고 거짓됨을 가린다는 뜻을 가지고 있다. 따라서 변명한다는 의미이다. 『도덕경』 27장에 "선이 행한 것에는 흔적을 남기지 않으며, 선이 말한 것에는 허물이나 책망함이 없고, 선이 계산한 것에는 이해타산의 꾀를 사용하지 않는다"라고 선에 대해 자세하게 설명하고 있다. 이 구절은 백서(을)에서는 '善者不多 多者不善(선자불다 다자불선)'이라는 표현으로 되어 있어 '말씀 변(辯)'이 '많을 다(多)'자로 되어 있다.

역자들은 '다(多)'자를 '중히 여긴다, 칭찬하다, 재물이 많다'는 등으로 해석하여 "선한 사람은 칭송을 받지 않고, 칭송을 받는 사람은 선하지 않다"라고 풀이하거나, "선량한 이는 재물이 많지 않고, 재물이 많은 이는 선량한 이가 아니다"라고 해석한다. 이 역시 선(善)을 착하다는 뜻으로 보고 있기 때문이다.

367) 『하상공주』 "善者, 以道修身也. 不綵文也. 辯者, 謂巧言也. 不善者, 舌致患也. 山有玉, 掘其山；水有珠, 濁其淵；辯口多言, 亡其身."
368) 『왕필주』 "極在一也. 無私自有, 唯善是與, 任物而已."

知者不博, 博者不知.
안다는 것은 넓게 아는 것이 아니며, 넓게 안다는 것은 제대로 아는 것이 아니다.

판본별로 어순은 다르나 기록은 동일하다.

하상공은 "知者(지자)란 도(道)를 아는 선비를 가리킨다. 넓지 않다는 것은 하나의 근원을 지키는 것을 말한다, 博(박)이란 보고 듣는 것이 많음을 뜻한다. 알지 못한다는 것은 참된 요체를 잃었다는 것이다"[369]라고 해석했다. 소자유도 하상공과 같이 "하나로 관통하면 박식함을 사용할 필요가 없다. 널리 배워서 나날이 지식이 늘어난 자라고 하여 반드시 도를 아는 것은 아니다"라고 했다.

'넓을 박(博)'자는 '폭넓게 많이 알지만 정통하지는 못하다'라는 뜻으로 쓰이기도 한다. 하상공의 주해처럼 박학다식하지만 제대로 알고 있는 知者(지자)라고는 할 수 없다는 말이며, 소자유의 설명처럼 하나의 사실에 관통하지 못하니 단편적인 지식만 늘어나는 것이다. 노자는 71장에서 "알지 못한다는 것을 아는 것은 높여야 하나, 아는 것이 아는 것이 아니라면 병폐가 된다"라고 했다. 이는 깊게 아는 것을 요구하고 있음이다.

聖人不積, 旣以爲人, 己愈有. 旣以與人, 己愈多.
성인은 쌓아 두지 않고 이미 사람들을 위하였는데도 자기는 더욱 가지게 되고,

369)『하상공주』"知者, 謂知道之士. 不博者, 守一元也. 博者, 多見聞也. 不知者, 失要真也."

이미 사람들에게 주었는데도 자기는 더욱 많아진다.

'아니 불(不)'이 백서(갑을)에는 '없을 무(無)'로 쓰여 있는 점을 제외하고는 다름이 없다.

하상공은 "성인은 덕을 쌓을 뿐 재물을 쌓지 않으니, 덕이 있으면 어리석은 사람을 가르치고 재물이 있으면 가난한 사람들과 함께한다. 이미 사람들을 덕화의 대상으로 여기니, 자기는 오히려 덕을 가진다. 이미 재물과 예물로 사람들에게 베풀지만 재물이 더욱더 많아지니 마치 해와 달의 빛이 다하는 때가 없는 것과 같다"[370]라고 풀었다. 이 문장은 거의 모든 주해가 하상공이 말하는 것처럼 성인은 덕을 쌓을 뿐 재물을 쌓는 사람이 아니기에 오히려 더 많은 것을 가지게 된다고 말하고 있다. 왕필도 "물(物)이 존중하는 바이며, 물들이 귀의하는 바다"[371]라고, 성인이 더 가지게 되는 것을 들었다.

당시는 청동기시대의 생산성 증대로 빈부의 차가 생겨난 시대였다. 하지만 이를 감안한다고 해도 성인과 재물을 연결시키는 것은 노자의 글을 너무 가볍게 보는 태도로 비춰질 수 있다. 이 장의 전체 문장에서도 재물과 관련된 글자는 찾아볼 수가 없다. 그렇다면 사람들에게 무엇을 주었는데, 자신은 더 많은 것을 가지게 되었다는 말인가. 성인이 쌓아 놓고 있는 것, 가슴속에 지니고 있는 그것은 바로 信(신)·善(선)·知(지)의 세 가지다. 이 세 가지는 성인이 백성들을 돌보는 데 늘 사용하는 보물이다. 오래

370)『하상공주』"聖人積德不積財, 有德以教愚, 有財以與貧也. 既以為人施設德化, 己愈有德. 既以財賄布施與人, 而財益多, 如日月之光, 無有盡時."
371)『왕필주』"物所尊也. 物所歸也."

전부터 백성들에게 믿음과 선과 앎으로 정성껏 보살펴 왔기에, 백성들로부터의 믿음이 더 강해지고 또한 앎도 더욱 깊어진 것이다. 따라서 성인에게는 오히려 이 셋이 더 많아졌다는 말씀이다.

天之道, 利而不害. 聖人之道, 爲而不爭.
하늘의 도는 이롭게 하면서 해를 끼치지 않으며, 성인의 도는 위하면서 다투지 않는다.

'聖人之道(성인지도)'가 백서(을)에서는 '人之道'로 쓰여 있음이 다르다. 그러나 성인과 사람의 도라 함은 둘 다 하늘의 도를 본받는 것이기에 달리 표현하더라도 서로 같은 뜻이다.

하상공은 "하늘은 만물을 낳고 아끼고 길러주며 장대하게 해 주어도 상하게 하거나 해치는 일이 없다. 성인은 하늘이 베푸는 바를 본받아 일을 이루게 해 줄 뿐 아래와 공명을 다투지 않는다. 그러므로 성스러운 공을 온전히 할 수 있다"[372]라고 풀이했다. 왕필은 "움직이면 항상 낳아서 이룬다. 하늘의 이로움을 따르기에 서로 상하게 하지 않는다"[373]라고 풀었다. 하상공과 왕필의 해석보다 더 폭넓게 봐도 큰 무리는 없을 것으로 본다.

"하늘의 도는 이롭게 하면서 해를 끼치지 않는다"라고 했다. 하늘의 도는 선(善)과 같아서 만물에 차별이 없고 변함 없이 다가서기 때문에 이

372) 『하상공주』 "天生萬物, 愛育之, 令長大, 無所傷害也. 聖人法天所施為, 化成事就, 不與下爭功名, 故能全其聖功也."
373) 『왕필주』 "動常生成之也. 順天之利, 不相傷也."

로움을 준다. 만물을 괴롭게 만들거나 해치려는 의도를 갖고 있지 않다는 말이다. 이 때문에 하늘의 도는 만물에게 믿음[信]을 준다. 따라서 하늘이 보여주는 것을 그대로 믿고 행한다면 제대로 된 앎(知)을 얻을 수 있다. 또한 하늘의 도를 본받는 성인의 도는 "위하면서 다투지 않는다"라고 말한다. 이 때문에 성인은 이미 사람들을 위하였는데도 자신은 더 가지게 된다고 앞에서 말한 것이다. 선을 행하는 성인의 용모이다.

『도덕경』의 마지막 장을 노자는 하늘의 도와 성인의 도로 마무리했다. 여기에 그동안 강조해 왔던 믿음과 선 그리고 앎의 세 글자를 다시 등장시켰다. 그만큼 도의 정치에 있어 핵심적인 요소인 것이다.

드디어 『도덕경』의 마지막 장인 81장까지 주석과 해석을 마쳤다. 사실 기뻐해야 할 순간이지만 불편한 생각이 앞선다. 필자가 많은 부분에서 기존의 주해서들과 다른 견해로 설명해 왔기 때문이다. 하지만 학문이란 더해지다 보면 깨우쳐 하나로 관통할 수 있다. 필자 역시 『도덕경』의 주해에 하나를 더해 본다. 鳳

| 참 | 고 | 문 | 헌 |

- 김경일, 『나는 동양사상을 믿지 않는다』, 바다출판사, 2012.
- 김경일 고석·번역, 『상한론』, 바다출판사, 2015.
- 김선민 옮김, 『황제사경 역주』, 소명출판, 2011.
- 김영수 옮김, 『완역 사기 본기』, ㈜일마, 2012.
- 김학목 옮김, 『노자 도덕경 왕필 주』, 홍익출판사, 2012.
- 김홍경, 『노자, 삶의 기술 늙은이의 노래』, 들녘, 2015.
- 류인희, 『老·莊의 本體論』, 동양철학의 본체론과 인성론 8판, 연세대학교 출판부, 2003.
- 신동준, 『열자론』, 도서출판 인간사랑, 2009.
- 안성재, 『노자의 다르지만 같은 길』, 어문학사, 2015.
- 임동석 역주, 『역주 전국책 1』, 전통문화연구원, 2002.
- 임수무 옮김, 『모종삼 교수의 노자철학 강의』, 서광사, 1977.
- 유안 편찬·이준영 해역, 『회남자』, 자유문고, 2015.
- 조형균 옮김·왕더여우(王德有) 지음, 『노자의 신화·사화·지혜』, 백재문화사, 1994.
- 최재목·박종연 역, 『진고응이 풀이한 노자』, 영남대학교출판부, 2004.
- 홍희 옮김·하신(何新) 지음, 『신의 기원』, 동문선, 1993.
- 2002년도 인문사회분야 지원 사업, 『도덕지귀(道德指歸)』, 전자자료: 한국연구재단, 2004.
- 김백희, '노자 해석의 두 시각, 본체생성론과 상관대대론 -곽점초간본에서 왕필주까지', 한국정신문화연구원, 한국학대학원 박사학위 논문, 2000.
- 조원일, '고대중국의 종법제도에 관한 연구', 유학연구 22권, 충남대학교 유학연구소, 2010.